HEBEI MINSHENG BAOGAO

河北民生报告

（2013）

主　　编　张福兴

副 主 编　景兰杰

特约编辑　陈　刚　孙钦玫

　　　　　崔　娟　向　回

河北大学出版社

·保定·

图书在版编目（CIP）数据

河北民生报告．2013 / 张福兴主编．-- 保定 ：河北大学出版社，2017.11（2018.6 重印）

ISBN 978-7-5666-1214-4

Ⅰ．①河… Ⅱ．①张… Ⅲ．①民政工作－研究报告－河北－2013 Ⅳ．① D632

中国版本图书馆 CIP 数据核字 (2017) 第 254838 号

河北民生报告（2013）

出 版 人：耿金龙
责任编辑：王红梅
装帧设计：王占梅
责任印制：靳云飞
出版发行：河北大学出版社
地址：河北省保定市七一东路 2666 号　邮编：071000
电话：0312-5073033　0312-5073029
邮箱：hbdxcbs818@163.com　网址：www.hbdxcbs.com
印　　刷：河北纪元数字印刷有限公司
开　　本：185mm × 260mm　1/16
印　　张：29.25
字　　数：640 千字
版　　次：2017 年 11 月第 1 版
印　　次：2018 年 6 月第 2 次印刷
书　　号：ISBN 978-7-5666-1214-4
定　　价：80.00 元

目　录

生态文明篇

区域发展篇

城乡建设篇

社会保障篇

就业创业篇

社会事业篇

文化教育篇

盐碱地上的绿色革命是如何发生的

——黄骅市开展绿化攻坚创建生态城市调查

省委政策研究室

黄骅市地处渤海之滨，属历史退海区域，土质瘠薄、水咸地碱，土壤含盐碱量最高达7%，是一般植物极限承受能力的10—15倍，曾在很长一段时间里被视为“绿化禁区”。为彻底改变苦海无边、荒凉乏绿的生态，一代又一代黄骅人进行了坚持不懈的抗争，但“种下的树一年绿、两年黄、三年进灶膛，年年种树不见树”的尴尬，也一次次挫伤了不少人对“绿化黄骅”的憧憬。然而，2011年3月以来，伴随着一场生态绿化攻坚战，这里上演了一场“绿色神话故事”，一个省级园林城市奇迹般地诞生了：截至2012年7月，黄骅市绿地率、绿化覆盖率分别由2010年的20.3%和30.5%提高到30.9%和35.8%……

我们穿行黄骅市区的6条主干道，两侧油松、紫叶短樱、造型龙柏等不同品种的树木林立，乔灌花草交织、青黄绿色彩各异，高低搭配、错落有致、曲线流畅，新建的桃李园、迎春园和改造的人民公园、文星湖公园和政府广场镶嵌其中，可谓“300米见绿、500米见园”，一种心舒目美的感觉油然而生。人们不禁问道：这就是当年“鸟无枝头栖，人无树乘凉”的黄骅吗？

是什么使得这里在短短的时间里旧貌变新颜？

基于科学思维的发展共识

是科学发展观的不断深入，是沿海开发开放不断加速推进迅猛迭起的浪潮，是广大干部群众对生态环境日益迫切的呼唤，冲破了黄骅人长期被“盐碱”束缚的精神枷锁，释放出了绿色革命的巨大能量。

2010年初，由上任不久的黄骅市委书记率队，组织相关干部对山东东营、潍坊、临沂三市进行了考察。在同样条件下发生的绿色革命，特别是东营的生态巨变使他们为之震撼。如果说盐碱地上不长树在过去还可以聊以自慰的话，那么面对生态曾经更为脆弱的东营，黄骅人再也坐不住了。有两组数据也时时牵动着市委市政府一班人：“十一五”期间，涉及生态环境的人大议案和政协提案达180余件，占总数的12%；因生态问题，仅

2008—2010 年，就有总投资达 30 亿元的 20 余个项目与黄骅失之交臂。边看边想边议，决策层在你来我往的思想碰撞中，对加快黄骅绿化改善生态的思路愈来愈清，共识愈来愈多，决心愈来愈大。

市委、市政府清醒地认识到：环境就是生产力。环境建设既是经济社会发展的前提条件，也是经济社会发展的内在要求。好的生态环境是吸引八方客商的“聚宝盆”，也是招揽各类人才的“梧桐树”，更是贯彻落实科学发展观、坚持以人为本的具体体现。如不下大力迅速提升黄骅的生态环境，加快沿海开发开放的机遇优势就会大打折扣，不断提高人们幸福指数的承诺就只能是一句空话，可持续发展也就无从谈起。搞好绿化，信心至关重要。只要信心坚定，遵守规律，依靠科学，全民参与，咬住青山不放松，就一定能在盐碱地上打造出一个“绿廊花海”的黄骅。

基于此，2011 年 3 月，市委召开了一个被称为“没有退路”的绿化调度动员大会，发出了“全年搞绿化、常年抓生态，每年开展春秋两个攻坚战，三年生态绿化攻坚”的动员令。

把尊重科学贯穿于生态建设的始终

几年前的黄骅，能够种植成活的仅有白蜡、国槐、刺槐、柽柳等几个树种，而今已有 70 多个树种可大规模种植，其中不乏雪松、油松、云杉、法桐等一些较高品位的树种。绿化之所以在黄骅这样的重度盐碱区能够“显灵”，关键是依靠科学的力量。

首先是规划先行。定位国家园林城市标准，为做好区域生态整体规划和专项规划，黄骅市专门聘请东南大学、天津泰达等规划设计单位，高标准编制了《绿地系统规划》《植物多样性规划》《城市生态景观规划》及各项专项规划。这些规划，充分考虑当地的地域风貌和自然条件，突出“水、绿”生态特色，增绿量，提品味，打造点、线、面相互连接的绿地系统。宜树则树，宜花则花，宜水则水，做到了乔灌花草合理布局、河流绿地景观有机结合、绿化与美化完美统一。同时，严格“绿线”管制，明确划定各类绿地范围控制线，对市区临街地段及“金边银角”商业开发实行严格控制，对高速公路两侧各 50 米、国省干道两侧各 40 米划定绿线，为生态绿化预留了足够空间。为科学部署绿化工作，相关部门先后召开过城建、水利、林业等十多次专家研讨会。说起黄骅的绿化，春天干什么、秋冬干什么，城区干什么、乡村干什么，不同的地段种什么、怎么种，都有规可依，确保规划刚性。任何单位、任何人不得随意更改，不准挤占规划内的园林绿化用地，特别是严格控制工业企业绿化标准和房地产企业的绿化率。

其次是科学种植。掌握“盐随水来、盐随水去”的水盐运动规律，采用了两项技术：1.改土。根据绿化需要，在城区盐碱度超标的地块，全部更换客土，2012 年春共换种植土 30 万立方米；并对重点工程采用喷灌、滴灌、渗灌方式，运用物理、化学、生态的技术进行了土壤综合改良。在重度盐碱化地域，采取开基挖槽、铺设沙石、盲管淋碱等方式，高标准实施基础工程，提高绿化成活率；在中度盐碱化路段，采取台垅整地、高筑围埝、淋盐压碱等方式，实施绿化工程攻坚，目前累计动土 670 万立方米，达到了低投入改良盐碱土地的效果。2.改种。在种植上，探索出了“三大”种植法：“挖大坑”，采用机器挖坑，根据不同树种，每个树坑为80厘米至120厘米见方以上；“种大苗”，白蜡、国槐、千头椿、廊坊杨等苗木胸径至少5—8厘米；“浇大水”，平均每棵树苗20天种植期内浇水3—4遍。在春、冬季绿化的黄金期，加强现场技术指导，推广分层填土、表层回填阳土、浇足定根水等实用技术，提高了种植成活率。

最后就是精心管护。搞绿化，“三分种、七分管”，管理不到位，种了也白种。坚持把树木当成自己的孩子一样来管护，黄骅市政府制定了《黄骅市园林绿地养护管理规范》，并组建了一支150余人的市区绿化养护队伍，保证“树苗落地，管理上马”，做到了架杆、培土、涂白、施肥、除虫、修剪环环不漏，新种苗木成活率均达到95%以上。同时与上级植物医保医院保持密切联系，定期聘请植物专家进行现场指导，成功克服了2011年冬季气温偏高等不利因素影响，至今没有发生一场病虫害。

用机制的杠杆撬动全民绿化的合力

在黄骅，穿过城区路院，走进乡村田道，绿色理念留下的足迹处处可寻。“要把树木当成自己孩子来养”“像抓行风一样抓单位绿化，像管责任田一样管小区绿化”的口号，在市政府主管领导直抓直管、城管部门强化督导服务、部门单位积极带头、企业商户积极参与、家家居民精心护理下，已经转化为一道道绿色的走廊。主管部门提供的数字显示：黄骅2011年冬季和2012春植绿面积总计260万平方米，市区绿化成活率达到99%。绿化效果为什么如此之好？

一是高效运转的领导机制。在黄骅，生态绿化是实实在在的“一把手”工程。每次绿化会上，都是市委书记亲自动员，亲自部署，有时一个月内召开多达5次的绿化调度会。不论是出国考察项目期间还是外地学习开会之际，市委书记总是念念不忘绿化，看见有耐盐碱的新树种，随即专件购回；听到有耐盐碱的花种，马上询问主管部门能否引入，出差上班后第一桩事就是查看绿化进度情况。市委市政府对绿化生态的决心和重视程度前所未有。为确保生态绿化工作扎实推进，政府更是不惜投入，近两年来共投入绿化资金2亿元，占同期可用财力的1/6，相当于过去10年的总和。自开展绿化攻坚以来，没有因为钱不到位少栽一棵树或晚种一天树。

二是层层责任到位的绿化管护机制。1.以“谁种的树，谁保成活”为刚性要求，黄骅市政府与各乡镇和相关科局都签有“责任状”。高速通道绿化、国省干道绿化、城区景观绿化和城乡社会绿化等都分别与林业局、交通局、城管局和各乡镇一一对口，每一片区、每一条路甚至每一棵树都有专人负责，做到了“千人重担万人挑、人人头上有指标”。该市专门制定了适合当地特点的绿化管护办法，城市园林、公共绿化，有长年管护的专业养护队伍；凡市区街道、厂区和庭院，都与单位、企业和住户订有承包责任制；凡通道和河渠绿化，均实行“属地管理”，一直落实到乡镇，具体到村。2.严格的督导机制。市委市政府“两办”督查室对绿化实施一旬一通报、一周一督导，各责任单位一天一调度的督查。3.真奖真罚的激励机制。在年底对绿化工作做得好的部门在全市给予表彰，对绿化指标连续两年不达标的乡镇更换乡镇书记。对在“园林式机关”“园林式企业”“园林式学校”“园林式村镇”评比活动中的优胜单位，按照资金投入比例给予资金补助，并作为文明单位评选的重要参考依据。对于获得园林式单位的企业，返还占地面积的城镇建设用地土地使用税。对工作实绩突出的单位，授奖鼓励。

三是市场化运作的绿色开发机制。为提高社会各界绿化的积极性，黄骅将项目化运作、资本化运营机制引入到绿化工程中。在招商引资中，他们把城建项目、工业项目、旅游开发项目与生态绿化有机结合起来，按照“谁绿化、谁所有，谁投入、谁受益，谁经营、谁得利”的原则，鼓励有条件、有实力的大财团、大公司采取共建、援建、认管等开发模式，进行大区块生态开发，通过市场化运作筹集到了近5亿元的绿化资金。对工业企业和房地产开发企业，严把规划审批和验收两道关，严控绿地率，同时制定财税优惠政策鼓励，企业绿化达到一定标准后，在相关税费中予以返还。总投资为3.2亿元、占地720亩（1亩≈666.6平方米）的南海公园和占地395亩的地坤湖公园，就是来自企业的投入。

四是激励群众造林绿化的补偿机制。盐碱地植树难、效益差，是多年来群众参与热情低、积极性不高的根本原因。为确保群众愿种树、种树不吃亏，市委在深入调研的基础上，按照当地土壤条件和市场行情，确定了合理的补偿标准，其收益是好年景种植粮食作物的近2倍。通过资金补贴、反租倒包等方式，使群众参与、支持绿化。同时，坚持“地随树走、谁栽谁有”，对新发展5亩以上的片林，经验收合格给予每亩100元补贴，有效调动了群众造林绿化的积极性。

以过硬的作风打造黄骅生态的“绿色通道”

与黄骅绿色奇迹相伴相随的，是令人惊叹的“黄骅速度”：

——种植15万株的乔灌林，从刨坑到栽完，共出工400多人，用时仅一个月。

——黄万铁路绿化租地过程中，沿线三村涉及1000亩土地，从工程划线、土地勘测，到完成租地协议签订，前前后后10天内结束。

——绿化双向总长84公里的石黄高速两侧，需完成32万个大小一样、位置标准的树坑，从破土到完工，全部拿下来，时间仅8天，比预期提前20个工作日。

——在今春绿化攻坚战中，城管、林业等部门和各园林绿化队伍全员上阵，高峰时期1400余人在一线同时作业，100多辆浇水车昼夜奋战，人休车不停，规模空前。为保证时间进度，全体工作人员全部放弃节假日，日夜奋战在一线，以最快的速度、最短的工期推进工作，创造了“一天种1万棵树”“40天完成120万平米绿化任务”的纪录。

——黄骅搞绿化季节性强，每季绿化仅有短短不到50天时间，若按照规划、设计、征地、招标、购苗、栽种等一套常规程序走下来，至少需要半年时间。为抢抓种植黄金季节，各相关单位都是分秒必争。在苗木采购上，变工程招投标为政府采购，由城管局、林业局、财政局、纪委监察局联合组成苗木采购小组和工程施工监督小组，现场选苗、现场验苗、现场管苗，比过去省时3个月，同时还节省了大量资金。2011年以来，市区绿化按招投标工程预算需要2.5亿元，而实际完成总投资1.4亿元，节省财政资金1.1亿元。

在黄骅，从市领导到科局长，从机关干部到普通百姓，有两句口头禅挂在人们的嘴边:“人误地一时,地误人一年。”“宁可汗水飘起船,不让工期误一天。”那种时不我待的紧迫感、争分夺秒抓绿化的工作节奏,给我们留下了深刻的印象。

黄骅在推进绿化工作中展示的过硬作风,当推各级领导率先垂范的感召力。市委市政府主要领导身先士卒,始终带头奋战在绿化工作一线。城管局长和林业局长把办公桌改到了工地上,车上放着工作服和胶鞋,床前桌面摆放着各种绿化书籍,从苗木选种到管护,各个环节都一清二楚,由外行变成了专家。

科技+机制+作风,带给黄骅的不仅是绿化生态的改善,同时也强化了聚才引资的磁场效力。两年前,日本黛杰公司来黄骅考察投资,曾因这里“树没几棵、草没几片”,导致项目搁浅,2012年4月再来黄骅,项目不到一个月就签约落地,总投资达4亿元。投资人感慨地讲:“黄骅人能在盐碱地上搞成绿化,让我看到了这个地方的精、气、神,在这里投资我放心。”以往外人眼中的“不毛之地”已变为发展创业的“黄金宝地”,一批重点高校,国内外500强企业,央字头、国字头企业纷至沓来,北京中医药大学、河北农业大学来了,北汽、中国一重、美国江森也来了……

今天的黄骅,感受着“绿色革命”的巨变,分享着绿树青草的清新,品尝着鸟语花香的惬意。绿化不再是“栽树种草”的小事,已成为提升“两个环境”的重要元素,融入黄骅发展的全过程,实实在在地成为建设沿海经济强市、实现科学发展的大战略。

河北省社会科学发展研究课题民生专项　课题编号:201201435
课题负责人:张建国　刘振洲
课题组成员:田学斌　高　翔　刘玉亮　刘　进

防治雾霾：建设美丽唐山的一项基础工程

——关于唐山市大气污染防治的调查与建议

省商务厅

唐山是一座以钢铁、水泥、焦化、电力等行业为主的重工业城市，其产业结构、能源结构布局不尽合理，致使全市大气污染防治工作非常艰难。然而，唐山市高度重视大气污染防治，2012年度，唐山市被省政府授予河北省环境保护目标管理先进市和主要污染物减排工作先进市称号，城市环境综合整治定量考核位列全省第一。今年，在全市“两会”上，他们又提出建设“沿海强市、美丽唐山”的奋斗目标。唐山是如何抓大气污染防治的，还有何困难和建议，围绕这些问题，我们到唐山进行了调研。

一、唐山防治大气污染的主要做法

（一）攻坚：铁腕推进“五个一批”。今年以来，对城区重点行业、重点企业存在的环境问题提出了“五个一批”（强制淘汰一批、强制取缔一批、停产治理一批、启动搬迁一批、限期整改一批）的治理要求，确保在改善空气环境质量上取得突破。一是强制淘汰一批。按照产业政策，依法对31家企业的落后生产装备实施淘汰。二是强制取缔一批。对136家无证非法采石厂依法依规强制取缔关闭，供电部门立即停止供应生产用电，公安部门停止供应炸药。对污染重、无环保手续的28家非法小企业实施强制取缔关闭。三是停产治理一批。对市区4家钢铁企业无脱硫设施的6台90平方米以上烧结机实施了停产治理，有效减少污染物排放量。对首批199家严重污染企业及落后生产装备予以关停断电。对无环保手续、无有效污染防治设施、污染严重的72家（群）小企业及落后装备实施强制取缔淘汰；对无有效污染防治设施、污染严重的37家企业实施停产整治。四是启动搬迁一批。对列入政府工作报告的唐山钢铁集团有限责任公司（南厂区）、丰南区唐山国丰钢铁有限公司和唐山贝氏体钢铁（集团）有限公司等9家企业启动搬迁。五是限期整改一批。对火电、钢铁行业实施限期治理。全市钢铁、焦化、电力、水泥企业必须严格执行国家、省现行排放标准，确保稳定达标排放。自2014年7月1日起，全市现有火电行业燃煤锅炉颗粒物执行特别排放限值；自2015年1月1日起，钢铁行业烧结机头、球团焙烧设备颗粒物执行特别排放限值。对中心区燃煤锅炉实施综合整治，按照以拆为主、应拆尽拆、非拆即改的原则，对中心区184台共1071.7蒸吨燃煤锅炉实施综合整治，市区禁止新建、扩建燃煤锅炉；实施VOCs治理，对18家重点工业企业进行限期治理，对全市992家加油站、4家储油库和17辆油罐车实施限期治理，对没有按规定期限完成治理任务的单位由市商务局吊销油品经营许可证,市供电局停止供应生产用电。

(二)控车:强力推进机动车污染治理。2012年,唐山市机动车保有量为160多万辆。为有效防治机动车造成的空气污染,市直相关部门主动作为,加强机动车污染治理工作:一是加快黄标车淘汰进度。实施严格的机动车污染排放标准,加大对黄标车的补贴力度,推进强制报废和淘汰车辆的注销工作,确保21.2万辆2004年12月31日前登记注册的柴油车和1998年12月31日前登记注册的汽油车淘汰到位。同时,加强营运车辆强制报废的管理和监控,加强废旧汽车拆解回收监管。二是提高机动车准入门槛。扩大在售汽车环保监督管理,确保唐山市销售的汽车符合国家第Ⅴ阶段轻型汽油车排放标准和国家第Ⅳ阶段摩托车排放标准。并从2013年开始,建立新车注册登记、在用尾气排放监测机维修网络监管体系。三是加强外地车转入管理。从2013年6月份开始,申请转入唐山市的外地机动车辆必须达到国Ⅴ排放标准,并经机动车尾气检测合格后方可办理转入手续。四是严控机动车增速。优先发展城市公共交通,推行"公交优先"战略,今年购置500辆环保型公交车,大力推进公交车"油改气"工程和洁净能源出租车使用。对没有财政局控办手续的政府、事业单位车辆一律不予办理新车注册业务。对企业现有车辆进行统计,实行购车数量控制,如果企业需购置新的车辆必须注销同等数量的汽车,做到新车注册与旧车注销业务持平。同时,对未取得驾驶证的人员不予办理新车注册业务,取得驾驶证的人员只许注册一辆机动车,有效控制机动车增长速度。

(三)降尘:综合治理扬尘污染。一是对高速公路及环城公路沿线可视范围内煤炭、砂石料、铁精粉料场加强污染防治。对京哈高速和京秦、京山铁路沿线污染源进行排查,对排查出的污染源提出了限期治理要求。同时,强化市区周边钢铁、水泥、电力企业干散料运输车辆超载、洒落行为整治,有效减少二次扬尘。二是加强施工场地扬尘监管。规范设置围挡,完善苫盖、冲洗设施,推进建筑工地绿色施工,落实建筑垃圾运输车辆准入机制。三是加强对货物运输车辆监管。规范城市运输散状物料的车辆管理,强制加盖篷布或厢式运输;严禁超载、超限、车容不整车辆上路,在进入市区的主要路口适当建设车辆清洗点。道路施工单位采取防治扬尘污染的有效措施分段封闭施工。四是加大城市保洁工作力度。在推行城市道路清扫保洁市场化的基础上,加强政府监管,实现主要道路、重要节点、繁商区域全天候保洁,其他道路16小时保洁。五是努力增强城市自净能力。对中心区168处干散物料土堆沙场清除或绿化,提高城市硬化、绿化水平,增强城市自净能力。

(四)减排:强化污染物减排和环境管理。一是强化重点领域减排工程建设。大力推进烧结机脱硫、电厂脱硝、水泥企业低氮燃烧及脱硝等191个重点减排工程建设,强化燃煤电厂脱硝工程、11个新型干法水泥窑脱硝工程建设和40台未脱硫烧结机的烟气脱硫建设,推进20万千瓦以上燃煤电力机组烟气脱硝工程建设。截至目前,已完成工业减排项目85个。二是实施"双三十"节能减排示范工程。落实省委"一以贯之抓到底"的批示要求,坚持对新老"双三十"单位统一部署、统一调度、统一考核,组织"双三十"单位节能减排专家行、研讨班、经验交流会等活动,助其在攻坚中率先突破,发挥示范带动作用。三是强化治污设施运行管理。加强燃煤电厂脱硫脱硝设施、烧结机脱硫设施、新型干法水泥窑脱硝设施等重点污染源监督检查力度，着力解决减排设施运行管理中的突出问题，最大限度发挥减排设施的环境效益。四是严格控制污染物新增量。坚持把控制主要污染物新增量作为促进减排目标任务完成的重要抓手，严控“两高”行业产品产量、严控社会煤炭消耗新增量、严控农业源污染物新增量、严控生活源污染物新增量，确保2013年辖区内各项主要污染物新增量和能源消耗增量不超过上年度总量的1%。五是开展企业达标创建。按照达标示范创建方案整体安排，将今年列为企业达标创建攻坚年，确保完成2012年度未完成达标创建11家企业的整改任务、第二批次265家重点企业达标建设任务和第三批次100家重点企业达标建设80%的整治任务。今年以来，累计投入治理资金近2亿元，促进了环境管理水平的进一步提高。

（五）“严打”：开展环境执法攻坚行动。市环保局成立6个督导组，对各县（市）区环境整治情况开展持续性执法检查，保持执法高压态势。结合大气、水污染防治攻坚行动，扎实开展整治违法排污“三查”（查非法排污、超标排污、恶意排污）行动和河流性集中式饮用水源地专项执法检查，从重打击环境违法行为，切实提高环境违法成本。对337家企业下达限期改正通知书、对15家企业实施挂牌督办、对58家企业实施立案处罚。对43家企业负责人及所在县（市）区环保局长进行了约谈，要求企业采取有力措施，加快治理进度，提高治理水平，确保行政处罚及整治要求落实到位。进一步拓展公众参与渠道，突出环境决策和环境监督的公众参与，畅通12369环保热线，加强环境信息公开平台建设，加大对环境违法行为企业的曝光力度，及时主动公开涉及群众利益的环境信息，广泛接受社会监督，营造了全社会关心环境、珍惜环境、保护环境的良好氛围。

二、唐山防治大气污染面临的主要困难

（一）气源缺口较大。唐山市中心区供热、燃气等基础设施比较薄弱，集中供热管网及燃气管网没有全覆盖，热源、气源严重不足。市住建局下属的38台燃煤供热锅炉，去年已经有2台改为燃气，其余36台锅炉也已制订了改燃气方案，资金已经到位，前期工作已全部就绪，但由于没有气源，目前迟迟未能开展改燃工作。

（二）资金缺口较大。国家新发布的《环境空气质量标准》，增加了细颗粒物、臭氧、一氧化碳等监测因子，PM10二级标准限值提高了30%。唐山市产业结构偏重，能源结构仍以燃煤为主，适应空气质量新标准，任务十分繁重，涉及治理企业多，治理任务重，资金明显不足。

（三）科技支撑滞后。环保技术创新体系尚未完成，领军人才匮乏，重大技术攻关力量薄弱。针对雾霾天气形成的气候变化原因、污染源解析、污染控制技术等方面的研究滞后，对于科学防治支撑不足。目前国家只是对钢铁烧结机机头和电厂颗粒物提出特别排放限值要求，没有配套出台达标技术规定，企业治理缺乏切实可行的治理技术来满足特别排放限值的要求。

（四）协调联动机制还有待建立。大气污染防治涉及发改、工信、公安、农牧、城管、住建、国土、交通、环保等多个部门，是一项难度极大的复杂工程，仅靠环保部门孤掌难鸣。

三、几点建议

（一）建立健全协调联动机制。要进一步增强大气污染防治机构的工作合力，建议建立常设性的污染治理和应急联席会议制度，为加大工作协调力度，由党委、政府各一名副秘书长牵头，负责日常工作的协调和处置。要进一步健全环境联合执法监督机制，完善部门协调联动、权责一致、分工合理、执行顺畅、监督有力的环境保护监管和治理机制。要进一步完善部门联合执法和重点破坏生态案件移送督办机制，从严、从快、从重打击恶意违法行为。

（二）强化经济政策调控。一是对市中心区钢铁、焦化、水泥行业企业实施差别水价、电价和差别排污费征收办法。二是以征收的惩罚性电费为依托，探索建立节能环保产业基金，对急需的节能共性关键技术的研发、推广给予投资、补助或奖励，实现节能目标任务完成与节能环保产业培育壮大的双赢。三是在钢铁、焦化、水泥、石油和化工等行业探索开展环境污染责任保险试点工作。

（三）提升科技支撑水平。一是充分利用企业、高校和科研院所的科研技术力量，加强谋划实施“大气及灰霾污染防治关键技术应用研究”等节能环保科技项目，加强钢铁产业科技创新，鼓励和引导钢铁企业开发洁净钢平台。二是加快 PM 2.5源解析工作进度，确定区域间大气污染输送规律和相互影响，筛选出单位污染物排放对区域复合污染影响大的敏感区域，为改善大气环境质量提供科技支撑。三是充分利用烟气黑度视频监控和污染源在线监测设施，强化对重点行业、重点污染源的监控力度，对发现的违法排污行为依法快速进行查处，提高环境执法效率。四是研究在各县（市）区建立空气质量监测点位，定期通报各县（市）区空气质量情况，增强各县（市）区改善环境质量的责任感和紧迫感。

（四）加大财政投入力度。市财政加大环境治理的支持力度，并要求县（市）区政府将生态建设列为公共财政支出的重点，加大资金投入力度，安排专项资金支持生态环境工程建设，协助企业争取国家、省级各类专项资金对生态建设工程的支持和保障。

（五）加大责任追究力度。加大对考核结果的运用力度，强化各级政府和有关部门环境保护和节能减排的责任。对不能按时间节点要求完成综合整治工作任务的企业，建立企业环境信誉等级评价制度，对挂黑牌企业实施行政许可、贷款融资等行政、经济政策限制。对未按时限要求完成治理任务的县（市）区和市直部门，由市政府约谈相关县（市）区和市直部门主要负责同志，提出限期整治要求，并对相关单位予以通报批评。对由于综合整治工作不力，导致出现因环境问题被省级以上新闻媒体曝光或暑期发生重大环境安全事故、出现重大环境事件，对唐山市造成严重影响的，将移交纪检监察部门，严肃追究相关单位负责人的责任，确保把环境综合整治行政“问责制”和“过错追究制”落到实处。

（六）提高公众参与生态环境保护的自觉性。李克强总理在谈到空气污染治理问题时指出：“这件事需要树立全民意识，需要全民参与，共同治理。”事实上大多数人都有意无意间做了大气的污染源，找回蓝天也只有所有人都承担起自己的那一份责任，才能最终奏效，同呼吸，就要共责任。通过宣传引导，让群众都承担起自己的那一份责任，比如自觉维护环境卫生、少开私家车上路、遵守交规，保持道路畅通、绿色出行、雾霾天气不放鞭炮、不在公共场所吸烟等，都会对改善空气质量有积极作用。要充分利用各种媒体、各种方式广泛宣传，增强公众自觉参与生态环境保护的意识，保护我们共同的家园。

河北省社会科学发展研究课题民生专项　课题编号:201301005
课题负责人:朱克平

河北省实施居民阶梯电价缓解节能减排压力的调研报告

河北经贸大学

居民阶梯电价制度自2012年7月1日开始在我国全面实施。各省市自治区根据国家发改委2011年正式出台的《关于居民生活用电试行阶梯电价的指导意见》，结合自己省份的具体情况制定了本省的居民阶梯电价的具体实施方案。我国各省市自治区居民用电价格都不高，价格一直低于发电成本，原因是居民用电一直在享受国家的补贴，电价低就容易出现居民有用电浪费的现象，为了增强居民节约能源、节约用电、合理用电的意识，同时引导能源的合理生产与消费。国家决定把居民阶梯电价制度在全国推行。

“居民用电阶梯式累进电价”的简称是“居民用电阶梯电价”。现在国际上比较常用的是递增式阶梯电价，递增式阶梯电价就是把户均用电量的消费电量设置为三个阶梯，电价随电量增加而逐级递增的定价制度。

一、居民阶梯电价制度在国外的实施情况

美国、日本、马来西亚、埃及、印度、韩国、法国、伊朗等不少国家，在20世纪70年代石油危机爆发之后，为了倡导节约能源和环境保护，就开始实施居民阶梯电价制度，有的国家在工业、商业等领域也开始应用阶梯电价制度。大多数国家阶梯电价的实施，一般分为4—5档。其中，最低档为居民基本用电量，由于经济发展水平和人民生活水平的限制，发达国家基础电量设定较高，发展中国家基础电量设定较低，例如美国朗蒙特市，居民用电阶梯电价第一档上线为每户每月600千瓦时，日本居民用电阶梯电价第一档上线是120千瓦时，韩国是100千瓦时。各档电量的设置是最高档电价一般为最低档电价的1.2—2.5倍，各档电量之间一般相差1倍以上。

有的国家为了保护低收入人群的用电需求，还特别设置了最低电量免费制度，例如日本关西电力和日本中部就分别对居民月用电量在8度和15度以内的部分实行免费。还有很多国家为了形成更合理的能源消费结构，在实行居民阶梯电价的同时还实行峰谷电价、季节电价等电价制度。这样消费者就有了可选择的空间。为了培育居民的节能意识，促进能源节约和环境保护，我国自2009年也开始研究制定居民阶梯电价实施方案。

二、我省居民用电阶梯电价实施的背景和意义

(一)居民整体用电量的快速增长需要实施阶梯电价制度

居民家庭用电量随着居民生活水平的提高也加速提升,我国城乡居民用电量在2000年时为1452亿千瓦时,到2010年增加到5152亿千瓦时,用电量呈逐年递增趋势,2011年、2012年城乡居民用电量分别达到5646亿、6219亿千瓦时。未来随着我国经济的快速发展和人民生活水平的快速提高,预计居民用电量还会继续增长。这说明实施居民阶梯电价是经济社会发展的需要。

(二)居民用电阶梯电价有助于缓和能源资源矛盾

我国能源资源总量比较丰富,但是人均量比较低。随着我国用电能耗的不断上升,我国能源资源矛盾也日渐突出,为供给居民用电所消耗的煤量逐年递增。在满足居民基本用电的前提下,居民用电阶梯电价制度通过价格杠杆来引导居民节约用电,以使能源资源紧张的现状得到有效的缓解。为了更好地利用电力资源,提高电力行业的节能减排效果,国家应制定相应的政策积极引导居民在电力负荷低谷时段多用电,在电力负荷高峰时段少用电,这样既可以提高电力系统设备的利用效率又可以降低峰谷差。为了引导居民错峰用电,有效促进用电负荷避峰,减轻电网调峰压力,在实行阶梯电价的同时再实行分时电价是有效方法之一,也是电力需求侧管理的方式之一。因此,实行居民生活用电阶梯电价的同时还可以实施峰谷电价,这样可以同时兼顾峰谷分时电价和阶梯电价的优点,既引导了居民节约用电,又引导了居民合理用电。

(三)居民用电阶梯电价有助于促进社会公平

《关于居民生活用电试行阶梯电价的指导意见》中明确指出阶梯电价不会影响80%居民的用电支出,根据这一规定可以预知居民阶梯电价的实施不会对大多数居民造成很大的影响,并且国家为了有效保障低收入居民的基本利益。《指导意见》中还指出各省市对城乡低保户和五保户设置10—15度免费电量,调节的主要目标就是用电大户。根据国家价格司的核算,居民用电价格低于居民用电成本,居民用电价格之所以低是国家每年用大量的资金补贴居民用电,这样用电多得到的补贴就多,显然有失公平,居民用电阶梯电价的设计既要体现多用电者多付费的公平原则,又要保障低收入家庭的基本用电需求。

三、河北省实施居民阶梯电价的现状及对策建议

我省居民阶梯电价总体实施方案,拟采取在全省范围内统一实行、整体推进的办法。起步阶段主要以建立阶梯电价机制,健全和完善相关配套制度,引导居民的节电意识和提高阶梯电价的认知度,保证大多数居民电价基本稳定为工作重点。同时,按照国家《指导意见》规定,将城乡居民每月用电量按照满足基本用电需求、正常合理用电需求和较高生活质量用电需求划分为三档,电价实行分档递增。

第一档电量要覆盖城乡居民用户月均用电量的80%,电价维持现行电价水平,一定时期内保持基本稳定;第二档电量要覆盖城乡居民用户月均用电量的95%,电价逐步调

整到弥补电力企业正常合理成本并获得合理收益的水平。起步阶段电价提高标准不低于0.05元;第三档电量为第二档以上的用电量,电价在弥补电力企业正常合理成本和收益水平的基础上,再适当体现资源稀缺状况,补偿环境损害成本。起步阶段电价提高标准为0.3元左右。同时,对城乡"低保户"和农村"五保户"家庭每户每月给予免费电量,北京、天津、河北、山西、山东、内蒙古、上海、浙江、江苏、福建、广东等11省市为15度,其他省市为10度。

(一)居民阶梯电价为什么要分成三档

从国内外阶梯电价的实践情况看,阶梯电价有二至六档,甚至更多。总体而言,划分的档次越多,操作越复杂。

在拟定我国阶梯电价政策过程中,意见主要集中在两档与三档之分。分两档是将居民用电量分为基本生活电量和非基本生活电量;分三档的第一档为居民基本生活用电量,第二档为正常合理用电量,第三档为满足较高生活质量的用电量。

分两档虽操作相对简单,但两档之间价差较大,第二档居民电费增支压力较大。分三档概念明确,价差相对平缓。经综合考虑,我国居民阶梯电价分为三档。

(二)关于按覆盖率作为确定分档电量依据问题

如何确定分档电量是阶梯电价的核心。有三种可选方法:一是以统计部门统计的户均用电量为基础确定;二是参照居民生活所必需的基本家用电器用电量确定;三是按覆盖一定比例的居民数量确定。

(三)我省分档电量的确定及各档电价水平

电量分档可按人口、按电器和按家庭户均。统计部门统计的户均用电量是各地城乡居民家庭的平均用电量,数额较低;按基本家用电器用电量,在家用电器范围、使用时间等方面很难取得统一意见。比较而言,国家按覆盖一定比例的居民数量确定各档电量标准,能够解决各地用电量差距较大的矛盾,保证相对公平。

(四)居民阶梯电价各档电价水平是如何安排的

实行居民阶梯电价的总体目标是保障大多数居民用电价格基本稳定,同时根据用电量的增长,电价分段累进递增。其中,第一档电价维持现行电价水平基本不变;第二档电价逐步调整到弥补电力企业正常合理成本并获得合理收益的水平;第三档电价高于正常水平,适当体现资源稀缺状况,补偿环境成本。

鉴于第二、三档目标电价与目前实际电价水平差距较大,短期内难以到位,起步阶段致力于先建立机制,适当控制电价水平,保证大多数居民电价基本稳定。其中,第一档电价近期维持现行电价水平不变,并在3年内保持基本稳定;第二档电价起步阶段提价0.05元,今后随其他行业电价的变化而相应调整并略高于平均提价标准;第三档电价起步阶段每千瓦时电提高0.3元,今后按照略高于第二档调价标准的原则调整。

(五)关于城乡差异、地区差异问题

居民用电城乡差异和地区差异较大,如何保障公平,是阶梯电价方案设计中重点考虑的问题。正是考虑到差异情况,在解决电量分档标准地区差异问题上,采取了按覆盖一定比例的居民数量确定各档电量标准的办法。各地虽然覆盖率是相同的,但具体对应的分档标准将随各地用电情况的不同而不同。这种方法兼顾了地区之间的差异，具体分档标准也能与当地经济发展水平大体上衔接。这就从总体上保证了地区间的相对公平。

河北省社会科学发展研究课题民生专项　课题编号：201301059

课题负责人：刘　彬

课题组成员：马书刚　刘冬晔

生态文明导向的冀中南地区城镇化发展战略研究

邢台职业技术学院

生态文明对人类生存发展具有关键影响，也是所有类型的城镇化不可忽视的因素。冀中南地区环境污染、城乡发展不平衡、生态破坏等问题，已成为阻碍城镇化进程有序推进的重要因素，如何在全面推进城镇化建设的过程中实现城市发展与生态跃迁，建设与自然和谐共生的现代城市，对中国社会的发展有着重要而深远的影响。

一、城镇化与生态文明建设的相互关系

当前及今后一段时期，我国城镇化所肩负的任务主要是提高城镇化质量，改善城乡居民的生产生活条件，提高人民群众的生活质量。这就要求我国的城镇化必须走集约、节能、生态的新型城镇化道路，着力提高城镇内在承载力，统筹推进城乡和区域发展，加快构建合理的城市等级规模结构和城乡一体化的城镇体系，努力形成资源节约、环境友好、经济高效、社会和谐的城镇发展新格局。

大力发展中小城镇，进一步扩大其吸纳农村剩余劳动力的规模和能力，减少大中城镇的人口增长规模。完善城镇社会服务保障机制，提高城镇生态环境内在承载力。李克强总理也强调，推进城镇化，核心是人的城镇化，关键是提高城镇化质量，目的是造福百姓和富裕农民。在城镇化过程中，应控制城镇化规模，合理控制城市人口增长，积极加大基础设施建设及配套的户籍、医疗、教育等改革，减轻因城镇的人口增长而带来的生态环境冲击。

二、生态文明导向的冀中南地区城镇化发展战略

（一）主体功能区视角下合理布局生态空间

主体功能区，是指基于不同区域的资源环境承载能力、现有开发密度和发展潜力等，从开发的角度，将特定区域确定为特定主体功能类型的一种空间单元，是国家国土空间开发的一种思路。根据《全国主体功能区规划》，我省冀中南地区被列为国家层面的重点开发区域，冀中南东部平原有着较好的环境承载能力，开发的强度和密度可进一步加大。西部山区虽然资源丰富，但生态环境较为脆弱，应成为重点生态保护地区。

一是按照十八大的要求，认识到生态空间的重要意义。生态是一个系统，山、水、林、农田和城市是同一个生命共同体，要顺应自然，保护自然。冀中南地区有着很好的自然禀赋，生态资源种类多样，山脉、湖泊、湿地、森林、农田都应得到应有的保护，并适当扩大

湖泊、湿地、森林的面积，注意生态修复，使国土资源在空间上有一个合理的布局。

二是要增加居住用地。土地利用的一个不合理现象是工业生产偏多，城市居住空间偏少。目前，全国的居住用地与工业用地的比例是1.5∶1。而日本三大居住用地是工业用地的6倍，法国的居住用地和工业用地的比例是5∶1。目前，冀中南地区面临加速城镇化及工业化、提高居民居住空间的双重压力，对工业用地、居住用地的需求还会延续较长一段时间，因此，国土资源和规划部门应通过调整存量的土地资源，在不同的类型和区域之间形成总量平衡。

三是要提高空间利用效率。冀中南地区目前开发建设强度较大，2012年，邯郸市完成城镇建设投资1519.5亿元，970项城建重点项目全部开工建设。石家庄市全年建设项目4608个，完成投资2840.1亿元，比上年增长26.9%。其中，亿元以上项目708个，比上年增长24.4%；亿元以上项目完成投资1520.8亿元，比上年增长34.0%。房地产开发完成投资833.2亿元，比上年增长5.6%。住宅项目、工业园区、新城建设，都需要配套的基础设施建设，给人均有限的空间带来较大的压力，因此提高空间利用效率对于节约有限的土地资源有着重要的意义。

（二）科学规划，合理控制城镇用地规模

合理的规划及准确的实施，可使城市生态系统及子系统之间达到高度有序化，实现经济效益、社会效益和环境效益的最佳状态。在规划中必须重点强调资源、环境基础设施与城镇发展的总体协调，统筹安排城市各类用地及空间资源，综合部署各项建设，做到结构合理、功能完善、环境优美。具体来讲，一个城镇的规划，要将节约和合理利用土地及空间资源这一基本原则贯彻于城镇规划、建设和管理的始终，使资源在更大范围内实现优化配置，产生1+1>2的效果；要加强对历史文化遗迹和自然风貌的保护，使古城的文化底蕴与现代文明相互融合、和谐共生。此外，在城市规划建设管理中，建立必要的责任追究制度、规划督察机制，保证规划的权威性和严肃性，防止城镇建设中的形式主义，促进城镇的可持续发展，实现经济、社会、人口、生态环境的统一协调发展。

推进城镇化的过程是资源和要素在空间上优化的过程。这其中，最重要的是土地资源的集约利用、高效配置，一定要坚持集约发展、有序发展，根据资源环境承载能力合理确定城市发展规模，完善城镇建设用地标准。城镇用地标准因城镇的不同性质、不同规模而不同，除此以外，还应与自然条件和经济发展水平等因素有关。住房和城乡建设部制定的城镇人均标准为80—120m^2，充分考虑到不同地区不同城镇的要求，科学合理地制定各个地区各类城镇用地的规模与标准，有利于各地的决策与操作，提高土地利用效率和集约化水平。要对用地指标进行严格控制，挖掘存量用地潜力。

（三）转变经济发展模式，促进工业化、城镇化、生态保护协调发展

生态文明观指导下的生态生产力反对工业文明的资源侵略和生态殖民，强调人与自然的和谐发展。关于生态生产力的定义，廖福霖认为，生态生产力是指人类推动自然—人—社会复合体和谐协调、共生共荣、共同发展的能力。生态生产力的发展要求不以浪费资源和牺牲生态环境为代价，而是走资源节约型、环境友好型道路，以推动城镇社会、经济、自然复合体向健康、持续的方向发展。时任总理温家宝2013年政府工作报告中也

明确指出要支持循环经济技术研发、示范推广和能力建设，积极发展循环经济。

1. 构建现代产业体系，涵养生态

中华人民共和国成立以来，冀中南地区一直是国家重点工业基地，依靠自身的资源优势，建立了资源主导型的产业体系。在资源开发过程中，由于开发方式粗放，资源利用率低，开发规模和强度过大，忽视生态环境保护与恢复治理，造成生态环境脆弱。从目前看，资源开发仍有很大潜力，但环境恶化对其加速发展形成了约束。资源开发与环境保护矛盾十分突出。“在开发中保护，在保护中开发”，开发与保护并重，才能实现生态的可持续发展。因此，对于煤炭、矿石资源要在总量上控制、限制其开发规模与强度。但要保持既有产业基础不变，需要提高资源利用效率，引导企业调整优化资源利用结构和布局，使资源持续供给能力加强。延伸产业链条，形成铁—钢材—精钢—装备制造，煤炭—电力—化工、水泥灰岩—水泥—水泥筑件等产业链条，发展上下游产业，提升自身资源保障能力。开发高附加值产品，提高技术的含量，努力实现传统产业由大变强、上档升级。

在构建现代产业体系的进程中，要坚持做到：三次产业结构更加合理，服务业比重大幅度提高。目前冀中南地区三次产业结构评价指数明显低于全省水平，虽然第三产业比重逐年提升，但第三产业创造的产值增长还远远不够。这种产业结构严重失衡的城镇化过程，导致城市资源日益枯竭，环境质量不断恶化，削弱了人与自然和谐相处的生态功能。农业基础地位不断得到巩固，现代农业在第一产业中逐渐占据主导地位；装备制造业规模不断壮大，并逐步成为第二产业的主体；高新技术产业的先导作用得到充分发挥，对拉动经济增长的贡献越来越大；传统优势产业的技术改造和技术进步明显提升，实力和竞争力显著增强；基础产业得到进一步发展，对经济增长的保障和支撑能力越来越强。

2. 建设产业集聚区。冀中南地区应依托城市、县城、集镇的原有产业基础，建设产业集聚区，促进原先在县域分散布局的产业集聚、集群、集约发展，辐射附近的乡镇和行政村，为县域经济发展和农民就近就业搭建载体。要注重产业配套与产业链延伸，促进产业互补发展和错位发展，实现合作共赢。可以先选择一批基础条件较好的扩权县（市），设立若干承接产业转移示范区，完善合作机制，积极探索承接产业转移新模式，积极改善投资环境，按照承接产业转移园区定位，明确产业承接发展方向，推动上下游产业配套发展，探索中小城市产业集聚的新模式。

3. 要加快农业产业化发展速度。小城镇和农村的产业化经营要统筹规划，充分挖掘乡村特色和地方传统文化，发展特色鲜明的县域经济和多种产业，以特色产业带发展，以传统风貌促和谐，防止高投入、高消耗、高污染产业趁机向农村、城镇集聚，造成环境污染和重复性建设。要依托京津、服务京津，加快蔬菜基地建设，壮大畜牧、果品等优势产业，推进农副产品深加工，开发农业旅游产业。做到村镇有企业，县域有产业，支撑新型城镇化与新农村建设协调发展。

河北省社会科学发展研究课题民生专项　课题编号：201301427

课题负责人：张献奇

课题组成员：张争艳　黄卫静　张　丹　徐　涛　李　静

白洋淀生态经济区建设研究报告

保定学院

引言

白洋淀承载了水区近20万人的生产与生活。课题组经过多年的研究认为，白洋淀流域居民的生产生活完全脱离淀区是不现实的，应寻求既维护白洋淀生态环境功能又能改善淀区居民经济状况的有效途径。因此，建立白洋淀生态经济区成为当务之急。

一、白洋淀简介

白洋淀总流域面积31199平方公里，占大清河水系流域面积的96.13%。淀区地形复杂，大小淀泊143个，沟壕3700条，百亩以上大淀99个。淀区内村庄、苇地、田园星罗棋布，纯水村39个，淀边村134个。

二、白洋淀湿地的多重功能

白洋淀湿地在保护生物多样性、维持淡水资源、均化洪水、调节气候、降解污染物和为人类提供生产、生活资源等方面发挥了重要作用。

（一）环境调节功能

1. 调节流域小气候。白洋淀是华北地区最大的淡水湖，被称作华北地区的寒暑表。

2. 防洪。白洋淀是重要的泄洪区，也是大清河系中游缓洪、滞沥的洼淀。

（二）生态功能

1. 保护生物和遗传多样性。白洋淀具有多种生态系统，如水域生态系统、沼泽生态系统和淀边农田生态系统等，物种十分丰富。

2. 固定二氧化碳。湿地是地球上的碳汇中心。湿地占陆地面积的6%，却固定了陆地生物圈35%的碳元素。

3. 降解污染和净化水质。

（三）经济价值

白洋淀的经济价值体现在提供淡水资源、地热资源和生物资源上。

（四）人文及社会价值

由于湿地特有的资源优势和环境优势，白洋淀一直以来都是人类居住的理想场所，是本区域社会文明和进步的发祥地。

既保护湿地生态环境又实现经济较快发展，两者兼顾的发展模式就是生态经济区的规划与建设目标。

三、生态经济及生态经济区的内涵

所谓“生态经济区”，就是生态环境与社会经济相协调，人口、经济、社会、生态、环境各个领域达到可持续发展目标要求的区域。

四、白洋淀生态经济区建立的依据

（一）理论依据

1. 生态经济学的相关理论。生态经济学是生态学和经济学相结合而形成的一门边缘学科。生态经济区的建设离不开生态经济学的理论支撑。

2. 系统工程理论。生态经济区建设就是运用系统工程的基本方法，求得特定区域生态、环境、人口、经济、社会发展的最优组合方案和最优运行方案。

3. 可持续发展理论。生态经济区建设强调环境保护，但并不是将环境保护与经济发展对立起来，而是实现生态、环境、经济等的综合发展。

（二）现实依据

1. 白洋淀现状。白洋淀的生态现状不容乐观，体现在两个方面：一是白洋淀生态环境日益恶化；二是白洋淀日渐萎缩、枯竭。

2. 各地湿地生态经济区的发展实践。国务院 2009 年 11 月 23 日正式批复了《黄河三角洲高效生态经济区发展规划》；《鄱阳湖生态经济区规划》也于 2009 年 12 月 12 日正式获批；辽宁盘锦于 2010 年 9 月创立了“辽河口生态经济区”；2012 年 11 月 27 日，湖南省也通过了《洞庭湖生态经济区规划》。河北省也应尽快制定《白洋淀生态经济区发展规划》，并争取该规划获得国务院批准，以实现白洋淀的综合发展和可持续发展。

五、白洋淀生态经济区规划建议

（一）白洋淀生态经济区的区域范围

白洋淀生态经济区主要包括环白洋淀的任丘、雄县、清苑、徐水、高阳、容城等县市。以“低碳高端”理念为引领，以低碳产业为基础，形成集县域功能改善、县域经济提升、白洋淀湿地保护为一体的生态发展拓展区，拓展区面积 200 平方公里，辐射带动周边面积 2800 平方公里。

（二）白洋淀生态经济区的功能分区

根据自然生态系统的不同特征和经济地域的内在联系，白洋淀生态经济区可划分为禁止开发区、限制开发区和集约开发区。

（三）白洋淀生态经济区的区域定位

白洋淀生态经济区的发展定位是：京津冀区域生态经济综合开发示范区。

（四）白洋淀生态经济区的战略目标

白洋淀生态经济区是以河北白洋淀为核心，以白洋淀周边县市为依托，以保护生态、发展经济为重要战略构想，把白洋淀生态经济区建设成为生态文明与经济社会发展协调统一、人与自然和谐相处的生态经济发展的先行区。

（五）白洋淀生态经济区的现行意义

加快建立白洋淀生态经济区，有利于探索生态与经济协调发展的新模式和新道路；有利于构建河北省低碳经济发展战略的新支点；有利于树立河北省坚持走可持续发展道路的新形象；有利于促进区域经济发展方式的根本性转变。

（六）白洋淀生态经济区的产业规划

按照生态建设和经济发展协调推进的要求，充分发挥区位和资源优势，推动产业结构优化升级，形成以优质高效生态农业为基础、低碳型工业为重点、现代服务业为支撑的高效生态产业体系。促进产业技术高级化、产业发展集群化、产业经济生态化。

六、建立白洋淀生态经济区的具体措施

（一）转变传统生态观念

摒弃人类中心主义的传统生态观念，树立生态中心主义价值观。这是一种和谐、自然的价值观，这种价值观认为人类与其他物种一样，都只是自然界的一部分，其他物种也有生存的权利。

（二）加强白洋淀周边污染防治

有效地减少淀区污染，主要做好三方面工作：一是加快建设淀区居民生活污水处理设施；二是加快建设淀区生活垃圾收集系统和处理设施，提高固体废弃物减量化、无害化和资源化水平；三是加强工业污染防治。

（三）保护白洋淀湿地生态环境

湿地保护是一项社会性很强的公益事业，必须依靠全社会的共同参与，各级政府和有关部门要加大湿地保护力度，宣传保护湿地的重大意义，尽力提高民众对白洋淀湿地的保护意识。

（四）建立部门协调一致的行政管理制度

自然保护区建设是一项跨行业、跨部门的综合性工程，只有设立专门机构进行湿地资源保护的统筹规划、统一管理并合理开发利用湿地才是未来发展的方向。当务之急，是建立河北省直属的白洋淀管理机构，该机构要实行“大部制”管理，以顺应白洋淀事务综合管理的需求，重构政府权力结构和政府的运行机制，按照“决策、执行、监督”的改革思路进行白洋淀行政管理体制改革。

（五）优化白洋淀区域的能源结构

优化白洋淀区域能源结构，提高能源利用效率，多渠道、多途径增加能源供给。在白洋淀区域可供利用的清洁能源包括地热能、太阳能、生物质能。

（六）建立白洋淀湿地生态补偿机制

生态补偿机制是以保护生态环境、促进人与自然和谐发展为目的，根据生态系统服务价值、生态保护成本、发展的机会成本，综合运用行政和市场手段，调整生态环境保护和建设相关各方之间利益关系的环境经济政策。它主要涉及区域性生态保护和环境污

染防治领域，是一项具有经济激励作用、以“受益者、破坏者付费，保护者得到补偿”为原则的环境经济政策。

（七）建立生态文明与经济文明高度统一的长效机制

基于生态经济的系统性、公共性、外溢性、持续性四个特点，白洋淀生态经济区必须建立健全完善的机制，这个机制既包括宏观层次的法律约束机制、生态转移支付机制、各种激励机制、社会保障机制、市场调节机制、政府引导机制和政府协调机制，又包括中观层次的区域内生态经济联系机制和补偿机制、区域间生态经济联系机制和补偿机制，还包括微观层次的社会参与机制、绿色消费机制、自主创新机制等。上述机制相互配合，体现了生态经济的制度约束性，利于形成稳定、健全、高效的工作机制。

结语

生态经济是实现经济腾飞与环境保护、物质文明与精神文明、自然生态与人类生态高度统一和可持续发展的经济模式。生态经济的本质，就是把经济发展建立在生态环境可承受的基础之上，实现经济发展和生态保护的“双赢”，建立起经济、社会、自然良性循环的复合型生态系统。因此，我们呼吁尽快规划建立白洋淀生态经济区。

河北省社会科学发展研究课题民生专项　课题编号：201301159

课题负责人：蔡志荣

课题组成员：许明远　任雅洁　苗　苗　刘　瑜

加快推进环境污染损害司法鉴定评估机构建设的对策

河北经贸大学

一、环境污染损害司法鉴定评估机构建设概况

目前，我国环境形势十分严峻，“污染者负担原则”不能有效落实，环境污染案件的审理面临重重困难。究其原因，一方面是由于环境污染损害赔偿方面的法律规范仍不完善，另一方面是由于我国环境污染损害司法鉴定和评估机制尚未形成，缺乏足够数量的、能够有效开展环境污染损害评估鉴定的专业司法鉴定机构，不能为环境监管和环境司法提供足够的技术支撑。

2006 年，经国家环保总局批准，中国环境科学学会成立了首家全国性环境损害鉴定评估中心。为了全面推进环境污染损害鉴定评估工作，2011 年，环境保护部成立了环境污染损害鉴定评估工作领导小组，并在河北、江苏、山东、河南、湖南、重庆、昆明五省二市开启了环境污染损害鉴定评估试点工作。试点工作开展两年多以来，在工作机制、技术研究、实际案例评估等方面进行了有益探索，取得成绩的同时，也暴露出很多问题。这些问题主要包括：一是缺少统一的工作规程、启动方式、鉴定评估方法和技术规范，地方环保部门在工作中无所适从，环境鉴定评估工作未能大范围推进。二是部分地方对开展环境鉴定评估存有顾虑，担心影响自己的政绩和地方形象而不去积极推进，因此要么很多地方没有建立专门的环境鉴定评估机构，要么就算建有该机构，但是由于资金缺乏使得工作难以继续。

二、加快推进环境污染损害鉴定评估机构的建设

2013 年 6 月 18 日，最高人民法院和最高人民检察院联合发布《关于办理环境污染刑事案件适用法律若干问题的解释》。该解释规定，环境污染刑事案件审理过程中，对案件所涉的“损害后果”等专门性问题的确定方式有两种：一是由国务院环境保护部门指定的机构出具检验报告。该检验报告与鉴定意见具有同等的证据效力。二是由司法鉴定机构出具鉴定意见。该鉴定意见也具有证据效力。其中，前者就是依据环保部门上述已设立的鉴定机构的鉴定意见以及环保部门自身平时的监测数据为判定证据。其立法用意是基于我国现有环境污染损害的监测、鉴定评估机构均隶属于环保部门的现状。短期来看，这样的规定为解决环境违法案件的行政、司法处理中遇到的“认定损害因果关系及损

害程度”等问题提供了可供参考的具体路径，有利于化解执法难的困境。但是，从长远来看，这种方式只能是权宜之计。因为，环保部门是“负有环境保护监督管理职责的国家机关”，同时也是环境监管失职罪的责任追究主体。如果明确环保部门为法定鉴定主体，就会有“自己当自己的法官”的不公正之嫌。“由司法鉴定机构出具鉴定意见”的方式，是构建环境损害鉴定评估机制的必由之路。

我国的司法鉴定业务包括法医类鉴定、物证类鉴定和音像资料类鉴定。课题组认为，环境损害鉴定评估应该早日成为第四类法定司法鉴定业务事项。将环境损害鉴定评估工作纳入国家司法鉴定体系，依托环境保护系统内现有科研技术单位的业务优势，组建独立的环境污染损害鉴定评估管理与技术队伍，建立规范化、法治化、专业化的环境污染损害司法鉴定机构，适用科学、合法的鉴定评估流程，对环境污染造成的损害进行因果关系认定并对环境损害鉴定量化，评估其损害数额，为环境监管部门行政执法，为司法部门处理环境侵权案件、环境污染犯罪案件提供强有力的技术支撑、证据支持，是当前环境法制建设的一项紧迫任务。

三、环境污染损害司法鉴定评估机构的构建模式

我国的司法鉴定业务实行由国务院司法行政部门和省级人民政府司法行政部门负责对鉴定机构和鉴定人员进行两级登记，行政管理和行业管理相结合的二重登记管理模式。课题组认为，可以建立地方和中央两套配套的环境污染损害鉴定评估机构。其中，地方环境污染损害司法鉴定机构由省级环保部门与司法行政部门审核与管理，国家环境污染损害司法鉴定机构由中央环保与司法行政部门审核与管理。同时明确环境污染损害评估司法鉴定管理主体的职责界限。环境污染损害评估司法鉴定由环保部门负责技术性管理工作，由司法行政部门负责行政性管理工作。两大管理主体均有对环境污染损害评估司法鉴定机构和人员的资格管理权，但在其他的管理方面应各有侧重。

具体来说，环保部门的职责主要是负责程序性规则和技术性规范的创建。包括制定统一的环境评估司法鉴定工作流程，对于鉴定程序的启动、推进，鉴定过程中特殊程序问题的处理，鉴定意见的出具方式等进行详细规定。理清现有国家技术标准，推动制定统一的行业技术方法和标准。加大进行对污染损害评估司法鉴定行业的能力培训，提升评估鉴定的业务能力与水平，建立完备的验证以及相应资质等级考核标准和方式。司法行政部门的职责主要是对环境污染损害评估司法鉴定主体进行资格、资质等方面的监管。包括对鉴定机构、人员进行登记造册与公告；对鉴定资格的变更、撤销以及对从事鉴定的机构与人员的违规违法行为进行处理；协同环保部门拟定污染损害评估司法鉴定工作流程、技术方法和标准并向社会公布；监督从事环境污染损害评估鉴定的司法鉴定机构和鉴定人的鉴定工作，在环保部门的协助下对鉴定机构与鉴定人进行能力验证或诚信通报。

河北省社会科学发展研究课题民生专项　课题编号：201301058

课题负责人：吴伟华

课题组成员：蔡军花

河北省新型城镇化特色景观营造探讨

中国环境管理干部学院

21世纪城市现代化的重要标志是营造一个良好的城市环境，舒适宜人的生态体系，文明高效的精神风貌，富有特色的优美城市景观。目前，我国的城市化进程已经进入了快速发展期，在新型城镇化建设中如何挖掘和利用好城镇自然环境、人文环境特色，塑造一个城镇的特色景观是一个非常重要的命题，具有非常重要的意义。在此背景下，针对河北省新型城镇化的特色景观建设进行研究也就有了更强的现实意义和迫切性。

一、城镇特色景观概念及内涵

(一)概念

城镇特色景观就是指一城镇景观在内容和形式上明显区别于其他城镇的个性特征，它是一个城镇在自然环境、历史传统、社会经济等多方面因素影响下长期积累形成的，具有一定的特殊性，并获得一定的历史地位和社会公认，其内容和形式明显区别于其他城镇，并能够使人们识别该城镇的景观特征。

(二)内涵

城镇特色景观是一个城镇自然、文化、历史和经济的综合表象，它一方面取自城镇独特的自然地域景观，及其独有的发展历史所形成的文化遗产；另一方面源于不懈的创新所赋予城镇景观的时代特征。因此，城镇特色景观是城镇发展的灵魂，也是推动城镇发展的战略性资源。

二、河北省城镇景观现状

河北省地处黄河下游以北，内环首都北京和直辖市天津，外环渤海，具有独特的地理优势。近年来，我省深入实施新型城镇化战略，正处于新型城镇化发展的黄金时期，发展潜力巨大，城镇景观面貌明显变化。我省地形地貌复杂多样，地貌类型齐全，自然资源丰富，有利于河北省城镇的自然景观开发与利用，容易形成各自特色。同时，众多的文物古迹形成了河北深厚的文化底蕴和独具魅力的人文资源。

我省各城镇由于所拥有的自然环境、历史文化、经济结构特征等条件的不同，因而具有不同的空间形态、结构特征和质地纹理，依据城镇景观规划设计实践的不同，大致可以分为开发建设型城镇、历史保护型城镇、开发与保护相结合的城镇。

三、河北省城镇景观建设存在的问题

（一）自然要素利用不够，自然环境受到破坏

（二）规划水平低，城镇景观趋同

（三）缺乏保护，历史文脉开发建设不够

（四）景观建设管理不到位

四、新型城镇化特色景观建设具体措施和建议

（一）充分利用城镇的自然资源优势，重视环境质量

河北省拥有丰富的自然景观资源，要构建城镇的特色景观，首先要把城镇自身独特的自然环境景观构建放到一个突出的地位上加以考虑。优越的自然景观特征更容易构建新型城镇的特色景观，在建设中应该因地制宜、扬长避短地进行城镇景观的特色设计。

同时，要重视环境质量和环境治理。我省很多城镇环境质量较差，例如，800年古镇井陉环境污染严重，成为疾病高发区，城镇环境几近毁掉百年老城。因此，环境质量恶劣影响城镇特色景观的营造。

（二）构建地方人文景观体系

我们可以备建一个人文景观素材库，专门系统收录名胜古迹、名人故居，具有历史文化价值的老建筑、老房子、老村落，以及与之有关的典故、传说、事件的视觉资料和文字资料，为城镇特色景观构建提供人文景观资料。

（三）合理规划景观空间格局

特色化是城镇景观规划设计的灵魂，新型城镇化景观规划设计要充分考虑各类型城镇的特点来进行。对于开发建设型城镇，可借助自然要素或城镇特色进行景观塑造；历史保护型城镇，应强调城镇风貌特色的建设和民俗风情的保护；开发与保护相结合的城镇，主要是做好“新貌”与“旧城”的交融，综合考虑保护历史街区的风貌完整性、规划实施的可能性和整个历史街区保护的长期性。

（四）加强公众参与，提高生态保护意识

城镇特色景观的构建是一个漫长的过程，需要每个人都参与到保护生态环境、保护传统文化、维护城镇形象等的工作中来，如此才能促进城镇特色景观建设的健康发展。

（五）科学管理，保障新型城镇景观特色化建设的持续发展

第一，决策者应该树立“经营特色城镇，打造精品城镇”的全新理念，坚决克服景观建设的主观性和随意性，这是新型城镇特色景观建设的保障。

第二，将城镇景观规划纳入城镇总体规划中，并形成城镇景观特色化建设指导性文件，从而减少建设的盲目性。

第三，引入竞争机制，引进高素质专业设计人才，提高整体的景观规划设计水平。城镇特色景观的形成是一个涉及社会、经济、历史、文化、人口等诸多内容的系统性复杂工程，是一个多元素构成的复合体，它不仅取决于地理环境、历史文化，在很大程度上还受政府决策、制度建立、经济发展、市民心态等多方面的影响。只有重视城镇特色景观的构

建，才能保持城镇应有的特色与风韵，也才能拥有生态、健康的城镇环境。

参考文献：

[1]陈丽：《利川市旅游型小城镇景观特色研究》，华中农业大学2007年硕士学位论文。

[2]苏志红：《有效营造城市特色景观研究》，《北方园艺》2008年第9期。

[3]陈言：《中小型城市特色景观的构建研究——以湖南省郴州市为例》，中南林业科技大学2007年硕士学位论文。

[4]马建章：《新形势下河北省实施城镇化战略的总体思路》，《经济论坛》2010年第5期。

[5]《河北当地特色》，[EB/OL]http://www.sina.com.cn.2009.

[6]李倩：《河北省小城镇景观特色研究》，河北农业大学2009年硕士学位论文。

[7]阎东彬、王金营：《河北省新型城镇化建设可持续发展研究》，《湖北农业科学》2012年第21期。

[8]叶红英：《小城镇城市设计方法研究》，东北师范大学2007年硕士学位论文。

[9]陈娟、孙琪：《浅谈地域性特色景观的构建》，《广东园林》2008年第6期。

[10]《800年古镇变身工业重镇　污染严重成疾病高发区》，[EB/OL]http://finance.sina.com.cn/china/20130606/212515724488.shtml.

[11]付晟宇、于桂玲：《小城镇环境景观特色化建设简析》，《河北水利》2005年第11期。

[12]田飞：《基于地域特色的现代城市景观研究——以济南特色景观为例》，山东建筑大学2010年硕士学位论文。

[13]王士兰、游宏滔：《小城镇城市设计》，中国建筑工业出版社2004年版。

[14]唐寅、肖溪：《公众参与是城市景观建设精髓》，《广西城镇建设》2010年第2期。

[15]吴晓敏、车震宇：《小城镇特色景观营造——以云南省弥勒县城景观建设为例》，《小城镇建设》2008年第6期。

河北省社会科学发展研究课题民生专项　课题编号：201301402

课题负责人：王　颖

课题组成员：彭红丽　徐迎碧　巩如英　鲁凤娟

河北省会大气环境质量现状分析及对策研究

河北科技大学

一、河北省会环境概况及现状分析

（一）气候条件概况

河北省会，属暖温带大陆性半湿润半干旱气候，受季风影响，春季干旱多风，夏季炎热多雨，秋季天高气爽，冬季寒冷干燥。

多年平均气温13.3摄氏度；

平均降水量为534.6毫米；

多年平均日照2514小时；

晴天平均日数102天，阴天101天；

河北省会年平均相对湿度62.0%；

多年平均风速1.6米/秒；

主导风向西北—东南风；

年平均雾天日数174天；

大雾日数为25天；

霾日数为66天。

“十一五”期间，河北省会五年平均雾天日数190天，较历年平均值增加16天。河北省会郊县相对湿度明显高于市区，城市“干岛”效应明显，市区风向呈明显主导风向型。同时，由于大陆性季风气候影响，石家庄的风向变化具有季节性特点，同时受西部和西北部山脉屏障作用的特殊地形影响，山谷风特点明显。随着城市的发展，受城市建筑和植被影响，地面粗糙度发生了变化，城市风也发生了变化，特别是大风日数减少，年静风频率增加，近年来河北省会大雾日数大幅减少。河北省会沙尘天春季多而夏秋少，滹沱河生态环境整治以来，河北省会基本没有出现沙尘天气，而浮尘和扬沙天气也只是偶尔出现。

（二）河北省会PM2.5污染现状

2012年6月1日起，河北省会开始向社会发布监测中心、平安电站两个点位的PM2.5研究性监测数据。截止到2012年12月31日，河北省会PM2.5的24小时平均浓度范围为$8\mu g/m^3$—$316\mu g/m^3$，24小时平均浓度超标率41.8%；日均浓度平均值为

$77\mu g/m^3$，是新空气质量年平均浓度二级标准值的2.20倍，占同时期同点位可吸入颗粒物(PM10)浓度的72.6%。河北省会PM2.5达标情况处于全国城市的下游水平。与首都北京进行同期比较，2012年6月1日—12月31日，北京市PM2.5的24小时平均浓度范围为$9\mu g/m^3$—$273\mu g/m^3$，24小时平均浓度超标率为38.3%；日均浓度平均值为$76\mu g/m^3$，是新空气质量年平均浓度二级标准值的2.17倍。

2013年1月1日，河北省会开始向社会全面发布城市8个空气质量自动监测点位(内含封龙山背景点)的PM2.5实时监测数据。根据监测结果，2013年1月1日—6月30日，我市细颗粒物(PM2.5)24小时平均浓度范围为$26\mu g/m^3$—$771\mu g/m^3$，超标率81.2%。日均浓度平均值为$172\mu g/m^3$，是新空气质量年平均浓度二级标准值的5.0倍，占同时期全市可吸入颗粒物(PM10)浓度的51.2%。

2013年上半年，河北省会共有64天首要污染物为PM2.5，按照各项污染物分担率评价，PM10的污染分担率为49.0%(其中PM2.5的污染物分担率为25.1%)；对大气污染影响最大的为颗粒物(包括PM10和PM2.5)。

(三)河北省会大气污染概述

根据公开发布的数据，河北省会的大气污染呈现出明显的特征，一般来说，河北省会主要污染的最高点在清晨，最低点出现在午后，这一特点以每日为周期变化，称为晨峰午谷。这种变化取决于气象条件、污染物排放周期、城市人居生活周期等。

作为典型的北方城市，河北省会采暖期的大气污染值远远高于非采暖期，四季变化一般顺序是冬季污染高于春季，春季比夏季严重，一年之中天气最好的时段往往集中于秋季，原因是本地区处于大陆性季风气候条件，四季分明。作为主要燃料的煤炭在冬季使用量最大，冬季逆温现象明显，阻碍了污染物的扩散，全年风速均偏低，静风天气多。春季虽然风速增大，但粗颗粒污染更为严重。

河北省会污染物的空间分布与污染源的分布情况、城市气象条件、城市建筑结构、城市布局及污染物的迁移扩散特征有密切关系。

二氧化硫和二氧化氮的空间分布，受工业污染源和生活污染源的局部影响很大。数据分析表明，河北省会二氧化硫浓度分布中心市区内测点明显高于主城区外的测点，这主要是因为二氧化硫污染源主要是燃煤排放，污染分布受工业污染源和生活污染源的局部燃煤污染影响较大，而主城区内人口密集，热电厂、供热站以及居民生活的燃煤污染源分布相对外围明显集中，污染物排放量大，直接造成了主城区内二氧化硫污染比较严重。

河北省会城区各点位二氧化氮浓度分布差异不明显。二氧化氮污染浓度最高的三个测点均位于市区主要交通干线两侧，位于南二环的西南高教测点浓度最高，该测点毗邻交通干线，机动车行驶密度较大，受机动车排放的二氧化氮污染影响相对较重。可吸入颗粒物在河北省会主城区内的不同区域浓度值差别不十分明显，这说明尘污染是一个大区域的环境问题，贡献源种类多，分布散，影响范围相应较大。

2010年河北省会各县(市)、区环境空气各城镇空气污染程度、污染特征及首要污染物与当地经济结构、区位条件、经济发展水平密切相关。

其大致规律为：能耗大、重工业比例高、建材工业比重大的城镇，城区可吸入颗粒物浓度高；经济发展水平较高的城镇污染物浓度高于经济水平相对较低的城镇。工业污染源排放和区域生态水平对城镇空气质量影响占主导地位。

近年来，河北省会力图改变"煤烟型"污染严重的状况，已经取得了一定的成效。推广低硫煤，拆除小锅炉，城中村改造等工程的实施，一定程度上在燃煤量不断增加的情况下遏制了空气质量进一步变差的危险。但是，在河北省会的能源结构没有发生根本性改变的情况下，受气象条件和生态环境脆弱等天然因素制约，以及受工业结构与产业布局、城市建设与管理水平、经济实力与思想观念等人为因素的影响，在"煤烟型"污染尚未根治的同时，"复合型"污染越来越凸显。

此外，由于河北省会周边区域生态环境恶劣，沙滩地、裸露地面、施工工地等扬尘源众多，在风力较大时，或沙尘天气到来时，本地沙尘给环境带来极大的负担，加重了污染。春季的地面扬尘，严重地影响了环境空气质量。

虽经统计分析，河北省会"十一五"期间仍然以煤烟型污染为主，但河北省会以医药化工为主导产业，产业结构特点决定了本区域大气环境易受到有机污染物排放和异味气体影响，虽然河北省会尚未进行相关参数的日常监测，但从污染投诉案件及公众日常反映的情况分析，有机和异味气体污染问题已成为人们关注的焦点问题，也是今后环境保护工作值得引起重视的问题。扬尘污染、机动车排放污染、医药化工行业有机废气及异味污染、居民生活及餐饮业油烟污染等复合型污染问题日趋加重。因此，环境空气质量持续改善的任务相当艰巨。

二、省会大气环境治理对策

省会大气质量是"天灾人祸"综合作用的结果，影响省会大气环境质量的"元凶"是能源结构不合理，城市空间布局、产业布局和产业结构不合理是"帮凶"，城市快速膨胀起到了推波助澜的作用，特殊的地理和气候条件使大气环境质量雪上加霜。因此，需要继续推进"减煤增气、洁城净天、生态绿化"工作，不断优化产业布局，不断调整产业结构，大力推行技术措施，多措并举、综合治理，使市区 PM10、SO_2、NO_2年均浓度稳定达到国家二级以上标准，降尘量低于省控指标，力争在稳定二级以上优良天数的基础上，一级天数再上新台阶。

河北省社会科学发展研究课题民生专项　课题编号：201301071
课题负责人：杨敬坡
课题组成员：李　晗　禄　飞　刘万里　于涵泽　杨　颖

区域发展篇

从协同创新发力，加快打造河北经济的“升级版”

省委政策研究室

提出这一命题，主要有感于两点：

一是，着力推进协同创新，全年人均国内生产总值超过1.2万美元的北京市近来表现出前所未有的积极姿态。在决策层面，2012年北京市委、市政府出台的《关于深化科技体制改革加快首都创新体系建设的意见》和2013年“两会”上的《政府工作报告》都明确强调：要“加强首都经济圈科技交流合作。促进区域间科技要素的流动与对接，推进首都经济圈科技交流与产业创新协作、设施共建与科技资源开放共享，共同推进重大项目，联合建设开发区，促进区域优势互补与合作共赢”。在操作层面，2013年3月有两个引人注目的大动作：一是北京与天津两市共同签署了《关于加强经济与社会发展合作协议》。京津两市将从推动区域发展战略规划编制、开展产业转移和对接合作、打造教育和科技研发高地、加强人才共享互通合作、加快金融一体化进程、改善京津地区环境质量、建立合作长效工作机制等十个方面推进，实现双方合作互利共赢发展。二是牵手千里之外，成立了“一城两区”(即北京国家现代农业科技城、杨凌现代农业高新技术产业示范区、黄河三角洲国家现代农业科技示范区)农业科技协同创新战略联盟。旨在促进不同园区之间政策联动，资源整合，优势互补，充分发挥三方各自在资金、人才、技术、土地、品牌、市场等各方面的优势和特色，统筹科技资源、行政资源和自然资源，聚集科技、金融、信息、服务等多种要素，促进农业科技资源的高效配置，吸引金融投资服务进入现代农业，实现传统农业向现代农业真正的跨越。

二是，面对协同创新加快推进的佳机，我省一些理应担当主角的企业单位却更多地出现在“看客”席位上。仅举四例：1.2012年3月，旨在突破高校内部以及与外部的机制体制壁垒，释放人才、资源等创新要素的活力，教育部、财政部启动了共同申报协同创新中心的国家“2011计划”。在第一批71个协同创新中心376家参与者中，河北仅有2家。此后确认的第二批协同创新中心35家牵头单位与河北无缘。2.2012年8月，钢铁共性技术协同创新中心在北京成立。由北京科技大学和东北大学牵头，联合鞍钢、宝钢、武钢、首钢等骨干钢铁企业，中国钢研科技集团、中科院金属研究所等研究院所，上海大学、武汉科技大学等高校共同组建。该中心整合协同创新体内优质资源，建立“同一个任务、同一个目标、同一支队伍、同一个机制”，实行全面开放、资源共享的新型管理运行模式，力促我国在钢铁材料领域的原始创新和关键技术研发能力达到世界领先水平，全面提升钢铁行业的创新能力。耐人寻味的是，钢铁产能居全国之首的河北无一涉足。3. 自2010年起，分为国家、区域和基层三级站点的中国创新驿站开始启动，先后分两批遍布国内27个区域和基层站点，共计83家。该驿站是在依托现有资源，创新技术转移机制和模式的基础上，建立以需求为导向，以企业为主体，以市场为标准，以信息化手段为支撑，跨地区、跨行业、跨领域的技术转移服务体系，由国家、区域、基层三级站点组成，面向企业、产业和区域创新提供一站式服务。借助省市区创新驿站建立的信息化网络平台和数据库，中小企业可以方便高效地发布各类技术需求，并通过技术经纪师为供需双方提供科技成果的转移转化服务。我省中小企业为数众多，对技术、信息、人才等现代服务，可谓需求旺盛，但在遍布22省市区的基层站点中，河北不见踪影。4. 2012年，北京市技术输入流向中26.7%留在北京，56.3%流向外省市，17%出口。其中输入河北的仅占2.4%。

上述事例至少传递了两个信号，一是随着“首都服务”需求升级，北京多年聚集的创新能量正在向更大的空间辐射扩散，向域外拓展互补共利的合作发展已经进入实质阶段；二是一些习惯于单打独斗的企业和部门，应对协同创新加快发展还缺乏准备。

要“更加注重协同创新”，是党的十八大报告在强调实施创新驱动战略时明确提出的要求。什么是协同创新？按照流行的说法，即以自主创新为基础的集技术创新、制度创新、产业创新、组织创新为一体的创新协同过程。其内涵概而言之，是以市场需求为导向，以利益共享、风险共担、资源互补、功能互动、平台互通为原则，进而实现创新要素的全面协同，切实让政、产、学、研、金各方面主体有机结合、联动发展的有效方式。在协同创新活动中，企业往往能够根据市场的变化和创新的需求实现资源高效配置，打破厂家和厂家、用户和厂家之间的技术壁垒，从而实现资源利用的最优化；一方一地，可以由此突破条块分割和部门壁垒，充分释放和有效集成域内外的人才、资本、信息、技术等创新资源和要素，使当地科技创新整体效能加快提升。

应该说，对创新资源相对不足却独具环京津区位优势的河北而言，大力推进协同创新，是搭乘“首都创新”快车，迅速提升创新“短板”，缩小与发达省市差距，进而实现后发赶超的千载良机。但同时也必须正视这样一个现实：面对人均GDP不及京津一半的明显落差，我省能不能用好协同创新的撬杠，充分聚集京津的优质资源惠及河北，关键取决于我们立足现有基础，用开放的思维、市场的视角谋划运作，在战略上、制度创新上有所作为。为此，提四点建议。

一、以深化与清华大学的合作为重点，深入推进省校院协同创新。位于廊坊开发区的河北清华发展研究院，于2002年由我省与清华大学联手共建，最初定位于“省校合作的桥梁、成果转化的平台、技术创新的源泉、人才培训的摇篮”，是清华大学与地方省市合作在国内仅有的四家地方研究院之一。然而，由于种种原因，该院的发展一直不能如人所愿。在新的形势下，能不能用好用活用足河北清华发展研究院，拓展协同创新领域，提升协同创新水平，对充分发挥环首都优势，展示河北协同创新的形象，有不可估量的辐射效应。基于此：1. 近期，由省发改委牵头，联手京冀两地相关单位，就我省与清华的合作进行专题调研，精心谋划协同创新项目，制定协同创新专项计划。2. 2013 年内，由省领导择机拜访清华，进行省校高层对话，共同商定深入推进协同创新的相关事宜。3. 依托河北清华发展研究院，建立省政府与首都高校院所产业技术协同创新联席会议制度。4. 鼓励支持河北清华发展研究院建设高层次创新人才的"创业基地"。利用其创业成本优势，广泛吸引海内外高层次创新人才到河北进行科研和创业。5. 由河北科技风险投资公司、地方政府机构（投入的土地、资金）、河北清华发展研究院（无形资产）三方合股组建风险投资公司，实行市场化运作、滚动发展，解决清华与河北推进协同创新所需的资金。

二、以秦皇岛"数谷"为基地，联手北京推进数据产业的协同创新。当今数据和信息资源已成为继人力资源和物质资源以外的第三大资源。来自麦肯锡 2012 年的大数据报告显示，大数据产业为美国医疗系统带来每年 3000 亿美元的收益；为欧洲公共管理部门带来 2500 亿欧元的收益；为零售业增加 60%的净利润；为制造业减少 50%的产品研发等成本；个人地理位置信息的利用，为服务商带来超过 1000 亿美元的收益，为用户带来超过 7000 亿美元的价值。在瞬息万变的市场中，谁能在第一时间对海量的数据做出正确的分析判断并迅即行动，谁才能抢占先机。在这方面，京冀合作互补具有极大的价值提升空间。北京数据产业的创新优势自不待言，但受制成本和基于数据对异地灾备中心（指在异地城市建立一个备份的灾备中心，用于双中心的数据备份，当双中心出现自然灾害等原因而发生故障时，异地灾备中心可以用备份数据进行业务的恢复）的要求，北京与秦皇岛合作有内在的互补需求。不仅仅因为国内率先提出发展数据产业的是秦皇岛经济技术开发区，国内第一家以数据产业研究为主题的专业研究院是秦皇岛数据产业技术研究院，已上线的全球首个基于云计算的三维互联网应用孵化平台在秦皇岛经济技术开发区，还有秦皇岛（中科院）数据产业研发转化基地内聚集着包括 IBM 三维互联网技术平台、北京大学（秦皇岛）科技产业园、工信部电子五所秦皇岛分所、中国动漫集团（秦皇岛）动漫游戏产业基地等多个战略性合作项目以及 40 余家数据企业。更重要的是，秦皇岛地理构造的稳定性十分适合数据灾备，对数据产业所需空间及大量中低端人才的成本优势明显。基于此，我省应从更高的层面、组织更大的力量谋划运作，在制度创新上有所突破，以更加深入细致的工作借势推进，抓紧促成京冀数据产业技术创新战略联盟，形成风险共担、利益共享的联合体，在当今激烈竞争的数据产业中赢得发展的主动权。

三、以石家庄生物医药产业基地为主要抓手，加快推进战略性新兴产业的协同创新。协同创新的根本动力是互补共赢，在这方面，京津冀的生物医药产业有良好的基础。在 2011 年度中国医药工业百强企业中，京津冀就占 13 家，其中河北 4 家，分别排第 5、第 6、第 62、第 94 位；北京 5 家，分别排第 12、第 54、第 96、第 97、第 100 位；天津 4 家，分别排第 32、第 65、第 68、第 81 位。北京拥有众多的生物医疗研究教学机构和国家重点实验室，已成为中国最大的研发基地和成果产出最多、创造力最强的地区；天津在基因工程、干细胞功能基因组等领域，有一大批具有自主知识产权的技术和产品；河北具有良好的产业基础，抗生素、维生素两个产业技术创新战略联盟和若干"国家高技术产业化示范工程""国家863高技术产业化基地”“国家企业技术中心”“国家微生物药物工程研究中心”“企业新药物孵化基地建设”和“石药集团创新药物研制产学研联盟建设”等国家命名和立项建设的国家级高技术生物药物的研发机构，可作为京津技术成果的产业化基地。京津冀三地虽然在中药、化学药品、生物药品研发生产销售领域互有优势，在医药产业链和价值链方面具有较强的互补性，但缺乏深层次、高水平的互动合作。当今生物医药市场竞争日趋加剧，要迅速抢占国际竞争的制高点，唯有从协同创新方面求突破。对此，我们应顺势而为，围绕突破产业发展的核心技术，形成重要的产业技术标准，加快提升京津冀生物医药产业的竞争力，由政府搭台，企业“抱团”运作，与京津共同谋划，促成京津冀生物医药产业战略结盟。

四、以冀南新区为试点，吸引京津异地共建产业合作区。外地的成功经验表明，立足于产业结构、企业布局安排，坚持市场运作、优势互补、制度推进，以企业与京津开发区联手，或异地开发区“结对子”合作，或政府间择定共建园区，或以研发在京津、生产在外地的“总部经济、异地生产、统一经营”为模式，共建异地合作开发区或产业合作区，可谓多方互利共赢的有效之举。北京市《政府工作报告》明确提出，要“探索与周边地区共建产业基地的途径和模式”。与此紧密对接，以《中原经济区规划》明确邯郸依托冀南新区建设全国重要的先进制造业基地为契机，可考虑在冀南新区与京津合作共建以现代制造业为主的协同创新发展试验园区。主要采取共建园中园或共管园，利益分享施行一园一策。将“净地”交给京津政府，由其组织开发建设与管理，独立经营、封闭运作。5年内，将园区新增增值税和所得税市、县留成部分全额补贴给园区，并安排相应的专项资金用于支持试验园区发展。

河北省社会科学发展研究课题民生专项　课题编号：201301001
课题负责人：张建国

发挥环首都区位优势　打造沿海经济强市

唐山市社科联　唐山职业技术学院

随着我国全面进入城市发展快节奏时代，城市特别是沿海地区城市将成为真正意义上的经济社会主导。对于已被列入国务院《河北沿海地区发展规划》的省域中心城市唐山而言，应充分发挥位居环首都经济圈的地理区位优势，发挥区域经济特色及城市辐射效应，运用"三循环"发展模式，内外兼顾、统筹谋划，优化效能、扬长避短，打造升级版的沿海经济强市。

一、环首都区位优势

(一)交通优势

唐山市地处交通要塞，铁路、公路、高速公路、港口相互交织。京哈、通坨、京秦、大秦4条铁路干线和京山、大秦、七滦、迁曹、滦港铁路纵横穿越全境。京沈、津唐、唐港、唐承、沿海高速公路与环城高速公路、国道相交连接，形成网络，四通八达。一小时车程连接京津，是京津唐(城市群)金三角的一角。唐山港和京唐港为国际通航的重要港口。在航行方面，唐山三女河机场先后开通了上海、广州、成都、昆明、长沙、西安和三亚等7条远距离航线和石家庄、青岛、大连、哈尔滨4条近距离航线，唐山的交通实现了进一步的完善和提速。铁路、公路、高速公路、港口和机场交织成网，成为唐山市交通运输和人员出行十分便利的重要条件。

(二)矿产资源优势

唐山能源资源十分丰富，主要有煤炭、石油、天然气资源，风能、太阳能、地热能资源也具有广泛的开发远景。全市水能理论蕴藏量为70.3万千瓦，可开发利用的水能为52.77万千瓦。矿产资源品种多、储量大、分布集中、易于采选，目前已发现并探明储量的矿藏有47种，煤炭保有量63亿吨，为全国焦煤主要产区。石油、天然气、石灰岩、黄金等储量亦十分可观。数据显示，位于唐山的冀东南堡油田已发现四个含油构造，基本落实三级油气地质储量(当量)10.2亿吨，其中探明储量4.0507亿吨，控制储量2.9834亿吨，预测储量2.0217亿吨，天然气地质储量折算油当量1.1163亿吨。此外，唐山还拥有亚洲最大的盐场——南堡盐场，以及全国纯碱和化纤行业的排头兵、省属国有重点骨干企业——唐山三友集团有限公司。

(三)工业基础优势

撇开悠久的工业历史不说，单说现在的唐山，已经拥有160多个工业门类，形成了以煤炭、钢铁、电力、建材、机械、化工、陶瓷、纺织、造纸、食品为主的十大支柱产业，拥有开滦股份、河北钢铁、冀东水泥、机车车辆、三友碱业、唐山陶瓷、京唐港、晶源电子和庞大集团等一大批大型骨干优势企业和优势民营企业。2011 年中国城市 GDP 排行 50 强中，唐山突破 5400 亿，跨入前 19 位。

(四)旅游资源优势

唐山市的旅游资源得天优厚，可以概括为“红、黄、蓝、绿、白”(红色旅游、皇家旅游、滨海旅游、生态旅游、冰雪旅游)，其中李大钊故居及纪念馆、清东陵、景忠山、南湖中央生态公园、青山关、万佛园、月坨岛、汇丰湖运河唐人街、开滦国家矿山公园为国家四 A 级风景区。此外，还有潘家口水下长城、菩提岛、金银滩、凤凰山公园、大城山公园、滦州古城、曹雪芹文化园、成兆才纪念馆、唐山皮影馆等众多自然和人文景观。色彩丰富的旅游资源，吸引了京津乃至全国的旅游消费群体。

(五)人才资源优势

在知识经济时代的背景下，人才资源对经济增长起着决定性作用。大力支持高等教育和职业教育的发展，为唐山提供了大批高素质的人才，提供了宝贵的人才支撑。唐山的地理位置拱卫京津，我们应充分利用这种得天独厚的优势，“借鸡下蛋”“柔性引进”“弹性引进”，积极吸引京津人才来唐创业，为唐山的经济发展提供有力的智力支持。

(六)市场优势

唐山位于中国东部沿海的人口密集区，毗邻北京、天津两个直辖市，其中北京人口即将突破 2000 万人，天津常住人口 2013 年超过 1400 万人，而唐山人口也达 740 余万人。消费市场前景广阔，消费结构快速升级，逐年扩大，精心打造服务产业，必能迎合不同层次人口大规模的市场需求。另外，环首都区位优势为唐山经济发展提供了新的机遇，对区域内一体化的产业、基础设施、生态环境、资源利用等规划的制订和实施，对区域内经济发展正在转型升级的唐山提供了重要的经济增长点和就业增长点，为唐山市打造沿海经济强市提供了更大的平台。

二、解放思想、发挥优势，奠定经济腾飞的软实力

(一)找准自身定位，树立科学理念

首先是树立市场理念。就是要尊重和顺应市场规律，遵循市场竞争法则，发挥市场机制在资源配置中的基础性作用，运用市场化手段抓改革、谋发展。其次是树立开放理念。开放是当今时代的重要特征。开放才能跟上时代潮流，实现跨越式发展。有开放才能有出路，有出路才能有发展，有发展才能有创新，有创新才能有突破。开放是发展过程中永恒不变的主题。再次是要树立科学发展理念。科技是第一生产力，是引领创新驱动、转型升级的根本力量。唐山要在新一轮竞争中实现进入沿海城市第二梯队的战略目标，尤其需要科技创新的支撑，需要创新驱动。而以科技创新推动转型升级，必须要牢固树立科技思维。最后要树立法治理念。树立法治理念，按照法治的逻辑来观察、分析和解决问题，建设公平规范的经营环境、依法经营的诚信环境、平安稳定的社会环境。

（二）树立“沿海意识”，不断锐意进取

“沿海意识”是一种理念，其核心就是：深化改革开放、率先创新发展。同时，随着改革开放的发展，“沿海意识”的内涵也在不断丰富和拓展。

“沿海意识”不是囿于地理概念，它代表着一种国际意识。重点表现为崇尚交流，追求共赢，在合作交流中发展壮大自己。

“沿海意识”也代表着创新，要敢于冲破思想的藩篱，打破体制的坚冰，革新求变、奋发图强。把改革创新为核心的时代精神融入人们的思维方式、工作方式、生活方式。

“沿海意识”也包含着竞争。它既可能失败，也可能获得成功。欲取得竞争的优胜，既要勇于面对，又必须对竞争有深刻的认识，树立正确的竞争意识。

“沿海意识”也体现着市场意识。就是按市场需求变化谋生产、按市场经济规律谋发展的意识。市场需求是行动指南，价值规律为行为准则，在市场的大风大浪中搏击奋进。

只有不断地强化这种“沿海意识”，唐山才能走出河北，成为全国闻名的经济实体。

三、采取科学对策，实现经济腾飞

（一）着眼“三循环”发展模式

1. 国际循环模式：沿海产业隆起带与国际经济的协调发展。立足河北，放眼世界，依托港口，建设紧密相连的经济带、产业带，使其进入国际经济循环平台。随着城市的影响力和国际知名度的提升，实现发展主体上的联动性良性循环。

2. 区域内循环模式：建立基于市场经济原理的环京津产业链条。北京作为政治文化中心的重新定位，势必促进北京制造业的向外转移，而唐山具有承接产业转移的条件、优势与经验。发挥区域特色、借鉴首都及发达城市的经验，这些都为区域共同体的发展和环京津产业链提供了巨大的效能。唐山应参照大都市市场经济理念与发展模式，融入环京津产业链当中，发挥其比较优势。

3. 自身区域循环模式：唐山内地经济与沿海经济协调发展。唐山既有经济发展的沿海地区，也有发展相对较慢的中部地区；既有先进的工业基地，也有较为落后的农业地区，这就要求唐山充分发挥地域互补优势，将内地经济与沿海经济联系起来，形成串联、带动循环，发挥其整体优势，实现沿海经济强市的战略目标。

（二）在为首都服务上做文章

1. 在菜篮子上做文章

把北京看成是唐山的最大市场，全方位地为之服务，以满足北京的需求。重点是盯住北京的菜篮子，建立生态农业基地。唐山与北京的距离近，交通便利，更要抓住这个发展契机。

2. 在发展特色旅游上做文章

唐山旅游资源丰富，特色鲜明，既有历史底蕴深厚的清东陵和景忠山，又有中国近代革命的先驱——李大钊的故居和纪念馆等红色旅游资源，还有唐山大地震留下的地震遗址，以及新打造的唐山湾国际旅游岛。近年来，唐山多次荣膺“中国未来十年最具发展潜力城市之一”及“中国综合实力前50强城市”“中国最具世界影响力城市”等殊荣，这些都为唐山的旅游市场打下了良好的基础，若与北京的旅游资源形成完美对接，必定能够取得不菲的成绩。

3. 在桥梁纽带上做文章

唐山拱卫京津，地理位置独特，既可以一手托两家，也可以两面都借力。如果进展顺利，北京市在能源和矿产资源的使用、港口资源的共享，天津市在外贸市场、水资源的区域开发，唐山市在吸纳京津资金、技术、人才和承接京津产业转移等方面都互利互赢，区域合作将有力地推动整个区域经济的发展。

4. 在科技创新成果转化上做文章

北京每年产生1.5万多项技术成果，大部分并未在北京周边区域进行有效转化。现在已经到了推进首都经济圈内区域之间、城市之间协调发展的新阶段。唐山应抓住这个难得而又宝贵的机遇，大力引进京津高科技科研成果，改造传统的工业、农业生产模式和套路，打造高科技工业生产园区和现代农业生产基地，实现经济建设的转型升级、跨越发展。

河北省社会科学发展研究课题民生专项　课题编号：201301191

课题负责人：陈　伟

课题组成员：杜建军　李友林

河北省环首都周边地区与首都协同发展研究

河北大学

一、两地协同发展的动因分析

长三角与珠三角创造了区域经济发展的奇迹，成为我国区域经济中增长速度最快、投资环境最佳的两大区域。相比之下，河北环首都地区与北京却呈现出"北京一枝独秀"和"环首都贫困带"的极化现象，这不但使其区位优势得不到充分的利用，也造成了周边人口向北京高度聚集的压力。人口快速增长，入学难、入托难使北京市区社会管理困难重重，"这个向往着具有更强国际竞争力的城市，在种种负荷下，走得越来越吃力"。显然，"这些已远不是车的限行限号、房的限购限价等技术手段所能解决的了，功能分解与再造，是这个城市无法绕行的课题"。

环首都周边地区与首都协同发展不仅有其必要性，同时也存在其现实条件：

第一，地理交通。河北省环首都周边地区地处北京经济圈紧密层，具备北京高能资源聚集和环首都周边地区低成本优势对接的优越条件。涿州独特的区位优势，成为中国南资北移、南企北扩、进军北京的"桥头堡"。固安与北京大兴区仅有永定河相隔，古有"天子脚下"之城、今有"京南明珠"的美誉。赤城县与北京山水相依，是北京的饮用水资源基地、生态保护屏障、绿色食品供应基地。

第二，历史文化。河北省有丰厚的历史文化资源，在2000多年的历史长河中，环首都周边地区不同的文化经过长期的碰撞、融合，衍生出丰厚的物质和非物质文化遗产，区别于北京的"皇城文化"，首都周边城市正以无法克隆的历史文化优势抢占着旅游与文化产业发展的先机。

第三，区域发展。环首都周边地区多数为发展中的城市，有着良好的发展态势。涿州有良好的农业基础；固安大力实施开放性战略，被国际国内权威机构授予"跨国公司最佳投资开发区"等荣誉称号；赤城县县内资源丰富，尤其是矿产、林牧、野生动植物资源丰富，是河北省资源大县。

另外，环首都周边地区还可以发挥地理优势，利用北京市场，形成与北京的良好对接。

二、两地协同发展的内容解读

环首都周边地区与首都的协同发展必须破除过去那种被动“服从”和单方面“服务”的惯性思维方式，也不是各方面“完全对等”，而是建立在平等互惠基础上的双赢模式。

按照这种理解，两地协同发展至少包含以下方面。

（一）人才交流

北京集中了一大批高端科技和管理人才，随着这些年的聚集，北京的高端人才已出现“过剩”苗头，急于寻求人才释放的窗口。而河北省环首都的区县具有各种技能性人才的巨大需求能力，已成为北京市区不同层次人才市场强有力的竞争者。

（二）产业对接

河北省环首都周边地区具有生产要素成本低廉的优势，在此基础之上，可以搭乘北京建设“世界城市”的便车，大力吸纳首都产业转移，延伸产业链条，有效地承接首都产业转移和功能扩散，提升创新性、开放性、可持续性的增值服务。

（三）空间置换

产业是在一定空间聚集而发展的，离开空间一切皆归零。由于地理相近，北京与河北省空间置换显得尤为重要。在对京冀各地区职能明确分工之后可以重点发展，协调合作，以核心带动局部，实现区域分工和整合，增强其空间效率。

（四）交通兼容

河北省占据“环京津”“环渤海”的区位优势，因此京冀两地应实现一体化交通，全力打造航空、港口、公路和铁路四大枢纽，构筑海、陆、空全方位发展的现代化立体交通体系。京冀两地交通的一体化可以实现“缩地”效应。

（五）区域协作

京冀尽管地理位置上相邻，但毕竟属于不同的行政区划，为了促进环首都周边地区与首都协同发展，京冀两地需要共同突破区域合作之间的体制机制障碍，建立区域合作协调机制。

三、两地协同发展的路径探求

（一）建立区域发展的协调机构

首先，中央政府要充分发挥宏观指导和调控作用，在国务院层面成立专门的组织机构，统筹协调解决环首都经济圈发展中的重大问题。其次，由两地政府领导出面组建协作机构。再次，组建精炼、高效的办事机构，具体落实规划项目，执行两地协作机构下达的工作。

（二）坚持平等互惠的协同原则

两地协同发展必须本着“资源共享、产业融合、互利双赢、共同发展”的原则，促进发展空间、产业政策、要素流动的高度融合，实现合理分工、优势互补、共同发展。

一是要坚持错位发展战略。首都以及环首都周边地区都有其自身的优缺点，应根据不同城市的特点和优势，充分发挥市场机制，有效配置资源，优势互补，形成区域产业分工体系。

二是要坚持错时发展战略。随着经济发展进入后工业化的时代，北京逐渐从以制造业为主过渡到以信息服务、文化创意等第三产业为主。而环首都经济圈目前仅处于工业化和城市化的中期，应重点考虑发展以下产业：1. 都市型工业；2. 都市型农业；3. 与北京都市区的经济与生活关联性强的服务业等。

三是要坚持无缝对接战略。京冀两地的地理相近、交通快捷、风俗习惯相似等，为其无缝对接提供了便利条件。

（三）构筑各种支持体系

原则性的“共识”，很难有效推进京冀两地具体领域的协调发展，需要建立健全各种支持体系：

第一，规划体系建设。当务之急是根据京冀两地的产业基础、资源状态、区位优势等条件，由国务院层面出台有利于长远发展的具体实施方案。

第二，交通体系建设。以建设快速通道为重点，以同城化为目标，推进环首都周边地区交通基础设施与北京全面对接。

第三，通讯体系建设。将通讯基础设施纳入城乡建设总体规划，加强卫星通信、移动通信、网络通信等通信网络的设施建设，推进京冀两地的信息交流。

第四，金融体系建设。在京冀两地建设并完善政策性银行、国有商业银行、地方性银行、股份制银行以及外资银行并存的银行体系；以全国性证券、信托公司或其他在该地区机构为主体，地方证券、信托公司并存，各类证券中介机构为补充，共同发展的证券、信托组织体系；国有保险公司、多家股份制保险公司和专业保险中介机构分工协作、共同发展的保险组织体系。

第五，服务保障体系建设。加快基础设施和公共服务的一体化。加快基础设施建设，特别是实现双方基础设施的无缝对接，是加快京冀经济一体化的重要条件。

（四）优化两地环境条件

一要营造良好的人文环境。为首都以及环首都地区营造并提供一个亲商、引商、扶商、安商的浓厚氛围。二是营造宽松的政策环境，树立起“环首都经济圈”的创新意识和特区理念，打造“政策洼地”。三是营造舒适的生活环境，完善企业的配套服务，改善城市基础设施，为广大人民群众提供各种生活便利条件。四是保护良好的生态环境。大力完善区域生态补偿机制，转变发展方式，探索绿色经济新模式，明确经济战略调整的基本方向，形成生态经济、循环经济体系。

参考文献：

[1]王真：《河北从“需要”到“被需要”》，《燕赵都市报》2011—5—19。

[2]“河北省改革战略研究会”课题组：《当前环首都绿色经济圈建设中存在的主要问题及相关对策研究》，《改革与发展》2012年第1期。

[3]陈文丰：《环首都经济圈发展路径建议》，《中国科学报》2013—2—5。

[4]姜石良：《河北省环首都地区与北京协同发展研究》，《城市规划》2011年第9期。

[5]樊杰等:《京津冀都市圈区域综合规划研究》,科学出版社 2008 年版。

河北省社会科学发展研究课题民生专项　课题编号:201301042
课题负责人:程长羽
课题组成员:樊　娴

河北省环首都地区绿色农业发展的现状与对策研究

——以张家口市怀来县为例

河北北方学院

河北省环首都地区是推进京津冀区域一体化,打造首都经济圈的重要战略区域。农业作为河北省的支柱产业之一,是河北省环首都地区经济发展的重中之重。着力发展绿色农业是实现农业结构战略性调整,顺应现代农业发展趋向的根本举措。推进河北省环首都地区绿色农业发展,对于促进农业可持续发展,缓解环首都地区贫困带,推动京津冀区域一体化等具有重要意义。

一、河北省环首都地区发展绿色农业的区位优势

绿色农业是以科技为支撑,融农业发展与产品安全、生态安全、环境安全为一体的,以提高农业综合效益,实现农业可持续发展为目标的新型现代农业发展模式。发展绿色农业是推进农业结构调整,转变农业经济发展方式,保护农业生态环境,实现农业可持续发展的必由之路。随着农业结构的调整,河北省在农业发展方面更加重视绿色发展理念,注重农业发展、资源节约、环境友好、生态安全的协调统一,追求农业发展的综合效益。

随着京津冀区域一体化发展,特别是国家"十二五"规划纲要提出"打造环首都经济圈"的区域发展规划以后,河北省具有的接受辐射、借力发展的区域优势更加突显。充分发挥区域优势,积极、主动融入环首都经济圈,是河北省经济社会发展的一个重大战略。为此,河北省"十二五"规划纲要明确提出"建设环首都经济圈,逐步把环首都地区打造成为经济发达的新兴产业圈、绿色有机的现代农业圈、独具魅力的休闲度假圈、环境优美的生态环保圈、舒适怡人的宜居生活圈"的发展目标,并相继下发《关于加快河北省环首都经济圈产业发展的实施意见》《河北省环首都新兴产业示范区开发建设方案》。

"环首都经济圈"主要包括保定、张家口、承德、廊坊四市中毗邻北京、交通便利的涿州、安次、涞水、涿鹿、怀来、赤城、丰宁、滦平、兴隆、三河、大厂、香河、广阳、固安等 14 个县(市、区)。环首都地区主要是以"环首都经济圈"为内核,并向外扩展延伸包括保定、张家口、承德、廊坊、唐山在内的环绕北京的大片区域。这一区域是河北省发展基础较好、发展潜力巨大的区域,在打造环首都经济圈,促进京津冀区域一体化发展方面,具有独特的区位优势。

从地理条件看，环首都地区毗邻北京、交通便利，同时腹地广阔、土地资源丰富、空间容量较大、开发成本较低，能够为首都城市功能拓展和产业转移提供有利的空间和条件。从自然条件看，这一地区温度适宜，热量充足，降水量小，昼夜温差大，无霜期适宜，加之土壤状况良好，病虫害种类少、发生程度轻，为种植、生产优质蔬菜、果品提供了非常适宜的环境条件。因此，积极利用河北省环首都地区的区位优势，把绿色农业作为环首都地区经济发展的新的增长点和推动力，是打造环首都绿色经济圈的一项重要战略举措。

二、河北省环首都地区绿色农业发展的现状——以怀来县为例

以张家口市怀来县为例。怀来县是河北省的优质果品生产基地县，当地的自然、地理和气候条件，为生产优质果品提供了良好的环境条件，是发展绿色农业的理想场地。该县充分利用其区位优势，积极发展绿色农业，在河北省环首都地区推动绿色农业方面起到了典型示范的作用。

第一，以村镇为重点，结合各村镇的资源优势，建设特色蔬菜种植区。目前已建成四大颇具特色的蔬菜种植区，包括大葱、豆角、圆白菜、马铃薯种植区，西芹、紫皮大蒜种植区，精细特菜种植区和设施草莓种植区。这些种植区的建设与发展，使当地农民找到了一条脱贫致富的新路子。

第二，建设农业生产标准园，大力发展设施农业。怀来县的设施农业主要以生产标准园为基础，以发展日光温室和塑料大棚为主。现已启动建设了10个标准园，如辛庄子强旺蔬菜标准园、北辛堡镇设施草莓标准园、金色秋天有机食用菌标准园等，棚室共计951个，占地1669亩。

第三，积极发展生态农业观光园，打造具有县域特色的品牌产业。观光农业是绿色农业的一个新兴产业。怀来县利用其丰富的旅游、温泉和特色果菜资源，大力发展特色果品和设施蔬菜观光农业，提出了建设“一环、一带、二区、二线、八基地”的发展思路，努力打造品牌产业。

第四，全面推进农业科技进村入户。怀来县构建了“专家组＋技术指导员＋科技示范户＋辐射带动户”的科技成果转化应用快捷通道，全面推进农业科技进村入户，为绿色农业发展提供有力的技术支撑。

以建设绿色有机蔬菜基地为目标，以农业科技为支撑，以建设特色蔬菜种植区和农业生产标准园为重点，大力发展设施农业和观光农业，是怀来县发展绿色农业的主要着力点。这些举措适应了首都地区日益增长的绿色有机蔬菜的消费需求，准确把握和占据了“环首都经济圈”发展的战略基点，紧抓时机、占领市场，取得了非常显著的成效，为进一步推动环首都地区绿色农业发展提供了非常宝贵的经验。然而，怀来县绿色农业发展仍处于初步发展阶段，还存在很多问题，如规模小、经营分散，产业化水平低，产品品质、种植效益也还有待提升。

三、推动河北省环首都地区绿色农业发展的对策分析

（一）大力发展高效设施农业，探索适合本地的主导产业，培育农业特色产业村、镇。

各地应结合各自的优势，不断优化农业品种和种植结构，以建设农业基地为保障，以发展现代农业标准示范园为承载，以扶持特色龙头企业为重点，大力推动农业产业化经营，努力开拓特色主导产业，形成“一村一品，一乡一业”的产业格局。

（二）不断拓展农业产业功能，建设集生产、生态、旅游、观光于一体的生态观光农业基地，大力发展现代观光农业。应加大政策的扶持力度，努力在北京周边建成一批高标准、高质量、高效益，集旅游、采摘、品尝、住宿、娱乐、购物为一体的现代高效农业观光基地，打造环首都地区绿色农业产业特色，以特色创品牌，以品牌拓市场，不断增强市场竞争力。

（三）大力推广和应用现代农业前沿技术，为绿色农业发展提供科技支撑。如新型肥料——矿素肥施肥技术、标准化观光休闲设施农业集成技术、蔬菜病虫害绿色防控集成技术、嫁接育苗和集约化育苗技术、农产品加工与储藏保鲜技术等。这些技术涵盖农产品栽培、生产、储藏、加工等各个环节，是推动绿色农业持续发展所必需的科技条件，必须予以积极推广和应用。

（四）大力发展农业专业合作社，积极探索多样化的农业生产经营模式，不断提高绿色农业组织化和产业化水平。农业专业合作社在推动农业产业化生产经营，提高农产品竞争力等方面的作用日益突显，是发展绿色农业的主体。应以合作社为基础，不断探索集“专业化生产、社会化服务、企业化管理、一体化经营于一体”的全方位、多样化的农业生产经营模式，如“合作社＋农户”“企业＋合作社＋农户”“企业＋生产基地＋农户”等，逐步提升绿色农业组织化水平，以组织化推动产业化，实现规模经济效益。

（五）组建农技服务队，切实做好农业科技服务工作，逐步提升农民的专业化水平，为发展绿色农业提供有力的人力支撑。积极探索多种有效的服务形式，对农民进行专业培训，如开展现场技术指导和技术咨询，举办农业科技知识讲座，印发各类技术资料，建设农村科技广播站、乡村信息站等。

（六）切实转变发展理念，积极给予政策扶持，为绿色农业发展提供有力的政策保障。设立基地建设、标准示范园建设、基础设施建设等专项资金，给予积极的财政扶持；制定补贴、减税、减免等优惠政策，加大招商引资力度；切实加大金融支农力度，充分发挥金融对绿色农业发展的支持作用。

河北省社会科学发展研究课题民生专项　课题编号：201301203

课题负责人：钟天娥
课题组成员：吕姝琦　刘　涛

首都经济圈建设中我省产业开发格局和发展重点研究

河北省社会科学院

当前，首都经济圈发展规划已进入收尾阶段，我省有9个地市列入首都经济圈，这对我省来说意味着重大的发展机遇。如何利用这次机遇，有效提升自身产业发展实力，实现与首都的融合发展是当前亟须解决的重要问题。基于此，本研究从各国首都经济圈产业发展的共性入手，针对我国首都经济圈产业发展的特点和我省产业发展的现实基础，深入研究了在经济圈建设中我省产业的布局重点以及首都产业一体化发展的推进对策，以期对首都经济圈的建设起到些许推动作用。

一、"首都经济圈"核心城市与外围城市产业发展的共性关系

首都经济圈的建设往往使核心城市和外围城市产业发展的取向和产业发展需求出现分化。核心城市逐渐实现从以生产重型化的硬件产品为中心向以高效、智能化的知识和信息服务活动为主的软件化经济结构过渡，自身产业结构逐步高度化，从物质生产中心转向先进服务中心，如企业总部中心、产业研发中心、信息服务中心、金融管理中心、创意设计服务中心、高素质人力资源集聚及交流中心、应用技术研究与转化中心等，成为经济圈的产业综合服务平台。

外围城市是支撑整个区域联动发展的支柱与链条，伴随着核心城市生产企业的迁移，外围城市逐步成为新兴的制造业基地和产业增长极。

二、我国首都经济圈产业发展应遵循的战略原则

我国首都经济圈作为重点打造的世界级经济圈，对内，肩负着带动、推动整个地区经济增长的重任；对外，面临着应对世界经济格局和跨国公司全球化战略，积极参与国际分工和应对国际竞争的挑战。这就决定了首都经济圈产业体系的发展应着眼于全球，建设能支撑世界级城市发展的产业体系。产业体系除了要服务自身以外，还要服务全国，并在服务全国的过程中发展、提升自己，从而实现在某些领域具备服务世界的能力。基于此，我国首都经济圈产业的发展应遵循以下原则：分工合作，链式发展；优化布局，聚集发展；转变方式，持续发展；双赢多赢，整体发展；功能引领，创新发展。

三、适应首都经济圈发展需求的河北产业发展总体思路

我省作为首都经济圈的重要组成部分，承接首都产业转移，分散首都发展压力，拓展首都发展空间，化解首都规模风险，提升自身产业层级、提高圈域整体竞争力，是其所担负的主要任务。这需要我省产业发展做到两点：一是与首都产业实现全面的对接互动；二是自身产业实现发展壮大。基于此，我省产业的发展应遵循如下思路：

首先，要突出改革创新的原动力作用，以重大产业基地和特色产业园区的建设作为支撑，以优势、特色产业打造和产业链后续对接为主体，全力推动与首都产业的对接和互动。其次，要借力首都，积极吸收、聚集世界范围的资本和技术，调整、优化产业结构，推动传统优势产业升层级、战略性新兴产业成规模、现代服务业上水平、现代农业提质效，缩小与首都发展差距，实现首都区域产业发展质量和水平的整体提升。

同时，要明确我省产业与首都产业的发展关系，二者应形成优势互补、良性互动、分工合理、共赢发展的产业格局，这就要求我省对首都产业的发展主线应定位于服务、支撑、对接、错位、延伸和竞合，而非不分优劣的一味承接。

四、首都经济圈建设中我省产业的开发格局与发展重点

围绕首都经济圈建设对产业发展的要求，为有效规避无序竞争，实现协调发展，必须调整和优化产业布局。就我省首都经济圈 9 个地市来看，依托区域资源禀赋条件和产业现实基础，充分考虑区域开发强度、资源环境承载力和开发潜力，可构筑“三极、五区”的空间发展格局。

（一）三个产业增长极

曹妃甸新区增长极。作为我省区域发展的“新引擎”，曹妃甸新区的地位和发展优势有目共睹。在首都经济圈建设中，曹妃甸新区是可以实现承接发展（承接首都产业）和带动发展（带动我省 9 地市）的最理想区域。在具体发展上，应依托曹妃甸深水大港及滩涂土地资源优势，全力打造新型工业化基地、商业性能源储备基地和国家级循环经济示范区。全面加强与首都产业和重大项目对接，加快培育精品钢材、装备制造、石油化工和港口物流等临港优势产业和电力、海水淡化、新型建材、出口加工等关联配套产业，形成与首都产业互补、特色鲜明、地位突出的现代产业体系和带动首都经济圈整体质量提升的区域产业增长极。

渤海新区增长极。作为我省发展速度较快的沿海区域，渤海新区的发展优势十分明显，既有丰富的土地资源，又有明确的优势特色产业。在首都经济圈的建设中，渤海新区应充分发挥这些优势，加速临港产业聚集，将煤化、石化、盐化、精细化工、海洋化工“五位一体”的特色优势化工产业集群做大做强。同时，高起点高标准建设新型化工、装备、特钢工业和现代物流产业园区，打造首都经济圈重要的产业承接、集聚、示范带动区。

秦皇岛经开区增长极。与曹妃甸新区和渤海新区以重化工产业为优势产业不同，秦皇岛经开区的产业已经出现了高精尖的端倪，数据产业、创意产业的发展都十分迅速。可以说，秦皇岛经开区是最有希望与首都实现产业融合和无缝对接的区域。在具体发展

上，秦皇岛经开区应围绕打造沿海技术高地、区域性总部经济基地和休闲旅游胜地，发挥生态宜居的旅游资源和环境资源优势，合理规划建设产业功能区，对接首都总部经济和高新技术产业，重点发展数据产业、节能环保产业、电子信息、文化创意、服务外包、商务会展、休闲旅游等高新技术产业和现代服务业，使之成为首都经济圈示范带动产业增长极。

（二）五大产业发展聚集区

环首都紧密层现代产业转移和技术扩散承接示范区。包括与首都紧邻的涿州市、涞水县、涿鹿县、怀来县、赤城县、丰宁满族自治县、滦平县、三河市、大厂回族自治县、香河县、广阳区、安次区、固安县、兴隆县 14 个县市区。在具体发展上，可充分发挥紧邻首都的区位优势，积极承接首都产业转移和技术扩散，优化产业布局，提高产业链的延伸性和互补性，强化创新、人才、流通功能平台建设，改造提升传统优势产业，有重点地发展高新技术产业。重点培育装备制造、新能源、新材料、食品加工、生物医药、汽车及零部件、文化创意、电子信息、旅游会展等高增长产业群，优化提升观光旅游、休闲度假、保健康复产业，使之成为首都经济圈重要的现代制造产业带和技术创新及扩散连接带。

京东现代产业集聚集成发展先行区。包括秦皇岛、唐山、沧州三市。在具体发展上可以秦唐沧为核心，充分发挥港口优势和区位优势，按照“统筹规划、基础先行、科学布局、滚动发展、形成整体优势”的原则，对接首都、着眼全球，引进大项目、大企业，发展临港产业，构筑产业集聚新区，打造首都经济圈现代产业集聚集成发展的先行区。通过制造业结构的战略性调整，以曹妃甸重化工业循环经济示范区、黄骅港开发区、临港化工园区、秦皇岛经济技术开发区等临港区域为载体，充分利用丰富的海水、石油、天然气、原盐及煤、电、矿石等资源，大力发展临港产业和海洋经济，构筑钢铁、综合化工、电力、建材、物流、修造船和装备制造等现代临港高增长产业群，使之成为我省经济发展的龙头、带动圈域其他地区产业优化发展的动力基地、首都经济圈扩大开放与新型工业化的先行区。

京南战略性新兴产业发展和传统产业升级创新引领区。包括保定市（除去涿州市、涞水县之外的区域）、廊坊市（除去三河市、大厂回族自治县、香河县、广阳区、安次区、固安县之外的区域）、石家庄市和衡水市。可以结构调整和转型升级为主线，瞄准产品高端、技术高端和价值链高端，做大做强新能源及输变电产业、汽车及零部件、航天民用产品和新材料、生物医药、信息网络、先进装备制造等战略性新兴产业以及康体休闲、会展旅游、现代物流、网络经济、总部经济等现代服务业，促进纺织服装、食品、建材等传统产业提档升级，加快低碳经济示范区、电子产业信息基地、总部经济聚集地、现代农业综合发展基地、休闲旅游示范基地等载体建设，使此区域成为首都经济圈战略性新兴产业发展和传统产业升级创新的引领区。

京西清洁能源和制造业发展核心承载区。主要包括张家口市（除去涿鹿、怀来、赤城三县以外的地域）。按照“绿色生态、高质高端、节约集约、统筹协调”的要求，重点发展以电子信息为主的高新技术产业、以风能和太阳能为主的新能源产业、以现代装备制造和现代冶金为主体的先进制造业和服务首都需求的旅游休闲产业；积极推动能源清洁转化产业（煤向电力清洁转化、煤电向材料工业品清洁转化、煤油气盐向化工产品清洁转化）、现代物流业、现代农牧业、面向中北亚的国际轻工业及矿产品精深加工业的发展，使其成为首都经济圈清洁能源供应基地和京西制造业发展带动增长极。

京北生态保育、绿色产业发展示范区。主要包括承德市（除去丰宁、滦平、兴隆三县以外的地域）。该区域生态环境良好、历史文化独特，且担负着北京生态保育的重任。在充分考虑首都地区生态涵养、旅游休闲需求的基础上，重点发展新能源、旅游休闲、现代农业等绿色产业，积极培育现代物流和高新技术两大战略新兴产业，推动钒钛制品及装备制造、食品医药等产业的高质化、绿色化发展，使其成为首都经济圈绿色产业引领发展示范区。

河北省社会科学发展研究课题民生专项　课题编号:201301149
课题负责人:边继云
课题组成员:姚胜菊

提升河北省新能源产业整体竞争力的对策建议

河北政法职业学院

继党的十七大提出“生态文明观念在全社会牢固树立”，党的十八大进一步把生态文明建设摆在中国特色社会主义事业总体布局的高度，将生态文明提高到“关系人类福祉、关乎民族未来的长远大计”的高度，明确提出“五位一体”的战略部署，将生态文明融入经济建设、政治建设、文化建设、社会建设各方面和全过程。进入21世纪，随着环境问题和能源危机的日益加剧，世界经济发展环保化、可持续化的呼声越来越高。在此背景下，全球投向新能源的资金数量迅速增加。我们从过去的“征服自然”到今天的“人与自然和谐相处”，可以说对生态文明的认识日趋成熟，生态文明的理念也已深入人心。党的十八大报告提到的“把生态文明建设放在突出地位，努力建设美丽中国”和“绿色发展、循环发展和低碳发展”的理念，是对普通百姓“既要金山银山，也要绿水青山”的很好回应，这一战略为新能源产业的发展创造了很大的空间。

新能源作为可再生能源，具有较高的可持续性和环保性，已成为世界能源产业的发展方向。作为能源消费大省，河北省新能源产业近几年取得了较快的发展。但与河北丰富的资源相比，新能源产业的发展还明显滞后。特别是2013年国内污染最严重的城市，河北占七个，且这几个城市在当年第一季度一起位居最重污染城市前十名，整个河北深受震动。日趋严重的环境污染和生态破坏使得我们不得不重新考虑要转变经济增长方式，改变过去过度依赖资源浪费而实现的增长，提升能源效率，建立节约型能源的同时，要合理开发新能源。分析河北省新能源产业发展现状，并采取切实可行的措施加快河北省新能源发展建设，提高我省新能源产业竞争能力，将具有重大的现实意义和长远意义。

一、河北省新能源产业发展现状

借助国家“十一五”期间确立的建设资源节约型、环境友好型的“两型”社会发展战略和单位GDP耗能降低20%的目标的大好形势，河北省新能源产业也迅猛发展，形成了比较完整的光伏产业和风电产业链，并具备一定的竞争优势。

（一）风力发电初具规模

经过近十几年的发展，张家口的总装机容量已突破100万千瓦。近几年，该市充分利用丰富的风能资源优势，风电资源已经走出了一条由弱至强的发展之路。与此同时，承德、秦皇岛、唐山、沧州等地的风电技术也已成功应用。尚义县是张家口最早开发风电资源的县区之一。张家口尚义县与12家新能源企业签约光伏发电项目，标志着尚义县新能源产业即将迈入“风”“光”互补、综合开发的新阶段。在这次推进会上，该县与北京北车中铁轨道交通装备有限公司、上海航天汽车机电股份有限公司等12家大型国有、民营新能源企业签约光伏发电项目总规模达258万千瓦，并力争在2020年底全部建成并网发电。届时，该县新能源产业将正式迈入“风”“光”互补、综合开发的新阶段。2013年5月，全省首个以富余风电进行采暖的风电清洁供暖项目落户张北，这是张家口新能源产业的又一大喜讯。这对进一步完善张北新能源产业链条，推进张家口乃至河北省新能源产业健康发展具有十分重要的意义。

（二）生物质能利用有序推进

秸秆压块是以生物质（玉米、小麦秸秆等）为原料，通过机械加工，切碎后压缩成块状固体，增加其分子密度，以此产品替代石油、煤炭、天然气等不可再生能源，具备节能减排、低碳环保、增收节支的显著优势。河北作为农业大省，有丰富的农业秸秆资源，通过大力发展生物质发电项目，已迈出喜人步伐。据悉，河北省将在秸秆处理和厨房改造方面，加快调整农村能源结构和使用方式，积极推广秸秆能源化利用，根据当地情况建设一批秸秆压块成型加工点，制作生物碳代替燃煤使用。自2011年以来，唐山市玉田县连年推广了秸秆采暖炉，其经济、社会、生态效益明显。

（三）绿色能源项目顺利投产运营

近几年，随着环境污染损害人民群众身体健康问题的不断发生，“PM2.5”“绿色GDP”“低碳经济”“绿色能源”等概念变得不再陌生。河北在绿色能源建设方面也取得了一定的进展。河北省风电企业的龙头企业河北建投集团按照“有中生新”和“无中生有”的路径，实现了绿色发电并加快了清洁能源的进一步开发。平山县“国家绿色能源示范县”生物质炉具已开发和利用，被评为国家首批绿色能源示范县。河北承德县借助得天独厚的资源条件，在绿色能源建设方面取得了可喜的成绩，其绿色能源已融入普通百姓的日常生活。

（四）节能与新能源汽车产业发展势头良好

据了解，2011年以来，我省长城汽车有29款车型列入国家“节能惠民工程”节能汽车推广目录，河北省初步形成了长城新能源汽车整车产品。2013年3月23日在河北廊坊国际会展中心开幕的第七届中国节能炉具博览会的开幕式上，业内专家呼吁，炉具行业一定要抓住机遇，加快发展，研发和生产出更多更好的节能炉具，不断提升生物质成型燃料产业化水平；同时，作为国家节能减排产品的生产企业，在产品开发和制造过程中，要大力推广绿色设计和制造技术，减少资源消耗和环境污染。

此外，河北省太阳能利用明显加快。河北保定市、邢台市被科技部、中国可再生能源协会分别授予“国家太阳能综合应用科技示范城市”“太阳能建筑城”荣誉称号。全省推广太阳能热水器进一步扩大，光伏发电开始起步。

二、河北省新能源产业发展存在的问题

（一）新能源产业结构不合理

从新能源的开发利用种类来看，过去几年，河北省太阳能和风能产业发展较快。在风能方面，张家口、承德、黄骅等地风电开发呈现良好的发展势头，而其他能源方面相对较慢，光伏发电刚刚起步，垃圾发电尚无全省统一的发展规划，海上风电、核电等项目还没有开发，农林生物质能利用率还很低。生物质能、地热能、海洋能等的开发大多处于起步甚至空白状态，产业结构总体不够合理。

（二）新能源产业扶持政策不完善

新能源产业健康有序发展需要政府部门的有力支持，相关部门的配套政策及相应的法律制度是新能源产业可持续发展的有力保障。日本作为世界上最早发展新能源的国家之一，其新能源的发展初期是通过政府政策推动的。河北省近几年在有效贯彻国家相关产业发展政策的同时，也出台了一些关于新能源发展的相关政策，但相应的配套措施、法律制度和保障机制尚不完善。

（三）融资渠道狭窄

作为新兴产业，多数新能源产业系统的初始设备投资较高，新能源企业资金匮乏。新能源产业项目通常投资规模大，建设期长，收益难以预测，这使得商业银行对这一行业并不重视。当前，河北省新能源企业大多数是中小型企业，没有有效资产向银行抵押，导致这些企业从银行获取贷款很困难。部分上市公司在新能源项目上虽有投资热情，但资金有限，难以支持大型项目。在其他融资渠道不畅通的背景下，新能源产业发展面临较大的融资困境。

（四）自主创新能力弱

当前，河北省新能源产业的技术人才缺乏，核心技术匮乏，河北省新能源产业人才无论从数量、质量、结构和布局等方面都赶不上当前新能源快速发展的势头，与北京、天津、山东、江苏、广东等省市差距明显。此外，河北省新能源的人才培养工作相对滞后，技术创新支撑体系尚不完善，企业尚未真正成为技术创新的主体，产学研紧密结合的机制尚未形成，这些都严重制约了河北省新能源产业的可持续发展。

三、河北省新能源产业的推进路径

（一）构建多元化的新能源产业结构

河北新能源产业要想走上良性健康可持续发展之路，以提升整体竞争力，必须构建多元化的新能源产业结构。当前，在太阳能和风能等能源开发方面，河北省发展较快，其他方面相对滞后。在太阳能产业方面，河北省主要集中于光伏发电产业，太阳能热利用产业十分薄弱。国家工业和信息化部在2011年公布的“首批20家多晶硅行业准入企业名单”，河北省无一企业入选。河北省新能源“十二五”发展规划在产业结构方面已提出了明确的思路，这些措施的逐步实施，将对优化河北省新能源产业结构起到很好的推动作用。

（二）建立发展新能源产业的有效机制

在我国现有的体制下，新能源产业要取得长足发展，必须制定相关的制度政策，形成"以项目为依托，以规模化带动市场化，以市场化促进产业化"的格局，引入竞争、招标、股份制、民营化等方式，以降低成本，调动各方面积极性，加大政策扶持力度，推动新能源走上良性发展轨道。对一些重点的新能源项目，制定适当的优惠政策，比如建立新能源发电价格的补偿机制，鼓励各种市场主体投资新能源产业，加大政策扶持力度，引导新能源产业又好又快发展。与此同时，加大对新能源产业的支持力度，鼓励新能源产业的技术创新和产品质量优化，进而实现新能源产业质的飞跃。

（三）拓宽新能源企业融资渠道

由于新能源产业在我省尚处于初级阶段，虽然前景光明，但因其成本较高，且投资该行业尚有一定风险，融资难的现实困境严重阻碍了新能源产业的顺利发展。国外许多国家对新能源项目的研发都给予一定的补贴，包括对家庭购置新能源设备的财政补贴。河北省新能源产业想在激烈的国际竞争中立于不败之地，必须加快完善新能源产业投融资体系建设，鼓励河北省新能源企业参与合作，吸引国家、外省市和国外金融组织或大型企业的合作性投资，拓宽投资融资渠道，在银行信贷方面制定相关优惠政策鼓励信贷资金投入到新能源领域。

（四）加强新能源技术的研究开发，增强新能源产业的核心竞争力

当今时代是信息时代，新能源产业走向良性运行轨道，科学技术的作用不容小视。马克思对科学技术的伟大历史作用做过精辟而形象的概括，认为科学是"历史的有力杠杆"，是"最高意义上的革命力量"。国家能源专家咨询委员会副主任徐锭明强调，解决未来能源问题的关键在于对能源高科技的拥有，他认为，互联网技术和可再生能源相结合带来的"第三次科技革命"将带领整个社会进入低碳时代。欧盟为应对能源安全威胁，制定了欧盟 2020 战略的总目标，即保证欧盟 2020 年能源的可持续、竞争力和可靠性。为实现此目标，欧盟主要从两方面着力推进新能源技术的研发创新，即加强无污染、低成本、低碳能源技术的研发（研发创新）并支撑欧盟工业企业在快速扩张的世界低碳经济市场上的领先地位（成果转化及产业化）。因此，借鉴国外提升新能源产业核心竞争力的思路，建立由相关部门共同参与的新能源技术研发合作机构，加强新能源领域的信息交流和核心技术研发，将低品位的能源转化为节能、环保、高品位的新能源，是提高我省新能源产业整体竞争力的必然要求。由同济大学与河北新奥集团共同组建的"新奥—同济清洁能源高等研究院"，对推进校企双方在清洁能源方面的产学研合作上提供了一个重要平台。当前，双方在工业燃烧等领域的产学研合作已经顺利开展，今后，应鼓励相关部门多成立这样的研究机构，这将对河北新能源的技术创新和培养河北新能源领域的优秀人才起到很好的助推作用。

近些年来，在河北经济发展取得骄人成绩的同时，一个不可忽视的现实是，随着工业化步伐的加快，河北省的能源安全、气候变化及生态环境恶化等问题日益严重。2012 年冬天以来，河北省的雾霾天气覆盖城市之多，延续时间之长，影响范围之广，已引起社会各界的广泛关注。无论是应对能源安全，还是作为应对气候变化、环境恶化的策略，发展

新能源产业，都将成为河北未来发展的一项不容忽视的重大课题。河北应在提升能源效率、降低资源消耗、减少环境污染、保证安全有效上积极努力，通过积极发展水电、有效发展风电、促进清洁能源分布式利用等，努力构建安全、稳定、经济、清洁的能源产业体系，助推河北省新能源产业整体竞争力迈上一个新的台阶。

河北省社会科学发展研究课题民生专项　课题编号：201301137
课题负责人：常满荣
课题组成员：张小兰　刘桂云　秦占普　常满萍　常学洲　杨明华

首都经济圈视域下的
张家口文化产业发展研究

河北北方学院

文化产业本身具有关联程度高、带动能力强、增长速度快的特性，在区域经济交流与合作中发挥着越来越重要的作用。随着首都经济圈上升为国家战略，张家口市成为首都北京建设发展的辐射带动区域和一体化发展的重要区域。如何让文化产业成为张家口市借力北京、优化结构、跨越发展的突破口，是一项十分重要的研究课题。

一、在首都经济圈视域下，张家口文化产业发展面临的机遇

文化产业具有资源消耗低、环境污染小的鲜明特征，是典型的先导产业、绿色产业和低碳产业，在加强区域合作、调整产业结构、促进社会消费等方面有着明显的作用。京张两地山水相连，人缘、地缘、业缘关系密切，在首都经济圈视域下，张家口市文化产业发展面临着众多机遇。

（一）国家宏观政策带来的机遇

国务院通过《文化产业振兴规划》后，我国文化产业获得了持续高速增长，平均增速远远高于传统产业的增长速度。党的十八大报告提出“推动文化产业成为国民经济支柱性产业”，河北省确立了“文化强省战略”，这都为张家口市文化产业发展提供了有利的外部环境。同时，张家口市位于首都北京上风上水，在首都经济圈中承担着重要的生态功能，而发展文化产业符合绿色、低碳、可持续发展的科学发展理念，与生态文明建设和区域产业布局高度契合。

（二）区域协调发展带来的机遇

首都经济圈的发展越来越受到各级各方的高度关注，并列入了国家的“十二五”规划。河北省提出了“主动承接吸纳首都产业转移和要素辐射”，在三次产业上主动对接首都北京。2012 年 10 月，张家口与北京签署了《京张共建战略性新兴产业体系合作协议》，提出要共同“打造具有国际影响力的京张战略性新兴产业发展带”。随着首都经济圈内各地经济技术合作持续纵深推进，文化产业在提升经济发展质量和发展水平过程中，将发挥更加重要的作用。

（三）经济社会发展带来的机遇

相关研究表明，一个地区的人均 GDP 突破 3000 美元以后，文化产品的消费会有一个跳跃式发展，且人均 GDP 越高，文化消费占的比例越大。文化产业对保增长、调结构、

促消费发挥着越来越重要、越来越独特的作用，并且随着“工业化、信息化、城镇化、农业现代化同步发展”的“四化并举”互动发展战略的深入推进，文化产业将成为首都经济圈内富有先导性的新兴战略产业，也将成为区域发展特别是张家口市经济社会发展的“硬支撑”。

(四)文化资源优势带来的机遇

张家口文化底蕴丰厚、历史文化悠久、文化独具特色，仅目前发现的文物遗存点就多达2910处，占河北省总数的四分之一，名列全河北省之首。同时，张家口拥有着独特的始祖、蒙元、边塞、商贸、军事等地域文化，是一座极具特色的文化资源“富矿”。张家口市虽然经济发展较为滞后，但是文化资源富集、特色鲜明、保存完整、潜力巨大，对于引进首都北京的资金、人才、项目等各类要素有着很强的吸引力。

二、在首都经济圈视域下，张家口文化产业发展存在的问题

近几年，张家口市文化产业发展虽然取得了较大的成绩，但是由于起步较晚，规模较小，层次较低，与融入首都经济圈战略的要求相比，还有一定的差距，还存在一些不容忽视的问题，主要体现在以下四个方面。

(一)产业总量小

由于张家口属于首都经济圈内的欠发达地区，经济基础较为薄弱，文化资源的开发利用还远远不够，尚存在着资源闲置、开发不足、经营粗放的问题，文化产业的整体实力较弱。

(二)对接融合难

首都北京的辐射带动内力虽强，但对整个首都经济圈其他城市还存在着虹吸效应。张家口市在文化产业投入、研发、人才等方面处于明显劣势，在绿色发展、科学发展的同时实现与首都北京的错位发展方面，尚未形成有效的思路、措施和办法。

(三)资金投入少

张家口市的文化产业投入不仅总量小，而且投入渠道较为单一，社会资本进入文化产业的运行机制尚未成熟，变单一渠道为多元投入是亟须解决的问题。

(四)品牌影响弱

宣传和推介是发展文化产业的重要环节。但由于资金、意识等方面的影响，张家口市缺乏对优秀文化资源和文化产品进行有效的宣传和推介，文化产业整体品牌的影响力有待于进一步提升。

三、在首都经济圈视域下，张家口文化产业发展的有关建议

总体来看，在首都经济圈视域下发展壮大张家口市的文化产业，需要张家口市立足自身基础，深挖文化资源，遵循市场规律，加强政府引导，推进产业融合，才能实现文化产业持续、快速、健康发展。重点从以下五个方面入手。

(一)深入挖掘地域文化资源

挖掘底蕴深厚的历史文化资源，重点加大对“泥河湾文化”“三祖文化”等历史文化资

源的挖掘开发力度，不断提升历史文化的知名度和影响力。挖掘富有特色的民俗文化资源，提升蔚县剪纸、张北草原等特色文化产业的规模。挖掘近现代军事商业文化资源，加强张家口堡、大境门、鸡鸣驿等文物的整体保护和开发。要制订《张家口市文化产业发展规划》，并同步制订各县区的文化产业发展子规划，确定文化资源开发的总体思路和有效措施，切实将文化资源优势转化为竞争优势、发展优势。

（二）加强节庆文化品牌创建

要以全面叫响“大好河山张家口”城市形象品牌为目标，以县区特色文化为抓手，全力推出“泥河湾文化、三祖文化、剪纸文化、商旅文化、边塞文化、近代工商业文化”六大品牌。持续扩大张北草原音乐节、崇礼国际滑雪节、蔚县民俗节、京张心连心、“大好河山张家口”国际摄影大展、涿鹿祭祖大典等节庆活动的影响力，切实把极具张家口地方文化特色的节庆文化品牌推向京津、推向全国、推向国际。

（三）推动文化产业融合发展

进一步推动文化产业与其他产业的深度融合，将文化融入生态旅游、体育竞技、现代农业、高新科技当中，延伸文化产业链，提高产业附加值。坚持政府主导与市场运作相结合，加强文化产业与生态建设相融合，积极打造草原生态文化、森林生态文化、湿地生态文化等绿色生态文化。要加强文化与城市建设相融合，把文化元素融入张家口的城市建设当中，彰显城市灵魂。

（四）抓好文化产业项目建设

以世界的眼光、国际的标准谋划、引进、建设一批重大文化产业项目，特别是要注重融入首都经济圈，加快与北京市的战略合作和区域联合。要提供最优惠的政策和最优质的服务，有重点地培育和引进一批市场竞争力强的龙头企业入驻，为项目落地搭建良好平台。

（五）强化宣传展示平台建设

通过整合、包装全市重点文化资源，借助国内外有较强影响力的广告媒体，加大对外宣传推介力度，有效提升张家口特色文化的认知度。特别要充分利用紧邻北京的区位优势，唱好京戏、打好京牌，深化与北京院校、文化企业、科研院所的战略合作，借势借力发展壮大文化产业。

综上所述，在首都经济圈视域下，推进张家口市文化产业快速发展，需要充分发挥张家口市文化产业的优势，抢抓外部环境带来的机遇，破解制约瓶颈，摆脱束缚因素，面向首都北京，在发展思路、产业融合、文化项目等方面下大力气，真正把文化资源优势转化为发展优势、市场优势和效益优势，只有这样，才能实现文化产业的快速健康持续发展。

河北省社会科学发展研究课题民生专项　课题编号：201301202
课题负责人：沈　琛
课题组成员：吴凤翔

基于京津冀区域经济一体化的河北省产业集群和产业布局优化研究

河北工业大学

一、河北省产业集群和产业结构布局的现状

国家竞争优势来源于优势产业，而优势产业的竞争优势来源于产业集聚。国内外研究表明，产业集聚一旦在某地区形成，集聚区内的产业就会因为获得外部规模经济、知识溢出、区域创新优势等集聚经济效应而使得自身的生产成本降低、生产效率提高，从而比非集聚区内的产业具有更强的竞争优势，形成产业集聚优势示范效应。

河北省是传统工业大省，在钢铁、医药、食品加工、制造业等方面具有良好的基础。截止到2012年底，全省年营业收入5亿元以上的产业集群达到295个，百亿元以上产业集群达23个。各地区利用地方的资源和优势，形成特色产业，涌现出一批以清河羊绒、辛集皮革、白沟箱包、定兴汽车零部件、唐山陶瓷等为代表的中小型民营企业产业集群；各类产业基地陆续建成，如河北省软件产业基地、动漫产业生产基地、石家庄国家生物产业基地、纺织服装产业基地。这些产业基地和产业园区成为地区优势产业的载体，使集群产业不断发展壮大。

从产业结构布局上看，重工业和能源工业比重具有绝对优势，竞争力较强；从营业收入超百亿元的36家企业行业分布看，有22家属于钢铁、石化和煤炭等能源、原材料行业，装备制造和战略性新兴产业企业仅有4家。在地域分布上，我省环京津地区包括唐山、廊坊、保定、张家口、承德、沧州和秦皇岛等7个设区市，具有两环区位优势，与冀南腹地相比，经济发展的外向度和财政收入水平相对较高。冀中南地区，包括石家庄、保定、沧州、衡水、邯郸和邢台等6个设区市，是我省传统经济发展的主要支撑，主导产业群主要有精品钢材、优质建材、化学石化、金属制品、现代物流、特色农业等，经济发展的内向特征明显。

二、京津冀区域内河北省产业聚集与产业布局存在的问题

河北省外临渤海，内环京津，有着得天独厚的地缘优势，是我国继长三角、珠三角大都市圈之后的又一大都市圈——京津冀大都市圈。现代组织理论认为，产业在地理上的集聚，能够对产业的竞争优势产生广泛而积极的影响。在京津冀经济一体化的背景下，河北省产业集群和产业结构面临的主要问题有：

第一，产业集群水平不高，产业结构有待优化。

近年来河北省产业集群虽然发展迅速，但与发达省份相比还有一定差距，主要表现在规模小，缺乏支柱性的骨干企业，集群主导企业是中小企业，且布局分散，缺乏应有的产业集群效应。在产业结构上，钢铁、化学、建材等传统工业在经济结构中占主导地位，这些产业高能耗、高污染、附加值低，技术水平和产品质量与国际先进水平相比相对落后，限制了本地区的经济发展和产业结构的高级化，在京津冀区域经济一体化进程中难以形成与京津产业紧密性的链型连接，自主创新能力不高，利用京津科技优势不足，难以实现与京津产业的有效对接和良性互动。

第二，产业集群结构趋同，产业互补性不强。

目前河北省各城市之间重复建设严重，产业趋同性强，已形成的产业集聚大多属横向产业集聚，表现为大量生产同类产品的企业在同一区域的集聚。集聚区内企业间的关系以相互竞争为主，相反，企业间为了共同利益而分工协作的良性关系尚未形成。在京津冀经济圈中，这种产业同构现象更为明显，产业结构的趋同现象不仅使城市的产业特色难以得到有效体现，而且也难以产生畅销全国的名牌产品，严重影响了区域经济的整体发展。

第三，产业集群间缺乏协调合作，产业联动动力不足。

河北省现有的产业集群多属企业集群和行业集群，而鲜有区域集群和链条集群，集群内的分工也多以水平分工为主，而垂直分工较少，这种低水平的集群形式和分工特点极大地约束了产业集群间的协调发展，限制了集群效应的充分发挥。河北省大多数产业集聚区内企业间的专业化分工不明显，产业关联度低，累积循环效应差，产业集聚难以形成合力，在京津冀经济圈内无法形成合理充分的产业链条，仅有的几个产品价值链也十分单薄。许多京津转入企业在当地找不到合适的配套企业，所需的配套产品仍需从京津地区获得，增加了转入企业的经营成本，从而抵消了河北在劳动力及土地等成本方面的优势。

三、优化河北省产业集群和产业布局的对策

第一，努力提高产业集群水平，优化产业结构。我省的产业集群定位一定要符合区域产业发展的大趋势，根据本区域聚集资源的能力、资源禀赋、产业配套条件和要素成本等比较优势，来整合优化区域生产力的空间布局，聚合各种生产要素，充分发挥区域现有的产业优势，逐步形成具有区域特色的产业集群，将区域资源优势通过集群化转化为市场竞争优势。

我省要以增强经济竞争力为导向，以强化自主创新能力为核心，以提高经济效益为目标，以“特色产业化、产业特色化、特色产业规模化”为突破口，大力发展循环经济，加快老工业基地振兴和资源型城市的转型。加速第三产业的市场化、产业化和社会化进程，逐步形成以传统产业为基础、新兴产业为支撑、布局合理、城乡统筹发展的第三产业新格局。

第二，在原来产业集群的基础上，发展有特色的优势产业。我省在以转型升级为重

点加快改造传统产业的同时，积极引导企业开展“对标行动”，大力推进技术改造，实施1000项技改工程。钢铁工业要重点抓好减量、提档、整合，大力发展汽车、家电、船舶、航天用材等精品钢材；石化工业重点要抓好石家庄炼化800万吨扩能改造、华北石化1000万吨油品质量升级、中捷石化扩能改造、宁晋盐化工等项目建设，力争曹妃甸1000万吨炼化基地项目前期工作取得实质性的进展，重点发展壮大一批行业领军企业，形成特色产业集群。

以核心引领为关键大力培育战略性新兴产业。制定落实新兴产业发展规划和配套政策，加快推进保定国家新能源、邢台光伏发电、张承风力发电等产业发展，加快推进廊坊、秦皇岛电子信息产业基地建设，加快推进石家庄高端医药产业园的项目建设，加快推进邯郸新材料、承德钒钛新材料、唐山钛材料、邢台碳材料等项目的建设，力争高新技术产业增加值达到1600亿元、增长25%以上，形成新的经济增长点。

第三，努力增进产业集群间的协调合作，提高产业联动动力。产业升级是产业结构演变和产业发展的内在要求。各级政府应把产业结构调整升级作为经济发展的重中之重，制定产业集群发展的合理规划和政策，打破行政区划间的限制，强化区域间的合作，逐步实现区域市场的一体化。

促进产业联系的目的是要整合地方生产网络，更好地参与市场间的竞争、合作。因此，政府需要实施一整套产业联系促进政策，鼓励和推动本土经济的国际化、外资企业的本土化，并促进这两方面的互相融合。河北在与京津的产业合作中应该充分发挥产业合作模式转变所带来的扩散效应，加快河北自身的资本积累进程和经济水平提高的步伐。推动空间一体化格局，由“京津唐”内闭式的结构向“京津唐、京石、京秦”等多条轴线发展的结构演变，最终以产业集群为基础形成都市连绵区。

河北省社会科学发展研究课题民生专项　课题编号：201301132

课题负责人：赉鸿雁

课题组成员：赵洁琼　苏　云

推进河北沿海发展
促进港口协同发展的研究

邢台职业技术学院

引言

港口的生产情况与国民经济的发展息息相关,港口发展的预期直接受到国民经济发展速度的影响。21世纪,以港口带动沿海经济的发展,以港口促进对外开放和国际贸易,已是全球经济向一体化发展的必然要求。尤其我省作为全国15个沿海省之一,有487公里海岸线,改革开放30多年来,河北省的港口业发展实现了历史性的跨越。

早在2006年河北省就提出"建设沿海经济社会发展强省"的概念,2010年10月河北省政府通过《关于加快沿海经济发展促进工业向沿海转移的实施意见》,2011年10月《河北沿海地区发展规划》得到国务院批复,河北沿海地区发展上升为国家战略。2012年9月27日《河北沿海地区发展规划实施意见》正式印发,标志着我省沿海开发建设正在进入深度推进的新阶段。《实施意见》提出:到2015年的目标是,全省港口通过能力达到8亿吨以上,其中集装箱500万标箱、原油3800万吨。

如何借助河北省产业布局向沿海推进的东风,整合省内三大港现有港口资源,依托港口做大做强沿海经济,进而带动腹地经济发展,最大化地促进全省经济快速、可持续发展就成为摆在我们面前的重要课题。

一、河北沿海港口布局现状及存在的问题分析

(一)河北三大港口的现状

487公里的海岸线上,自北向南分布着秦皇岛港、唐山港区(包括曹妃甸港)、黄骅港三大港。秦皇岛港连接大秦专线运煤铁路,并且建有输油管道和全国最大的输油罐群;唐山港区有着首钢等钢铁企业腹地;黄骅港则是神华集团专用海港。

1. 港口的基础设施建设方面

表1引用了河北省统计局发布的2011年的最新统计资料,2011年河北省港口建设全面提速,现有生产性泊位183个,万吨级泊位161个,年通过能力达7.9亿多吨。在码头长度、泊位个数及万吨级的泊位数量上唐山港和秦皇岛港比肩前行,黄骅港也在迅速发展,设计吞吐能力超过了亿吨。这些数据充分反映出了省政府对河北港口发展的重视,加大了对港口资金的投入,大力改善港口的基础设施建设。

表 1　沿海主要港口情况表

港口名称	合计			生产用			设计吞吐能力（万吨）
	码头长度（米）	泊位个数（个）	万吨级	码头长度（米）	泊位个数（个）	万吨级	
总计	47066	218	171	44619	183	161	79731
秦皇岛港	13469	72	52	12151	52	42	22641
黄骅港	6077	36	19	5570	25	19	10060
唐山港	13760	55	50	13449	53	50	23335
京唐港	6901	31	26	6590	29	26	7475
曹妃甸港	6859	24	24	6859	24	24	15860

资料来源:河北省统计局网站。

2. 港口货物吞吐量

截至 2011 年底，唐山港、黄骅港、秦皇岛港均跻身亿吨大港行列，标志着河北省由沿海省份转变为沿海港口大省（见表 2）。2011 年全省港口货物吞吐量首次突破 7 亿吨。2011 年河北港口集装箱吞吐量首次突破 70 万标箱，完成 76.2 万标箱，同比增长 23.3%，为 2006 年的 2.5 倍。全省初步形成黄骅港、秦皇岛港、唐山港三个亿吨大港三足鼎立、齐头并进的新局面。港口生产迅猛增长的同时，新增集装箱吞吐能力 105 万标箱。同时，港口货种结构进一步得到优化——煤炭比重由 2006 年的 80%下降至 69%；金属矿石比重从 2006 年的 11%上升至 19%；钢铁、石油、天然气及制品比重也有不同程度的增加。

表 2　沿海主要港口货物吞吐量(2011 年)　　单位:万吨

货物种类	合计
总计	72655
煤炭及制品	48574
石油、天然气及制品	2265
原油	2031
金属矿石	14117
钢铁	3539
矿建材料	789
其他	1340

资料来源:河北省统计局网站。

(二)河北三大港口发展中存在的问题

1. 港口功能单一、货物单一

河北秦皇岛港、黄骅港以及唐山港(含京唐港区和曹妃甸港区),是我国主力煤炭输出港,为我国最重要的北煤南运下水港口。2011 年煤炭吞吐量达到 4.85 亿吨,居全国第一位;其次是金属矿石 1.41 亿吨和钢材 3.54 亿吨(见表 2),吞吐量均居全国第三位。除煤炭之外的散杂货通过能力仅占全省总通过能力的 35.7%,吞吐量比重仅占总吞吐量的 30%。

2. 代表现代化运输方式的港口集装箱发展严重滞后

由于腹地经济与发达省份相比总量偏少,外向型程度较低,港口适箱货类较少。据中港网数据,2011 年河北省港口集装箱吞吐量首次突破 70 万标箱,完成 76.2 万标箱,同比增长 23.3%。2012 年全省港口集装箱吞吐量达到 80 万标箱,不足百万标箱的集装箱吞吐量,与同处环渤海地区的其他省市港口均达到千万箱相比,存在着巨大差距,与世界的集装箱发展更是差之千里。比如,世界第一大港鹿特丹是世界上主要的集装箱港口之一。1982 年它就可装卸 216 万标准箱,超过了纽约港的 190 万箱。

3. 港口与产业、港口与城市的协调联动不够,港口功能对临港经济的支撑作用还没有充分显现

河北省沿海经济在 11 个沿海开放城市中发展相对滞后。河北省发展沿海经济,起步比较晚、发展层次低。当今世界上的大部分港口都已进入第三代港口发展阶段,第一代港口主要是海运货物的装卸、仓储中心;第二代港口增加了工业、商业活动,成为具有使货物增值效应的服务中心;第三代港口适应国际经济、贸易、航运和物流发展的要求,逐步走向国际物流中心。而河北省的港口还处于第二代状态,这对临港经济的发展尤其不利。

4. 周边地区港口发展成熟且产业结构趋同

在未来的发展战略中,秦皇岛港定位国际性综合大港,到 2015 年吞吐量达到 2.52 亿吨,集装箱达到 80 万标准箱;唐山港定位区域综合运输服务的综合性港区,到 2015 年吞吐量达到 3.5 亿吨,集装箱达到 240 万标准箱;黄骅港定位区域性综合大港,到 2015 年吞吐量达到 2 亿吨,集装箱达到 170 万标准箱。可以看出,秦皇岛港、唐山港和黄骅港都定位于综合大港,主要运输煤炭、矿石、原油、装箱,这在河北省内部都存在着竞争,与同处于环渤海的天津港、大连港、营口港、锦州港、丹东港等都无法形成竞争优势。如何与辽宁、天津、山东的港口搞好分工协作,找准定位,对于河北来说也是一大挑战。

二、河北沿海港口发展的建议

第一,我省应坚持把秦皇岛港、唐山港、黄骅三大港口基地的发展放到全国的格局中去规划,充分发挥三地港口优势,逐步开创三大港区各有侧重、各货类平衡发展的良好局面,提高港口对区域经济发展的辐射带动作用。其中,秦皇岛港健全完善煤炭运输产业链条,充分利用秦皇岛海运煤炭交易市场平台,进一步巩固国家能源大港战略地位。同时加快发展集装箱和其他散货运输,加快向立足能源服务,集杂货、油品、集装箱等综合

运输为一体的现代化港口转变。

第二，进一步促进港口转型升级，加快集装箱运输的发展。本着适度超前发展和“一优两严”原则，完善港口功能，尽快扩大集装箱运输规模，围绕增强生成能力、提升大通关能力等，制订出台扶持集装箱发展的优惠政策。积极引进中国海运等战略投资者，鼓励和支持大型航运企业和货主企业参与集装箱码头建设和经营，培育和拓展集装箱运输航线。同时出台相关优惠政策，吸引港口腹地集装箱下水。到 2015 年，力争突破 500 万标箱，基本达到港口集装箱发展的中等规模。

第三，在临港产业选择上，必须依托内陆腹地的经济资源特点和港口发展方向来构建。首先，大力发展临港现代物流业。其次，大力推进省级产业聚集区和重点开发区、园区建设，切实发挥其对产业升级的支撑作用。再次，河北沿海港口从区位优势看，拥有极其广大的腹地。曹妃甸为秦皇岛和承德两市提供临港园区，京唐港航线已通达 34 个国家（地区）、90 多个港口，经济腹地除唐山、河北、北京外，还直接辐射到三北地区。黄骅港相对天津港，辐射更广，腹地内有 36 个设区市，274 个县（市），聚集着 1.1 亿多人口，地区生产总值近 1.5 万亿元。此外还为“三西”（山西、陕西、内蒙古西部）煤炭基地能源外运服务，为冀中南地区服务，为神黄铁路沿线等中西部地区及鲁西北地区经济发展和对外开放服务。

河北省社会科学发展研究课题民生专项　课题编号：201301397

课题负责人：卢恩平

课题组成员：褚建坤　常永青　张　谦　祁凤华　苗晋峰　卢一帆

廊坊市公共文化软实力提升路径及评价机制研究

北华航天工业学院

近年来，河北省廊坊市政府加强了对文化的重视，着眼提升区域发展文化软实力，公共文化建设取得了长足发展。公共文化是文化产业发展的根本，必须花大力气去建立和完善。公共文化要做大做强，必须建立一个评价机制，来决定给多大的支持，而不是当前的一些扶持形式的改变，正因为如此，本研究提出拟解决廊坊市公共文化软实力提升的理论基础和构建的总体思路及具体内容，以期为政府以及相关部门献计献策。具体阐述如下：

第一部分，阐释软实力、文化软实力和公共文化软实力的内涵以及在廊坊市经济发展中的作用和意义。廊坊市是一个文化产业资源异常丰富的地域，有着深厚的历史文化积淀。在区域范围内，公共文化软实力主要体现在公共文化的亲和力、公共文化的传播力、公共文化对经济社会的影响力、公共文化对人文的辐射力上，是一种向外的文化延伸，而从内部传承角度看，公共文化软实力是区域内公共文化理念、公共文化价值、特色公共文化的继承和创新，是一种区域凝聚力、竞争力、感召力的体现和传播。

第二部分，分析廊坊市公共文化软实力的现状。分别从廊坊公共文化基础设施建设、特色公共文化建设、公共文化宣传和开展情况、公共文化建设的成绩等方面展开调查研究。

第三部分，归纳总结廊坊市公共文化软实力建设存在的问题。廊坊虽然是京津冀一体化经济发展中的"明珠"，但是也要看到，基层一些消极的、腐朽的文化不时沉渣泛起，一些公共领域文化道德缺失、公共文化软实力有待提高等问题日益突出，主要有基层文化需求与文化供给不匹配、公共文化评价机制不完善、公共文化管理有待提升、公共文化缺乏战略性指引等。

第四部分，廊坊市公共文化软实力提升路径及评价机制的构建。公共文化产业要做好做持久，就必须完善和实施评价机制，要树立民本思想，以"为了群众、依靠百姓"为公共文化评价的出发点，要始终以基层群众认不认可、需不需要作为根本标准。具体内容如下：

一、理论依据和总体思路

廊坊市公共文化软实力提升路径及评价机制的构建的理论依据来自区域经济、公共管理和需求层次三个理论。

首先基于区域经济理论,它是研究生产资源在一定空间(区域)的优化配置和组合,以获得最大产出的理论。在公共文化软实力提升路径中运用该理论即突出政府在构建公共文化软实力评价机制中的主导地位,进而发挥政府与市场在促进区域经济协调发展中的双方作用。既要加强市场对资源配置的基础性作用,促进资源优化配置,又要充分发挥政府在宏观调控中的协调作用,并大力改善公共文化基础设施条件,加快京津冀经济一体化进程,以促进区域经济协调发展。

其次,公共管理作为一种新的政府管理理论,认为公共管理的主体是多元的,既包括政府部门也包括非政府组织,该理论实现了由公共行政的内部取向向外部取向的转变,由重视机构、过程和程序转向重视项目、效率和绩效,使得公共管理的战略管理、绩效评估、公共责任等成为公共管理理论的核心主题,并注重公平与效率的统一,公共利益与个人利益的统一。在公共文化软实力评价机制中就是要发挥公共管理主体的作用,协调发展,实现公共文化战略管理、绩效评价、效率与公平的有机结合。

再次,马斯洛需求层次理论,亦称"马斯洛基本需求层次理论",是行为科学的理论之一。该理论将需求分为五种,像阶梯一样从低到高,按层次逐级递升,分别为:生理上的需求,安全上的需求,情感和归属的需求,尊重的需求,自我实现的需求。按马斯洛的理论,动机是由多种不同性质的需要所组成,各种需要之间,有先后顺序与高低层次之分。每一层次的需要与满足,将决定个体人格发展的境界或程度。在公共文化软实力提升路径的选择和评价机制的构建中,一定要以百姓的需求为出发点,群众需要什么样的大众文化,群众需要什么形式的文化活动,群众有什么样的文化品位,城市需要什么样的文化理念等,都是公共文化软实力提升的前提条件,正因为有了这些文化需求,才会有不断深入的公共文化建设,才会有评价机制的构建。

最后,将三个理论紧密结合,分别从经济学和管理学的视角展开对评价机制主体的构建、过程到结果的绩效评价、战略管理和需求层次不同满足等进行探讨。

二、公共文化主体间的和谐发展

公共文化主体是多元的,各级政府是公共文化软实力提升的关键主体,履行社会公共责任,同时也是其他主体的监督者、管理者。而各公益性文化企业、经营性文化企业、各文化中介服务机构、基层群众、基层组织、企业单位等在评价机制中承担不同的责任,发挥不同的作用。基层群众是需求者也是评价者,同时也是公共文化建设的监督者;基层组织是公共文化活动的基层团体,担当组织者、号召者,起到联系和纽带的作用,也是基层公共文化中稳定的宣传者,是最基础的阵地;各企业单位是公共文化评价机制中的支持者、参与者和实施效果的有力反馈者,是社会责任履行的基础单元;各公益性和经营性文化团体和组织,他们是公共文化中最活跃、最具活力的纽带,他们是专业人士,是最具有影响力的组织者、宣传者、管理者。各个主体在区域经济发展的大环境下实现文化宣传、文化教育、文化践行、文化发展的四部曲,从而实现廊坊经济社会的和谐发展和全面进步。

三、公共文化评价机制的创新发展

经济社会发展要创新，要不断发展，公共文化软实力也要不断创新才会有更大的发展。公共文化软实力评价主要从公共文化的资源利用评价、基层政府职能评价、宣传教育评价、实施文化政策评价、百姓惠及效果评价、社会中介机构作用发挥评价、基层文化需求和消费评价、公共文化后续管理评价等方面展开，将特色公共文化评价和大众普及文化评价分阶段区分，将高层次文化、中层次文化和大众普及文化评价分层次区分开，将评价内容以评价公共文化需求和特色公共文化建设作为创新发展的核心，并贯穿公共文化发展的全过程。公共文化软实力评价机制的主要内容包括公共文化软实力评价指标、公共文化软实力评价方法、公共文化软实力评价程序、公共文化软实力评价实施过程等内容。

四、公共文化软实力的融合发展

公共文化软实力是相对于硬实力来说，它们既相互制约又紧密结合在一起，共同构成区域综合实力，二者相辅相成，融合发展。文化软实力是基层群众的精神支柱，而硬实力为文化软实力提供强大的物质基础，文化软实力是区域经济发展的延伸。因此，在公共文化软实力的提升中一定要有强大的经济支撑作为后盾，经济的稳定发展是基础，融合科技、信息技术、知识经济的公共文化软实力的发展是未来发展的主流趋势，公共文化软实力的提升是使其文化软实力整体向前发展的基础；同时公共文化软实力的融合发展不仅仅是一种大众基层文化与品牌文化、特色文化的融合，还是城市文化与乡村文化的融合，现代文化与民族文化的融合，是文化传承与文化创新的融合，这种融合发展必然是一种健康的、积极向上的文化精神不断延续式的发展。

五、公共文化软实力提升的保障发展

公共文化软实力提升的保障性发展主要是尽快推动公共文化的制度建设、尽快推动公共文化的规模化、市场化，增强公共文化在区经济发展中的竞争力。除此，还应加强政府公共文化政策的制定、宣传管理，做到职责分明，执行有理有力，充分利用廊坊的区位优势和地理环境，抓住文化发展的良好机遇，保障提升公共文化软实力的一系列措施能有效实施。

河北省社会科学发展研究课题民生专项　课题编号：201301439
课题负责人：赵玉梅
课题组成员：戚　艺　米新英　孙立娟　樊俊花　林益光　田雪梅

发展休闲农业对唐山市农村经济影响的调查与对策研究

唐山学院

随着我国经济的持续快速发展，居民收入尤其是城镇居民收入迅速增长，闲暇时间持续增加，这促使了休闲需求的日益增加和以休闲为基础的休闲经济逐步形成。作为休闲产业重要代表之一的休闲农业，正是促进农民增收、带动农村持续发展、推动传统农业转型的新途径。唐山市作为全国知名的旅游城市，拥有良好的先天条件和明显优势，在发展旅游产业方面也走在全国前列，然而从旅游局获得的资料来看，旅游产业和农业、农民、农村关联不多，各种优质的休闲农业资源尚未得到开发、整合和高效利用，严重制约了唐山市城乡一体化发展的步伐。本课题通过调查分析唐山市休闲农业的发展对当地农村经济所带来的影响，探讨通过发展休闲农业推动农村经济可持续性发展的有效途径。

一、唐山市休闲农业发展现状及存在的问题

（一）唐山市休闲农业发展现状

唐山市是一座具有百年历史的沿海城市，总面积 13472 平方公里，人口 725 万。市区面积 3874 平方公里，人口 299 万，是全国特大城市之一。近年来，唐山市紧紧围绕转变经济发展方式，因地制宜，在休闲农业上求突破，将现代设施与观光农业紧密结合，走出一条既促进休闲农业发展，又集约高效用地的发展道路。

1. 制定政策，建设休闲农业发展平台

近年来，唐山农村经济发展迅速，休闲农业产业方兴未艾、如火如荼。唐山市陆续出台了《扶持农业农村发展奖励办法》和《关于进一步加快经济发展的若干政策意见》《迁西县关于加快休闲农业与乡村旅游发展的奖补办法》等政策，为唐山市休闲农业的发展提供了良好的政策平台。同时，唐山市利用各种途径，采取各种措施，加大力度支持农村休闲农业的发展，财政资金向休闲农业产业适度倾斜，着力建设与休闲农业发展相配套的基础设施，为休闲农业的发展提供良好的发展平台。

2. 加大休闲农业宣传力度

发展休闲农业，要加大宣传力度，加强休闲农业与当地旅游景区的结合度，利用旅游风景区来提高休闲农业的知名度。如 2011 年 6 月，唐山市迁西县成功举办了首届华北垂钓之乡“迁西杯”全国库钓邀请赛；2012 年 6 月，又成功举办了“迁西板栗 · 栗蘑杯”华

北休闲垂钓之乡全国库钓邀请赛，来自北京、山西、安徽、辽宁、湖北、宁夏等地的12支代表队、48名垂钓选手参加了连续72小时的比赛，吸引了中央电视台、中国国际广播电台、《中国旅游报》、河北电视台等新闻媒体记者参加，提升了迁西垂钓产业的知名度和美誉度。

3. 唐山市休闲农业规模情况

近年来，唐山市休闲农业迅猛发展，总体水平位居全省前列。截至2011年11月底，全市休闲农业庄园发展到558家，其中年经营收入100万以下的休闲农业企业发展到531家，年经营收入100万以上的休闲农业企业发展到27家，年接待休闲观光人员320万人次，实现经营收入2.8亿元，实现利税近亿元，为农民增收1.3亿元，带动建立种养基地20.5万亩，带动相关产业产值近亿元，从业人员3万多人，其中农民2.3万人，休闲农业迅速发展成为一个新的农业产业，实现了经济效益、社会效益、生态效益的协调发展。

4. 将休闲农业与旅游产业结合发展

唐山市在发展休闲农业过程中赋予观光休闲农业文化内涵，地域特色明显，充分发挥唐山地处环渤海、京津冀都市圈的独特区位优势，充分利用丰富多样、特色突出的旅游资源，将唐山旅游资源与农业活动相结合，整合资源、突出特色。南部沿海地区以乐亭县为主，在京唐港开发了浅水湾、翔云湾海滨旅游区，在大清河开发了“三岛”旅游区。北部山区迁西县依托丰富的旅游资源，积极发展休闲渔业，以游览、垂钓、餐饮为主。各地开展丰富多彩的农业休闲活动来吸引游客，如乐亭县举办桃花节，赏花休闲相结合，迁西县举行板栗节的相关活动，将当地农业特产引入旅游休闲，许多地区还利用地区优势，举办垂钓活动、采摘活动等。

5. 加大投入建设休闲农业园区

休闲农业与乡村旅游是非常值得重视的朝阳产业，唐山市积极筹备专项资金，引导和支持休闲农业的发展。比如迁西对被评为县、市、省、国家级休闲农业园区（乡村旅游景区）的，分别一次性给予5万元、20万元、30万元、50万元奖励；被评为2—5星级乡村旅游经营户的，一次性分别奖励0.8万元、1.2万元、1.6万元、2万元。2012年迁安确定了白羊峪现代休闲农业园区、乐丫生态园、龙泽谷农业示范园区、龙峡循环农业生态园、挂云山野生植物观光园、瑞阳生态农业大观园、绿之缘百花苑、山叶口地质公园等八个重点休闲农业建设项目。截止到2012年6月底，采摘园、观光园等各类休闲农业园区已完成投资2.36亿元。

6. 引导民营资本投资休闲农业

唐山市政府和各县委、县政府从税收、财政、信贷、土地等方面，对民营资本开发休闲农业与乡村旅游予以优惠和支持，先后有一批矿山、建筑产业转型到第三产业，建设了喜峰口大刀园、长河峪竹林山庄、白龙山垂钓园等休闲农业与乡村旅游项目，累计投资达2亿多元。

（二）唐山市休闲农业发展中存在的问题

1. 休闲农业园区选址盲目

唐山市休闲农业园区的选择和发展方向在现阶段还缺乏科学系统的理论与方法。在市场经济体制下，各地会因缺乏休闲农业园区而积极投资上马，在休闲农业园区选址的过程中有盲目跟风现象，往往没有进行科学论证和规划，建成后没有吸引力，导致当地农业资源的极大浪费。

2. 基础设施建设滞后，经营管理欠规范

目前，唐山市休闲农业虽然具备了一定的产业规模，但现有设施还满足不了游客的需要。道路、停车场、码头、垃圾处理、安全设施等建设滞后，严重影响了休闲农业旅游地承载力的提高。此外，休闲农业经营管理欠规范也是一个问题，一些休闲农业项目未经审批，处于无序发展状况；有的村、户从业人员素质差，不具备经营条件就开张经营，整体管理较为混乱，随意性较强，暴露出不少问题。

3. 项目规模较小，产业链条残缺

唐山市休闲农业发展模式单一，缺乏区域的整体开发，主要停留在餐饮、观光、采摘、垂钓等传统项目上，绝大多数项目投资主体是单一农户，投资规模小，产业链条短，只以满足游客的物质需求为主，与休闲农业相关的特色娱乐项目太少。

4. 融资渠道单一，投资力度不足

同北京、上海、广州等大城市的休闲农业发展情况相比，唐山市的休闲农业发展缺乏资金投入，项目发展的融资渠道单一，实际吸引外资和社会法人入股投资的比例很小。

5. 受季节影响较大，淡旺季明显

唐山市的休闲农业受季节影响较大，每年的春夏秋三季，游客众多，而冬季休闲农业观光点游客很少，各种资源处于闲置状态。

6. 人才资源匮乏

休闲农业作为一种新型产业进行发展，需要有与之相配套的人力资源。现有休闲农业，经营者和服务人员多为当地居民，没有经过专门的培训，管理水平和服务质量良莠不齐，这在一定程度上限制了休闲农业的进一步发展。发展休闲农业，应当加大人才的培养力度，提高当地经营者和服务人员的素质和水平，同时应当及时引进高素质人才，为休闲农业发展注入新鲜血液。

二、唐山市发展休闲农业对当地农村经济的影响

唐山市休闲农业的发展对当地最为明显的影响就是农村经济的发展变化，而衡量农村经济的变化最重要的尺度就体现在收入变化和就业情况上。收入变化可以体现在当地经济是否发展、家庭收入是否增加、生活的成本是否增加等。收入的增加体现出休闲农业给当地居民带来了积极的影响，反之，则是负面的影响。就业的变化可以体现在就业机会是否增加、返乡者是否增多、外来者是否增多等。就业机会增多意味着休闲农业给当地居民带来了积极的影响，反之，则是负面的影响。

本文通过选取典型样本的方式，分析样本旅游地居民对休闲农业发展的感知度，进

而剖析唐山市发展休闲农业对当地农村经济所产生的影响。结果显示，唐山市休闲农业的发展对该市的新农村建设的方方面面，都起了显著的推动作用，尤其是在促进农民增收、缓解就业压力方面。我们有理由相信，唐山市休闲农业的发展，必然会在今后相当长的一段时间内更精、更强、更密集，进而形成合力，带动当地相关服务业的发展，成为唐山农村区域经济发展的一个新增长点。

三、推进唐山市休闲农业发展的对策

随着经济的发展和人民生活水平的日益提高，休闲农业发展空间巨大，唐山市农业、林果、畜牧、水产资源丰富，休闲农业在唐山的发展具有得天独厚的优势。为了使唐山市休闲农业能够更加快速的发展，建议从以下方面继续加大工作力度。

(一)政府加强引导，加大基础设施建设投入

休闲农业的发展壮大，离不开政府的引导与支持。唐山市目前已经制定相关的政策，需要各级部门坚定不移的贯彻执行。同时，随着休闲农业的逐步发展，应当配合发展阶段，配套出台新的扶持和鼓励政策，探索从信贷、配套设施、税金等方面予以支持，以顺应休闲农业发展需求，同时引导休闲农业走规范发展之路。休闲农业发展中需要加强基础设施的建设，这些基础建设资金投入量较大，投资回报期较长，需要政府进行合理规划，适当引导，同时也需要政府给予一定的资金支持。在政府加大基础设施建设资金投入的同时，也要积极引导民间资本投入到基础设施建设中，从而促进休闲农业的快速发展。

(二)合理规划，树立品牌，加强宣传

目前我市休闲农业园区建设缺乏整体性的合理规划，全局意识不强，这就需要按照推进城乡一体化的具体要求，研究制订休闲农业发展规划，对我市休闲农业的发展进行合理论证，避免休闲农业园区选择的盲目性。在建设休闲农业产业园区时，还要突出特色，坚持生产、休闲、观光、体验等结合发展的思路，开展田野享受游、园林观光游、农业科技游、务农体验游、农耕文化游、民俗探谜游、乡土风情游、民族文化游、农家美食游等旅游项目，树立样板，逐步推进，扩大影响，打造一批具有本地特色的旅游精品。要制定标准，规范其住宿、餐饮、环保、安全等设施以及建筑装修、配套设施等建设标准，完善公共卫生、环境保护、饮食卫生、安全生产等措施，规范经营行为。要打造品牌，以“新”取胜，以“特”取胜，打造特色型休闲观光农业。推出一些参与性强的农事活动，结合农业生产，体现农村特色。此外要组织开展交流活动，总结推广先进典型经验。而休闲农业的发展需要依托优质高效农业，同时拓展旅游项目，增加相关农业产业和产品的附加值。所以，如何在现代科学技术条件下，使实现丰收的农产品和相应旅游产品得以顺利销售成为重要的问题。

在树立了品牌之后，还要注意加强宣传工作。可以通过建立系统的营销网络来拓宽销售渠道，解决休闲观光农业科学策划宣传促销力度不够、农副产品销售难的问题。

(三)加强管理，做大产业链

休闲农业涉及游客的“吃、住、行、游、购、娱”等多方面的需求，规模小、产品形式单一

以及单体收益不高等问题严重影响了唐山市休闲农业的发展，未来休闲农业的发展出路很重要的一点就是集合现有的资源走规模化、集群式发展的道路，围绕核心产品努力拓展产业链，这也是目前国内休闲农业发展出现的新情况，像成都郊区、北京郊区，休闲农业的发展均呈现集群发展的特点。

从纵向发展的角度来看，将与休闲农业相关的物资生产与供应、基础设施建设、产中服务、后勤保障等环节构建成一个完整的体系，从产业链的角度协调各种资源，沟通信息，相互交流。

从横向发展的角度来看，地域相近或者处于同一旅游线路上的景点可以共同开发客源，产品互补，通过做大旅游产品规模，形成休闲农业产业集群。

规模化经营方式可以借鉴农业合作社的方式，将一些特色产业采用“公司＋农户”或者“政府＋农户”的方式开展，将产业链条做大做强，做出休闲农业旅游的品牌。

（四）实施优惠政策，拓宽融资渠道

政府应出台相应的优惠政策来鼓励和扶持休闲农业的发展。可以通过增加政府对休闲农业的财政投入，设立专项基金，用于扶持休闲农业企业和完善公共基础设施建设。对休闲农业企业实行税费减免政策，特别是新成立的休闲农业企业在其萌芽阶段可以拥有一定期限的免税期，使其得到一定的保护。同时严禁对休闲农业企业“乱收费、乱摊派、乱罚款、乱检查”，相关部门执法人员进行企业检查，要依法依规，亮证持法，对无意犯错的休闲农业企业实行首次免罚制度。

同时还应实施优惠的土地政策，在不影响区域的总体布局和功能区划的前提下，土地利用审批要向休闲农业企业和项目倾斜。此外还应积极拓宽休闲农业的融资渠道，通过政府主导，银行及其他金融服务机构积极开发出可扶持休闲农业发展的金融产品，积极吸收个人和企业投资，以及农民集资或以土地的经营权出让来入股等形式和手段，拓宽休闲农业的融资渠道，增加资金来源，以解决企业的建立和发展问题。

（五）挖掘文化内涵，丰富休闲农业产品

针对目前唐山市休闲农业形式单一、文化内涵少的问题，应注重休闲农业产品的开发，充分挖掘和利用各种休闲农业资源，尤其要考虑其文化内涵。唐山市拥有各种丰富的独具特色的民族文化和农业文化，而且休闲农业游客的文化水平相对较高，在进行旅游产品开发时应注重吸收，不但要发展采摘、钓鱼、棋牌娱乐等一般形式的旅游活动，也要着重发展其他游客参与性和文化内涵较强的项目和产品，如特色民俗民族表演、游客共同参与的篝火晚会、集体协作下河捕鱼、素质拓展等活动项目。另外，游客多是与亲朋好友一起出游，在休闲农业产品项目设计上应多打亲情牌，多设计些可以促进亲友感情的活动项目，多设计些具有乡土或民族特色的过夜游项目，填补唐山市休闲农业的这一弱项。

（六）加大人才培养力度，培育复合型农民

由于唐山市的休闲观光农业企业从业人员以农民为主，专业素质低，普遍缺乏专业的休闲观光农业人才。因此，政府、企业、学校都应加强休闲观光农业专业人才队伍的建设和培训，一方面学校要根据社会的实际需求，有针对性地为本区域休闲观光农业领域培养专业人才，尤其是农业、旅游及管理方面的人才，以满足唐山市休闲观光农业发展的人才需求。另一方面，政府应出台优惠政策，积极从区域外引入高端休闲观光农业专业人才，做好休闲观光农业规划和行政管理工作，企业也可以通过优厚条件引入区域外的优秀专业人才来做好本景区的设计和经营管理等。

与此同时，政府相关主管部门可以聘请相关专家、学者，定期、分批组织各休闲观光农业企业主要经营者进行集中学习和培训，互相交流，还可以组织这些学员到区域外休闲观光农业发达地区实地考察和学习，以开阔经营者们的眼界，提高他们的专业素质和水平。这些学员回到各自经营的企业后，把培训的知识和经验在企业内部对其他员工进行培训和推广，由此形成良性循环。通过立足本区域培养，注重引进来和走出去相结合，注重知识的学习和培训及经验的推广，定能解决目前唐山市休闲观光农业人才缺乏、从业人员专业素质不高的难题。

参考文献：

[1]唐德荣：《乡村旅游行为研究》，四川农业大学 2010 年博士学位论文。

[2]Deborah Che，Veeck Ann，Veeck Gregory："Sustaining production and strengthening the agritourism product：Linkages among Michigan agritourism destinntions"，*Griculturn and Human Values*，2005(2)：225—234.

[3]Jenny："Eugenia Sickens. Tourism routes as a tool for the ecoflomic development of rural areas—vibrant hope or impossible dream?"，*Tourism Management*，2004(25)：71—79.

[4]刘杜、张发民、张承：《河南省休闲农业发展中存在的问题与对策》，《河南农业科学》2011 年第 3 期。

[5]刘长运、徐敏、薛宝琪：《基于 SWOT 分析的南阳旅游可持续发展研究》，《地域经济与开发》2010 年第 2 期。

[6]范水生、朱朝枝：《休闲农业的概念与内涵》，《东南学术》2011 年第 2 期。

河北省社会科学发展研究课题民生专项　课题编号：201301366

课题负责人：刘景艳

课题组成员：张雪曼　许慧萍

媒体多元化环境下快速消费品品牌传播研究

——以河北绿岭果业公司品牌传播为例

邢台职业技术学院

一、快消品品牌建设面临的新问题

快消品又称快速消耗品，它主要指日常生活消费品，简单来说，就是在24小时内就有一次消费的产品，典型的如烟酒、饮料、方便食品等类别。该类产品由于与大众生活息息相关，重复使用率高，所以销量巨大，而销量巨大的前提是企业拥有深入人心的产品品牌，品牌需深深根植在消费者心中，而当下快消品企业品牌建设面临着媒体多元化环境的新问题。

当下我们处于一个媒体多元化环境时代，这体现在每个人的媒体信息接触行为上。一方面人们通过报纸、电视、杂志、广告等传统媒体接受新闻娱乐等信息，另一方面人们通过使用新的媒体形态诸如互联网、手机、iPad、数字电视、社交媒体等来满足多样化的信息娱乐需求。

当下我们处于传统媒体与新媒体共融发展的时代，这体现在：通过借助互联网及数字信息技术，传统媒体的使用形态发生了巨变，人们可以通过新的媒体介质如互联网、手机、iPad、数字电视等听数字广播，读电子杂志，看数字电视；这体现在：通过数字压缩转化技术，新媒体可以拥有、转化传统媒体巨量的内容，它进一步满足人们多样化的信息需求。

在媒体多元化环境下，在传播途径多元及传播竞争升级下，快消品企业应该如何更好与消费者沟通，应该通过什么样的态势、途径与消费者交流，以更好地塑造企业品牌，并在消费者心中产生共鸣，这是一个现实又紧迫的课题。

二、品牌传播理论

品牌最早指打在家畜身上的烙印，说明它（它们）是我的，标示一种所有权关系，发挥着区别性的功能，后来发展成为企业和消费者关系的桥梁。

著名广告大师大卫·奥格威关于品牌的经典定义，“品牌是一种错综复杂的象征，它是品牌属性、名称、包装、价格、历史、声誉、广告方式的无形总和”。现代企划鼻祖史蒂芬金说：“产品是工厂生产的东西，品牌是消费者所购买的东西，产品可以被竞争者模仿，但品牌则是独一无二的，产品极易迅速过时落伍，但成功的品牌却能持久不坠。”不难看出，品牌是消费者的心理感受，是具有明确指向的心理附加值。品牌的竞争就是消费者心理层面的竞争，是品牌形象和品牌价值的竞争。

根据顾客购物经验，人们的购物决策行为一般分为两种情况：一是按品牌购买，即顾客根据前期形成的品牌印象直接产生购物行为，到购物现场实施指名购买，之后通过使用产品，强化或者负面化品牌印象；另外一种情况是，顾客根据自己对预购产品的属性、功能等进行评估，从待选的几个产品中做出综合评价，之后实施择优购买，通过使用产品而强化或者负面化品牌印象。

以上两种购物行为，前一种更侧重于感性消费类产品，如服装、饮料、小食品、香烟等，往往是指名购买；后一种多发生于理性消费类产品，如电视、冰箱、洗衣机等家用电器。但两者的共同之处表现为两点：一、品牌均对购买行为产生影响；二、消费者最终通过产品的实际使用体验而强化或者负面化品牌印象。因此，站到企业角度，如果企业能通过系统有效的传播活动，塑造出符合消费者心理层面的独特品牌形象和品牌价值，将更能赢得消费者的心。

根据品牌传播理论，品牌形象和品牌价值的构建过程是产品信息长时间一致性传播的过程，是品牌始终张扬个性彰显形象的过程，是多方面系统整合各种传播资源保持统一性传播的过程。在此过程中，企业将获得良好的品牌资产，将收获品牌知名度、认知度、品牌联想、品牌忠诚及其他品牌专利资源——专利、商标、渠道关系等，成为市场佼佼者。

三、媒体多元化环境下快消品品牌传播模型

媒体多元化环境下，媒体的接触人群更为分化，快消品企业面临着更复杂多样的传播媒体形态，面临着更加分化的目标人群，这就需要更加注重品牌传播模型。

快消品品牌传播过程是品牌形象和品牌价值与消费者全方位互动沟通的过程，在此过程中遵循的品牌传播模型表现为：第一步，打造品牌 DNA，寻求品牌差异化；第二步，品牌形象宣传统一化；第三步，品牌价值塑造长期化。

（一）打造品牌 DNA，寻求品牌差异化

对消费者而言，快消品属于低参与度购买的产品类别，消费者在购买过程中投入的时间和精力很少。因此企业在明辨竞争和市场机会基础上，打造品牌 DNA，塑造独特的品牌差异至关重要。

在这里，品牌 DNA 涵盖品牌定位、品牌命名、品牌包装设计等内容。例如植物蛋白饮料中的“六个核桃”可谓经典之笔。该品牌定位于“需要补脑的消费人群”，集中表现为中小学生、职业白领等人群。但延伸来看，在现代忙碌紧张的节奏下，人人都需要补充脑力，焕发活力，“补脑的定位”可谓非常准确，同时与核桃露本身特性密切贴近。品牌命名为“六个核桃”，一是引发品类的直观联想，形成真材实料的印象，同时好听易记，易于传播。“六个核桃”的包装设计非常简洁直观，以核桃中倒出的核桃乳形成鲜明的视觉记忆点，直观细致地传播了产品的高品质，达到了良好的视觉体验效果。

（二）品牌形象宣传统一化

品牌形象很大程度上是消费者通过多媒体渠道接触产品信息后形成的综合印象，消费者通过产品广告、产品陈列、促销活动、终端宣传物、事件营销、公司网站、微博、博客等的接触，最终将形成品牌的特定印象。

在媒体多元化环境下，保持品牌形象宣传统一化越来越难，这需要根据企业资源整合规划各种媒体宣传，注重发挥不同媒体聚合特定人群的作用，扬长避短从而实现各媒体良好的协作效应。在这方面，2012 年加多宝品牌宣传为我们提供了良好的启示和借鉴。

鸿道集团在无法获得使用“王老吉”商标权后，利用全方位媒体组合全力打造“加多宝”凉茶。在传统电视媒体上，除了适时在央视进行广告投放，重点是冠名“中国好声音”，迅速提升知名度。事件营销上，结合伦敦奥运会，推出“红动伦敦，精彩之吉”活动，迅速获得全社会关注。在新媒体方面，公司注重网站和微博宣传，在网站方面，从 2012 年 7 月开始，加多宝启动了“尽享加多宝”“相伴加多宝”“加油加多宝”“随手拍加多宝”等系列线上线下互动促销活动，参与人数已超过 100 万。同时，网站也开展了多宝币的系列活动，通过会员注册，购买产品所获得的多宝币可以在加多宝的网站上换礼品以及点播各种大片电影。微博方面，加多宝注册了加多宝凉茶、加多宝红动伦敦、加多宝学子情的新浪和腾讯微博与消费者互动，其中新浪、腾讯官方微博的粉丝均已超过 30 万。通过不同媒体协作发力，加多宝取得了超过预期的品牌形象宣传效果。

（三）品牌价值塑造长期化

品牌价值塑造不是一朝一夕就能实现的，消费者对品牌的认知、品牌的联想和品牌的忠诚需要一个持续的过程。因此品牌价值塑造是一个长期化的过程。

我们再看“六个核桃”，该快消品品牌从 2003 年销售几乎为零到 2012 年销售额突破 50 亿元，10 年来围绕品牌核心价值“益智健脑”展开持续清晰的宣传，品牌核心价值对接了大众对健脑强烈、普遍的需求，同时贴近大众对核桃健脑的普遍认知，从而最终成为该品类的领导品牌。

四、媒体多元化环境下河北绿岭果业公司品牌传播研究

（一）河北绿岭果业公司品牌传播现状

河北绿岭果业有限公司（简称绿岭公司）是河北省邢台市的快消品企业。企业成立于 1999 年，现已成为我国最大的优质薄皮核桃集约化生产基地。公司主要产品有绿岭薄皮核桃、多味核桃、核桃油、核桃露、柴鸡蛋等多种产品。“绿岭”商标荣获河北省著名商标称号。目前“绿岭”品牌传播存在诸多问题，如知名度不高，品牌影响力主要停留在邢台本地；品牌印象模糊，提起“绿岭”，消费者只知道该公司是一家土特产企业，主要生产薄皮核桃；品牌传播途径单一。

(二)媒体多元化环境下河北绿岭果业公司品牌传播策略

1. 集中资源打造明星单品,依靠单品流行带动全系列产品,最终建立起强势品牌

绿岭公司目前产品系列众多,品牌形象模糊,在此形势下建议集中资源,从核桃露饮料产品做起,依据品牌传播模型,迅速打造核桃露明星品牌,依靠核桃露的流行带动全系列产品的发展。

要打造核桃露品牌,绿岭公司面对的主要竞争对手是"六个核桃"。在核桃露品类市场上,"六个核桃"目前处于领导者地位,但是根据市场竞争原则,在一个品类竞争成熟的市场上,至少存在2—3个主要品牌相互竞争共同发展。因此,在消费者对核桃露品类市场已经形成良好认知基础上,绿岭公司省去大量的品牌教育工作,公司操作核桃露品牌则需要重点突出对品牌的合理定位,精准提炼品牌的核心价值并开展有效的宣传工作。

根据定位理论,定位是对产品在未来的潜在顾客的脑海里确定一个合理的位置,定位是操纵人们心中原本的想法,去打开联想之结。对于绿岭公司而言,该公司核桃露在进行品牌定位操作时,首先面临的是目标人群锁定问题。目前"六个核桃"将消费示范人群锁定为学生,孩子的成长和智力是家长最关注的,锁定了学生群体也就将最主要的消费人群锁定。那么绿岭核桃露将以哪个人群为主要关注点呢?是跟踪追随"六个核桃"的消费示范人群,还是另辟新的消费人群?这是需要首先解决的问题。这里我们不妨假设将绿岭核桃露的消费人群锁定为上班族、职业人群,他们在紧张、高节奏的生活状态下,对健康、对活力有着更高的渴望和追求,这样一来,绿岭核桃露可将品牌定位于"健康、活力",并依次进行品牌命名、差异化的包装设计和品牌宣传,以获得该消费人群认同,从而带动更多的其他消费人群跟进。

2. 整合多元化媒体资源,实现品牌形象宣传统一化

在快消品消费上,较高的品牌知名度、良好的品牌形象是影响消费者购买的主要关键指标。为了达成这些指标,绿岭公司需要整合多元化媒体资源,实现核桃露品牌形象宣传的统一化。

具体而言,建议绿岭公司根据市场开拓计划,围绕核桃露品牌锁定的目标人群,整合发挥传统媒体和新媒体各自的作用。在传统媒体使用上,电视媒体是实现品牌告知、达成品牌形象的有效选择,不过需要较高的费用投入,在费用限制情况下,可利用销售终端来做文章,通过终端陈列、终端宣传物展示实现品牌形象宣传,同时通过新颖且有吸引力的终端促销活动实现与消费者互动,增加品牌销售氛围。在新媒体使用上,一是建议绿岭公司注重网站建设,注重微信、微博的使用,注重线上与线下促销活动的互动,增强与消费者交流;二是根据锁定的目标消费人群网络媒体接触习惯,开展植入式广告宣传,全方位黏合目标消费人群,以实现与品牌价值产生共鸣。

3. 聚焦品牌价值,实现品牌跨越成长

快消品品牌之所以能长久生存、生长于市场,得到目标消费人群的认同和追捧,关键在于品牌价值的黏合作用,在于品牌价值与目标人群所需求价值的吻合性对接。在这方面,"六个核桃"、加多宝等国内品牌已给出了示范。对绿岭公司而言,在核桃露品牌传播方面,唯有有效整合多元化媒体宣传渠道,聚焦品牌价值,方能实现品牌跨越成长。

参考文献：

[1]《2012，加多宝如何创造品牌奇迹》，http://www.ceo.hc360.com.

[2][美]艾·里斯、杰克·特劳特著，谢伟山、苑爱冬译：《定位》，机械工业出版社2011年版。

河北省社会科学发展研究课题民生专项　课题编号：201301392

课题负责人：李红强

课题组成员：王建文　王馨民　党　辉　李元海　李爱平

廊坊市县域体育产业融合发展及扶持机制研究

北华航天工业学院

一、廊坊市县域体育产业发展的现状

廊坊市位于河北省中部偏东，现辖两区（广阳区、安次区），两个县级市（三河市、霸州市），六个县（香河县、大厂回族自治县、固安县、永清县、大城县、文安县），90个乡镇（其中建制镇60个），3229个行政村，辖区面积6429平方公里。

县域体育产业市场经营方面。在县域体育业发展中，廊坊依托“环京津体育健身休闲圈”的逐步落实，充分发挥健身休闲圈的功能，先后在固安、霸州、三河、大厂等县市，培育出一批产品质量过硬、竞争力较强的体育用品制造企业。

县域体育基础设施建设方面。近十年是廊坊体育设施建设发展最好最快的时期，廊坊先后建设了市体育馆、体育学校、体育局办公楼、全民健身活动中心等，廊坊目前已有体育场馆3185处。凭借优势体育资源，许多省级、国家级、国际级的比赛在廊坊举行。

大众体育活动开展方面。近年来，廊坊全市群众体育和竞技体育蓬勃发展。漫步廊坊街头，在公园、社区、路边、广场，随处可见健身队伍，练太极拳，打球，倒走，跑步……大家用不同的方式向同一个目标靠近：增强体质，锻炼出一个好身体。

县域体育管理方面。目前廊坊市县域体育组织机构呈多元化发展，体育服务管理水平不断提高。环京津体育健身休闲圈基本框架搭建成型并逐步成熟，健身休闲产业门类齐全、项目丰富、基础配套设施完备，能够充分满足京津冀及邻近省市群众健身休闲的需求；公益性组织机构、经营性组织机构、体育从业人员、体育指导员等数量和质量不断增加。

县域体育扶持方面。近年来，廊坊市党委和政府从政策和资金上提供大力支持，是竞技体育发展的重要保证。廊坊市通过实施省政府提出的“百县千乡万村”农民体育健身工程、城区广场、公园体育健身设施等大力支持体育基础工程建设。

二、廊坊市县域体育产业融合发展存在的问题及发展瓶颈

县域体育产业链条短，市场运营机制薄弱。在市场运行机制中，廊坊市体育企业缺乏风险意识，有利益都去竞争，对市场供需的深入调查不够，导致一些体育企业的生产具有盲目性、短期性，没有长远规划性，使得体育企业在市场运作中往往处于劣势地位。在

廊坊市县域体育产业链中体育企业处于散乱、各顾各的状态，对县域内的资源没有形成整合和资源共享的局面，其原因是体育产业链中体育企业领导层的大局意识不足，缺乏对市场风险和协调机制的预警和协调，这是目前县域体育产业发展中最根本的不足和原因所在。

县域体育产业扶持机制缺乏。现有的体育场馆远远不能满足大众的多样化需求；在专业体育竞技上，政府扶持缺乏机制保障，目前仅仅是政策上和资金上的支持，应当形成一种长远的、持续的、成系列的、循序渐进式的扶持体系，以及对专业人才的引进和管理上的指导。政府对体育产业资金上和政策上扶持的效果怎样？资金使用的效率如何？体育企业是否真正享受到了政策的扶持？这些问题，在廊坊市县域体育产业的发展中都有待进一步研究。

县域体育产业融合发展的程度低。在体育产业发展中，除了几家大型的体育企业具有创新和研发能力之外，大部分体育企业技术还处于比较落后的层次上，管理也处于低水平状态，与信息、旅游、展业等产业的融合就更少。目前廊坊市县域体育产业与县域特色文化融合发展的较多，融合的力度和资源共享的理念还处于较低水平，在融合手段和形式上也比较单一。县域体育企业的体育产品与体育服务、体育中介、体育旅游、体育媒介、体育文化融合较少。

县域体育管理缺乏战略规划和持久性。主要表现在：一是在乡村、在县域、在社区开展体育活动时，基层体育中专业管理员和宣传员的数量和质量远远跟不上大众体育活动广泛开展的需要；二是体育企业管理中，既懂得企业经营管理又懂得体育专业知识的人才也比较少，缺乏统筹大局、把握脉络的高层管理人才；三是在体育产业发展中，政府缺乏对体育企业自主创新和革新能力的培养。

城县乡体育发展差距不断加大。主要表现在：从体育场馆的分布来看，体育优势资源集中在市县，如大型的体育场馆、体育休闲会所、大型娱乐场所、大型公园等90%集中在城市；从体育设施的投入来看，应该对城市县域体育设施以及政策扶持的力度更大，给予的优惠条件和资金更多；从体育管理水平上来看，城市县域体育管理水平以及体育从业人员水平比乡村要好；从体育活动开展的频率来看，乡村体育开展大型体育活动的频率比较少；从体育服务来看，城乡体育服务水平差距大。

三、对廊坊市县域体育产业融合发展和扶持机制的对策建议

廊坊市县域体育产业的融合发展就是要提高认识，动员社会各界自觉主动地把体育融入建设经济强省市、和谐廊坊的大局中，加大发展体育产业的竞争力。各级政府要精心做好“借助京津势，打好廊坊牌”的机遇，全面抓好竞技体育软硬条件建设，开放对接，加强体育与相关产业的融合，争取体育事业更大的发展空间。在统筹城乡发展和京津冀经济一体化发展的大背景下，以运用区域经济增长理论和公共管理理论为理论基础展开对廊坊市县域体育产业融合发展和扶持机制的研究，主要分为三大板块：一是在理论基础上研究其总体思路，即廊坊市县域体育产业的融合不仅仅是在体育产业内部体育中介与体育产品的融合、体育媒介与体育文化的融合、体育娱乐与体育休闲的融合，还是与其

他产业外延式的融合，如体育产业与信息产业的融合、体育产业与通讯产业的融合、体育产业与旅游产业的融合等。既有横向融合又有纵向融合，是体育资源的一种整合。二是廊坊市县域体育产业融合发展的路径，分别从革新思想、统筹规划，提升管理、培育人才，面向市场、融合发展，完善制度、统筹城乡等四方面展开探讨。三是廊坊市县域体育产业融合发展中的扶持机制，主要包括扶持的资金支持、扶持的政策制定和实施、扶持项目的评估、扶持绩效的评价、扶持的信息平台的建设、扶持渠道、扶持责任制、扶持规划和扶持目标、扶持反馈、扶持协调等内容。

河北省社会科学发展研究课题民生专项　课题编号：201301437

课题负责人：李培园

课题组成员：赵文阁　钟　玲　张宏杰　王国昌　王卫东

基于物流金融的河北省农超对接体系建设及实施路径选择

石家庄经济学院

2011 年 8 月，《国务院办公厅关于促进物流业健康发展政策措施的意见》中提出，积极引导商业银行加大对物流企业的信贷支持和服务支撑，把农产品物流发展放在优先位置，大力发展“农超对接”等直接配送方式。2011 年 12 月，国务院出台《国务院办公厅关于加强鲜活农产品流通体系建设的意见》，提出要创新鲜活农产品流通模式，加强鲜活农产品流通基础设施建设，积极推动农超对接、农批对接等多种形式产销衔接；支持农业生产基地、龙头企业、专业合作社在社区菜市场直营、直供直销等。

2012 年 8 月，国务院发布《有关深化流通体制改革加快流通产业发展的意见》，指出强化流通企业延伸农村经营网络，提升农业生产基地、龙头企业、专业合作社物流配送能力；完善工业品下乡和农产品进城的双向流通渠道；完善财政金融支持政策，鼓励商业银行创新金融服务方式，形成动产质押、仓单质押等多种融资方式。

深化流通体制改革、加快物流产业发展，离不开金融行业的政策保障和信贷支持。物流金融应时而生，顺势发展。

一、河北省农超对接发展中存在问题阐释

目前，我国“农超对接”主要有三种模式：一是以家乐福超市为代表的“超市＋农民专业合作社＋农民”模式；二是以麦德龙超市为代表的“超市＋龙头企业＋农民”模式；三是以山东家家悦超市为代表的“超市＋基地”模式。而无论哪种模式，其规模的扩大、业务的拓展都离不开物流企业的参与，更离不开资金的支持。

近几年来，河北省通过开展农超对接试点和农产品现代流通综合试点工作，已基本形成以农产品生产加工基地为依托，农贸市场（含早市、集市）、蔬菜水果市场、各类直销直营商店为基础，农产品流通企业和批发零售市场为主体的物流网络。但是，在实施农超对接过程中还有许多问题有待解决，如农产品产销间隔较长，需要完善的物流仓储体系和冷链技术消除产销时间和空间阻隔；物流企业直接参与农超对接项目少，物流配送效率不高；多数农户可供抵押资产少、信用度较低，导致融资渠道狭窄，金融支农力度不够，所产农产品难以满足超市标准化要求；超市是集中大规模采购而农户是分散经营。以上因素制约了河北省农超对接项目在更广范围的应用。这也使得金融机构缺乏参与“农超对接”供应链过程的有效机制和重大动力，进一步掣肘农超对接项目的推广。

二、物流金融内涵及经营模式分析

（一）物流金融的内涵

物流金融业务本来是一种金融衍生工具，是在物流与金融相结合基础上的创新，是以银行和企业客户作为两个不同经营对象的产物，后来逐渐改变了传统金融贷款过程中银行、申请贷款企业双方的权责关系，也完全不同于担保贷款中担保方承担连带赔偿责任的三方关系，其越来越侧重于第三方物流企业，目前主要表现为物流企业的配套管理和服务，形成了银行——物流企业——借款企业三方密切的合作关系（如图1所示）。

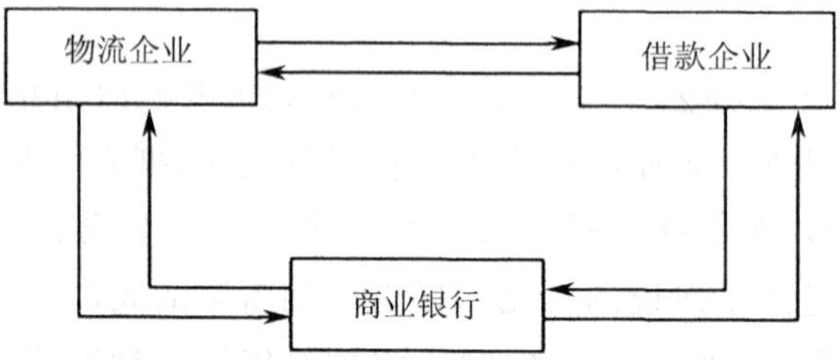

图1　物流金融模式示意

（二）物流金融的国内实践

物流金融服务是伴随着现代第三方物流企业出现的，在国外，金融机构推动了物流金融的发展，而国内却主要依靠第三方物流公司。中国物资储运总公司1999年开始从事物流金融业务，截至目前，已与20家银行签署了总对总框架协议，动产监管融资规模超过400亿元，监管地点覆盖20多个省（直辖市），监管客户超过1200多家。动产监管包括质押监管、抵押监管、贸易监管三大类，质押监管又分为仓单质押、动产质押逐笔控制、动产质押总量控制、买方信贷和开证监管等多种模式。

三、基于物流金融的河北省农超对接应用研究

（一）通过契约形式建立物流金融各行为主体间的长期合作关系

以超市为代表的买方和以合作社为代表的卖方是农超对接活动的主要参与者。这两者之间可以通过契约的形式建立买卖关系，但是在商品流通领域，仅有买卖双方是不够的，还需要第三方物流企业提供适合农产品流通的仓储、流通加工、配送等服务，需要有足够资金支持合作社来完成生产加工过程。因此，第三方物流企业和提供资金支持的金融机构也需要加入这个活动中，他们之间的关系如图2所示。

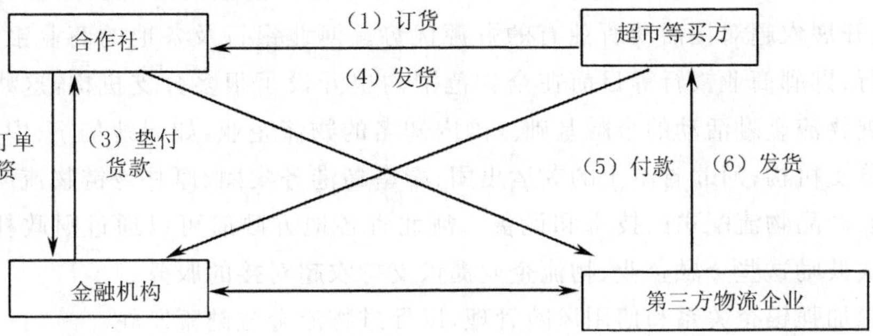

图 2　农超对接中各参与者间的关系

这种关系可以解决合作社融资难的问题，为农产品生产加工等日常业务的资金缺口提供快速安全的资金供给；可以增加第三方物流企业的利润来源，降低业务风险；可以使得超市获得优质、充裕的农产品资源；可以发挥银行融资、结算、代理等业务专长，获得利差收入和手续费等中间业务收入，成为银行新的利润增长点；可以带动农村物流的发展，进而带动整个区域农村经济的发展；可以创造一种多方共赢的局面。

(二)以土地为担保构建物流金融“融通仓”运作新模式

“融”指金融，“通”指物资流通，“仓”指物流仓储。“融通仓”是集金融、物资流通、物流仓储三者于一体，进行统一管理、综合协调与配套服务。河北省地处我国中东部地区，位于环渤海经济区，区位优势明显，交通运输便利；作为全国钢铁、煤炭、铁矿石等大宗商品、装备制造及医药、农产品生产和集散基地，依托石家庄新华集贸、南三条、保定白沟等商贸流通聚集地和大型批发市场，物流需求旺盛；银行业积极支持实体经济发展，保障重点行业、重点项目融资需求，金融服务到位。因此，可以考虑以土地(土地承包经营权、国有土地使用权)为担保，构建物流金融“融通仓”运作模式(如图 3 所示)。

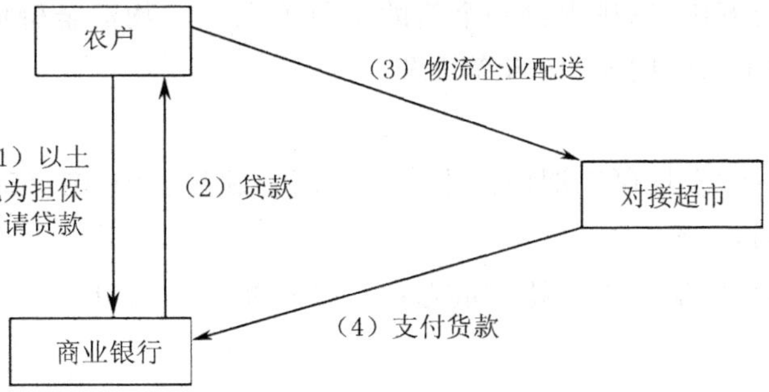

图 3　以土地为担保的“融通仓”运作模式

(三)政府出台政策以多种形式支持物流金融业务开展

政府应奖励一些物流金融业务开展比较好的银行及物流企业，在财政补贴或税收上给予一定的政策倾斜，使其积极参与到农超对接项目中。中国邮政拥有邮政物流和邮政金融两大项业务，而且拥有遍布全国的庞大的邮政和金融网络以及数量众多的客户资源，具有开展农超对接活动所独有的资源优势。河北银行及各地的商业银行，如张家口商业银行、邯郸商业银行等目前在全省范围内也开设了很多分支机构，这些都构成了河北省开展物流金融活动的金融基础。国内知名的物流企业，如天地华宇、中外运、德邦在河北有分支机构；河北省本土的冀运集团、秦皇岛港务集团、厚朴冷链物流园区等物流企业拥有农产品物流配送的技术和设备。河北省各地方政府可以通过财政补贴或税收优惠等方式鼓励这些金融企业、物流企业提供支持农超对接的服务。

（四）加强银企关系和信用风险管理，以促进物流金融健康发展

物流金融各参与方应强化风险意识，防范物流金融业务面临的潜在风险，建立完善的信用评估体系，同时加强企业信用意识，对客户进行全方位的信用管理。在物流金融服务过程中，银行要面临来自企业的还款风险、市场风险等，需要企业与银行建立长期合作关系，共同制订仓单质押融资、监管业务的相关政策指引，取得银行的信用，可以有效地解决金融服务中的效率问题。金融机构通过对客户的资料收集和完善建立金融机构间共享的客户资信档案，完善客户信用等级，对客户进行全方位的信用管理。物流企业须对农业企业和市场有充分的了解，对农产品的市场价值做充分的了解和监控，尽可能防范物流金融风险，以保证物流金融服务的良性健康发展。

参考文献：

[1]国务院办公厅:《国务院办公厅关于促进物流业健康发展政策措施的意见》(国办发〔2011〕38 号)，2011－8－2。

[2]国务院办公厅:《国务院办公厅关于加强鲜活农产品流通体系建设的意见》(国办发〔2011〕59 号)，2011－12－13。

[3]国务院:《关于深化流通体制改革加快流通产业发展的意见》(国发〔2012〕39 号)，2012－8－3。

[4]李毅学、汪寿阳、冯耕中:《一个新的学科方向——物流金融的实践发展与理论综述》,《系统工程理论与实践》2010 年第 1 期。

河北省社会科学发展研究课题民生专项　课题编号:201301265

课题负责人:赵　蕾

课题组成员:马丽斌　丁　超　董志良　张永礼　安海岗

推进我省产业结构转型升级的对策研究

河北交通职业技术学院

近年来，我省经济快速发展，取得了显著成效，但这在很大程度上基于高耗能、高污染、低附加值的传统产业的快速发展。在调整产业结构、转变发展方式的关键时期，我省经济仍面临一些问题，亟待解决。

一、我省三次产业的产值结构分析

分析区域产业结构合理与否，首先看三次产业产值在该区域生产总值(GDP)中所占的比重。近年来，在我省经济总量增长的同时，产业结构也在逐步发生变化。

表1　我省与我国三次产业产值占生产总值的比重对照表

年份	河北省三次产业产值占生产总值比重(%)			我国三次产业产值占生产总值比重(%)		
	第一产业	第二产业	第三产业	第一产业	第二产业	第三产业
1978	28.52	50.46	21.02	28.19	47.88	23.94
1980	31.06	48.29	20.65	30.17	48.22	21.60
1985	30.33	46.44	23.23	28.44	42.89	28.67
1990	25.43	43.23	31.34	27.12	41.34	31.54
1995	22.16	46.42	31.42	19.96	47.18	32.86
2000	16.35	49.86	33.79	15.06	45.92	39.02
2001	16.56	48.88	34.56	14.39	45.15	40.46
2002	15.90	48.38	35.72	13.74	44.79	41.47
2003	15.37	49.38	35.25	12.80	45.97	41.23
2004	15.73	50.74	33.53	13.39	46.23	40.38
2005	13.98	52.66	33.36	12.12	47.37	40.51
2006	12.75	53.28	33.97	11.11	47.95	40.94
2007	13.26	52.93	33.81	10.77	47.34	41.89
2008	12.71	54.34	32.95	10.73	47.45	41.82
2009	12.81	51.98	35.21	10.33	46.24	43.43
2010	12.57	52.50	34.93	10.10	46.67	43.24
2011	11.85	53.54	34.61	10.04	46.61	43.35
2012	12.00	52.70	35.30	10.10	45.30	44.60

数据来源:《国民经济和社会发展统计公报》。

从表1可以看出，我省第一产业产值占GDP的比重呈逐步下降趋势，从1978年的

28.52%下降到了2012年的12.0%，下降了16.52个百分点。第二产业产值所占比重先下降，而后上升。从1978年的50.46%下降到了1990年的43.23%，而后上升到了2012年的52.7%，总体呈上升趋势。第三产业产值所占比重呈不断上升趋势，从1978年的21.02%上升到了2012年的35.3%，上升了14.28个百分点。总的来看，我省产业结构的变化基本上符合产业结构变化的一般规律。

结论：与全国平均水平相比，我省产业结构调整的速度相对缓慢；第一产业产值所占比重略高于全国平均水平，农村农业劳动力转移较为迟缓；第二产业产值所占比重较高，到目前为止，占GDP总量的一半以上；第三产业产值所占比重过低，发展严重滞后，对我省经济增长的推动作用较小。

二、我省三次产业就业人员结构分析

产业结构和就业结构相互作用、相互影响，二者是否协调发展直接影响着经济发展的质量和就业水平的提高。

表2 我省与我国三次产业就业人员结构对照表

年份	河北省三次产业就业人员结构(%)			我国三次产业就业人员结构(%)		
	第一产业	第二产业	第三产业	第一产业	第二产业	第三产业
1978	76.88	13.88	9.24	70.50	17.30	12.20
1980	75.01	14.71	10.28	68.70	18.20	13.10
1985	62.74	21.82	15.44	62.40	20.80	16.80
1990	61.60	23.01	15.39	60.10	21.40	18.50
1995	53.18	27.03	19.79	52.20	23.00	24.80
2000	49.56	26.20	24.24	50.00	22.50	27.50
2001	49.17	26.39	24.44	50.00	22.30	27.70
2002	48.40	27.05	24.55	50.00	21.40	28.60
2003	48.19	27.17	24.64	49.10	21.60	29.30
2004	45.86	28.23	25.91	46.90	22.50	30.60
2005	43.84	29.24	26.92	44.80	23.80	31.40
2006	42.24	29.99	27.77	42.60	25.20	32.20
2007	40.42	30.96	28.62	40.80	26.80	32.40
2008	39.76	31.41	28.83	39.60	27.20	33.20
2009	39.00	31.73	29.27	38.10	27.80	34.10
2010	37.88	32.36	29.76	36.70	28.70	34.60
2011	36.33	33.31	30.36	34.80	29.50	35.70
2012	34.91	34.28	30.81	33.60	30.30	36.10

数据来源：《河北经济年鉴》《中国统计年鉴》。

从表2可以看出，自1978年改革开放以来，我省第一产业的就业人员占就业人员总数的比重由1978年的76.88%下降到了2012年的34.91%，下降了41.97个百分点，下降趋势明显；第二产业的就业人员所占比重由1978年的13.88%上升到了2012年的34.28%，上升了20.4个百分点；第三产业就业人员所占比重由1978年的9.24%上升到了2012年的

30.81%,上升了21.57个百分点。这说明第一产业的劳动力不断向第二、第三产业转移,也说明随着我省经济的不断发展,产业结构也在不断得以调整。但是与全国平均水平相比,我省第一、第二产业就业人员所占比重高于全国平均水平,而第三产业就业人员所占比重却明显低于全国平均水平。这说明我省产业结构调整的速度慢于全国平均水平。

三、我省三次产业结构偏离度分析

产业结构偏离数即某一产业的就业比重与产值比重之差,是反映就业结构与产值结构间偏离程度的重要指标之一。经济学家钱纳里、艾金通和西姆斯通过多国统计资料实证分析得出:随着人均GDP的提高,第一产业结构偏离数由正偏离逐步缩小,第二、第三产业结构偏离数由负偏离向0靠拢。产业结构偏离度是三次产业偏离数的绝对值之和。就业结构与产值结构越不对称,偏离度就越高,产业结构效益就越低。

从表1和表2中2012年的统计数据可以看出,我省三次产业的产值比重分别为12.00%、52.7%和35.3%,三次产业的就业人员比重分别为34.91%、34.28%和30.81%,可以得出我省三次产业结构的偏离数分别为22.91%、-18.42%和-4.49%,产业结构偏离度为45.82%。这说明我省就业结构和产值结构不对称,就业结构变化和产值结构变化不协调,也说明了产业结构效益较低。

四、我省产业结构调整面临的主要问题

(一)从三次产业看,农业效益比较低,现代农业发展较为缓慢,农业产业化程度不高,缺乏龙头企业,效益型农业和都市型农业发展不足;在工业内部结构中,新兴产业起步晚、规模小,钢铁、建材、石化三大资源型产业的增加值占工业增加值的比重一直在50%左右;现代服务业发展迟缓,尚未形成规模优势,传统服务业仍占据主导地位,第三产业增加值占GDP的比重一直低于全国平均水平。

(二)从生产力布局看,沿海和环首都优势尚未得以充分发挥。沿海地区经济总量占比低,临港产业起步较晚。环首都的四个地市虽然在承接首都产业转移方面取得了积极成效,但其中多数项目属于传统产业,真正利用首都的技术和人才优势催生的新兴产业项目并不多。

(三)从企业看,规模以上企业在行业分布上不均衡,行业结构不合理。截止到2012年9月,在中国企业500强中,我省企业占26家,比2011年增加了4家。这说明我省企业营业收入保持了较高的增长水平,企业实力有所增强。但是在入围中国企业500强的26家企业中,约有40%是与钢铁有关的企业,这些企业成为我省入围榜单企业的“中坚”力量,能源和房地产类企业也占有很大比重。相反,服务业和一些高精尖新兴产业所占比重微乎其微。这凸显了我省规模以上企业的行业结构不合理。

(四)从产品结构看,存在“三多三少”问题,即普通产品多,高附加值产品少;原材料产品多,终端消费品少;配套产品多,集成产品少。

(五)从增长方式看,主要是“两拼一靠”,即拼资源、拼环境、靠投资,粗放型发展。

(六)从投资结构看,一方面,基础设施建设投资和资源型工业投资所占比重高,新兴

产业投资占比较低。在“十一五”时期,我省基础设施建设投资和房地产投资占全社会固定资产投资总额的比重为44.2%。在工业投资中,原材料工业投资占比达36.8%,六大高耗能产业投资占比达31.7%,而装备制造业投资在占比最高的年份也未超过30%,高新技术产业投资占比一直在20%以下。

五、推进我省产业结构调整的对策建议

(一)制订产业整体发展规划,落到实处

根据我省目前的具体情况,产业结构调整的总体目标应按照科学发展观五个统筹的基本要求,推进产业结构优化升级,逐步形成以高新技术产业为先导,以基础产业和制造业为支撑,服务业全面发展的产业格局,提高三大产业的综合实力和国际竞争力。

(二)巩固农业的基础地位,提高农业现代化水平

巩固农业的基础地位,提高农业产业化和现代化水平,以增加农民收入和增强农业综合竞争力为核心,稳定粮食生产,提高畜牧业比重,发展现代农业,推广新型农业,增强农业产业化水平和组织化水平,提高农业综合竞争力和投入产出率。

(三)科学发展第二产业,发挥支柱作用

我省的主导产业包括信息、冶金、医药、建材、化工、机械、纺织、食品,政府部门应加大科技投入,多渠道筹措资金,对主导产业的投资起到正确的导向和承担一定风险的作用;应当从政策和资金两方面支持科研机构建设,促进原有科研机构升级改造,促进有实力的企业创建国家级技术中心,承担推广先进技术的职责;应制定符合市场规律的价格形成机制和有地区差异的税收政策,使主导产业有较强的自我发展能力,并带动全省工业经济快速发展,提高整体竞争力。

(四)以科学发展观为指导,加快第三产业发展

基于《河北省服务业振兴计划》提出的指导思想和发展目标,进一步理清思路,突出重点,明确责任,细化政策和措施,切实推进计划的实施。

(五)推进信息化和工业化融合,促进产业结构优化升级

工业化是信息化的物质基础和主要载体,而信息化是工业化的推动“引擎”和提升动力,两者相互融合,相互促进,共同发展。我省推进工业化和信息化融合的关键在于,用现代信息技术改造传统产业,重点在于推进制造业生产技术信息化,推动制造业技术创新系统信息化,加速推进制造业企业管理信息化。

(六)大力发展循环经济,优化产业结构

产业结构与经济增长密切相关,产业结构的演进可以推进经济总量的增长,这已经被许多国家经济发展的实践所证明。作为一个以第二产业为支柱产业的大省,调整、优化产业结构势在必行。

河北省社会科学发展研究课题民生专项　课题编号:201301276
课题负责人:史翠云
课题组成员:卞艳艳　康　卓　付素霞

面向我省未来产业结构的技术技能人才培养机制研究

唐山工业职业技术学院

党的十八大提出,“以科学发展为主题,以加快转变经济发展方式为主线,是关系我国发展全局的战略抉择”。我省也提出了“一产抓特色,二产抓提升,三产抓拓展”的经济发展战略,推动经济结构的战略性调整。

本项调研以服务我省经济发展战略为目的,分析产业结构优化升级对技术技能人才的需求,探索我省职业教育体系构建的目标、重点和路径,促进与我省未来产业结构相适应的技术技能人才培养机制形成。

课题组采用质性研究与量化分析相结合方法。通过中国知网、万方数据平台、河北统计年鉴、河北经济年鉴等多种渠道,查阅了大量相关文献;实地考察走访了唐山钢铁集团、中国北车集团唐车公司、开诚集团、曹妃甸港务公司等骨干企业;走访了省内示范性职业院校,开展了问卷调查,进行数据分析。

研究的主要内容包括以下几个方面:

1. 我省产业结构调整的实证分析。根据文献资料,统计分析我省近30年产业结构调整、就业结构变化以及技能人才结构变化的情况,发现产业结构、就业结构和技能人才结构之间的不匹配、不均衡问题,剖析出现问题的原因,确定技术技能人才培养机制完善的基本原则和基本途径。

2. 我省技能人才需求与培养的现状调查。通过发放调查问卷,走访唐山地区、曹妃甸国家开发区的劳动力市场、重点企业、典型职业院校,了解企业技能人才需求和职业院校技能人才培养的现状,以及人才需求结构与人才培养结构的对接程度,分析“十二五”期间技能人才需求的基本趋势,对技能人才培养机制改革提出建设性意见。

3. 职业院校校企合作、工学结合人才培养机制研究。结合河北产业特征,探索校企共同培养技能人才的长效机制,在培养方案制订、教师配置、实训基地建设、人才评价等方面确定具体的合作目标和合作途径。从企业发展方式转变的需要出发,分析政府与企业合作办学的可行性,形成“政企合作办学、校企合作育人”的良性机制,从理论上明确企业培养技能人才的基本动因和有效机制。

4. 企业技能人才内部培训机制研究。借鉴吸收发达国家现代学徒制的有益经验,充分发挥行业企业在技能人才培养中的主体作用,探索企业内部技能人才开发及培训的合理机制。进行企业职工培训机构的职能与培训制度研究,探索建立培训与考核、晋升相结合的机制。

5. 企业技能人才继续教育机制研究。在现状调查和结果分析的基础上，从理论上理清企业在职职工参加继续教育的必要性和可能性，相应课程的基本特征与开发办法，以及职业院校招收企业学员的入学考核办法和证书发放办法。

6. 构建我省技能人才培养机制的政策建议。从办学体制和企业发展的角度，通过与发达国家和地区的比较，提出较为系统的相关政策建议，探索一条具有河北特色的技能型人才培养之路。

一、我省技术技能人才发展及其培养现状分析

（一）技术技能人才发展现状

我省工业化和城镇化相对滞后，农业和农村人口比重较大，这对技术技能人才培养工作来说是挑战与机遇并存。到 2007 年底，全省技术工人仅有 100.03 万人，高技能人才比例为 28.4%，其中高级技师不足 1 万人。目前，我省技术技能人才发展与江苏、广东等发达省份相比仍有较大差距。

（二）我省当前技术技能人才培养状况

根据《河北省高等职业院校人才培养工作质量年度报告(2011—2012 学年)》，全省共有 64 所高职院校，开设专业 1906 个，其中开设电子信息、财经、制造、艺术设计传媒、土建、旅游、文化教育大类的院校在 40 所以上，有 63 所高职院校开设了计算机类专业。2011—2012 学年，河北省高职院校全日制普通高职在校生规模达到 381833 人。我省产业调整急需的港口运输、动车组技术、电动汽车技术、机器人技术以及快速制造技术等专业开设很少。

（三）未来我省产业发展与技术技能人才需求预测

1. 我省产业结构调整方向

“十二五”时期，我省着重调整产业结构，转变发展方式，注重产品研发以及先进设备的应用。一方面要大力改造提升传统的钢铁产业、装备制造业和石油化工工业，同时还要培育战略性新兴产业，如新能源产业，加快风电基地、光伏发电基地建设，积极开展生物能源，重点发展生物医药，培育发展生物制造等。加快产业聚集区建设，重点抓好 100 个产业聚集区建设，如推动曹妃甸新区、渤海新区临港产业加速聚集。

2. 我省技术技能人才需求预测

第一，高级技能人才需求量迅速增长。根据《河北省中长期人才发展规划纲要(2010—2020 年)》，到 2020 年，技术技能人才达到 500 万人左右。以高级技能人才占 1/3 计算，预计可达到 160 万人以上。也就是说，全省每年需培养高级技能人才 10 万人以上。

第二，从三次产业发展来看，第三产业从业人员逐年增加。截至 2011 年底，全省三次产业从业人员共计 3962.42 万人，其中第一产业 1439.63 万人，第二产业 1202.96 万人，第三产业 1319.83 万人，所占比重分别为 36.33%、33.31%和 30.36%。从 2000 年到 2011 年，第一、二、三产业从业人员年均增长率分别为－1.13%、3.45%和 3.59%，第三

产业吸纳从业人员的能力明显强于第一、二产业。随着农业机械化和工业自动化技术的进一步推广，第三产业从业人员比例大幅增长已是大势所趋，对营销人才、物流人才、会展人才以及导游人员的需求将会大大增加。仅2016年唐山世界园艺博览会所需接待人员就达30万以上。

第三，随着我省发展方式的转变，装备制造业技术技能人才需求旺盛。由于环境因素的制约，我省钢产量增速由2002年的39.4%下降为2012年的6.2%，今后很难再有量的扩张。与此同时，装备制造业和战略新兴产业快速增长，以2009年为例，全省装备制造业和高新技术产业投资分别增长41.3%和51.0%，高于城镇投资1.0和10.7个百分点。2012年，我省钢铁产业最为集中的唐山市钢铁产业增加值占规模以上工业的34.2%，比2007年下降12.8个百分点；装备制造业占规模以上工业的比重达到14.1%，成为第二大支柱产业。因此，在第二产业中，装备制造业和战略新兴产业所需技术技能人才所占比例将会大大增加。

二、构建校企合作技术技能人才培养机制的对策和建议

通过对河北省企业对技术技能型人才需求和校企合作培养机制存在的问题分析，培养面向我省未来产业结构的技术技能人才关键在于构建政府总体调控、学校主动服务、企业积极参与的“三位一体”的技术技能人才培养机制。

建议从以下几个方面构建人才培养机制：

（一）建立人才需求预测机制

由教育行政部门牵头，联合发展改革部门、统计部门，在已有行业协会的参与下，成立技术人才需求调研项目组，每年发布产业发展与人才需求报告；在中长期规划和重点项目规划中，对技术技能人才需求做出预测。通过以上措施，为高职院校制订专业调整方案和人才培养方案提供依据。对于缺乏人才需求科学预测的新申报专业，暂时停止审批；对新上项目投资单位提出新设专业要求，或是企业需求规模较大的专业，实行“先招生，后评估”的鼓励政策。

（二）完善双主体育人培养体系

企业发挥实践教学主体作用、职业院校发挥理论教学主体作用，构建学校和企业紧密结合、政府大力推动和社会积极支持的技术技能人才培养工作机制和保障机制。围绕试行现代学徒制，出台减免高等职业院校学费政策，使同类专业学费降到本科院校水平以下；建立企业师傅资格标准与认证制度，由政府人力资源部门和教育行政部门联合开展企业师傅培训和考核，对达到相应标准的人员颁发师傅证书；完善高职院校单独招生等方面的政策，允许高职院校招收符合条件的在职职工入学。

（三）组织实施紧缺高素质技术技能人才培养工程

对河北省职业院校进行专业布局调整，在同类专业中保留近三年招生录取分数在前80%的院校；根据专业调整规划，合理制订招生计划，鼓励培养传统产业升级、先进制造业、现代服务业、高新技术产业和战略新兴产业发展需要的新型技术技能人才，对计算机应用技术、数控技术、艺术设计、英语等“黄牌”“红牌”专业限制招生。根据学前教育师资

升级的需要，发挥师范院校改办高职院校的优势，组建我省“学前教育集团”；根据老年产业发展的需要，发挥医学专科学校优势，组建我省“老年服务教育集团”。

河北省社会科学发展研究课题民生专项　课题编号：201301466
课题负责人：马良军
课题组成员：田秀萍　崔发周　李　青　靳大伟　刘艳丽　刘顺清

衡水市人才资源开发的制约因素及其改革对策

衡水学院

一、项目研究背景及研究目的

（一）研究背景

近年来，河北省大力实施人才强省战略，人才工作和人才队伍建设结出硕果。人才是国家经济和社会发展的重要战略资源，谁能留得住人才，谁就能在竞争中谋得主动，占据优势。把人才作为推动科学发展的第一要素，以战略眼光看待人才工作，坚持尊重人才、广纳贤才的理念，以“不拘一格”的思路谋划引才工作，以“三顾茅庐”的精神寻求人才，以“周公吐哺”的品格爱惜人才，不断为“高素质人才库”增加新鲜血液，推动经济和社会的发展进步。

衡水市简称衡，位于河北省东南部，其所辖冀州为我国古代九州之首，历史悠久，河北省的简称“冀”就来源于此；衡水市是河北省第二大交通枢纽城市，更是全国闻名的中等教育之都，衡水中学（中国十大名牌中学）、衡水二中、冀州中学、武邑中学四所百强中学都以出色的高考成绩而闻名全国。衡水发展起步较晚，1996 年才成为地级市，是河北省最年轻、最具有活力的城市。

衡水位于环渤海经济圈和首都经济圈“1＋9＋3”计划的京南区内，铁路交通十分发达，京九铁路、石德铁路、邯黄铁路、石济高铁、京九高铁、石津城际高速铁路、衡潢铁路、朔黄支线八条铁路或规划铁路途经衡水，组成了完整的、覆盖全国的综合交通网络，被社会经济学家费孝通先生称为“黄金十字交叉处”。优越的地理环境和独特的人文环境给衡水带来了巨大的发展潜力。

（二）研究现状

近年来高素质人才在经济和社会发展中起到的作用愈加突显，各地积极调整、改良人力资源结构。特别是优秀人才在地方经济发展中发挥的重要作用，吸引了越来越多的学者对其进行分析研究。如李建民《人力资本通论》，李艳萍的著作《建立可持续发展的人力资源开发战略》，胡君辰、郑绍镰的著作《人力资源开发与管理》，沈利生、朱运法合著的《人力资本与经济增长分析》，张向前、林峰合著的《人力资源与经济发展简评》以及罗伯特的《经济增长因素分析》。这些专著和文章从不同侧面分析了高素质人才资源对区域经济发展的重要作用，提出了很多吸引高素质人才就业亟须改善的问题。

近年，包括北京、天津、河北、山东、辽宁在内的环渤海地区各省市，相继推出了高素质人才发展规划；上海、江苏、浙江在内的长三角地区利用已有政策加强人才的引进与培养，针对海外人才引进和鼓励创新创业方面，制定相关优惠政策，改善人才的发展环境。

（三）研究目的

河北省位于广袤的华北平原，环绕北京、天津，东接渤海，西依太行山脉，地理位置上有着较大发展优势。近年，我省经济发展增速较快，然而人力资源在这种形势下存在的问题却在一定程度上阻碍了我省又好又快的发展。

人才队伍建设不仅需要良好的政策，更需要良好的人才发展环境。在人才强省战略下，要大力创新人才体制机制，积极研究探索人才鼓励政策，优化人才发展环境，为建设“人才高地”提供良好的政策环境，推动我省人才发展战略科学化、政策化、制度化。

本项课题研究的目的在于积极改善人才发展环境，提高人才效能，促进落实科学发展观，加快经济发展方式转变。排除人才引进方面的不利因素，改善我省人力资源整体结构，努力推动我省经济社会健康发展。

二、项目研究的意义

人才资源是现代经济发展的第一资源，现代经济核心竞争力越来越表现为对智力资源和智慧成果的培育、配置、调控能力，表现为对知识人才的拥有、运用和支配能力。人才是推动区域经济健康发展的力量之源，对于区域经济赢得竞争优势起着决定性的作用。有了地区发展适用的人才，区域经济才会有实现跨越发展的保证。

当前，各地都在不断加大对人才的引进力度，纷纷开出优惠条件以吸引人才，达到聚集人才、汇集智慧、推动发展之目的。人才是宝贵的资源，是生产力要素的重要组成部分，尤其是在经济社会快速发展的今天，以科技为核心的生产力要素已经逐渐成为衡量经济发展和社会进步的重要指标，而科技又是人才在推动、在助力，高精尖科技必然是高层次人才的阵地，因而人才在现代社会变得越发重要。

发展地区经济必须在人才开发上下功夫，努力使人才引得进、留得住、用得好，只有这样，才能为实现经济快速增长提供人才保障。如何优化衡水市经济发展环境，吸引更多高素质人才来衡水就业，把握人才资源开发的制约因素——人是个关键，这需要一系列行之有效的制度与措施保障，才能确保实现衡水市委、市政府提出的“加快发展、富民强市”这一奋斗目标。

三、项目研究的思路与方法

（一）本课题研究的思路

课题的主要研究思路是：为有效改善人力资源结构状况，积极探索不足之所在，积极研究应对措施，快速解决方案与长效解决方案相结合。快速解决方案用以在较短时间内解决高素质人才较短缺的情况，以弥补人力资源结构中的不足。长效解决方案用以培养、储备人才，以解决经济社会健康、可持续发展的问题。

（二）本课题研究采用的方法

一年来，课题组成员对衡水市人力资源配置进行了一系列调查研究。此次调研工作坚持理论与实际相结合的原则，采取了文献研究法、调查法和行动研究法，实施了重点调研与面上调研相结合、直接调研与委托调研相结合、正式调研与随机调研相结合等形式。本报告就是在此基础上，参照有关科研成果，就社会比较关注的就业问题和瓶颈的反馈信息做一番综合的分析，并以此为参照提出了几点深入推进我市进一步建立健全人力资源结构调整的对策建议。

四、研究成果

（一）我市人力资源调整面临的问题及挑战

从衡水地区的实际情况来看，其人力资源素质整体水平不高，并成为衡水地区经济发展相对落后的重要原因之一。近年来，衡水地区的经济已经取得巨大的发展，教育事业也得到空前发展，形成了从幼儿园到大学的完整教育体系，衡水市人力资源的整体素质，特别是文化素质得到了提高。但是问题仍然存在，并且比较严重。人力资源结构存在的问题给经济发展和社会进步带来了一系列难以克服的困难、问题和障碍，使得衡水与一些发达市的差距较大。具体表现为：第一，对人才资源的作用认识不足。第二，人才引进机制不完善。第三，档案户籍政策制约人才流动。

（二）优化人力资源结构的方法与对策

高素质人才，特别是具有较强研究、创造、管理及专业技术能力的高素质人才是地区技术进步的动力源泉。现实表明，包括我国在内的发展中国家每年高素质人才都在大量流失。发达国家有一大部分的高科技人才是来自发展中国家。所以，作为发展中国家或地区必须创造一个吸引和聚集人才的环境，争取留住本地区高素质人才的同时，吸引区域外的优秀人才来本地落户，或者区域外高科技人才与本地人才进行科研合作、学术交流等，学习其他国家或地区先进科学技术和管理经验，积极创造一个尊重人才、尊重知识的社会氛围。集中大量资金，用于美化环境，改善交通，强化社会治安，全面提高生活质量，为吸引和聚集人才提供良好的工作环境和生活条件，创造一个开放、流动、竞争、协作，有利于人才成长、有利于才能发挥的环境和机制，使高素质人才得以充分利用和有效配置，从而促进新的一轮高素质人才的引进和培养。结合衡水市人才开发中存在的问题，提出以下几点建议：

1. 建立吸引人才流入的健康机制

（1）完善政策机制，鼓励大学生落户。

（2）搭建人才招聘平台，畅通人才流入渠道。

（3）开辟人才引进“绿色通道”。

2. 营造有利于人才成长的发展环境

人才的健康成长，环境是关键因素。人才发展环境包括硬环境和软环境。硬环境建设要以改善工作条件，提高高级人才待遇，提供生活保障为主要内容；软环境建设要以建立灵活、高效的工作制度，创造尊重知识、尊重人才的社会环境，允许失败的宽松氛围等内容为主，加强政府的引导、服务功能，确立企事业用人单位高层次人才的社会地位也是非常重要的环节。

(1)大力扶持，政策倾斜，加强高素质人才队伍建设。

(2)营造良好的创业环境，完善创业基础服务。

3. 注重本土人才培养，实施科教兴市

“科教兴市”就是把科技和教育摆在经济社会发展的战略地位，以先进的科技和发达的教育，以高素质的劳动者和有创新精神的人才，作为经济和社会发展的动力和支撑，加快区域提前实现现代化的步伐。这就要求增加教育投入，包括普通教育支出、成教支出、社会公共教育支出。这些教育投入与生产性投入特别是流动资产的投入是根本不同的，它是一种长期性的投资。

参考文献：

[1]沈利生、朱运法：《人力资本与经济增长分析》，社会科学文献出版社 1999 年版。

[2]潘晓兰：《论区域经济中的人力资源》，《经济师》2006 年第 3 期。

[3]王健菊、王舜、常东坡：《人力资源管理与区域经济发展的对策研究》，《生产力研究》2007 年第 2 期。

[4]张洁、马桂英：《人力资源与区域经济发展的相互制约分析》，《现代商业》2007 年第 26 期。

[5]张向前：《人力资源与区域经济发展研究简评》，《科技与管理》2003 年第 3 期。

[6]雷丽平、于钦凯：《中国人力资源开发对区域经济发展的影响及对策研究》，《人口学刊》2004 年第 4 期。

[7]徐斌、马金：《区域经济发展中的人力资源开发与管理研究》，《人口学刊》2000 年第 4 期。

[8]高其勋、许良：《人力资源开发与区域经济发展》，《燕山大学学报(哲学社会科学版)》2001 年第 2 期。

[9]王尉东：《人力资源对区域经济发展的思考》，《商业研究》2002 年第 5 期。

[10]张向前、黄种杰、朱小能：《人力资源与区域经济发展分析》，《经济师》2002 年第 11 期。

[11]韩巍、关明伟、王晓华：《浅谈人力资源与人力资本》，《民营科技》2007 年第 5 期。

河北省社会科学发展研究课题民生专项　课题编号：201301279

课题负责人：鲍　荣

课题组成员：赵雅习　王　娜

扩权强乡：提升乡镇管理服务职能的创新之举

——青龙县加强乡镇政权能力建设的调查与建议

省委政策研究室

青龙县是国家级贫困县。2007年以来，青龙县委为激发乡镇活力、筑牢基层基础，大力推进“扩权强乡”改革，对乡镇管理体制进行了大胆探索。将5大类、28项权力下放给乡镇，使乡镇成为责、权、能相统一的战斗堡垒，青龙县因此荣膺“2009中国改革年度县”称号。扩权强乡改革，大大提升了乡镇管理服务职能，促进了县域经济发展，2012年全县地区生产总值113亿元，增长11%；公共财政预算收入7.3亿元，增长28%；城镇居民人均可支配收入21330元、农民人均纯收入5108元，分别增长13%和15.6%。

一、青龙县为什么要主动进行“扩权强乡”改革

（一）管理服务半径过大。管理服务半径大是青龙县的一个基本县情。全县25个乡镇，396个行政村，55万人口，分布在3510平方公里的沟沟岔岔之中。全县总面积占秦皇岛市总面积的一半，全境东西长88公里，南北宽58公里。一个乡镇的面积就相当于平原地区的一个县，山高谷深，居住分散，交通不便。与老百姓密切相关的林业、计生、宅基地等方面的问题，由于权限的制约，乡镇“看得见、管不了”；由于地广人稀，很多偏僻山村的情况，县直部门难以及时了解和处理，“管得了”却不能及时“看得见”。因此，扩大乡镇的相应工作权限，提高其社会管理水平和为百姓服务的能力，显得尤其重要。

（二）乡镇管理手段缺失。主要表现在：缺少人事管理权、必要的执法监督权和行政审批权。乡镇没有人事管理权限，不能根据干部日常表现和工作业绩，进行必要的岗位调整和交流，削弱了对乡镇干部的管理职能，不能充分调动乡镇干部的积极性。当有些乡镇股级职务出现空缺时，乡镇党委拟任用平时工作积极、成绩突出的工作人员，但由于没有股级干部人事任免权，所以只能被动等待县直有关部门的任命，这既不利于工作的顺利开展，也不利于调动乡镇干部的工作积极性。乡镇政府在促进发展和维护稳定的过程中会遇到许多难题，但缺乏必要的管理手段。县级行政管理、行政审批层次过多，乡镇政府各所站都要接受对口县直部门的领导，“芝麻大的事情”都要由对口县直部门批准。

该县青龙镇老爷庙村一村民急用两棵树，由于镇里没有审批权，村民只能把申请交到镇里，再由镇里上报县林业局后，由县林业局统一审批，给村民生产生活带来诸多不便。

(三)乡镇责任权力不匹配。在乡镇运行机制中，各部门权力被县直单位上收，但乡镇所承担的责任却没上收或没完全上收，上级的各项工作任务下达给乡镇，使乡镇缺乏与完成这些工作任务相适应的权力，造成乡镇政府责任与权力的失衡。该县双山子村一村民在街道私搭乱建，乡政府干部去管，该村民因为乡官没有执法权根本不理，等县里执法人员到来时房子早已建成，只好罚款了事。有些干部形象地说："我们乡镇干部是芝麻大的权力，西瓜大的责任。"老百姓对乡镇干部有一段顺口溜："有了问题要找你，解决不了还骂你，你来硬的要告你。"乡镇党委政府的威信受到影响。

(四)乡镇事权与财权不对等。就财税体制而言，以往的分税制，乡镇没有主体税种，经省市县层层分成和调控后，真正为乡镇所有的只是一些零星税收。乡镇财政实力薄弱，多数乡镇都在负债运转，无法支撑乡镇经济发展及基础设施建设的需要，乡镇的历史债务包袱沉重，导致乡镇自我保障能力降低。

二、"扩权强乡"的主要做法

为加强乡镇政权能力建设，2007 年以来，青龙县实施扩权强乡改革，把涉及组织、人社、财政、发改、国土、林业、矿业、安监、环保、水务等县直部门的 5 大类、28 项权力下放到乡镇。

(一)下放人事管理权。当乡镇党政班子职数出现空缺时，乡镇党委可以根据本乡镇工作实际和干部工作特点、能力水平以及现实表现等情况，经集体研究后，适时向县委组织部提名推荐适合的干部人选。对工作懈怠、表现消极、能力水平较差、群众口碑较差的科级干部，乡镇党委可以建议县委予以职务调整。同时，乡镇党委按照身份和编制要求，在报县直有关部门备案的前提下，可对本乡镇同类性质机构内一般工作人员进行调配使用。根据工作需要，按照身份和职数要求，在征求组织和人事部门意见的基础上，乡镇党委可对本乡镇股级干部进行任免。

(二)增强财政自主权。主要实行分税制与统收统支加激励两种财政管理体制。乡镇新上项目(税收纳入县本级的)实现的税收地方留成部分(不含城市建设维护税、教育附加收入)对项目所在地乡镇实行分档返还政策，即地方留成税收在 1000 万元以下的，返还 20%；超过 1000 万元的，每增加 100 万元，再返还 5%。乡镇牵头招商引进的企业进驻园区或落户其他乡镇的，经县政府审核批准后，其实现的税收地方留成部分按引进企业的乡镇和所在地乡镇各 50% 的比例分享。实行增值税超收返还。对各乡镇当年新增非资源型企业缴纳的增值税，地方留成部分的税收收入全额返还给乡镇。

(三)赋予行政审批权。对农民采伐 5 株以下自留山或个人承包的集体林木的，在县林业局下达的采伐指标范围内，由乡镇政府审核发放采伐许可证。对不占用基本农田、不破坏耕作层、不建设永久性建筑的临时性畜牧场、饲养场及简易水产养殖场的占地，由乡镇政府根据乡镇土地利用总体规划进行用地规划、选址和审批，报县国土资源局备案。

(四)下延执法监督权。将林业、水务、国土、安监等县直部门承担的部分执法监督权委托乡镇执行。包括对盗伐林木 $2m^3$ 或者幼树 100 株以下的查处；对无证（经营）加工、运输木材的查处；对森林防火期内未经批准擅自在森林防火区野外用火的、对过火有林面积 30 亩以下和宜林地火情案件的查处；对擅自开垦林地行为的查处；对毁坏林木行为的查处等。

（五）扩大项目工作知情权。以往，一些大的项目在乡镇落户，有的县直部门没有及时与乡镇沟通，致使一些乡镇不知情。扩权后，青龙县要求县发展改革局、矿业局、国土资源局、环保局、林业局、水务局等部门，在受理项目许可和各部门权限外转请报批时，要与项目落户的乡镇取得联系，由所在乡镇政府出具意见。

为保证"扩权强乡"工程顺利推进、稳步实施，青龙县重点抓了三方面的工作。一是强化培训。将县直单位制定的《"扩权强乡"工程实施细则》编印成文件汇编，统一下发到县直单位和乡镇党委，方便乡镇查阅扩权细则。为使乡镇执法人员尽快取得执法资格，由县直相关部门牵头举办乡镇行政执法人员培训班，选拔县直部门的业务骨干授课，重点讲授《中华人民共和国森林法》《行政处罚法》《行政许可法》《"扩权强乡"工程实施细则》等法律规章。让乡镇干部吃透上级精神，把握政策界限，熟悉操作规程，严格按照授权幅度及有关规定做好"扩权强乡"工作。二是规范执法。各乡镇成立综合执法办公室，把县直单位下放的行政管理权限统一交由执法办公室来施行。各乡镇确定 2 名专、兼职行政执法人员，统一办理行政执法证，确保乡镇委托行政执法的合法性。组织指导县直部门与乡镇签订委托执法协议，督促县直单位为乡镇提供执法文书，并健全执法工作档案。县直执法部门坚持每月组织人员深入一线，调研走访、查找问题，规范执法程序，提升乡镇执法水平，确保"放得下、管得住、用得好"。三是督导考核。县委县政府不定期召开调度会，全面了解"扩权强乡"工程进展情况，县直部门切实做到"放手不松手，援手不插手"，全力支持乡镇用权。同时，把"扩权强乡"工程实施情况作为年底考核县直领导班子的重要内容，凡县直部门不真正放权的，领导班子年度考核不得评为实绩突出。

三、"扩权强乡"改革的主要成效

（一）乡镇人力资源配置得到优化。各乡镇充分行使中层干部任免权和一般干部调配使用权，把能干事的干部选任到关键和重要岗位任职；县委组织部在确定后备干部时，改变了以往只以民主推荐票确定后备干部的做法，在参考民主推荐票时，还要听取乡镇党委的意见，使确定后备干部的做法更加科学。肖营子镇通过民主测评、投票选举等方式确定了党政办、社会事务办等 6 个相关办公室及所站的股所站长。龙王庙乡计生办主任职位出现空缺，乡党委根据全乡计生工作的实际情况，在广泛征求各村及相关人员意见的基础上，决定由熟悉业务的计生办政法员担任计生办主任职务。自"扩权强乡"工程开展以来，25 个乡镇共有 281 人（其中行政岗位 92 人、事业岗位 189 人）履行了股级职务任免手续，乡镇干部既有压力，又有动力，干事创业的热情明显高涨，责任感和宗旨意识进一步增强。

（二）乡镇服务群众能力大大提升。许多群众要多次跑几十公里山路，只有到县里才能办理的审批项目，扩权后，在乡镇就可以办理。土门子乡东蒿村食用菌项目投资人王晓华持项目批准书，向乡政府提交项目用地申请，乡政府组织国土资源所进行项目选址和权属证明等资料审核后，与其签订了《临时用地复垦协议书》，一周内就办完了5亩地的审批手续。干沟乡烧锅丈子村因扩建村部急需木材，村干部到乡政府说明情况后，乡政府很快就为其办理了《林木采伐许可证》。审批权的下放，既减轻了县直主管部门的工作负担，又为基层群众提供了便捷通道。目前，全县25个乡镇均设有行政服务中心，过去有22项需跑县城办理的事项，现在在乡镇都可办理。

（三）乡镇社会管理水平空前提高。在不增加人员、经费和办公设施的前提下，整合各乡镇委托执法部门资源，变单一的行业执法为多部门的综合执法，强化了乡镇政府职能，一些问题在基层就得到了有效解决。青龙县林业局于2006年制定并下发了《关于委托乡（镇）政府林业行政处罚权的实施细则》的通知，通过委托乡镇执法，大大提高了林业违法行为的处罚效率。木头凳镇政府接到举报，一村民要砍伐40多棵杨树，该镇综合执法人员立即赶往现场，不仅立即制止了其滥砍滥伐行为，而且还对已砍伐的行为进行了依法处理。2011年，县国土资源局出台了《青龙满族自治县国土资源局执法监察巡查工作办法》，进一步明确责任，强化巡查，确保国土资源违法行为早发现、早制止、早查处。比如一些无证采矿行为，乡镇安监站、国土资源所发现后，能够立即派人到达现场，责令其停止开采，消除安全隐患。实施“扩权强乡”工程以来，全县有205起乱挖滥采、违章建筑等违法行为得到及时制止，412起安全隐患得到有效消除，极大地减轻了县直部门的执法压力，提高了工作效率，有效缓解了乡镇“看得见管不了”和县直部门“管得了看不见”的问题。

（四）乡镇经济社会发展明显加快。现行的分税制及统收统支加激励的财政管理体制，充分调动了乡镇加快发展的主动性。各乡镇能够立足区位优势、资源优势和产业基础，积极谋划产业关联度高、科技含量高、带动能力强的大项目，加快发展步伐。2007年以来，全县各乡镇项目投资160亿元，新开工千万元以上项目198个，其中亿元以上项目45个，财政收入和经济实力大幅攀升。

四、几点建议

当前，我省乡镇政权弱化的问题比较突出，主要是乡镇职能定位不清，机构设置不合理，运行机制不科学，上下关系不协调，干部队伍不稳定。这些问题直接影响基层执政基础和党的方针政策落实。因此，加强乡镇政权建设十分紧迫而重要。根据基层对加强乡镇政权建设的呼声，借鉴外省的一些做法，提出以下建议：

（一）建议在青龙县召开全省加强乡镇政权建设工作现场会或座谈会。在全省乡镇机构普遍精简、执法权限弱化的背景下，青龙县扩权强乡之举难能可贵，值得借鉴。青龙县的实践说明，乡镇政权建设问题能不能抓出成效，关键取决于县委领导班子有没有强烈的改革意识和锐意进取的精神。青龙县扩权强乡、加强乡镇政权建设改革经过几年的运行，成效十分明显。一个基础薄弱的国家级贫困县，尚能进行如此大刀阔斧的改革，其他县更应在加强乡镇政权建设方面有所作为。要通过现场会或座谈会，对全省加强乡镇政权建设工作进行一次专题调度，以表明省委对加强乡镇政权建设的重视程度，从而破除思想障碍，统一思想认识。

（二）建议每个设区市选择一个县市进行乡镇政权建设试点。青龙县的实践说明，加强乡镇政权建设必须在县级层面整体谋划，县乡联动，配套推进。单纯地抓乡镇层面不行，孤立地抓一两个乡镇也不行。建议每个设区市选择一个县市进行乡镇政权建设试点，把县直部门的职能、乡镇职能、村里面的职能进行合理的匹配，理顺运行机制。在抓好试点的基础上再加以推广。

（三）建议以省委名义下发加强乡镇政权建设的指导性文件。省直有关部门要对乡镇职能定位、机构设置、运行机制、与县直部门和村委会的关系、乡镇干部队伍建设等方面进行深入调研，摸清现状、研究问题、把握规律、拿出办法。

河北省社会科学发展研究课题民生专项　课题编号：201301004
课题负责人：岳天祥
课题组成员：刘纳利　王春光　梁庆军

打好做大做强县域经济这场攻坚战

——我省县域经济发展现状、问题及对策建议

省委政策研究室

县域经济是以县城为中心、乡镇为纽带、农村为腹地、产业特色明显的区域经济，是国民经济的基础层次和基本细胞，也是促进“四化”同步发展的最佳结合点。做大做强县域经济是省委八届五次全会提出的“四大攻坚战”之一。近期，我们围绕做大做强县域经济问题，到省直有关单位及不同类型的县进行调研。总体看，我省县域经济有一定基础，部分县早已形成产业集群，但与浙江、江苏、山东相比，还有较大差距。建议实施县域发展战略，科学规划、差别考核，三位一体(县城、园区、民营)、创新驱动，提档升级、转型发展。

一、我省县域经济发展现状

(一)县域经济综合实力不断提升。2012 年全省县域生产总值 1.83 万亿元，占全省的 68.8%，实现全部财政收入 1635 亿元，占全省的 47%。全部财政收入超 10 亿元的县(市)达到 52 个，比 2007 年增加 36 个，藁城市成为首个全部财政收入超百亿元的县级市。2012 年农民人均纯收入 8081 元，比 2007 年增长 88.2%。

(二)经济结构进一步优化。三次产业结构由 2007 年的 13.3∶52.9∶33.8 调整到 2012 年的 12∶52.7∶35.3。2012 年规模以上高新技术产业增加值达到 1301 亿元，是 2007 年的 3.3 倍；农业产业化经营率 61.5%，提高 7.9 个百分点。菜、牧、果三大特色支柱产业产值占农林牧渔总产值的比重上升至 68.1%。

(三)民营经济发展潜力大。2012 年增加值达到 17232.8 亿元，实现上缴税金 2342.5 亿元，占全省生产总值、全部财政收入的比重达到 64.8%和 67.3%，比 2007 年分别提高 9.4 个和 8.1 个百分点。从业人员占第二、三产业的 73.8%，发展潜力大。

(四)区域发展新格局初步形成。沿海地区已成率先发展的增长极，2012 年秦唐沧沿海地区生产总值占全省的比重达到 36.9%。环京津地区的独特优势正在得到发挥，去年从北京引进资金 2190.4 亿元，占全省引进资金的 43.2%，成为引进外来资金的主渠道。2012 年城镇化率达到 46.8%，比 2007 年提高 6.5 个百分点。

二、我省县域经济发展面临的突出问题及主要制约因素

（一）县域经济实力偏弱，发展极不均衡

1. 县域经济实力偏弱。县域人均生产总值仅相当于全省人均生产总值的 82.1%。全省 135 个县，财政收入过 30 亿的县（市）只有 7 个，过百亿的只有 1 个。进入全国百强的县由 7 家减少到 3 家；而江苏、山东、浙江分别多达 29 个、26 个、24 个。环首都 14 县（市）只有三河、涿州、霸州 3 县（市）地方一般预算财收入过 10 亿元，而北京市与之规模相当的通州、大兴、房山都超了 20 亿元，农民人均纯收入过万元。

2. 县域间发展极不平衡。30 个强县（市）的 GDP 占全省县域 GDP 的 50%左右，地方财政一般预算收入占全省县域地方财政一般预算收入的 60%左右。30 个欠发达县人均 GDP 不及全省人均 GDP 的一半。我省人均生产总值最高县市（迁安市）是最低县（威县）的 16 倍；人均地方财政一般预算收入最高县市（三河市）是最低县（大名县）的 44 倍；农村居民人均纯收入最高县市（迁安市）是最低县（涞源县）的 5.5 倍。从目前的现实来看，30 个强县与欠发达县差距还在拉大。

3. 贫困县较多。目前，我省共有省级以上贫困县 62 个，占全省县（市）总数的 45.6%，除唐山、廊坊外，其余 9 个设区市均有贫困县。据抽样调查，2012 年我省贫困县的农民人均纯收入仅相当于全省农民纯收入的 57.3%。

（二）园区多而弱，县城多而小

1. 园区多而弱。我省多数园区规模小、水平低，缺乏知名度高、吸引力强的大项目、大企业；一些新建园区规划设计不够合理、建设起点不高、入驻企业少。2012 年，我省共有各类园区 237 个。其中，国家级园区 9 个，批准面积 232836 亩，实际利用面积179250 亩；省级园区 175 个，批准面积 3826184.4 亩，实际利用面积 1019036.25 亩；市级以下园区 53 个，批准面积 592849.5 亩，实际利用面积 85240.5 亩。全省每个县（市、区）都有园区，其中 9 个县（市、区）各有 3 个以上园区，个别县在同一区域内设立了 2 个园区。园区数量多，使园区间产业功能重叠，在招商引资中的非理性竞争，使园区基础设施用地重复投入，分散了土地指标使用，加剧了土地供需矛盾。土地利用粗放，产出不高。全省共有 53 家设区市和县级政府批准的园区，平均投资每亩不足 100 万元，年利税每亩不足万元。

2. 产业小而散。有的县有企业，无产业，没有形成产业链条；有的县有产业，无企业，没有龙头带动。我省县均国内生产总值 108 亿元，大大低于江苏的 363 亿元、浙江的 209 亿元；县域产业集群年营业收入比山东少 10000 亿元，百亿元规模的集群数量少三分之二；一产特色不强、二产不优、三产不大，县域服务业比重不足 31%，比全省、全国平均水平低 5—12 个百分点，而且多为传统业态。近 20%的县没有外资注入，涉农商标不足浙江、山东的一半。我省县域产业集群升级缓慢，如无极皮革、清河羊绒、安平丝网等在全国的竞争优势不断弱化。我省年营业收入超 5 亿元的产业集群不到 300 个，省级以上名牌产品和著名商标不到 500 个。而山东销售收入过 10 亿元的产业集群就有 350 个，省级以上名牌产品和著名商标 1200 多个。

3. 县城多而小。和安徽、广东、江苏等与我省总人口大体相当的省份比较，我省的县

级数量分别多出50个、50个、66个。坝上、太行山区、黑龙港地区的许多县城镇规模较小、经济实力不强，第二、三产业基础十分薄弱；唐山、保定、石家庄等地区经济较发达的县(市)城镇化滞后于工业化、城镇化内涵发展不足、小城镇集聚能力和公共服务能力差的矛盾十分突出。2012年我省城镇化率只有46.8%，低于全国5.8个百分点，在全国居第21位。全省小城镇人口比重仅为21.7%，县城规模普遍偏小，规划建设水平低，基础设施不配套、功能不健全，管理方式粗放，容貌环境“脏、乱、差”的现象比较严重。

(三)农业现代化明显滞后

1. 龙头企业规模小。我省共有农业产业化龙头企业3245家，平均资产6024万元，而全国9.9万家龙头企业的平均资产为1.1亿元；我省年销售收入亿元以上的龙头企业有382家，而山东、河南多达1990家和594家。市级以上龙头企业比重仅占16.3%。龙头企业中国驰名商标比山东少33个。

2. 农产品加工业发展程度低。2012年我省农产品加工业产值4800亿元，分别仅为山东、河南的26.7%和63.2%。我省农产品二次以上精深加工不足30%，比全国平均水平低10个百分点。全国农产品加工业增加值与农业增加值之比为1.5∶1，我省仅为1.04∶1。

3. 集约化经营程度低。目前全省土地流转面积占家庭承包耕地总面积的6.1%，仅相当于全国平均水平的一半。和全国其他省份相比，不仅低于东部发达省份，如浙江为32%、江苏为28.4%，也低于中西部一些省份，如山西为9.3%、四川为15.1%、宁夏为7.7%。全省耕地流向农民专业合作社的仅占流转总面积的7.3%，流入农业产业化龙头企业的仅占7.2%。

(四)科技创新能力不强

1. 科技研发经费投入较低。我省研究与试验发展经费支出占GDP的比重只有0.82%，远低于1.84%的全国平均水平，排第23位，属于对人才缺乏吸引力的地区；企业研发经费支出占产品销售收入的比重为0.47%，也低于全国0.84%的平均水平。

2. 科技进步水平较低。据科技部《全国科技进步统计监测报告》，我省综合科技进步水平仅相当于北京的54.3%，排全国第18位。其中科技进步环境、科技活动投入、科技活动产出、高新技术产业化指数，均在19位之后，而北京则均居前3位。反映科技进步水平的主要指标万人专业技术人员数、研发经费支出占GDP的比重、高新技术产业增加值比重、万人就业人员发明专利拥有量，河北依次排全国第20、22、24、21位，仅相当于北京水平的24.8%、13.5%、11.1%和6.4%。

3. 县域外流人才较多。由于科研环境、经济发展的差距等原因，诸多人才向京津单向流动，且80%流向了京津，我省本已脆弱的人才生态更加恶化。同时，企业人才的流动也让人担忧，我省民营企业近几年的人才流失率平均达50%以上，其中大部分为中基层管理人员和专业技术人员，这些企业中坚力量的流失，对企业发展和创新来说是个不小的损失。据调查，有的县市创业基地、科技孵化基地，项目孵化成熟后，因政策、土地、资金等问题难以解决，迫使人才带着项目离开我省到异地发展。

三、加快推进县域经济发展的对策建议

（一）科学规划，实施县域发展战略。我省县多，每个县域资源禀赋、人文历史、产业基础、发展水平不同，必须分类指导，实行差异化政策，推强扶弱、彰显特色，逐步缩小县间差距。要坚持从实际出发，找准本县定位，制定发展战略，修订完善县域经济社会发展规划，构建区域协作、错位发展的县域发展新格局。一是科学分类。依据经济发展实力、区域功能（主体功能区定位）、产业发展水平和历史贡献等对县域进行科学分类。二是差别化考核。在科学分类的基础上，针对不同发展阶段的县域经济设置不同的考核指标，促使各县域有重点有目标地制定发展重点。三是加大对贫困县扶持力度。要明确脱贫时限、落实主体责任、突出攻坚重点、加强政策扶持，尤其是立县项目、干部配备、驻村工作组要向贫困县倾斜，使贫困县与全省其他县一道基本同步实现小康。

（二）改革开放，激发县域经济发展活力。要靠改革开放建立健全的市场体系和灵活的市场机制，县域经济发展的内在活力激发出来。一是大力简政放权。完善扩权县运行机制，扩大县级经济管理权限，让沿海县市率先发展起来，让环京津县市优势充分发挥出来。二是大力招商引资。要积极捕捉商机、突出招商重点、创新招商方式。要依托比较优势，将壮大支柱产业、培育龙头企业、实施产业聚集、延伸拓展产业链作为招商引资的中心任务，提高招商引资的总体谋划水平。三是大力发展民营经济。全面落实鼓励民营经济发展的政策措施，从降低门槛、减轻税负、融资服务、资源保障等方面加大扶持力度，破解民营企业用地难、融资难、用工难等问题，营造公平公正的市场环境。

（三）创新驱动，构建促进县域经济科学发展的要素支撑体系。科技引领是加快县域经济发展的重要驱动力，要大力实施创新驱动发展战略。一是实施农村青年人才开发工程。搭建发展现代农业和民营经济的平台。通过科学有效的制度安排，推动大批优秀青年到农村干事创业。要承接北京科技、人才优势，采取更加有效的措施，引进人才、引进技术，变“人口红利”为“人才红利”。二是加大科技资金投入力度。鼓励企业发挥创新主体作用。建立财政科技投入稳定增长长效机制，各级技术研发专项资金按法定比例投入到位。支持企业和专业机构加大投入，鼓励社会投资或融资。三是建立完善金融和土地支持体系，最大限度地缓解瓶颈制约。要研究制定对商业银行的激励措施，加快征信体系建设，完善融资担保平台，引导更多资金向县域投放。要从建设用地指标中切块支持县域产业发展，无论强县弱县，只要有好项目就要给予倾斜支持。

（四）转型发展，优化县域经济结构。一是提升园区。园区经济和产业集群是县域经济发展的重要载体。按照产业园区化、技术高端化、生产低碳化、服务公共化的思路，推进各类园区提档升级。依托产业基础和资源条件，因地制宜，推进主导产业特色化、规模化、集群化发展，培育和发展一批主业突出、特色鲜明、体系完整、环境友好、竞争力强的产业集群，靠特色求生存、求发展，靠特色增强综合竞争力。二是提升县城。高标准地编制县城发展规划，完善县城功能，提升县城品位，增强对资金、技术、人才、优质产业的吸纳能力。对基础条件好的县级市，促其尽快发展成为中等城市。三是产城互动。依托城镇发展产业，依托产业兴建城市，推进产业聚集区与城区资源共享、设施配套、功能互补、

融合发展。

河北省社会科学发展研究课题民生专项　课题编号:201301488
课题负责人:岳天祥

推进我省农村面貌改造提升行动的舆情分析及建议

河北经贸大学

农村面貌改造提升行动作为我省深入开展党的群众路线教育实践活动的四个专项行动之一，得到了全省各地、各部门的积极响应，各级政府、基层组织和广大农民纷纷投身到这场建设美好家园的伟大事业中。目前，我省农村面貌改造提升工作已初具规模，正处在巩固提升阶段。近日，课题组通过座谈、走访等形式，对全省农村面貌改造提升工作有关情况进行了深入调研，发现了一些值得关注的舆情焦点，现将有关情况汇总如下，供参考。

一、农村面貌改造提升行动的舆情分析

(一)思想认识统一难

调查显示，部分农村干部群众对此项行动心存疑虑或认识不足，影响了参与活动的积极性。一是对农村环境保护和农业可持续发展的关系认识不足。有人表示，当前我省农村的主要任务是发展经济，保护环境是在农村经济发展到一定阶段之后要做的工作，先污染后治理是经济发达国家以及国内经济发达地区的“共性发展道路”，尤其在农村经济社会发展水平相对滞后的情况下，“揠苗助长”式地过早提出农村环境治理，对农村经济发展不利。二是对示范村经验能否在本村推广缺乏信心。一些农村基层干部反映，示范村经验不具备推广效应，省、市确定的示范村，往往由省、市、县三级调动多个部门集中帮扶建设，集中人、财、物力和各种资源的投入，经验虽然好，但一般的村学不了。一些贫困地区和集体经济欠发达村庄的基层干部也存在着一定程度的畏难情绪，认为农村环境治理是一项统筹农村综合发展的大工程，需要上级支持、群众理解、各界帮助和空前投入。自己村子经济落后，底子太薄，“巧妇难为无米之炊”，只能“等、靠、要”，缺少克服困难、大胆创新的积极心态。三是对活动能否切实保障农民权益存有疑虑。一些干部在工作推动中不深入基层、不调查研究，片面强调这是一项政治任务，追求脱离实际的高指标，搞脱离群众的“一刀切”，甚至以撤职换人相要挟，迫使基层干部无视群众切身利益，搞强拆强建。有的群众对如何尊重农民意愿、保障农民利益持观望态度，认为个别农村环境整治规划和方案没有充分考虑现实情况，搞成了好看不实用的“花架子”。一些经济条件较差村落的农民，对大部分示范村集中在高铁、高速沿线以及重点景区周边不理解，认为是在搞“锦上添花”的“面子工程”“形象工程”，担心自己被“边缘化”。

（二）建设资金保障难

一方面，建设资金缺口较大。县、乡（镇）、村的主要领导一致反映，自从税制改革以来，财政收入集中于国家、省和设区市政府，县级财政所剩无几，我省中等经济水平的县也仅是吃财政饭，贫困地区县级财政更是捉襟见肘、寅吃卯粮。以坝上地区的某国家级贫困县为例，该县全年财政收入不足 1.3 亿元，但国家和省市下拨的涉农扶持资金各项均要求县财政提供 20％的配套费，每年的配套费已高达 1.8 亿元，只能从银行临时贷一笔款，四处应付。在农村面貌改造提升行动中，基层盼望能获得较多的中央和省级财政的支持，以及市级财政的配套专项扶持。另一方面，农村基础设施投入需求较大。以邢台市老示范点沙河市显德汪村为例，该村人均年收入 4000 多元，集体经济年收入三四十万元，属于较富裕村庄，但每年扣除占地补偿和日常开支集体收入不过 10 余万元。实施农村环境治理，全村需要硬化、绿化街心道路 1000 多米，按硬化道路并绿化竣工 360 元/m^2和生活废水地下排污管网 60 元/米的低造价估算，仅此项投入就需资金 42 万元，再加上利用附近煤矿余热实现集中供暖和进行洁净生活能源改造两项，共计需要投入 400 余万元。显然，示范村基础设施建设由政府投入的 15 万元，远远不能满足实际需要。基层干部普遍呼吁在政府加大扶持力度的同时，积极探索多元化、多渠道的农村基础设施建设新型融资模式。

（三）重点污染治理难

基层干部群众认为，农村面貌改进提升行动关键在重点污染治理上。在部分养殖业和村办工业相对集中的地区，村民对牲畜粪便污染和工业三废污染反映强烈，特别是对散落于民居之中的小加工业和庭院规模化养猪、养鸡等格外反感，最不能容忍的是毗邻民居所建的高污染小企业，直接危害村民的生活和健康，不少村民强烈要求将养殖业和工业污染作为农村环境整治的重中之重。但是，这些企业的关、停、并、转、迁直接涉及当地 GDP 增长和经营者利益，加之我国环境保护制度性安排的缺陷、环境争议诉讼及执法力度不足、地方保护主义等多种原因交织，重点污染问题迟迟得不到解决。

（四）建设成效巩固难

农村面貌改造提升成果能否长期保持，是干部群众普遍担心的问题。不少农村基层工作者反映，农村面貌改造提升行动通过各级政府抓试点，以及各种形式的帮扶，实现三年规划虽有困难，但问题不大，关键在于如何形成长效机制，通过农村环境整治成果的不断巩固与提升，实现农民的思想观念、思维方式、生产方式、生活方式、道德文化的与时俱进。他们认为，在美丽农村建设的同时，加快社会主义新型农民的培育，才是改变农村面貌的根本出路。

二、促进农村面貌改造提升行动的对策建议

（一）坚持“三划合一”，实施分类指导

将农村面貌改造提升规划与区域城乡发展规划、农村土地整理规划统筹考虑，“三划合一”并强化县级综合规划和一村一案设计的核心地位。编制规划要与当地经济发展水平、产业结构、地理人口环境等相契合，并充分考虑村民的实际需求。要根据当地经济、

文化、人口状况，依据平原、山区、城郊、沿海等不同地域的农村实际，因地制宜地制订农村面貌改造提升规划，明确不同标准，有计划有步骤地加以实施。要结合各村的发展水平、区位特点、历史文化优势，分类打造精品村、达标村、历史文化特色村和中心示范村。充分尊重农民群众的创造精神，充分相信和依靠当地村民，及时发现和总结来自农村基层和农民组织的创新性经验和做法，使之上升为指导当地农村面貌改造提升的原则和方法。

(二)拓宽筹资渠道，明确投资责任

一是构建多元化、多层次资金筹集机制，对于交通、电力、饮水、垃圾处理、抗洪抗旱设施、医疗、文化、养老机构等社会公益性事业项目，应明确其投资主体为政府；对于改厕、改厨、危房改造等兼有公共属性和私有属性的项目，既需要政府提供技术支持和财政补贴，更应该引导、鼓励相关企事业单位和社会团体通过多种形式反哺“三农”，逐步改善农村生产、生活条件。二是制定综合配套的金融支持政策，由政府贴息，鼓励银行及其他金融机构向农村面貌改造提升项目提供无息或低息专项贷款。尤其应重视“绿色”贷款的使用，积极争取相关国际组织和“世行”“亚行”扶植发展中国家绿色行动的无偿援助和中长期、中低利大额专项贷款的资金支持。三是提倡农民以劳动力义务献工为主的形式，积极参与公益性项目建设，充分发挥广大村民建设美丽家园的热情与智慧。在有条件的村，可设置公益性就业岗位，优先录用经济特困和身体轻度残障的村民，兼顾“就地脱贫”和“较低成本维护农村环境”的共同需要。四是鼓励致富不忘回报故乡的农民企业家为农村环境治理献计出力，在建设美好家园中建功立业。

(三)优化产业结构，发展农村经济

依据每个村镇的自然资源禀赋及产业基础特点，制订可持续的发展规划，精心布局具有当地特色的产业结构，宜农则农、宜工则工、宜游则游、宜商则商，因地制宜地发展农村经济。一是把现代化大农业的发展置于突出位置。做到美丽农村建设与农产品基地建设、农业标准化生产示范基地建设、农业科技推广应用示范基地建设相互渗透，紧密结合。首先要积极推进农业结构调整，培育壮大主导产业，促进种植业向优质化、集约化发展，养殖业向规模化、工厂化发展，林业向生态化、效益化发展，旅游业向多元化、高端化发展。其次要鼓励从事农产品加工的龙头企业向农业领域延伸，通过原料基地建设等，用现代工业经营理念提升传统农业。最后要扶持农业协会等农村经济合作组织的发展，借以实现农业生产经营与市场经济体系的高度融和与对接，利用农业产业链的优化与延伸，使农民在产品价值创新中增收致富。二是积极促进乡村工业实现园区化集聚发展。县域的工业园区建设，要实现统一规划，合理布局，集约发展。做到抓招商、上项目；育特色、搞整合；促调整、促升级；治污染、保环境。三是大力推进土地流转。引导农民以土地折价、投资入股等形式，把承包农田转租给龙头企业、种养大户和专业合作社，逐步培育、壮大农村经济，为美丽农村建设提供有力的经济支撑。

(四)狠抓污染治理，改善环境质量

推进农村面貌配套改造、整体提升，要明确责任、各负其责。一是各县、乡(镇)驻村工作组在完成 15 项工作和“八化”目标的同时，要把村民反映强烈的养殖业和村办小工业的污染治理纳入帮扶工作之中，明确责任，并作为业绩考核的基本指标，实行一票否决。二是当地政府负责污染"重灾区"的治理，对党政一把手和职能部门责任人要建立严格的问责追究制度。各级政府在污染企业的关、停、并、转、迁中要做到严格依法、依规，绝不姑息迁就。三是在污染重大案(事)件处理中，坚持从严、从快的原则，严查、细追决不放纵，确保各地污染物的集中处理及排放达到国家标准，实现全省农村环境优化、生活安全、群众满意的阶段性目标。

(五)融入现代技术，减少污染排放

围绕我省农村面貌改造的关键问题，加快农村新能源、新技术、新生产资料的开发与应用，推行清洁生产和先进治污科技成果，加快乡镇企业结构的调整力度，有效减少农村污染源。一是推广太阳能、沼气、风能及生物能源的应用技术，组织多学科的联合攻关，加大技术研发和引进的力度。二是推广有机肥、生物肥和无公害生产技术，减少农业面源污染。三是加强农村污染物处理新技术的普及，加快家禽家畜粪便的脱水预干燥技术、快速堆积发酵和防臭技术、沼气化发酵技术等无害化处理手段的研究和应用，加强畜禽粪便的资源化开发，如研制开发畜禽生物添加剂、配合鱼饲料、有机复合肥，减少动物粪便中的甲烷排放量，开展畜禽废弃物污染的补救性技术研究和推广。四是积极开发、引进、推广先进的农村污染防治和垃圾处理技术，应用先进的科学技术措施防范治理环境污染，特别是要加强农村生活垃圾的无害化处理和再利用技术的研发和应用。

(六)积极宣传引导，营造良好氛围

全方位、多层次开展农村生态环境保护教育，引导农民群众逐渐养成文明健康的现代环境意识和低碳的生产生活方式。积极宣传开展农村面貌改造提升行动的重要意义，宣传农村面貌改善促进农民生活质量提高的生动事例，宣传示范村的成功经验、典型做法和工作中涌现出的先进人物，宣传环保、低碳消费方式，普及环境保护、环保低碳、节能减排、循环经济、清洁生产等相关知识，培养广大农民环保低碳思维方式和行为方式，营造农村环保低碳的社会氛围。

河北省社会科学发展研究课题民生专项　课题编号:201301508
课题负责人:刘爱英
课题组成员:姚丽芬　柴美群　石新芳　董俊青

注释:论文发表于《河北日报》知与行版，2013 年 11 月 20 日。

加快石家庄“无线城市”建设的思路建议

石家庄经济学院

所谓“无线城市”，就是使用高速宽带无线技术覆盖城市行政区域，向公众提供利用无线终端随时随地的上网服务。自从2004年美国费城首次提出“无线城市”计划以来，根据相关统计，2010年，全球在建和规划中的“无线城市”项目已经超过了1500个，“无线城市”给人类生活带来的美好前景，带动了“无线城市”在全球的建设浪潮。据报道，目前全国已有超过200个城市投入无线城市建设，目前，北京、上海、广州、杭州、深圳等城市都宣布，重点公共场所正在实现Wi-Fi网络全覆盖。

一、加快石家庄“无线城市”建设的必要性

“无线城市”建设是贯彻落实科学发展观和国家信息化战略的重要实践，具有重要意义。“无线城市”作为“第五公共事业”服务于政府、企业和公众。需求是“无线城市”发展之动力，“无线城市”建设，有助于提升城市信息化应用化水平，给市政管理、公共安全、医疗卫生、商务旅游、文化生活等带来前所未有的改变，使人们尽享“无线城市”的品质生活。

（一）提升政府效率

无线政务将利用无线技术提高政府部门公文流转、审批效率，满足政府部门实现现场办公的需求，提高政府在城市管理、市政交通、治安管理等方面的反应速度，实现“监督型政府”向“服务型政府”的转变。主力提升政府的社会管理水平，使得政务服务更加高效、阳光、民主。

（二）服务社会民生

无线城市建设已被誉为继水、电、气、路之后的第五大城市公共基础设施，成为推动经济社会和谐发展的有效方式。据介绍，“无线城市”一旦实现，市民再也不受线缆和网络接口限制，只要有无线网络信号，随时随地可用便携电脑、手机和PDA上网，浏览新闻、搜索资料、进行QQ聊天、收发邮件、传送文稿和相片等文件。

除了无线上网，市民还可以享受无线视频服务，如在手机上看电视，用手机和亲朋好友聊天，既听其声，又见其人；通过“家校通”可看到孩子在家里、学校是否安全和遵守纪律。“无线城市”还可以提供“无线位置”服务，例如一家人去公园，孩子不慎走失，如果其配有无线挂牌，就可以通过无线网络定位功能，立即确定孩子所在位置，免去奔走寻找和广播寻人的焦急；驾车者利用车载设备联网登入后，无线系统可自动感知汽车是否进入

车流密集区域，等等。

（三）优化投资环境

通过推进“无线城市”建设，能够进一步加强信息经济、网络经济与传统经济的相互融合与渗透，在将信息产业做大做强的同时，有效促进其他产业的创新升级与优化调整，拉动现代服务业、移动互联网产业、具有自主知识产权 TD 等一系列产业的发展，提升城市投资软环境，进而推动国民经济的长足发展。

二、石家庄“无线城市”建设的现状

目前，石家庄哪些公共场所可以实现无线上网？“无线城市”建设的情况进展如何？此项工程与其他省会城市间有多大的差距？还存在一些什么问题？带着这些问题，笔者进行了实地调研。

（一）石家庄能免费无线上网的公共场所还不多

笔者在广安街、长安公园、省图书馆、北国商城等多处大型商贸、人流密集的公共场所，发现只有广安街一些品牌咖啡店和省图书馆可以免费无线上网。

（二）在“无线城市”建设上与其他省会城市的差距较大

杭州是全国首个免费开放 Wi-Fi 的城市。杭州市政府从 2012 年 10 月 30 日起免费向市民开放室外 Wi-Fi 网络，开放城市道路、街区、景区、广场、公交站台以及行政服务、交通枢纽等区域 2000 个站点，覆盖 220 平方公里。用户连接“i-hangzhou”就可以免费使用上网。目前石家庄市的 Wi-Fi 热点相比其他城市是比较少的。

（三）产业链和运营模式还不够成熟

目前百姓喜欢和需要的天气、航班、交通等信息，是由运营商购买之后，再通过“无线城市”平台免费提供给用户使用。这样的价值链是不闭环的，运营商既要花数百万资金建设平台，还要不断地出资购买信息服务，大量投资见不到收益，长期下去难以为继。

三、加快石家庄“无线城市”建设的思路建议

（一）政府主导“无线城市”建设

无线城市是一项公众、公共管理者和电信企业都有诉求的工程，既有商业项目的性质，更是一项造福百姓、改善民生的公共事业。无线城市为社会公众提供在任何时间、任何地点都能得到的基本宽带接入服务，就如同水、电、下水道、城市交通一样，是一种公用事业，而政府显然要为这种公共服务承担一定的责任。政府只有把无线城市放在这个定位上来审视，才能有建设无线城市的积极性和主动性，才能发挥好主导作用。

（二）加快三网融合建设速度

三网融合是指广播电视网、电信网、互联网的业务功能融合，核心是广电和电信双向进入，即电信网可以传输广播电视节目，广播电视网可以从事宽带和语音等电信业务。老百姓家里只需要有线电视、电话、宽带中的一种线，就可以享受看电视、打电话、上网等全业务服务。

一是在新建区域实施“单纤入户”工程。在新建区域（住宅小区、商住楼、办公楼等）

实施“单纤入户”，采用“一家建设，多家共享”模式，由任意一家企业或第三方专业公司严格按照石家庄市光纤入户相关技术标准负责光纤铺设，满足各企业的平等接入，保障用户选择服务商的自主权。

二是对已建区域实施“光进铜退”网络改造。对已建区域实施“光进铜退”网络改造，逐步解决信息网络乱搭乱建不美观、安全事故隐患多、社会资源浪费的现象。

（三）实施配套设施资源共享

住宅小区及商住楼配套设施（包括机房、管线、基站站址、分布系统、公共接入点、弱电机箱等，简称配套设施）建成后，其所有权属于全体业主，通信和广电企业可平等使用配套设施，建设投资方、物业服务部门等单位不得限制，不得收取费用，不得签订排他性协议垄断配套设施。

（四）分区域建设

石家庄“无线城市”等于无线接入加移动信息化应用，可以按照2G全覆盖、3G热区覆盖、WLAN热点覆盖的思路建设。

（五）统一公共场所WLAN公共服务的标识和名称

尽快在交通枢纽、休闲广场、步行街、高校、工业园区、社区、会展中心、医院、商场、星级酒店和商务楼等处，统一公共场所WLAN公共服务的标识和名称，免费提供一定时间的Wi-Fi，让群众尽早享受到科技发展的成果。

正如当前中国的城市化进程一样，“无线城市”化进程也在不断加速，围绕“无线城市”这一核心，各种先进的网络技术和应用正在不断融会贯通，汇集于此。无线城市正在经济、社会发展的历史进程中，掀起一场令人期待的信息化革命，期待它给我们带来更多的精彩。

河北省社会科学发展研究课题民生专项　课题编号：201301255
课题负责人：张书堂
课题组成员：张文惠　张靖轩

中国特色社会主义
幸福乡村建设的探讨和实践

邢台职业技术学院

一、幸福乡村建设的理论依据

(一)十八大报告提出的理论

胡锦涛同志在党的十八大报告中指出“把生态文明建设放在突出地位,融入经济建设、政治建设、文化建设、社会建设各方面和全过程,努力建设美丽中国,实现中华民族永续发展”。

当前农村只有通过净化、亮化,才能解决残垣断壁、污水横流、垃圾遍地问题,实现天蓝、地绿、水净、灯亮的美好家园。

(二)河北省委省政府要求

河北省为了响应中央号召建设美丽中国,在河北省开展了基层建设年活动,以每年5000个村为重点,15000工作队员到农村,制订各种规划和方案,整体推进幸福农村建设,帮助农民加快建设幸福美好的家园。

(三)农村发展需要

伴随着工业化、农村城镇化的发展,农业的现代化同步在推进,由于大量机器的应用,农村闲散人口急剧增加,造成农村人口涌入城市,城镇空间的布局和人口布局发生巨大变化。这就要求城镇建设规模必须扩大,让涌入城镇的农民有创业发展和生活的空间,让转产农民在城镇实现安居乐业,真正融入城市社会。另外,大量农村人口走向城市,导致一些自然村消失,空心村增加,这就亟须对农村进行重新规划和改造,因此幸福乡村建设势在必行。

二、幸福乡村建设任务

建设幸福乡村中心工作是增加农民收入,改善农民生产生活条件。核心是“15个字”,即水电路讯房、山水林田村、科教文卫保。重点是开展农村基础设施和公共设施建设、新民居建设、饮水安全、公路畅通、电网升级、环境综合治理等工程,加强农村基层公共文化体系建设和义务教育、医疗卫生保障工作,加快建设农民幸福生活的美好家园。搞好幸福乡村建设就要实现乡村富裕、乡村美丽、乡村满意、乡村文明、乡村和谐。

三、幸福乡村建设具体措施

(一)万名干部下基层

河北省从2012年开展基层建设年活动,重点是每年选择5000个困难村为突破口,每村有三名帮扶干部到村中帮扶,他们与村民同吃、同住、同劳动,把党的方针、路线、政策宣传到每一个村民,让他们真正明白"惠在何处、惠从何来"。针对农村存在的突出问题,访贫问计,与村"两委"班子共同制订发展规划。根据省十项任务在村中实际情况进行了梳理,结合村中具体情况和县委组织部及相关单位共同制订具体实施方案。根据村中实际,开展项目建设,为农民栽上"摇钱树",养起"下蛋鸡"。结合村"两委"换届,抓好班子建设。通过培训,提高村干部素质和能力。通过深入细致的调查摸底,建立村调委会、治保会、巡逻队并制定相应的规章制度,防止各种问题的发生。严厉打击各类违法犯罪活动,真正让老百姓过上安稳日子。创建了党员之家,建立健全党支部学习工作制度、外出党员管理制度、党员联系户制度、无职党员设岗定责制度、支部书记职责、党员管理目标量化责任书和群团组织管理活动等制度。同时,落实一定三有、四议两公开,帮助党员学习"七权七责"并实施,使党的基层组织建设制度化、规范化。

(二)增加农民收入和壮大村级集体经济

增加农民收入。由于农民走入城市,农村土地闲置,为了增加外出打工和村中无劳动能力农民的收入,必须进行农村土地流转,实现农业经营规模化、产业化,鼓励农民发展带动力强的龙头企业和专业合作社,发展现代农业,促进农村劳动力转移。通过提升农民创业、就业能力,通过发展休闲度假、生态观光、民俗风情体验等不同类型的乡村旅游业,通过农业结构调整,实施"一村一品"工程,壮大特色种养业、培育来料加工经济人等措施,促进农民持续增收和普遍增收。

壮大村级集体经济。制定发展农村集体经济的扶持政策,加强农村集体资金、资产、资源管理,支持引导各地开发集体资源、盘活集体资产、经营集体资金,厂房出租、农村宅基地有偿收储机制,探索以入股、租赁等形式发展符合农村实际的产业,壮大集体经济。

(三)落实村庄规划和强化基础建设

根据基层建设年要求,河北省规划局结合各村实际情况,依据尊重自然美、注重个性美、构建整体美要求制订村庄及布点规划。结合空心村和自然村较为分散的状况,把分散村落相对集中,以农村社区化为方向,确定中心村和需要保留的自然村。农村建设关键是基础建设,农村的"水、电、路、讯、房"是最为基础的设施建设。一是农村饮水安全工程,要打好井,改造饮水管网,让群众喝上放心水、干净水;二是道路问题,要大力实施农村道路互通工程,重点抓好连村道路修建、村内街道硬化和农村公路危桥改造,满足群众出行和基本生产需要;三是电网改造,让线路规范化、整齐化,解决线路老化、乱搭乱接现象,让百姓用电放心;四是广电网、电信网、互联网要通村到户;五是对危房进行改造,重点让五保户、村中无劳动能力的困难户、贫困户住上新房。

(四)实施"四清四化"

清垃圾。村庄垃圾及时清运,干净卫生,无明显暴露垃圾。垃圾要集中填埋。

清杂物。村庄道路、巷道旁无柴草乱放、粪土乱堆、垃圾乱倒、污水乱流、畜禽乱跑等现象。

清残垣断壁和路障。通村道路两侧和村内大街小巷无乱搭乱建、乱堆乱放、乱贴乱画，道路整洁畅通。

清庭院。房前屋后垃圾、杂物、畜禽粪便清理及时，院内堆放物品整齐有序，房内院落干净整洁。

绿化。村内道路两侧和空地因地制宜种植各类树木和苗木花草，长势良好，管护到位。

美化。村内主街道建筑、农户宅院外墙全部粉刷美化，色彩干净淡雅，美观大方，建成文化墙、宣传墙。

亮化。村内主要街道全部安装路灯，能正常使用。

净化。村街路口、施工现场、集贸市场、公路沿线和公共场所环境卫生良好，村内环境干净整洁。

（五）实施服务创新工程

围绕提升“科、教、文、卫、保”公共服务水平，扩大公共财政覆盖农村范围，加快发展农村教育、文化、卫生、体育等公共事业，引导小学、幼儿园、卫生室、文化站、金融服务网点等向农村布点，实现社会保障全覆盖，完善农村居民养老和医疗保险、被征地农民社会保障、农村最低生活保障、农村社会救助等社会保障体系，扩大农民工养老、医疗和工伤保险覆盖面，建立城乡一体、居民共享的社会保障体系。建设农村社区综合服务中心，建立网格化服务管理机制。实现公共服务均等化，推动城镇优质公共服务资源向农村辐射。

（六）培育乡村文明新风

广泛开展乡规民约的制订，这是群众自我教育、自我管理的好方法；抓好农村集镇文化中心的建设，这是农村文明建设的重要阵地。开展文明村镇、文明集市和文明家庭评选活动，引导农民破除陈规陋习，培育科学、健康、文明的生活方式。加强对古村落、古民居、古建筑的保护，发掘、保护、开发农村优秀民间文化资源，传承弘扬具有河北特色的农耕文化、山水文化和民俗文化。实施文化信息资源共享、乡镇综合文化中心、村文体活动室、农家书屋、农村数字电影放映、体育健身等重点文化惠民工程。扎实开展平安创建活动，加强农村社会治安综合治理。

总之，通过实施六项工程，通过“水、电、路、讯、房”基础设施建设，通过治理“脏、乱、差、散”等实际问题，综合整治“山、水、林、田、村”；通过提升“科、教、文、卫、保”公共服务水平，发展农村社会事业，完善新农合、农村低保、大病救助等农村社会保障制度。真正使农村成为“规划科学布局美、村庄整治环境美、创业增收生活美、乡风文明素质美”，达到“村村优美、家家创业、处处和谐、人人幸福”的目标，逐步建成宜居、宜业、宜游的美丽河北幸福乡村。

河北省社会科学发展研究课题民生专项　课题编号：201301391

课题负责人：韩永来

课题组成员：刘志忠　白思然　赵建国　任会兰　杨　平

河北省新农村社区标语文化建设现状调查

——以秦皇岛市为例

中国环境管理干部学院

形形色色的墙体标语，可谓中国农村的一大特色。这些标语各不相同，往往还具有一定的时代和地域文化色彩。“标语”是用简短文字写出的有宣传鼓动作用的口号。当代，随着城市化进程的逐步加快，城市中的标语逐渐减少，尤其是粉刷的墙体标语都销声匿迹了。而在广大的农村，墙体标语仍然广泛存在着，并始终是一种宣传方式。

一、调查目的

在广大农村，各种标语大体包括宣传党政方针、法律、计生、环保、交通、卫生、基础教育等方面，又可分为宣传鼓励类和禁止警告类。不过，由于各地实际情况不同，标语撰写者文化水平参差不齐，现在农村标语还是存在不规范的问题。在新农村建设中，作为一种宣传途径，当今存在什么样的标语、需要什么样的标语、标语应如何发展，是应当引起关注的。

二、实践调查内容

本调查采集了秦皇岛市海港区、北戴河区、经济技术开发区、昌黎县、抚宁县等县区农村社区标语共计 199 条，其中海港区、北戴河区、山海关区 156 条，抚宁县和昌黎县 43 条。分别对这些标语进行分析整合，得出相关数据。

1. 城市周边城乡接合部，以海港区、北戴河区和山海关区为例

根据采样分析，156 条标语中，文明诚信宣传 5 条，占 3.21％；环保宣传 18 条，占 11.54％；计生宣传 6 条，占 3.85％；护林防火宣传 13 条，占 8.33％；法律宣传 3 条，占 1.92％；交通安全宣传 78 条，占 50％；党政方针宣传 5 条，占 3.21％；献血宣传 4 条，占 2.56％；维权宣传 9 条，占 5.77％；电力光缆保护 5 条，占 3.21％；其他内容 10 条，占 6.4％。比例分布见图 1。

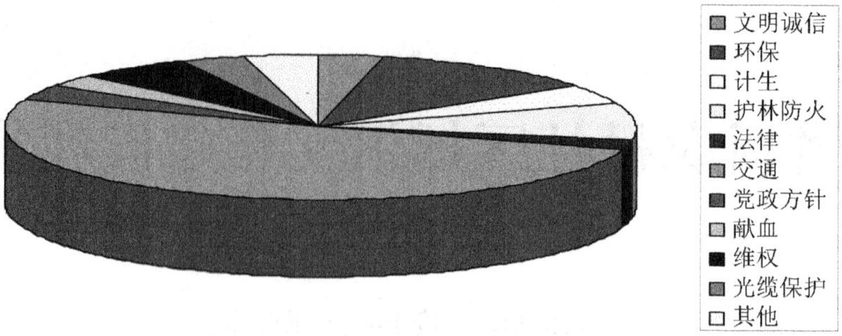

图 1　新农村社区标语主要内容

2. 县区，以抚宁县、昌黎县为例

在以上地区 43 条标语采样中，计生宣传 11 条，占 25.58%；文明诚信宣传 5 条，占 11.63%；新农村建设宣传 8 条，占 18.60%；健康安全宣传 6 条，占 13.95%；电讯宣传 2 条，占 4.65%；交通宣传 8 条，占 18.60%；环保宣传 3 条，占 6.98%。比例分布见图 2。

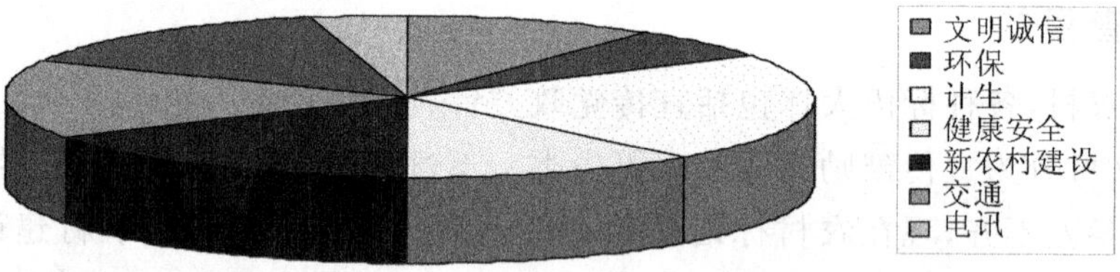

图 2　新农村社区标语主要内容

三、调查情况分析

(一)新农村社区标语的主要内容

调查结果显示，新农村社区标语的主要内容大体包括宣传党政方针、法律、计生、环保、交通、卫生、基础教育等几个方面。此外，各类标语从宣传态度上又可分为宣传鼓励类和禁止警告类。

(二)新农村标语文化建设的总体评价

1. 标语语言文字规范化程度有待提高

第一，有些标语在语法上就有错误。第二，有些标语在事理逻辑上存在偏误。第三，有些标语在遣词造句上过分生硬，影响宣传效果。第四，有些标语虽通俗易懂，但略显文化品位不高。

2. 居民对标语使用和制作的支持程度逐渐降低

近些年大众媒介迅速崛起，国家政策瞬间即可传遍全国各地，使得标语的信息告知功能也被大众媒介所替代，加上现在不少农民不让政府在自家新房的墙上刷写标语，导致政府对制作标语的热情不高，群众对标语的使用和支持程度逐渐下降(见图 3 居民对标语刷写制作的支持率)。此次调研中,笔者观察到绝大多数标语用白色字粉刷在砖墙上,也有先用白粉打底,再刷写红色或蓝色字的,这种更为醒目。字体黑体比较多,也有些较随意。有些标语在日晒雨淋后脱落,又补刷了其他内容,字迹模糊。

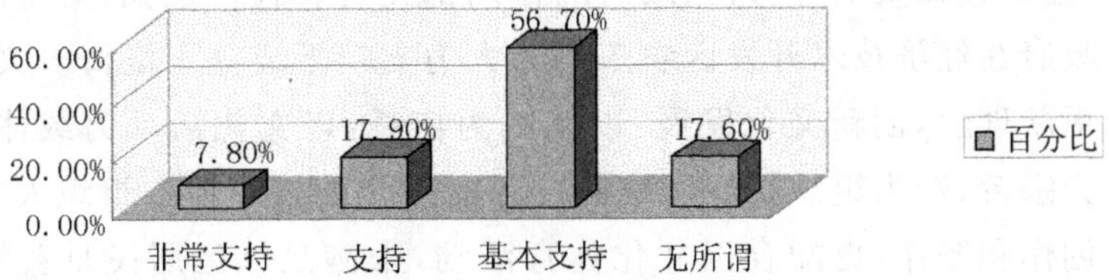

图3　新农村社区居民对刷写张贴标语的支持率

3. 新农村社区标语文化建设的现状

(1)社区文化建设主体缺位,地方政府重视不够

在目前的政治体制下,地方政府为追求经济效益,片面强调速度,尤以见效快、成绩明显的项目受追捧。而文化建设是一项长期工程,见效又慢,因此,很多地方的社区文化建设成了口号。而标语文化作为社区文化的一个组成部分更是难以得到重视。

(2)社区文化工作队伍不强,标语创作使用缺乏指导

这主要表现在:第一,社区文化工作者中兼职人员多,专职文化工作者相对缺乏。具有专业职业资格的工作人员不足5%。第二,社区文化骨干队伍缺乏。在社区标语的创作使用上便表现为文化水平参差不齐,整体文化底蕴还不够深厚。

(3)社区居民文化素质偏低

以经济技术开发区渤海乡为例,在以往"村改居"建设的社区人口中具有大学专科以上文化水平的占4.5%;具有高中(中专)学历的占10.5%;初中学历占45%;小学文化程度的则占47%;完全文盲的还有13%的比例。社区文化的建设速度缓慢。

(4)社区居民对标语功能的认识逐渐淡化

改革开放以后,随着思想意识的多元化发展,仅仅通过几条标语口号就完成一次政治运动的时代一去不复返。近些年大众媒介的迅速崛起,以及一些农民的不配合,导致政府对制作标语的热情不高,把农村的标语阵地拱手让给了企业,标语也不再有昔日的风光。

四、改善新农村社区标语文化建设现状的有效途径

(一)加强标语文化的规范化建设

中央对社会主义新农村提出了"生产发展、生活宽裕、乡风文明、村容整洁、管理民主"的要求,新农村社区标语也应参与到我国新农村的构建中来。要使标语发挥作用,应对目前的社区标语进行必要的规范。

要加强规范化建设:第一,标语语言规范化;第二,标语内容明确化;第三,标语创作

新颖化、人性化。如“家败离不开一个奢字，人败离不开一个逸字”，这些通俗易懂、文明温馨的标语构成的“墙体文化”必然成为一道扮靓新农村的风景线。

（二）加强地方政府对社区整体文化建设的引导与规划

社区标语文化建设在目前阶段还离不开政府的引导，加强政府扶持的力度，无论是在经济支持上，还是在政策引导方面，政府的作用都无可替代。例如，秦皇岛市经济技术开发区渤海乡政府在经济技术开发区农工局的大力支持下成立了渤海乡文化站，在局乡两级的领导下更新理念，创新文化发展，以社区为依托，以文化活动为载体，以宣传党的路线方针政策为宗旨，牵头组织指导所辖各社区的文化建设工作。组织人力物力对社区标语进行统一创作和制作，更配合以文化体育活动，来满足社区居民日益增长的精神文化需求，使居民的精神生活不断丰富，思想情操受到陶冶，传播和接受知识、信息和技能的积极性极大提高。

（三）一专多能，提高社区文化工作人员的综合素质

加强社区标语文化建设需要多方面的力量，其中社区文化人才是一支重要力量。目前社区文化建设的从业者大多是“既非专业又非职业”。因此，首先着力点应放在现有的社区文化工作者的队伍建设上，通过对现有人才的专业培训、外出交流及学习，提高现有人才队伍的综合素质；同时还要不断吸收新鲜血液，吸引年轻人，做好社区文化人才的培养工作。其次，专兼结合，充分发挥社区业余文化工作者的作用，如离退休人员、教师、文艺爱好者等热爱文化事业的热心人士，充分发挥他们的作用，有利于提高社区标语文化创作的质量和数量。

结语

新农村社区标语作为一种传媒形式，起到过重要的宣传作用，并且，它独特的语言形式，也形成了一批短语、句子形式的文本。时至今日，它的负面作用也有所显现，语言文字不规范、宣传口气生硬冷淡、影响美观等，让一些人对它产生了厌倦甚至敌对情绪。总体上，标语还是具有告知、行事、人际和文化等功能的。它可以表现出政策、制度的重心，引导或劝诫群众的行为，也能体现出干群关系、政府亲和力，还是一种文化的表现和折射。好的标语应在外在语言形式和内在内容上都做到规范、合理。从当今农村发展的情况来看，标语的减少是大势所趋。一方面，农村居民新建住宅，不愿意在墙上刷写标语——毕竟标语影响美观；另一方面，农村电视、广播等宣传方式普及，网络也进入了一些农户家，标语的告知功能逐渐被取代。因而，部分较发达地区，将标语墙换成灯光广告牌或招贴画，以公益广告的形式进行宣传，这未必不是标语的一种发展趋势。

参考文献：

[1]《现代汉语词典》第5版，商务印书馆2005年版。

[2]朱自清：《论标语口号》，《知识与生活》1947年。

[3]陈建锋：《论农村标语规范化及其传播功能的实现》，《安徽农业科学》2007年第26期。

[4]孔庆东:《口号万岁》,《47 楼万岁》2006 年 2 月。
[5]朱德熙:《语法讲义》,商务印书馆 1982 年版。

河北省社会科学发展研究课题民生专项　课题编号:201301401
课题负责人:王　微
课题组成员:王　璐　高　原　刘京晶　高彩霞

保定贫困山区农民专业合作组织发展状况研究报告

保定学院

引言

本研究着眼于保定贫困山区农民专业合作组织发展状况调查。2009 年以来，课题组通过对典型地区和典型合作社的调查，深入了解了我市农民专业合作社的发展现状及存在的一些突出问题。

一、农民专业合作经济组织的一般理论

（一）农民专业合作经济组织的内涵

农民专业合作经济组织是农民自愿参加的，以农村家庭承包经营为基础，以某一产业或产品为纽带，以增加成员收入为目的，在资金、技术、采购、生产、加工、销售等领域开展互助合作的经济组织。

农民专业合作组织有六个鲜明的特点：互助性、自我服务性、家户经营的基础性、专业性、自治性、共享性。

（二）农民合作的组织形式

主要是三种类型：专业合作社、股份合作社、专业协会。

（三）发展农民专业合作组织的理论依据

1. 交易成本理论。

2. 制度变迁理论。

3. 规模经济理论。

4. 均衡价格理论。

（四）农民专业合作组织的实践基础

合作社是弱势群体的经济组织。世界上第一个合作社诞生至今，已有 160 多年的历史。

（五）我国农民互助合作的发展历程

我国农民互助合作的历史可以追溯到 20 世纪二三十年代的中华苏维埃政府时期。中华人民共和国成立后农业合作化运动历经了三个阶段：农业生产互助组、初级农业生产合作社、高级农业生产合作社。20 世纪 90 年代有公司加农户模式。21 世纪开始发展

农民专业合作社。

(六)实践中应区分的两对概念

1.“合作经济”与“集体经济”。

2.“新的农民专业合作”与“旧的农村互助合作”。

二、保定农民专业合作组织的现状及问题

(一)现状

在较为贫困的山区合作社中,我们选取有代表性的章锁中药材专业合作社和小关城村民资金互助合作社为例进行深入剖析。为了进行比较研究,在农业大县中选取了较为典型的定兴县华农蔬菜专业合作社和博野县大营果品蔬菜专业合作社进行研究。在上述四个典型的合作社中,章锁中药材专业合作社和小关城村民资金互助合作社没有实质性运营。华农蔬菜专业合作社组织结构松散,性质更接近专业协会,除了购买物资和政府提供的技术支持外,其他环节未实现统一。大营果品蔬菜专业合作社运作相对较好,农民加入合作社后享受到了购销和技术服务中的实惠,节约了生产投入成本,解除了生产、经营过程中的后顾之忧,提高了农产品在市场竞争中的要价能力。农民增加了收入,农民生产、生活条件和生活质量有了一定提高。但这一切和政府给予的上千万的优惠和奖励不无关系。

(二)问题

1. 合作社法律地位、身份问题。

2. 农民素质觉悟问题。

3. 合作社内部管理水平问题。

4. 农民专业合作组织存在组织性质异化的问题。

5. 委托—代理问题。

6. 政府的监管问题。

7. 合作组织的运营效果问题。

8. 法律法规欠完善。

9. 奥尔森困境问题。

三、山区农民合作经济的 SWOT—PESR 分析

表 1　山区农民合作经济的 SWOT—PESR 分析

	P	E	S	R
S	PS 1. 对合作社的多种优惠政策出台；2. 连片特困地区扶贫开发政策	ES 1. 合作社成为扶贫载体；2. 对合作社的优惠力度加大；3. 扶贫投入不断加大	SS 1. 社会更多关注扶贫开发以及合作社发展	RS 1. 生态资源丰富； 2. 山区特产丰富，易形成特色产业
W	PW 1. 政策宣传不到位；2. 政策实施的保障不足；3. 监管缺失	EW 1. 金融服务不健全；2. 政府资金供给能力有限；3. 农产品缺乏产业化经营	SW 1. 合作社本身存在诸多问题；2. 基础设施落后；3. 劳动力素质低	RW 1. 农村人力资源开发不够；2. 山区耕地资源缺乏
O	PO 1. 政府有专项扶持资金；2. 政府扶持力度加大	EO 1. 吸引外来资金；2. 培育优势产业；3. 延长产业链条	SO 1. 社会力量开始更多关注贫困地区；2. 反贫困成为国家战略	RO 1. 开发旅游业、特种种植、养殖业；2. 中草材等特产；3. 开发特色农产品
T	PT 1. 各种配套政策法规不完善；2. 乡村治理结构不合理	ET 1. 经济基础薄弱；2. 经济结构上的低层次性和单一性	ST 1. 自我发展能力弱；2. 二元经济体制；3. 社会服务体系不完善	RT 1. 山多地少； 2. 生态呈破坏趋势

根据上述 SWOT—PESR 分析矩阵可见，山区农民合作组织建设还有很长的路要走，在此过程中需发挥优势、抓住机遇、避免劣势、化解威胁。

四、农民专业合作经济组织产生与发展的基础条件

从农民专业合作组织的现状和存在的诸多问题中可以看出，其产生与发展需具备以下基础条件：一是民意基础；二是制度基础；三是产业基础；四是人才基础。

五、农民专业合作社发展的必要性

（一）历史的角度

中国现代史上的著名学者梁漱溟阐明了乡村组织对于经济建设的几点贡献：一是使农民的精神复苏而发动其进取心；二是导农民于合作于组织，把散漫的农民聚合起来，以促成经济上一切新事业的进行；三是将外面新的科学技术引进到内地乡村；四是提高农民信用有助于金融流通；五是无形中做了极好的合作教育；六是从经济上充分地加强社

会的一体性；七是可以消除贫富问题；八是完成合作主义不偏于个人或团体之一极端。

（二）现实的角度

1. 降低交易成本，实现外部规模经济。

2. 农民经济利益和社会地位得到有效保障。

3. 促进了农业产业化发展，创新了农业经营体制。

4. 增强了农民的市场参与能力和抗风险能力。

5. 促进政府经济管理职能的转变。

6. 利于乡村治理与新农村建设。

六、农民专业合作组织规范发展的对策

（一）政府的财政与金融支持

1. 增加财政转移支付。

2. 加强税收支持。

3. 加强信贷支持。

4. 设立专门的合作社发展基金。

（二）加强教育培训

目前应做好适应农村发展需求的各类培训班建设以及关系农村长远发展的基础教育、职业技术教育以及高等教育体系建设。

（三）建立农业保险体系

可以考虑以下几种保险形式：第一，建立地方性农业保险组织体系，结合商业保险，实行非盈利的政策性经营；第二，引导建立农业互助保险组织；第三，建立农业保险风险补偿基金制度。

（四）完善立法支持

首先，完善《农民专业合作社法》；其次，制定专项配套的法律、法规。

（五）规范政府介入

首先，明确政府的职责定位；其次，政府扶持政策的实施要公开、公平、公正；再次，应开通农民监督举报渠道；最后，克服主观主义，防止政府好心办坏事。

（六）有效的群众参与

农户的积极参与是农民专业合作组织发展的动力。有“合作”便离不开人们的参与，“农民合作”就离不开农民的参与。

（七）高校或科研院所帮助发展

高校或科研院所帮助发展，一是加强基础研究；二是帮助合作社完善内部治理，查找漏洞，制定或完善相关的规章制度；三是开展多种形式的业务培训。

（八）完善合作社内部管理制度

合作社内部管理制度至少要包括五个方面：一是产权制度；二是分配制度；三是民主管理制度；四是财务管理制度；五是服务与经营制度。

（九）制定人才战略，解决合作社的人才瓶颈

我市应制定和实施“农民专业合作经济组织人才战略计划”，从市、县、乡，有计划、有针对性、分层次地开展农民专业合作组织政策理论、管理技能、生产技术和市场营销培训。

（十）建立合作社的联合体

单个的农民专业合作社难以提高抵御市场风险的能力，难以改变在市场竞争中的弱势地位。有必要在基层合作社的基础上建立多层次的合作社联合体系，包括横向联合和纵向联合。

七、在合作社发展中处理好几对关系

包括合作社与政府的关系，合作与竞争的关系，公平与效率的关系。

结语

保定贫困山区农民合作组织的发展面临诸多困难，但也面临着前所未有的机遇。欠发达地区的农民专业合作组织应抓住中央、省、市政府扶贫开发、调整产业结构的契机，运用各种优惠政策，调动农民积极性、发展特色产业，走一条“政府引导成立，合作社独立经营，政府提供公共服务和外部监督，高校和科研院所帮助发展”的切实可行的道路。

河北省社会科学发展研究课题民生专项　课题编号：201301473
课题负责人：张德义
课题组成员：蔡志荣　高　颖　郝江波　刘　欣

注释：省政协副主席、省林业厅副厅长葛会波批示：该文对保定地区农民专业合作组织的发展现状、存在的问题、作用意义进行了深入分析，调研深入、内容翔实、论证有力。所提对策建议具有很强的针对性、可操作性和时效性，对促进农民专业合作组织发展具有指导意义。可供农委及相关部门在工作中参考借鉴。（2013 年 8 月 27 日）

农村集体资产管理的政府干预探析

河北省社会科学院

农村集体资产是农村社会经济持续健康快速发展的重要物质基础，强化农村集体资产管理是发展农村集体经济、增加农民收入、维护农村稳定、促进农村社会和谐的关键环节所在。实践证明，政府的适时介入、适度干预则是强化农村集体资产管理的必然之需。

一、农村集体资产管理政府干预的实效考察

（一）农村集体资产管理政府干预的积极效应

1. 提高了农村财务人员素质

农村原有财务人员相当一部分是"半路出家"，学历低、年龄大、业务能力不强是一个普遍性现象。政府通过对农村财务人员任免、调换、培训、考核以及离任审计等多方面的干预，尤其是会计委派制的实行，通过"公开招聘、统一培训、严格考核、择优录用"，使农村财务人员的素质得到了极大提高。

2. 规范了农村财务管理

实行会计委派、村账乡（镇）管、村级会计委托代理制度的绝大多数村组的财务管理较过去规范了很多，做到了钱账确保分离、账目日清月结，实现了账簿、会计凭证、会计科目、记账方法、会计报表的"五统一"。

3. 起到了源头治腐作用

政府对农村集体资产管理的干预在一定程度上起到了源头治腐的作用。农村财务人员素质的提高和独立性的增强，使其应有的监督作用得到了有效发挥；农村日常财务管理的规范和农村集体资产交易的透明，降低了腐败行为的发生概率，而政府审计监督的强化则对潜在的腐败行为产生了巨大的震慑力。

4. 促进了农村集体资产保值增值

农村集体经济产权制度的市场化改革，股份制、股份合作制等先进机制的引入，则为农村集体资产管理注入强劲的活力，有力地推动了农村集体资产的保值与增值。

（二）农村集体资产管理政府干预的消极效应

1. 可能导致对农村集体财产的侵害

在个别地区存在基层政府或其所属机构（以农经站为代表）侵害农村集体资产的现象。以村账乡（镇）管制度的实施为例，在一些地区，"村账乡（镇）管"实际变成了"村财乡

（镇）用”，对代管资金的借用、调用、转支等挪用行为频频发生。

2. 增加了基层政府的财政压力

农村会计委派、村账乡（镇）管、村级会计委托代理的实施，农村集体资产交易平台的构建，以及政府审计监督的强化，均需要大量的人力、财力予以支持，而这些成本一般都是以县、乡（镇）政府财政为保障的，这无疑增加了其财政支出压力。在经济欠发达地区，这笔不小的开支已成为一些基层政府的沉重负担。

3. 可能影响村民自治

在一些地区存在“错位”现象，乡镇政府及其所属机构已经远远超越了指导、支持和帮助的界限，而是直接参与到农村集体资产管理的具体事务中，成为主导者，这无疑是与村民自治的宗旨相背离的。

4. 可能诱发新的腐败

从一定意义上讲，政府对于农村集体资产管理的干预意味着权力由农民集体经济组织或村民委员会向乡镇政府及其所属机构转移，而对政府及其所属机构监管机制的缺失，将可能会诱发新的腐败。调研的结果也证实了这一点。在村账乡（镇）管、村级会计委托代理服务、村章乡（镇）管等制度实施中，“吃、拿、卡、要”的现象在部分地区是切实存在的。

5. 影响农村集体资产管理者的积极性和灵活性

政府对农村集体资产管理进行干预，在很大程度上讲，是对农村集体资产管理者（村委会负责人或农村集体经济组织负责人）的监督与制约，是对其管理权的分享，这很有可能会打击其积极性。调研发现，政府对农村集体资产管理进行干预，会导致管理的效率有所降低，进而降低了农村集体资产管理的灵活性。

二、明确农村集体资产管理政府干预的基本原则

1. 依法干预原则

政府对农村集体资产管理进行干预是在质疑声中进行的，对其最大的批评就在于，政府干预的合法性缺失。政府对农村集体资产管理进行干预必须要在法治的框架内进行，而当前的现实是，这种干预更多地还停留在政策层面，这也是导致政府干预负面效应广泛存在的根本性原因。践行依法干预原则，比较可行的办法就是进行分类立法，对农村会计委派、村账乡（镇）管、村级会计委托代理等比较成熟的制度以法规的形式予以明确规范，成熟一个，制定一个，脚踏实地，循序渐进。

2. 有所为，有所不为原则

实践证明，政府对农村集体资产管理进行干预不仅是强化农村集体资产管理的必然之需，也是政府的法定职责所在。但政府并非万能，受能力局限、干预成本等因素的制约，政府亦会出现“失灵”。因此，政府对农村集体资产管理的干预一定要在“适度”范围进行，需遵循“有所为，有所不为”的原则。遵循“有所为，有所不为”原则就是要对政府干预予以科学定位，政府绝不能成为农村集体资产管理的主导者，而应定位于引导者；同时，必须要对政府干预的方式予以限定，尽可能避免简单的行政干预。

3. 约束与激励并重原则

就政府对农村集体资产管理进行干预的系列措施而言，其更多的是对作为农村集体资产管理者的集体经济组织或村民委员会的约束，因此，在实践中易导致其消极、懈怠。在政府对农村集体资产管理进行干预的过程中，在对农村集体资产管理者予以应有约束的同时，必须还对其进行必要激励，进而在实现农村集体资产规范管理的同时，促进农村集体资产的保值增值。

4. 因地制宜原则

我国农村社会经济发展具有显著的不平衡性和多元性特点，东西部地区社会经济发展差距较大，各地农村集体资产的管理状况亦各有特点。因此，在政府对农村集体资产管理进行干预的过程中，必须要因地制宜，切忌“一刀切”。具体来说，就是要充分考虑管理人员的素质、管理水平、资产的类型和群众的意愿等因素，选择适宜的管理方式，不能赶时髦，不能搞形式，更不能搞“一刀切”。

三、解决好农村集体资产管理政府干预的几个关键性问题

1. 切实保护并尊重农民集体的所有者地位

依据我国现行法律规定，农村集体资产应属于农民集体所有。政府对农村集体资产管理进行干预必须以对农民集体这一所有者地位的保护和尊重为前提。也唯有依法保护农民集体的所有权，充分尊重农民集体的所有者地位，有效发挥农民集体的所有者力量，才能真正实现政府对于农村集体资产管理的科学有效干预。其关键是要充分发挥农村集体经济组织成员大会或其成员代表大会的作用。

2. 实行农村集体资产分类管理

农村集体资产可进一步分为经营性资产、非经营性资产和资源性资产三类。农村集体经营性资产主要集中在村办企业中，农村集体非经营性资产则主要体现为农村公益、公共设施方面，而农村集体资源性资产一般是指尚未开发的、属于集体经济组织所有的荒地、荒山、荒水、滩涂等自然资源。这三类资产的性质差别明显，由此决定对这三类资产的管理亦应区别对待，实行分类管理。

3. 切实落实财务公开制度

“公开是最好的防腐剂”。农村财务公开对密切干群关系、规范财务行为、惩治遏制预防腐败、增强财务管理透明度，进而实现农村集体资产管理的规范化具有重要作用。落实好财务公开，关键要做好两点：一是切实做到财务公开的内容要具体、翔实；二是财务公开的时间、形式和程序要规范。

4. 构建监督“干预者”制度

政府对农村集体资产管理进行干预是一柄“双刃剑”，为最大限度地降低政府干预所引发的负面效应，需要对政府这一干预者进行必要的监督，构建相应的监督约束机制。具体来说，一是要对干预者违规行为的法律责任予以明确；二是要赋予农村集体资产的所有者及管理者以应有的监督权；三是强化对干预者的审计监督；四是要建立针对业务人员（如委派的会计）的考核制度。

河北省社会科学发展研究课题民生专项　课题编号:201301151
课题负责人:刘广明
课题组成员:赵晓洁　曹一伟

基层财政所规范化建设实践的调查
——以河北省灵寿县为例

石家庄市社科联

基层财政是我国财政管理体系的“神经末梢”，更是把国家各项惠农强农政策与资金的“活水”输向广大农村的“渠和泵”，对于促进农村经济社会发展、服务和改善民生具有重要的作用。农村税费改革以及河北省乡镇机构改革后，基层财政所职能发生了显著变化，甚至有些乡镇财政所的作用出现了弱化趋势。基层财政所为发挥自身职能、有效化解矛盾、促进农民增收，更好地承担起促进农村经济社会发展的重任，调研组选择了基层财政所规范化建设开展比较好的灵寿县进行实践调查，掌握了大量新鲜生动的第一手资料，对如何通过基层财政所的规范化建设改善民生有了初步的思考。

一、灵寿县加强基层财政所规范化建设的主要做法

（一）规范管理体制，明确职能定位

俗话说：“没有规矩，不成方圆。”管理体制能否规范和理顺，直接影响到基层财政所职能的发挥和服务的成效。灵寿县高度重视财政所的规范化建设，将其作为推进社会管理创新的重要抓手，列入改善民生的实事和重点工作内容，成立领导小组，出台了《关于推进乡镇财政所标准化建设的实施意见》，对基层财政所的机构设置、管理体制、职能定位进行明确规范。一是机构设置更加合理。灵寿县立足行政编制紧张、乡镇事业编制较为宽裕的实际，因地制宜地实行“事业机构、编制单列”，并从乡镇经济发展办公室中脱离，实现了机构单设和编制单列。二是管理体制更加科学。对于基层财政所，因地制宜地实行了“双重管理、以县为主”的管理体制，县财政局负责统一管理和业务指导，乡镇负责日常管理，年度考核由财政局与乡镇党委政府协商进行。这样的双重管理体制，既破解了编制难题，又推动了机构建设的顺利进行。三是职能定位更加明确。除预算收支管理和涉农补贴发放等传统职能外，明确赋予基层财政所乡镇资金监管、乡镇债权债务、村财乡代管等新职能，财政所职能短板得以补齐，确保了全县 15 个乡镇财政所“神经末梢”和“前沿窗口”作用的充分发挥。

（二）加强硬件建设，改善服务环境

国家对“三农”的反哺越来越多，“原来税费年年交，现在补贴数不完”。公共财政的投入逐年加强。由于涉农资金归农业、社保、民政等不同部门管理和发放，农民咨询和办事需要跑不同的部门，影响减负增收政策的落实。2012 年，灵寿县协调资金，共投入 766

万元对全部基层财政所统一新建、改建，每个基层财政所都按照标准化的要求，建有“四室一厅”，即所长室、财务室、档案室、村财乡管室和服务大厅，民政、社保、医保等涉农事项整合到财政所服务大厅集中办理，服务大厅内统一配备办公设备和查询机、设置监督栏和公示栏，各项惠农政策、补贴，具体办事流程及所需要准备的资料等，农民群众都能够一目了然。改善后的财政所，业务全面、环境整洁、设施完备、档案翔实、开放办公，成为乡镇政府的综合性便民服务窗口。

（三）加强业务管理，健全规章制度

加强基层财政所的业务管理是打造基层财政“软实力”的核心，也是基层财政所规范化建设的题中应有之义。灵寿县突出有的放矢、重点突破，着力针对原来的短板和不足进行改进。一是加强资金监管。制定了《灵寿县乡镇财政资金监管暂行办法》，将各类乡镇资金全部纳入监管范围，凡是涉及乡镇资金的拨付，均需由基层财政所出具审核意见。实行分类监督，对补助性资金实行公开透明、封闭运行、集中支付。二是实行村财乡代管。推行村级会计委托代理服务，将包括自有、自筹资金等各类村级资金全部纳入监管范围，实现对村级三资的全面监管。三是完善制度建设。制定了《灵寿县乡镇财政所有关管理制度》等三大方面 33 项具体制度，并将省市县有关财政所标准化建设文件汇编成册，统一印发到各财政所，建立起了比较完整的制度体系。四是加强基础工作。县财政局统一制定基础工作标准，对业务资料、基础资料、台账管理等提出明确要求，分类进行规范。

（四）重视队伍建设，提升服务水平

干事创业关键在人。基层财政所的高效运行需要完备的硬件设施，更离不开一支高素质的干部队伍。在规范化建设过程中，灵寿县突出以人为本、提升素质，努力加强财政所的队伍建设。一是充实人员力量。对原有财政所干部，适当放宽准入条件；对缺额人员，从严择优由乡镇党委从本乡填符合条件人员中推荐；仍有不足的，通过公开招录解决。同时允许公务员身份的原财政所干部继续留任财政所工作，保障工作平稳过渡。二是开展教育培训。包括：开展集中培训，先后组织乡镇财政业务、村财乡管业务等集中培训；推广网络教育，借助省厅网络教育平台，建立网络教育考核机制；鼓励继续教育，对参加财务等专业本科继续教育人员，出台专项资助政策。三是建立激励机制。着眼解决干部出路，调动激发队伍活力，从职级配备、提名任命、交流机制等方面，给予政策倾斜，调动了基层财政所干部的积极性。

二、灵寿县加强基层财政所规范化建设实践的启示

（一）把坚持群众路线作为基层财政规所范化建设的出发点和落脚点。基层财政直接服务于群众的生产生活，与群众的联系最为紧密，与群众的接触最为频繁，能否更好地发挥自身职能作用，关系到惠民利民便民的最终成效，客观上也影响农村经济社会发展和各项政策在农民群众心目中的评价。灵寿县基层财政所规范化建设，就是坚持走群众路线的生动实践和鲜活教材，体现了把公共利益放在首位的行动和品格，任何时候都把群众放在最高位置，把基层作为一切工作的重点，多干群众急需的事，多干群众受益的

事，多干打基础的事，多干起长远作用的事，彻底去除“门难进、脸难看、话难听、事难办”和“冷、硬、横、推、拖”的衙门作风，以实际行动和具体工作服务人民群众，拉近和群众的距离，增进和群众的感情，赢得群众的支持，扎扎实实地把基层事业向前推进。

（二）把加强软硬件建设作为基层财政所规范化建设的基础工作。随着基层财政所职能的转变和工作内容的调整，原有的办公机构、场地、设施以及人员已远远不能满足广大农民群众的办事需求，进行与之相应的软硬件的建设，就成为基层财政所面临的突出问题。灵寿县基层财政所规范化建设的实践启示我们，要注意加强基础设施的建设与改造提升，通过多方筹措资金，完善办公场所、设备等硬件，提升办公自动化和管理信息化水平。同时整合资源，把合作医疗、养老保险等与老百姓切身利益相关的服务项目一并纳入服务大厅，真正为民着想、与民方便，争取把好事办好、实事办实，让好政策传送出温暖人心的力量。在硬件建设的同时，还要加强基层财政队伍建设、制度建设、文化建设，使机构设置更加合理、人员配备更加完善、管理制度更加健全、操作流程更加规范，服务水平提升更快。通过软硬件的规范化建设，为基层财政更好地发挥作用、服务群众奠定良好的基础。

（三）把因地制宜推进工作创新作为基层财政所规范化建设的重要方法。魅力来自生命力，创新才有活力。只有不断创新工作方式方法，才能够适应基层财政职能的变化，更好地服务群众。而任何创新都应当与本地的实际情况结合起来，与经济社会发展和群众的具体需求联系起来，才能够因地制宜，发挥出良好的作用，取得实际的效果。灵寿县基层财政所规范化建设能够顺利推进，带给我们一个重要启示就是坚持因地制宜来推进工作创新，既有正确的世界观，又要有科学的方法论，即立足县直编制紧张、乡镇编制宽裕，行政编制紧张、事业编制宽裕的实际，不去照搬照套公务员编制、垂直管理的做法，而是实行“事业机构、编制单列、双重管理、以县为主”，既保证了县财政局的主导管理地位，又破解了编制难题，实现队伍建设的顺利推进和平稳过渡，从而不断开创基层财政规范化建设的新局面。

河北省社会科学发展研究课题民生专项　课题编号：201301467

课题负责人：马建彬

课题组成员：刘微鹏

河北省农村环境综合治理对策研究

唐山职业技术学院

自20世纪70年代以来，随着农村人口的快速增长和农村经济的不断发展，农业综合开发规模和乡镇工业对资源的利用强度日益扩大，使我国农村本来就已经短缺的资源和脆弱的生态环境面临着越来越大的压力。近年来，随着广大农村地区乡镇企业、农村养殖业数目的增加与蓬勃发展，农药、化肥在农业生产中广泛使用，导致生态失调、环境恶化等问题日益严重，粮食、蔬菜、水果、肉蛋等产品将污染残留物传递给人类，威胁人类健康。

农村生态环境恶化趋势如果不从根本上扭转，不仅严重影响和制约农业稳产增收、农民脱贫致富和农村现代化进程，也是"三农问题"难解的症结所在，还会严重威胁人民群众的身体健康，关乎社会稳定。因此，加强农村生态环境保护不仅是当前农村经济社会发展中一项紧迫任务，也成为我省新时期生态环境保护工作的重中之重。

本课题基于河北省农村环境的实地调查，按生产和流通两条主线，从经济学角度分析农村环境污染成因及现有措施效用，通过借鉴国内外先进经验并结合实际，构建河北省农村环境污染综合治理模式并提出综合治理方案，以促进河北省农村环境的整体改善，实现农业经济可持续发展。

一、通过调查河北省农村环境污染现状，分析得出科学的客观性结论：(1)农民认为提升土地投入产出效益的一个方法就是大量使用化肥和农药。通过调查了解到，河北省高达95%的农民过量使用化肥和农药进行农业生产，结果造成农田土壤受到污染，同时地下水源和空气也受到了影响。(2)河北省农用地膜使用量大，造成农业生产的环境污染。(3)河北省农村地区秸秆还田率仅有6.87%，而51.76%的秸秆就地焚烧。秸秆焚烧是造成河北省农村地区污染的重要因素。(4)乡镇企业污染是造成农村污染的重要来源。河北省农村工业化过程中，乡镇企业是工业化的载体，在促进农村经济发展进程中做出了突出贡献，却又成了农村地区环境污染的诱因。(5)河北省农村地区近几年养殖业发展迅速，集约化养殖场成为农村地区的重要污染源。大量畜禽粪便、废弃物和废水直接排入附近的河道、沟渠、水体和农田，环境污染十分严重。(6)流通环节污染是造成河北省农村污染的又一重要原因。65%的群众认为农村流通环节污染程度严重，而仅有8%的人给以高度重视。

二、指出河北省农村环境污染综合治理中存在的问题：(1)农村生态建设的政策制度缺失，政府对农村环境的关注远不如城市。(2)对于农村环境污染问题存在监管缺位现象。(3)农村环境治理市场方法失灵,市场机制无法促使人们自觉地保护环境。(4)社会公众参与者的合作机制缺失。我省现行的环境治理方法仍是以政府行政手段为主,公众参与权没有得到应有的体现和实现。(5)农民环保意识差。农民缺乏环保知识,环境保护意识非常淡薄。

三、梳理国内外环境污染治理典型案例,分析归纳污染治理经验,总结出对河北省环境污染治理的启示。主要内容:(1)推进农村环境局域化管理。可以从农村的整体规划入手,以村为单位,结合村庄自身的农业及景观特点,制订具有特色的环境保护局域规划。(2)发展生态农业。如,利用"秸秆还田"等措施,对土地施用天然肥料。(3)提高村民自主意识。政府的法律制度是约束外因,农民自身的环保意识是内因,内因外因相结合才是实施环境污染综合治理的有效途径。(4)增加政府在农村环保领域的投入。河北省财政部门可以设立专项资金,支持农村环境基础设施建设、农村村庄整体规划建设,解决农村环境治理过程中的资金缺位问题。(5)建立农村环保实用技术研发和推广体系。积极推动农村环保科技创新,研究开发和推广农村生活污水和垃圾处理、农业废弃物综合利用等方面的实用技术。(6)运用市场化工具,吸引和鼓励包括民间资本在内的社会资金,投入农村环境基础设施建设。(7)充分发挥政府作用,实施命令控制性政策。政府应当通过命令控制政策制定相应的法律法规,并以完善的污染物排放标准体系作为行动指南,为农村污染治理及环境保护的实施提供保障。

四、构建河北省农村环境污染综合治理的立体模式:以政府为主导,间接控制因素、直接控制因素共同作用,支撑体系、治理机制双管保障,从而迫使治理对象(企业、农业生产者、养殖业主等)在众多社会力量的约束下,自觉改变只重视产量和效益,不重视他人利益和环境污染的生产、经营模式,从而采用新的生态化生产模式,彻底实现农村环境污染的根治。(1)建立以提高政府管制效率为目标的治理机制。政府在实施政策干预的同时,要不断进行制度创新;同时为了扩大影响和实施力度,也要进行宣传教育,引导消费者形成良好的消费理念和消费方式。此外,还要通过政府的法规政策和专门的监督、反馈机构来实施和保障,以充分提高政府管制的效率。(2)人力资源、资金及技术、基础设施、政策机制是环境污染综合治理中的四大要素,共同构成环境污染综合治理模式中的支撑体系。这四要素缺一不可。因此,河北省必须重视这四要素的建设,以实现农村环境污染的最终治理。

五、提出河北省农村环境污染综合治理对策:(1)大力推进生态农业、生态乡镇企业、生态服务业建设。加大农业产业结构调整力度,促进无害化农业发展,加强农业生产过程中资源的循环利用,逐步降低农业的各类污染,建设绿色农业。在农产品加工企业和其他乡镇企业中,以产品结构的绿色化为核心,通过产品的绿色升级换代,突破绿色壁垒。提高服务业环境管理水平,建立符合第三产业发展的清洁生产体系和绿色认证体系。(2)抓好资源利用环节,实现环境可持续发展。实现土地资源和矿产资源的保护性开发,尽可能地减少耕地破坏。开展包装废弃物、农畜养殖废弃物,等的综合利用,推广沼气工程。加快生活污水处理,推行生活垃圾发电、堆肥等资源化利用形式。(3)从企业、区域和社会三个层面共建环境治理体系。实施农村环境污染治理应从企业入手,建立企业"小循环"。在区域层面建设生态农业园区，构建产业"中循环"。在社会层面建立社会静脉产业，构建社会"大循环"。

六、河北省农村环境污染综合治理措施：(1)加强宣传，提高认识。倡导绿色消费，进行绿色教育，举办各种专题讲座、研讨会、成果展示会进行广泛宣传，提高农民对发展生态环境的认识。(2)搞好规划，加强引导。建立生态环境统计评价指标体系和核算报表制度，把资源消耗和环境影响作为评价各级政府政绩的重要指标。(3)细化政策，提供保障。制定符合农村生态要求的农产品加工政策，打破企业间单项式线性生产方式和"大而全""小而全"的组织结构。建立发展低碳、绿色农产品专项资金，用于支持发展生态农业的政策研究、统计评价、技术推广、示范试点和宣传培训等工作。(4)加强市场机制，用好价格杠杆。将不合理土地利用者、畜禽养殖超标排污者等作为费用征收对象，并将收到的费用投放到环保工作中，形成良性循环，弥补污染治理资金的不足。(5)加强领导，强化管理。加强对农村环境治理工作的组织领导，建立有效的协调工作机制，同时要加强监督检查，切实抓好落实。

参考文献：

[1]骆毅：《农村环境综合治理探讨》，《广州化工》2011(17)。

[2]郭晓鸣：《成都市：高位求进，推进城乡环境综合治理》，《城市建设》2011年第5期。

[3]戴建强：《农村环境综合整治方案实例》，《污染防治技术》2010年第2期。

[4]曹瑾琰、樊志勇：《切实加大农村环境保护和综合治理力度》，《民主协商报》2012—12—14。

[5]陈小龙：《新农村建设中的环境问题及对策研究》，兰州大学2012年硕士学位论文。

[6]丁欣：《河北省农村生态环境恶化问题的成因解析》，《石家庄经济学院学报》2011年第3期。

[7]张俊哲：《农村环境治理问题研究》，吉林大学2010年博士学位论文。

[8]丁渠、马晓萍：《河北省农村环境现状及其综合整治对策》，《河北农业科学》2012年第5期。

[9]马静、郝建新：《我国农村环境问题及治理措施研究》，《商情》2011年第10期。

[10]张艳良：《农村环境问题存在的成因分析》，《管理学家》2013年第6期。

[11]李敏：《冀东城郊山区新农村环境综合整治的研究》，北京林业大学2010年硕士学位论文。

[12]张志远：《农村农产品家庭加工业环境污染防治》，浙江大学2013年硕士学位论文。

[13]殷广平：《关于加强农村环境保护工作的几点思考》，《河北环境保护》2008年。

[14]孟涛：《农村环境管理权均衡配置研究》，中国海洋大学2010年博士学位论文。

[15]《河北省2012年国民经济和社会发展统计公报》。

[16]《河北农村统计年鉴(2012)》。
[17]环境保护部:《华北平原地下水污染防治工作方案》。
[18]河北省环境保护厅:《2012 年河北省环境状况公报》。

河北省社会科学发展研究课题民生专项　课题编号:201301369
课题负责人:高俊莲
课题组成员:李旭东　岳　颖　张晓琴　张　晶　李悦亨　范雅玲　崔红敏

河北省农村地下水污染的途径及综合治理研究

沧州师范学院

地下水是一种宝贵的自然资源，是人类经济社会发展必不可缺的物质基础，地下水质量的好坏直接关系到人类的生存、生产和生活。然而，我国地下水的情况不容乐观，尤其是地处华北平原的河北省，农村地下水污染情况更是令人担忧。严重的地下水污染不仅严重制约了河北省经济社会的发展，而且也危及人们的身心健康，更有悖于我国生态文明建设的基本要求。因此，我省加强农村地下水污染的研究与治理，迫在眉睫。

一、河北省农村地下水污染现状

河北省是严重的资源型缺水省份，其干旱缺水程度不亚于中东和北非地区。人均水资源占有量是全国平均值的1/7，不及国际上公认的缺水标准的1/3。由于地表水资源严重匮乏，地下水资源就成了维持河北省经济发展的主要水源。在河北省的用水结构中，地下水举足轻重，占总供水量的50%到80%，近70%的饮用水来自地下水。然而，河北省地下水资源污染十分严重，并呈日益加重之势，水质状况堪忧。2013年3月国家出台的《华北平原地下水污染防治工作方案》显示，河北省石家庄、唐山等地地下水存在重金属超标现象，主要污染指标为汞、铬、镉、铅等。河北省石家庄、邢台、邯郸城市周边地下水有机物污染较严重，主要污染指标为苯、四氯化碳、三氯乙烯等。《2011年河北环境状况公报》数据显示，2011年石家庄、邯郸、沧州和承德地下水水质较差。2010年11月中国地质科学院水文环境地质环境研究所完成的《华北平原地下水污染调查评价》显示，华北平原浅层地下水综合质量整体较差，且污染较为严重，几乎无Ⅰ类地下水。深层地下水综合质量略好于浅层地下水，污染较轻，直接可以饮用的Ⅰ—Ⅲ类地下水仅占26.45%。河北省是华北平原七省市中产业结构偏重型、农药化肥消费量大、环境污染较严重的省份，因此，地下水污染的状况更严重一些。

二、河北省农村地下水污染的途径

我省农村地下水污染的现状绝非“一己之过”“一时之过”，是我省各领域各行业持续排污，各类人群持续不健康的生产生活方式，而人们又长时间重视程度不够造成的，有多方因素，多种途径。其中，主要途径有四种。

（一）工业污染

近些年来，我省尽管在调整产业结构、发展低碳经济、转变经济发展方式等方面取得了一定的成效，但是钢铁、装备制造、石油化工仍是我省的工业支柱，工业“三废”（废气、废水和废渣）依然大量存在。据中国2011年统计年鉴数据显示，2011年河北省工业废气排放总量56324万吨，工业废水排放总量114232万吨，工业固体废物产生量31688万吨。这些未经处理的大量工业“三废”，不仅对大气产生严重的污染，而且还会随降雨落到地表，并随地表水流下渗对地下水造成再次污染。

（二）农业污染

河北省是农业大省，是我国重要的粮食主产区之一。但是农业在快速发展的同时，也对我省的地下水资源造成了严重污染。污染主要有两个途径：一是化肥、农药的过量施用。据统计，河北省平均每年农用化肥施用量在307.47万吨左右，亩均施用量为33.32公斤；农药使用量为7.48万吨，亩均使用量为0.77公斤。据相关部门调查，河北省化肥利用率仅为35%，农药利用率不足30%。由此可见，化肥中大量的氮、磷营养物质和有毒的农药残留在土壤中，并随农田灌溉和雨水渗入地下，造成地下水污染；二是用污染较严重的地表水灌溉农田。据统计，河北省现有污灌区291.6万亩，年消耗废污水5.86亿立方米。这些大量未经处理的地表污水含有大量的有毒有害物质，侵蚀土壤，并下渗到地下水中，造成地下水污染。

（三）生活污染

随着我省经济的快速发展，人民的生活水平普遍提高，生活方式和消费方式发生了重大变化，但同时也带来了生活垃圾的迅猛增长。由于我省城市现有垃圾处理能力有限，城市生活垃圾开始向农村转移，而农村垃圾则到处堆放或随意填埋。这种不科学的处理方式对农村地下水造成了严重污染。因为生活垃圾中有大量有毒物质及危险废弃物，如果不加处理一起填埋，再加上填埋选址不当、处理技术滞后等，都会对地下水造成严重的污染。同时，大量未经处理的生活污水，一般都含有有机物、悬浮物、病原体、化肥农药残余等污染物，它不仅严重地污染了地表水，同时通过下渗对地下水造成不同程度的污染。

（四）自然污染

自然污染是指由于特殊的自然环境与地质环境，地下水天然背景不良，有毒有害成分超标。河北省农村地下水自然污染的地方不多，主要分布在沧州、邢台的部分县（市），主要表现为氟化物含量高、矿化度高等。如沧州市深层地下水含氟量为3.8mg/L，沧县境内有80%村庄的饮水井含氟量超标，最高的达5.27mg/L，是河北省患氟病人数最多的地区。

三、河北省农村地下水污染的治理措施

由于地下水具有隐蔽性、不可逆性、构成因素的多样性和系统的复杂性，其污染问题远不如地表水表现的直观，而且难以修复。因此，我省在农村地下水污染治理的过程中，必须坚持预防为主、综合治理原则，既要治污，更要预防，防治结合。

（一）编制我省地下水污染防治规划

全面开展我省地下水污染调查，评价地下水污染程度及变化趋势，系统总结我国地下水调查和监测方面的资料，编制我省地下水污染防治规划，有序开展地下水污染防治工作。

（二）完善预防与治理的法律法规

近些年，我省虽然制定、颁布了一系列预防与治理农村地下水污染的地方性法律法规，也取得了一定的成效，但还远远不够，应该从我省农村地下水污染严重的实际出发，因地制宜，进一步完善、制定相应的地方性法律法规，明确政府各部门的监管职责，建立综合协调机制，严格法律责任，加大惩治力度，为我省农村地下水污染防治提供法律保障与政策支撑。

（三）加强地下水监测网络建设

要加大基础设施建设的投入，建立完备的地下水监测网络。要建立水质监测站网，设立地下水观测专用井，建立地下水动态监测与分析预测服务系统。要建立预警预报标准库，构建地下水污染预报、应急信息发布和综合信息社会化服务系统。要统一地下水监测的有关技术规范，对各部门的监测网络进行优化整合，建立公用的地下水监测数据平台。对重点污染地段进行重点监测，系统掌握数据，为我省地下水的开发和保护提供科学依据。

（四）加强宣传力度，提高公众法律、环保意识

针对我省大部分农村居民法律意识、环保意识、健康意识相对淡薄的现状，要进一步加大宣传力度，创新宣传方式、方法，使农民懂得基本的法律法规，掌握基本的环保和健康知识，引导农民采用文明健康的生活方式，使他们真正认识到保护环境就是保护自己。

（五）加强防治技术研发

要加大防治科技研发力度。通过省重大科技专项、国家地方科技计划、重点课题等对地下水污染治理方面的研究给予重点支持。同时，选择农村典型污染地区开展地下水污染治理示范工程，边治理，边总结，为我省实施农村地下水污染防治提供技术支持和示范经验。

（六）积极发展生态农业

大力发展生态农业，走低投入、低消耗、低排放和高效益的发展之路。这需要政府的支持和扶持，要出台地方性倾斜政策，搞好生态技术培训与服务，为生态农业的发展提供政策和技术支撑。

参考文献：

[1]吕长安：《河北省水资源现状分析及解决措施》，《中国水利》2003 年第 6 期。

[2]中华人民共和国国家统计局：《2011 年统计年鉴》。

[3]罗兰：《我国地下水污染现状与防治对策研究》，《中国地质大学学报（社会科学版）》2008 年第 2 期。

[4]姜建军：《我国地下水污染与防治对策》，《建设科技》2007 年第 21 期。

[5]尹雅芳等:《中国地下水污染防治的研究进展》,《环境科学与管理》2011 年第6 期。

河北省社会科学发展研究课题民生专项　课题编号:201301182
课题负责人:李树旗
课题组成员:李艺欣　刘朝华　王金先　张春平　郭　建

解决农村低收入群体负面心态的对策

——关于河北省农村低收入群体生存和思想状况的调查

河北省社会科学院

实现全面建成小康社会奋斗目标，重点在农村，难点也在农村，而难点中的难点则是农村低收入群体脱贫致富。对这个群体进行思想疏导和心理关怀，帮助脱贫致富，事关农村经济发展和社会和谐。我们党历来高度重视农村扶贫工作。2012 年 12 月，习近平总书记到我省阜平县看望慰问困难群众，考察扶贫开发工作。省第八次党代会做出了“举全省之力打好扶贫开发攻坚战”的战略部署。但是，我省农村低收入群体思想压抑、心理焦虑、情绪低落，依然是影响农村社会稳定的隐患。本报告旨在准确把握农村低收入群体思想状况，深入分析思想问题存在的原因，研究标本兼治解决生活和思想问题、保持农村和谐发展的路径和对策。

一、我省农村低收入群体生活状况堪忧，但思想状况总体良好

河北省是一个以农业人口为主的省份，2012 年末全省常住人口 7287.51 万人，其中，农村人口 5570.20 万人，占全省总人口的 77%。按照农民人均年纯收入低于 2300 元的国家标准，2013 年我省共有 694 万农村低收入群体，占全省农村户籍人口的 12.5%，低收入群体人均纯收入仅相当于全省平均水平的 57.3%，且差距在不断加大。这个群体经济和生活状况是：(一)家庭成员年龄偏大，身体残疾、多病、丧失劳动能力；(二)家底薄，生产生活条件差；(三)生产性固定资产缺少，投入再生产严重不足；(四)劳动力文化素质低，就业门路窄，只能靠单一的传统种养殖业，即使外出务工，也是从事简单的体力劳动，收入低下；(五)家庭成员主观能动性差，文化水平低、自身不努力；(六)无儿无女的孤寡老人或年满 60 周岁丧失劳动能力；(七)有致富能力但好吃懒做、喜欢赌博、游手好闲，导致田地荒芜、家庭贫困；(八)单亲家庭、负担重；(九)因纠纷长期打官司，疏于生产经营活动，导致收入减少。

我们在调研中看到，农村低收入群体虽然生活状况堪忧，亟待脱贫致富，但思想状况总体良好，主要表现在四个方面。第一，生活贫困但心存感恩。低收入群体遭受绝对贫困的尴尬和煎熬，但对国家的相关政策、对政府的救济措施非常感激。调查显示，76.2%

的农村低收入者对政府每月能按时提供低保补助表示感激。80.25%被调查的低收入者对未来生活持乐观态度，相信政府会为民着想，逐步让他们富裕起来。第二，对物价上涨过快感到焦虑但相信政府的调控力。物价的过快上涨，直接冲击低收入群体的家居生活。有的低收入家庭群体甚至半月不知肉滋味。他们期盼政府也相信政府能够尽快把物价控制到合理水平。第三，物质缺乏但精神积极向上。调研显示，54.32%的低收入者面对现实，为了改变现状，积极向上，积极寻找新的工作岗位，包括外出打工从事着那些人们普遍认为"不体面"的工作。第四，经济拮据但思想稳定。调研显示，64.7%的低收入者认为贫困的原因是自身素质不高(诸如受教育程度低、缺乏文化知识、没有专长或技能单一)所致，进而表现出思想非常的稳定。

二、我省农村低收入群体思想心态存在四个方面突出问题，亟待疏导解决

(一)部分低收入者五种不良心态相互交织。调研显示，由于生活压力过大，部分农村低收入者心态失衡，不同程度地有孤独恐惧心理、不满抵触心理、自卑受挫心理、被剥夺心理和被排斥心理，思想状况堪忧。特别是一些中青年低收入群体思想波动较大，抵触心理强，对社会不满情绪强烈，部分低收入者对政府有明显的不信任感，有极少数人表示，一旦有社会风波出现，愿意参与其中。调查显示，42.9%的人认为由于生活贫困，有孤独恐惧心理和自卑受挫心理；43.4%的人认为自身利益受到损害，有被剥夺感和被排斥感；13.7%的人对国家政策有不满抵触心理，认为政府忽视他们的存在。

(二)对农村传播的各种邪教盲目轻信。随着经济社会的不断发展，农民对精神文化的需求越来越大，但目前农村的文化娱乐活动已远远不能满足农民的需要。于是各种邪教组织乘虚而入，纷纷将活动重点转向广大农村。他们充分利用农村低收入群体文化水平低、识别能力差和轻信迷信的弱点，加强邪教思想的灌输宣传，蛊惑人心，导致农民思想混乱，引发社会矛盾。其主要形式是：打着宗教、科学的幌子编造歪理邪说；神化邪教头子，对教徒实行精神控制；建立地下组织，秘密进行非法活动；不择手段地骗钱敛财；反对政府，仇视社会。这些现象虽属个别，但却在一定程度上影响了农村社会的长治久安和基层政权的稳定发展。加之邪教传播手段狡猾，行动诡秘，很难将其彻底根除，这是影响农村低收入群体在思想领域方面的一个突出问题。

(三)对贫富差距、教育支出和社会治安不满。调查显示，高达91.43%的低收入者认为社会贫富差距拉大，存在不公平的现象，希望国家在帮扶低收入者、弱势群体方面加大力度。51.68%的低收入家庭对下一代教育费用的支出力不从心，他们反映，除了满足生存而必须进行的消费，大部分开支用在了孩子教育上。由于外出打工、劳务输出，留守家庭的财产安全受到严重威胁，一些人反映，"养猪跟猪睡，养牛跟牛睡，收了粮食草堆睡，养了鱼蟹塘边睡，反正别想在家睡"。在一些劳动力外流的地方，还出现了村霸、地痞、无赖骚扰留守在家的农村妇女的情况。

(四)散漫懒惰、安于现状的思想严重。受生存困境、生计困境、机会困境和权利困境等多种因素的影响，低收入者生活出现了困难，无积极致富的心理。调查显示，对于出现贫困的原因，74.3%的人认为自己的文化水平低，无法适应社会。这些人中有的整天东

游西荡，小赌小闹；有的对生活信心不足，尤其是病症患者抱着过一天算一天的思想，坐以待毙；有的对生活没有一个长远打算，不思进取，甚至沦为黑、盗、娼分子；有的“等、靠、要”思想严重，有力不出，只想政府照顾，以致田地荒芜，家庭贫困。

三、我省农村低收入群体思想问题原因分析及消极影响

思想活动既是主观心态反映，又是客观现实的体现。低收入群体的思想问题背后有着现实的错综复杂的主客观根源。经过综合研判，我们认为我省农村低收入群体思想状况存在上述问题源于客观和主观两个方面，这些问题的存在对农村的发展与稳定产生了消极影响。

（一）社会保障水平不高，社会公平欠缺，是低收入群体思想问题的主要客观原因。首先，由于目前低保覆盖面窄、保障水平低，我省低收入群体的实际生活问题难以全面保障。同时，我们长期注重发展效率，忽略公平与公正，低收入群体中的许多人承担了改革成本却未能分享利益，低收入群体的相对剥夺感增强。其次，低收入者客观的劣势状况，使他们容易陷入低收入者更加低收入的恶性循环，出现不满情绪。再次，低收入者处于社会的最底层，社会排斥和经受挫折的经常性，使低收入者更习惯于将低收入的产生归因于外在的社会原因，在此基础上引起对社会和富人群体的怨恨与不满。最后，在政治文化方面，造成弱势群体心理失衡的主要原因是僧多粥少的扶贫现实和社会激励机制失范。

（二）受教育程度较低，思想观念滞后，是低收入群体存在思想问题的主要主观原因。由于社会历史条件的制约，低收入群体受教育程度较低，思想观念滞后。在社会生产经营和日常生活中，这一群体的思维方式和认知能力不可避免地带有一定程度的局限性。另外，一些低收入者养成“等、靠、要”的习惯，单纯依赖政府救济，不思进取，不谋求通过自己的劳动和智慧改变生活状况。同时，低收入群体普遍缺乏资金、能力和关系等资源优势，仅仅依靠自身努力难以摆脱劣势地位，而社会支持不足，个人低收入受挫情绪强烈，容易悲观失望，有些发展成为仇富或仇视社会的心理。

在深刻认识问题原因的同时，我们必须看到农村低收入群体的思想问题存在的消极影响。一是低收入群体沉浸于自己的困难境地和误区不能自拔，必然使他们难以适应市场经济发展的要求，会处于愈加不利的竞争地位。另外，低收入群体的五种不良心态，会使公众对政府的信任感下降，影响低收入群体参与社会、建设社会的积极性和创造性，威胁农村社会的稳定和发展。二是这个群体存在的弱势心理如果得不到有效疏导，必然导致思想混乱，对社会和政府产生强烈不满情绪，诱发极端行为，影响社会安定。三是在物质生活得不到有效保障的情况下，低收入群体难免会因为生活贫困、社会地位低下、收入悬殊等原因形成不良心态，并转化为对社会和政府的不满，进而导致对抗政府的行为，极容易成为社会不稳定的催化剂。四是低收入群体的仇富或仇视社会的思想问题，容易导致他们与社会其他阶层之间的对立和冲突。低收入群体也常常成为社会非正常事件的主角，影响社会各阶层的心理稳定，最终影响新农村建设的稳定和发展。

四、着力疏导思想困惑，标本兼治提升农村低收入群体幸福感

（一）不断提高社会保障水平，增强农村低收入群体生活保障感。在经济不断发展的同时，要不断健全完善社会保障体系建设，加大社会保障力度，出台相关政策要兼顾农村低收入群体。第一，要完善社会保障体系，提高低保标准，扩大低保范围，尤其是对残疾人家庭、病患家庭和贫困学子家庭要区别对待，建立必要的救助机制，尽快启动政府对低保家庭的教育援助。如建立政府和社会共筹的专项助学基金和奖学基金，帮助贫困学子完成学业。第二，建立规范的家庭收入审核机制，逐步消除“不应保而保”和“应保未保”的现象，强化低保动态管理，逐步形成“低保对象有进有出、补助水平有升有降”的动态管理机制。第三，在制定涉及群众切身利益的决策时，注意兼顾低收入者的实际承受能力。尤其是当前对生活影响较大的教育、医疗、住房，以及水、电、煤气等方面的政策。第四，要根本解决低收入群体的心理问题，必须使改革的成果真正惠及低收入包括弱势群体在内的广大群众。第五，应该制定合理的社会激励机制，帮助低收入群体确立正确的自我意识，维护低收入群众的合法权利。

（二）加强农村治安综合治理，增强农村低收入群体社会安全感。要充分发挥群防群治的作用，充分调动广大村民维护治安的积极性，发挥农村人多人熟的优势，形成人人参与治安巡逻，人人参与打击犯罪的局面。同时，要进一步强化防范措施，特别是运用科技手段进行治安防范的做法，尽快向农村延伸，在村口和主要街道安装监控设备，采取全方位、全时制的监控，提高农村治安防范水平和实效，让广大农民包括低收入群体具有最基本的生活安全感。

（三）高度重视思想教育和心理关怀，丰富农村低收入群体精神世界。要解决低收入群体的孤独恐惧心理、不满抵触心理、自卑受挫心理、被剥夺心理和被排斥心理，就要加强低收入群体的思想政治工作，及时掌握低收入群体的思想、情感和心理情况，使不良情绪在萌芽之初就及时得到排解，给予低收入家庭真诚的精神安慰，通过关爱来温暖心理，消融冷漠，增强对生活的信心和未来的憧憬。要激活低收入群体的精神动力，帮助他们克服不良心理、强化自我发展意识，使他们能够及时释放不良思想。引导低收入群体树立正确的公平理念，要以财富为分层中轴选择合适的参照群体，鼓励低收入群体积极进取，努力改善自身经济状况，打消不切实际的想法，保持平衡的心理状态。要帮助低收入群体正视现实，引导他们在外部环境难以改变的情况下，树立基于公平概念之上的公平理念，化解低收入者的仇富心理，降低他们心理的不满和冲突。与此同时，要不断完善乡村文化设施，充实和活跃低收入群体的文化生活，引导他们崇尚科学，抵制迷信，着力刹住迷信风、浪费风、赌博风，特别要重视增强低收入群体对邪教组织的免疫力，采取文艺演出、现身说法、电视宣传、知识竞赛等形式，加大对邪教特征、危害、法律责任的宣传力度，提高他们的思想认识和辨别力，筑牢抵御邪教的思想防线。

（四）高度重视科技、教育和就业扶贫，提高农村低收入群体自我发展能力。授之以鱼，不如授之以渔。我们要解决农村低收入群体的思想问题，最根本的还是要帮助他们脱贫致富，而脱贫致富，最重要的还是要通过科技、教育扶贫，提高他们的自我发展能力。

一是要重视文化知识水平的提高。通过开展“送法律、文化、卫生”下乡活动等形式，向低收入群体传授历史常识、自然常识、法律常识和卫生常识等。二是减轻低收入者子女教育负担。教育部门应为低收入家庭的子女提供更多的帮助，特别是对于收入在贫困线以下的家庭，除减免学杂费外还应给予其他方式资助，以降低这些家庭的教育负担，保证其子女能与中等收入家庭的子女接受同等教育。三是重视低收入群体驾驭市场和运用科技能力的提高。要帮助他们树立商品意识，学会根据市场需要来生产，实施“订单农业”。通过各种科技培训传授实用技术，使低收入群体掌握一定的科技知识，特别是掌握与农业生产和现代农业相关的实用技术，并在生产经营中得以运用。四是要重视对低收入群体提高就业技能和提供就业机会。对于低收入家庭有劳动能力的人员，除劳动者自身应更新择业观念外，有关部门应对低收入家庭的劳动者尤其是失业者加大培训力度，免费提供学习新知识、新技能的机会，提高劳动技能，增强就业能力。同时，为低收入家庭创造更多的就业岗位，给予更优惠的创业政策，为低收入家庭营造一个良好的发展空间，帮助他们早日走上脱贫致富之路。

河北省社会科学发展研究课题民生专项　课题编号：201301140

课题负责人：张彦台

课题组成员：王彦坤　安　宝　杨　洋　安雅丽

注释：该课题成果 2013 年 11 月《河北信息》单条采用上报中办，获中共中央政治局常委、国务院副总理张高丽批示。

河北省食品安全基本情况调查

省政府食品安全办公室

食品安全不仅关系到公众的身体健康和生命安全，还关系到经济的健康发展和社会的稳定。面对政府机构改革和法律实施赋予食品安全监管部门新职责，结合食品安全监管工作带来的新挑战和新机遇，需对全省食品安全基本情况进行调查摸底，了解掌握食品安全基本监管情况，为政府提出有价值的决策建议，服务全省大局，促进食品经济的健康发展，确保群众饮食安全放心，我们课题组展开了关于食品安全问题的调研，借此为目前层出不穷的食品安全问题提供好的解决方法和建议。

一、成果内容

（一）群众满意度调查。了解大众对食品安全的看法，拟定调查问卷，内容涉及对食品安全的关心程度、对食品安全知识的了解程度、获得食品的渠道、遇到的食品安全问题及解决方法、对我省食品安全给出的建议等。根据问卷结果的统计做出简要的分析，最后根据分析的结果进行总结并提出建议。

（二）特种养殖动物调研。成立调研组，深入到秦皇岛、唐山、沧州、衡水、石家庄、保定等重点养殖加工区。以全省毛皮动物养殖、毛皮加工重点县为主，摸清我省皮毛养殖动物种类、数量及养殖过程中饲料、兽药的使用情况，查明毛皮动物肉品食品安全状况，提出规范毛皮动物养殖、屠宰及肉品处置的意见。

（三）奶业发展调查。成立调研组，会同省奶业协会，深入石家庄市、定州市重点奶牛养殖区就奶业发展情况进行调研，摸清奶业发展现状，找准存在问题，分析深层原因，有针对性地提出对策建议。

（四）食品安全隐患调查。依托逐步构建起的基层食品安全监管网络，利用庞大的食品安全监管员、协管员队伍，收集、汇总、分析和报告本辖区食品安全信息和隐患排查情况。通过“96321”或“12331”投诉举报受理平台，定期梳理汇总食品安全举报线索，分析研判影响食品安全的突出问题，组织相关监管部门开展联合执法、隐患排查行动，消除群众关注的各类风险隐患。通过调研、暗访等方式，排查整治带有行业共性的隐患和“潜规则”问题，集中整治区域性、系统性食品安全隐患。通过督导食品生产经营企业落实企业主体责任，降低源头性隐患的发生概率。开拓思路，多措并举，努力构建政府、部门、企业群防群控隐患排查格局。

（五）食品安全监管体系调研。利用督导检查等时机，通过召开座谈会、讨论会、个人交流、查阅相关资料、走访有关监管部门、食品生产经营者等形式进行现场调研，就食品安全机构基本情况、工作人员基本情况、机构改革对各级食品安全机构的影响、办公执法装备、信息化建设、机构建设项目需求等方面进行调查。进一步明确、细化部门监管分工，消除职责交叉和监管空白，形成职能清晰、权责一致、无缝衔接、协同高效的食品安全监管体系。

二、研究方法的特色

（一）问卷调研。开展食品安全群众满意度问卷调查，采用计算机辅助固定电话访问系统进行，同时采用手机电子问卷访问系统进行补充调查。通过制订调查方案、设计调查问卷、培训调查员、实施访问调查、质量控制、数据审核、评估和汇总、撰写调查报告等形式进行，调查范围为全省172个县（市、区），调查对象为18—65周岁的常住居民。其中城镇居民占55%，农村居民占45%。样本量22000份，保证了调查数据有较好的代表性。

（二）座谈分析。组织召开由当地食品安全监管部门、食品生产经营企业、个体工商户和农村承包经营户代表参加的座谈会，了解掌握相关调研项目需求。

（三）现场查看。采取直接或暗访形式，深入县（市、区）、食品生产经营单位和基层监管一线，了解掌握调研所需项目。

（四）解决问题。对于调研中发现的问题，本着边调查研究、边解决问题的原则，协调当地政府和监管部门，采取联合执法等形式，立即予以解决。对于规章制度不落实、监管工作不到位的问题，及时研究采取措施，限期整改解决。

三、成果价值

通过开展的系列调查研究工作，进一步摸清了我省食品安全监管基本情况，查找出了一些食品安全监管体系建设所面临的困难和挑战，初步掌握了全省的食品安全现状，汇总梳理分析一些相关数据，总结了食品安全监管方面好的经验和做法，为加强我省食品安全监管、出台一些政策措施提供了重大决策保障和智力支持。

四、成果表现形式

（一）形成报告

1.《河北省食品安全民意调查报告》，2013年4月完成。为了解群众对政府开展食品安全工作的真实感受和评价，调查反映各地食品安全存在的问题，搜集群众对食品安全工作的意见和建议，推进食品行业的正常有序发展，加强食品安全监管提供参考依据，2013年2月至3月在全省范围内开展了一次群众满意度调查，由省政府食品安全办公室牵头并负责调查费用的保障，省统计局社情民意调查中心负责调查的具体实施。主要包括制订调查方案、设计调查问卷，调查员的培训，实施访问调查和数据搜集，质量控制，数据审核、评估和汇总，撰写调查报告等。调查类型为抽样调查。主要采用计算机辅助固定电话访问系统进行。同时采用手机电子问卷访问系统进行补充调查。评价对象为十一个设区市和有关食品监管部门。为保证调查数据有较好的代表性，根据各设区市人口数量进行初步分配，每个设区市合格问卷保证至少1600份，全省总计需完成合格问卷22000份。调查范围为全省172个县(市、区)，调查对象为18—65周岁的常住居民。其中城镇居民占55%，农村居民占45%。形成了《河北省食品安全民意调查报告》，民意调查结果为省委组织部考核地方党政领导班子提供了考核依据；为河北省食品安全考核评价提供了考核依据。

2.《河北省特种养殖动物调研报告》，2013年5月20日完成。针对我省毛皮动物养殖、屠宰、胴体肉流向等问题，调研组人员分别赴沧州市肃宁县、衡水市枣强县、唐山市乐亭县和秦皇岛市昌黎县等毛皮动物养殖重点县，深入相关监管部门、毛皮动物养殖协会、合作社、养殖场(户)、屠宰单位、毛皮动物胴体肉及副产品经营使用单位进行一线调研和现场走访，梳理汇总相关数据资料，组织专家开展风险评估论证，为我省的毛皮动物胴体肉流入食品行业的危害风险关键点进行预警分析，为保障我省市场肉品安全提出了相应的对策措施。一是完善相关法律法规。二是制定地方检疫标准。三是开展胴体肉风险监测。四是严惩违法犯罪行为。

3.《关于对石家庄市"地沟油"调研工作的报告》，2013年6月11日完成。为彻底铲除"地沟油"回流餐桌的违法行为，探索我省餐厨废弃油脂科学处理的有效途径，推动餐厨废弃物管理的规范化，消除食品安全隐患，保障人民群众身体健康，5月至6月，先后派出15多人次对石家庄等市的餐厨废弃物管理情况进行调研。调研采取现场座谈、实地暗访、突击检查、跟踪蹲守等多种形式，对食用油生产、市场流通、废弃油脂加工、动物养殖、屠宰、餐厨废弃油脂回收等行业进行明察暗访，基本摸清了餐厨废弃物管理现状，对油脂加工生产流通等情况有了阶段性了解，并提出相应办法措施。

4.《振兴河北奶业　打造奶业强省》专题报告，2013年8月10日完成。7月中旬至8月上旬，省委办公厅组织省农业厅、工信厅、质监局、食药监局、食安办、工商局、奶业协会等单位，组成专题调研组，分赴各设区市、省直管市和17个县，就全省奶业发展情况进行调研。我办结合此次民生调研专项重点课题，深入石家庄市、定州市召开各类座谈会5个，走访养殖和加工企业6个，摸清奶业发展现状，找准存在问题，分析深层原因，有针对性地提出对策建议，形成《振兴河北奶业　打造奶业强省》专题报告。一些意见建议被省政府出台的《关于加快全省乳粉业发展的意见》和《关于进一步加强婴幼儿配方乳粉质量安全工作意见实施方案》所采纳。

(二)为制定政府文件提供政策服务和智力支持

开展食品安全监管体系调研。以社会关心的重点、媒体关注的热点、部门监管的难点为切入点，针对食品安全重点区域、重点品种和重点场所，深入排查食品安全重大隐患和薄弱环节，围绕"三个一批"(消除一批食品安全隐患，端掉一批食品加工黑窝点，斩断一批犯罪产业链)，着力解决行业"潜规则"问题，同时总结食品安全监管方面好的经验和做法。采取各地全面调研与排查和省直有关部门重点调研与排查相结合的方式进行。组成6个调研与排查组，分别由省政府食安办、省农业厅、省商务厅、省质监局、省工商局、省食药监局负责同志带队，分赴各设区市开展工作。梳理和解决各地各有关部门食品安全监管中存在的突出问题情况、重大风险隐患和产生问题原因以及整改意见建议等，为《“食药安全诚信河北”行动计划(2013—2015年)》提供了大量基础材料和政策服务支持。

(三)答复政协提案

我办会同省农业厅、省商务厅、省卫生厅、省科技厅、省工信厅、省公安厅、省财政厅、省工商局、省质监局、省食药监局等部门，对政协河北省第十一届委员会第一次会议姚会亭委员的第315号提案于2013年6月27日答复。其中“养殖业，结合省社会民生调研专项《河北省食品安全基本情况调查》(编号201301013重点课题)，消除特种养殖毛皮动物胴体肉及副产品流向食品链的隐患”被作为答复内容采用。

五、不足和尚需进一步研究的问题

由于食品安全工作涉及面广、点多、线长，群众关注度高、燃点低、易爆发，此次研究虽然贴近实际、突出重点进行了多项调研，但在广度、深度上由于时间限制，不能展开更多调研和深挖细钻。需结合越来越严重的食品安全问题、老百姓的关注热点问题和媒体关注的焦点问题，认真开展更深入细致的调研，为食品安全监管部门更好地履职尽责，把握机遇，迎接挑战提供第一手科学的资料数据，为加强我省食品安全监管体系建设提供政策服务和智力支持。

河北省社会科学发展研究课题民生专项　课题编号:201301013
课题负责人:张新波
课题组成员:薛景波　冀维锋　石马杰　郑俊杰　刘凌云

建立河北省食品安全监管长效机制建设研究

省政府食品安全办公室

本课题以建立健全食品安全监管长效机制为目的，不断落实监管责任，优化整合资源，突出源头治理，不断提高科学监管、依法监管、全程监管的能力，推动食品安全监管水平稳步提升。基本建立起适合我省省情，预防为主、全程覆盖、责任明晰、协同高效、保障有力的食品安全监管体系机制，食品安全监管能力显著提升，重大食品安全事故得到有效防范和处置。

一、成果内容

（一）健全食品安全综合协调机制。进一步明确、细化部门监管分工，强化食品生产经营各环节监管，消除职责交叉和监管空白，形成职能清晰、权责一致、无缝衔接、协同高效的食品安全监管体系。加强统筹规划和部门协作，健全信息通报、资源共享、隐患排查、联合执法、事故处置、信息发布、行政执法与刑事司法衔接等协调联动机制。建立健全食品安全高层议事、日常协调、工作调度、舆情应对、案件查办、应急处置等综合协调机制。

（二）强化日常监管。围绕重点领域、关键环节和特殊品种，集中力量开展专项治理攻坚行动，严厉查处非法添加、地沟油、瘦肉精、私屠滥宰、制售假冒伪劣食品、食品和保健食品虚假宣传以及商标、包装和标签标识等方面的违法犯罪行为。采取整顿、规范、提升等措施，深化对乳制品、食用油、肉类、酒类、保健食品等重点品种的综合治理，大幅度提升大宗消费食品的质量安全保障水平。针对食用农产品和食品交易市场、农村“食品专业村”、城乡接合部、“城中村”、工地、中小学校及周边等重点场所，深入开展食品安全风险隐患排查治理，重点清理、取缔制售有毒有害食品的“黑作坊”“黑窝点”。

（三）完善考核奖惩机制。将食品安全工作纳入政府工作考核目标，考核结果作为地方领导班子和领导干部综合考核评价的重要内容。发生重大食品安全事故的地方在文明城市、卫生城市等评优创建活动中实行一票否决。严格落实《河北省食品安全责任追究机制》，加强与有关部门的协调，严肃查处监管执法中的不作为、乱作为等监管失职、渎职行为。

（四）强化食品安全教育培训。充分利用广播、电视、报纸、互联网等新闻媒体，深入开展“食品安全宣传周”和食品安全知识进机关、进社区、进农村、进企业、进学校等科普宣传活动，普及食品安全知识，提升公众食品安全基本知识知晓率。加强各类食品生产经营单位从业人员培训，提高食品安全管理能力和水平。认真做好《河北省食品安全有奖举报办法》的宣传贯彻工作，设立食品安全举报受理中心和专项奖励资金，加强“96321”和“12331”有奖举报平台建设，进一步畅通消费者投诉举报渠道。

二、研究方法的特色

坚持以科学发展观为指导，认真贯彻落实党的十八大精神，围绕科学发展主题和全面提升食品安全保障水平主线，牢固树立“安全第一、生命至上”理念，坚持标本兼治、预防为主、综合施策、提升能力的方针，统筹食品产业发展与食品安全监管。着力健全体制机制，落实监管责任，优化整合资源，突出源头治理，不断提高科学监管、依法监管、全程监管的能力，推动食品安全监管水平稳步提升，为建设经济强省、和谐河北创造良好的食品安全环境。

三、成果价值

在省民生重点课题《河北省食品安全基本情况》调研的基础上，重视食品安全的机制建设，逐步实现食品安全监管工作由运动式整治向常态化综合治理转变，由“救火式”的事后监管向预防为主、过程控制转变，由粗放式监管向风险监测、危害控制、关键点分析等精细化、科学化监管转变。开展专项整治行动，进行隐患排查，完善制度措施，推进诚信体系建设，促进我省食品安全形势平稳向好发展。

四、成果的体现

（一）政府文件

1. 以省政府办公厅名义印发《河北省2013年食品安全重点工作安排的通知》（办字〔2013〕31号）。开展“违禁超限”“制假售假”和“私屠滥宰”专项治理行动。不断加强体制机制建设，完善基层网络建设。加强风险隐患排查，强化科普宣传。严格考核问责，完善食品安全绩效评价指标体系，加大行政监察和问责力度，严厉惩处食品安全失职、渎职行为。

2. 拟以省委办公厅和省政府办公厅名义印发《河北省食品安全工作考核评价办法（试行）》。将食品安全纳入地方政府年度绩效考核内容，并将考核结果作为地方领导班子和领导干部综合考核评价的重要内容。对于发生重大食品安全事故的地方，在文明城市、卫生城市等评优创建活动中实行一票否决。因我省食品药品监管机构改革暂缓出台，该办法还被省委思想大讨论时纳为成果应用。

3. 以省政府名义印发《“食药安全诚信河北”行动计划（2013—2015年）》的通知（冀政〔2013〕55号）。已经省政府常务会议审议通过后以省政府名义印发实施。“食药安全诚信河北”行动计划新闻发布会和动员部署分别在《河北日报》2013年9月27日和10月24日专刊登出。

4. 以省政府办公厅名义印发《关于进一步加强婴幼儿配方乳粉质量安全工作的实施

意见》(冀政办〔2013〕26 号)。按照省政府领导关于加强婴幼儿配方乳粉质量安全工作的批示要求,召开专门会议进行安排布置,明确专人着手起草《意见》。起草过程中,参照药品管理办法管理,创新保障婴幼儿配方乳粉质量安全的新举措。已经省政府常务会议审议通过后以省政府名义印发实施。

5. 以省政府食品安全办名义印发《关于开展水产品质量安全专项整治工作的通知》(冀食安办〔2013〕24 号)。对水产品养殖、流通、加工和消费等环节的食品安全隐患进行全面排查、治理,有效遏制水产品养殖、加工、经营中违法使用孔雀石绿等禁用药物的现象,提升全省水产品质量安全保障能力和水平。

(二)总结报告

1. 形成《2013 上半年食品安全重点工作进展情况的报告》,于 2013 年 7 月 10 日报送省政府督查室。充分发挥食品安全综合协调作用,会同省直有关部门,针对重点环节、重点品种、重点部位,深入开展食品安全专项整治行动,健全完善食品安全绩效评价指标体系,严厉打击违法违规行为。

2. 形成《关于 2013 年全省食品安全宣传周开展情况的总结报告》,于 2013 年 7 月 9 日报送省政府,抄报国务院食安办。围绕"共治 共责 共建 共享"的主题,通过内容丰富、灵活多样的宣传方式,普及食品安全知识、宣传监管工作措施和成效、引导食品生产经营企业强化责任主体意识诚信经营,营造了人人参与食品安全、人人维护食品安全的浓厚氛围。

3. 形成《关于肉及肉制品专项治理行动工作情况报告》,于 2013 年 6 月 28 日报送国务院食安办。组织各设区市和相关省直监管部门在全省范围内开展为期近两个月的肉类及肉制品专项治理行动,整治效果突出明显。

4. 形成《关于中秋、国庆期间食品安全监管工作情况报告》,于 2013 年 10 月 14 日报送国务院食安办。中秋、国庆"两节"正处于食品安全监管体制改革关口,相关部门面临职能调整、队伍人员划转,确保食品安全的任务更加艰巨、更加繁重、更具考验性,切实加强组织领导,精心安排部署,保证"两节"期间食品安全。

5. 形成《关于全省食品药品安全隐患大排查大整治活动情况报告》,于 2013 年 11 月 18 日报送省政府。组织开展为期两个月的食品药品安全隐患大排查大整治活动。基本摸清了食品底数,初步掌握了影响食品药品安全的主要风险,化解消除了一批影响食品药品安全的隐患,查办了一批违法犯罪案件,活动总体效果较好,得到省领导肯定。大排查大整治动员部署会和阶段通报分别在河北日报 9 月 5 日和 10 月 24 日专刊登出。

(三)简报

1.《省政府食安办稽查大队开展岗位练兵活动》简报于 2013 年 7 月 9 日编印,报国务院食品安全办公室,送省人大、政府、政协、宣传部、编办、食安委成员单位和设区市政府等。

2.《食品药品隐患大排查大整治活动专刊》简报于 2013 年 11 月 15 日编印,发各设区市政府食安办、食品药品监管局等。把 11 个设区市和 2 个省直管县在隐患排查整治中的特色做法摘要刊出,供各地学习借鉴,收到好的效果。

（四）答复人大建议和政协提案

1. 我办会同省公安厅、省食药监局、省工商局、省农业厅、省质监局、省商务厅、石家庄市政府，对河北省第十二届人民代表大会第一次会议高秋菊代表的第 1380 号建议于 2013 年 6 月 28 日进行答复。其中，“将结合省社会民生调研专项《建立河北省食品安全监管长效机制建设研究》（编号 201301014 重点课题）……”被作为答复内容采用。

2. 我办会同省农业厅、省商务厅、省公安厅、省质监局、省工商局、省食药监局，对河北省第十二届人民代表大会第一次会议杨子丰代表的第 1068 号建议于 2013 年 6 月 28 日进行答复。其中，“结合省社会民生调研专项《建立河北省食品安全监管长效机制建设研究》（编号 201301014 重点课题），下大力抓了食品安全法律宣传和普及工作……”被作为答复内容采用。

3. 我办会同省商务厅、省质监局、省工商局、省食药监局和邢台市政府，对河北省第十二届人民代表大会第一次会议王连庆代表的第 1078 号建议于 2013 年 6 月 28 日进行答复。其中，“……结合省社会民生调研专项《建立河北省食品安全监管长效机制建设研究》（编号 201301014 重点课题），不断完善食品安全长效管理的制度和措施”被作为答复内容采用。

4. 我办会同省农业厅、省卫生厅、省商务厅、省质监局、省工商局、省食药监局，对政协河北省十一届委员会第一次会议邓群利委员的第 253 号提案于 2013 年 6 月 26 日进行答复。其中，“我们将结合省社会民生调研专项《建立河北省食品安全监管长效机制建设研究》（编号 201301014 重点课题），按照《河北省 2013 年食品安全重点工作安排》要求，进一步深入食品安全专项治理整顿工作……”被作为答复内容采用。

5. 我办会同省委组织部、省监察厅、省财政厅、省农业厅、省工商局、省质监局、省食药监局，对政协河北省第十一届委员会第一次会议刘苏委员的第 456 号提案于 2013 年 6 月 28 日进行答复。其中，“下一步，结合省社会民生调研专项《建立河北省食品安全监管长效机制建设研究》（编号 201301014 重点课题），进一步组织开展食品安全隐患大排查大治理活动……”被作为答复内容采用。

（五）广告、报纸、宣传画册、视频访谈

1. 聘请知名人士担任“河北省食品药品安全道德诚信形象大使”，充分发挥他们的社会影响力和号召力，引导社会各界积极参与和维护全省食品药品安全。

2. 设计系列公益宣传作品（包括图文、音视频），同时协调新闻媒体集中刊播公益广告。

3. 选择省会 6 条精品公交线路，在车体喷涂公益广告，持续宣传一个月。

4. 在省会出租车后电子显示屏（有效传播到达率 90%）每天滚动播放“12331”宣传内容。

5. 协调省会连锁超市、药店、饭店印制发放一批包含 12331 公益宣传内容的塑料购物袋，面向广大消费者进行发放。

6. 参加河北新闻网《阳光理政视频访谈节目》，主题为：“食药安全　诚信河北”行动计划，2013 年 10 月 29 日节目采取网络直播形式向公众播放。

五、不足和尚需进一步研究的问题

根据《食品安全法》《国务院关于加强食品安全工作决定》《国务院办公厅关于印发〈国家食品安全监管体系“十二五”规划〉的通知》中的有关要求，进一步开展调查研究工作，进一步摸清我省食品安全监管基本情况，查找食品安全监管体系建设所面临的困难和挑战。逐步完善建立健全起适合我省省情，预防为主、全程覆盖、责任明晰、协同高效、保障有力的食品安全监管体系，食品安全监管能力显著提升，重大食品安全事故得到有效防范和处置。

河北省社会科学发展研究课题民生专项　课题编号：201301014
课题负责人：薛景波
课题组成员：张新波　石马杰　郑俊杰　刘凌云　黄　迪

河北省老年人权益状况流变及对策研究

河北政法职业学院

前言

老年人权益状况调查是老年人权益保障的前提和基础。我们连续三年对该问题展开调查，试图找出老年人权益现状及其流变中的一些问题，努力探究其中的一点规律，以确保对策的针对性和可行性。本次调查采用志愿者入户调查的方式进行，组织近300名志愿者分赴全省11地市，共回收有效问卷447份，在此基础上，形成本调查分析报告。

一、河北省老年人权益状况调查及结果分析

调查主要围绕老年人基本权益、老年人人身权、老年人财产权、老年人养老保险和医疗保险保障、老年人精神赡养、老年人维权及其他等七个方面展开。

（一）基本权益

总体上看，关于“经济状况的满意程度”，有64.2%的被调查者认为“一般”，与前两年相比，呈增加趋势。就11地市具体而言，这些高满意度地区仍主要集中在城镇地区，与此相比，大部分地市的乡村地区和城乡接合部地区老年人“满意”程度仍远远不及城镇地区，这说明乡村地区和城乡接合部地区老年人经济状况仍远不及城镇地区老年人。

数据显示，“居住状况”的情况与前两年基本一致，老年人同配偶居住在一起的仍排第一，排在第二位的仍是与儿女共同居住，“个人独居”则排第三，较2012年有所上升。2011年个人独居老人主要集中在城镇地区，2012年乡村地区个人独居老人比例有所提高，今年比2012年又有所提高，农村地区的“空巢”化现象更加严重。

对于居住环境及社区生活，受调查的老年人还是比较满意的。认为居住环境“还可以”的老年人比例比前两年的调查有了明显的提高，占到全部被调查老年人的71.58%，而认为居住环境“无法忍受”的比例比去年也有所上升。关于“社区生活满意度”，总体上认为“基本满意”，占到总数的56.16%。这说明伴随社会经济的进一步发展，老年人生活水平在一定程度上得到了提升。

总之，通过这三年问卷对于上述问题答案的整理、统计，可知：大部分老年人已基本解决了吃、穿、住等基本生活问题。从调查结果看，城乡之间仍存在一些差距，但差距有所缩小。总体来说，居住环境的改善，经济、生活满意度的增加，体现了我国老年人基本权益保障制度的完善和覆盖面的逐步扩大，城乡间区域发展更加协调。

（二）人身权

人身权是老年人基本权利的重要组成部分。调查显示，大部分老年人的人身权利得到保障。对于“老年人再婚问题的看法”，最显著变化的是，赞同、不赞同、无所谓的比例基本持平。乡村地区认为无所谓的比例仍明显高于城市，这可能跟乡村地区社会经济发展水平、人们思想观念相对落后有关。

（三）财产权

经济收入是老年人生存的基本条件。这三年的调查数据显示，绝大部分老年人都有收入来源和储蓄，城乡间存在的主要差别仍是被调查者的收入来源不同：城镇老年人的收入来源仍旧主要是养老金，而农村地区老年人仍以赡养费为主。随着居民生活水平提高、法律意识增强，侵害老年人人身权的行为在减少；其他权益的侵害仍主要集中在诉讼权、法律援助权、社会保障、社会救济等关乎民生的方面。

（四）养老保险和医疗保险保障

总体上看，对于养老保险和医疗保险保障，老年人大部分都已参加，且呈逐年上升趋势，城乡之间的差距正在逐年缩小，甚至有些乡村地区的参保率已经超过了城镇地区。每月医疗费用负担方面，最主要的负担方式还是集中在子女或亲戚、本人这两种方式上面。城镇老年人本人负担、子女或亲戚负担的比例总体来说相差不大，与之相比，乡村地区主要还是以依靠子女或亲戚为主。这一切都表明城乡之间在医疗保障方面还是存在差距的，保障全社会老年人的医疗保障制度虽然与以前相比有进步，但是仍有待进一步完善。

（五）精神赡养

通过调查我们发现，老年人在家庭受到的尊重程度越来越高，其中尤以乡村地区变化最为明显，今年乡村地区老人受尊重程度明显上升，受尊重比例超过城镇地区老年人。农村地区部分传统的赡养观念正在悄然发生转变。但老年人交谈最多的对象仍旧是自己的老伴，绝大多数老年人感到孤寂，缺少精神方面的关心。

（六）维权情况

从调查数据来看，本次与前两年相较，数据比例变化不大。在涉及自身权益被侵害特别是被家庭成员侵权的情形时，大多老年人愿意拿起法律武器来维护自身的权益。老年人在维权方面正在解放思想、更新观念，认真对待自身权益，积极主动维权。

（七）其他方面

关于“养老方式”，居家养老仍是我国老年人养老方式的首选。此外，老年人反映的问题主要集中在以下几个方面：1. 社会福利制度需要进一步完善；2. 医疗服务系统有待提升；3. 社会对于老年人的关注程度普遍偏低；4. 公共基础设施不到位，适宜老年人活动的娱乐场所少；5. 对于老年人相关法律法规宣传度不够，有待加强。

二、老年人权益保障的途径及对策

（一）法律保障方面

1. 立法保护方面。《老年人权益保障法》（修订案）从原来的 6 章 50 条扩展到 9 章 85

条，修改幅度较大，并增强了法律的针对性：一是把应对老龄化上升为国家战略；二是丰富了家庭赡养与扶养内容，把“常回家看看”写进法律；三是失能护理补贴和高龄津贴首次入法；四是进一步加强了对老年人财产权益的保护；五是创设了老年监护制度，保障失能失智老年人的人身财产权益；六是增加了相关组织对不履行义务的赡养人和扶养人予以督促的规定；七是规定老年人享受社会服务受法律保护；八是对国家推进老年宜居环境建设做了原则规定；九是针对我国社会养老服务体系建设存在的问题做出了规定。此外，还规定了老年节。有效地弥补了原《老年人权益保障法》的不足，对老年人权益保障立法的完善有着不可忽视的意义和作用。

在中央立法不断修订与完善的同时，还应大力发展地方立法，突出地方特色，一是为国家立法探索路径、提供先例，弥补国家立法的空白；二是与国家立法在地方实施环节中的规则相衔接，制订更适合本地实际情况的配套性办法，确保老年人权益保障法在本地的实施和有效运行。因此，应大力发展地方立法在老年人权益保障方面的功能、地位和作用，弥补现行立法宽泛、概括、缺乏针对性等不足，充分发挥地方立法快捷、具体、针对性强、可操作性强的优势，完善老年人权益保障的法律法规体系。如老年宜居环境建设问题，常回家看看的保障措施问题，失能护理补贴和高龄津贴的具体落实问题，为老服务组织的培育和发展问题，等等。因此，地方立法大有作为。

2. 司法保护方面。老年人作为社会成员中的弱势群体，在司法实践中，对其应采用相对简便的运行规则和操作程序。一是设置老年人专门法庭，二是扩大老年人法律援助范围，三是建立“老年人权益保护协会＋公益诉讼”模式和老年人公益诉讼制度，为有需要的老年人提供经济支持及法律帮助。

（二）政府主导方面

1. 强化政府主导，增加政府投入。政府在制订城乡规划时，要统筹考虑适宜老年人的设施建设，并建立和完善有关涉老工程建设的标准体系。针对我国社会养老服务体系建设存在的问题，地方各级政府和有关部门应当按照老年人口比例及分布情况，将养老服务设施建设纳入城乡规划。各级政府应根据实际情况逐步增加对养老服务的投入，在财政、税费、土地、融资等方面鼓励、扶持企事业单位、社会组织或个人以新建、改建、租赁等方式兴办养老服务设施。建立以政府拨款为主的多元化资金投入机制，真正使老年人权益保障建立在经济发展、社会重视、各方参与的基础上，确保老年人权益得以实现。

2. 加大老年人权益保障宣传，增强全社会的责任意识。政府要把相关涉老法律法规及政策纳入普法工作计划中，加大对老年权益保障知识的宣传力度，增强全社会的责任意识，形成自觉维护和保障老年人权益的良好社会新风尚。

3. 设立专门的老年人权益保障机构，完善老年人权益保障体系。政府可采用多种方式建立专门的老年人权益保障机构，加强指导；政府各部门要切实履行职责，细化分工，落实任务，并加强沟通协作，完善对老年人的权益保障工作。

4. 强化监管，加大执法力度。应当加大监管力度，细化行业操作标准，加强行业监管，建立动态监管机制，做好资格审查、定期抽查，对侵害老年人权益的情况要坚决查处，执法必严。

（三）社会保障方面

1. 建立和完善多层次、多元化的以基本养老保险、基本医疗保险为主要内容的，与社会主义市场经济体制相适应的养老、医疗保健服务体系，实现养老保险和医疗保险全覆盖。

2. 培育和发展为老服务组织，提高涉老服务社会供给。降低为老服务社会组织准入门槛，大力培育和发展为老服务社会组织。加强监管，保持为老服务社会组织的良性运行和发展。进一步规范政府购买社会服务行为，使政府向为老服务社会组织的购买常态化、制度化。加强相关领域和层面的立法，为为老服务社会组织的全面发展提供法制保障。

3. 注重为老年人服务的人力资源开发，实行老年服务职业资格准入制度，为养老服务提供人才保障；设立老年人才市场，以发掘老年人才资源及满足老年人实现自身价值的愿望。

4. 进一步扩大志愿者服务队伍，造就一支有党团员、干部、青年、妇女和学生等组成的专、兼结合的为老服务志愿者队伍。

（四）家庭帮助方面

子女对父母的赡养义务，不单单指的是经济赡养，还包含生活照料和精神赡养。鼓励家庭成员与老年人共同生活或就近居住，为老年人随配偶或赡养人迁徙提供条件，帮助他们摆脱老年的孤独寂寞、失落感。

（五）文化建设方面

一是大力弘扬尊老敬老的传统美德，树立敬老、爱老、养老的社会风尚；二是不断丰富老年人的文化生活。建立配套的老年活动设施，开展适合老年人群体的文化、体育、娱乐活动；开办老年大学，丰富老年人的日常生活。

（六）老年人自力救济方面

老年人应在法律允许的范围内，依靠自身的实力，通过实施自卫行为或者自助行为来维护自身权利。此外，老年人还要自我调适，老有所为，及时加强心理修养，参加力所能及的一些活动，陶冶个人情操，提高心理素质。

（七）养老方式保障方面

1. 积极引导，深挖潜能，充分发挥传统养老模式的巨大优势

我国的传统养老模式基本是以居家养老为主、社区养老为辅、机构养老为补充。这三种模式各有利弊。据近三年的调查问卷显示，90％以上的老年人会选择居家养老方式，居家养老仍然是老年人的第一选择。随着社会急剧发展、传统观念急剧转变，越来越多的老年人成了准空巢老人。因此，需要把社会服务引入其中，使得老年人在子女上班期间能够摆脱孤单寂寞感。进一步完善社区养老的配套设施建设，设立老年人专门活动室，建立老年食堂等，提供更好、更适宜老年人的配套设施。对于机构养老，应当在充分发挥其专业性等优势前提下，改变机构养老的封闭性，使它成为更加具有开放性的养老模式。

2. 突破传统养老形式，探索新型养老模式

(1)尽快启动并实施集中居家养老保障性住宅社区建设计划。这种复合式的新型养老模式把居家养老、社区养老和机构养老三种传统养老模式的优势有机结合起来，大大降低了老年人的居家养老成本，大幅提高老年人的生活质量，适应了时代需要，使得养老模式多样化，丰富了老年人的选择。

(2)在现有养老模式基础上，成立专门性的养老服务中心，集简单医疗、日常陪护等多种服务为一体。为全省的老人建立个人信息和健康档案库，并在此基础上建立数字服务平台，按照服务订单的要求派出服务人员上门为老人提供服务。

(3)探索公司化运作模式，为现有养老方式提供市场化服务。将企业经营模式引入传统的养老模式中。让企业参与或促成有条件的养老机构和养老服务单位走企业化道路，让其服务与老年人市场需要紧密相连，积极开发、生产和经营老年用品，建立健全市场化的养老服务体系。

河北省社会科学发展研究课题民生专项　课题编号:201301021
课题负责人:肖　辉
课题组成员:刘　希　刘　冰　邵和平　董静洁　杨　杰　任　蕊

河北省食品安全保障社会监督机制问题与对策

河北经贸大学

食品安全问题愈益成为人们关注的焦点。食品安全保障需要政府、企业、社会三方共同治理。作为三维治理框架中"社会"维度的研究，本课题着力于如何构建和完善食品安全保障的社会监督机制问题。

一、现状与问题

（一）河北省食品安全政府监管与社会监督现状

河北省近几年的食品安全工作取得了较大进展。首先，制定并实施了一系列规章制度。其次，强化了组织管理工作，建立了包括卫生、农业、质检、工商等部门的食品安全监管组织体系，尤其是逐级建立了食品安全协调领导小组办公室（简称"食安办"）。最后，采取了一些行之有效的措施。

河北省食品社会监督方面具有以下特征：多数食品消费者具有安全意识；大多数消费者不具有足够的食品安全知识，他们多依赖于一些标识来判断食品的安全性，并决定是否购买；多数消费者知道，如果发现食品安全问题，可以通过举报的途径进行维权，但不清楚具体怎么做；许多消费者对各种监督主体略有所知，但不够详细。

（二）河北省食品安全社会监督机制存在的主要问题

关于河北省食品安全社会监督方面存在的问题，在社会监督机制上可以把它们概括为"知""行""效"三类。

1. 在"知"的方面，食品消费者存在三个"无知"区域。

首先是对有关食品安全的法律、政策的无知，其次是对食品本身的无知，再次是对维权过程和结果的无知。

2. 在"行"的方面，主要问题是社会监督力量薄弱，监督渠道不畅，监督主体之间缺乏联动与协作。

现实中的食品消费者具有个体性和分散性特点，难以形成对食品安全进行监督的巨大合力。河北省食品安全社会监督渠道存在着不甚畅通的问题。食品社会监督主体之间多为隔离状态，缺乏联合行动和协作互助。食品行业协会的作用还很微弱，消费者组织又缺乏足够的权威性，因此组织性的监督达不到应有的力度。

3. 在"效"的方面，河北省食品安全社会监督存在着不意监督、不能监督、不愿监督及监督无效等问题。

“不意监督”意即消费者对食品经营企业无监督意识。“不能监督”是指消费者没有感知或处理问题的能力。“不愿监督”意指消费者有监督意识和能力，但却不愿意实施监督行为。有些消费者认为实施监督行为很麻烦，既耗时、费力，又影响生活情绪。而“监督无效”是指消费者没有达到维权的目的，食品经营者也未受到实质性的影响。现实中，这些问题普遍存在。

二、原因及理论

（一）监督信息机制不完善，食品消费者处于信息贫困状态

河北省食品安全社会监督机制存在“知”的问题和“无意监督”等问题，其原因在于监督信息机制不完善。多数消费者对有关食品安全的法律、法规不了解，对监督过程和结果更无从知晓。

信息偏在理论能够解释这些问题。该理论认为，如果交易双方对其交易标的物所掌握的信息不对等，就可能发生不公平和无效率的交易行为。无论是对食品经营者的监督，还是对政府有关部门的监督，消费者都处于信息劣势。

（二）缺少联合与协作的社会监督机制

社会监督主体之间联合与协作机制的匮乏又使其后天乏力。调查表明，各社会监督主体之间缺少联结、对话、协商、合作等机制。

博弈论能够较好地解释联合和协作机制对食品安全保障的重要意义。在食品安全保障体系中，实际上形成了企业—政府—社会三方的博弈格局。社会力量的强大和信息机制的完善使理性企业的最优决策定位在“保障质量，诚信经营”上，使政府的最优决策确定在“严格执法，尽职尽责”上。

（三）服务监督机制不完善

所谓服务监督机制就是为实现监督目的或保障监督效率而提供服务并接受监督所形成的制约机制。简单地说，服务监督机制就是对监督者进行监督的机制。河北省食品监督机制存在着“监督渠道不畅”等问题。

民主与监督理论认为只有直接民主的监督才是最根本的监督，任何以间接民主形式形成的监督都不具有根本性，其监督本身仍需要监督。就食品安全监督而言，只有食品消费者才具有监督的根本性，其他主体的监督如政府的监督等其本身仍需要监督。

（四）监督成本较高，“搭便车”心理严重

调查表明，食品消费者“不愿监督”的主要原因是监督成本较高和“搭便车”心理存在。

制度经济学中的科斯定理认为，如果产权界定清晰，并且谈判、协商等交易成本为零，外部效应问题就会自然得到解决。在食品安全社会监督方面，当食品购买或消费行为发生后，食品的所有权和消费权就转移到了消费者，可谓产权清晰明了，但如果交易成本（即监督成本）很高，解决食品安全问题的难度就很大。

（五）社会监督机制的转化率较低

被监督者能否以及在多大程度上按照监督者的意志行事则是一个监督转化问题。调查显示，食品企业受到直接来自消费者及其组织的压力并不大。这表明，最具根本性的社会监督往往需通过媒体的影响才能转化为实际的力量。

本研究构建了社会监督机制有效转化理论模型。该模型认为，食品消费者对食品经营者的监督往往通过由一系列中间环节所构成的监督链进行传导和转化，监督的效率取决于传导的速度和转化的程度。

三、途径与对策

（一）食品安全保障社会监督机制有效实现的根本途径是社会知晓，基本途径是增加违规企业的成本，减少社会监督成本

对食品安全的社会监督不具有直接强制性，其监督的有效性在于通过市场机制的作用影响经营者的收益或成本。媒体曝光——社会知晓——市场机制成为社会监督机制的核心链条。结合社会监督链理论和博弈论，食品安全社会监督机理为：消费者反映——媒体曝光——社会知晓——市场机制——经营者利益损益——经营自律。

社会监督机理模型在实际运作上还需注意两点：首先，如果社会知晓的范围和程度不大，市场机制对食品经营者的影响（制约或激励）就可能较小。其次，如果消费者的预期收益小于其监督成本，他们就可能放弃监督行为。

（二）主要对策

在坚持根本途径和基本途径的前提下，针对河北省在食品安全社会监督方面存在的问题，结合原因分析和理论参考，本课题提出下列对策：

1. 完善社会监督信息机制，改变消费者的信息弱势状态

举办各种形式的法律、法规宣传活动；政府有关部门及消费者协会开展食品安全周、安全月等宣传活动，并集中解答消费者提出的各种问题；培养消费者的食品安全意识；帮助消费者知晓维权的途径和程序。

2. 通过社会监督主体的联合与协作增加社会监督力量

建立食品企业、消费者协会、食品行业协会、政府主管部门的信息联通机制；政府食品安全保障综合部门（如食安办）利用联通信息进行总结和预测，并向社会公开；以制度形式保障消费者协会和各媒体之间的信任和协作；增强消费者协会的权威。

3. 在双轨责任制的背景下，完善服务监督机制，保障社会对监管者的有效监督

针对现实中存在的政府监管问题，本课题建议采取以下对策：设立专门部门收集消费者对政府监管部门的意见；把社会评价作为政府绩效评价的重要组成部分；鼓励和吸收社会建议，疏浚监督渠道，提高服务监督质量。

4. 保障媒体作用的充分发挥

在主要媒体栏目中设立食品药品安全事项，进行有关食品安全知识和信息的介绍与宣传；充分利用互联网的信息交互平台，实现食品安全信息的共享；在《河北食品网》菜单中增设“投诉”一项，以方便消费者提供信息和表达诉求；构建“消费者诉求——消费者协

会处理——媒体公开”的社会监督网络机制。

5．完善食品企业信息公开制度

政府通过完善相关的法律制度进一步规范食品企业的信息公开行为，要求在原有的基础上增加信息公开度；特别要求与消费安全有关的配料、工序、包装、存储等必须向社会公开；企业认为确实不能公开的事项需向有关部门申请并得到审批方可不公开；完善食品企业信息公开责任制度。

6．建立针对基层和小微经营者的食品安全巡检制度

针对基层以及小作坊和街头摊贩的食品经营行为，政府组建食品安全巡检小组，对其进行定期检查。小组成员应由政府人员、食品行业协会成员、消费者协会成员、媒体代表、消费者代表以及科研人员等组成，按照民主集中制的原则有计划地进行抽检。

7．完善食品安全举报处理和奖励制度

在省、市、县设立举报中心，专门负责本地区食品安全举报管理工作；按照及时受理、准确查处、积极反馈的原则处理举报事项；保证举报处理的时效性和保密性；做好举报信息的收集、加工和存储的电子化和安全性工作；增大对举报者的奖励幅度，设立举报奖励专项资金。

8．建立食品安全社会监督研讨会制度

由省食品安全协调领导小组办公室组织研讨会，一年召开一次；参加会议的主要成员有科研人员，省消费者协会、省工商联、食品行业协会相关负责人员、消费者代表，食品企业代表，政府人员等；会议结果要及时传达给政府有关部门，并向社会公开。

河北省社会科学发展研究课题民生专项　课题编号：201301061

课题负责人：安奉钧

课题组成员：李树海　冯　贺

保定食品安全公众认知度及政府监管决策导向调查研究报告

保定学院

目前,我国对于食品安全问题高度重视,从媒体宣传到市场整顿、制定法律法规等各方面,做了大量的工作,但由于经济发展水平的不均衡,全国各地的食品安全现状截然不同。

由于消费者维权意识较差,对失信行为缺少有效的防范,食品安全意识薄弱,安全隐患相对较多。不少地区食品市场比较分散,导致监管不到位。食品市场流通秩序混乱,严重地伤害了消费者的利益。所以我们必须构建地区消费者自我保护体系,从消费终端消除地区食品安全隐患,保障区域食品市场安全和区域消费者的合法权益。要加强食品安全知识宣传和普法教育,增强群众的安全意识和自我保护意识,教育和帮助消费者掌握科学知识,保障食品安全。政府职能部门要高度重视食品安全监管工作,整合资源,加强食品安全综合监管。

为了深入了解保定地区食品安全的真实现状,以保定地区为调查对象,采用问卷调查形式,调查保定地区的食品消费情况,分析对保定地区食品安全有影响的因素,以期为保定地区健康安全的食品消费提出建设性的意见和建议,为进一步完善食品安全监督管理工作提供参考价值。

一、食品安全现状

当下部分地区人民消费水平低,购买食品时不重视食品的卫生状况和质量问题,致使食品安全表现出很多的突出问题。此外,目前食品生产加工也令人担忧,某些厂家违规使用添加剂、超量或滥用食品添加剂生产加工食品的现象较为普遍。食品经营企业的自身素质不高,经营管理落后。因此,有些地区存在大量的食品安全隐患。另外在此次调查的264份有效问卷中99%的人认为不法商贩的利欲熏心是食品安全隐患存在的重要原因,没有高额的利润就不会有违法食品的存在。

(一)生产销售假冒伪劣食品现象广泛存在

(二)食品生产、加工过程中的污染严重

(三)滥用添加剂和非法添加物现象较为普遍

(四)使用非食品原料加工食品现象较为突出

(五)公众食品卫生安全知识匮乏

（六）有关食品法制宣传不够，公众法律维权意识较低

（七）落后的食品安全监管体系

（八）没有形成有效安全预警机制和风险评估机制

（九）缺少完善的食品安全可追溯制度和问题食品追责制度

为了掌握保定地区的食品安全现状，本文较为全面地调查了居民食品消费情况、对食品安全知识的了解程度以及通过抽检分析了消费者对食品的安全认识情况。

二、建议和措施

目前，我国正处于经济转型时期，对于当今区域存在的食品安全问题，用现有的法规政策解决碰到的新型问题有点力不能及，很难改变现有的格局。因此，积极探索新的监管方法和管理措施迫在眉睫。本文通过参阅大量的文献资料，结合实际食品安全现状以及调查数据，分析如何解决食品安全问题，提出若干建议和措施。

（一）完善食品安全监管体系，提高监管效率

从美国、欧盟和加拿大的经验来看，体系化监管比各自为战的监管方法实际效果更好。但是，相关改革要充分考虑中国现实国情。比如在美国实施的能理顺各职能部门关系且效率极高的品种监管，如果直接移植到中国，极有可能会出现行政成本大幅度攀升，而监管效率依旧低下的局面。

（二）加强食品安全监管立法

从美国和欧盟的经验来看，法律对食品行业监管体系的组成和相应法定职责的规定是否完善，决定了食品安全监管体系能否高效运转。笔者认为，完善的食品安全监管法律体系应当由基本法和一系列专门法律、法规组成，其基本内容应包括法律体系、标准体系和执行体系三大部分。

（三）建立食品安全预警和风险评估机制

建立食品安全预警机制一方面要提高和统一国内的危险食品评估标准，使其达到国际通用的CAC标准。另一方面要完善食品质量认证体系，该体系应包含绿色食品认证、有机食品认证、饲料产品认证、无公害农产品认证、良好农业规范（GAP）认证。

（四）创建和完善可追溯制度和问题食品追责制度

可追溯制度要求食品生产、销售链各个环节的主体都严格按照法律规定，标示诸如生产厂家、食品生产原料、配料、生产时间、地址等能显示食品来源的信息，以便出现食源性危机时，监管部门能根据这些信息迅速采取有效措施。

（五）借鉴发达国家的食品安全管理条例

在发达国家，也出现过食品安全危机，如欧洲的疯牛病，但一旦发生重大食品安全问题，发达国家均有相应的应急方案和对策，而其中完善的法律法规起到了重要的作用。我们要在适当借鉴国外经验的基础上，不断探索和创新符合我国区域食品安全监管工作需要的监管理念和监管手段，努力提高政府市场监管的能力与水平。

（六）确定职责、统一管理、综合协调

我国对食品安全的监管涉及的部门有质监局、农业部、工商局、卫生部、食品药品监

督管理局等，从源头到餐桌，各个环节分别由不同的单位监管，但是也有些是多个部门监管，而有些却没有相应的部门监管，这就使得有些是多头监管，有些是无头监管，这也是食品安全监管的一个盲区，并且有些监管职能在转变时也没能很好地做好衔接。

（七）建立健全食品安全法律体系

在我国，关于食品安全方面的法律法规太少，而且现有的一些法律法规有些也过时了。随着生活水平的不断提高，食品加工技术的日新月异，我们配套的相应的法律法规也应该顺势跟上，要进一步完善现有的法律法规，建立健全法律体系，让食品安全监督部门有更具体完善的法律依据，这样才能更好地做到有法可依，依法行政。

（八）加快建立权威高效的食品安全监测体系

对于保定这一人口密集的地区来说，需要也有必要建立一套健全和可行性强的食品安全管理体系，各部门单位要各司其职，相互配合；以科学的态度制定各项预案，发生事故能快速进行风险分析、评估和后续工作。采取有效的措施，强化食品安全的监督和检验，实现食品“从源头到餐桌”的全过程控制。

（九）加快建立完善的食品安全信用体系

信用度在当今社会的作用日益凸显，诚信是企业的无形资本，是一个品牌的坚实保障。要从根本上提高食品的安全水平，必须注重建立和完善食品生产经营企业的信用体系。必须将企业的诚信度与法律责任相结合，将对生产经营者的信用等级评定与奖惩制度相结合，这样才能够使诚信建设在食品安全监管方面发挥更大的作用。

（十）健全的机制是信用体系的主要内容

信用体系的主要内容包括：信用信息使用机制、信用信息获得机制、信用信息发布机制、信用信息管理机制以及企业的申诉机制等。要整合运用有关监管推行市场准入制度，加强日常监管、规范企业行为的成果，建立健全食品生产经营企业的信用档案、政府监管信用档案和失信惩戒机制。充分发挥行业协会和社会中介组织的作用，规范企业生产经营行为，引导和督促企业诚信守法，强化食品安全责任和自律意识。

（十一）营造公平的氛围是信用体系的基础

信用制度的建立首先要按照公平、公正、透明的原则来实施。

（十二）因地制宜，因材施教，开展食品安全教育工作是一项系统工程，涉及多个部门，多项环节。

三、结论

通过调查分析保定地区的食品安全现状，得出以下结论：

（一）面临的食品安全现状

1. 消费者在食品安全关注方面基本停留在生活必需品上。

2. 绝大多数消费者对食品安全常识不了解。

3. 消费者的消费观念过于简单，消费者的食品安全意识淡薄。

4. 市场中不符合卫生要求的食品多，食品流通市场缺乏监管。

（二）解决食品安全问题的建议和措施

1．借鉴国外食品安全监督管理原则，建立食品安全体系。

2．构建食品安全长效监管机制。

3．健全全民普教的食品安全宣教体系。

食品安全监管改革的基本方向是实现体系化监管和全民监管。通过对食品安全的舆论宣传、新闻监督、群众监督以及前面提到的法律监督、行政监督、行业监督、体制监督等形式，构成广泛的社会监督体系，形成对食品安全“人人关心”的全民监督机制。食品安全问题是一个重大的民生问题，它不仅关系到广大人民群众的身体健康和生命安全，直接影响到国家的经济健康发展和社会稳定，而且已成为衡量人们生活质量、社会管理水平和国家法制建设的一个重要方面。当前，中国食品监管的现状还很不理想。从目前中国食品安全监督体系中相关环节和主体之间的协调沟通质量和水平来看，与食品安全质量监管的要求还有差距。

河北省社会科学发展研究课题民生专项　课题编号：201301474

课题负责人：陈梅香

课题组成员：贾春凤　魏俊杰　刘　恺　于　平

注释：省政协副主席、省林业厅副厅长葛会波批示：该调研报告对保定地区食品安全公众认知度的现状、存在问题等进行了深入分析，内容充实，论证有力，所提建议及措施有很强的针对性、可操作性和实效性，对提高保定食品安全公众认知度具有指导意义。望相关部门在工作中参考借鉴。（2013 年 11 月 25 日）

关于我省安全生产管理长效机制建设的对策建议

河北劳动关系职业学院

一、全省安全生产管理的成效

（一）理念不断创新，责任更加落实

省委主要领导先后指出“做好安全生产是头等大事”“把安全生产措施落实到人”“安全生产功夫在平时”“安全生产来不得丝毫放松和马虎，不能有丝毫松懈和侥幸”，强调“科学发展首当安全发展，以人为本首当生命为本”，并提出安全生产工作纪律和要求。这些理念和要求抓住了安全生产的本质和内涵，成为全省做好安全生产工作的指南。各级党委、政府及各部门、各单位，把安全生产放在重中之重，纳入经济社会发展总体布局，确保安全生产企业主体责任、属地监管责任和部门监管责任落到实处。

（二）制度不断创新，机制更加健全

制定《河北省安全生产条例》等法规，并就煤矿、烟花爆竹、道路交通、消防安全等出台了一系列规范性文件。全省安全生产应急管理、执法监察、职业卫生监管等体制逐步调整理顺。建立健全安全生产目标导向、举报投诉、工作协调、预警预报等机制，出台实施《企业黑名单管理办法》，使安全生产目标管理、考核奖惩、事故查处、责任追究等制度更加完善。

（三）科技不断创新，基础更加夯实

大力推进科技兴“安”战略，兴建安全生产应急救援指挥中心，安全生产信息化平台覆盖所有市区；煤矿尾矿库在线监控、非煤地下矿山机械通风、化工企业危险工艺改造和自动连锁装置正在铺开；安全标准化建设为重点的现场管理“软成果”的应用，有力地提高了企业安全生产保障水平。

（四）监管不断创新，秩序更加规范

推进源头治理和安全执法，持续开展重点专项整治和“打非治违”专项行动，纠正和查处了大量安全隐患与问题。推进非煤矿山专项治理，强化交通运输安全整治，深入开展消防、建筑施工、民爆、电力、水利、民航、教育、旅游、农机、特种设备等行业领域安全专项整治，消除了一大批安全隐患。

二、我省安全生产管理工作的不足

（一）从当前安全形势看，基层脆弱、基础薄弱与安全发展要求不相适应

尽管全省安全生产事故连年大幅下降，但2012年事故起数和死亡人数仍处于高位态势，发生事故万余起，死亡3000多人，平均每天发生安全事故近30起。仍有一些地方和行业领域存在安全生产重视程度不够、安全生产责任不落实、隐患排查治理不彻底、安全监管不到位等问题。

（二）从经济发展趋势看，安全生产与经济快速发展不相适应

随着经济持续增长，各类生产经营建设活动日益频繁，诱发生产安全事故的各种不确定因素增加，特别是新兴产业发展，安全标准规范、监管力量、监管实践都准备不足。

（三）从社会进步程度看，安全生产与人民群众安全意识提高不相适应

随着以人为本理念深入人心和社会文明进步，人民群众安全生产意识不断强化，对安全生产和职业健康有更高更新的要求，对安全生产事故容忍度不断降低。

三、国外安全生产管理的经验

英国高水平的矿山技术和现代化的基础设施是矿山安全的重要保证；俄罗斯作为世界上灾害事故频发的国家之一，设置紧急情况部处理突发事件；德国企业的安全生产管理是企业组织的组成部分，并与企业生产机构一体化。这些都将为我们提供经验借鉴。

四、构建我省安全生产管理长效机制的对策建议

（一）健全完善安全生产责任机制。坚持安全发展理念。政府、监管部门和生产经营单位要牢固树立安全发展、科学发展的理念，加快高危行业资源整合和产业结构调整，使经济社会发展建立在安全生产的基础上。

健全安全目标管理。逐步健全完善安全生产指标管理体系，将亿元GDP生产安全事故死亡率纳入各级政府经济社会发展指标体系，并把工矿商贸企业万人从业人员事故死亡率、道路交通万车死亡率纳入统计指标体系进行考核。

严格落实安全责任。落实生产经营单位安全生产主体责任；落实政府安全生产属地管理责任和政府部门“谁主管、谁负责”监管责任；各级领导安全生产“一岗双责”“党政同责”，将安全生产工作纳入对各级领导干部尤其是生产经营单位负责人的业绩考核，建立健全安全生产约谈和述职制度，实行“一票否决”。

（二）健全完善安全投入和科技创新机制。建设项目安全设施必须与主体工程同时设计、同时施工、同时验收和投入使用，安全设施建设费用纳入项目概算予以保证，凡是新建、改建、扩建项目，不得出现新的安全欠账；全省所有非煤矿山、建筑施工、危险化学品、烟花爆竹、民爆物品等生产经营企业，按照《企业安全生产风险抵押金管理暂行办法》按时足额专户存储安全风险抵押金，用于本企业安全生产事故抢险、救灾和善后处理。

政府增加安全生产投入。各级政府在财政预算中安排安全生产专项资金，用于安全设施建设和重大安全技术措施补助。安全生产专项资金随着经济发展，财政收入增长逐

年适当增加。

加强对安全投入和使用情况的监督检查。财政、审计、公安、安监、消防以及行业管理和投资主管等部门，定期或不定期对企业安全投入情况，安全费用提取和使用、风险抵押金存储和使用情况以及其他安全投入使用情况，进行监督检查和专项审计，保证各项安全投入用于安全生产。

积极推广安全科学技术。大力推广有利于安全生产的新技术、新工艺、新设备、新材料；加快信息技术在安全生产监督管理领域和生产经营单位的推广应用；在高危行业推广应用自动化控制系统和紧急制动装置。

（三）健全完善安全监管机制。大力调整产业结构布局，通过财政转移支付等经济政策，改变企业规模小、数量多、基础弱、安全保障水平低的状况。严格控制新上高污染、高能耗、高风险、低效益项目。

加强安全监管队伍建设。各级政府应坚持优选具有专业背景的人才充实安全监管队伍，强化对监管干部的执法培训和技术教育，提高监管能力。

推进联合执法检查。安全生产监督管理部门和其他负有安全生产监督管理职责的部门，既要按照职责分工各司其职，各负其责，又要加强沟通与协调，对容易发生生产安全事故、较易发生安全违法行为的生产经营单位进行联合检查，形成执法合力。

（四）健全完善安全宣传教育培训机制。大力加强安全宣传教育，各级各类责任主体广泛持久开展安全生产宣传教育，提高全民安全素质，提高应急避险能力。

创新安全生产技术教育，充分利用各种有效教育资源，对生产经营单位安全管理员和应急指挥人员进行安全生产技术教育和知识培训；积极与高等院校开展联合办学，为安全生产一线培养技术人才。

抓好企业全员安全培训。生产经营单位定期对职工进行安全教育和安全培训，凡是新录用工人必须经过岗前安全教育和安全培训，持证上岗。严格落实企业负责人准入制度，高危行业企业的主要负责人、安全生产管理人员和特殊工种作业人员必须按照有关规定，经专门的安全作业培训，取得特种作业操作资格证书。

健全安全培训网络。进一步完善符合四级条件的安全生产培训机构，没有设立安全培训机构的企业要委托具备资质的培训机构开展安全培训。

（五）健全完善隐患排查治理机制。有效监控重大危险源，政府、监管部门和生产经营单位必须建立危险源管理制度，依法对重大危险源登记建档，定期检测和监控，并制定应急预案。

全面落实现场安全管理，企业切实加强作业场所现场安全管理、技术管理和劳动纪律管理，严格执行安全操作规程，严禁和及时纠正“三违”行为。

经常性开展隐患排查治理，生产经营单位必须建立健全并落实隐患排查治理和报告制度，做到隐患排查治理制度化、经常化。政府及监管部门定期或不定期开展安全生产大检查，重特大事故隐患实行分级管理、挂牌督办。

（六）健全完善安全事故应急管理机制。完善应急预案体系，企业针对易发生事故的重点车间、重点部位，建立完善专门的应急和处置预案，定期演练，增强应对和处置突发事故的能力。

加快建设应急指挥体系，力争建成以政府为主导，以企业应急救援组织为主体，社会力量参与，运转协调的应急救援体系。高危行业生产企业建立企业内部专职或兼职的应急救援队伍，并加强与周围中小企业的支援与联合。小型企业依托生产班组组建现场救援组织。

建立应急救援数据库，尽快建立安全生产应急救援装备、队伍、专家、重大危险源等信息数据库，并实现基层全覆盖。

（七）健全完善安全生产执法机制。严格依法从业，对企业生产、经营、储存、运输等各环节存在的安全生产违法违规行为，必须依法依规严肃处理。

落实安全标准和规程规范，从事生产经营活动的单位严格执行国家、行业、地方安全标准，全面推进安全标准化建设，改善安全环境。

严肃事故调查处理，按照有关行政法规，根据事故类别等级，由政府或政府指定的部门组织事故调查组进行调查，及时准确查清事故原因，查明事故性质和责任，总结事故教训，提出整改措施，并对事故责任者提出处理意见。必须按照人民政府的批复，依照规定权限和程序，对事故发生单位和有关人员进行行政处罚，对负有事故责任的国家机关工作人员进行处理。

（八）健全完善社会监督机制。发动群众监督，接受人大、政协监督，充分发挥舆论监督作用，努力为全省经济社会持续快速发展创造良好的安全生产舆论环境。

河北省社会科学发展研究课题民生专项　课题编号：201301207

课题负责人：闫晓燕

课题组成员：李　琳　宋术元　张　静　张胜辉

河北省食品安全的制度建设和法律建设研究

河北政法职业学院

民以食为天，食以安为先。随着经济的发展，世界各国食品安全事件频发，食品安全问题正逐渐成为全世界关注的焦点。我国尤甚！河北省也并不是一片净土。加强食品卫生管理，提高食品安全质量，成为我省共同关注的热点问题。强化食品安全的监管力度，既是建立和谐小康社会的必须，也是对人类的未来负责。

一、食品安全的现状

（一）问题食品的涉及面越来越广

水、乳品、酒、油、肉、火腿、主食、蔬菜水果等均出现过问题。现在的食品安全问题呈立体式、全方位态势。

（二）问题食品的危害程度越来越深

问题食品带来的危害已从食品外部的卫生危害走向了食品内部的安全危害。过去只注意食品细菌总数，现在是深入食品内部的农药、化肥、化学品残留。群众的身体、土壤、鱼类均受其危害。

（三）制假手段越来越多样、手法越来越隐蔽

造假制劣手段从食品的外部走向内部、从物理走向化学，已经到了“不怕你做不到，就怕你想不到”的地步。

二、问题食品频出的原因

（一）资本的逐利性

国内外各种食品安全问题，无一不是资本为了追逐更多的利润铤而走险，无视法律，漠视道德，盲目追求利润的结果。

（二）科技的发展

科技进步使农药、化肥、兽药出现了，科技进步使人类能够制造出更多的添加剂、酶制剂、有机食品等，加剧了食品安全问题。

（三）法律制度建设的滞后

首先，保障食品安全的制度建设落后，缺乏食品企业内部的自我约束制度。其次，食品安全法律协调性差，内容相对落后；法律的实施状况不好：对于出现问题食品的企业及

从业人员常常一罚了事，对于违法违纪的监管人员处罚力度有限。

（四）监管不力

就管理主体而言，我国的监管机构及监管权限设置不合理，属地化管理容易导致地方保护主义，监管不够与监管过度并存。就监理对象而言，我们监管的数量少，标准落后或空缺。就管理技术而言，我们的管理技术水平低，缺乏信息共享制度，信息披露的机制不完善。

（五）其他原因

我国远未形成成熟的食品市场环境，致使一批生产加工者面对短期的经济效益轻易放弃了对食品安全的追求，也就放弃了对长远利益的追求。消费者维权意识的淡薄与维权之路的艰难使其远未对生产加工者形成制约。还有，行业协会自身发展尚未成熟，影响力小。

三、健全食品安全制度，完善食品生产、运输、经营内部的自我约束

（一）强化食品生产者、运输者、经营者质量安全自律意识

设立食品生产、运输、经营的准入制度。取得食品生产、运输、经营的许可证后，定期进行食品安全的技术培训和法律培训，提高他们的安全自律意识。

（二）完善食品生产、运输、经营企业的内部管理、监控制度，把问题扼杀在萌芽之中

首先，规范食品生产者、运输者、经营者的职业行为，减少食品安全问题。比如食品生产者、运输者、经营者自己制定行业行为规范，并且要把行业行为规范落实到食品生产、运输、经营的各个环节，每一环节都要放在阳光下。其次，建立食品生产者、运输者、经营者定期自查自检制度。比如食品生产经营企业和个人不仅要保证食品加工、贮藏和销售的规范化及标准化，还要承担起原辅材料的检验监督责任，在自查自检中发现未完成目标任务和工作不到位等问题时，要及时制定整改方案，采取相应措施，做到边检查、边整治、边完善，直至符合要求。再次，建立问题食品的召回制度。问题食品召回制度是防止问题食品流向餐桌的最后一道屏障，召回不合格食品可以减少进一步的损失，防止问题食品的危害进一步扩散。每个相关企业和个人都要在他人的参与下制定详细的、可操作的文件——《问题食品召回制度》，以规范自己未来的问题食品召回行为。

四、完善食品安全法律体系及实施，强化食品安全的外部监控

（一）理顺食品安全法律体系，重点强化法律法规的实施及实现

首先规范立法的主体和参与者：应该将食品安全的立法权收归全国人大常委会，缩小授权范围，减少行政立法；同时提高食品生产、运输、经营企业和公民的立法参与度，把食品行业与社会公众的博弈提前到立法阶段。其次，整合现有的法律资源：完善食品安全法，加强法律、行政法规、地方性法规、规章的衔接；把立法重点放在以健全的规章制度规范食品生产经营者的各个相关环节，引导其树立重质量、重服务、重信誉、重自律的食品安全防控意识。适当加重处罚力度：既包括对食品安全的违法犯罪加重处罚，也包括对食品安全监管机构和人员的玩忽职守、滥用职权加重处罚，提高违法犯罪预期成本。

再次，重视食品安全法律法规的实施及实现。这就需要大量高素质的（行政）执法、司法人员，他们既要有扎实的法律功底，又要有娴熟的操作法律的技术，更重要的是要有责任感、敬业精神。他们就像是法律法规的守护神，他们几十年如一日的工作使食品安全的法律法规从文字内化为人们的日常行为。在这方面，我们河北可以尝试制定一部地方性法规或规章——《食品安全法律法规实施法》。

（二）完善食品安全监管体制

首先，要建立独立的、权威的、高效的食品安全监管领导机构。我国在2013年3月已经组建了国家食品药品监督管理总局，根本任务是保障食品监管体系的有效运行，而不是代替其他机构履行具体的监管职能。其次，建立高效、公正的检验检测体制。重视企业自身的检验检测，促进和规范民间检测机构的发展，建立信息交流共享平台。再次，完善食品安全的信用机制。包括标准的制定、信用的评估与披露、信用的征集与管理，其中信用征集机制是基础。

（三）通过媒体舆论加强食品安全防控体系的宣传，强化食品安全诚信的认知，提高消费者对食品质量安全的科学认知水平

普及食品安全知识，披露食品安全信息，推荐优质产品，表彰诚信企业，曝光违法企业及不安全食品等。通过媒体的宣传，一方面可以让公众增长食品安全知识，了解事实真相，引导公众积极参与到维护食品安全的大军中；另一方面，可以给缺位的监管部门和违法的厂商以巨大的舆论压力，督促他们改正自己的错误行为。

当然，食品安全已远远越出传统的食品卫生或食品污染的范围，而成为人类赖以生存和健康发展的整个食物链的管理与保护问题。我们还要把食品安全法律法规置于整个社会大环境中进行研究。如何遵循自然界和人类社会发展的客观规律，把食品的生产、经营、消费建立在可持续的科学理论基础之上，组织和管理好一个安全、健康的人类食物链，这不仅需要有远见的科学研究，更需要全社会的共同参与，尤其是食品行业的参与。

河北省社会科学发展研究课题民生专项　课题编号：201301135

课题负责人：张东华

课题组成员：王向英　魏　丽　赵治国　郜永红

张家口“农家乐”食品安全现状的调查与思考

中共张家口市委党校

随着旅游业的快速发展，张家口周边村民自发成立的农家乐也悄然发展起来。但与此相伴而来的，是农家乐的食品安全存在很大隐患，从业人员依法诚信经营意识淡薄，餐饮食品安全监管力量薄弱，监管手段落后，食品安全事故时有发生。食品安全事关公共安全问题，农家乐食品安全问题更关系到游客生命健康安全，经营者的信誉，以及当地经济发展，从业者、管理部门、政府等都应该高度重视。

一、张家口农家乐食品安全存在的问题

据调查，目前张家口地区的农家乐数量近500家，每个农家院有10到15间房，4到5个工作人员，从业人员2000多人，每个从业者每年能获得7000多元的收入。但是，由于农家乐多、小、散、低现象严重，其食品安全隐患也不容忽视。主要体现在以下方面：

（一）基础卫生设施不完善

目前，张家口农家乐还处于发展的初级阶段，主要采取分散粗放型经营管理模式，尚未形成独具特色的集约型“新农庄”。各农家乐主要依托现有住宅建立，条件有限，在基础卫生设施方面，有45%未能达到张家口市食品药品监督管理局制定的《餐饮服务食品安全管理制度》的要求。

（二）卫生知识贫乏、法律观念淡薄

主要有以下几个表现：一是从业人员个人卫生知识贫乏。80%以上的从业人员不了解《食品安全法》《餐饮服务食品安全管理制度》的相关规定，有的从业人员甚至未经过健康检查，未持健康证上岗。健康证只对厨房人员有要求，85%的厨房人员有健康证，其他人员没有。二是食品采购、生产加工过程中存在卫生隐患。90%的农家乐未建立食品原料采购进货台账，食品加工制作不规范。三是经营者及从业人员法律意识淡薄。经营户处于散乱、自发状态，未主动申领过《食品卫生许可证》或《餐饮服务许可证》，36%的农家乐属于无证经营。

（三）卫生监督执法力度不够

一是重定期监管轻突击检查。二是重查证轻实效。三是重事后应急轻事前预警。为了应对食品安全的突发事件，各级相关部门都制定了较为详细的应对方案。但对于农家乐这样的餐饮服务企业，事前预防比事后应急更为重要。

二、张家口农家乐食品安全问题的成因分析

我们通过调查发现,导致农家乐食品安全问题的原因是多方面的,有市场因素、政府因素,也有经营者自身的原因。

(一)市场失灵,没有形成优胜劣汰的竞争机制

农家乐多数都是当地农民利用现有房屋、土地、人力等资源成立的,许多农村富余劳动力通过在农家乐工作而不用外出打工,既增加了收入,又兼顾了家庭,当地政府也鼓励农民开办农家乐。外部人员由于缺少相应的资源优势,很难入村经营农家乐。因此,张家口农家乐在一定程度上是当地村民垄断经营,市场竞争及价格机制很难发挥作用。而缺少了市场竞争的农家乐,难以形成优胜劣汰的机制,缺少竞争意识与规则意识,小、散、乱现象严重。

(二)农村地广人稀,监管鞭长莫及

农家乐大多地处山村景点附近,距离县城较远,分散较广,监管部门由于人力及资源有限,往往对其监管鞭长莫及。因此,基层一线人员就将重点放在了距离县城较近、已在工商行政部门领取过营业执照的农家乐,对于其他监管难度大的农家乐相对疏于管理。更有部分无照经营、规模较小的农家乐与监管部门玩起了"躲猫猫",检查期间他们"关门大吉",检查过后重新开张。而这些手续不齐全的农家乐往往是卫生条件差、管理水平低的食品安全高危点,但也恰恰是这些高危点成了监管的盲区。

(三)农村食品安全监管的相关法律法规不完善,职责不明确

目前,张家口对于食品安全的监管主要依据《食品安全法》《餐饮服务食品安全管理制度》《消费者权益保护法》等法律法规,均是对食品生产经营的某个环节或某类产品的专门规定,没有形成统一性的系统法律体系。《食品安全法》确定的多部门分段监管体制,看似实现了从农田到餐桌的全过程监管,但在操作中各相关部门职能交叉,职责划分不清,导致多头监管,一旦有问题又相互推诿,最终形成监管盲区。没有特别针对农村食品安全的相关法律。

(四)法律惩治力度不够,违法成本太低

《食品安全法》对食品安全的标准有明确规定,并制定了相应的措施。但受当地民风、村情等现实条件的影响,为了维护农村稳定,监督执法人员在执法过程中对问题农家乐常常采取警告或《食品安全法》中规定的最低罚款额度的处罚方式。更有甚者,当地村干部向监管人员求情,使存在问题的农家乐免于处罚。这种小惩大诫的惩治方式,不足以引起农家乐从业人员的重视。长此以往,问题会越积越多,最终使监管流于形式。

(五)农村法制宣传不到位,农民法律意识淡薄

农家乐从业人员的文化道德素质和经营理念存在很大的差异。个别农家乐的经营者利欲熏心,故意使用地沟油、不新鲜的肉类和蔬菜等。其他经营者大多是因为文化水平较低、不懂法律法规、缺乏必要的卫生知识及管理方法而出现违法行为。这也暴露出农村法制宣传不到位问题。

三、解决张家口农家乐食品安全存在问题的对策

（一）加强法律法规的宣传和卫生知识的培训，提高食品安全意识

农家乐经营者的卫生及法律知识不能仅从报纸、杂志、网络上了解，必须经过系统、专业的学习。卫生、工商等行政部门作为农家乐的监督管理者，有义务为农家乐提供这类培训，而不是让培训成为走过场。此外，监管还应该注重平时的宣传教育，可以根据不同地区农家乐的实际情况，编写有关食品安全知识的宣传册，发放到各农家乐，帮助广大从业人员增强安全意识，更好地防范食品安全事故的发生。

（二）严把许可关，建立健全各项卫生管理制度

监管部门在向农家乐发放许可证之前，必须严格考察农家乐的经营场所、从业人员是否参加了岗前培训以及基础卫生设施是否完善。农家乐必须严格按照《餐饮服务食品安全管理制度》的要求，合理布局烹饪间，划分生、熟区域；配备符合标准的清洁消毒设施；严格管理食品库房；做好污水排放工作；对周边环境清洁、绿化，建设一个环境优美、干净整洁的农家乐。只有具备了这些条件的农家乐，监管部门才可以对其颁发许可证，对不符合标准的要责令其整改，直到达标之后再颁发许可证。

（三）严格日常卫生监督中的几个关键点监督

监督检查一定要落到实处，不能是走走形式。无论是定期检查还是节假日的突击检查，监管部门都应在检查中把握几个关键点的监督：一要严格查处从业人员无健康证上岗现象。二要严格食品原料进购索证、登记制度。三要严格餐饮具消毒，提高消毒意识。四要严格生、熟分开，明确用具标识。

（四）加强监督信息公示制度，让群众监督

监管部门应积极利用传统平台与新平台，建立监督信息公示制度。可在村委会、集贸市场和村主要街道的宣传栏张贴每次检查各农家乐食品安全的信息，公布举报电话；在各相关行政部门网站建立农家乐食品安全信息库，把各农家乐食品安全相关信息全部进行信息化管理，并对外公开；定期在报纸、新闻等媒体公布食品安全监督检查信息，并公布投诉电话、网站及信箱地址，畅通群众监督渠道。

（五）加强食品安全执法力度

财政部门应加大财政投入，在乡镇设立食品安全监管部门，在村一级设立食品安全监督站。在向农家乐从业人员进行培训，广泛宣传食品安全相关法律法规的基础上，采取定期检查和不定期抽查的监管方式，严格按照法律法规中规定的惩处方式进行处罚，并对农家乐建立食品安全档案，随时上报信息，建立以县为主体、乡镇为重心、村为重点的食品安全监管体系。

河北省社会科学发展研究课题民生专项　课题编号：201301432

课题负责人：王天旺

课题组成员：屈　辉　范丽伟　丁万英　安　宁

居家养老服务体系供给主体角色定位探讨

河北北方学院　张家口市委党校

未来几十年全国老年人口将维持一个相当大的比重，如何养老已经成为困扰社会经济发展的重大问题。居家养老是中国政府目前大力倡导的养老方式，它不仅契合世界养老发展的潮流，更是中国社会经济发展的必然选择。居家养老服务体系的建立是居家养老政策的落脚点。居家养老供给服务主体主要包括政府、社区、社会组织和家庭。本文结合居家养老实践中的一些问题，对居家养老服务体系供给主体角色定位进行分析探讨。

一、居家养老服务体系的主导：政府

养老服务属于应当由政府提供的公共服务，这一特点决定了政府在养老服务体系中的主导地位。政府的主导作用主要体现在政策制定和资金投入两个方面。

（一）制度性保障：政策制定

中国目前没有综合性的养老的法律法规，民政部制定的2011—2015年的《社会养老服务体系建设"十二五"规划》是养老最重要的规章和制度，效力较低。在中国面临快速老龄化的过程中，加快制定综合性、高位阶的养老法律法规是解决好养老问题的必然要求。

在《社会养老服务体系建设"十二五"规划》中明确了"新建小区要统筹规划，将养老服务设施建设纳入公建配套实施方案"。如何在社区内更好地照顾老人和孩子，将养老服务设施和幼儿园规划合理结合，新加坡的做法也许能带给我们一些启示。在新加坡，对于家人无暇照顾的老年人和孩子，政府成立了相应的机构，称作三合一家庭中心。这种照顾中心的特色是，把老年人日间照顾中心和托儿所合办在一起，兼顾对老年人及学龄前儿童的照顾，老少集中生活管理，既解决了年轻夫妇的心有余而力不足，又在很大程度上满足了一老一少的精神需要，增加了照顾中心的温情与活力，让老少共享天伦之乐。

（二）发展性保障：资金投入

全国各地开展的养老服务所需资金主要来源于福利彩票的部分收入和政府的部分投入，具有随意性和不确定性。养老资金需要政府专款专案执行。

在资金投入方面，专业化社会工作队伍的培养是政府资金投入的一个重要方面。但在居家养老服务人选方面，滞留于社区的下岗失业人员是居家养老服务人员的首选。但这也表明养老服务专业化人才的缺乏。居家养老服务本身是以专业化服务为依托的，专业化是养老服务的要求和发展方向，专业化程度不高，居家养老工作的深入和提高空间就受到限制。下岗再就业人员应当在专业社会工作者的指导下开展服务。

二、居家养老服务体系的中心：社区

（一）社区的资源整合作用

社区的中心位置主要体现在依托网络平台和非营利组织实现对社会养老服务资源的整合。社会上能够为养老提供服务的资源是多元的，所有这些资源汇集在社区这个中心，再由社区落实到每个有需要的老年人。要想搭建好这个平台，社区服务的信息化建设必不可少。社区服务信息化就是运用各种信息技术和手段，在社区范围内为政府、居委会、居民和包括企业在内的各种中介组织和机构搭建互动平台，建立沟通服务渠道，从而管理更加高效，服务更加优质，最终使得居民满意，进而不断地提升生活质量。

（二）建立社区服务站

社区作为服务体系中心的作用还体现在社区服务站的建立上。全国各地开展居家养老服务也普遍是在社区建立居家养老服务中心或站点。服务站为老人提供尽可能多的照顾，包括基本健康教育、各类咨询服务、简单康复训练、营养膳食提供、情绪辅导等。在社区这样一个相对集中的范围内，使老人能够更好地养老，减轻和社会的隔离感，寻求到更多的精神满足，这一点是广泛分散的社会组织提供的服务难以做到的。

在社区服务站建设中，日间照顾中心的建立是其中的重要方面。日间照顾中心的建立，可以使老人白天在照顾中心接受照料，晚上回家享受家庭照料，部分替代照顾者的角色，一定程度上减轻家庭照顾者的心理、体力压力，并能使老年人逐渐脱离对家庭成员的完全依赖，树立起独立性，与其他家庭成员的互动关系更加健康。日间照顾中心的建立体现了社区养老对于家庭养老最有力的补充和支持。

三、居家养老服务主要的提供者：社会组织

无论是养老服务的社会化还是市场化，老人需求的是多层次多方面的满足，都需要社会组织作为最主要的服务提供者，这也是社区作为资源整合者存在的必要性的体现。这些社会组织包括营利组织、非营利组织、志愿者团体、中介组织等。

（一）选择专业化的社会组织

在遴选服务组织时，方便社区居民就近获得服务是一个考虑，社会组织的专业化程度也是一个重要选择标准。选择能够提供营养配餐的医院要好于选择饭店。社区内的日间照顾中心也可以依托专业化的养老机构来提供服务。老人的精神慰藉、心理困惑可以依托高等院校的心理专业的老师和学生提供服务。专业化的组织保证了老人需求的有效满足，是居家养老事业前进的重要推动力。另外，大多数的养老服务都是微利的，需要政府对于从事养老服务的社会组织提供各种政策优惠予以支持，弥补社会组织参与不足、参与之后服务动力不足的现状。

（二）发展稳定的志愿者队伍

充分发挥志愿者队伍的作用能够弥补政府、社区、其他社会组织在服务提供方面的不足。这种付出可以记录存档换取将来的照顾补偿。

四、居家养老服务基本的提供者：家庭

在今天大力推进社区居家养老的政策下，确认家庭养老的基本作用尤为重要。

（一）居家养老是对传统家庭养老模式的补充与更新

中国社会的养老，一直以来都是以“家庭养老”为主的，居家养老服务实际上是在社区建立一个支持家庭养老的社会化服务体系，它是对传统家庭养老模式的补充与更新。

（二）支持家庭照顾是居家养老服务的应有之义

社区照顾包括正式照顾系统和非正式照顾系统。正式照顾主要指专业人员的照顾，非正式照顾主要指来自家庭、亲友、邻里的照顾。在非正式照顾系统内部，家庭成员是主要依靠力量。即在养老服务的输送过程中，正式服务无论如何也不可能取代来自家庭、亲友、邻里等渠道提供的非正式服务，家庭在任何时候都充当着养老基本服务提供者的角色。

家庭成员在照顾老人的过程中，需要减少工作时间，减少社会交往以及减少对于自己子女和家人的照顾，在体力和精神方面承受很大的压力，也可能引起更大的家庭矛盾，降低对老人的照顾质量。社区照顾不仅可以把老人作为直接服务对象，更可以把整个家庭的需求作为服务的对象。

五、结语

在政府主导下，发挥社区的中心作用，整合养老服务资源；培育社会组织，满足养老服务需求；重视家庭的基本养老作用。协同合作才能够共同做好居家养老服务，才能更好地保障和改善民生，促进社会、家庭和谐。

河北省社会科学发展研究课题民生专项　课题编号：201301436

课题负责人：常海霞

课题组成员：魏　莼　王　强

河北省社会养老服务体系的法律制度研究

河北联合大学

随着人类社会的发展及现代化进程的推进，人口老龄化已成为社会发展的必经阶段，成为当今世界各国共同关注的重大社会问题之一。国务院《中国老龄事业发展“十二五”规划》提出了“发展适度普惠型的社会老年福利事业”，因此，加快社会养老服务体系建设是十分迫切和必需的。

一、社会养老服务体系的含义

社会养老服务体系是与社会发展水平相适应，为了满足老年人的养老服务需求，并提升老年人的生活质量，向所有老年人提供覆盖生活照料、康复护理、精神慰藉、紧急救援等方面的服务网络，以及相应的配套标准、运行机制和监管制度。社会养老服务体系是国家根据我国老龄化现状及未来趋势，结合养老事业现实及老人养老需求提出的符合我国国情的系统工程。

二、河北省养老保障的基本情况

河北省是较早进入老龄化社会的省份之一，近年来，河北省的养老问题越来越突出，表现为：老年人数量大，预计到 2015 年，全省老龄人口将达 1100 万，占全省总人口的 15.5%，到 2020 年将达到 1300 万，占全省总人口的 17%，届时将接近中度老龄社会；压力大，“老龄、失能、三无、空巢”老人群体越来越大，老年抚养比逐年提高；家庭小型化趋势愈来愈明显，“421”家庭日益普遍，家庭养老功能逐渐削弱；老年服务需求多样化，迫切需要多元化、多层次的养老服务。在此大背景下，河北省的养老保障问题备受关注。

目前河北省采取“城镇先行”的社会保障制度，城市老年人的养老问题基本上有比较可靠的保障，由家庭和国家社会保障部门共同负担。城市老年人养老绝大部分都有退休金，即使没有退休金的老年人，也基本被纳入低保范围，都能够维持正常的经济生活。受历史原因和城乡差距影响，农村老年人的社会养老保障较城市起点低、发展较慢、体系也不健全，农村老年人养老基本上由家庭独立负担。

三、河北省社会养老服务体系建设存在的不足

尽管河北省的社会养老服务体系建设取得了一些可喜的成绩，但与河北省老龄化面临的紧迫形势相比较，河北省社会养老服务体系建设的工作还有许多不足，基础还很薄

弱，与经济社会协调发展的要求不相适应。主要表现在：城乡之间、区域之间发展不平衡，布局不合理；政府缺乏统筹规划，养老服务体系建设缺乏整体性和连续性；政府投入有欠账，民间资本的积极性不高；养老设施简陋、服务功能单一，难以提供康复医疗、照料护理、精神慰藉等更多层次更多方位的服务；服务规范标准、行业准入机制和市场监管能力有待加强；社区养老服务缺乏，养老机构床位严重不足，难以满足日益增长的供求需要。河北省的养老机构主要以公办为主，民办的养老机构发展缓慢，目前拥有公办养老机构床位 18 万张，而民办养老机构床位仅为 2.6 万张。

四、河北省社会养老服务体系的法律制度建设

法制化是要求一个国家在政治、经济、文化、生活的各个方面都要建立健全完善的法律制度体系，并按照法律的要求而运行。社会养老服务体系建设法制化，是指社会养老服务体系建设规范化、法律化，使社会养老服务体系建设实现“有法可依、有法必依、执法必严、违法必究”。因此，应当从以下几方面来加强河北省社会养老服务体系的法律制度建设：

（一）加强法律制度建设、提升管理水平

河北省应抓住《中华人民共和国老年人权益保障法》修改的良好契机，建立健全与河北省社会养老服务体系建设相关的法律法规，建立完整的养老服务准入、退出以及监督管理机制，加大执法监督力度，规范养老服务活动。明确居家、社区、机构养老服务的相关制度及标准，并建立配套的认证体系，推动河北省社会养老服务的法制化发展，促进社会养老服务活动健康长远的开展。建立相应的等级制度对养老机构进行合理评估，科学评估老人情况及养老服务需求，对入院老人形成动态规范的评估机制。建立科学合理的养老服务价格形成机制，规范养老服务收费的各个项目和相关标准。

（二）明确养老权并提供方便的司法救济途径

养老权作为公民的一项法定权利，其权利的实现必须依赖于政府的积极作为和法律强制力的保障。首先，应开辟养老权诉讼的法律援助绿色通道，优先安排律师解答老年人咨询，优先指派熟悉养老业务的律师办理有关养老权的案件，建立健全老年人法律援助档案，并实行动态访查。其次，实行养老权的诉讼费减免制度，对困难的老人群体如贫困老人、领取最低生活保障金的老人以及因自然灾害或其他原因造成生活困难的老人减免诉讼费用，提供免费的司法服务。最后，加快基层司法制度改革，为老年人建立便民诉讼机制，在乡镇、街道设置人民调解员和诉讼服务中心，为老年人提供司法救济服务；对简单的养老权纠纷案件，法院委托人民调解员进行调解；建立灵活方便的开庭形式，对行动不便的老人进行上门开庭；设置专门的速裁程序，将养老权纠纷案件纳入速裁程序，加快案件的解决。

（三）居家养老服务、社区养老服务的制度化

要加强制度建设，确保规范运营。建立健全相关法律法规，建立养老服务准入、退出、监管制度，加大执法力度，规范养老服务市场行为。制定和完善居家养老、社区养老服务和机构养老服务的相关标准，建立相应的认证体系，大力推动养老服务标准化，促进

养老服务示范活动深入开展。

(四)社会养老服务机构管理的制度化

刚刚修订通过的《中华人民共和国老年人权益保障法》,增加了“社会服务”内容作为第四章,用15个条文的篇幅规定了有关老年人的社会服务问题。2006年国办转发的《关于加快发展养老服务业的意见》要求,建立公开、平等规范的准入、监管、退出机制,配套完善相关制度措施,将各类养老机构纳入监管范围。河北省应当抓紧研究制定养老服务的地方法规、规章和规范性文件,尽快制定《河北省社会养老服务机构管理条例》,基本内容应包括养老机构的性质及法律地位,各类养老机构设立的条件及审批程序,鼓励民间投资开办养老机构的规定,建立养老机构责任强制保险制度,建立护理人员的准入制度,养老机构的安全保障义务范围、法律责任等,使我省的社会养老服务机构有法可依,为我省养老服务事业发展提供制度保证。

(五)社会养老服务机构内部管理的制度化

民政部颁布的《社会福利机构管理暂行办法》和《老年人社会福利机构基本规范》,提出了管理和做好养老服务机构服务工作的原则、指导思想、工作目标和服务标准。河北省应结合实际,建立分工负责制,进一步落实责任分工,认真研究制定管理制度和配套措施,把各项管理措施落到实处;切实加强养老服务机构内部各项管理工作,建立健全各项规章制度和服务标准;积极推进社会养老服务机构内部管理的规范化,健全各项规章制度,全面提高管理服务水平。

(六)社会养老服务人员管理的制度化

加强对社会养老服务人员的管理和监督,对其实行培训考核并持证上岗,依法管理相关从业人员,对在居家养老服务、社区养老服务、机构养老服务工作中造成老年人人身或财产损害的,依法追究法律责任。河北省应尽快推行养老服务机构等级考核评定制度和管理服务人员等级资格证书制度。对养老机构的医生、护士、护理员等专业人员进行正规的全员培训,严格做到持证上岗,不断提高养老服务从业人员的道德素质、专业水平和法制观念。各从业人员应了解和掌握社区服务,养老方式,职业道德,老年人心理特点、生理特点,老年人的饮食,老年人的护理,老年人的精神慰藉等方面的知识,熟练掌握养老服务工作的专业技能。

河北省社会科学发展研究课题民生专项　课题编号:201301308

课题负责人:谢　辉

课题组成员:尹广文　路　瑶　郭丹云　张　锋　沈　颖

整合视域下的居家养老服务体系研究

——以张家口市高新区居家养老实践为例

河北北方学院

张家口市是全省最先进入老龄化的城市，目前全市60岁以上老年人口占总人口的15%，高于全国和全省的水平，并以每年3%的速度快速增长，同时本市经济发展潜力尚待挖掘，财政能力有限，养老任务艰巨。

一、履行政府的公共服务责任，建立"普惠型"养老福利模式

（一）从"银发浪潮"到"银发经济"再到"银发福利"

养老服务从服务层面看是满足老人生活照料、医疗护理、精神慰藉、紧急救援等需求，从国家社会层面看是确保曾经的建设者在老年期拥有尊严和健康的生活，能够自主选择生活模式，能够在所居住的社区具有积极性和独立性。为老年人提供基本的养老保障就成为政府的一项基本福利责任，政府需要将居家养老纳入地区的经济和社会发展规划中，采取强有力的政策措施加大基础设施投入，制定优惠政策吸引社会组织参与为老服务，发放补贴解决老人退休工资普遍不高、自掏腰包购买居家养老服务意愿不足的现状。

（二）从"补救型"的养老福利模式逐渐向"普惠型"发展

目前张家口市开展的居家养老服务，服务对象主要侧重于高龄、三无、低保老人。张家口市于2011年实施高龄老人补贴制度，90岁以上老人每人每月补贴50元，百岁以上老人每人每月补贴100元。张家口市桥东区政府的补贴政策是60岁以上三无老人、80岁以上低保老人每人每月补贴50元，85岁以上老人每人每月补贴30元。目前桥东区符合政府补贴条件的老人共有2287名。服务对象侧重于高龄、低保、三无老人，使养老服务的对象过少，相应地限制了养老服务的市场容量，降低了养老服务业的吸引力，不利于养老服务产业的发展。政府随着财政收入的不断增加可以提高对重点老人的补贴力度，同时逐渐将所有老年人纳入养老服务体系的覆盖范围，推动养老服务向"普惠型""福利型"方向发展。

二、以社区为中心，面向老年人的全方位养老需求，健全居家养老服务项目体系

养老的需求是多层次和多样化的，存在很大的个体差异性。完善居家养老服务的内容

体系就是要满足老年人的全方位、多层次的养老需求。

(一)尽快开展较大规模的居家养老需求调查,全面了解老年人的养老需求状况

目前桥东区政府购买居家养老服务的项目主要是理发、助浴、陪同就医、协助购物、读报聊天、清洁、保健按摩等项目。老人普遍认为服务项目少,可选择的余地小,不能满足他们个性化的养老需求。要建立居家养老社会服务支持体系,必须对老年人的养老需求进行全面的了解,在此基础上针对老年人的需求确定社会服务的主要内容和各种服务资源的配置。建议尽快开展较大规模的居家养老需求调查,可以采取社区志愿者调查的方法,在此基础上逐步建立老年人的健康和需求档案,以此为基础,设计养老服务的项目。同时,建立与老年人之间的联系机制,随时更新老人的健康和需求信息。

(二)以社区为中心,建立起能够相互衔接的养老服务体系

居家养老是以家庭为核心,以社区为依托,通过为所有居住在社区内的老年人提供一系列支持服务来协助老年人留在社区安老,并过着健康、有尊严的生活。养老服务体系的建设需要以社区为中心,各种服务设施也需要建在社区中。在调查访问中,有的社区有政府投入建成的老人活动中心,但离居民区比较远,老人去的很少,基本处于闲置状态。

居家养老服务体系大致可以分为四种:居家照顾、日托中心、老人公寓和院舍中心。对居住在自己家中,有部分生活能力,但又不能完全自理的老年人提供居家照顾服务,具体包括上门送饭、做饭、打扫居室、清洗衣物、洗澡、理发、购物、陪同上医院等项目;有生活自理能力但身边无人照顾的老年夫妇或单身老年人可以入住老年公寓;对于日间家中缺乏人照顾且身体状况较为衰弱的老人,可以送到日托中心;对于那些生活不能自理,又无人照顾的老年人则送入社区中的院舍中心;因家人临时外出,无人照料的老年人可以临时入住院舍中心。社区应当建有综合服务功能的社区活动中心,为所有老年人提供一个娱乐、社交的场所。每个社区情况不同,社区照顾的方式要尽量与老年人的生活相融合。高新区共建成社区日间照料站 3 个、社区居家养老服务站 1 个,主要由政府出资建立。社区也可以引入私营的、商业性的服务机构,鼓励个人或家庭在社区内开展养老服务,对因此而取得的收入实行税收减免,形成多主体、多层次的服务体系。

三、完善扶持政策,创新手段方法,最大程度调动社会组织参与的积极性

(一)增设为老服务社会工作公益性岗位

为老服务项目大多是微利的,政府对于服务项目是明确定价的,基本低于市场价格的 10%—15%。"阳光家园"的助浴项目,收费是 30 元,需要接送老人到"阳光家园"服务中心洗浴、上门理发,每次 15 元。陪同看病、购物等每小时 20 元,小时工也是每小时 20 元。服务人员的工资、企业的运营成本都包含在内。

参与居家养老服务的社会组织只有在政府的全面扶植下才能够维持企业的运营。政府需要运用税收优惠、政策扶持、财政投入等方式,为参与居家服务的企业和社会组织提供良好的政策发展空间,除了要切实落实土地、水、电等优惠政策,落实房租补贴、服务补贴等,切实降低服务机构的运营成本,还可以增设养老服务社会工作公益性岗位,一方面可以降低企业用工成本,让服务商能够专心于提高服务质量,完善服务项目;另一方面也有助于社

会尊老助老风气的形成。

（二）整合资源，充分挖掘志愿服务

高新区新车站社区组建了由低保户、志愿者和社区工作人员组成的社区服务队，为社区"三无"老人，重病卧床、生活不能自理的老人，独居、空巢老人和60岁以上有服务需求的老人提供上门养老服务；福源里小区设有养老服务热线，社区居民拨打热线可以得到社区工作人员的志愿服务，交电话费、买药、换灯泡等只要能够办到的，社区工作人员都会尽力帮助。开发区社区开展空巢老人"代理儿女"项目，组织志愿者为空巢老人提供居家养老服务。政府人员、民政人员、政府资助的民间组织和志愿者是居家养老服务的主要提供者。其中大学生、家庭主妇、健康低龄老人、爱心人士是志愿者主要组成部分。建议可以依托社区建立为老服务志愿平台，依托居家养老服务商健全志愿者招募、管理、服务制度体系，完善服务规范。志愿者承担一些居家养老服务项目，为社区为老人提供轻体力的力所能及的居家养老服务；倡导社区内的邻里互助，积极动员和组织社区内的家庭主妇、低龄健康老人，特别是有专业特长的主妇和老年人参与志愿服务，探索建设志愿服务"时间储蓄"制度。

四、以服务家庭为核心，建立灵活家庭责任假期制，协助家庭承担养老责任

家庭是养老的核心，居家养老实际上是在社区建立一个支持家庭养老的社会化服务体系。对老人的调查访问显示，老人在有各种需求时，首先希望得到的还是来自家庭的帮助，即在养老服务的输送过程中，专业人员提供的正式服务无论如何也不可能取代来自家庭、亲友、邻里等渠道提供的非正式服务，家庭在任何时候都充当着养老基本服务提供者的角色。

家庭成员在照顾老人的过程中，需要减少工作时间，减少社会交往以及减少对于自己子女的照顾，在体力和精神方面承受很大的压力，也可能引起更大的家庭矛盾，降低对老人的照顾质量。政府在劳动政策的制定中应充分考虑员工履行家庭责任的需要，为家庭成员履行养老责任提供必要的保障，如通过建立家庭津贴制度降低养老的成本，采取弹性工作时间或灵活的家庭责任假期协助子女承担养老的责任。社区照顾不仅可以把老人作为直接服务对象，更可以把整个家庭的需求作为服务的对象。例如有些社区针对子女因照顾老人而无暇接送孩子上下学的情况，提供由社区志愿者帮助接送孩子上下学的服务。把老人和家庭共同作为养老服务的对象，能够更好发挥正式照顾系统和非正式照顾系统的合力，做好养老服务事业。

河北省社会科学发展研究课题民生专项　课题编号：201301436

课题负责人：常海霞

课题组成员：魏　莼　牛永军　回娅冬　王　强　张剑英　庄桂荣

孤残儿童类家庭养护模式的可行性报告

衡水学院

本研究旨在探讨在中国出现的一种新型残孤儿童的养护模式——类家庭养护模式与周围社区的融合过程中存在的问题，并在分析这个模式的运作方式的基础上进行可行性分析。现在对各种养护模式的探索目的是让儿童融入社区，融入主流社会，更好地让儿童享有生存、保护、发展和参与的权利。类家庭养护模式是通过在福利院内建立类似自然家庭的环境，使儿童能够更好地融入社区，进入主流社会。但是这个模式究竟有没有达到预期的效果，而与社区的融合又达到了怎样的程度，就是本文要研究的主要问题。孤残儿童的社区融合根据融入的程度不同大概有三种类型：自然型，儿童的成长环境与其他儿童完全一样，他们在普通的家庭中得到照顾，进入普通的学校读书，完全融入周围的社区；隔绝型，即与外界完全隔离，完全不能融入社区；标志型，儿童成为外界参观和表示怜悯的对象。很容易看出自然型肯定是最适合儿童成长和发展的社区类型，也是类家庭养护模式追求的目标。那么分析类家庭模式是否达到了预期目标就是此研究的目的，从而以这个切入点得出这个模式是否可行的结论。

国内对于类家庭养护模式的研究主要集中于不同省市的儿童福利院对这个模式的初步运作的探讨阶段，而文献也主要集中在对各具特色的类家庭养护模式实践经验的介绍这个层面上。

全国各地因地制宜地开始了适应当地实际情况的类家庭养护模式的探索，出现了合肥儿童福利院的“阳光村”，成都安置健康、轻度残疾、智力正常儿童双亲家庭养育模式，张家港式的孤残儿童养护模式，等等，并已经都卓有成效。总结各地的经验可得出以下结论：

类家庭模式具有的优越性：从儿童自身的角度来说，小型的家庭照顾模式有利于儿童身心健康，使孩子对家庭结构有一定程度的了解，为孩子以后的领养创造了条件；妈妈的爱是固定而持久的，而且面对的个体也是有限的，孩子易产生情感归属；丰富了孩子的情感，培养了健全的人格；培养了孩子良好的学习、劳动、生活习惯；孩子体质增强，疾病减少。孩子的进步也可以从生理的变化和心理的变化进行分析，生理的变化包括：生活技能加强，语言能力加强，排泄行为变得有规律，体质增强；而心理的变化主要表现为：积极情绪有所发展，性格由封闭向活泼开朗转变，初步的社会交往能力明显增强，学龄儿童独立生活能力有所提高，劳动观念加强，亲社会行为增加，形成了初步的道德感。

类家庭养护模式具备以上种种优点的同时，不可否认它的发展还存在许多亟待解决的问题：合格的后备家庭爸爸妈妈资源匮乏；推广过程艰辛；养护家庭父母的能力建设尚需时日；国家政策支持有待完善等。针对出现的问题，有学者提出了相应的建议：严格招募与培训养护妈妈；建立对养护家庭三层整合的支持系统；注入社会工作专业元素；家庭设备的配备应秉持节俭与需要的原则。

我国各个地区根据自身的实际情况，因地制宜，都开始了对类家庭照料模式的探索，并在实践中摸索出了一整套的工作经验，取得了一定的成功。但从现有的研究和实践也可以看到，各地对"类家庭"模式也只是有一个最初步的解析，没有上升到政策和理论的高度，而且对以上模式的介绍几乎都是各地儿童福利院的院长执笔的，缺少学术界和政策制定者对于"类家庭"养育模式问题的关注。所以对这个模式的研究其实是很缺乏深度的。现有研究存在的问题如下：

第一，安置的目标人群不明确。家庭照顾模式中最早出现的"广德"模式照料的儿童主要是因灾难而产生的失依儿童，随后各地纷纷开始引进这种新的模式并加以创新，目标人群增加到艾滋孤儿和残疾儿童。但在现有的研究当中，很多地区并未根据不同类型的孤残儿童的需求给出不同的照顾模式。笔者认为，院内家庭模式比较适合重度残疾和智障的孩子，他们在获得家庭照料的同时还可以享受机构的康复服务；而院外的家庭模式比较适合艾滋孤儿、轻度的肢体残疾儿童、较正常的儿童、大龄儿童，他们因此能过上正常孩子的生活，在社区中生活能够满足他们生理和心理的不同需求。

第二，对类家庭养护模式的定性比较模糊，到底这个模式与家庭寄养和机构集中照料的关系是怎样的，没有有力的论述。

第三，现有的研究只停留在对这个模式的简单介绍与推上，没有上升到理论的高度。各地应该对类家庭养护模式中出现的问题进行经验的总结，也应该有更多的学者来关注这个新生的养护模式。

类家庭养护模式是顺应国际儿童养护的发展趋势、针对中国儿童养护的实际需要以及呼应福利院儿童养护的两种需求——搭建孤残儿童领养家庭与机构之间的桥梁和满足孤残儿童机构康复治疗与家庭生活体验而提出的。在全国都在寻求最适合孤残儿童发展的养护模式时，对于类家庭养护模式经验的总结和对其整个发展过程的回顾和反思，对于其他地区今后工作的开展有着重要的借鉴意义。在现有的研究都对类家庭养护模式进行褒扬的时候，学术研究者更该用敏锐的眼光去发现该模式存在的一些问题并对其进行改进。

通过近一年的调查研究，我们发现，在儿童福利事业中，不仅要关注孤残儿童的物质生活，更应该关心孤残儿童心理方面的需求。这项工作的承载和完成与儿童福利机构中的工作人员有着密不可分的关系。但与此同时，工作人员目前在福利事业中所扮演的角色是远远不够的，无法满足孩子们在内心层面对家庭的向往。岗位设置类家庭式就是从孩子心理方面的需求出发，使工作人员不仅承担着相应的工作职责，还要承担孤残儿童家长的职责。具体归结如下：

1. 认真做好"慈父"角色，让孤残儿童得到应有的宠爱

每一个孤残儿童都渴望得到父母的宠爱，类家庭式中的这种岗位设置把这种父母的

宠爱变成了可能。当受到表扬时，儿童喜欢在父母面前炫耀；当受到委屈时，他们希望能够得到来自父母的袒护，工作人员要把自己完全融入父母的角色中。

2. 认真做好“严母”角色，使孤残儿童在挫折中健康成长

孤残儿童也是儿童，也有调皮任性的一面，当孩子们犯错误时，工作人员应该拿出做父母的耐心去批评教育孩子。批评不是目的，目的是使孩子们从做错的事情中吸取教训，总结经验，下次不再犯同样的错误。孤残儿童能得到父母耐心的教导，对其日后融入社会有很大的帮助。

3. 多给孩子锻炼和接触社会的机会

孤残儿童身心的健康成长，除了得到家庭的温暖之外，多接触社会也是身心成长的一个必要环节。担当父母角色的工作人员，多带着“孩子”出去外面见见世面也是正常工作的范围。

4. 言传身教，使孩子在类家庭中得到教育

现在都提倡家校结合式的教育，因此，在孤残儿童福利机构中，对孤残儿童进行“家庭与学校”的结合教育也是必需的。比如孤残儿童在非上课期间可以从类家庭式设置的父母身上学到他们在学校里学习不到的知识，如学习怎样做人，怎样与人沟通交流等。

类家庭式是一种家庭式的照顾，它为孤残儿童提供24小时的衣食住行和照顾，客观上为孤残儿童营造了一种亲子关系和氛围。但是对孤残儿童类家庭模式的照料也会遇到问题，如无法提供持续的家庭式的照顾，家长角色人员更换频繁，可能会给孤残儿童带来不同的看法和观念，从而造成孤残儿童心理上的叛逆。所以，类家庭模式中父母角色的持续性、长久性有助于孤残儿童健全人格的养成，能够增强孤残儿童的社会适应能力，从而顺利完成儿童福利事业的社会化。

河北省社会科学发展研究课题民生专项　课题编号：201301280
课题负责人：杨　义
课题组成员：刘　佳　王缘缘　罗　茜　杨金梅　侯艳霞　王丽莎

加强衡水农村基本公共服务体系建设的调研与思考

中共衡水市委党校

一、衡水农村基本公共服务体系建设的成就与不足

（一）取得的成就

近几年来，衡水大力实施城乡一体化战略，在努力推进农村基本公共服务体系建设方面做了很多探索，也取得了一定的成效。比如农村公共文化进一步繁荣，农民的基本文化权益得到更好落实，农村基本生活保障、养老保险、基本医疗卫生制度更加健全，等等。衡水的成就是多方面的，具体只看一下衡水农村公共医疗卫生方面。衡水 2013 年新型农村合作医疗制度参合率为 93.8%，政府举办的乡镇卫生院全部实行国家基本药物制度。衡水全市共有乡镇卫生院 114 所，编制 3768 人，现有在编人员 3400 人，其中本科以上学历 80 人，大专学历 688 人，中专及以下学历 2632 人。衡水全市共有 4994 个行政村，其中 3910 个村设有村卫生室，其余 1084 个行政村采取乡镇卫生院下派、代管、多村联建、挂靠等形式，实现了村级卫生基本服务全覆盖。

（二）存在的不足

当前，衡水在农村基本公共服务体系建设中存在的主要问题可以概括为以下几个方面：

第一，供给主体还是比较单一，发挥职能有限。衡水的农村公共服务大都是由各级政府和部门自上而下决策、供给。农户真正需要的服务提供不足，而不需要的服务却存在供给过剩。

第二，人力支撑相对不足。随着国家对基本公共服务投入的力度不断加大，近几年衡水农村基本公共服务硬件设施建设进展很快，但是公共医疗卫生、公共教育、农业科技等方面的公共服务专业人才缺乏，人才问题已成为衡水农村基本公共服务继续发展的短板。没有专业人才，即使有好的服务设施，也无法提供相应的公共服务，服务质量更是无从提高。当前衡水从事公共服务职能的人才队伍的现状是：一是负责服务管理工作的干部文化素质有了很大的提高，有不少本科毕业，甚至包括研究生，但是公共管理和公共服务等专业的干部人员少；二是干部及其工作人员"走读"现象严重；三是大学生村干部没能发挥更大的服务作用。

第三，财政支农的投入不足，不能很好地满足农民对基本公共服务的需求。我国农

村基本公共服务体系的变革，总体上一直未能超出政府系统的范畴，无论是全能型的政府模式还是政府主导型的经济发展模式，政府一直是农村基本公共服务的主要供给者。衡水近年来用于农村的资金逐年加大，但与财政总支出相比，所占比重并不高，政府对农村的投入力度、财政支持农村的比重还是相对较低。追根溯源，一方面是衡水经济发展不是很快，总的财政收入不高，所以投到三农方面的资金相比其他地市要低；另外一个原因，衡水农村在搞新民居建设，如果现在对农村服务方面的硬件投入太多，一旦村庄搬迁，很多投入就荒废了，所以现在有所保留，财政投入不是特别多。

第四，激励与监督考核评价机制不完善。我国在农村基本公共服务方面缺乏对政府及其部门有效具体的评估和激励机制。在上级政府对下级政府的工作考核中，公共服务只是很小一个部分。目前，农村公共服务领域的政府业绩评价具有两重性：一方面，即使政府和广大干部真抓实干为农民提供了很多服务，但是从直观考察看最不容易短期内出成绩，或者是出了政绩也是难以直接测量的；另一方面，这个领域的工作比较容易造假，可以直接编造数字上报，造成想务实真干、服务农村的乡级干部没有积极性，不想真干的干部更是趁机造假。

二、衡水农村基本公共服务体系建设未来发展路径的思考

借鉴国内一些比较成功的模式、经验（比如浙江枫桥经验、成都模式等），结合衡水当地情况，可以从以下几个方面采取措施完善衡水的农村基本公共服务体系建设：

（一）完善以政府为主的多渠道、多形式、多层次的多元供给体制。尽管政府机制在改善农村公共服务中处于首要位置，但市场机制也应该作为一种必要的渠道和形式发挥其必要作用。充分发挥市场在资源配置中的基础性作用，用好市场这只看不见的手，用经济的手段来推动农村公共服务体系的建立与完善。允许不同的服务主体通过兼并扩大规模，建立专业性的农村社会化服务组织，积极发展包括公共服务、企业服务、合作服务等在内的各种服务组织（比如农民协会、农村专业合作社、私人企业、家庭农场等），并创造条件让这些组织平等地、规范化地参与和开展竞争，使农村社区公共服务供给能够规范和高效运转，切实提高农村社区公共服务的质量和水平。

（二）增强为农村提供基本公共服务的理念，增强为农村提供基本公共服务的能力。增强为农民提供基本公共服务的理念，就是不论哪级政府，哪级政府的服务人员，都要坚持主动服务理念和服务效益理念。要转变政府和工作人员的服务理念，必须通过制度来推动，这方面可以借鉴浙江枫桥的做法。

怎样提高为农村提供基本公共服务的能力呢？一是对现有的管理人员提供公共服务能力、公共管理等的培训，任用选拔公共服务能力突出、作风过硬、德才兼备的尤其是本地的干部到县乡政府公共服务机构任职（可以同时避免了干部“走读”问题）；二是高度重视农村公共服务专业人才培养，多从专业院校招录大学生来任职，对招来的专业人才给予良好的待遇，留住人才；三是为大学生村干部创造良好的工作、生活、成长锻炼、实现自己梦想的环境，比如给他们安排合适的职位，确定具体负责的工作范围。

（三）建立和健全科学有效的公共财政投入体制。具体做法有：一要加大对农村基本

公共服务的投入，如果像成都那样特别向农村倾斜，那么农村基本公共服务的事情就好办多了。二是建立规范化的财政转移支付制度。应向县乡级政府倾斜，特别是向欠发达地区县乡政府倾斜，着力解决县乡财政困难，增强基层政府提供基本公共服务的经济能力。三是根据《国务院关于基本公共服务的十二五规划》，通过供给模式的创新来拓宽公共服务的供给主体的多元化，提高公共服务的供给效率。比如积极推进政府购买服务，特许经营，委托服务外包，土地出让协议配套（政府出土地，社会组织出力搞好公共服务）等。通过这些渠道来扩大基本公共服务的供给方式，同时解决了农村基本公共服务方面财政投入不足的问题。

（四）强化农村公共服务的农村政府绩效评估考核和监督机制。这个方面需要注意两点。一是加强公共服务绩效评价体系建设。公共服务绩效评价体系包括政府自身的绩效评估和公众对政府公共服务质量的评议。迄今为止，衡水各级政府自身的绩效评估相对比较完善，但公众对衡水一些基层政府公共服务的评价体系尚未建立健全，因此吸收一部分外部评估主体比如辖区内的农民代表、上级政府指定的代表或委托的社会中介机构、新闻媒介等参加是当务之急。二是要完善监督问责机制。完善基本公共服务的问责机制，增加基本公共服务绩效考核在政府和干部政绩考核中的权重，健全基本公共服务预算公开机制，增强预算的透明度（每项资金都用到哪里了，怎么用的，效果如何，向群众公开），切实加强为农民提供的建设工程和专项拨款使用的绩效审计监管，建立完善衡水农村的基本公共服务设施建设质量追溯制度，对学校、医院、福利机构、保障性住房等建筑质量实行终身负责制，使为农村和农民提供的基本公共服务更长远更扎实。

河北省社会科学发展研究课题民生专项　课题编号：201301247

课题负责人：赵玉环

课题组成员：刘淑满　孟　宁　李　静　刘　洁

农村“村医”激励机制调查研究

——以邢台为例

邢台学院

一、邢台市村医待遇现状

（一）现有补助水平偏低，或不能及时到位、拨付，不能有效维持村卫生室运转，影响了村医队伍稳定和群众就医。

通过走访相关部门，我们了解到，市、县级配套资金均不能足额到位，县级配套到位率最低，甚至不配套。2012年邢台市公共卫生服务资金到位16505万元，到位率94.35%，但县级配套资金到位1938.3万元，到位率为68.3%。在资金使用上，县乡两级资金的拨付率较低。2012年拨付村卫生室公共卫生服务资金5155.7万元，拨付率约40%；2012年基本药物制度专项补助资金，按全市农业人口580万人计算，应到位4640万元，实到位3133万元，到位率68%；2012年有13个县（市、区）的村卫生室实行国家基本药物制度，共下拨补助资金1339.52万元，资金拨付率42.74%；2012年一般诊疗费拨付村卫生室1652.59万元，拨付率为45.57%。

2012年向村级卫生室拨付三项资金分别为5155.7万元、1339.52万元、1652.59万元，共计8147.81万元，平均每个乡村医生为9375元。村医反映，村卫生室水电、取暖、耗材等杂费每年约6000元左右，净结余很少。

（二）实行药品零差率销售，村医收入下降。

根据2012年中国社科院发布的《新医改背景下的村医生存与工作状况调查报告》，发现零差价实施后，收入减少的卫生室达98.2%，因药物品种有限而不去村卫生室就医的患者比例高达72.5%。经调查走访，邢台地区情况也大致如此。实行基本药物制度后，由于基药种类不全，医院药库时常缺货，导致不能及时配送。全部使用基本药物的做法导致村级医疗机构经常出现无药可用的状况，找不到习惯用药，患者只能舍近求远地到乡镇去看病，这样，村医的一般诊疗费就没有了。此外，邢台市补助标准较低，一般诊疗费仅为5元。

（三）养老无保障，村医没有正式的工资、养老保险和公积金，目前只能与普通农民同等对待，参加城乡居民社会养老保险和医疗保险。

二、村医对激励机制的需求分析

(一)激励机制调查结果

课题组对邢台地区部分县市的村医进行了随机走访和问卷调查,通过对调查资料的分析,发现39%的村医表示他们目前的收入在当地属于中等水平;有28%的村医选择该职业是因为他们认为村医的专业发展情景较好;有35%的村医认为工作中亟须解决的问题是医疗设备问题;19%的村医认为技术进修也是亟须解决的问题,其次为扩大收入来源和经费补助落实;有38%的村医认为获得财政编制是最大的激励方式;36%的村医认为政府给缴纳社会保险是最大的激励方式。正因为如此,有34%的村医认为公益化为主的村医模式更有利于农村卫生事业的发展。

(二)现有激励机制对基层卫生事业的影响

村医收入水平中等偏低,不具备激励性,一定程度上影响了基层公共卫生事业的发展。2013年上半年我省城镇居民人均可支配收入为11213元,农村居民人均现金收入为5533元,在全国排名分别为20和14,根据国家统计部门公布的数据显示,我省居民收入在全国属于偏低的一类。按目前我省执行的多渠道补助政策来算,一个服务人口为1000人左右的村卫生室一年的收入水平在2万到3万之间,按村卫生室医生2—3人平均,当前村医的收入属于中等水平,与从事医疗卫生工作需要的专业技术和所承担的医疗风险相比会感觉自身价值被低估了。收入的降低在一定程度上制约了村医工作的积极性。

村卫生室医疗卫生服务能力不足,影响农村基层卫生事业的正常开展。村医工作的硬件环境包括卫生室的基础设施、设备、药品等资源的供应。目前,基本药物药价的制订、药品的配备、村卫生室医疗设备的配备相关制度有待进一步完善。

基层村医队伍人才短缺、青黄不接。现有的工作环境及制度导致村医的起点太低,在事业上很难有所发展和提高。发展机会少,前途不明朗,是许多医科大学毕业生不看好"村医"这一职业的重要原因。此外,缺乏必要的社会福利待遇,村医的社会身份在现实中随着人们经济能力的提高而逐渐降低,无法获得认同感、工作没有成就感,使得村医职业难以吸引、留住高素质医学人才。

三、完善"村医"激励机制的对策

(一)改革公共卫生经费补偿机制,提高村医收入保障

笔者在平乡县的调查中了解到,目前农村人工成本已经比较高,普通的日零工收入在100元左右,收入水平不断增长并逐渐接近城镇居民收入水平。相比之下,村医拥有不可替代的专业能力,其专业工作价值回报也应该适当提高,才能使村医安心进行专业发展。卫生部《2013年卫生工作要点》要求提高新农合财政补助标准,人均筹资水平达到340元左右。根据目前普遍反映的新农合基金结余较大的情况,适当提高村医补助标准是可行的。

公共卫生服务的地域性较强,目前按辖区人口进行补偿的政策会对不同行政村的村医公共卫生经费收入产生影响,原则上需要考虑按人口配备相应的村医数量。考虑到我省总体经济发展情况,很多县市属于贫困县市,一些地方财政仍然很困难,农村居民参保

程度有所不同。各级财政补偿比例划分应适当根据具体情况调整，确保公共卫生经费补偿资金专款专用，经费的补助能够按具体工作量核定额度并及时发放到位。

（二）完善绩效考核制度，各项补助发放与工作绩效挂钩

1. 公共卫生服务评价主体的完善

乡村医生的服务对象主要是本村村民，村民对乡村医生的考核最有发言权，可通过制定医务公开制度，将村医的公共卫生服务结果置于村民的监督之下，年终评价可通过村民投票的方式公开测评。考虑到村民专业知识的缺乏，可考虑设置包括村民在内的独立第三方对公共卫生服务进行绩效考核。

2. 诊疗服务采用首诊制、契约服务模式，与新农合制度合理衔接

英国的实践表明，在社区首诊制下，按人头付费是一种行之有效的激励机制，在签约首诊的社区居民付费既定的情况下，全科医生医疗费用控制得越好，形成的结余就越多，医生的个人收入就越高。同理，医生服务做得越好，吸引到的签约居民越多，获得的人头费就越多，从而医生的个人收入就越高。这一激励机制发挥作用至少需要两个前提条件：首先是全科医生要有收入分配自主权，通过控制医疗成本和提高服务质量形成的结余收入能够分配到医生个人手中；其次是以按人头付费为主要付费方式的全科医生社区首诊制，必须是竞争性的社区首诊制。社区居民有自由选择签约诊所的权利，同时也意味着全科诊所只能通过竞争来获得社区居民的签约，这就使得全科诊所不能以降低医疗服务质量为手段来降低医疗成本。

首诊制涉及政府新农合资金报销支付，必须配备完善的信息系统作为保障。患者每次看病需要支付新农合基金报销比例之外的医疗费用，并采取刷卡消费配合电子信息系统统计的需求。首诊医生不直接经手现金收入，由新农合基金管理部门进行定期结算，按诊疗人次拨付奖励性补助。

（三）加大农村基层卫生财政投入力度，改善村医工作条件

在目前我省大力开展标准化村卫生室建设的同时，国家财政对村卫生室配套设备的投入、基本药物制度目录药物品种、价格等各方面的投入应同步加强，避免出现村卫生室建成后成为摆设，无法实现国家相应的基础卫生事业的目标。

（四）完善村医聘任、培训制度，提供长效激励措施

首诊制医生医疗技术要求较高，可面向社会聘任村医。考虑到农村居住、交通、子女教育等条件的不足，可向受聘的外地医生提供住房、交通和子女教育津贴，也可通过本村医生或高中毕业生定向培养全科医生。所需津贴、培养经费由财政支付。

为鼓励村医持续为基础卫生事业服务，卫生行政部门和农村基层卫生机构不仅需要定期组织人员培训，还应适当对培训人员提供经济资助，并安排真正解决农村基层卫生工作问题的培训内容。

河北省社会科学发展研究课题民生专项　课题批准号：201301383

课题负责人：田素云

课题组成员：李光辉　岳惠玲　王　伟　冯银分　王志行

农民工欠薪问题现状与对策研究

河北劳动关系职业学院

一、农民工欠薪问题现状

当前，党中央、国务院和全社会对拖欠农民工工资问题都十分重视，也采取了不少有力的措施，大量拖欠工资被清欠。仅2012年和2013年元旦春节期间，各级工会就联合劳动、公安、建设等部门为200多万农民工追回被拖欠工资128.85亿元。

（一）农民工欠薪出现新特征

1. 建筑业欠薪仍突出，制造业渐成高发区。

2. 沿海欠薪压力向中西部扩散。

3. 欠薪问题正在向政府工程蔓延。

（二）农民工讨薪呈现新特点

1. 农民工讨薪呈现群体化。

2. 农民工讨薪呈现极端化。

3. 农民工讨薪呈现网络化。

（三）农民工讨薪成本日益增加

1. 走法律渠道周期长、成本高。

2. 政府部门执行难。

（四）农民工欠薪的影响

1. 影响农民增收。

2. 影响宏观调控。

3. 影响政府形象。

二、农民工欠薪原因分析

（一）农民工自身的原因

1. 文化素质较低，法律意识淡薄。

2. 盲目外出打工，为“饭碗”委屈求职。

3. 劳动合同签订率低，讨要工资时举证困难。

4. 讨薪“乱投医”，农民工投诉渠道不畅。

(二)经营者方面的原因

1. 企业前期投入过大,造成经营困难。

2. 用工体制不完善,经营者法制意识淡薄。

3. 市场机制的不规范运作加剧了欠薪矛盾。

4. 一些企业和个人借用资质、挂靠经营的现象较为严重。

5. 建筑企业拖欠农民工工资问题比较突出。

(三)政府方面的原因

1. 劳动保障监察执法困难。

2. 行政监管缺席,市场经济法治精神缺失。

3. 经济利益至上,漠视农民工经济权益的保护。

(四)法律原因

1. 虽有法可依,但司法实践缺少判例指引。

2. 司法资源的有限性和兼容性之间的矛盾。

3. 无良企业恶意诉讼侵占司法资源。

4. 法律救济成本太高被迫放弃诉权。

5. 法律条款粗放,证据门槛过高。

6. 农民工"讨薪"案件执行难。

(五)社会原因

1. 市场经济中劳资关系及其矛盾普遍客观存在,是造成农民工工资拖欠的客观原因。

2. 以户籍制度为基础的城乡二元社会格局和国家对城乡分级管理的体制,是造成农民工工资拖欠的根本体制原因。

3. 长期形成的社会与行业习惯是造成农民工工资拖欠的根本社会原因。

三、解决农民工欠薪问题的对策建议

(一)建立日常工作机制和监督机制,提高农民工的法律维权意识

(二)建设企业劳动保障诚信工程,加大劳务监察力度

建立企业欠薪档案,对于拒不执行按月支付薪酬的,劳动监察部门要开展风险评估,向劳动者提出风险警示;对有欠薪记录的,有关部门在招投标、融资等方面要提出并落实限制措施。

(三)大力清除建设工程领域乱象,规范工程建设各环节

一是建立施工企业支付农民工工资的约束和保障机制,从根本上解决农民工工资拖欠问题。二是严格规范新建项目的审批手续,建立企业信用档案制度。

(四)健全建设单位代偿机制,切断克扣拖欠农民工工资的"魔手"

为从根源上防止欠薪,建议让独立的第三方监管资金运作和工资发放。目前建筑监理只负责工程质量,但资金运作却无人监管。可以依托劳动监察部门设一个独立的劳务监管员,专职监督工程资金运作和农民工工资发放。

（五）各职能部门应形成统一应诉渠道，建立联合解决机制

建议在联合维护农民工权益的制度上，明确以劳动部门为主管单位，无论出现何种原因的欠薪，农民工合法维权都先与劳动部门联系。如需联合执法，由劳动部门联系协调所需相关部门，合理进行。

（六）充分发挥工会组织在农民工讨薪问题上的重要作用

应让农民工通过工会实现组织化，完善农民工“一次入会、持证接转、全国通用、进出登记”的工会会员会籍管理制度。健全城乡一体的农民工流动会员管理服务工作制度。一旦发生欠薪事件，工会组织可代表农民工进行谈判和维权，以充分保障农民工权益。

（七）加强劳动保障监察的执法力度，建立长效工作机制

在巩固集中清欠活动成果的基础上，劳动保障部门要把打击恶意拖欠和克扣农民工工资的行为作为一项日常工作，进一步完善清欠工资工作联席会议制度，健全解决拖欠农民工工资的工作机制。劳动保障部门要加强与公安、工商、财税等职能部门和司法机关的配合和协作，建立专项执法责任制，明确各部门的职责，确保清欠工资的各项工作落到实处。

（八）进一步加强劳动保障监察机构的组织和队伍建设

各级政府要明确劳动保障监察机构的职责，强化劳动保障监察机构的组织建设，全面推进街道、乡镇和社区的劳动保障管理服务机构建设，充实和加强劳动保障监察力量，切实保证对劳动保障监察工作的投入，解决劳动保障监察机构开展工作所必需的交通、办公、办案设备等经费，强化执法手段。

（九）加强对政府投资项目的监管力度

加强对政府投资项目建设监管的立法工作，进一步完善和规范政府投资项目的建设程序，有关部门要对项目的立项、审批严格把关，加强监督力度，要对政府及其部门领导任期内的政府投资项目进行严格审计。地方各级人大要充分发挥权力机关对行政机关的监督职能，严格审查政府预算，加强对政府预算执行情况的监督检查，必要时可以依法启动质询程序，对政府投资项目的建设情况、资金运用情况等进行质询。

（十）加强法律援助，强化司法保护

因拖欠工资引发的民事纠纷，司法机关包括劳动仲裁部门一定要高度重视，要为民工维权开辟“绿色通道”。设立法律援助热线，普及相关法律知识，提高农民工的自我保护能力。

（十一）完善现有法律规定，通畅恶意欠薪案件入口

2012年1月中旬，人力资源和社会保障部联合最高人民法院、最高人民检察院、公安部颁布的《关于加强对拒不支付劳动报酬案件查处工作的通知》，明确了各部门职责，旨在完善劳动保障监察执法与刑事司法衔接制度。

（十二）完善有效管理制度，规范劳动务工环境

一是建立欠薪报告制度，凡发生欠薪的企业必须主动向劳动部门报告，隐情不报的视为违规。二是劳动中介组织必须严格依法履行其职责，代表劳动管理部门诚信平等对待用人单位和应聘者，彻底纠正以收取中介费为主要目的的牟利行为。三是劳动管理监

察部门要加强对自己开办的劳动中介机构的严格管理和监督。

（十三）加快改变城乡二元格局，从制度上保障城乡平等化及秩序一体化，进而从根本上保障农民工合法权益，解决拖欠工资问题

要从根本上解决农民工被欠薪问题，除了应急性地出台一些政策法规和年关时的突击行动，还应该着眼于从制度层面寻求根本性的解决之道。具体而言，从长远看，应该加快推进户籍制度改革，加速城镇化的步伐，使农民工尽快成为市民，享受市民待遇。

（十四）加大舆论宣传和执法力度，营造公平公正的社会氛围

新闻传媒要充分利用社会喉舌的功能，对恶意拖欠、克扣民工工资的单位和责任人，展开新闻调查，果断给予曝光。对顶风作案的个人或单位要跟踪调查主动出击，将其黑幕公之于众，以强大的舆论导向来促使企业尊重劳动者的人格，激励他们通过诚实劳动创造社会财富。

（十五）求真务实持久作战，防止拖欠农民工工资“反弹”回潮

农民工工资被拖欠问题的实质仍是“三农”问题，随着城乡一体化进程的加快，进城务工的农民工将会越来越多。这一问题也可能会因一时的紧锣密鼓而暂时扼制，但风头过后又会反弹回潮。因此，要坚持综合治理、标本兼治、重在治本的方针，从体制和制度上堵塞发生问题的源头，建立根治拖欠和预防拖欠的长效机制，把这一问题纳入法制轨道。

河北省社会科学发展研究课题民生专项　课题编号：201301205

课题负责人：周英锐

课题组成员：闫晓燕　宋术元　王利军　李　琳　张慧芳

促进衡水市居民健康休闲对策分析

衡水职业技术学院

衡水市位于河北的东南部，文化底蕴深厚，环境优美，休闲资源丰富，城市建设突飞猛进，居民生活质量稳步提高。根据衡水市统计局资料，2012年底，市区居民人均可支配收入已达到18504.37元，这促使我市居民有更加丰富多彩的休闲生活，为此我们对衡水市居民的休闲行为及制约因素做了深入调查，在此基础上提出了提升我市居民休闲生活质量的几点建议。

一、调查样本的基本情况

我们调查组利用节假日到衡水市商场、中华公园、滏阳河畔、广场、小区、图书馆、一些娱乐健身场所及部分企事业单位，发放《衡水市居民休闲行为调查问卷》[2]1000份，收回有效问卷964份。

问卷共分为四个部分：基本情况、休闲行为调查、休闲活动影响因素及影响程度。

被访人群特征如下：

性别结构：男性410人，占42.5%；女性554人，占57.5%。

婚姻状况：已婚者128人，占13.3%；未婚者836人，占86.7%。

年龄结构：本次调查将年龄分成六个阶段，其中18岁以下青少年占1.4%；18—25岁的青年占5.2%；26—35岁中青年占25.8%；36—45岁的中年人占30.3%；46—60岁的中老年占20.6%；60岁以上的老年人占16.7%。

文化程度：初中及以下占9.6%；高中及中专占45.8%；本科及大专占40.2%；硕士及以上占4.4%。

职业类型：企事业管理人员占24.9%；公务员占4.1%；教师占8.1%；医护人员占5.6%；工人占20.3%；个体劳动者占4.4%；自由职业者占5.1%；学生占6.2%；离退休人员占10.2%；其他从业人员占11.1%。

总的来看，在本次调查样本中，各年龄段居民、各职业居民都有覆盖，在职人群比重较大，符合城市居民的实际情况，能比较全面真实地反映衡水市城市居民休闲生活。

二、休闲总体特征

从调查分析结果可以看出，随着人均收入的增加，休闲已成为衡水市居民生活的重要组成部分，衡水市居民休闲要求在逐渐提高，休闲方式呈现多元化趋势，但还是休闲时间较少，休闲意识有待提高。居民休闲主要是以家庭为中心在社区范围内活动，外出或远距离旅游的概率低，休闲消费处于低水平。老年人休闲时间充裕，但方式单一；年轻人对休闲有更多的要求，但受时间和花费的限制；中年居民有较好的休闲基础，但休闲要求不强烈。居民的休闲行为因年龄、性别、职业的不同呈现不同的特征。

三、休闲影响因素分析

现实生活中，城市居民休闲行为的进行受到多种因素的影响，为了真实地反映影响衡水市居民休闲生活的因素，本次调查对以下 21 项因素的影响程度做了统计，见表 1。

表 1　衡水市居民休闲不同因素影响度调查表

影响因素	影响度	影响因素	影响度	影响因素	影响度
个人兴趣爱好	73.2	周围人的参与度	63.1	休闲方式知识性	56.0
自身心情	71.6	休闲方式娱乐性	60.2	休闲场所的远近	50.3
自己健康状况	70.8	休闲方式易参与性	60.1	休闲设施质量	50.1
个人休闲时间	70.5	受教育程度	59.8	休闲产品的宣传程度	49.2
家庭收入	69.3	工作性质	59.5	休闲服务水平	49.1
家人的支持	68.2	休闲方式趣味性	58.2	休闲场所的管理水平	48.7
休闲花费	65.2	休闲方式健身性	58.1	国家及地方政策、相关法律法规	42.1

表中影响度分值由相应影响因素的选择比例折算，分值越高，该因素对居民休闲行为的影响就越大。折算方法：影响度分值＝(影响比例较大选择百分比＋影响非常大选择百分比)×100％。

对调查问卷的 21 项制约因素进行归结，主要分为四大类：第一，个人内在制约因素。包括个人兴趣爱好、自身心情、自己健康状况、个人休闲时间、受教育程度、工作性质。第二，家庭因素。包括家庭收入、休闲花费、婚姻状况、家人的支持。第三，社区的制约因素。包括周围人的参与度、休闲设施质量、休闲场所的远近等。第四，社会制约因素。包括休闲场所的管理、服务水平、休闲产品的宣传程度、国家及地方政策、相关法律法规。从调查的统计结果来看，个人制约因素的影响度较大，其次是家庭因素的影响，而社区和社会因素的影响程度相对较小。

四、衡水市居民休闲行为对策分析

依据上述分析，为了提高衡水市居民休闲生活质量，确保衡水市居民享受健康文明的休闲生活，需个人、家庭、社区和社会四方密切配合。

(一)从个人层面

1. 居民应树立积极向上的休闲价值观

首先居民要增强个人休闲意识，充分认识到健康休闲是生活的重要组成部分，充分享受生活的乐趣，不要做生活的奴隶。休闲是个性的、自由的，但是必须有正确的休闲价值观来指导，清醒地认识到高质量的休闲并非一定要通过高消费的玩乐和旅游来实现。明确人生的目的，人生价值所在，哪些休闲是合理的，哪些休闲消费是有意义的、值得追求的，否则休闲就可能会变得盲目、庸俗、物质化，不能真正体现休闲的真正意义。

2. 努力提高自身的文化素养

调查显示，城市居民的休闲生活质量与其文化程度有着密切的关系，不同文化程度的人会有不同的休闲需要和满足机制，从而选择不同的休闲活动方式。文化程度较低的居民，看电视、打麻将或无事可做等被动消极的休闲方式时间较长。文化程度较高的居民，在休闲观念上更加积极，休闲时间更多，更容易接受多种休闲技能，选择休闲活动的项数就越多，自身的休闲满意度和生活质量得到提升。

3. 充分利用休闲时间

利用休闲时间参与文明、健康、科学而又丰富多样的活动方式，发挥自己的潜力，积极参与发展提高型的休闲活动，在轻松和快乐中获得更多的知识，以不断充实自己，发挥休闲时间的最大效用。

（二）从家庭层面

1. 鼓励居民创建和谐健康的家庭休闲环境

调查资料显示，多数居民的大部分休闲时光是和家人一起度过的。休闲是放松心情、身心愉悦的过程，和谐的家庭氛围尤为重要。倡导居民树立良好的家庭理念，在思想和行为上做到男女平等，家庭成员互相关心，尊老爱幼，彼此宽容，和睦相处。建立学习型家庭，鼓励家庭成员学习科学文化知识，提高家庭成员的文化素养。

2. 提高家庭收入

家庭成员要创造条件，努力提高家庭生活水平，减少家务劳作时间。调查表明，居民的经济条件越优越，休闲时间越多，休闲消费越多，休闲满意度越高。

3. 发挥女性的重要作用

如今女性在家庭休闲生活中起着重要的作用，女性的休闲观念和方式对家庭及孩子的影响较大，有情趣的主妇，家庭是快乐轻松的。从对衡水市女性的调查分析中可见，多数女性休闲时间较少，方式单一，有的是休闲意识淡薄，有的因工作所累，有的是家务繁重，有的缺乏休闲技能。所以女性必须要学会做新时代女人，有自己的理想和目标，女性朋友必须加强文化素养，懂得生活，享受生活，关心他人，更要关心自己，提升家庭的文化品位，做个有情趣的主人，促进家人健康快乐。

4. 家长要重视对孩子的休闲教育

从对青少年的休闲生活调查来看，现在城市孩子家庭主要休闲方式是看电视、玩电脑游戏，孩子觉得没意思、不快乐，催生了很多胖孩子、懒孩子。在节假日，很多家长不知道让孩子干什么，干脆把孩子送到培训学校，让他人代管孩子。所以父母提高自身休闲技能很有必要，不长时间停留在电视电脑上，不常待在酒桌上、麻将馆里，多创造条件给孩子接触新鲜事物、增长知识、丰富阅历的机会，指导孩子积极健康地度过休闲时光。同时要对孩子进行科学休闲观的教育，倡导勤劳节俭，崇尚简朴生活，遏制浮躁之风，不盲目攀比等。

（三）从社区层面

1．加强社区文化设施建设，丰富居民的休闲生活

城市居民的户外休闲活动多在离居住地较近的社区中进行。调查显示，衡水市社区休闲设施投入不足，小区内或附近公园中有些健身器材，或锈迹斑斑，或已损坏，成为摆设。活动室多数为营业性的棋牌室。社区图书馆、阅览室等设施不足。或有活动场地，没活动内容；或有活动想法，没有活动场地，阻碍了休闲活动的顺利开展。

2．健全社区管理机制，强化管理队伍尤为重要

让各社区有真正的当家人，监督社区居民休闲活动的顺利开展。有些小区在这方面做出了典范，如红旗南大街的金虎小区，每年组织小区业主参加拔河、球类、棋类比赛等参与性较强的活动，融洽了小区居民之间的关系，丰富了居民的休闲生活，也促进了平时居民休闲活动的开展。

3．丰富社区休闲文化活动

社区文化应形式多样，内容丰富，群众文化还需群众的支持，经常聘请各界专家、学者作为社区文化活动的指导员，也可和学校、单位联动以形式多样、雅俗共赏、富有情趣、贴近生活的文化形式来充分调动社区居民参与社区文化活动的积极性，提高居民的文化素养和休闲技能。

（四）从政府层面

1．提高居民的经济收入，为居民休闲提供保障

衡水市的居民平均收入虽已满足了休闲生活的基础条件，但是从全省各市的可支配收入来看，衡水市还处于落后水平，而居民的经济水平左右着休闲生活的质量。

（1）提高居民的经济收入。政府必须下大力度通过调整经济结构、扩大就业、大力扶持自主创业、拓宽居民投资渠道、提高和落实最低工资标准、提高企事业退休人员养老金、深化事业单位收入分配制度改革等措施来努力提高居民收入。（2）完善城市社会保障体系，完善基本养老、基本医疗、最低生活保障制度，让居民老有所养，病有所医，为居民解决后顾之忧，促使居民轻松自由地选择自己的休闲生活。（3）改革房产政策，稳定房价，减少房奴，保证青年才俊身心健康，全身心地投入衡水市的经济建设中。

2．改善城市环境，为市民创建良好的城市休闲环境

目前环湖公路、九州广场、滏阳河的改造工程相继完成，极大地提升了衡水市居民休闲生活质量，希望有更多这样的工程惠及全市居民。

3．发展休闲产业，提升休闲服务，促使居民休闲生活质量得到提高

衡水市要尽快整合衡水三绝——衡水老白干、衡水古玩市场、衡水湖等衡水特有的休闲资源，制订休闲产业发展规划和政策措施，集大众智慧，开发新型休闲产品，满足休闲者个性化的需求，让不同的人都能最终获得休闲带来的愉悦和快乐。努力提高休闲服务质量，为休闲产业发展创造良好的社会环境，充分发挥休闲产业对经济发展的推动作用。

参考文献：

[1]《2012年衡水市国民经济和社会发展统计公报》,《衡水日报》2013—3—27。

[2]赖国毅:《都市老人的休闲偏好与休闲制约研究》,《四川教育学院学报》2011年第10期。

[3]刘宁宁:《我国城市居民休闲行为特征变化浅析》,《河南商业高等专科学校学报》2004年第1期。

[4]刘小容:《休闲教育:高校思想政治教育的新视角》,《南京政治学院学报》2013年第3期。

[5]马宏萍:《推进和谐家庭建设,为促进社会和谐稳定做贡献》,《中国妇女报》2009—8—17。

[6]汤傅佳:《女性居民休闲生活方式研究》,《江苏商论》2010年第10期。

[7]《2013年衡水市政府工作报告》, http://news.hebnews.cn/hebei/148360.html. 2013—4—25。

[8]贾国玲:《衡水湖休闲旅游纪念品开发研究》,《旅游纵览》2012年第10期。

河北省社会科学发展研究课题民生专项　课题批准号:201301320
课题负责人:刘红霞
课题组成员:万　秋　刘　晶　李素平　李志辉　张建荣

高层次物业管理人才缺失情况调研与对策研究报告

河北女子职业技术学院

近几年，河北省三年大变样催生了房地产行业的繁荣，对高质量的物业管理服务提出更多需求，然而高层次物业管理人才的缺乏已对物业管理行业的发展造成阻碍。为此，我们对高层次物业管理人才职业稳定性进行了专门调查。

调研概况

课题组以河北省物业管理人才职业稳定性为调查目的，分别从物业企业及项目主要管理人员、高校、毕业生三个角度设计问卷，展开调研。问卷发放回收情况见表1。

表1　调查问卷发放—收集统计表

情况类型	采访企业数	采访项目负责人	采访高校数	采访毕业生数
问卷发放份数	30	30	8	120
问卷回收份数	28	28	8	100

一、物业企业及主要管理人员职业稳定度等情况分析

就物业管理企业人事部门对项目主要管理人员的调查显示：1. 项目主要管理人员在两年中的更换率最高，其中因不能胜任而被辞退的占14%。2. 企业招聘的主要渠道是人才市场和内部培养。3. 人事部门对物业管理专业实习生的评价：一级企业中评价毕业生就业稳定度为正常流动率，二级企业和三级企业认为流动率较高。

就采访的物业企业项目主要管理人员数据显示：1. 项目经理呈年轻态势，平均年龄为41.3岁，男性占90%。2. 93.3%为大专以上学历，考取物业管理师资格证书的比例不足26%。3. 对企业薪酬的评价调查显示：一级企业主要管理人员对企业薪酬的评价比较满意的占70.8%；二级企业中比较满意的占45%；三级企业中比较满意的不到17%。4. 据统计，被采访的主要管理人员工作过的单位数平均在4家，更换企业的主要原因为：一是不满意企业薪酬；二是不满意企业规模，视野较窄；三是不满意企业管理制度，为了

有更好的晋升平台。

二、物业管理专业毕业生就业追踪情况分析

课题组通过对八所高职院校物业管理专业的毕业生追踪调查显示：

1. 实习就业时 80.3%的同学选择进入物业管理行业；毕业一年，继续在物业管理行业留守的占就业入行人数的 66%；毕业两年，继续留在行业的下降到 44.2%；毕业三年以上选择继续留下来的基本稳定在 36.8%。2. 一般情况下，毕业生经过两年半的高职培养，直接入职到企业的基层管理岗位，81%进入到客服岗。3. 河北几所开设物业管理专业的高职院校在进行校企合作中，北京地区占到了 58%，但两年后留京率发生很大的变化，选择离开北京的主要原因是考虑到长期生活。

基层物业管理人员的低收入状况和与客户的关系影响了毕业生的从业稳定性。尤其是作为住宅类物业，河北物业企业多是三级资质，管理规模和管理经验都比较缺乏，相应的企业培训不到位，年轻人对重复性简单工作和问题多、投诉率高的工作缺乏忍耐性和长期规划发展的期望，导致流失率较高。

三、高校物业管理专业招生培养情况趋势分析

高职院校作为培养物业企业基层管理人才的摇篮，应该会出现像房地产或工程造价火爆报考的一幕，但这种情形只是存在于各大院校的期待中。

1. 各院校因连续几年招生不满十人停止招生或准备停招。2. 八所高职院校普遍都在进行工学结合、校企合作零距离就业的教学改革。3. 据调查，80%的校企合作关系仅停留在简单的实习留用层面，缺乏对毕业生进行个性发展规划的指导。4. 各高职院校均表示应该呼吁社会加强对物业管理行业的正面宣传。

调查发现，校企合作是输送大量物业企业基层管理人员的重要来源，也是高层次管理人员的人才储备资源。十多年来陆续毕业于物业管理等相关专业的学生已逐步成长为此行业的中坚力量。但近年来报考规模的整体锐减，直接引起物管行业人力资源匮乏。

总结及建议

课题组通过采用文献法、问卷调查法等从定性和定量两方面、三个角度对物业管理人才职业稳定度进行了调查，对采集数据进行统计分析，找到了影响物业管理高层次人才缺失的主要原因，进而提出相应的对策建议。

一、高层次物业管理人才供需现状

调查显示，随着接管面积的不断扩张和接管类型的多样化，物业企业对有经验、综合素养高的管理人才提出数量和质量的迫切需求。管理人员的严重外流导致在管项目的人力成本急剧上升，需求缺口进一步增大。

调查显示，物业管理等相关专业毕业生的实习就业成为物业企业基层管理人才的主要来源之一，但每届学生在前三年的流失率很高，三年后能基本稳定在物业行业的仅占顶岗实习人数的36%左右。

调查显示，开设物业管理专业的高职院校都曾经或正在进行校企合作，毕业生就业呈现“出口顺畅，入口紧缩”现象，近三年的招生规模不断缩小。

二、主要原因总结

从大的社会方面来看，河北地区城市的建设和维护水平与人们对物业管理的认识都还处于不全面的较低层次，导致物业管理工作的开展还是很不规范、不系统、信息化程度低、客户关系纠纷多、薪酬待遇较差等，这些直接影响了从业者的职业兴趣和稳定度，影响了学生报考和就业率，影响了高校的招生规模和整体输送数量。

从中间企业层面来看，物业管理市场门槛较低，河北物业企业多为三级资质和临时资质，管理经验少，管理制度极不完善，导致企业文化环境、晋升平台等方面没有吸引力，反而常常挫伤有志之士，导致人才外流。

从小的管理者个人来看，谋求较高薪酬待遇是生存的需要，寻找良好的企业环境积累经验是成长的需要，从三级资质企业跳级到二级或一级企业，成为大多数人的职业规划。

三、对策与建议

提升物业从业人员的综合素养和职业稳定度，对于提升一个企业的管理能力和一个行业的整体服务水平有重要意义。物业管理行业的发展迫切需要干得好留得住的人才，针对物业管理企业人才流失率高的主要原因，课题组认为采取有针对性的解决措施势必有利于解决这一不利现象。

第一，建议我国地方政府构建比较完善的职业与技术教育发展法律法规保障体系。首先，引导大众媒体报道物业管理的积极作用，引导人们逐步正确地、全面地认识物业管理行业，一起创造融洽的客户关系环境。其次，引导教育主管机构能对开设物业管理专业的高职院校就学生报考进行经费补贴，比如降低学费或报考的奖励制度等，引导过热专业的合理分流，避免整体性专业结构失调。

第二，建议我国地方物业管理协会首先能站在行业导向的高度，推动刚刚兴起的物业管理师考试、注册制度，逐步引导物业企业职业经理人市场的规范运作；其次能够引导资质等级较低的物业企业进行规范化建设，以改善河北地区大量三级资质企业管理不规范、不专业、投诉多、人才流失严重等现象。

第三，建议物业企业规范招聘渠道，任人唯贤。一方面创造比较公平的人才竞聘机制，从薪酬待遇、人文关怀、培训晋升等方面给年轻人搭建上升平台，培养人才，留住人才。另一方面，应建立完善的企业培训体系，不断提升项目团队的整体素质和凝聚力，用良好的团队氛围吸引人留住人。再一方面，积极开展校企合作，加强毕业生的入职培训，对学生负责，为他们铺平从顶岗到留用到晋升的职业发展道路，从而做好高层次管理者的人才储备。

第四,建议高职院校在校企合作的基础上,能积极深化合作层次。第一方面,应该加强招生宣传,增进报考生源对行业的了解。第二方面,在工学结合的教学改革中,与合作企业一起探讨如何构建对学生进行个性化职业发展规划教育。第三方面,教师自身缺乏实践经验,建议高职院校能制定切实可行的积极政策,如教师轮流带薪企业实践等形式,真正促进教师的实践水平。

第五,高校扩招、学生人数递减是不争的社会现实。近几年来,一些九零后学生个性自由,在校期间不能安排好自己的学习生活时间,走向实习、就业岗位后不能积极地克服身份转变带来的困惑,职业观不稳定,容易在岗位之间、行业之间跳动。课题组在系统建议高校和企业对学生进行个性化职业规划指导的基础上,建议物业管理专业的学生:第一,能够结合自身兴趣,积极拓展视野,在职业规划所需的知识框架内补充相关的理论实践,重视非专业素质的提高,以做好顶岗实习准备;第二,在实习就业中能平复好高骛远的心态,踏踏实实地逐步提升,培养行业兴趣和职业执着精神,为塑造优秀的物业管理职业经理人而努力。

河北省社会科学发展研究课题民生专项　课题编号:201301299
课题负责人:单永娟
课题组成员:王小伟　张海英　周　朔　康　健　刘朝阳

河北省社会科学普及立法研究

河北省社会科学院

社会科学是人们认识世界、改造世界的重要工具，它同自然科学一样都是人类总结社会经验和推动社会实践活动深入发展的精神成果。通过立法加强社会科学普及工作，对于满足人民群众日益增长的文化需求，巩固马克思主义在意识形态领域的指导地位，建设经济强省、和谐河北，具有十分重要的意义。

一、社会科学普及立法的必要性和可行性分析

社会科学普及工作是目的性很强的社会行为，普及的范围非常广泛，主要包括马克思主义基本理论及其研究成果，马克思主义核心价值体系的丰富内容，社会科学、人文科学的基本理论、专业知识，传统文化的精华成果，党和国家的有关政策、法律法规等。社会科学普及的内容是发展的、动态的，它随着时代的变化、党和国家政策的调整而调整普及的内容。

在认识和改造世界的过程中，社会科学与自然科学同样重要，社会科学更侧重人的信仰、精神追求方面的健全，它可以帮助人民大众掌握哲学的世界观、方法论，倡导和树立主流的积极向上的道德价值观念，有助于提高人们的幸福指数，是社会的软实力，对一个社会和谐发展具有不可替代的作用。掌握必备的社会科学知识，对于人们正确认识纷繁复杂的社会现象，提高道德素养和精神境界；对于领导干部特别是高级干部学会讲政治、懂全局、驾驭复杂形势、研究战略策略、提高领导水平更是同样重要。加强社会科学研究，对治党治国，对人民事业的发展极为重要。

社会科学的巨大作用，只有通过社会科学的普及，使之为广大人民群众所接受、所掌握、所运用，才能得以充分发挥。搞好社会科学普及立法，使社会科学普及工作有法可依、有章可循，为社会科学普及工作提供坚实的法制保障，必将有力地推动社会科学普及工作，保证社会科学普及工作深入持久、有序有效地开展。2004 年 1 月 5 日，中共中央下发了《关于进一步繁荣发展社会科学的意见》，这是我党有史以来第一次以中央的名义对繁荣发展哲学社会科学做出的全面系统深刻的阐述，《意见》对加强社会科学的宣传和普及提出了明确要求，明确提出了繁荣发展社会科学的指导方针、工作目标和各项具体要求，同时指出要重视哲学社会科学领域立法工作。河北省委于同年 8 月 5 日下发了《关于贯彻中共中央〈关于进一步繁荣发展社会科学的意见〉的实施意见》，《实施意见》对河北省进一步繁荣发展社会科学的工作做出了全面部署，并明确提出要制定河北省社会科

学知识普及办法。社会科学普及工作长期稳步的发展必须依托法制的保障，这就有必要及时将党的方针政策上升为国家法律，把社科普及工作纳入法制轨道，为社会科学事业的发展提供坚实的法制保障。

在实践中，社会科学普及往往被置于可有可无的地位，为保证我省社会科学普及工作深入持久、有序有效地开展，使之适应我省社会科学事业发展的要求，适应我省改革开放和社会主义现代化建设事业对社会科学的需要，满足全省人民对社会科学知识的需求，尽快进行社会科学普及立法是非常必要的，同时也是切实可行的。

《中华人民共和国科学技术普及法》的颁布和实施为社会科学普及立法提供了有利契机和法律指导，作为科学的两大组成部分，社会科学与自然科学同等重要，社会科学与自然科学二者缺一不可，应当结合社会科学自身的发展规律进行社会科学普及立法。长期以来，我省社会科学普及积累了许多好的经验，并且形成了制度，具有可操作性。我们可以将这些经验认真进行梳理总结，将之法制化。

二、社会科学普及的立法原则

社会科学普及的立法原则是指立法时应当遵循的准则，主要包括以下几项原则：

（一）从实际出发原则

从实际出发，是唯物主义的思想路线在社会科学普及立法实践中的运用和体现，贯彻这个原则，要求社会科学普及立法要充分考虑当地社会发展水平、群众的科学文化素质等因素，特别要考虑民族文化的特点。

（二）正面宣传、普及为主原则

社会科学与自然科学的明显区别之一就是哲学社会科学属于意识形态领域，它不能单纯依靠感性直观和科学实验，还要依靠抽象思维。因此，社会科学普及必须增强政治意识、大局意识、责任意识，以正面宣传教育为主，以科学的理论武装人，以正确的舆论引导人，以高尚的精神塑造人，以优秀的作品鼓舞人。把学科知识的普及与帮助引导树立正确的世界观、人生观、价值观结合起来，起到加油鼓劲的作用。

（三）以人为本原则

社会科学普及的对象是广大干部群众，所以普及要以广大人民群众的最根本利益作为出发点和落脚点，从人的需要出发，按照“贴近实际，贴近生活，贴近群众”的要求，让社会科学始终为人民服务。

三、社会科学普及路径的立法确立

以往的社会科学普及途径和形式主要有以下几种：

（一）公共讲座

由专家、学者直接面向公众或通过电视、网络等媒体开展社会科学知识方面的系列讲座，围绕社会关注的热点、难点问题开展专题讲座。通过制作音像资料的方法，形成系统性、共享性资源，实现多渠道、多媒体播放，反复播放，多家转播和远程传播，产生广泛的社会影响。

（二）广场宣传

广场宣传是一种在城市广场、车站、机场等大型公共空间开展的公共教育活动。广场宣传的主要方式有图片展览、实物展览、模型展示、图书资料及影像展播等。广场宣传具有宣传品的固定性、开放性以及受众的流动性和文化需求参差不齐等特征，其普及效果具有潜在性、广泛性的特征。广场宣传能够成为地方历史文化、城市风貌的窗口。

（三）主题月（主题周）活动

围绕某一社会热点问题，在一定区域或范围内开展大规模的社会科学知识普及或素质教育活动。此种活动具有社会参与的广泛性、切入点的多方位性及手段的综合多样性等特点。北京市的"社会科学普及周"成为我国社会科学普及的一个成功品牌。

（四）咨询服务

针对某种普遍的社会问题由专家和专业人员组成团队，深入社会基层对普通民众开展排忧解惑式的帮助活动。咨询服务若以电视访谈的形式进行，会有更广泛的科普意义。

（五）专栏

专栏是广泛用于广场、街头、单位门口或路边等地点的墙体刊物。提高专栏的科学文化品位，增强生动性和吸引力，保持内容的新颖性和丰富性能够更加有效地实现社会科学普及。

（六）公益广告

一切旨在提高公民素质、促进社会和谐与可持续发展而无商业化动机的简明宣传都可称作公益广告。既包括通过媒体传播的公益性广告，也包括街道、公路旁侧的公益性广告。

（七）出版社科普及读物

将社会需要迫切的社会科学知识和文化精品荟萃成文图优美、通俗易懂的书籍公开发行。江苏省的《社会科学十万个为什么》、重庆市的《贴近农民知识读本》、四川省的《青少年权益保护指南》等读物的出版发行，为我国社会科学普及读物出版树立了榜样。

（八）主办刊物

由省级社会科学界联合会将其中的优秀成果汇集起来，以刊物的形式定期发行，已成为一种普遍而有影响力的科普形式。对社会科学普及中所遇到的现实或理论问题进行研究，对科普活动本身的现状、问题和对策等进行研究，都会形成有价值的理论成果。

（九）科学研究立项

在各级社会科学界联合会的主持下，遴选一批科研题目，产生一系列有价值的研究成果。在对社会科学研究立项支持方面，我国东部地区的资金额度一般高于西部地区，但近年来西部省（区）也表现出快速的增长势头，如陕西、甘肃、新疆、青海等地的地方政府每年对社会科学研究的支持力度都在大幅度上升。

四、社会科学普及法律制度和机制的构建

社会科学普及在我国是一项全新的事业，没有成功的现成模式可资借鉴。利用已有

的社科普及体制和资源，明确社科联的工作机制，是实现科普工作健康发展的根本保证。

（一）应当明确社科联的功能定位，做好指导规划协调等工作

社会科学普及工作是一项公益性的公共教育活动。社会科学界联合会作为社会科学普及的组织者，是党领导下与政府支持下的公益性社会组织，其在社会科学普及中的功能定位应当是指导、规划、协调、服务和组织。指导就是把握政治导向和政策方向，提出基本任务，确定工作重点，理清整体工作思路；规划就是统筹各种社会资源，结合现实条件，制定出切实可行的科普工作方案，对总体任务进行科学分解，做出时间安排。同时建立各种工作激励制度和质量评比制度，建立一套科学合理的质量指标体系；协调就是要做好各种科普资源的挖掘工作、动员工作和有效整合工作，把看似繁杂的科普工作进行分解和分发，在社会各系统、各行业、各部门之间充当“桥梁与纽带”的作用，使各种社会力量汇成推动科普工作的强大合力；组织就是要组织一支高素质的专家队伍有效地开展工作，并且组织好理论研讨和经验交流活动及科学研究活动。

（二）拓宽思路、广罗人才，建立一支高素质的科普专家队伍

人才招引和专家队伍建设是科普工作的关键。由于社会科学普及工作的公益性质和专家队伍的松散联盟性，缺少物质激励和制度约束力，这给队伍建设和工作开展带来一定困难，然而社科普及工作从来不乏热心参与者和积极支持者。这一方面说明我国广大知识分子和国家干部普遍具有优秀的思想品质和乐于奉献的公益心理，另一方面说明科普活动本身具有一定的吸引力。科普活动的吸引力在于能为知识分子提供展现个人才能、实现自我价值的平台，为他们提供广阔的交往机会和社会实践机会。

（三）加强社会联系，构建强大的社会支持系统

普及和学习社会科学，在我国不仅成为一种普遍的公众需要，而且成为一种政府、行业等普遍的社会组织需要。每一个国家机关、政府部门、行业组织、管理机构、企业、高校、研究院所等事实上都程度不等地负有宣传大政方针、政策法规以及减灾防疫、环境保护等知识的义务。这些普遍存在的社会义务和需求为科普工作提供了广阔的空间和丰富的机会，应立法整合各种力量，把广泛的公众需求与社会机构、社会组织需求转化为强大的科普工作合力，借用社会力量推进社会科学普及工作健康发展。

（四）合理利用市场机制，疏通媒体传播渠道

电视、网络等现代媒体是实现科普成果传播的最有效的途径，媒体在性质上属于文化产业部门，兼顾社会效益与经济效益是其本质要求，普及人文社会科学不仅是媒体义不容辞的责任，而且是提升媒体品位的重要途径。应通过立法把科普成果、科普话题完美地转变为适合媒体传播的节目形式，合理运用市场机制，让企业或企业联合体以买断栏目的方式支持媒体科普。

五、我省社会科学普及的立法模式和内容

社会科学普及立法，就是以立法的形式规范社会科学普及工作，加大社会科学普及力度。我省应采取社会科学普及专门立法模式，而不是在科学技术普及条例中增加社会科学普及的立法内容。本课题组认为我省的社会科学普及立法的模式和体例如下：

（一）总则

主要包括制定社会科学普及条例的目的和根据；社会科学普及条例的适用范围；社会科学普及工作的指导思想；社会科学普及工作必须坚持的原则等。

（二）组织管理

主要包括社会科学普及工作的组织领导及日常工作机构的设立；地方各级人民政府及有关部门在社会科学普及工作方面的主要职责；社会科学普及工作的主要力量及工作队伍等。

（三）内容和形式

包括社会科学普及的主要内容和社会科学普及工作的主要方式等。

（四）社会责任

社会科学普及是全社会的共同任务。社会各界都应当组织参加各类社会科学普及活动。主要包括社会各界所应承担的社会科学普及的责任和义务。

（五）保障措施

明确社会科学普及的经费来源及其保障措施。主要包括社会科学普及工作的经费保障；社会科学普及活动的场所、设施保障；社会科学普及工作的激励机制等。社会科学普及的目的是提高全民族的哲学社会科学素质，具有公益性，财政投入应为社科普及经费来源的主渠道。立法中应规定各级人民政府应把社科普及经费列入各级财政预算中，并逐步提高科普投入的水平。为弥补财政经费的不足，立法中应鼓励企业、企业组织和个人对社会科学普及工作进行资助和捐赠。对于在社会科学普及工作中做出重要贡献的组织和个人，给予表彰和奖励，以调动人们的积极性和创造性。

（六）法律责任

主要包括违反社会科学普及条例规定的单位和个人所应承担的法律责任。具体包括国家工作人员在社科普及中违反规定的责任，贪污、挪用、截留科普经费的责任以及利用科普名义进行有损社会公共利益、国家利益的活动所承担的责任。

河北省社会科学发展研究课题民生专项　课题编号：201301011

课题负责人：王艳宁

课题组成员：蔡欣欣　景兰杰　程珺红　张天云　陈　刚　孙钦玫

基于虚拟云环境下区域公共信息服务体系建设及策略研究

河北联合大学

利用现代科技，特别是信息技术推进公共信息服务从传统服务业向现代服务转型是我国信息服务业发展面临的中长期问题。互联网的发展，尤其是 Web2.0 的应用模式使得用户成为网络的中心，网络成为需求者获取信息、享受服务、展现成果的重要途径和手段，这对于信息服务机构提升信息化程度带来了更高的要求。然而，在区域发展过程中，不同地区公共信息水平并不一样，有些地区公共信息服务机构服务能力强，有些地区却存在不同程度的不足。上述问题导致我国公共信息服务业整体信息化程度尚处于比较初级的阶段。

云计算是目前迅速发展的一组技术和服务模式，云计算的出现对信息技术运用方式带来了重要影响。国家在“十二五”规划中把云计算列为“战略性产业”的重要内容。公共信息服务是我国重点发展的现代服务业，对采用云计算促进产业持续发展寄予了很高期望。由于云计算正处于发展过程中，而公共信息服务方兴未艾，因此，两者如何结合值得深入思考与研究。

一、云计算概念

云计算不仅仅是技术，更重要的是一种服务提供模型，其背后蕴含着经济学规律。云计算的特点是计算能力的边界是由经济原理决定而不是由技术限制决定。由此可见，云计算不仅仅是一种先进的信息技术，更重要的是提出一种全新的服务模式。

二、公共信息服务及其平台

(一)公共信息服务平台的界定与功能

公共信息服务平台，从结构上看，是指各级政府电子政务框架中提供公共信息服务的界面结构、技术结构、逻辑结构、组织结构和标准规范等要素有机集成之后所形成的统一公共信息服务模式。从内容说，是在确保信息资源安全的前提下，建立公共卫生、科技成果、社区、农业、科技等各种公共信息资源统一的综合信息服务平台。

公共信息服务平台的技术架构主体是“门户网站＋基础数据库”。其功能层次分为四层：最外层是信息提供服务层——政府集成门户平台，是公共信息服务平台的外层表现和接入界面；次外层是信息资源加工层，是信息的采集、分类、存储、传递和检索挖掘等业务逻辑实现平台，是公共信息服务平台的工作流引擎部分；第三层是支持层，包括公共信息服务平台的标准规范、信息技术支撑、网络环境及检索资源等相关支持环境，以保障平台顺利运行；最内层是资源层，依靠人口、法人单位、空间地理和自然资源、宏观经济四个大型基础数据库以及其他各类型网络信息数据库支撑实现的信息数据平台，是公共信息服务平台数据的核心仓储部分。

（二）公共信息服务平台的特征

1. 集成性。公共信息服务平台建设的核心在于各类信息资源系统的集成整合，通过信息集成、流程集成、应用集成和门户集成，搭建一个通用平台。

2. 综合性。公共信息服务平台的服务对象是政府本身、企业、社区和科研机构等。这些对象对信息的需求是多方位的，这就要求所提供的信息具有综合性。

3. 共享性。公共信息服务平台的构建是以共享机制为核心的管理模式。无论从各类系统的集成性看，还是从信息内容的综合多样性来看，目的都在于实现信息资源的共享。

4. 便捷性。公共信息服务平台构建的直接目的是为公众提供方便快捷的信息服务，用户只要有浏览器和接入互联网，便可以享受到服务。

5. 服务多样性。公共信息服务平台提供的信息服务不仅具有便捷性，而且服务也多样化，或者说是个性化。提供个性化服务也是政府了解掌握公众需求和期望的重要渠道。

三、公共信息服务平台类型

（一）按政府层级划分

我国的行政区划从中央到地方分为五级，这五层级为：中央级、省级、地(市)级、县(区)级和乡镇(街道)级。每个层级的信息数据资源包含人口数据库、组织机构数据库、空间地理自然资源数据库、宏观经济数据库、法律法规数据库和其他信息类型的专门数据库。但是应注意上下层级之间的信息互通与平台之间的协同管理，提高信息的类聚度，防止出现各自为政和信息孤岛现象。

（二）按行业划分

公共信息服务平台仅仅依靠政府是不够的，各行各业也在参与公共信息平台的建设，丰富平台的服务方位。表1是按国家行业标准划分的我国现有的公共信息服务平台。表1所列信息服务平台的一级或二级域名中有.gov、.org、.com、.net等，这说明我国的公共信息服务平台的主体主要由政府、企业、非营利组织构成。

表 1 公共信息服务平台的行业划分

公共信息服务平台行业类别	行业公共信息服务平台示例
农业	中国农业信息网(www.agri.gov.cn)
制造业	上海制造业公共技术服务平台(www.ame.net.cn),中国制造业信息化门户网(e-works)
供电业	国家电力信息网(www.sp.com.cn)
房地产业	中国地产商(www.zgdcs.com)
交通运输业	中国公路网(www.chinahighway.com)
零售批发业	中华零售网(www.i18.cn)
服务业	千禧网100(www.qx100.com.cn)
金融商贸业	外经贸公共信息服务语音服务平台(语音服务热线:65121919)
科研技术业	上海研发公共服务平台(www.sgst.cn),全国科技信息系统
居民公共服务业	北京市社区公共信息服务网(www.bjcs.gov.cn 或热线:96156)
医疗卫生业	食品药品行业公共信息平台(www.sure.net.cn)
文化教育业	全国高校网络教育信息服务平台(www.chinaonlineedu.com)
计算机信息业	国家软件与集成电路公共服务平台(www.csip.org.cn)

(三)按服务载体划分

1. 传统媒体信息服务平台:主要是指互联网普及之前的公共信息平台,包括报纸、公共宣传手册、电视、广播等。随着互联网的普及,日常生活中人们使用这类载体来获取信息服务的比重在逐渐减少。

2. 传真、热线电话、电子邮件服务平台:这类服务平台目前尚在应用,通常借助于电信网和互联网开展服务,倾向于人工互动咨询服务,实时响应性较好。

3. 语音数据服务平台:主要指公共信息服务呼叫中心和社区服务站,用以提升其运营能力和完善现有的服务体系,全面提高服务质量。

4. 门户网站:这类公共信息服务平台的综合性很强,涵盖各类信息服务,也是目前建设的主要形式。

5. 移动服务平台:以移动设备为终端的公共信息服务近年来发展迅速。以手机为代表的移动设备是高度互动的媒介。手机短信平台在公共信息服务方面必然显示出独特优势:传播启动迅速、信息落点明确、接收具有贴身性、传播的再延续性强、内容聚焦度高、信息传播双向性强等。

四、对我国公共信息服务平台建设的建议

(一)统一规范技术标准

公共信息服务平台要协同处理高密度、广地域、大容量的异构数据,但又要尽量降低

平台数据库体系的复杂性和实施成本。因此，除了重视基础数据库的统一建设与利用，还应加快技术标准体系的制定。

首先，加快制定国家公共信息平台数据交换技术标准体系，同时要在运用中间技术解决异构数据交换的基础上，加快研究国家信息资源网格技术体系。

其次，加快制定国家公共信息资源目录体系和交换体系。对政务信息资源进行分类，有助于克服目前专业性的信息分类标准主要立足于各类资源的专业属性分类系统，对于部门之间和社会化共享的需求考虑很少的弊端，从而提高公共信息平台的信息组织效率。

（二）完善相关政策法规

要加快《政务信息公开条例》等相关法律法规的立法进程，制定平台建设的鼓励性政策。加快和完善相关法律法规的立法，是构建国家公共信息服务平台的根本制度保证。

（三）政府主导和引导相结合

提供公共信息服务是政府的一项主要职能，政府主导建设责无旁贷。但仅依靠政府力量是不够的，还需要在政府引导下，吸引各类信息服务主体的广泛参与和支持。

（四）以用户为中心，需求为导向

公共信息服务平台的服务要按用户需求来设计，关注公众的利益和生活方式的选择，建立一个以用户为中心、需求为导向的“一站到底”的信息服务体系，以满足社会公众不同层次、不同形式、不同渠道、不同时间、不同地点、不同内容的信息获取和服务选择。细化服务分类程度，提高公众参与程度，从而提高服务质量，推动服务型政府的建设。

河北省社会科学发展研究课题民生专项　课题编号：201301463
课题负责人：张云鹏
课题组成员：赵　莹　杨雪梅　孙　莹　张桂东　宋思奇　刘志国

基层公务员工作满意度影响因素调查研究

石家庄信息工程职业学院

基层公务员作为基层政府依法履行行政职能的主力军，既充当着承担社会责任的组织者，也充当着管理社会事务的推动者、实践者等多重角色，其工作满意度状况不仅直接关系到自身综合素质和能力的提升，也决定着基层政府的执政效率和水平，从根本上影响着某一地区甚至是整个国家的经济社会发展速度、质量和效益。因此，在当今加快构建以人为本的和谐社会进程中，更多地关注基层公务员的生活水平、身心健康和精神状态，研究分析基层公务员工作满意度的影响因素，探讨提升基层公务员工作满意度的路径，对加快实现经济社会更好更快更大发展必将起到积极的促进作用。因此本课题研究的核心围绕着“基层公务员工作满意度影响因素”这一主线，旨在通过本课题的研究为探讨提升基层公务员工作满意度的路径提出些许可行性建议。经过为期一年的认真研究和探索，现已如期结题，在总结研究成果的基础上，提出如下报告：

一、研究的主要内容

在对工作满意度内涵进行阐述的基础上，重点梳理了国内外研究者对影响工作满意度的各个因素和对公务员工作满意度研究的现状和趋势，并对公务员和基层公务员的定义分别进行了阐述。对工作满意度的相关理论基础进行总结回顾，梳理了国内外工作满意度测量方法，借鉴若干工作满意度成熟量表，确定了本研究所采用的工具和研究假设。对某区基层公务员工作满意度进行实证研究，得出影响基层公务员工作满意度的各项主要因素。在对结论进行认真分析的基础上，有针对性地提出提升某区公务员工作满意度的有关建议。

二、研究方法

本课题的研究方法是将定量研究方法与定性研究方法相结合，具体采用文献研究法、调查问卷法、开放式访谈法和比较分析法。

三、研究成果

本课题通过对基层公务员满意度现状的调查研究，针对目前基层公务员工作生活中存在的主要问题提出了以下对策性建议：

(一)进一步完善基层公务员晋升晋级制度

当前公务员的晋级晋升,已经成为绝大多数公务员最为重视、也最具竞争力的激励措施。基层公务员能否顺利晋升晋级,不仅关系到基层公务员个体本身工作效率和工作积极性的提高,也影响着区级党政机关甚至是市级党政机关整体行政效能的提升。

总体来讲,某区基层公务员对晋升的公平性是调查问卷15个题项中最不满意的一项。为了探究其根本原因,笔者通过访谈法了解到,目前某区基层公务员晋升制度还存在以下几个方面的突出问题:一是在晋升人选的推荐上,以领导推荐为主,本人毛遂自荐情况较少,群众推荐的情况就更少;二是晋升机会、空间有限,公务员的晋升往往以职位空缺为前提条件,职务的设置是典型的金字塔形,领导职务少于非领导职务;三是对拟晋升人选的考察范围不尽合理、不够公开,仅限于通过谈话、投票等形式向本部门、本单位领导、同事征求意见,群众参与较少;四是“天花板”现象较为严重,即一级压一级、一层压一层,在县(市)区“天花板”干部是正科级,升迁至副县级非常困难。

因此,要想提升某区基层公务员对晋升的公平性这一题项的满意度,最大限度地将他们的工作积极性和主动性调动起来,必须进一步完善基层公务员晋升晋级制度。

(二)进一步提升培训的针对性和有效性

当前,某区基层公务员对本单位提供的培训这一题项的满意度也不是很高,但是在实际工作中,通过访谈法了解到,单位提供基层公务员培训的机会和次数并不少,但从组织内容和形式上却都大同小异,缺乏新意,这就需要进一步提升基层公务员培训的针对性和有效性了。

(三)进一步完善基层公务员考核评价体系

目前,某区基层公务员对单位发放的福利这一题项的满意度不高,其主要原因并非希望单位发放的福利越多越好、待遇越高越好,其根本在于福利发放的公平性和待遇分配的公平性,也就是基层公务员的考核评价机制尚需进一步完善。

不仅仅是基层公务员,对于整个公务员这个庞大的群体来讲,其考核评价体系或多或少都存在着以下几方面较为突出的问题。一是现行的公务员考核评价体系内容不够具体,标准不够规范,从其所从事的岗位来讲,针对性差。二是现行的公务员考核评价体系的可操作性差。每年对公务员的考核评价往往是在年终进行一次,通过采取本单位内部工作人员的相互评议、与本单位领导谈话等形式完成,很少能够做到平时考核与年终考核相结合。特别是在评选优秀公务员或给予嘉奖、三等功等奖励时,往往采取本单位人员“风水轮流转”的做法,今年是你、明年是我、后年是他,并没有真正按照个人的工作量大小、工作任务完成的好坏、群众是否满意来进行考核评价,久而久之形成了我们常说的“干好干坏一个样”。三是单位福利与考核评价结果还没有完全挂钩。由于上述两个方面的原因导致了考核评价结果与日常工作的不一致性,从而使单位福利的发放缺乏一定的公平性。同时,所有级别的公务员福利待遇都一样,那么就只能体现在级别的高低上了,这对于基层公务员来讲,其职务级别的升迁本来就具有一定的难度,因此,导致了部分基层公务员工作热情的丧失,工作效率也随之降低。

从以上存在的问题来看,若想要提高基层公务员对单位发放福利这一题项的满意度，首先就要从考核评价上找原因，认真研究分析，强化对策措施，进一步完善公务员特别是基层公务员的考核评价机制。

（四）注重公务员管理的内部公平

由亚当斯的公平理论可知，个体不仅关心自己的产出绝对量，而且更加关心自己的产出与投入和他人的产出与投入之间的比较。经过对比后，当他们感到公平时，会更加满意，并且作为回报，他们会自觉完成额外的工作活动，帮助他人，或者从事其他类似的积极行为。相反，如果认为自己受到了不公平的对待，通常会导致不满，便会想办法做出调整来恢复公平。可以采用的办法有：为这种不一致找到合理的理由，或改变态度，或改变行为。而他们为此采取的一些行为上的改变可能是对生产率不利的，这种情况包括：1. 减少个体的投入；2. 增加个体的收益（例如盗窃）；3. 远离产生不公的地方（例如离开企业或拒绝同自己认为所获报酬过高的雇员共事或合作）。以上三种情况无疑都会为某区公务员整体带来消极影响。

四、结论

本课题在前人对理论及实证研究的基础上，以某区为例，充分运用了文献研究法、访谈法等研究方法，编制、发放、回收了某区基层公务员工作满意度调查问卷，对某区基层公务员工作满意度影响因素进行了深入分析研究，得出了以下结论：

（一）工作相关因素对某区基层公务员的工作满意度具有显著影响。在调查问卷的15个题项中，某区基层公务员对与同事之间的合作题项的满意度最高，对与领导、同事之间的沟通，月收入，同事的素质能力等题项的满意度较高，对单位发放的福利、提供的培训和管理制度等题项的满意度较低，对晋升的公平性题项满意度最低。

（二）性别因素仅显著影响到工作本身这个公因子（维度），对整体工作满意度和其他公因子（维度）并没有显著影响。在组织环境、工作本身、工作收入、工作环境、单位管理等公因子（维度）的满意度和整体工作满意度上，某区男性基层公务员较某区基层女性公务员更为满意。

（三）年龄不仅对某区基层公务员整体工作满意度具有显著影响，而且对组织环境、单位管理等公因子（维度）存在显著影响。30岁及以下的年龄段的某区基层公务员的工作满意度最高，40—50岁年龄段的某区基层公务员的工作满意度低于其他年龄段。

（四）级别对某区基层公务员工作满意度没有显著影响。级别较高的某区基层公务员（科级）的工作满意度高于级别较低的某区基层公务员，且对工作收入的满意度也较高。

（五）婚姻状况对某区基层公务员工作满意度没有显著影响。在组织环境、工作本身、工作收入、工作环境、单位管理等公因子（维度）的满意度和整体工作满意度上，某区未婚基层公务员较某区已婚基层公务员更为满意。

河北省社会科学发展研究课题民生专项　课题编号：201301346

课题负责人：田　亮

课题组成员：高国云　王　晖　王雪霞　白　羽　宋　磊

承德精神传承发展之“梦”

河北民族师范学院

一、承德精神研究缘起

承德精神——“承传文明，德行天下”，自2010年7月7日承德市委宣传部、市文明办向全社会公开征集承德“城市精神”活动得名以来，得到了广泛的好评，与“避暑山庄，和合承德”的城市形象标识一起，成为承德新的“风景”，展现了承德新时期的魅力。承德能否在新的历史条件下解放思想、继续推进改革开放，实现承德经济、政治、文化、社会、生态文明建设“五位一体”的新布局，建设美丽幸福承德，无疑是“中国梦”中的“承德梦”，成为承德人心中共同的愿景。

二、“承德精神——承德梦”的核心价值

就承德精神——“承传文明，德行天下”而言，承德之名蕴于其中，凸显其承传文明的历史特色和德行天下的现实责任。承德精神是民族精神、中国力量、承德风格的集中体现，彰显了承德文化传承发展的核心价值理念，具备凝聚、导向、激励、规范的功能，有助于充分发挥承德精神的传统与现实魅力，进一步践行“解放思想，改革开放、创新驱动、科学发展”的要求。

承德精神本身就是城市文化最好的宣传口号，“承传文明”显示的是对历史和文化的尊重，“德行天下”则表达了对承德创新发展的美好期盼，这正契合了“中国梦”的愿景。每个中国人心中都会有其内涵各异的“中国梦”，而不同城市、地区构筑而成的“中国梦”的集体中，都会有其不同的“梦”的特色。“承德梦”或许只是“中国梦”蓝图中微小的部分，但对承德而言，对承德人民而言是生命过往的记忆与重新起航的全部追求。

三、承德精神传承发展“圆梦”之通途

“承德精神——承德梦”承载着每一个承德人的光荣与梦想，鼓舞着我们在新时期奋发向上，踏上“圆梦”之通途：

（一）重视城市精神的宣传工作，并形成长效机制

“承德精神——承德梦”是契合的，如何将两者的精神文化内涵展现给市域及县域居民，展现给来承旅游观光的人，应成为承德精神宣传工作的重要任务。因此各级文化宣传部门应将承德精神的宣传工作形成长效机制并常抓不懈。广播、电视传媒等文宣领域

应发挥其媒体传播的影响力，突出承德的历史文化传承，将“承德梦”的历史过往，也即我们承德精神中的“承传文明”通过不同的文化表现形式，如拍摄城市文化纪录片，兴建城市文化博物馆，鼓励、资助地方学者出版反映承德历史文化发展的专著等，将市域、县域的历史文化、经济社会发展、人文历史变迁等集结宣传，形成承德人民共同的精神家园，承接“承德梦”的过往记忆，展望“承德梦”的重新起航。

（二）将承德精神注入企事业单位的文化内核

“承传文明，德行天下”反映的是对历史文化的尊重及对现实生活的美好追求，承德建设者集体的中坚力量无疑是各级企事业单位，它们是市场经济下“德行天下”的践行主体。没有文化内涵的企事业单位，其生存发展是没有根基的，而承德精神中蕴含的集体主义精神可以作为企事业单位的文化内核，形成凝聚人心的感召力，彰显承德风格，继而转化成为发展的动力。

（三）实行“引智入承”，加强地方高校及研究机构的文化研究能力

“承德精神——承德梦”在历史文化上的联结是深刻的，对于历史文化的“承传”与“梦”的追求从来都是学者的人生追求，承德自古不乏仁人志士，然而受地形交通等的桎梏，承德的文化历史研究落后，对于“文明”的挖掘不深，成为承德经济社会发展的“瓶颈”，因此应加强地方高校及研究机构的“智库”建设，利用毗邻京津的特殊区位及环首都经济圈的地缘优势，在“京津冀协同发展”中加强文化领域研究，为“承德梦”的实现提供智力支撑。

（四）用承德精神凝聚城乡居民，走新型城镇化道路，促进城乡统筹发展

承德精神需要在市域及县域视野下发展传承，成为联接城乡之间经济、政治、文化、社会建设、生态文明建设统筹发展的共同精神追求。正如市委书记郑雪碧指出：“新型城镇化建设是拉动经济增长的强大引擎。大中小城市和小城镇协调发展是我国城镇化的必由之路，尤其更适合山区特征。必须坚持多点带动，多极发展，以中心城市为核心，以县城为重点，以重点镇和中心村为重要节点，走山区特色的城镇化建设路子。”山区特色的城镇化建设中，将城市文化与城镇文化在共同的历史底蕴中承传，正合承德精神中“承传文明”之义，“新型”则意味着“德行天下”的精神内涵，意指在承传原有历史文明的基础上，谋求现代文明的构建，为承德找寻一条科学发展之路。

（五）将承德精神融入旅游文化之中，突出承德旅游产业的文化特色

承德旅游资源丰富，具备了形成旅游产品的“硬件”资源，这体现的是旅游文化产品满足市场的经济属性，然而作为文化内涵的“软件”是旅游文化的生命线，旅游文化产品的“文化属性”是决定其发展壮大的根本属性。承德精神中的“承传文明”中的“文明”即是承德旅游文化属性中需要挖掘、发展传承的部分，而“文明”的继承则要求以文化内涵为着眼点，这是旅游文化得以传承的土壤，更是旅游文化产业得以生存的根基，将生生不息的承德精神融入承德经济社会发展的支柱产业——旅游文化产业无论从历史传承角度还是现实发展角度都是一脉相连，不可分割的。

（六）加强文化建设，让承德精神深入人民生活

承德精神的践行主体、“承德梦”的圆梦主体是涵盖承德市域、县域最广泛含义上的

“承德人”。承德精神的践行，应将承德精神从文化理念的高度内化至承德人民生活中。文化建设中更多体现“承传文明”的特色，举办具有文化特色的讲座、历史文化知识宣讲、书法、绘画、摄影展、文艺会演等。通过开展这些健康向上、寓教于乐的活动，展示承德人民良好的精神风貌，以“德行天下”的承德精神使人民感受到这个城市的精神魅力并内化为自身的价值追求。

（七）承德精神，应以“承德梦”的实现为“中国梦”的构筑增添靓色

“承德梦”意指承德经济社会实现科学发展，美丽幸福承德得以实现。“承德梦”与承德精神实现了完美的契合。“承传文明”体现的是“承德梦”的过往，在历史继承上体现了对于承德历史文化的尊重、继承与发展，历史的承德是“承德梦”美好的开始与追梦的艰辛过程；“德行天下”则体现了现实的承德“圆梦”的重新启程。“承德梦”最终体现在承德经济、政治、文化、社会、生态文明的和谐发展，建设美丽幸福承德的应有之义。

（八）承德精神传承发展、“承德梦”的实现，要靠政府的“龙头”牵引

承德精神的传承发展要靠政府的“龙头”牵引、政策支撑、制度保障，在城市建设、城乡经济社会快速发展中彰显承德精神的凝聚、导向、激励及规范作用。实现承德经济社会的发展，“承德梦”的实现，政府决策及职能发挥成为关键点。在“解放思想、改革开放、创新驱动、科学发展”大讨论的契机下，承德经济社会发展迎来了新的“春天”，承德精神在历史的重任、现实的责任中彰显出深化改革开放、谋求创新发展、着力文化传承、开创美好未来的愿景，承载着承德精神的宝贵财富，满怀着“圆梦”的激扬力量扬帆起航。

河北省社会科学发展研究课题民生专项　课题编号：201301423

课题负责人：康丽滢

课题组成员：成福伟

承德市公民人文素质调研报告

河北民族师范学院

一、基本情况

为了掌握承德市公民的人文素质状况，以便为有效地、有针对性地开展社会科学普及工作提供重要依据，2013 年 2—3 月间，课题组成员开展了“承德市公民人文素质问卷调查”活动，对承德市公民人文素质情况进行了抽样调查。此次调查是在承德市党政机关、党群组织、企业事业单位负责人，企业事业办事人员，专业技术人员(含教育工作者)，商业、服务业人员，产业工人，农业劳动者，大中专学生，无业、失业人员等 12 个行业九类人员中进行的。调查内容主要是公民知晓文学、历史、哲学、法学、政治学、经济学、管理学、艺术、教育学、管理学、社会学等学科基本知识情况，主要分为五方面内容。一是考察公民对人文知识的掌握情况，主要是从熟知文学、历史、哲学、法律、政治、经济、人文地理、艺术、宗教、道德等十个方面知识进行考察。这是反映公民人文素质的最重要的方面。二是考察公民的人文思想的运用程度，主要是从思想体系或派别识别、民族文化传统比较、基于思想流派或文化传统的逻辑推理等三个方面进行考察。三是考察公民对人文方法的把握程度，主要从公民直觉体验等非理性认识倾向与能力、注重价值判断的倾向、诠释倾向与能力、定性把握的倾向与能力、人文技巧状况等五个方面进行考察。四是考察公民的人文精神释放程度，主要从敬畏生命、公民意识、环保意识、审美趣味、道德品质修养、自主能力、以人为本、合作意识、人生价值观、敬畏体验等十个方面进行考察。五是考察公民素质养成途径渠道等，主要是从公民获得人文信息的方法与途径、人文素质养成影响因素以及对公民人文素质的总体看法等三个方面进行考察。这五个方面的调查内容共包括 31 个项目、35 个问题，涵盖了公民人文素质的基本内容，能够较全面地反映出承德市公民的人文素质程度。

调查后，经过对问卷资料汇总、数据处理、逐项分析、综合评价，使我们对承德市的公民素质状况有了一个基本的了解、认识和把握。数据显示大多数承德市公民具有一定的人文素养，并认识到人文社会科学的重要性，有较强的学习意识，具备一定的人文知识，但对人文知识的掌握还不系统、不均衡，对政治、经济等内容了解掌握程度偏低。另外，还有相当数量的公民不具备辨别唯物主义和唯心主义的能力，用人文思想、人文方法解决社会和生活问题的能力比较欠缺。因此，应重视向广大公民普及人文知识、倡导人文思想、传播人文方法、弘扬人文精神，使其了解人文科学和人类文明进步的历史，认识人文社会科学在人类发展进步中的巨大作用和价值，自觉提高自身的人文素养。

二、提高承德市公民人文素质的几点建议和对策

一个社会的文明程度和这个社会公民的人文素质是互相联系、互相作用的，因此，文明社会的建设要通过提升公民的人文素质来实现。承德市委、市政府正在带领全市人民朝着建成小康社会、建设国际旅游城市的既定目标前进；加强承德市公民人文素质建设，对于从整体上提高全市公民的文化素养，提高全市公民的社会凝聚力，提升承德的文明程度，必将发挥重要的作用。

（一）科教兴国，从建设文化强国、文化大市、宣传普及先进文化的高度，充分认识做好人文社会科学普及工作的重要性。《中共中央关于进一步繁荣发展哲学社会科学的意见》指出："在改革开放和社会主义现代化建设进程中，哲学社会科学与自然科学同样重要，培养高水平的哲学社会科学家与培养高水平的自然科学家同样重要，提高全民族的哲学社会科学素质与提高全民族的自然科学素质同样重要，任用好哲学社会科学人才并充分发挥他们的作用与任用好自然科学人才并充分发挥他们的作用同样重要。社会主义现代化，应该有发达的自然科学，也应该有繁荣的哲学社会科学。"因此，人文社会科学工作是党的一项重要工作，人文社会科学战线是社会主义现代化建设全局中的一条重要战线，承德市各级党委和宣传教育部门必须高度重视人文社会科学普及工作。胡锦涛同志在十八大报告中指出："文化是民族的血脉，是人民的精神家园。全面建成小康社会，实现中华民族伟大复兴，必须推动社会主义文化大发展大繁荣，兴起社会主义文化建设新高潮，提高国家文化软实力，发挥文化引领风尚、教育人民、服务社会、推动发展的作用。"只有大力普及人文社会科学，使这些科学思想和科学精神内化为社会大众文化，才能产生一种积极向上的强大精神力量，推动社会主义现代化建设的全面进步和发展，实现"中国梦"，实现中华民族的伟大复兴。

（二）"粮草"先行，切实加大对人文社会科学普及工作的资金投入。人文社会科学普及工作是推动先进文化发展的重要途径，是精神文明建设的重要内容。实施"科教兴国""科教兴市"战略，离不开人文社会科学的普及工作。因为人文社会科学普及是提高全民人文素质的基础。科学普及既指自然科学的普及，也包括人文社会科学的普及，两大科学犹如鸟之两翼、车之两轮，要切实把两大科学的宣传普及工作放到同等重要的地位，同时纳入承德市社会发展体系，制订出人文社会科学普及工作的发展规划。任何一项工程的实施都离不开资金的保障，公民人文素质的提升同样需要大量资金支持。政府是公民人文素质建设的投资主体，建议在每年的市财政预算中逐步提高公民人文素质建设的资金投入比例，尽快改变人文社科普及没有专项经费的被动局面。承德市应参照自然科学普及工作的做法，按全市人口人均数拨付人文社会科学普及经费，以保证人文社会科学的传播正常持续地开展起来。

（三）建章立制，制订规划，建立社会科学普及工作激励约束机制。人文社会科学事业的繁荣和发展，既有提高任务，也有普及任务。在人文社会科学工作的提高方面，承德市已制定了一系列的激励政策，如每两年一届的优秀社会科学成果奖的评选以及文艺振

兴奖的评选等,使人文社会科学理论研究工作在为党委、政府决策和文明建设服务中发挥了参谋智囊作用。社会科学普及工作作为基础建设,为更好地发挥作用,应建立完善相应的激励机制。因为这项工作的落脚点在于提高社会公众的人文素质。以往尽管承德市社科联所属的各社科学术团体都兼有社会科学普及任务,但因为社会科学普及工作没有中长期规划,缺乏资金和管理,成效不很明显。还有一个重要原因是在评奖中对社会科学普及作品重视不够,甚至把社会科学普及作品视为"小玩闹",不能登大雅之堂。我们认为,对社会科学普及著作出版、评奖、晋级等方面,应建立相应的激励机制。可制定优秀科普作品出版的优惠政策,设立社会科学优秀科普作品的专门奖项等,以调动广大社科工作者投身社会科学普及工作的积极性、主动性。

(四)多措并举,不断开创人文社会科学普及工作的新局面。人文社会科学具有"认识世界、传承文明、创新理论、咨政育人、服务社会"的重要作用。要重视人文社会科学普及工作的开展和社会效果,千方百计加强人文社会科学普及工作的力度。

一要更加重视互联网、电视台、报纸、电台等新闻媒体和手机短信、微博、博客等新兴媒体的宣传辐射作用。二要针对目前个体私营经济从业人员和农民人文社会科学素养较低的实际情况,在各商业区利用电子屏、展板、条幅等形式,大力开展党的路线、方针、政策和法律法规、优秀传统文化、先进思想道德、科学知识、科学精神、科学思想、科学方法的宣传教育,以培养他们的人文精神和法律意识;可在各居民生活小区、城乡接合部等设立科普宣传站,利用办板报、宣传栏或举办橱窗展览等,积极开展宣传教育。三要重视图书和报纸杂志的传播渠道,广泛普及人文社会科学新知识。四要建立人文社会科学咨询服务日、宣传周,面对公民进行现场咨询服务。

(五)提高认识,切实加强对人文社会科学普及工作的领导。此外,政府在努力办好各级各类学校的同时,还要注意发挥家庭、学校、社会组织的作用,全方位地促进公民人文素质的提升。

河北省社会科学发展研究课题民生专项　课题编号:201301422

课题负责人:马云峰

课题组成员:马　珩　高晓东　张建强　金志国　于兰芳

国家宏观调控大背景下
加强我省商品房市场监管对策研究

河北联合大学

国务院办公厅发出“国五条”，再度强化房地产市场监管力度，我们既要落实〔2013〕17号文件精神做好我省房地产市场监管，还要促进我省房地产市场持续健康发展。课题组以事实及具体问题为出发点，提出国家宏观调控大背景下加强我省商品房市场监管的对策。

一、贯彻落实“国五条”我省预售资金分级监管不能一刀切

（一）预售资金分级监管采取差别政策

河北省既要落实〔2013〕17号文件精神做好预售资金监管，还要实事求是面对河北省房地产企业缺少房地产信托、投资基金、资产证券化等融资困境。落实中央“国五条”资金监管不能一刀切，保证期房市场稳健发展是预售资金监管的最终目的，建议引入风险担保赔偿机制，预售资金可分级监管，采取差别性政策：对上市公司，且纳入赔偿担保机制的房地产企业，预售资金无须监管；对资质二级以上，具有一定开发面积和经验，银行资信4A级以上，且纳入赔偿担保机制的房地产企业，适度监管30%的工程资金；对于资质三级以下，开发面积10万平方米以下，具备开发经验，且纳入赔偿担保机制的房地产企业，适度监管50%的工程资金；对拒不参加赔偿担保机制的房地产企业，完全依据法律或规章要求，监管100%预售资金。

（二）在房屋预售资金监管中引入担保赔偿机制

建议我省借鉴“MIGA体制”经验，将房地产企业纳入担保赔偿机制。“MIGA体制”其突出特点在于：对吸收外资的每一个发展中国家，同时赋予“双重身份”，既是外资投向的东道国，又是MIGA的股东，从而部分地承担了外资风险承保人的责任。可借鉴“MIGA体制”经验，由政府或政府委托相关部门成立中介咨询企业监督指导，建立房屋预售款的风险担保基金。借鉴MIGA中的“双重身份”：要求房地产企业（不局限某一项目）按其省内房地产期房营业额缴付一定的保险额度。一旦出现风险，房地产企业既是被该机构追偿的法人，又是该机构的股东，需承担部分风险承保人的责任。该机制的优势在于：引入担保赔偿机制，预售资金可分级监管，而不是依据项目一刀切，利于开发企业统筹资金不闲置浪费。对参与担保机制的开发企业，可依据企业等级进行预售资金分级监管，既鼓励开发商积极经营不违约，又能引导开发企业不断养成诚信品质；同时，极

大减少购房人的心理风险和实际风险，较好地促进房地产预售市场的持续发展和社会稳定。

（三）采取多边风险担保机构和银行联合监管模式

目前我国预售资金监管模式各异，各地市尚未全面开展。实证调查河北省各市住房保障和房屋管理局网站所公示法规规章，只有石家庄市和邢台市出台公示预售资金监管办法，且监管方法依项目一刀切，模式差异很大。建议采取多边风险担保机构和银行联合监管模式。由政府或政府委托相关部门成立中介咨询企业监督指导机构，建立房屋预售款的风险担保基金。经招标准入的担保公司缴纳其注册资金10%的担保保证金，担保公司自行配置具有金融、建筑和房地产经济法知识的专项人员。借鉴MIGA中的“双重身份”：要求房地产企业（不局限某一项目），按其省内房地产期房营业额缴付一定的保险额度。一旦出现风险，房地产企业既是被该机构追偿的人，又是该机构的股东，需承担部分风险承保人的责任。该模式优点为：(1)避免政府来承担资金监管的直接风险和无限责任。(2)既大大减少监管成本，又避免银行单一监管流于形式。(3)既鼓励开发商积极经营不违约，又能引导开发企业不断养成诚信品质。(4)既能贯彻落实“国五条”关于资金监管的抗风险意义，还能符合河北省实际较好地促进房地产预售市场持续发展。

二、以现实主义态度探寻“疏导非法预售”监管治理机制

规制的产生是与市场失灵相联系的，面对金融危机下河北房地产期房市场现状，政府规制作用愈发重要。

（一）以现实主义的态度对待我省非法预售现象

房地产非法预售蓬勃之势屡禁不止，这就要求我们应以现实主义的态度，实事求是的诚实，认真检讨我国房地产预售制度的问题，正视法律的作用及局限性。在尊重法治原则、尊重法律作用的同时，我们也必须承认，事实调查证明，法律在房地产预售治理中呈现一种边缘化状态。当开发商和买受人都采取一种法律外的行为，只有经验性研究才能使我们看清法律的真实——局限性，看清社会的现实——潜规则和道德机制。麦考利教授认为，美国的合同行为也正在进一步远离合同法的制约，走向更大的自由。但笔者认为，为了保护我国房地产预售中“弱势”买受人的利益，进行房地产非法预售的规制是必须且重要的，这不仅关乎房地产预售市场秩序，还涉及金融、价格、纳税等领域的管理。同时，也决定公众的信心和房地产市场的持续健康发展。所以，我们需要以现实主义的态度对待我国特有的现实问题，以开放的思维探寻制度内外的最佳点的结合，积极探寻解决问题的途径——“疏导”治理机制。

（二）建立自行申报非法预售所得款制度

大禹治水的成功不在堵而是疏通，疏导的前提是完全接受。借鉴大禹治水经验，允许非法远期实际交易，接受远期非法交易市场的客观存在，疏导通路再行规制，以避免制度外存在放任的真空带。采取自行申报违法收取预售款制度，要求开发商申报违法收取预售款的实际数额，并加以监管。对于不如实申报有关情况的开发企业，政府主管部门可以限制其开发经营行为。另外，我们还可以借鉴香港经验，对非法预售款进行专户监

管，确保非法预售款最终用于购买物业建设上，使得其后的产权转移顺利完成。

三、从经济和法律视角规制垄断价格

房地产的垄断性来自土地供给的稀缺性和空间的固定性两个方面，房地产期房市场价格势必存在一定垄断，需要加强规制和监管。

（一）引导民间资本回归实体经济遏制房价

各国房地产市场，主要分为市场化（如美国）和非市场化（如德国）两类。市场化意味着房地产是以投资为导向的，非市场则意味着房地产以居住为导向，限制投资和炒卖。如2013年中央调控房地产价格，通过政府规制，用税收、行政手段降低其流动性；或政府大量供给非交易性房产（廉租房、公屋等）。课题组认为，遏制非理性房价，除了需要采取各种限制性政策外，还需要引导民间资本重新回归实体经济，进行产业投资。政府进行疏导性政策研究，将有助于缓解房地产投资过热，使房价理性健康。同时，在疏导中规制，建议实行项目、成本及价格信息披露制，进一步研究期房销售过程中明码标价的方式和内容。

（二）借鉴德国经验用法律手段调控房价

依据德国《经济犯罪法》规定，地产商出售房屋，如果该房价超出“合理房价”的20%，就构成了违法，购房者可以向法院起诉，如果房价不立即降到合理范围内，出售者将会面临最高5万欧元的高额罚款；而如果房价超出“合理房价”的50%，则视为“房价暴利”，就触犯《刑法》构成了犯罪，出售者不仅会面临巨额罚款，甚至还会被判三年徒刑。德国是租房率比较高的国家，只有40%左右的家庭拥有房产，其他60%左右的家庭依靠租房为生，这其中青年人租房率高达77%。为什么会有这么高比例的家庭愿意租房居住？原因就在于德国法律给予了租房者近乎完美的制度保障。在德国，租房的“安全感”不亚于买房，德国法律规定，房租基准价格由专门机构根据房屋状况评定，房东不得随意涨价，房东要提高租金，必须书面举证理由，即使涨价也必须符合连续15个月内未曾涨价的要求，且涨幅一般不得超过10%，否则房东将会面临被起诉的后果。依据德国《经济犯罪法》规定，如果该房租价超出“合理房租价”的20%，也构成违法，租房者可以向法院起诉；超出“合理房租价”的50%，视为“房价暴利”，构成了犯罪。另外，德国《租房法》还非常详细地规定了租房者的权益，若租房者无钱支付房租，房东不得直接将其赶出，需上诉法庭，在租房者出具足够证据证明无钱缴纳房租后，由政府提供租房补助。鉴于法律对租房者的充分保障，大部分德国人认为租房比买房更合算。

四、由于房地产制度的设计缺陷，政府监管更要讲效果

由于法律设计缺失对消费者权益的保护，那么，我们更需要改变政府监管方式，重形式也要重效果。

（一）及时对房地产制度加以补充和完善

我国商品房预售制度的设计缺少对消费者权益的保护，关于公摊面积的计算，法律自身存在缺陷。当现行制度不够完善时，必须及时对制度加以补充和完善，有利于促进

和保证房地产业的健康发展。福建、重庆、北京等省、直辖市已于10年前相继推出套内建筑面积计价销售的相关办法，但我省还没有任何措施，使期房消费者权益在此环节的保护呈缺失状态，纠纷较多。套内建筑面积计价虽然不能左右价格，但使面积更加明确，利于操作，避免纠纷，利于稳定。同时，政府主管部门应出台相应奖惩政策，与纠纷数量挂钩，引导开发商合法交易，减少欺诈。

（二）建立联合执法监管机制，讲程序重效果

建立联合执法机构，使期房市场非法预售、捂盘惜售和中介机构哄抬房价等主要问题能够及时捕捉，避免推诿，各主管部门协调解决。应加大商品房预售环节的监管，对达到预售标准的楼盘实行最低预售数量和最少预售时间规定，防止开发商捂盘，减少商品房有效供给，造成房价上涨。必须加强房地产流通环节的监管，建立联合执法机构，对开发商的捂盘行为加强管理。课题组认为，政府监管不能只重形式，监管应讲疏导重效果。同时，加强对经纪机构的资质及运行管理。目前我国的房地产经纪业起步不久，但这并不意味着对经纪人放松管理。相反，越是这样的行业，越是要加强管理，既要加强对经纪人资格的管理，又要加强对经纪机构的资质和运行管理，这将有利于该行业的发展，促进房地产交易市场的有序运行。

（三）建立统一登记制度，使公示信息真实可查

我国已规定统一登记的省市有上海、重庆、广东、安徽等地，河北省目前还没有补充性规制，处于分别登记状态，即房产由建设部门的房地产主管部门负责登记，地产由国土主管部门负责登记。分别登记不利于公示和查询，而不动产登记发挥其强大公示功能的途径就在于给第三人提供权威的登记信息。依据《物权法》第246条规定：法律、行政法规对不动产统一登记的范围、登记机构和登记办法做出规定前，地方性法规可以依照本法有关规定做出规定。在《物权法》中完善不动产登记制度，建立不动产的统一登记制度，应当是我国未来不动产登记制度的发展方向。

结语

贯彻落实"国五条"，再度强化房地产市场监管力度，建议我省预售资金分级监管不能一刀切，建议以现实主义态度探寻"疏导非法预售"监管治理机制，建议从经济和法律视角规制垄断价格，建议针对房地产制度设计缺陷政府监管更要讲效果。

参考文献：

[1]上海社会科学院房地产业研究中心、上海市房产经济学会编：《台湾地区房地产市场发展与政策调控及其借鉴》，上海社会科学院出版社2013年版。

[2][德]Nico B. Rottke编，李启明等译：《房地产资本市场——市场功能、次贷危机和未来发展的国际化透视》，中国建筑工业出版社2013年版。

[3]张红利：《中国房地产市场调控绩效研究》，吉林大学出版社2012年版。

[4]魏后凯、李景国：《中国房地产发展报告》，社会科学文献出版社2012年版。

[5]刘树枫：《我国房地产市场特征、结构、行为及绩效研究》，经济科学出版社2012

年版。

[6]张坤:《房地产区域投资组合研究》,北京理工大学出版社 2012 年版。

[7]徐洪才、李莉:《房地产企业项目融资与资金管控》,云南大学出版社 2012 年版。

[8]白建军:《法律实证研究方法》,北京大学出版社 2008 年版。

[9]蒋磊涵:《汇率博弈对中国房地产的影响及探析》,《中国—东盟博览》2013 年第 1 期。

[10]万志红、肖微闻:《房地产增值税公平价值论》,《云南大学学报》2013 年第 10 期。

[11]余凯:《中国房地产宏观调控的难点问题和对策研究》,《经济研究导刊》2013 年第 4 期。

[12]黄彬彬:《探讨在宏观调控下的房地产以及房地产的金融风险》,《时代金融》2013 年第 6 期。

[13]范愉:《新法律现实主义的勃兴与当代中国法学反思》,《中国法学》2006 年第 4 期。

[14]刘应杰:《德国房价不涨的调控经验》,《人民论坛》2012 年第 9 期。

[15]唐黎标:《调控房价的德国经验》,《楼市》2012 年第 1 期。

[16]娄文龙、张燕:《房地产市场:加强规制还是放松规制》,《城市发展研究》2008 年第 4 期。

[17]王荔珏:《暖市开局　新"国五条"当头棒喝》,《广州日报》2013—2—22。

河北省社会科学发展研究课题民生专项　课题编号:201301316

课题负责人:郭丹云

课题组成员:谢　辉　唐　欣　袁素娟　刘小廷　何辉利

借鉴成功模式
推进我省大学生就业创业的对策建议

河北经贸大学

党的十八大把高校毕业生就业工作提到了所有就业群体的首位，明确要求“做好以高校毕业生为重点的青年就业工作”“推动实现更高质量的就业”。2013 年史上“最难就业年”告以尾声，2014 年就业工作即将展开。为全面推进我省 2014 年大学生就业工作，本课题组拟结合国内外推进大学生就业的先进模式，提出对策建议。

一、国内外推进大学生就业的成功模式及其启示

(一)山东模式：搭建海外就业平台

随着我国劳动力技能和水平的不断提高，国际市场提供给大学生的就业机会越来越多，推动大学生海外就业，需要改变大学生的就业观念，也需要政府、学校及相关单位的共同参与。2013 年 5 月 18 日至 19 日，山东省首次大学生海外就业市场及项目推介说明会在济南大学和山东医专举行。“山东省大学生海外就业服务中心济南大学示范基地”同时揭牌。6 月 3 日，第二场由商业厅和团省委参与主办的大学生海外就业市场及项目推介说明会，在齐鲁工业大学举行。仅第一场推介说明会就有 50 名学生基本确定将赴海外就业。

主要启示：大规模向海外输送大学生就业人员，这对赶上“最难就业季”的毕业生来说无疑也是一个不错的选择。大学生海外就业市场及项目宣传推介会可使大学生基本了解海外就业市场及项目情况，初步达成高端人员储备和外派的意向。

(二)美国模式：以市场为引导规划就业

在美国有很多社会组织或机构积极参与就业市场调研和需求预测，对大学生就业给予充分的关注。如美国大学生就业的最大服务机构——全美大学与雇主协会，通过市场调研获得第一手数据，对社会需求做出预测，并发布相关数据，从而引导大学生向有利于自身就业的正确方向发展。美国的大学生往往把就业看作个人的事情，早早就为自己的未来做打算，进行长远规划。

主要启示：政府应采取措施通过市场需求引导大学生早做就业规划，应转变大学生

的就业观念，让他们把找到什么样的工作，看作是个人能力的体现。

（三）德国模式：建立双重职业教育体系

德国大学生就业的取胜法宝是完善的双重职业教育体系，即同时学习理论和进行实际工作培训，而不是先学习再工作。德国的双重职业教育计划由联邦职业教育和培训协会来管理，学员同时参与学习和实践。双重职业教育意味着雇主和政府共同承担培训的责任。培训人员与雇主签订协议，并得到一份工资或者津贴。通常学员每周到技校学习1到2天，学习与自己从事职业相关的理论，还要学习经济学、外语和其他一些社会科学课程。同时，学员在自己选择的领域做学徒。在此期间，他们能拿到一个正式员工三分之一的工资。德国的双重职业教育体系，不仅让年轻人避免了毕业即失业的尴尬，也使得德国工业的创新能力和德国产品在全世界广受欢迎。

主要启示：为帮助大学生尽快摆脱就业困境，争取就业公平，政府应投入大量资金实施或者启动一系列实习、培训计划，为大学生提供大量的实习或实践机会，以便提升他们的就业技能。

（四）英国模式：鼓励资助大学生自主创业

英国高等教育学会为大学提供创业技能教学的材料，利用学会的各种小组以及各个学科中心的工作为高校创业教育提供学术支持。英国综合排名第六的如拉夫堡大学规定，该校“学生创新和创业奖学金”的获得者将享受一揽子创业指导，包括知识产权法规、公共关系和营销建议、商业计划和资金申请、良好风险基金的介绍等。为扶持青年创业，早在1983年英国王子基金就已开展了青年创业计划，通过联合企业界和社会力量为青年创业提供咨询和资金、技术、网络支持。该计划平均每年帮助5000名英国青年创业，创业成功率在60%以上。成熟的风险投资和信贷体系帮助大学生创业者解决了资金的困难。如果需要到商业银行贷款却没有抵押品，凭借一份好的商业计划书也同样可能贷到款。

主要启示：政府或高校应有组织地向大学生提供咨询、技术、资金等各方面创业指导与支持。

（五）埃及模式：拒绝失业，电商受宠

埃及最大的电子商务公司“Souq”与政府、大学合作，在大学校园内开展电子商务培训班，让大学生能在毕业前学到一技之长，随后直接进入电商领域。在培训班，年轻人可接触到电子商务的方方面面，企业则会负责他们的就业。这些培训课程目的是为了培养合格的电子商务专家。它可以让所有人获益，政府可以降低失业率，学生可以找到工作，雇主可以雇到有经验的雇员。

主要启示：政府、高校与大型电子商务公司合作在校园内开展电子商务培训，可以使电商领域成为新的就业增长领域。

（六）日本模式：政府为学生与中小企业搭桥

日本采取的是全国统一的就业制度，政府、高校和用人单位等密切配合、协调一致促进大学生就业。2013年，日本政府开始将就业目光更多转向中小型企业。为引导更多大学毕业生到小企业工作，政府和日本工商会搭建了专用的网络平台，免费为小企业和就业困难的大学生搭建沟通的桥梁，登录该平台的大学生有望在两个星期内拿到企业的录用通知。

主要启示：在政府部门、事业单位、国企等一职难求的情况下，中小企业成为新的就业增长点，政府、高校应密切配合搭建大学生与中小企业间的桥梁。

二、推进我省大学生就业的对策建议

（一）政府、高校、用人单位全方位合作。政府相关部门应制定一系列促进大学生就业的公共政策，形成一套大学生就业促进政策体系和切实可行的政策措施，并推行规范而系统的政策评估，有效推进各项就业政策的严格执行。大学里设立专门的培训机构负责学生专业能力之外的其他技能的培训。各专业转变办学观念，坚持校企合作，实践教学的理念。设立校友俱乐部等，利用校友关系，向社会、企事业各部门介绍毕业生。学校与政府机关和企业建立密切联系，尽可能多地为大学生安排实习机会。企业常年为大学生提供实习基地，并且负责实习生的培训与考核。中介机构提供就业行情及用人单位信息。政府、高校、用人单位三方合作建立“就业支援中心”，全方位促进大学生就业，该中心提供全免费服务，为会员提供就业服务计划。

（二）制定长期可持续就业政策。政府要对就业持理性的态度，一要遵从市场规律，二要遵从整个教育从招生、培养到就业的规律，三要实现就业结构的均衡发展，四要缩小行业间、城乡间的收入待遇、保障上的差距。不能只顾眼前的问题是否解决，而不看长远，应以市场用人需求为导向，兼顾国家、用人单位、高校和毕业生的共同利益。通过利益机制的调节，将个人的自利动机导向公共利益的政治秩序，从而服从国家的整体需要。应凸显用人单位、高校和毕业生三方的自主性，兼顾我省各地区经济发展水平的不平衡性，缩小行业间、城乡间的差别，实现人才自由流动，实现省市县各级地区的经济文化的长远可持续发展。

（三）建立双重职业教育体系。双重教育体系即同时学习理论和进行实际工作培训，而不是先学习再工作。怀揣一技之长是实现高质量就业的基础。要千方百计扩大就业，首先要加强技能培训，努力提高劳动者的就业创业能力。由政府建立相关教育培训机构，专门负责大学生在校期间的职业培训。通过交叉培训，使大学生的工作业务技能得到快速提高。同时广泛建立校企合作实践基地，使大学生把培训中学到的技能在实践中熟练化。凭借这些业务技能，毕业的大学生可以轻松得到一份工作，并在随后每一次谋求更有实力用人单位的更高职位时，保持较高的成功率。

（四）搭建海外就业平台。1. 政府帮助高校建立海外实习基地。就业不一定只盯着国内，国外也有很多机会。高校的海外实习基地让大学生在校期间就能到海外企业实践，了解国外的就业环境形势，寻找国外的就业机会。海外实习不仅能提高大学生的语言能力，还有助于改变其思想观念，提高大学毕业生的专业技术水平。2. 由政府部门组织海外就业的中介机构。该机构每年定期举办大学生海外就业市场及项目推介说明会，介绍海外就业市场及项目需求，负责对每一个海外推荐的项目进行实地考察，考察完毕签用人协议。协议除对保险、薪酬做必要的约定外，还应征求领事馆的意见，对每个企业的资信程度进行论证,报审查合格后,才允许公开招选工作人员出国就业。

(五)调整大学生培养结构。由于我国经济结构调整滞后,劳动力市场上的表现是:大学生劳动力供给过剩,熟练技术工人供给短缺。从经济结构调整的方向看,大学生需求会增加,但未来市场需要越来越多的熟练技术工人,这要求我们的大学生培养结构需要调整,高校专业、层级的结构也要调整,“计划入口,市场出口”的模式必须改变。

在扩招中,不少学校采取规模化办学路线,选择办学成本低、容易开办的专业作为扩大招生的突破口,这造成一些专业设置泛滥,人才培养和社会需求严重失衡。比较典型的是一些人文、社科专业,高校的培养规模远远超过社会需求,学生在报考时,就知道未来就业困难,可为了混一张文凭,不得不选择报考这些院校、专业。高校培养机制也要根据市场进行相应改变。高校要围绕我省转型跨越发展的新形势新要求,优化人才培养结构,突出教育培养与产业发展对接、专业培训和职业需求对接,增强学生就业创业和适应社会的本领。

(六)发展服务业,吸纳大学生。我国高等教育的发展和社会经济发展未能形成良性循环。总体看来,我国大学生的比例还不高(第六次全国人口普查显示,我国每十万人中有 8930 人达到大学文化程度,这低于发达国家水平),大学生之所以就业难,一个重要原因是,我国服务业占 GDP 的比例并不高,而这正是吸收、容纳大学生最多的领域。产业结构不合理,导致了对大学生的白领岗位需求不足。我国第三产业不够发达,特别是像金融、法律、理财、高级家政、高科技等中高档的服务岗位需求不够。一般市场经济发达国家能达到 60%多,甚至于 70%,如果中国能达到这样的水平,大学生就业问题就不会这么棘手。

(七)鼓励资助大学生自主创业。1. 加强政府扶持力度,降低自主创业门槛。国家和地方政府适当放宽大学生创业的市场准入条件,为其开辟创业“绿色通道”。例如,取消高校毕业生落户限制,增加小额贷款、精简企业注册审批环节、降低创业注册资金门槛、免收相关费用等。2. 弘扬创业精神,营造创业氛围。共青团、青联等青年群众组织要广泛宣传大学生创业的成功经验;媒体要大力弘扬创业精神。在全社会确立创业为荣、支持创业的良好氛围。3. 增进金融保障体系的建设。可成立“大学生自主创业基金”,对经专业评估机构认定有成功创业可能的大学生创业项目,提供启动资金支持;提高贴息的小额贷款额度、延长偿还期限;建立创业投资风险基金。4. 完善创业教育课程体系。把创业教育纳入高校教学体系,设立创业教育课程,培养创业教育师资,编写创业教育教材。5. 深入开展创业实践活动。可以通过定期组织创业聚会,邀请社会上的著名企业家、成功创业者、职业经理人参与;举办创业大赛;将部分大中企业作为大学生创业教育的实践基地,鼓励有条件的高校设立创新创业中心或创业园区。

(八)发展中小企业并助其完善基础保障。有关数据统计显示,国企吸纳的就业人数仅占全国总就业人数的 8.2%,而民营经济却解决了全国 75%,甚至 80%以上人员的就业问题,因此,中小企业占主体地位的民营企业是我国吸纳劳动力最重要的渠道。但是,就每年数以百万计的大学生来说,在市场资源配置不均的情况下,他们更愿意去考公务员或者去大型企业,而不愿意去没有基础保障的中小民营企业,这也造成了相当一部分

“选择性”失业。造成这种状况的原因在于我国目前的创业环境并不好，尤其是中小企业发展的环境不好。当然税负过重、劳动力成本普遍上升等问题都导致了民营企业的发展困难，难以吸纳更多的就业。政府应从信贷政策、员工基础保障措施、法律、税收政策等各方面大力支持民营企业家的创业和扩大生产规模。

（九）对大学生进行电商创业的相关培训。电子商务是国家“十二五”规划的战略性新兴产业，对于刚刚毕业的大学生来说，是一种商业模式的创新。电子商务成本低，门槛不高，为大学生创业提供了很好的舞台。对于缺乏创业资金的大学生群体，在经营网店的“开店”环节可谓“零投入”。同时，大学生发展电子商务的创业，可以增加他们的相关技能，提高再就业的成功率；大学生发展电子商务的创业，可以带动一大批新兴产（事）业的发展，如信息产业、知识产业和教育事业等，由此扩大就业率。但投身电商经营，创业容易发展难。大学生社会关系简单，耐力、抗压能力差，与人沟通的能力不足，“寻找货源”和“联系物流”两个环节成为许多大学生“店主”的“短板”。在与众多网络淘金者面对面的竞争中，大学生办网店优势并不明显。因此，政府应建立相关培训机构对大学生进行电商创业的相关培训，并在寻找货源、申请店铺、上传商品资料、联系物流、店铺推广等方面提供技术、经验、社会资源等各方面的支持与帮助。

河北省社会科学发展研究课题民生专项　课题编号：201301047
课题负责人：杨晓娟
课题组成员：吕　杰　马　瑞　李凡凡　穆　娟

河北省重点高职院校毕业生就业质量调查

唐山工业职业技术学院

我省高等职业教育在校生接近40万人，是高等教育的半壁江山，对于建设"经济强省，和谐河北"具有不可替代的作用。为更好地服务区域经济社会发展，促进人才培养模式改革，提高高职教育质量，满足高等教育大众化的要求，解决高职大学生就业的突出问题，"河北省重点高职院校毕业生就业质量研究"课题组对我省8所重点高职院校近年毕业生就业质量情况开展了专题调研。

一、基本情况

本次调研的对象包括4所国家示范性高职院校(邢台职业技术学院、承德石油高等专科学校、石家庄铁路职业技术学院、河北工业职业技术学院)和4所国家骨干高职院校(河北化工医药职业技术学院、唐山工业职业技术学院、邯郸职业技术学院、秦皇岛职业技术学院)。这些学校不仅在我省经济社会发展中具有重要作用，在全国也具有相当影响，譬如，承德石油高专的就业质量在全国同类院校名列第一。分析这些院校的就业质量，可以发现我省高职院校大学生就业质量中的典型问题，预测就业工作的发展趋势。

(一)年底就业率高于全国同类院校平均水平

2011年度，8所重点高职院校毕业生26261人，占全省同类院校毕业生总数的23.4%，年底就业率平均为97.24%，比全国同类院校平均水平高7个百分点；2010年毕业生用人单位满意率为87.99%，基本满意的占9.38%。这说明河北沿海发展战略对高职教育发展已经产生了拉动作用，同时也表明我省的高等职业教育发展处于全国前列。

(二)多数毕业生获得了职业资格

2011年，河北省高职院校获得职业资格的毕业生数达到9.3万人，毕业生职业资格获取率达到75.91%，比上年增加了1.6个百分点。其中示范性高职院校毕业生职业资格获取率最高，达到85.16%，比平均水平高出近10个百分点，比民办院校高出29.95个百分点，表明示范性高职院校毕业生职业能力较强，具有较强的就业竞争力。

(三)与企业合作较为紧密

2011年，河北省59所高职院校在合作企业就业的毕业生为18518人，占就业毕业生总数的16.56%。各类高职院校中，示范性公办院校在合作企业就业的毕业生比例最高，为23.49%，非示范性公办院校为9.03%。

（四）毕业生升迁、转岗占有一定比例

我省2010届高职毕业生中，8所重点高职院校的升迁率和转岗率分别达到14.84%和14.22%。一方面，这说明生产技术组织处于动态调整之中；另一方面，也说明重点高职院校的毕业生具备了较大的发展潜力，能够适应发展方式转变的需要。

（五）就业指导队伍亟待壮大

2010—2011学年，河北省各类高职院校专职招生就业指导人员为399人，指导人员与学生比例约为1∶1000。根据教育部要求和发达国家经验，应按1∶500配置职业指导师，我省高职院校仅为这一比值的一半。从专职招生就业指导人员的比例构成来看，本校在职人员占83.71%，示范性高职高于这一比例。

二、相关政策建议

提高高职院校毕业生的就业质量，是“转方式、调结构、促改革、惠民生”的一项重要措施。为此，提出以下政策建议：

一是推进高职院校职业指导工作的科学化。职业生涯发展具有规律性，需要高职院校配备足够的高素质职业指导人员，利用职业指导技术方法和手段，为在校学生和在职人员提供职业选择、职业转换、职业发展等方面的服务。职业指导不只是就业指导，而是应伴随人的整个职业生涯历程，具有更深层次的教育引导功能。职业指导人员必须具有扎实的理论基础，熟悉常用的职业指导方法和技巧，熟悉劳动力市场的政策文件、劳动法，了解我国具体国情，掌握信息技术工具，具有较强的沟通能力和应变能力。但目前我省高职院校职业指导人员不仅数量短缺，而且整体素质不高，与教学队伍相比处于薄弱地位。建议政府加强对高职院校职业指导工作的督导，促使高职院校从本校实际情况出发，建设一支责任心强、素质优良、专兼结合的职业指导队伍，实现教学工作与职业指导工作的一体化。

二是推进高职院校毕业生就业工作的信息化。由于高职院校毕业生人员众多，相对分散，院校所在地与就业岗位距离较远，采用传统的现场招聘方式成本高、效率低、效果差，毕业生和用人单位均不满意。政府教育部门应鼓励各个地区和高校建立信息化就业平台，发布供求双方的职业信息，实现“点对点”的信息沟通，促进高职院校毕业生就业质量的提高。根据用人单位和毕业生的需要，高职院校可以较为详尽地提供毕业生的各种信息，降低人才搜寻成本，提高用人单位招聘工作的及时性、准确性和有效性。随着网络技术的发展，毕业生和用人单位可以随时随地掌握相关信息，克服传统集中招聘存在的弊端。高职院校应该将就业信息化建设作为数字化校园建设和办学体制机制创新的重要内容，以此作为校企合作的接口，实现开放办学。

三是推进高职院校专业结构调整。专业设置符合区域经济发展的需要，是提高就业质量的基本条件。目前，我省高职院校仍不同程度地存在着专业趋同化、缺少品牌专业、紧缺专业发展缓慢以及专业结构调整思路不清等问题，特别是高速动车组技术、机器人技术、港口业务管理等方面的专业较为薄弱，而一些长线专业招生规模较大，严重影响了毕业生就业质量的提高。优化专业结构，应该以我省产业结构调整规划为基础，结合高职院校原有基础条件，按照“压缩长线、扩充短线、打造品牌”的思路，形成省、市、校三级重点专业，突出各个地区、各个院校的比较优势，防止出现新的重复建设现象。各市政府应该将高职院校专业调整作为产业结构调整的重要配套措施。

河北省社会科学发展研究课题民生专项　课题编号：201201371
课题负责人：田秀萍
课题组成员：陈玉阁　蒋晓荣

开拓高校毕业生就业渠道研究

——以河北省为例

河北北方学院

开拓大学生就业渠道是一项系统工程，需要政府、高校、用人单位及大学生个人、社会、家庭等方面共同努力。高校以社会需求为导向，深化教学改革是开拓大学生就业渠道的前提；政府完善机制、转换职能、出台政策是开拓大学生就业渠道的保障；用人单位转变观念、出资出力、献计献策是开拓大学生就业渠道的根本；大学生明确目标、坚定信念是开拓大学生就业渠道的条件。只有多方形成合力，才能拓展大学生就业渠道，从根本上破解大学生就业难题，最终实现大学生就业率及就业质量的提高。

一、当前河北省高校毕业生就业现状

（一）供大于求，供求倒挂。近年来，各高校规模性的扩招，使高校毕业生人数与社会需求失衡。供大于求的局面，使高校毕业生价值贬值，形成了用人单位单方市场。用人单位的用人条件要求更高、更苛刻。学历不够高不行，专业不对口不行，性别不符合条件不行，不过英语六级不行，等等。使多数毕业生不知所措，无可奈何。

（二）就业理性化，目标现实化。由于就业岗位少，用人单位要求条件高，多数毕业生就业意愿进一步理性化，更加切合实际。要求去国有企业的少了，到私人企业、到生产第一线的人多了；单纯追求待遇的少了，看重长远发展的多了；选择专业对口的多了，追求职业地位的少了；凭真才实学的多了，靠关系后门的少了；非大城市不留的少了，愿意到基层、到边远艰苦地方的多了。

（三）用人公开化，指标透明化。一些国有企业、厂矿招聘人员进一步社会化、透明化、公平化。网上公示的多了，单位内定的少了；招聘内部子女少了，重知识、看学历的多了。

（四）专业设置与市场需求脱节，结构性矛盾依然突出。由于高校专业设置不能完全适应快速变化的市场需求，从而造成人才供需市场配置的时间差，供给与需求错位在一定程度上造成了大学生就业难。近年来的人才市场需求供给情况反映，各技术等级的劳动力呈现供不应求的局面，以机械加工为主的技术、技能型人才短缺，致使部分工科类大学生在校期间又到技工培训学校学习，掌握实践技能，拿到技能等级证书。

二、我省大学生就业难原因分析

(一)专业设置不合理导致高校毕业生结构性供给过剩

近年来,我省就业市场出现"就业难"与"招工难"并存的怪现象。企业由于市场没有急需的专业技术人才,出现"招工难"。毕业生没有对口专业招人,造成"就业难"。这种现象反映了高校毕业生结构性的过剩,即毕业生的专业结构与现实的需求结构发生了比较严重的错位。高等院校专业设置不合理、高校之间专业设置重叠现象严重、缺乏办学特色等。这些因素导致了高校毕业生供给与需求的结构性矛盾。

(二)大学生就业能力低影响其实现就业

在对用人单位的调研中发现,用人单位最看重大学生的素质是:专业知识与技能、敬业精神、学习意愿与可塑性、沟通协调能力、解决实际问题的能力。在这五种素质中,用人单位对大学毕业生评价较高的是"学习意愿与可塑性",而对于"专业知识与技能""敬业精神"与"沟通协调能力"则评价一般,对"解决实际问题能力"评价最低。这意味着当前高校毕业生无论是专业素养,还是实践技能,都不能让用人单位感到满意。

(三)就业服务体系仍需完善

问卷调查显示,毕业生认为现有的就业服务体系能够满足求职需要的仅有6.2%,认为不能满足的占47.8%,认为基本满足的占46%;用人单位认为能够满足招聘需要的仅有18.5%,认为不能满足的占5.9%,认为基本满足的占75.6%。

对于现有的就业服务体系不能满足就业需要的主要原因,高校毕业生认为:一是赶大集式的招聘会人流过多、效果不好(占33.2%);二是信息渠道不畅(占31.1%);三是缺乏与企业直接沟通的机会(占32.7%)。

对于目前高校所提供的就业指导,接近一半的学生满意程度为"一般"(占47.5%),较为满意的为21.72%,感觉满意的仅为2.83%,另有27.95%的被调查者对高校目前所提供的就业指导感觉不满意。

三、开拓我省高校毕业生就业渠道的建议对策

(一)完善市场经济体制,健全高校就业扶持政策

高校毕业生就业是科教兴国战略的有机组成,也是构建和谐社会的一个重要方面。政府既要做到对人力资源市场信任放权,又要积极干预:一是继续深化体制改革,为大学生扫除制度性障碍,拓宽新的就业渠道,鼓励大学生多渠道就业;二是建立新型毕业生就业机制,通过各种就业指导中介、机构和组织,指导毕业生更好地实现就业;三是监督用人单位的用工制度是否合理、招聘信息是否公开、竞争是否公平等市场规范问题;四是积极调整产业结构,大力发展第三产业,扩大中小企业和非公有制企业规模,创造更多的就业岗位和空间;五是完善高校毕业生就业扶持政策,通过各种途径加强就业帮扶,促进就业。

(二)深化教育教学改革,培养社会需求的高素质人才

高等教育层次结构的改革,应尽可能改变以往各学历层次人才类别单一的状况,要

朝着多样性发展。高校要面向当地的经济社会建设，适时调整专业结构，加强校企合作，签订联合办学，进行订单式培养，逐渐摆脱大学生毕业就失业的尴尬。高校对教学计划和教学内容的设置也要与时俱进，应从实践的角度出发，加强对学生的成才教育和技能教育，培养社会需求的高素质人才。

(三)强化就业指导与咨询服务，大力提升毕业生就业能力

高校要高度重视毕业生就业指导工作，成立专门的就业指导机构，具体来讲：一要提高就业指导人员的专业化水平，建立信息网络，提高工作的实效性；二要增设专门的辅导课程，对学生进行全面系统的就业指导；三要积极组织各类竞赛活动，如职业生涯规划大赛、简历设计大赛、职场模拟大赛等，激发大学生的就业热情；四要开展系列专题指导讲座，邀请相关专家、企业家进校园，开设与企业文化、仪表仪态、求职面试、市场需求、心理指导等有关的讲座，引导学生为将来实现就业提前做准备；五要树立就业指导全程化思想，不仅限于在“毕业前进行指导”，而要贯穿高校教育的始终。

(四)结合我省农村经济发展现状，鼓励高校毕业生到基层去锻炼发展

建立健全基层大学生发展激励机制、大学生选用提拔机制、大学生社会保障服务机制。认真组织好高校毕业生到村任职、“三支一扶”“特岗教师”“大学生健康行动计划”“大学生志愿服务西部计划”等项目，探索实施“高校毕业生社区服务计划”，积极引导高校毕业生面向基层就业。

(五)结合毕业生自身条件，鼓励他们自主创业

在就业难的环境条件下，鼓励大学生自主创业是开拓高校毕业生就业渠道的重要途径。在目前高校毕业生就业难的形势下，创业教育已被作为一个教育理念提出。创业教育与普通专业教育不同，除了知识、技能方面外，更侧重于开发人的创造力、事业心、素质培养等。高校应重视加强对学生进行创业教育，以创业为导向，促进就业工作，拓宽毕业生就业渠道。

(六)政府要大力鼓励和扶持非公有制企业发展，开拓高校毕业生就业渠道

大力扶持民营企业和小微企业。政府部门将落实中小企业扶持政策与做好高校毕业生就业工作结合起来，对民营企业、小微企业采取激励措施，鼓励其招收更多的毕业生。对招收毕业生达到一定数量的企业，在发展资金方面优先扶持，提供技术改造贷款等。

高校毕业生就业问题是关系到我省经济发展的一个重大问题。能否解决好大学生就业问题，不仅关系到毕业生个人发展，而且也关系到我省经济的发展和社会稳定。高校毕业生就业难问题的原因非常复杂，而且还隐含着深层次的社会问题。在当前新形势下，要解决这个问题也不是一蹴而就的，只能通过全社会的努力，创新观念，完善制度，改进工作方法，不断深化改革来完成。

河北省社会科学发展研究课题民生专项　课题编号：201301201

课题负责人：郭　飞

课题组成员：夏建军　安宴非　王学军　余　欣　王永利　王建水

河北省高校大学生创业现状及影响因素研究

石家庄经济学院

引言

2013年高校大学生毕业人数为699万，比2012年增加了19万，创历史新高，就业形势严峻。随着就业压力增大，越来越多的大学生选择了自主创业，创业成了就业的另一种模式。另一方面，国家实行“科教兴国”战略，建设“创新型国家”，大力提倡大学生自主创业，各省份也出台了一系列优惠政策，但是据麦克斯对中国大学生创业现状的调查，2010年高校大学生创业比例仅为1.5%。面对形势和实际的落差，对当前高校大学生创业现状进行调查，有助于找到大学生创业的路径和方法，有助于提高大学生的创业成功率，从而促进整个国家的创新。

本研究选取河北省高校在校大学生为研究对象，通过调查问卷、深度访谈等方法，对河北省高校的在校大学生进行了问卷调查，并与相关校领导、就业指导中心老师以及创业导师等进行了交流，收集到了第一手资料。从河北省高校大学生的创业现状、影响因素、存在问题以及对策研究等几个方面进行阐述。

一、大学生创业现状的调查

(一)调查方案

本次调查选取了河北科技大学、河北师范大学、石家庄经济学院的在校大学生作为抽样调查对象，采取随机调查的方式，共发放调查问卷500份，收回有效问卷448份，有效回收率为89.6%。

调查问卷分为三部分：第一部分是基本信息的调查，包括性别、年级等。第二部分是大学生创业现状的量表调查，采取李克特五级量表。对于大学生创业现状的调查主要分为两个层次：大学生的创业态度和创业行为。大学生创业态度的调查维度主要从对创业的认识、对自身创业能力的评价、对创业环境的看法、创业动机等几个方面来体现；大学生创业行为的调查维度主要从参加创业活动、为创业做准备等方面来体现。第三部分是创业的困境及影响因素调查。

(二)大学生创业态度的调查分析

1. 对创业的认识

目前国家要建设创新型国家，大力提倡大学生创业，提倡以创业带动就业。大学生对创业的认识直接关系到大学生创业行为，通过调查可以看出大学生对创业意义的认识，如表1所示，有65.4%的人认为创业的意义重大；有20.8%的人认为大学生创业是为了躲避就业难；有57.5%的人赞同大学生创业；65.7%的人认为大学生创业有利于自身和国家的发展。由此可见，有很大一部分大学生对大学生创业的认识不到位，没有意识到大学生创业的重要性，对大学生创业存在很多不确定的认识，这就需要在大学教育体系中加入创业教育，将创业理念融入通识教育中，提高大学生对创业的认识。

表1 大学生对创业的认识表

大学生对创业的认识	十分不同意		不同意		不确定		同意		十分同意		样本总数	
	N	%	N	%	N	%	N	%	N	%	N	%
大学生创业没有太大的意义	24	5.4	269	60	121	27	28	6.3	6	1.3	448	100
创业是为了躲避就业难	62	14	168	37	125	28	54	12	39	8.8	448	100
大学生应该创业	16	3.5	61	14	112	25	226	50	33	7.5	448	100
大学生创业有利于自身和国家的发展	9	2	37	8.3	108	24	264	59	30	6.7	448	100

2. 对自身创业能力的评价

从表2可以看出，对创业感兴趣、有创业冲动的占69.6%，自我感觉已经具备了创业能力的占33.1%，有创业欲望但是自我感觉不具备创业能力的占51.8%。由此可见，大学生对自身的创业能力的评价不高，很大一部分学生处于不确定状态，也就反映了目前大学生缺少创业能力的培养和创业激情的激发。

表2 大学生创业能力的自我评价表

对创业能力的自我评价	十分不符合		不符合		不确定		符合		十分符合		样本总数	
	N	%	N	%	N	%	N	%	N	%	N	%
对创业感兴趣，有创业的冲动	11	2.4	26	5.8	100	22.2	268	60	43	9.6	448	100
我已经具备了创业的能力	32	7.1	126	28.1	142	31.7	109	24.3	39	8.8	448	100
我想创业，但是没有能力	42	9.4	68	15.2	106	23.6	194	43.3	38	8.5	448	100

3. 大学生对创业环境的认识

从表3可以看出，目前大学生创业的家庭支持度仅为16.06%，受传统教育思想的禁锢，大多数家庭希望孩子大学毕业后直接就业；对政府创业政策的认识仅为45.9%，部分学生不了解当前的创业政策;对学校提倡创业的认识占 49.76%,也就是说部分学校并没有开展创业教育,也没有将创业教育与专业教育相融合;认为社会舆论支持创业的仅占 32.99%,也就是说长期以来的中庸思想占据了社会舆论,很多人希望求得一份安定的工作,不希望闯荡、冒险。

表 3　大学生对创业环境的认识表

对创业环境的认识	十分不符合		不符合		不确定		符合		十分符合		样本总数	
	N	%	N	%	N	%	N	%	N	%	N	%
家庭支持	46	10.3	130	29	200	44.6	52	11.6	20	4.46	448	100
政府政策支持	21	4.69	62	13.8	159	35.5	131	29.2	75	16.7	448	100
学校提倡	28	6.25	65	14.5	132	29.5	186	41.5	37	8.26	448	100
社会舆论支持	25	5.58	100	22.3	175	39.1	131	29.2	17	3.79	448	100

4. 大学生创业动机

从表 4 我们可以看出大学生的创业动机存在盲从性。"创业是为了赚钱,减轻家庭负担"的占 30.6%,这与部分大学生的家庭条件有直接的关系;认为"就业难而创业"的占 23.2%,很多大学生还是认为即使就业难,也应该先就业;"想自己当老板"的占 35.7%,说明这部分大学生的自我意识比较强烈,不喜欢受用人单位束缚;"创业是为了实现自我价值"的占 53.8%,这部分大学生的价值取向是正确的;"创业做自己喜欢做的事"占 55.6%,因为做自己喜欢的事情就想创业过于理想化;"为赶时髦而创业"占 19.7%,说明部分大学生还是存在盲从性,对自己的职业定位不明确。

从大学生创业动机调查中可以看出,很大一部分大学生对创业的动机存在误区,因此应加强对创业动机的引导和帮助,使其树立正确的价值观、人生观和创业观,给自己树立一个端正的创业目标,合理定位自己的职业生涯。

表 4　大学生创业动机调查表

创业动机	十分不符合		不符合		不确定		符合		十分符合		样本总数	
	N	%	N	%	N	%	N	%	N	%	N	%
赚钱,减轻家庭负担	38	8.5	122	27.2	151	33.7	102	22.8	35	7.8	448	100
就业难而创业	58	12.9	176	39.3	110	24.6	79	17.6	25	5.6	448	100
不想为别人打工,想自己当老板	40	8.9	123	27.5	125	27.9	105	23.4	55	12.3	448	100
实现自我价值	23	5.1	64	14.3	120	26.8	212	47.3	29	6.5	448	100
做自己喜欢做的事	31	6.9	60	13.4	108	24.1	219	48.9	30	6.7	448	100
一时兴起,赶时髦	65	14.6	184	41	111	24.7	50	11.2	38	8.5	448	100

（三）大学生创业行为的调查分析

1. 积极参加创业活动

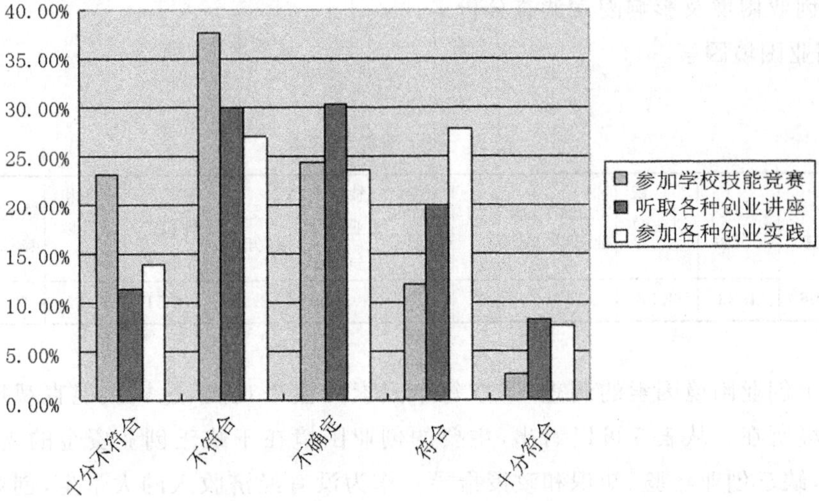

图 1　大学生参加创业活动柱形图

从图 1 可以看出，目前大学生“参加学校技能竞赛”所占的比例并不高，高校应该让更多的学生参与技能竞赛，提高大学生的实践能力；“听取各种创业讲座”和“参加各种创业实践”的比例不足一半，因此在大学阶段要注重大学生创业意识和创业能力的培养，扩大创业实践活动，让更多的学生参与其中。

2. 为创业做准备

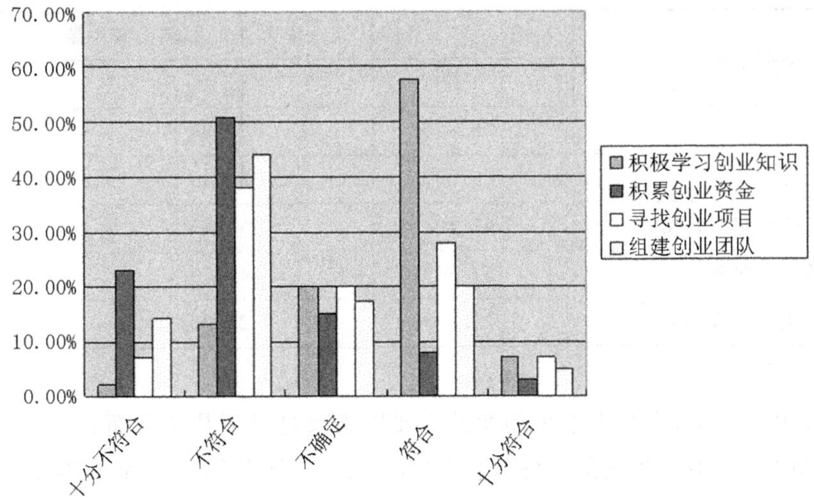

图 2　创业准备情况柱形图

从图 2 可以看出，目前大学生主动学习创业知识的积极性很高，但是对创业资金的积累不足；能够主动寻找创业项目，但是忽略了对创业团队的组建。

（四）创业困境及影响因素调查分析

1. 创业困境因素

表 5　创业困境调查表

创业困境因素	缺少家人支持	缺少创业资金	不了解创业政策	缺少创业知识	缺少创业经验	缺少创业项目	缺少创业培训与指导	缺乏管理知识	缺乏服务和产品创新	创业机会难以捕捉	缺乏风险意识	缺乏创业毅力和信心
均值	3.96	4.33	3.58	3.54	3.6	3.24	3.09	2.97	3.51	3.51	2.66	2.71

大学生创业困境因素的调查，采取每个因素均值来观测，这样更能直观地看出大学生创业困境所在。从表 5 可以看出，主要的创业困境在于缺乏创业资金的支持，缺乏家人的支持，缺乏创业经验、知识和政策指导。作为没有经济收入的大学生，创业资金首先是创业的主要困难，没有资金寸步难行；具有传统观念的大学生的家长们，大都希望孩子大学毕业后能够有份安稳的工作，不希望他们冒险，因此传统的家庭观念也阻碍了大学生自主创业；大学生缺少创业经验、知识和政策指导，主要问题在于高等学校的教育观念的问题，大学教育应该将创业教育融入专业教育之中，将创业培训与指导融入大学生的就业指导之中，形成系统的创业教育体系。对于其他的困境因素，都需要在大学期间不断锻炼自己，不断学习，不断实践，培养创业精神和创业能力。

2. 创业影响因素

表 6　创业影响因素调查表

影响因素	你认为大学创业的影响因素主要是		
	是	否	缺失值
家庭支持	26.40%	72.90%	0.7%
个人创业能力	66.90%	32.40%	0.7%
创业基金支持和优惠政策	67.40%	31.80%	0.7%
学校创业教育和服务	54.60%	44.70%	0.7%
社会化专业化管理和指导	75.40%	23.20%	1.4%

从表 6 可以看出，影响大学生创业的主要因素来自以下几个方面：

（1）家庭环境：中国传统的家庭教育是“父母教，应顺从”，没有家人的支持，大学生创业的信心就有所缺失。作为具有传统思想的父辈，他们总是希望孩子在学校里好好学习，成绩第一。与考研、就业和考公务员相比，创业的支持度较低。

(2)学校教育:大学教育是大学生形成人生观、价值观、世界观的最主要的阶段。对于想创业的大学生来讲,创业教育、创业培训与指导是大学阶段形成创业思维、创业精神和创业能力的有效途径。因此要加强创业教育,不断探索创业实践的途径,有效地将大学生的专业知识转化为创业技能。

(3)政府支持:政府作为社会活动的组织者、管理者、服务者,任何社会活动都离不开政府的支持,创业活动也不例外。作为创业影响因素中最重要的资金和政策是政府支持创业的最直接的措施。在校大学生没有经济收入,缺乏资金来源和优惠措施,唯有政府做后盾,才能实现自己的创业梦。

(4)社会组织支持:随着创业浪潮的到来和创业活动的活跃,越来越多的社会创业组织不断涌现,西方发达国家的社会创业组织已经成为社会经济发展中的独特力量。据统计,2005 年英国 55 万个社会创业组织帮助了 33%的残疾人和 23%的失业者成功就业。中国也应该大力发展社会创业组织,依靠社会的力量,成立创业基金会,为创业者提供资金、技术、管理等方面的帮助,形成专业化的管理组织。

二、对策和建议

(一)构建创业文化,营造创业氛围

在调查中,我们发现很大一部分学生认识到创业的意义,对创业感兴趣,但是缺乏创业的行为,关键因素是整个社会的文化中缺少创业文化。在传统的文化中,"中庸之道""官本位"占据了很大一部分,所以千军万马考公务员,就业选择去国企,希望工作稳定,工作体面。而创业文化需要冒险,需要激情,需要拼搏和奋斗,构建全社会的创业文化势在必行。

首先,从舆论上提倡创业,支持创业者。目前政府大力推行创业,提倡以创业带动就业,创业是就业的另一种形式。创业的舆论导向从政府发出,慢慢地要通过社会民众的认可,逐渐形成一种文化氛围,从心底不排斥创业,转而支持创业。

其次,要从政策上保护创业者的利益。只有创业者取得了成功,才能被社会认可。政府作为社会活动的管理者,需要对创业活动进行激励,实施可行的创业政策,构建人民大众的创业文化。

(二)实施创业教育,提高创业能力

创业教育作为一种新生的教育理念,需要与专业教育相融合,发挥独特的魅力。创业教育不是开展技能竞赛,也不是开几门创业课程,而是一个系统科学的教育体系。

首先,设置科学的创业教育课程体系。将创业思维、创业知识、创业技能、创业实践有机结合,通过科学的课程设置,系统培养学生的创业精神和创业能力。

其次,开展多种形式的创业活动。创业教育包含多种形式,有企业家讲座、创业课程培训、创业竞赛、创业模拟、创业项目孵化等,让学生从思想到实验,从实验到实践,一步一步完成创业的过程。

再次,建设创业孵化基地或者创业孵化园,将学生的创业活动真正纳入实践环节。学校提供一定的资金和场地支持,鼓励大学生自主创业,完成创业前的经验积累。

最后，要将企业引入大学校园，能够真正地培养学生的实践能力和管理经验。让学生在企业定岗实习，积累企业管理经验和市场运作的经验，逐步建立校企共同培养创业人才的机制。

（三）成立创业管理机构，为创业者保驾护航

目前政府支持创业有三种模式：有政府直接参与的，如日本；政府间接指导的，如美国；政府既参与又指导的，如西欧。美国以小企业管理局为核心的支持创业体系效果最为显著。因此，我国应成立专门的创业管理机构，管理创业事物，给创业者更多的指导和帮助，让社会创业活动减少盲目性。

结束语

目前大学生创业的现状不容乐观，存在许多问题，有客观方面的原因和有主观方面的原因。但是大学生作为国家知识分子的中坚力量，担负着建设创新型国家的重任。政府和高校是创新型人才孕育的摇篮，必须通过各种力量去帮助大学生自主创业，逐渐形成全社会的创业文化，形成新的经济增长点，不断推动国家的发展。

河北省社会科学发展研究课题民生专项　课题编号：201301249
课题负责人：初汉芳
课题组成员：朱燕空　郑炳章　史　巍　张　可

独立学院毕业生就业质量及其影响因素研究
——以河北省为例

河北大学

独立学院作为中国高等教育体制改革的产物，对于促进我国高等教育大众化，深化高等教育办学体制改革发挥了重要作用。截止到目前，全国具备招生资格的独立学院318所，在校生近300万人，约占全国本科生总数的1/3。河北省现有独立学院17所，在校生逾20万人，毕业生约占全省本科毕业生规模的40%。这个群体的生源集中在二本以下、专科以上的学生，因为教育投入较高，就业期望值相应较高。毕业生就业质量直接关乎学生家庭和学生自身对独立学院的评价，对独立学院大学生就业质量进行量化研究，从微观层面来说，可以在一定程度上对只有数量意义的就业率指标进行补充和修正，可以促进学校的人才培养质量、提高毕业生就业满意度；从宏观意义上来说，将有利于国民经济的高效发展。对于独立学院毕业生就业质量问题进行研究，因而具有非常重要的现实意义。

一、问卷设计与数据采集

就业质量是反映整个就业活动中劳动者与生产资料结合并取得报酬或收入的具体状况之优劣程度的综合范畴。该定义涵盖了两方面因素，即劳动者与生产资料结合的客观情况，对报酬和收入优劣程度的主观判断。基于此，我们在借鉴和参考了国内外大量研究文献的基础上，依照科学性、全面性、简明实用性、可比性、前瞻性等原则，结合我省独立学院毕业生就业的基本特点，设计出在岗情况、个人认知、影响因素等3个一级指标，以及工作报酬、工作稳定性、个人满意度、专业对口度等16个二级指标，构建了河北省独立学院毕业生就业质量调查的指标体系。设计了包含38项调查题目的问卷，通过邮件、QQ聊天等途径发放问卷11574份，回收有效问卷8363份，回收率72.25%。其中，人文类毕业生为2608名，占31%；经管类为2829名，占34%；理工类毕业生为2976名，占35%，样本具有较高的代表性。

二、调查思路

课题立足于调查毕业生在岗的客观情况，结合毕业生对岗位的个人认知，分析其实际的就业质量，以及影响就业质量的因素，进而提出提高就业质量的可行方案。（见图1）

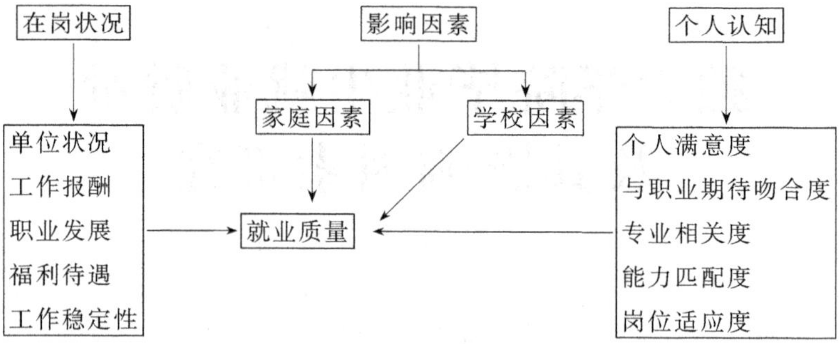

图 1　调查思路

三、结果分析

(一)在岗状况与毕业生岗位认知

在岗状况主要分析毕业生单位状况、工作报酬、职业发展、福利待遇、工作稳定性等客观情况。岗位认知则从个人满意度、与职业期待的吻合度等方面,调查毕业生的主观感受。

1. 岗位薪资

调查显示,与 2012 年全省在岗职工平均工资相比,岗位薪资福利的总体情况处于中等偏上水平。(见图 2)

毕业生工作报酬的绝对数字较高,但不是所有毕业生均于省内就业,也不是所有毕业生全部就业于非私营岗位,因此,毕业生对工作报酬的满意度并不高。(见图 3)

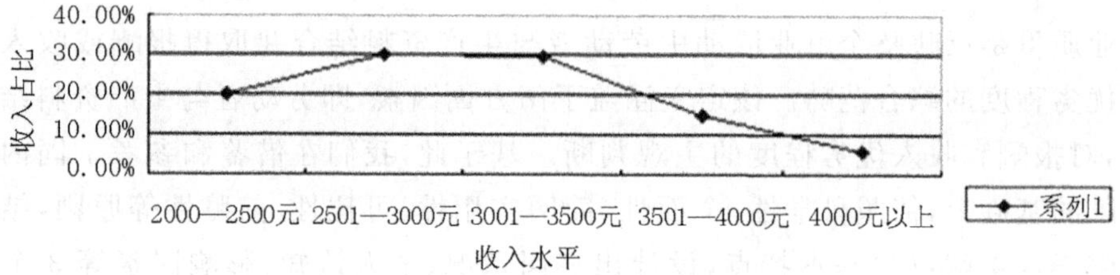

图 2　岗位薪资

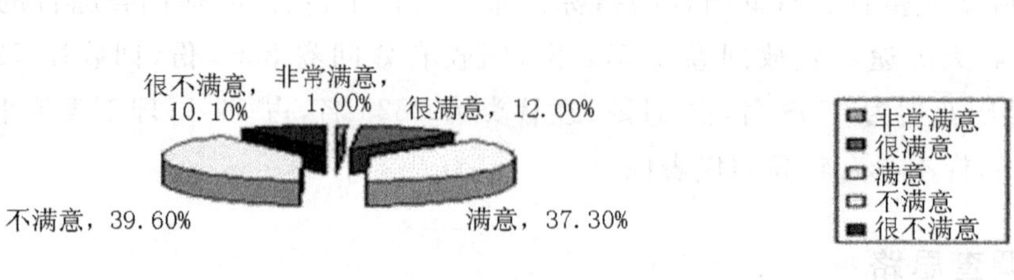

图 3　毕业生对工作报酬的满意度

2. 福利待遇

福利是员工的间接报酬。一般包括各种保险、带薪假期、公积金等形式。福利是工作报酬的补充部分，通常不用纳税，从某种意义上来说，福利对于员工，有时比工资本身更有吸引力。在此次调查开始前，我们考虑到近年在民营企业就职的毕业生人数增长较快，因此，只对基本的福利待遇进行了调查。结果如下（见图 4）：

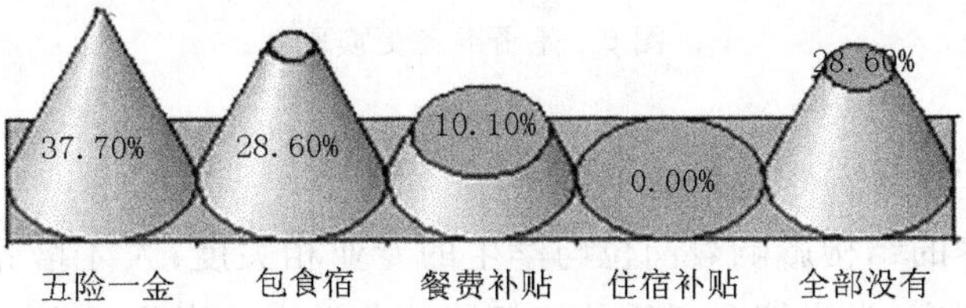

图 4　福利待遇

从上图可以看出，毕业生的工作福利状况不佳，因此毕业生对这个指标的评价不高。

3. 发展空间

我们从在职培训、行政职务晋升、技术职务晋升三个方面进行了调查。在职培训显示 46.7%的毕业生至少接受过一次由雇主提供的职业培训，但培训内容与技能无关的占 31.5%。而毕业生更希望通过培训提高个人素质。

而无论是在行政职务晋升方面还是在技术职务晋升方面，发展空间都差强人意。分别只有 40.9%和 40%的同学表示岗位具备技术职务和行政职务的晋升条件，其余为无法确定或完全没有。

4. 工作稳定性

影响员工工作稳定性的因素有很多，前面提及的工作报酬、福利待遇、发展空间等都是影响工作稳定性的因素。除此之外，企业文化、与职业期待的吻合度等都起着作用。

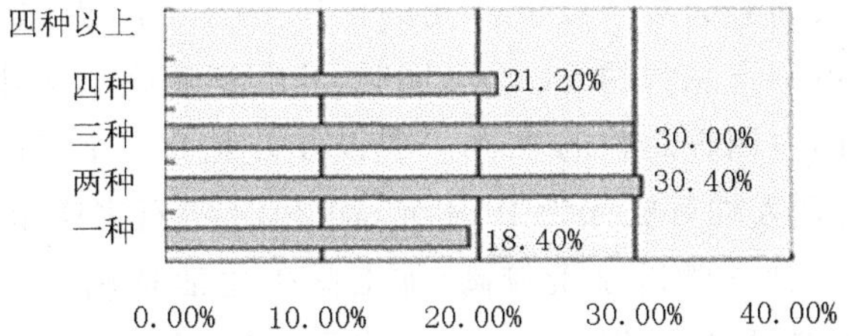

图 5　自 2012 年毕业至今，您从事过几种职业

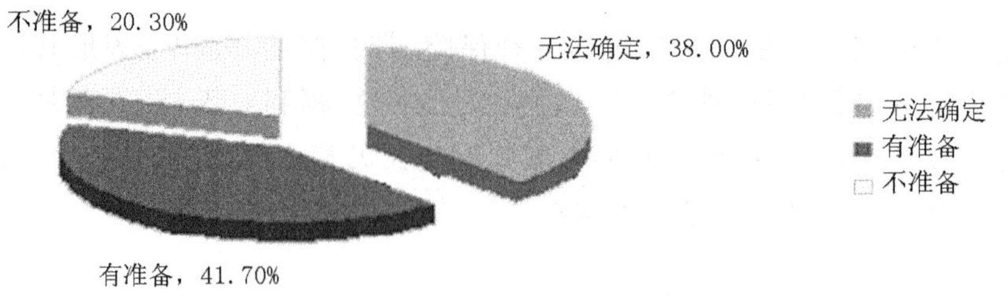

图 6　是否准备更换职业

（二）学校人才培养与学生教育认知

高校人才培养的结构影响着岗位与学生的专业相关度；人才培养的质量影响着学生与岗位的能力匹配度；学生综合素质的好坏影响着学生的岗位适应度。

1. 专业相关度

通过调查我们发现，超过 20％的学生从事着与专业完全不相关的工作。其中，31.5％的学生之所以选择与专业无关的工作，是因为本专业工作招聘岗位少。这在一定程度上说明，学校人才培养结构与社会岗位需求的对应度不高。

2. 能力匹配度

能力匹配，是指员工在努力、承诺、经验、知识、技能等方面适合组织要求的程度。调查发现，几乎全部毕业生认为个人基本工作能力有些重要、重要或非常重要，但只有20.4％认为自己的基本工作能力在大学期间得到了提升。

（三）家庭背景与就业质量

沈悦萍认为，大学生在走出校园之际，其社会资本主要来源于家庭，家庭的社会经济地位决定了大学生能够利用的社会资本总量。因此，我们在本项调查中，将毕业生家庭背景作为其就业质量的另一影响因素。

1. 低收入和收入中等偏下水平家庭占主体

调查显示，独立学院低收入和收入中等偏下水平毕业生占生源的半数以上。我们将毕业生出生家庭年收入划分为 2 万以下、2 万—5 万、5 万—10 万、10 万以上四档，显示 5 万元以下年收入家庭占调查总数的 53.2％；同时，我们还调查了毕业生家庭成员的数量，家庭成员在 4 人以上的占调查总数的 83％。假设 5 万元为一个家庭一年的可支配收入，家庭成员为 4 人的话，则人均月收入为 1004 元，而 2012 年石家庄市的低收入家庭生活标准为每人 1369 元/年。独立学院学费较高，加上学生生活费用，学生年消费占家庭年收入的一大部分，学生在求职、自主创业等方面受到明显限制。

2. 中下社会阶层生源占调查主体

陆学艺将中国社会划分为五大经济阶级以及十大社会阶层，同时认为，阶层的分化越来越趋向于职业的分化。可以说，家庭的社会经济地位决定了大学毕业生所能够利用的社会资本水平。调查显示，独立学院中来自中下层家庭的生源占主体。（见图 7）

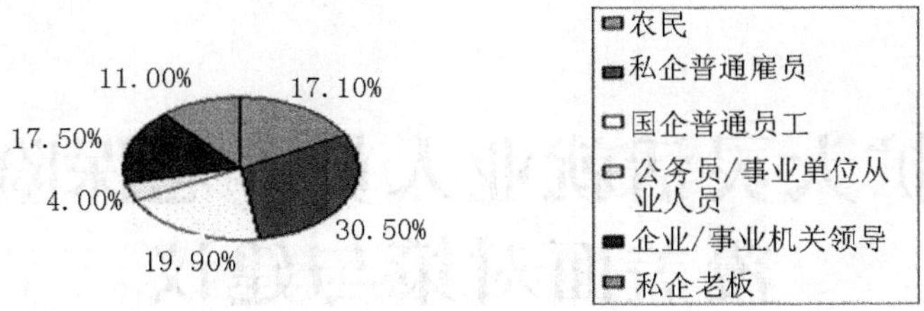

图 7　您父母的职业

四、对策和建议

独立学院毕业生就业质量是政府导向与高校人才培养脱节、社会需求与学生家庭期望冲突、学生综合素质与职业匹配度偏差等多种因素综合作用的结果。解决独立学院毕业生的就业质量问题，应该从以下层面着手：

从政府层面来讲，应建立社会需求预测机制，并使之服务于独立学院专业设置调整及人才培养模式改革，逐步实现独立学院数量与质量的协调、结构与效益的协调；继续对困难家庭大学生求职扶持；设立大学生就业政策保障机制等。

从院校层面来讲，应将跟踪毕业生就业质量纳入常规工作，并使跟踪结果反映到人才培养模式改革中来；研究就业市场需求规律，合理调整专业设置；重视人才培养实践环节，提高学生岗位意识和实践能力；强化低年级学生职业生涯规划教育和高年级学生的就业能力培养。

从学生个体层面来讲，应对照岗位需求标准，一方面加强专业学习，提升专业能力，另一方面有意识地提升自己的综合能力，如生涯规划能力、岗位适应能力、创新意识与能力、社会性学习的能力等，以自身的“软实力”实现就业质量的“硬着陆”。

参考文献：

[1]刘素华：《建立我国就业质量量化评价体系的步骤与方法》，《人口与经济》2005 年第 6 期。

[2]秦建国：《大学生就业质量评价体系探析》，《中国青年研究》2007 年第 3 期。

[3]赵慧娟、龙立荣：《个人—组织匹配与工作满意度——个人价值观匹配、需求匹配与能力匹配的比较研究》，《工业工程与管理》2009 年 8 月。

[4]沈悦萍：《论社会资本与大学生就业》，《煤炭高等教育》2006 年第 6 期。

[5]陆学艺：《当代中国社会阶层的分化与流动》，《社会学研究》2003 年 7 月。

[6]郑洁：《家庭社会经济地位与大学生就业——一个社会资本的视角》，《北京师范大学学报》2004 年第 3 期。

河北省社会科学发展研究课题民生专项　课题编号：201301037

课题负责人：高银玲

课题组成员：马荣娟

扩大灵活就业人员养老保险覆盖面对策与建议

河北劳动关系职业学院

《社会保障"十二五"规划纲要》提出要进一步扩大社会保障覆盖范围的目标，基本养老保障人群要实现基本覆盖，重点做好农民工、非公有制经济组织从业人员、灵活就业人员的参保工作。把不断壮大的灵活就业人员群体最大限度地纳入养老保险覆盖范围，不仅有助于实现劳动资源的合理流动，加快城镇化建设，还可以实现基金收支的长期平衡，以应对老龄化社会的到来。

一、灵活就业人员构成

现阶段灵活就业人员构成比较复杂，涵盖的领域非常广泛。从就业分布来看，可分为正规企业雇佣灵活就业人员和非正规企业灵活就业人员。正规企业雇佣灵活就业人员主要包括临时工、季节工、劳务派遣工、承包工、劳务承包工等，其中劳务派遣更是成为很多企业用工的主要形式。非正规企业灵活就业人员包括自雇就业人员、小微企业就业的劳动者、独立服务型就业人员和其他类型就业人员，其中包括高层次的自由职业者，如作家、律师、会计师、自由撰稿人、翻译、中介工作人员等，而这些人员收入较高，养老保险参保意识较强。

二、灵活就业人员养老保险低参保率原因分析

(一)国家养老保险政策方面的原因

1. 缴费率高，负担过重。现行的养老保险制度是根据正规就业群体来设计的，所以城镇职工养老保险制度设计得比较完备，和企业职工8%的缴费比例相比，灵活就业人员20%的比例明显偏重，而且随着工资的逐年增长，这些灵活就业人员工作不稳定，收入水平增长缓慢，缴费负担越来越重，这使许多灵活就业人员不得不退出养老保险保障范围。

2. 制度设计激励性差，引发逆向选择。2005年国务院38号文件规定对提高缴费年限的激励性有所增强，对逆向选择有一定的排除性，但效果还是不明显。灵活就业人员普遍收入不高，在选择缴费基数时，往往选择社会平均工资60%或更低的基数，这样的结果使灵活就业人员处于选择高基数、长缴费年限门槛过高和又想参保的两难境地。

3. 养老保险转移接续困难，影响参保率。当前我国的养老保险制度四种制度并存，实现灵活就业的农民工参加了灵活就业养老保险制度，如何实现和城镇企业职工养老保

险制度和新农保对接是亟待解决的问题。当农民工返乡时养老保险金如何转移还不明确，农村养老保险只有个人账户，农民工统筹基金如何转移出现了问题，政策不明确加上手续办理的烦琐致使许多农民工选择退保。

（二）用人单位方面的原因

有的用人单位变相降低缴费标准，或者是降低缴费基数，或者是让本来应参加城镇企业职工养老险的劳动者按灵活就业人员自己去社保局参保，让灵活就业人员按20％的比例缴费，由企业报销12％。有的劳务派遣公司让劳务派遣工自己缴纳养老保险，或者是用工单位支付保险费用被劳务派遣公司截留。用人单位不给灵活就业人员缴纳养老保险或者变相降低缴费标准大大损害了灵活就业人员的权益，即使有参保意愿但由于处于被动局面而无法实现。

（三）灵活就业人员自身的原因

灵活就业人员对养老保险政策知之甚少，这说明政府对这项政策的宣传力度还不够。此外，灵活就业群体中的主体是农民工，家庭养老还是他们的首选。一些人没有认识到养老社会化是社会发展的必然趋势，对养老保险互济承担养老风险的功能知之甚少。还有些人对养老保险基金的安全性有顾虑。

（四）社会养老保险经办机构的原因

当前社会养老保险经办机构只对单位，不针对个人，给灵活就业人员参保带来不便。此外，社会保险经办机构信息化建设滞后，缺乏专门针对灵活就业人员的信息系统，管理手段粗放，对灵活就业人员的信息统计不及时、不完整，使灵活就业群体养老保险费的征缴难度加大。

三、扩大灵活就业人员养老保险覆盖面的措施

（一）灵活就业人员养老保险政策设计

1. 提高统筹层次，进一步疏通转移接续渠道。养老保险实现全国统筹的意义重大，不但能打破全国养老保险保障不均衡的问题，实现全国养老保险一体化，而且可以从根本上解决养老保险的转移问题。养老保险实现全国统筹后，不但灵活就业人员在哪里参保都一样，无须转移养老保险关系，还可以促进城际之间的流动就业，这对于提高灵活就业群体的参保积极性有很大的促进作用。

2. 探索完全基金制模式，逐渐做实灵活就业人员个人账户。灵活就业人员缴费模式是在参考正规就业群体缴费模式的基础上进行设计的。笔者认为，灵活就业人员收入低，而且是自己缴费，相对于正规企业职工8％的缴费比例，负担过重，这些人员没有义务过多分担当前统筹基金支付的压力。可以探索划入统筹基金比例逐年降低的办法作为过渡，按参保年限逐年降低其计入统筹部分的额度，增大个人账户计入比例，等时机成熟，直接实现完全积累。

3. 修正缴费基数，降低缴费比例。在岗职工月平均工资的统计口径不包括灵活就业人员，因为灵活就业群体大部分收入偏低，用一个不包括灵活就业人员收入统计口径的指标所确定的缴费基数来缴费，明显和现实不符。应该把城镇最低工资标准设为缴费基

数，分为几档，适当上浮，这样的缴费水平灵活就业群体是可以负担的，各地政府也可以通过大样本统计调查，寻找合适的替代率，确定合理的缴费基数。适当降低养老保险缴费比例，可以参考西方国家社会保障税的做法。

4. 设定最低缴费年限，完善计发办法和待遇。养老保险参保人员缴费年限最低为15年，由于“多交多得”宣传得不到位和制度本身激励性不强的原因，许多灵活就业人员宁愿选择只交15年的政策最低限。对于收入偏低的灵活就业人员适宜实行完全积累制，个人缴费完全进入个人账户，设定的最低缴费年限应该高于15年，根据现在的就业年龄测算，定在25年左右比较合适。对于逐渐做实个人账户的设计思路，在缴费满15年后，个人账户计入比例应提高，为了鼓励灵活就业人员延长缴费年限，从第16年开始，可改为对计入个人账户的比例实行每增加一年多记入1%，最后实现完全积累。

（二）灵活就业人员社会管理配套措施的完善

在缴费方式上，社会保险经办机构发展社会保险缴纳代理机构是一个很好的应对办法。在具体养老经办方式上，可以简化经办程序，设立专门针对灵活就业人员的服务窗口，并采用灵活的缴费方式。此外，政府应该加大调研，继续完善财政补贴制度，以家庭为单位进行认定，对于家庭经济困难，已经中断参保而无法继续缴纳的人员在缴费时可以给予一定的优惠或减免，对收入在社会最低生活标准以下的灵活就业人员，进行适当的缴费补贴，但要规定补贴年限。

（三）加强灵活就业养老保险立法，完善灵活就业人员社会保障规定

《社会保险法》中没有对灵活就业人员社会保险做出具体规定，只是规定参照正规就业人员养老保险参保办法，因为在就业方式、工作稳定性、收入水平、工作流动性等方面和正规就业群体有很大的差异，简单粗放的参照显然不合时宜。所以，有必要适应当前劳动关系的变化，制定符合灵活就业人员实际和特点的社会保险法律规范，对灵活就业人员的参保办法进行明确，从正面拉动灵活就业人员的养老保险参保率。

结语

把越来越庞大的灵活就业群体纳入养老保障范围要考虑和其他养老保险制度的整合是对灵活就业群体政策设计的出发点。缴费基数上可以通过抽样调查确定一个工资替代率，或者就以当地最低工资或其实际收入作为缴费基数；可以采用逐年增加计入个人账户的办法，缴费全部或大部分进入“个人账户”，小部分进入“统筹账户”，这样就能极大地吸引灵活就业人员加入养老保险；提高统筹层次，便于灵活就业人员养老保险的转移和接续。除了制度上的设计，加快相关立法和提高社会保险经办和管理水平也不能忽视。

河北省社会科学发展研究课题民生专项　课题编号：201301206

课题负责人：宋术元

课题组成员：张胜辉　闫晓燕

河北省大学生村干部工作现状分析及培养机制研究

河北农业大学艺术学院

一、河北省大学生村干部基层工作现状调查

（一）应聘动机调查

在对大学生当村干部的动机调查中，被调查者有25.2%选择了“响应学校与社会的宣传和号召，想为农村做贡献”；34.9%选择了“迫于就业压力，作为过渡，先解决就业”；21.4%选择了“公务员或研究生考试优先”；13.1%选择了“因为家长的引导”；认为专业知识适合在农村发展的占5.4%。

（二）工作开展情况调查

调查显示，大学生村干部在协助村“两委”宣传国家的政策、促进精神文明建设、提高村民的法律意识、推进村务民主进程等方面发挥了一定的作用，但也发现一些地方的大学生村干部选聘后不能到村任职，或被乡镇政府截留，或被其他部门借调，或被束之高阁，或报到后三天打鱼两天晒网，“虚位、空位”现象并不在少数，这是与国家期待相背离的。

（三）工作评价调查

调查还发现，几乎所有的被调查者都存在需要较长时间适应期的问题。数据显示：在回答“你认为你在农村基层工作中遇到的最大困难是什么”时，认为专业不对口、所学知识用不上的占15%；村里矛盾很复杂、人际关系难处理的占30%；不被村民认同的占35%。在被问及“你认为自己在所任职岗位上发挥的作用如何”时，55%的人认为作用一般或只发挥了一点作用。对于大学生村干部工作满意度的调查显示，47.9%选择“一般”；6.5%选择“不满意”；24.9%选择“说不清”。

（四）生活待遇调查

调查中大学生村干部对工资待遇“非常满意”的占5%，“满意、一般”的占55%，而持“不满意”和“非常不满意”的人数比例分别占到25%和15%。

（五）任期届满后意向调查

当问及“你三年任满后有何打算”时，25%的大学生村干部选择继续做好农村工作；40%选择考公务员；5%选择考研；15%选择自己创业或外出工作；15%选择说不清。

二、河北省大学生村干部在农村基层工作中存在的问题

(一)大学生村干部身份尴尬

在调查中发现，超过30%的大学生村干部认为不能被村民认可是他们工作中遇到的最大的困难。一般而言，大学生村干部不具村民身份，在任职形式上属于空降。他们既不是正式的官，也没有正式的村民身份，非官非民，处在体制边缘。这种身份，导致部分大学生在进行村务管理时感到底气不足，名不正言不顺。

(二)大学生村干部行为的短期性

大学生村干部具有一定的任期，合同期一般是两至三年，期满后面临着新的选择。因此，大部分村干部缺乏长期扎根的思想准备。很多人上班就是复习考研或考公务员，并没有归属感和事业心，在这种心态下开展工作，效果可想而知。

(三)大学生专业不对口和实践经验的问题

尽管选择到村里担任村干部的大学生大多来自农村，但由于一直在学校读书，对农村基层工作的情况并不是很熟悉，这在一定程度上制约了他们尽快进入角色。农村情况非常复杂，工作烦琐，加上农村生活条件的艰苦和工作条件的不便给他们的生活和工作带来诸多问题。

此外，很多大学生专业不对口，“来的不需要”“学的用不上”的矛盾在基层日渐突出。

(四)考核培养机制不健全

大学生村干部虽属乡镇管理，但又不能以乡镇干部的要求去管理和考核。有些地方把大学生村干部当作服务员，成了政府机关的搬运工、临时工、廉价劳动力，不能大胆放开让他们去工作，致使他们没有施展拳脚的机会。同时，相应的考核机制也没有到位，很多单位对大学生村干部也是本着“不是自家人，早晚要离开”的观念，考核敷衍了事，不能对大学生村干部形成约束和激励。

三、健全大学生村干部培养考核机制

(一)激励政策明晰化

哪些大学生村干部能够享受优惠政策，政策能够优惠到什么程度，享受优惠政策需要履行什么样的程序等有关政策问题需要进一步明晰，防止干与不干一个样，干好干孬一个样。

(二)约束机制具体化

细化大学生村干部管理办法，建立工作行为规范，形成并倡导大学生村干部精神，增强县市组织部门与大学生村干部签订合同的约束力。对抱有投机心理者要加强教育，对不能正常开展工作者要加强引导，建立正常的淘汰和退出机制。

(三)竞争机制常态化

要建立贯穿大学生村干部的入口、成长和出口的竞争机制，在竞争中优胜劣汰，识别真金。敢于压担子、交任务、给舞台，把大学生村干部岗位打造成一个干事创业的平台，敬业奉献的擂台。实行严格的考评制度，将考核结果与享受优惠政策紧密挂钩，最大限

度地避免投机现象和搭便车行为发生。

（四）选聘逐步市场化

减少大学生村干部对政府的依赖性。从目前看，大学生到村任职，推动主体是党委政府，推动力量是党委政府出台的优惠政策，市场机制相对缺位。发达地区的农村，已经基本具备了接纳大学生就业的条件，可以加强引导，减少政府的干预，通过市场运作、双向选择的方式配置大学生村干部资源，形成由市场因素主导的自主流动机制。

（五）大学生村干部身份的合法化

适当区分大学生村干部和传统村干部各自的主要领域。由于大学生村干部大都具有党员身份，应当鼓励他们参与村级党组织选举，优化农村党员队伍，推动农村基层党建。将发展空间定位为党务领域，引导其尽量避开村委会选举，以党员的身份积极参与村级党组织选举，是增强身份合法性，避免大学生村干部制度与《村民委员会组织法》相违背的最现实、最有效的途径。让大学生村干部催化农村干部队伍转型升级。

（六）增强考评基层化

大学生村干部具有明显的基层导向，在考核上也应指向基层，干得怎样，如何评定考核等次，起决定作用的，应该不是县级组织部门或乡镇党委政府，而是基层广大的村干部、党员、农民群众。考评应坚持省市指导、县级部署监督、乡镇组织实施，重点看工作实绩，看当地村干部、党员和村民的评价。确立考核的基层和群众导向，也是避免乡镇凭借手中的管理考核权而截留或借调大学生村干部的一条有效途径。

（七）培养方式多样化

坚持处理好模式化与差别化的关系，增强大学生村干部成长的多样性。要采取差别化的培养模式，因地制宜地引导大学生村干部成长成才。比如，要鼓励创业，但并非所有的大学生村干部都适合创业，实际上单就创业的含义来讲，就包括创办企业、创建实业、创立事业等不同的层面，需要根据不同的地区、不同的村情和个人的不同特长来确立，不能一味地要求大学生村干部都去创办企业。

（八）增强稳定性

第一，要细化从大学生村干部中定向招录公务员等相关政策。强化大学生村干部的实干导向，让大学生村干部普遍认识到，公务员不完全是考出来的，而主要是干出来的、比出来的。第二，要重点建立"扎根"机制。建立完善长效机制，重点在于建立扎根生长机制，研究空降的大学生村干部如何着陆，如何融入，如何扎根。要加强落后地区农村的软硬件建设，为大学生村干部继续留在农村建功立业搭建平台。第三，可探讨大学生村干部任职期满后的横向流动。可以通过出台相关政策，运用市场机制，实行双向选择，引导大学生村干部向原籍流动，或者向社区、发达地区农村流动，实现村干部系统内的横向流动与内循环，避免流入农村和基层的人才又很快地流失。

河北省社会科学发展研究课题民生专项　课题编号：201301094

课题负责人：沐　牧

课题组成员：李红宾　李　玥　陈亚楠　尹晨曦

河北民办高职院校毕业生就业调查

石家庄城市职业学院

我国高校毕业生逐渐增加，2011—2013年分别为660万、680万和699万，而河北省分别为33.4万、34.6万和35万人，再加上每年未就业的3万—4万人，我省2013年就业人数达到38万人，而在整个就业大军中，高职院校尤其是民办高职院校的毕业生更是处于最底层也是最难就业的位置。为更加准确地了解和解决毕业生的就业情况，本课题组就“河北民办高职院校毕业生就业情况”展开调查分析。

一、就业意向的调查分析情况

（一）学生的基本情况

本调查对河北外语翻译学院、石家庄城市职业学院、石家庄劳动关系学院、石家庄工商职业学院等5所院校的632名学生进行了抽样调查分析。其中男生352人，女生281人，比例为1.2∶1。来自本省的占95%，剩余5%来自其他省份。毕业时有实习实践经验的占78%，其余22%则没有实习实践经验。

（二）升学与就业情况

调查显示高职类院校中约有5%的学生有专升本的意愿，一部分是因为想提高自身的就业层次，从而更好地实现个人价值，还有一小部分是因为对专业有兴趣想继续掌握更深的知识。

高职类院校中94.5%的毕业生选择了就业，其主要原因是选择高职类院校的学生往往是高考中分数较低的，他们的文化基础较差，对工作的期望值不是特别高。

（三）就业期望

1. 就业区域的选择

就业区域是学生首先要考虑的因素。调查数据显示其中62%的学生回到了生源地进行就业，25%的学生选择留在学校所在城市，10%的学生选择了非生源地县市，3%的学生选择北京、天津等大中城市。

2. 就业目标类型的选择

学生就业调查数据显示，88%的毕业生进入民营或私营企业，5%的学生选择专升本的继续教育，5%的毕业生进入国有企业或事业单位，2%处于未就业状态。高职院校毕业生就业观念符合实际，能合理定位理性就业，这使得他们的就业空间更为广阔，就业层次更为丰富。其次，踏实肯干的就业态度使高职院校毕业生就业具有一定的优势。由于高职院校重视操作技能的培训，使毕业生具有重实践、会动手的特点，职业定位明晰，目标明确，一定程度上提高了就业率。

3. 就业收入的预期

高职类院校毕业生就业收入预期与福利报酬普遍低于本科院校毕业生的收入预期，以在石家庄就业为例，调查显示收入预期在2000—3000元之间的占到27%，1500—2500之间的约占52%，1000—1500之间的约占21%，同时收入预期的多少也与其所就业的城市地区的经济水平有关，选择在北京、天津或沿海城市就业，各收入预期层次的百分比会有所变化。调查发现毕业生在就业时，如果单位设有专门帮助其提高工作技能的人员，毕业生会适当降低收入的预期。

二、高职类大学生就业价值判断的调查

调查数据分析显示高职类毕业生普遍抱有“先就业后择业的心理”，进入单位，首先是积累专业技能经验和锻炼人际沟通的能力。60%看中就业福利报酬，21%看中就业方向是否为其所学专业以及地区，17%的毕业生看中未来的上升空间，2%的毕业生在关注国家的就业政策比如选调生、公务员考试等政策。由于专科层次的民办高职毕业生心态更实际，更渴望早日融入社会，积累更多社会经验的愿望较强烈，所以90%以上的毕业生在毕业之后会选择就业。

三、针对此情况的政策建议

(一)学校在学生的职业教育过程中加大实训课程的比例，安排企业人员进入校园对学生进行实地的指导，或者安排学生到企业进行实践课的学习，真正使学生获得了经验，满足了部分就业单位招聘有工作经验学生的要求。加强学生对实际技能的掌握，有过硬的专业技能才能在就业过程中处于优势地位。

(二)学生获得就业信息大部分通过学校，学校作为一个对外交流的平台，为学生提供更多更准确更可靠的就业信息并对其进行就业指导，使学生在就业过程中明确自己的定位，并及时了解就业形势的变化和社会岗位需求。同时加强校园网络建设，使学生随时可以上网了解最新的招聘资讯，从而为就业早做准备。

(三)对学生进行应聘和岗前心理辅导及培训的同时，也应注意对毕业生进行人际关系沟通及应聘技巧的教育，使他们能顺利完成从学生到职业人的角色转换，从而实现良性就业。

当今高职教育定位是以学生为中心，培养学生的创业技能，使毕业生不仅仅是求职者，也是工作岗位的创造者。这一思想已成为高等职业教育的一个重要理念。创业教育是旨在提高受教育者自我谋职或就业能力的教育，是高职院校职业指导的重要内容。创业教育的实质就是培养学生树立创业意识，形成初步创业能力。

1. 针对环京津产业经济区的发展特色，高职院校可设置一些高新技术服务专业以及物流等课程，适当避开一些重复性的专业，未来中国“硅谷”建设和大流通建设对人才需要会越来越大。

2. 冀中南产业经济区以化工为发展重点，化工专业也是当今社会需要的热门专业。以邢台、邯郸两市为中心重点发展建材行业，将对物流以及建筑工程、建筑设计人才的需要增加；以邢台、衡水为重点发展纺织食品行业将对电子商务、物流和营销类的人才需求旺盛，这些专业应该成为高职院校培养人才的重要参考。

3. 以覆盖秦皇岛、唐山二市的冀东产业经济区，重工业、海洋产业、旅游业是其发展重点，这些特征对于技术工人、基础服务行业、酒店宾馆、餐饮、交通运输等行业的人才需求量增加，作为培养基础技术人才的高职院校可适当灵活地设置上述有关专业，有针对性、有目的性地培养人才。

4. 针对冀北产业经济区的发展策略，学校应设置一些创业教育培训，积极鼓励毕业生尤其是来自冀北地区的学生积极创业，为发展地方特色经济助力。

小结：地区的经济结构往往决定了人才的需求结构，因此如何深入研究河北省的经济发展结构，并在此基础之上构建合理的人才培养方案，为地方发展助力并促成基础技术人才的良性就业，应当成为各高职院校应考虑的课题之一。

参考文献：

[1]赵军和：《大学生就业调查与指导对策——以石家庄学院为例》，《石家庄学院学报》2008 年第 2 期。

[2]卢恩平：《河北省高校毕业生就业情况抽样调查问卷分析——以 2012 届高职毕业生为例》，《邢台职业技术学院报》2012 年第 4 期。

[3]陈立娜：《高校 2012 届毕业生就业意向调查及对策研究——以河北省省属高校为调查对象》，《学周刊》2011 年第 36 期。

河北省社会科学发展研究课题民生专项　课题编号：201301333
课题负责人：陈瑞燕
课题组成员：王　琦　丁　峰　韩晓燕

进一步优化我省职业培训补贴的建议

河北省财政科学与政策研究所

职业培训作为促进就业再就业的重要手段，在缓解“就业难”、促进劳动者技能素质提高等方面发挥着重要作用。近年来，河北省有关部门以职业培训补贴作为支持职业培训、促进就业的重要抓手，通过合理加大职业培训补贴支出、完善职业补贴支出结构等措施，为实现“培训一人、就业一人”和“就业一人、培训一人”的目标提供了强大保障。当前河北省正处在由大转强、蓄势待发的新阶段，面对新形势、新任务，如何进一步优化职业培训补贴，为促进就业提供有力支撑，是当前一个值得抓紧研究的课题。

一、职业培训工作意义重大

党和政府一直高度重视职业培训工作，将职业培训视为事关经济社会发展全局的一项重要工作。党的十八大明确提出，“加强职业技能培训，提升劳动者就业创业能力，增强就业稳定性”。2013 年国务院政府工作报告明确部署，要“千方百计扩大就业”，“加强职业技能培训”。此外，2010 年国务院还专门印发了《关于加强职业培训促进就业的意见》，指出“加强职业培训是促进就业和经济发展的重大举措。职业培训是提高劳动者技能水平和就业创业能力的主要途径。大力加强职业培训工作，建立健全面向全体劳动者的职业培训制度，是实施扩大就业的发展战略，解决就业总量矛盾和结构性矛盾，促进就业和稳定就业的根本措施；是贯彻落实人才强国战略，加快技能人才队伍建设，建设人力资源强国的重要任务；是加快经济发展方式转变，促进产业结构调整，提高企业自主创新能力和核心竞争力的必然要求；也是推进城乡统筹发展，加快工业化和城镇化进程的有效手段”。

二、进一步优化河北省职业培训补贴的建议

在调研过程中我们感受到，河北省以服务就业和经济发展为宗旨，坚持城乡统筹、就业导向、技能为本、终身培训的原则，采取健全职业培训制度、完善职业培训体系、加强职业培训基础能力建设等一系列措施，职业培训质量不断提高，城乡劳动者的就业能力、职业转换能力和创业带动能力显著增强。但同时，我们也发现存在的一些不足，比如，培训主体选择与经济社会发展整体需求不匹配、培训课时及补贴标准单一、资金监管有待进一步加强，等等。针对这些问题，并结合当前实际，特提出如下建议：

(一)以助力"四大攻坚战"为重要抓手,进一步丰富职业培训(工种)补贴范围

河北省委八届五次全委(扩大)会议提出了全力打好"打造沿海地区率先发展的增长极、培育环京津地区新的发展增长极、把县域经济和县城搞大搞强、推动工业转型升级和环境治理""四大攻坚战",力争实现重大突破的重要战略部署。要打赢"四大攻坚战",实现河北又好又快发展,强有力的智力支持是必不可少的。职业培训作为提高劳动者技能水平和就业创业能力的主要途径,在助推打好"四大攻坚战"中应该发挥重要作用。建议:在深入研究河北省"四大攻坚战"对各类人才(技能)需求的基础上,进一步丰富职业培训(工种)补贴范围,特别是针对紧缺的人才(技能)进一步加大补贴力度,吸引相关人才落户河北省,提高河北省自有人才技能素质。

(二)以支持新型城镇化建设为动力,做好农民和农民工的职业培训工作

资料显示,河北城镇化水平每提高1%,就要转移72.8万的农村人口。河北省"十二五"规划提出了力争2015年城镇化率达到54%的目标,这就意味着三年的时间要有500多万农村人口转移到城镇。目前,我国农民知识技能整体偏低,随着新型城镇化的推进,他们一旦转变为城镇居民,其就业能力是很低的,要使他们中有愿望的人逐步融入城市,就要有就业支撑,有服务保障。此外,河北省还有300多万在本地就业的农民工,他们中的绝大多数从事的是城市工业、低端服务业等廉价岗位,要使他们真正融入城市,被城市真正接纳为市民,除户籍和住房的限制外,更加重要的是提高就业技能和本领,进而拥有稳定的就业机会。建议:以支持新型城镇化建设为动力,针对当前河北省农民和农民工的特点,提供有针对性的职业培训项目,按照分类指导、统筹推进的原则,做好农民和农民工的职业培训工作,使他们尽早融入城市就业体系。

(三)建立职业补贴标准的动态调整机制

随着场地和教学人员成本的提高以及技术(技能)更新速度的加快,职业培训成本与补助标准之间、能够掌握技术(技能)所需时间与培训课时之间,在一定程度上存在不匹配的情况。这既导致了社会培训机构积极性不足甚至"偷工减料"骗取补贴等情况,也影响了应有的培训效果,造成了人力、财力的大量浪费。此外,社会对各种职业工种的需求程度是不断变化的,职业培训作为专业人才技术提升和输送的最快渠道,理应成为迅速弥补"紧缺"、缓解需求压力的重要途径。建议:一方面,根据具体技术(技能)应知应会所需时间来设计培训项目课时,进一步细化培训工种课时及补贴标准。同时,根据经济社会发展水平,定期对职业培训成本进行测算,合理保证补贴范围人员参与培训和培训机构提供培训服务的积极性。另一方面,及时跟踪分析社会对各种职业的需求程度,针对社会"紧缺"的工种可适当调高培训补助标准,引导待业人群参与相关培训,尽快充实到相关"紧缺"岗位,缓解"紧缺"岗位的需求压力,当"紧缺"程度缓解后,再恢复到原来的补贴水平,从而有效提高职业培训的针对性和有效性。

(四)制定支持产业园区(聚集区)发展的职业培训补贴政策

产业园区(聚集区)作为重要载体,在支撑河北实现跨越发展等方面发挥着重要作用。建议:针对产业园区(聚集区)的重点发展领域和重点项目、企业,给予其所需相关工种更加优惠的培训补贴政策,如:根据企业缴纳的地方教育附加,按一定比例给予财政补

贴。通过制定支持产业园区(聚集区)发展的职业培训补贴政策,一方面,吸引待业人群和优秀人才向产业园区(聚集区)聚集,为产业园区(聚集区)发展提供强大的人力资源保障。另一方面,借助人才聚集形成的人力资源优势,吸引更多从事相关产业的企业进驻产业园区(聚集区),促进产业园区(聚集区)的发展。最终实现产业集聚与人才集聚的良性互动。

(五)充分发挥企业在职业培训基础工作中的重要作用

企业作为“需方”,对职业培训工作质量的高低具有最大的发言权。建议:充分发挥企业在职业培训基础工作中的重要作用,通过吸收企业所属培训机构参与职业培训教材的编写工作,提高职业培训教材的针对性和实效性。鼓励职业技术院校、定点培训机构采取选聘等方式,吸引企业高技能人才逐步充实到职业培训师资队伍当中,提高职业培训的师资质量。利用企业的生产工作环境,为职业技术院校、定点培训机构提供实训场所,提高职业培训的质量。以重点企业为依托开展形式多样的职业技能竞赛,提高企业进行职业培训、职工参与职业培训的积极性。

(六)监督关口前移,有效保障资金安全

职业培训资金具有政策性强、资金量大、支出项目繁杂、享受对象广泛等特点,这就导致了资金在使用和管理工程中往往存在资金套取、挪用等一系列问题。这些问题的发生将直接影响国家相关政策的落实,甚至影响社会的和谐。建议:一方面,对补助资金的监督由下拨资金的事后监督前移至资金下拨之前监督。把可能形成的资金流失现象控制在资金下拨之前,既有效节约资金,保证资金安全性,又可以提高资金的使用效率。另一方面,加强专项资金管理。检查资金是否有挤占、挪用现象;检查资金监督机制运转是否正常,是否存在虚报冒领、套取、骗取等问题;检查资金实际使用中申请手续是否齐全、资金拨付是否及时足额等问题;检验相关政策制定的操作性。促进资金管理实行规范简化的运作程序,进一步提高资金的管理效果。

(七)做好绩效评价,提高资金使用效益

职业培训补贴高效、合规使用是职业培训工作顺利推进的重要保障。建议:在资金管理使用合法、合规性的基础上,着力做好职业培训资金的绩效评价,并以此作为资金分配的主要依据,进一步提高资金使用效益。

河北省社会科学发展研究课题民生专项　课题编号:201301010
课题负责人:张　硕
课题组成员:庞　博

加强校企合作
开拓高职毕业生就业渠道

河北工业职业技术学院　河北省教育考试院

一、高职院校毕业生就业现状及原因

高职院校毕业生就业问题存在着一种矛盾，一方面大学生就业越来越难，而另一方面随着我国经济发展步入新的阶段，企业转型升级对人才的需求越来越迫切，却往往招不到适用的人才。从2010年到2012年，河北省高校毕业生分别达到32.5万人、33.4万人和33.6万人，就业形势整体严峻。

笔者认为学校方面的原因主要是高职院校教育模式存在偏差、学校办学缺乏特色、就业指导工作有待加强、毕业生自身存在的就业心理误区等。

二、开拓高职毕业生就业渠道的现实意义

（一）开拓高职毕业生就业渠道的现实意义

从我国职业教育目前的发展来看，高等职业院校毕业生就业难，而从企业的角度来看是高级技术人才的匮乏和初中级职业人才的短缺，这实质上是人才结构与产业结构的问题。校企合作的教育模式可给予学生充分参与实践的平台，是培养与我国社会主义现代化建设要求相适应的，具有从事本专业实际工作的综合职业能力的高素质技能型人才的战略道路。

高职毕业生的就业工作直接影响着学校的发展规模，也是社会对学校教学质量的客观评价标志，促使学校调整培养目标，以符合社会发展的客观要求。

（二）河北工业职业技术学院校企合作开拓就业渠道的有益尝试

河北工业职业技术学院作为国家100所示范性高职院校之一，学院始终秉承“理论与实践并重，技术与人文融通”的办学理念，大力推进校企合作，全面提高学生素质，学生就业率一直在87%以上。学院深刻认识到高等职业教育改革与发展的关键是增强办学活力，实现人才培养目标，探索出一条开拓学生就业的成功之路。

1. 通过订单培养，建立学生就业“直通车道”；

2. 广泛开展多种模式的校企合作，大力拓展学生就业平台；

3. 以校企合作为依据，深化教育教学改革；

4.“学历＋证书”的成才模式；

5. 加强科研队伍建设；

6. 企业入校，联合办公。

三、大力加强高职院校校企合作的深度与创新

（一）高职院校校企合作的现状

近年我国校企合作创新实践不断增多，并且取得了一定的成效，但是也普遍存在严峻的问题，具体表现为合作创新效率不够理想。

1. 从企业角度看认识不足。目前，多数企业对于校企合作缺乏战略的思考和实践的经验，在校企合作中处于消极与被动状态，与学校的合作仅局限于奖助学金的设立、文体活动的资助等，使校企合作陷于有“合”无“作”的状态。这种合作，并不能算是真正意义上的校企合作。

2. 从学校角度看力度不够。在已形成的校企合作中，有一部分校企合作是存在纸上协议的。一方面是应付各级的专业评估检查，突击签订纸上协议；另一方面是学校科研经费有限，企业学校之间的科研合作项目受到限制。

3. 从学生角度看目标冲突。首先，企业追求的是生产和经营的利润，更倾向于利用廉价劳动力，不能真正参与校外的教学；其次，实习学生稳定性较差，企业留住他们会有一定难度，所以企业对于实习学生的投入与培训会有所保留，带来的直接后果是企业留不住人才，学生学不到技术。

（二）加强校企合作的几项对策

1. 校企共建企业学习班。企业学习班是由学校和企业为提高学生专业技能和社会适应能力而联合开办，是学校和企业谋求共同发展，实现资源共享、优势互补、产学研结合的全新模式。其主要目的在于加强企业与学校合作，培养和拓展学生综合素质，使学生在学校、企业两个育人环境中学会做人、做事，增长知识，提高学生动手能力，便于学生提前接触和了解社会，同时也进一步开拓毕业生就业渠道。

2. 校企共搭信息交流桥。信息交流桥指的是学校定期安排相关人员走访企业，了解行业发展态势，关心学生实习及就业情况，并及时反馈信息，适度影响学校教育教学及人才培养方案；而企业则在适当时间到学院举办讲座、论坛、宣讲会，内容涉及职业规划、就业理念、科研动态、企业管理等多方面，向学校及学生传达最新知识，拓展学生专业知识面。

3. 建立就业实践基地。就业实践基地的建设能够为企业、学校搭建起过渡的桥梁，使教学与生产紧密结合，使校企合作成为帮助学生就业的又一有利资源。这种模式为学生提供实践平台，使实习和就业有机结合，增加社会经验，提升适应能力。由于能够从中得到稳定的经过专业技能培训的员工，越来越多的企业倾心于这种合作模式。

4. 举办专业技能大赛。专业技能大赛是校企双方立足专业特色，结合行业需要，由企业、学校、学生三方共同参与的一种大型专业技能比赛。这种大赛以巩固专业知识，提高专业技能为宗旨，有利于引起学生对学用结合的高度重视。同时，企业可以通过这种大型、正规的比赛挖掘科技新人，培养人才之星。

5. 赞助校园文化活动。具体来说，高职校园文化主要是指在高职院校特定区域内形成的群体意识、价值观念、行为模式和生活方式等文化现象，是教育和引导高职生健康成长、全面成才的重要途径。而企业文化主要是指企业经营实践过程中，由企业管理者倡导的，在大部分员工中逐渐形成的共同的价值观念、行为模式、企业形象的综合。校园文化与企业文化存在一定落差，校企文化的相互交融是启动学生大脑机器，培养学生创新意识、创新能力的有效实践方式。调查显示，目前高校中企业赞助并冠名的文体活动如辩论赛、文艺晚会、趣味运动会等为学生提供了丰盛的文化大餐，推进了高校精神文明建设。值得一提的是，这种合作模式以“产、学、研”结合为纽带，促进企业文化悄然渗透，实现校、企合作“双赢”。

四、结论

实践证明：普通高职院校若能采取正确的策略，一样能使自己在激烈的竞争中占有一席之地。只有明确培养目标，准确定位，提高师资水平，把办学特色做上来，把学生质量做上来，把学校知名度和口碑做上来，才会更利于促进高职院校学生的就业。当然，为中国经济发展培养合格的高技能人才，仅仅依靠学校还不能培养出全面的人才，地方政府应努力推动产学研合作，共建人才培养链。只有政府加强宏观政策指导，企业发挥积极主动作用，学校改革完善指导方式才是加强校企合作的完美策略。

参考文献：

[1]卢恩平等：《河北省高校毕业生就业情况抽样调查问卷分析》，《邢台职业技术教育学院学报》2012 年第 8 期。

[2]何文娟：《浅析德国的“双元志”与我国的“校企合作”》，《教育学术月刊》2008 年第 2 期。

[3]杨斌：《论学习型组织在企业发展中的作用》，《企业科技与发展》2008 年第 8 期。

[4]宁勇敏：《高职院校校园文化与企业文化的融通》，复旦大学 2008 年硕士学位论文。

河北省社会科学发展研究课题民生专项　课题编号：201301507

课题负责人：杨兰芹

课题组成员：徐　新

金融类高校毕业生就业形势与前景调研

河北金融学院

一、研究背景及意义

大学生就业问题已经被全社会广泛关注，我国关于大学生就业服务体系的建立和理论研究取得了初步成果，1997年编制的《大学生就业指导教学大纲》预示着我国毕业生就业指导工作开始进入蓬勃发展的阶段。许多高校建立了就业指导队伍，对大学生进行职业规划、职业定位、职业生涯规划的辅导。然而，虽然目前关于大学毕业生就业问题的研究很多，但是仍处于发展阶段，对于大学毕业生就业去向的研究并不多。相关的大学毕业生就业方向研究主要集中于数据统计，相关分析及对策研究不多。同时，由一线就业工作者搜集一手就业资料及数据，专门针对金融类专业毕业生就业去向的调研更不多见。

目前，中国金融市场正在走向国际化，对专业人才需求迫切，金融类专业持续升温，大批大学生报考了金融类专业，每年都有大量金融类专业毕业生涌现。面对大学生就业的大趋势，金融类专业高校毕业生的就业状况不容忽视，而就业去向是反映就业状况的关键指标之一。了解毕业生的就业去向意义重大，首先，有利于教育部门和学校统计大学生毕业时的就业状况，为教育部门的决策提供参考，同时为学生和家长在做教育选择时提供重要参考。其次，学校统计并公布毕业生的就业去向，便于大学生通过社会反馈，知道与自己"相同水平"同学的就业去向，调整学习的内容与结构，进行合理的就业定位，同时可获得校友的积极支持。目前，专门针对金融类专业毕业生就业去向的调研很少，本研究通过调研金融类高校毕业生的就业去向，并在此基础上进行分析总结，以期得出规律，为提高金融类高校毕业生的就业率和就业满意度提供资料和思路，缓解大学生的就业压力，促进社会和谐与稳定，具有一定的现实意义。

二、金融类高校毕业生就业形势

随着中国经济的持续发展，对金融类各专业人才需求处于上升趋势，本课题组重点抽取一所金融类高校，并随机抽取500名毕业生，对金融类高校毕业生的就业形势与前景进行了调研，在调研数据的基础上，根据就业现状对相关结果和规律进行分析，结果如下：

（一）主要就业趋势

课题组调研了一所河北省属金融院校，该校河北生源居多，以培养应用型人才为导向。通过调查该校近五年毕业生的就业去向，发现大多数毕业生服务于基层，目前主要服务于以下五类单位：银行系统，包括四大行、股份制商行、政策性银行、商业银行；证券公司、期货交易公司；资产管理公司、金融租赁、担保公司；保险公司、保险经纪公司；其他公司的财务、金融及相关岗位。毕业生主要到上述五类单位从事柜员、客户服务、交易员、理财顾问、经纪人、咨询等岗位工作。

（二）工作满意度

课题组随机抽取 500 名毕业生，调查其对工作的满意度。"感到非常满意"的占 30%，"感到比较满意"的占 23%，总体满意度为 53%。其中在金融监管机构、银行系统工作的毕业生满意度较高，满意原因中排在前两位的是"薪酬、福利水平高""企业公众形象好"；不满意的原因中，排在前两位的是"工作压力大""工作时间长"。

（三）从业稳定性

在随机抽取的 500 名高校毕业生中，大学生毕业后"从未换过单位"的占 55%，其中 38% 是在银行系统工作；"换过一次工作单位"的占 19%；"换过 2 次及以上工作单位"的占 26%。调查换工作的原因时，从事柜员等基层岗位工作的人员普遍认为"工作内容枯燥""工作压力大"，从事证券、期货交易及保险等岗位的人员，换工作最主要的原因是"工作压力大"。

三、金融类高校毕业生就业前景展望

（一）金融类专业前景

金融类专业是改革开放以来的热门专业，随着我国经济的持续增长，对金融类专业人才的需求量一直居高不下，未来金融类行业中仍有较多热门专业。金融类毕业生与其他专业毕业生相比仍有较大优势。

（二）就业范围广泛

由于财经类专业课程设置较广，因此毕业生的就业去向也更为多样，如经济预测与分析类职位、市场营销类职位、管理类职位等。国民经济中的各行各业，无论是大型国有企业、三资企业，还是小型民营企业，都有不同程度的财经类专业毕业生的需求。

（三）市场需求稳定

随着我国金融市场的进一步开放，在国内金融业快速发展和国外金融机构大量进入的背景下，金融业将出现更多的就业机会，有些热门专业值得关注，像审计、保险、会计等专业人才的社会需求将有所增加，具有较大的升值空间。此外，金融服务业的人才需求数量较多且层次多样，因此金融服务业对银行柜员、电话银行、客户服务中心等一线工作人员的需求较大。

四、就业形势现状分析及对策

针对金融类高校毕业生目前的就业现状，课题组进行了原因分析，发现一方面作为金融类专业的高校毕业生，对于金融类专业的就业政策并不熟悉，对于金融类专业的就业形势和特点缺乏了解；另一方面，高校对于国家就业政策的宣传力度不够，尤其是细化到具体类别的就业宣传更少。

（一）转变育人理念

我国的高等教育早已从精英教育转向大众教育，而各高校缺乏清晰的人才定位。一批本应从事精英教育的学校也快速扩大办学规模，导致教育资源被迅速稀释，由此难以再保证精英培养模式。而大批本应培养掌握职业技能的应用型人才的学校定位不明确，导致学生的自我定位发生偏差，学校培养人才的过程也发生偏差，还使得各学校培养的学生能力结构、素质结构趋同，严重缺乏独立性。所以不同的高校在定位上要加以明确。

（二）加大就业指导力度

有些学生对在读专业不太满意不是真的不喜欢本专业，而是因为不了解本专业。基于金融类毕业生对于本专业的就业形势与前景缺乏了解这一现状，可以从专业的业务培养目标、主干课程、社会地位、对社会贡献、毕业后从事的工作等几个方面进行专业教育，增强金融类毕业生对就业政策的熟知程度。同时，丰富就业指导课程的形式，包括课堂讲座、公司实习、精英演讲和工作培训等，引导学生进行科学的职业生涯规划，提高专业满意度，进而推动学生职业生涯规划工作开展，实现学业与社会职业的良好对接。

（三）建立充分就业长效机制

加强制度化建设，建立以就业为导向的长效机制。将毕业生就业率和毕业生就业工作开展情况作为考核办学质量的指标。同时，建立全程化的就业指导体系和服务模式，把就业指导工作始终贯穿于大学整个阶段，分阶段、有针对性地加强对大学生的就业指导工作，做到就业指导工作全程化。同时，发掘已工作毕业生周边资源，请用人单位填写毕业生质量反馈表，以便了解用人单位对于人才培养的需求和建议，提高就业指导工作的实效性。

（四）专业化就业指导队伍

加强就业指导工作人员的专业化培训，定期进行培训，通过培训提高业务水平和工作能力，提升专业化与职业化水平，只有具有较高业务水平的教师才有能力不断更新教学内容，积极改进教学方式，合理调整教学计划，提高教学质量，从而对学生进行有针对性、个性化的就业指导，培养出与社会需要相契合的复合型、实用型人才。

（五）树立正确价值观

在择业的价值观方面，当代大学生择业时从主客观多个方面综合考虑，择业过程中首先考虑的是体现自我价值，其次是收入等福利待遇，同时，也会考虑职业的发展空间和前景等，呈现多元化倾向。因此，应引导大学生在新时代树立积极务实的职业发展方向，在实现自我价值的同时，为社会的发展创造效益。

总之，大学生就业是一项系统工程，高校应努力形成全员参与大学生就业的机制，大力提高全体教职员工为大学生就业服务的意识，充分发挥高校校友会等力量，建立全员化、人人参与的就业服务力量，为毕业生就业服务。

参考文献：

[1]姜超:《社会资本对大学生就业的影响研究》,南昌大学 2010 年硕士学位论文。

[2]马莉萍、丁小浩:《高校毕业生求职中人力资本与社会关系作用感知的研究》,《清华大学教育研究》2010 年第 1 期。

[3]程琪:《基于国际比较的我国大学生就业服务体系的研究》,大连理工大学 2009 年硕士学位论文。

河北省社会科学发展研究课题民生专项　课题编号:201301161

课题负责人:张艳琼

课题组成员:崔　铭　师　旋　薛晓静　刘　鹏　彭旭丹

浅谈高校英语专业大学生就业软实力的培养

邢台学院

高校毕业生就业受到毕业生人数增加、金融危机等多种因素影响，就业形势的严峻程度可想而知。在大学生求职路上，除了学校、毕业证书等硬指标外，个人品德、团队协调能力、创新精神等软实力越来越受到普遍重视。如何提高大学生的就业软实力，使他们的自身条件与用人单位的要求相适应，成为迫在眉睫的问题。

一、大学生的就业“软实力”内涵及重要意义

20世纪80年代末，美国哈佛大学教授、前任助理国防部长约瑟夫·奈提出了“硬实力”与“软实力”两个概念。“软实力”是相对于“硬实力”而言的，它们最初都用来形容一个国家的综合国力，后来才慢慢拓展到其他领域，甚至用来形容大学生所拥有的综合素质。大学生就业“硬实力”是指其所必须具有的专业技术知识和能力的凭证，如学位证、计算机与英语等级证书、各类职业资格认证、获奖证书等。大学生就业“软实力”是指一种吸引力、影响力，它主要包括敬业精神、人际沟通能力与团队协作精神、创新能力等。

通过市场调研我们发现，与以往不同，不少用人单位在招聘人才时更加理性务实。他们不只是看重求职者的专业知识和技能，还对大学生软实力提出了更高的要求。具体来讲，敬业精神、团队合作精神、人际沟通能力等大学生的“软实力”，已经成为用人单位最看重的毕业生素质。

二、当前的高校英语专业学生就业软实力现状

从目前高校学生的就业情况来看，当前大学生就业难的原因并不在于其学历不高等硬实力方面，而常常是由于敬业精神差、缺乏团队沟通能力等原因。主要表现如下：

(一)集体观念淡薄，缺乏团队合作精神

现在的大学生很多都是独生子女，他们在父母的溺爱中长大，往往高估个人能力，强调自我为中心，缺乏奉献和牺牲精神，集体荣誉感淡薄，缺少团队合作精神。

(二)敬业意识薄弱，缺乏吃苦耐劳精神

在现实生活中，大多数大学生由于自幼被娇惯，“两眼不看家务事，一心只读圣贤书”，缺乏吃苦耐劳的精神，不愿脚踏实地从小事做起。在学习和工作中，缺乏对所从事职业精益求精、一丝不苟的尽职尽责精神。

（三）创新意识薄弱，缺乏实践创新能力

当前国内高校部分学生缺乏大胆求新的精神，局限于书本知识所教授的定理规律而不思破旧立新、深层次探索，基本功扎实，但是动手能力不强，创新意识薄弱，缺乏实践创新能力。

三、培养高校英语专业大学生就业"软实力"的主要途径

（一）学生要更新观念，发挥主观能动性，提高就业软实力

1. 培养良好的人际交往能力

培养人际交往能力首先要有积极的心态，在平时的学习和生活上，要鼓励学生主动与同学交往，理解和关心其他同学；其次要教导学生从小事做起，注意社交礼仪；再次要帮助学生大胆走出校门，消除恐惧，增强交往方面的知识积累，把握人际交往中的各种方法和技巧。

2. 培养良好的团队合作精神

一方面，鼓励学生积极参加校内集体活动、团队活动，在集体活动中既要培养自己的竞争意识，又要培养自己的合作意识，在集体活动中竭力贡献自己的智慧和力量，学会赏识和赞美集体中的其他成员。另一方面，在课堂教学过程中，教师可以开展小组合作式学习，做到资源共享、知识互补，把个人之间的竞争转化为小组之间的竞争，培养学生合作竞争的意识。

3. 培养良好的创新意识

在平时的学习中，鼓励学生不拘泥于课本，要敢于向权威挑战，应该怀着质疑的态度去学习，不断培养自己的创新意识。另外，在课堂教学中，教师可以采用现代化的教学手段把经典的创新案例较为直观地展现给学生，拓展学生创新意识的思维空间，诱导他们去想象、去感悟，进而激发其创新灵感，树立良好的创新意识。

4. 培养良好的敬业精神

敬业精神是一种积极向上的人生态度，是大学生成长和成才的必备条件。在校期间，大学生要热爱学业，必须在学业上勤奋钻研，一分耕耘才能有一分收获。同时，大学生做学问不能浮于表面，应该学会钻研专业知识，做到精益求精。只有在学校期间热爱自己的学业，做到勤奋学习、乐于钻研，今后进入工作岗位后才能热爱自己的职业，才能胜任本职工作。

（二）学校要改进人才培养模式，提高就业软实力

1. 完善高校英语课程建设

在课程建设和调整上，高校要随着新知识、新技术的大量涌现而推陈出新，以社会需求为导向，拓宽学生的知识领域，从重知识灌输向重学习能力、实践能力培养转变，增强毕业生的就业竞争力和工作适应力。同时要认真做好毕业生就业信息反馈工作，建立相关指标体系，在统计各专业毕业生就业率的同时分析其就业层次和供需比，为课程调整提供科学依据。

2. 加强校园文化建设

校园文化是高校学生生活的主旋律，对学生软实力的培养起着潜移默化的作用。为此，高校可以根据英语专业学生的特点设置一些丰富多彩的校园文化活动，如通过讲座、英语沙龙等形式陶冶学生情操，锻炼和提高学生的人际交往能力，给大学生提供各种机会进行相互协作的锻炼，提高学生的就业软实力。

3. 开展社会实践活动

社会实践是提高人才培养质量，实现素质教育的重要途径之一。高校应通过社会实践活动引导学生深入社会、了解社会、服务社会，着力培养学生的实践能力，不断提高自身的就业软实力。

4. 实施就业指导

高校要通过就业指导课、就业咨询、讲座、座谈等多种形式，加强对毕业生的求职择业指导，帮助学生进行合理的职业规划设计，转变就业观念，确定合理的择业目标。同时，要广开渠道，主动加强与用人单位的联系，充分发挥自身既了解学生、又熟悉用人单位的优势，积极主动地为他们牵线搭桥，为毕业生提供更广阔的就业空间。

结语

在大学生就业形势严峻的今天，求职大学生若不注意提升自己的"软实力"，在职场竞争中必将处于劣势地位。因此，无论是学生还是高校，要充分认识社会对人才需求的标准，在建设硬实力的同时，决不可忽视高校英语专业大学生就业软实力的培养。只有这样，才能改善就业难的局面，实现大学生的价值，使高等教育得以健康发展。

参考文献：

[1]李蕙羽：《大学生"软实力"与就业竞争力的提升》，《中国青年政治学院学报》2009年第3期。

[2]梁妙荣：《对大学生就业软实力问题的探讨》，《前沿》2010年第12期。

[3]杨冰双：《发展当前大学生软实力与就业竞争力的提升》，《科技信息》2010年第34期。

河北省社会科学发展研究课题民生专项　课题编号：201301430

课题负责人：刘　芳

课题组成员：王　静　顾锡涛　钱丽娟　赵清丽　杨玉梅

英语专业硕士研究生就业状况调查及建议

——以唐山为例

河北联合大学

改革开放三十多年来，我国社会主义市场经济迅猛发展。从改革开放初期开始，英语作为一门热门学科和专业，一直受到人们的广泛关注。随着近两年我国国际地位及影响力的逐步提升，社会对高层次人才的需求呈逐年增长态势。在经济全球化的大背景下，国际交流与合作日益广泛，学术文化交流日益活跃，这些都从客观上促进了“英语热”的形成。然而随着国外部分地区局势动荡、国际经济危机、欧债危机等影响，我们面临着前所未有的严峻就业形势。2013 年我国高校毕业生总量达到 699 万，同比 2012 年增加了 19 万，与 2005 年相比增长了近 15 倍。受其影响，2013 年我国研究生计划招生规模达到创纪录的 60.8 万人。其中硕士研究生招生规模为 53.9 万，博士研究生招生规模为 6.9 万。面对史上最难的“毕业季”与“就业潮”，英语专业硕士研究生就业状况让人担忧。英语专业硕士研究生就业状况及社会满意度如何，如何在此基础上调整与修改研究生的课程设置与培养方案以适应当前市场化需求等，成为亟待探讨的问题。

报告以针对河北省英语专业硕士研究生状况调查研究为基础，重点调查和分析了唐山市唯一的英语专业硕士点——河北联合大学英语专业硕士研究生就业情况。调查问卷设计共包括四部分内容，即个人信息、对工作的期待、对自我的认识以及在求职或就业中的感受、对所学专业教学及课程设置的合理化建议。本次问卷调查是 2013 年 4 月初进行的，主要的调查对象是近两年我校（河北联合大学）英语专业硕士毕业的研究生，其中包括已毕业的 2009 级硕士毕业生和即将毕业的 2010 级硕士研究生。此次调查共发放问卷 50 份，收回有效问卷为 48 份，总有效率为 96%。

除了问卷，利用访谈总结出用人单位对英语专业硕士毕业生的要求，了解采访已就业学生的工作情况与工作心得。调查结果结合当前国家发布的就业政策以及当前的招聘信息进行分析，对比英语专业研究生对未来就业发展的期望分析，以及就业单位和用人单位对所需人才要求之间关系的差异。为高校研究生教育的教学方法改革、教学技能提升，推动创新发展与就业指导工作提供行之有效的方法和建议，对英语专业硕士研究生进一步认清新形势、找准定位，提出一些建设性意见。

一、英语专业硕士研究生就业期待选择及现状对比

调查结果显示，同学们比较倾向的单位是党政机关（24%）、金融单位（18%）、国企

(18%)，之后是科研高校与三资企业，选择自主创业的占10%，选择其他教学单位的占3%。为了了解和分析学生的就业期望和现实存在的情况之间的差距与差异，笔者对他们进行了跟踪调查，结果显示，在已经就业的河北联合大学英语专业硕士毕业生中，在国企和金融单位就业的比例为17%和18%，在科研高校和三资企业就业的比例为10%和9%，在党政机关就业的比例仅为5%，这与之前调查中所期待的24%相差甚远。另外，有37%的硕士毕业生分布在私企、民营等单位。此外，之前有10%的学生选择自主创业，但就业时真正选择的为0%。(见表1)

表1 工作单位期待选择和现实就业情况对比表

	党政机关	国企	金融单位	三资企业	科研高校	教学单位	自主创业	其他
就业期待	24%	18%	18%	12%	13%	3%	10%	2%
实际情况	5%	17%	18%	9%	10%	4%	0%	37%

由此我们可以看出，目前我省英语专业硕士研究生主要流向还是政府机关、国企、高校和三资企业等，而且进入国企和三资企业的比重呈逐年上升势头，特别是选择金融业单位的英语专业硕士毕业生逐渐增多，这就说明，近年来社会对英语或其他专业研究生的需求与方向由学术研究型向社会实用型过渡转变。特别是随着2008年美国次贷危机所引发的全球金融危机以来，近几年的世界经济走势对我国经济造成的困难日趋严重。对外贸易出口、外商合作等企业减少，甚至倒闭，给就业市场带来巨大的影响。另外，银行业、金融业、外资商务业等行业员工也面临着削减或失业的危机，更谈不上对其他别的专业需求了。一部分需要外语专业人才的单位更是为了节省成本，聘任一些具有一定外语水平的非专业的本科生或职业院校学生，这使得本已严峻的英语专业硕士研究生就业形势更加严峻。

二、阻碍和制约我省英语专业硕士研究生就业因素及影响

(一)英语专业硕士研究生培养机制与培养方法的欠缺

当前，绝大多数英语专业研究生的培养单位一直采用传统的“语言＋文学”型学术性教学培养模式。以我省高校为例，在仅有的5所英语专业研究生培养单位中，有4所只设有外国语言学、应用语言学和英语语言文学专业。而且，从专业方向分析来看，大部分课程设置侧重于语言学和文学理论，多为基础理论、专业知识和初级应用型教学法等，学科应用、学科创新等课程较少。另外，培养方法也严重制约了学生的特点、个性和自我发展空间，学生的思维能力与创造能力得不到积极调动，以至于在求职市场中没有竞争力。正因为现存培养机制的欠缺，导致现在我省英语专业毕业研究生知识技能单一，实践能力较差。

(二)英语专业硕士研究生的专业背景限制

随着时代的发展、社会的进步，在全球化大背景下，人们学习英语的意识逐渐提高。

现在的英语教育已普及到千家万户，成为热门的公共教育。英语也成了幼儿的启蒙教育，其热门程度甚至超过了之前的美术、音乐、舞蹈等。而且很多幼儿园或早教机构都开始教授启蒙英语，英语的学习环境得到了很好的改善。现在的英语不仅是“工具”，而且是一种时代需求的技能，越来越多的人都能够自如地应用。以我省高校来说，在这种大背景下，部分非英语专业学生的英语运用技能及实践能力甚至高于英语专业学生。就一些用人单位而言，如在所学专业基础上再熟练掌握英语的实用技能，可起到锦上添花、画龙点睛之作用。所以，一些用人单位对实用英语要求较高，能满足工作需求就可以。这就导致公司对纯粹学习英语、研究英语的人才需求量大幅减少，从而促使当前英语专业研究生的就业面临着十分严峻的挑战。

（三）英语专业硕士研究生与其他专业研究生的择业观差异

英语专业硕士研究生与其他专业研究生在择业观的对比上也有很大差异。英语专业硕士研究生普遍对就业持有一种高期望的心态，一心只想寻求与自己专业对口、薪水高、发展前景广阔、各项待遇优厚的单位。殊不知，经验与经历是无形的财富，一蹴而就的心态只能换来就业的失败与苦恼。另外，英语专业的硕士研究生女生比重偏多，她们在就业时通常会考虑家庭、婚姻、生子等生活中的实际问题，因此受生活的压力及影响较大。

本次调查显示，选择收入高低的比例最大，占35%；其次是选择发展前景的比例，为30%；选择个人兴趣的为12%；选择社会地位的高低和离家远近的分别占8%与6%；选择其他的占9%。根据调查我们可以看出，英语专业硕士研究生与其他专业研究生的择业观差异和居高不下的就业预期与不容乐观的就业现实形成了巨大反差。这也是当前英语专业研究生在就业中面临的供需失调的根本问题所在。

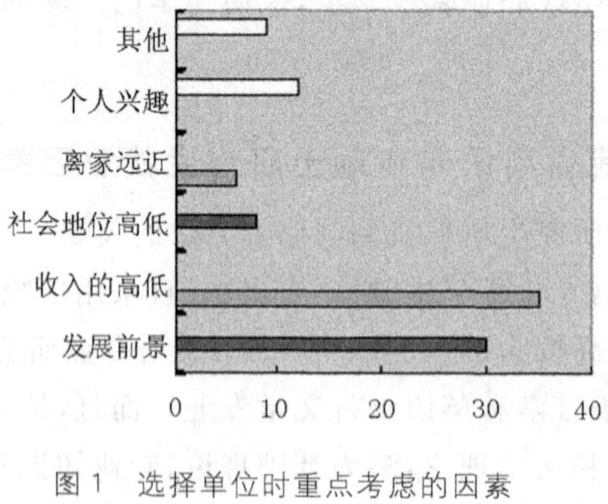

图1　选择单位时重点考虑的因素

三、解决办法与对策研究

（一）实行宏观调控，推进就业宏观经济政策，创造良好的就业环境

政府应实行宏观调控，制定和推行促进就业的宏观政策，促进就业继续增长。政府各部门、各单位应协调疏通各种就业渠道，完善相关的政策体系，制定行之有效的就业政

策。另外，各类用人单位应认清形势，提高思想认识，积极化解各种消极因素给就业工作带来的影响，根据实际，科学有效地制定人员聘用方法及规则，坚决杜绝性别歧视和人才高消费。通过政府及各部门的协调，搞好人才资源开发工作，为改善当前就业现状，促进社会和谐做出应有的贡献。

（二）建立合理的知识结构，改进培养方法，逐步完善体制保障

近年来，高校大规模扩招、知识结构单一、培养目标及方法滞后，导致高校的教学质量呈下滑趋势，使毕业生在就业市场上不再具备优势。作为就业前景并不看好的英语专业研究生的培养单位，必须要改变传统的重理论、轻实践，重知识、轻能力的思想观念，从改革教育教学模式、调整优化教学内容、提高学生创新技能、提供对口兼职工作等多层面全面提高学生的专业技能和职业素养，增强竞争能力。另外，培养单位还应该建立合理的知识结构，改进培养方法，进行行之有效的教学改革，鼓励创新型培养模式，逐步完善体制保障，从而提高学生的创新实践能力，拓宽知识领域，以增强社会适应能力。

（三）更新就业观念，科学合理择业，积极调整职业定位

当前，严峻的就业形势使得大学生在求职过程中更多的是一个被选择者，就业意愿和就业现实的矛盾突出。因此要更新就业观念，确定恰当的就业期望值，科学合理择业。英语专业硕士毕业生应积极调整职业定位，脚踏实地地从实际出发，充分认识到自身就业意愿转变的重要性。可以考虑从门槛低的单位或基层岗位做起，积累相关工作经验，提高实践能力，再选择有利于自己发展和能够实现更高价值的岗位。

河北省社会科学发展研究课题民生专项　课题编号：201301464
课题负责人：张　磊
课题组成员：陈妍兵　李　跃　刘　瑶　王剑波　李晓红

高校图书馆参与大学生就业指导服务模式研究
——以河北省高校为例

河北农业大学

一、研究背景与意义

近年来受高校扩招及全球金融危机的影响，大学毕业生就业难问题已成为关系社会民生的带有战略性的核心问题。据人保部门最新统计数据显示：我国高校应届毕业生以每年二三十万人的增速递增，至 2013 年全国高校应届毕业生规模已达到近 700 万，毕业生就业形势日趋严峻。美国大学图书馆早在 20 世纪 70 年代就开设了“就业信息中心”，到 90 年代其咨询工作已相当成熟和发达。调查显示：虽然目前我国许多高校建立了大学生就业信息服务中心网站，但大学毕业生通过就业信息服务网站获得的就业信息服务仅占 30.60%。大学生未就业的原因 73%是因就业信息不充分而丧失了很多就业机会。课题通过对河北高校图书馆参与大学生就业服务现状的调查分析，研究高校图书馆该如何配合学校相关部门实施有效的大学生就业指导服务，以增强大学生的就业竞争力，提高其就业质量和就业率。

二、调查内容与分析

（一）调查内容

本课题抽选了河北省境内有代表性的 30 所高校图书馆为样本，分别从高校图书馆参与大学生就业服务的现状、大学生对于高校图书馆参与就业指导服务的观点、高校图书馆大学生就业信息资源建设情况三个方面进行了重点调查与分析。

（二）结果分析

1. 服务理念缺失

调查发现，各高校图书馆针对大学生就业服务的总体意识不强，缺乏有效的服务理念，仅有少数高校图书馆开展了初步的大学生就业服务工作。

2. 服务方式陈旧

目前高校图书馆参与大学生就业的服务方式多为传统的提供相关图书报刊资源及电子数据库文献资源的方式，基本上缺乏与高校大学生就业指导中心、各院系、团委的有效沟通与联动协作。高校图书馆就业服务范围宣传不够广泛，服务层次不够深入，缺乏对大学生就业指导服务工作的支持力度，缺乏实效性的服务手段，就业指导工作有待深入。

3. 服务内容匮乏

受传统服务理念的影响，多数高校图书馆在参与大学生就业服务内容上仅局限于文献资源方面，缺乏大学生就业心理援助，服务力度还不够深入、细致和广泛。

4. 服务机制有待创新

目前多数高校图书馆与高校服务大学生就业的专门机构之间缺少信息互通、共促、互学机制。

三、思考与建议

（一）高校领导应重新审视与界定图书馆在大学生就业服务中的地位与作用

高校应对高校图书馆在大学生就业服务中的地位和作用进行重新认识与界定，给予图书馆以必要的就业服务资金支持，有效解决其在大学生就业指导方面所面临的人才、资金和场地的限制问题，并阐明高校图书馆在大学生就业服务中的责权利关系，重新界定各部门的角色与作用，协调图书馆与高校就业指导部门间的关系，促使图书馆参与大学生就业服务有据可依、有法可循，以保障高校图书馆提供权威可靠的信息服务。

（二）高校图书馆应构建新型大学生就业服务体系

1. 设立专门的图书馆大学生就业服务部门

专门设立图书馆大学生就业服务部门是保障高校图书馆顺利开展就业指导工作的基础保障。高校图书馆应依据国家就业方针政策引导，按照高校学科专业设置、毕业生人才数量，参与到大学生兼职、择业与就业工作中去，如不定期召开校园招聘会、就业信息发布会、就业心理辅导、就业技巧指导、就业专题报告等活动，还应积极开展大学生就业信息咨询，建立毕业生校友档案，构建大学生就业服务信息数字化平台。在人员配备上，高校图书馆应配备责任心强、富有经验、善于引导、经过专门培训或馆外聘任的就业指导专家，具体负责大学生就业指导的相关工作。高校图书馆还应健全馆内各项规章制度，完善相应的奖罚措施，以确保大学生就业服务工作的顺利开展。

2. 完善大学生就业信息服务管理机制

大学生就业信息服务管理机制是确保图书馆就业指导工作成功开展的关键。地方高校图书馆应广开渠道、多方面搜集大学生就业信息，建立就业信息资源库，最好直接采集原始信息，并且做好就业信息的权威性验证，推行就业信息过滤机制与抽取机制，严格抵制有害信息和无效信息的侵入，重点进行就业信息的分类、加工整理与有效传递工作，实现就业信息服务的智能化、简洁化管理。

3. 开展大学生就业引导的全程化培训工作

大学生就业引导全程化培训是实现大学生就业指导服务的重要环节。高校图书馆应根据各年级大学生的不同需求特点，分阶段地开展全程化的就业指导培训工作。例如，针对大一新生，帮助他们分析各自的兴趣爱好、个性特征，树立职业规划意识和人生理想；对大二学生开展学生个性特征与心理测评、职业生涯规划、能力评估、职业分类、社会经济政治环境分析等就业内容培训；对大三学生开展就业专题导读、就业政策引导、就业流程指导及兼职培训等专题就业引导内容，提供收集到的各类雇主信息，积极鼓励学生发挥自身特长，开展针对性的实习或兼职锻炼，支持大学生充分参加社会实践活动；为帮助毕业生提高求职技能和成功率，对大四学生进行个性化援助指导与咨询服务，开展制作推荐毕业材料、培养面试技巧等方面的专题训练。

4. 建立大学生就业服务系统平台

高校图书馆由于缺少统一系统平台的互联网信息发布渠道，信息化管理并没有完全到位。由于每年大学毕业生人数众多，就业服务的时间紧、任务重，加快信息获取和流通将成为大学生就业指导工作的必然要求。通过构建大学生就业服务系统平台可以有效地解决以上时间、空间和人员间的矛盾，实现大学生就业指导的点对点服务。大学生就业服务系统平台主要包括四个数据库和三个功能模块，四个数据库即特色馆藏就业资源库、大学生就业信息库、企业信息库、校友档案库，三个功能模块包括信息抽取处理模块、信息安全保证模块、信息推送与反馈模块。通过校友信息服务，可以使在校学生与毕业校友双方的需求在信息环境下得以满足，为高校图书馆就业服务的发展提供强大的支撑。通过构建校——企——图合作交流平台，组织高校联办、校企合办、图书馆参与的就业招聘会，为大学生就业提供实实在在的服务，促进大学生充分就业。

5. 加强与高校就业部门及其他院校间的联合互动与资源共享

高校图书馆应充分利用先进的计算机网络技术、开放链接技术对各种就业信息进行整合创新。通过开设大学生就业信息服务网站，建立就业服务专栏的超链接系统，与省内高校间实现信息资源网上共享，构建大学生就业资源网上共享平台，形成优势互补、多方合作的大学生就业服务体系，在提高大学毕业生就业质量和就业率的系统工程中发挥应有的作用。

6. 加强高校图书馆大学生就业文献资源建设

高校拥有一定数量的文献资源是图书馆做好就业信息服务的基础和保障，目前图书馆就业信息资源的总体数量偏少，资源建设又缺乏组织性和系统性。在强化就业文献资源的同时，还应充分利用图书馆网站设立就业服务栏目或建立相关求职网站链接，方便毕业生信息资料查询；建立高校图书馆网站之间的链接，实现区域内高校图书馆之间的就业信息资源共享与互补的局面。

7. 强化高校图书馆对新生代大学生的诚信教育

大学生正处于身心成长的重要阶段，高校图书馆是开展大学生素质教育的重要阵地，理应利用其丰富的人文资源、浓郁的文化氛围以及人性化的管理，对大学生开展社会诚信规范教育及创新素质教育，从而有效促进大学生的健康成长与顺利就业。

参考文献：

[1]中国新闻网，http://www.chinanews.com/edu/2013.

[2]曲奎、白福春：《高校图书馆对大学生就业信息的开发》，《当代图书馆》2006年第3期。

[3]方波、郜宗茂等:《高校图书馆开展大学生就业信息服务研究——基于安徽省高校图书馆的调查》,《高校图书馆工作》2012 年第 4 期。

河北省社会科学发展研究课题民生专项　课题编号:201301095
课题负责人:朱立红
课题组成员:管计锁　关　琼　石秀霞　张建军　刘景会　刘俊兰

大学生就业帮扶机制研究

河北机电职业技术学院

一、就业困难群体的界定

大学生就业困难群体是指有就业愿望，正式进入人才市场和劳动力市场求职，在求职过程中处于相对劣势状态，并且依靠自身力量无法实现就业或充分就业的大学生群体。这个群体大致上分为三种：一是大学生毕业后迫于压力而不敢就业；二是在就业压力下被迫降低期望委曲求全进入自己不愿意从事的岗位；三是一些单位过于追求功利，不招收没有经验的应届毕业生。

二、就业困难群体的原因

（一）就业经济困难群体，主要是指因为家庭经济困难而就业困难的群体。有的学生因为家庭条件的原因放弃一些学费较高的或者是大城市的学校，从而导致自己的能力得不到大幅度的提高，这也是影响就业的主要原因。

（二）就业形象困难群体，主要是指因为身体健康状况明显欠佳而就业困难的群体。当今社会环境下，个人职业形象也逐步成为一种竞争力，不单单能彰显个人的专业实力跟职业素养，更能影响到所在单位的公众形象和综合实力。有的单位就把形象放在第一位，导致有的学生不敢应聘。这就加大了就业困难学生的人数。

（三）就业专业困难群体，主要是指因为所学专业而就业困难的群体。从专业看，一些紧缺专业如市场营销、计算机、通讯、电子、土建、自动化、机械、医药和师范等科类的毕业生需求旺盛，毕业生供不应求，而一些长线专业如哲学、社会学、经济学、法学等科类的毕业生需求则较少。

（四）就业能力困难群体，主要是指因为个人能力明显低于职业要求而就业困难的群体。

（五）就业心理困难群体，主要是指因为心理素质偏低而就业困难的群体。

（六）就业观念困难群体，主要是指因为择业观念不适应社会要求而就业困难的群体。“先就业后择业”的观念正是造成大学毕业生频繁跳槽的一个主要原因，正是由于大学生频繁跳槽，使得企业对大学生的工作稳定性产生了怀疑，最终导致大学生群体就业压力急速上扬。大学生要及早为自己做出职业生涯规划，根据自己的职业方向和目标进行选择才是科学就业观。

（七）就业地域性困难群体，主要是指因为地域不同而薪金不同，从而受影响而难以就业的困难群体。从地区看，北京、上海等发达地区需求较旺，需求总量大于当地的生源数。而中西部不少省区虽然有较大的用人需求，但工作和生活条件艰苦，往往招不到合格的人才，产生“有地方没人去，有人没地方去”的现象。

三、就业困难群体帮扶对策

（一）政府方面

1. 规范就业市场。一些私营企业用工制度极不合理，不但不和员工签订劳动合同，而且社会保险、养老金、公积金等一系列社会福利也没有。另外，起薪较低，升幅不大，并伴有苛刻的罚款制度，让大学生确实受不了。同时，用人单位还设置经验、性别等障碍拒绝应届毕业生。用人单位在招人时追求实用和低成本，存在眼光短视和心态浮躁的情况。

2. 疏通就业渠道。目前的就业渠道无非是学校推荐、熟人介绍、校园和社会的招聘会、人才或就业网站、报考公务员、服务西部等。但是，学校推荐一般是学生干部或成绩突出者才有机会；报考公务员受专业、志趣、是否党员限制，这些只适用于特定人群。对大多数人来说，网站和招聘会才是最主要的就业渠道，还不能满足毕业生的需求。

3. 提供多种优惠政策。国家已经出台了多项针对就业困难大学生的优惠政策，例如：从事个体经营符合条件的，免收行政事业性收费并享受国家相关扶持政策；登记失业并自主创业的，如自筹资金不足，可申请 5 万元小额担保贷款；参加创业培训的，按规定给予职业培训补贴；灵活就业并符合规定的，可享受社会保险补贴政策。强化对困难家庭高校毕业生的就业援助；就业困难和零就业家庭的高校毕业生，享受公益性岗位安置、社会保险补贴、公益性岗位补贴等就业援助政策等。

（二）用人单位方面

应该消除偏见，树立理性的用人观，提供平等的就业机会。近八成的用人单位认为大学生仍存在期望过高的现象，主要表现在薪酬、地域、个人发展机会、职位要求、行业要求、假期要求和专业对口等方面。而不少大学生对此感到很委屈，由于低工资难以满足他们的基本生存需要，也难以形成足够的工作激励。

（三）学校方面

1. 增强就业指导。就业工作的好坏是检验一所学校办学质量高低的重要指标。小康大业、人才为先，民生之本、就业为先。高校应针对毕业生普遍表现出来的心理问题，通过报纸、网络、广播或座谈等方式，缓解他们的情绪，提升其综合素质。针对个别因就业压力过大引起的心理问题，要及时开展个体心理咨询，对其进行系统的指导。同时还应为大学生就业提供心理学的帮助，使他们正确地认识自我、发展自我，提高毕业生的职业成熟度和心理抗挫能力。对于那些来自家庭经济困难或者偏远山区，没有任何社会资源以及心理或生理上有缺陷的学生，实施一对一的重点指导，一方面要帮助他们克服心理障碍和自卑心理，鼓励他们积极参加集体活动和社会实践活动，勇于面对现实、战胜困难；另一方面，学校要积极与学生生源地政府、团委、妇联、残联以及社区联系，取得他们的支持与帮助，最大程度地帮助他们顺利就业。

2. 根据就业形势，深化教育改革。目前一些大学的专业及课程设置有较大盲目性，专业趋同现象十分严重，造成供给严重大于需求。一些学校仍然沿袭传统的应试教育的教学方式，培养出来的一些学生高分低能。不少学校专业划分过细，难以跟上市场变化的步伐。一些高职、高专专业缺乏特色，培养出来的学生理论功底不系统，动手能力也不强。而用人单位对应聘者的实际操作能力、适应工作环境变化的能力则提出了越来越高的要求。

3. 校企结合。大中专院校是技能型人才培育的基地，它的使命是为产业与行业企业培养适用人才，以推进区域经济产业化发展。产业集群的崛起，包括产业链的拉长与拓展，特别是生产型服务业的发展，促使技工教育必须审时度势、与时俱进地根据产业与行业的需求改革教学模式，更好地为企业与行业培养所需的人才。目前，院校所培养的人才与企业的需求还有一定的距离，这就需要在企业与院校间搭建一座对接的桥梁，产教结合则是这座桥梁的基石。

(四)学生个人方面

1. 认清就业形势，做好人生的规划。首先要树立职业目标，即今后到底想做什么方面的工作，想在哪个领域里长期发展，为了达到这个目标，现在要如何迈开第一步。其实很多职业目标可以从低位开始，等有了一定积累后再调整步伐，将目标再拔高一些，踏踏实实地一个一个地去实现目标。

2. 提高自身的素质及自信心。大学生应该清楚地知道自己未来的就业方向，以及用人单位对岗位人才的各方面要求，并且依据未来的就业所需有针对性地加强重点知识的学习，并保持学习的激情，把就业和学业完美结合，提前为就业打下坚实的基础；应该多了解用人单位的经理人希望看到什么样的简历，如何把自己的简历和用人单位的要求衔接好，提高获取面试的机会；充分了解单位经理人面试的要点，充分发挥自身的优势，提升获得就业的机会；掌握如何在企业当中发挥自身优势，规避自己的短处，体现自身的价值，赢得晋升的机会。

河北省社会科学发展研究课题民生专项　课题编号：201301429
课题负责人：党　辉
课题组成员：崔社军　王立靖　高　伟　罗根强　王　佳

“中国梦”新闻报道怎样才能入脑入心入行

——基于对8城544名都市白领的问卷调查

河北省社会科学院

“中国梦”的影响力，一定程度上取决于媒体的传播力。我国主流媒体自2012年底拉开“中国梦”的传播序幕，多半年以来，各级各类媒体展开了形式多样、不遗余力的新闻宣传报道。截至2013年7月17日，百度新闻中涉及“中国梦”的新闻已达411万条，“中国梦”已成为当之无愧的“热词”。那么“热词”背后，是否渗透着公众对“中国梦”内涵的真实理解？“中国梦”是否真正走进百姓心中，并激发出强大的感召力与行动力？当前，掌握“中国梦”的新闻传播效果，剖析原因，积极完善传播策略，行之迫切，意义深远。

都市白领作为受过高等教育、有思想的年轻一代，是社会建设的中坚力量，他们对“中国梦”的认知与关注情况，在一定意义上能初步反映“中国梦”传播效果。基于上述思考，笔者通过QQ、微博、微信、电话等手段，展开面向都市白领的网上调查，被调查对象分布于上海、北京、天津、西安、石家庄、沧州、邢台、保定等8个城市，年龄：27—37周岁；学历：本科及以上；职业：企业从业者40.50%，事业单位从业者38.67%，公务员16.67%，其他职业4.16%。调查历时半月（2013年6月20日至2013年7月5日），共发放问卷596份，收回有效问卷544份，回收率91.28%。

一、调查数据与报道软肋

调查发现，98.75%的受访者知道“中国梦”，其中有31.11%的人知道“中国梦”的内涵，而关注、喜欢“中国梦”新闻报道的人有24.58%。为何在如此全覆盖、历时长、大剂量的新闻传播格局下，精力充沛、思维活跃、触媒便捷的都市白领对“中国梦”相关报道缺乏应有的兴趣与热情？当问及“为何不关注、不喜欢这类报道”时，51.23%的人认为“该类报道离自己太远”，39.35%表示“该类报道缺少实用性”，7.04%的被调查对象说“没时间”关注。

（一）贴近性不够

调查中有超过半数的人认为“该类报道离自己太远”。在当前某些官方媒体的报道中，确实存在一些新闻报道走“上层路线”、从文件到文件、采访对象偏窄、不吸引人等简单做法。比如某省级党报刊登的“中国梦　我的梦”征文中，作者是清一色的“省纪委干部”“村党支部书记”“动车乘务组组长”“港口站长”等大小不等的“官儿们”，这些稿子都在表述自己奋斗史、创业史、为民史等，缺少新意，缺少草根气。无独有偶，某省级广播电台对“中国梦”的公益宣传仅停留在某贫困小学几个学生讲述自己的“教师梦”“求学梦”上，由于采访对象范围过窄，难以唤起公众的广泛认同、参与和支持。

（二）实用性不足

新闻宣传的“实”在于从普通受众的角度出发，以真实、切实的信息、例子或舆论力量令受众从中获益。在此次调查中，有39.35％的人认为“该类报道缺少实用性”。在某些媒体的“中国梦”宣传报道中确实存在一定的务虚现象，比如有的报纸专门辟出通版做富有艺术性的公益广告，此举表现出报社对该传播的重视，但只是简单地以“什么什么好”做口号式、简单化的宣传，收效甚微。同时，某些广电媒体对“中国梦”的新闻报道也多集中于省直、市直机关单位或社团等的相关活动上，演讲比赛、学术论坛、歌唱比赛等，这些报道多浮于“中国梦”实质精神的表面，为了宣传而宣传，有的媒体即使采访了基层群众，但群众的梦想只作为素材表达出去，“说梦”之后欠缺助力“圆梦”的后续关注，信息传播流于“一过性”。调查中有人反映：“如果报道的是医保标准提高、养老金发放延迟、生育险不受户口限制这样的新闻，肯定会关注。”

（三）新鲜性欠佳

7.04％的被调查对象指出“没时间”是其“不关注这类报道”的原因。这其中除了都市白领作为职业一族无法摆脱工作与生活的双重压力、无暇关注外，更有某些主流媒体相关报道俗套陈旧、难以与新媒体媲美的现实弊端。据2013年6月发布的《中国视听新媒体发展报告》显示，北京地区电视机开机率已下降至30％。在传统媒体受关注程度每况愈下的形势下，主流媒体对“中国梦”的报道，集中于学术文章、观点评论、会议报道、活动报道、正面典型宣传等，形式、体裁陈旧，新鲜感欠佳，难以吸引大众注意力，没有吸引力，又何谈影响力。

二、对“中国梦”新闻报道的初步建议

习近平总书记指出，“中国梦归根到底是人民的梦，必须紧紧依靠人民来实现，必须不断为人民造福。”“我们要随时随刻倾听人民呼声、回应人民期待，保证人民平等参与、平等发展权利，维护社会公平正义。”部分主流媒体在“中国梦”的报道中存在的问题，一方面表现出对中央精神没有彻底吃透，需要进一步学习、思考与消化；另一方面需要进一步坚持群众观点，坚持“走转改”，不断创新新闻报道，在以下方面寻求突破。

（一）在深入“知晓”上下功夫

调查中有31.11％的人知晓“中国梦”内涵。以新闻报道的形式提升公众对“中国梦”内涵的掌握，媒体任务艰巨。需要做到：尊重事实，用事实说话。真实性是新闻的生命，也是舆论的灵魂，依靠虚假、虚空、表面化的信息或逻辑不能长久，必失公信；尊重规律，与时俱进。按照新闻传播的规律来宣传中央精神、引导舆论，引导方式方法要与时俱进，符合新媒体尤其是移动互联网时代的特点；尊重群众，关切需求。群众是“中国梦”的主

体，新闻媒体应更多以民生的视角，以普通个人梦想的小切口，展示民族复兴的大命题，透彻、直观、有温度地传播“中国梦”的内涵。

（二）在倾听“表达”上拓平台

调查中有51.23%的人不关注“中国梦”新闻报道的原因是“该类报道离自己太远”。然而，远在天边的“斯诺登”却引来无数微博用户纷纷围观，除了事件的轰动性外，更因为微博平台可以随时、快捷地发表自己的观点。而部分媒体对“中国梦”的传播恰恰是缺少普通人发表观点与心声的平台，而百姓心声是对中国梦的最好阐释。党报党刊、广电两台应进一步淡化宣传色彩，满怀诚意倾听民声，严肃认真关照社会进程。对媒体辐射范围内不同年龄段、不同职业、不同阶层、不同区域有代表性的受众进行“梦想全覆盖”。让大众成为“中国梦”的解释者、传递者、分享者，通过一次次采访、一个个版面、一段段音视频表达主流媒体做实“中国梦”传播的决心和诚意，同时能收获公众注意力和信赖。比如某媒体开辟的《国人自述我的梦》节目，便吸引了众多听众的积极参与。

（三）在争相“逐梦”上添动力

“梦想”是美好的，但“梦想”的实现过程往往是坎坷又崎岖的，如果“梦想”一蹴而就，关于“梦想”的传播尽是赞美与歌颂，那么必将不是真实而全面的“梦想”。因此对“中国梦”的新闻传播注定不应是一刀切式的正面报道，而应是凸显问题意识的真实关注。一要坚持问题意识。百姓心声不仅有经验，更有艰难和一些可避免的社会障碍。新闻媒体通过直面百姓工作生活中具体的问题和追梦过程中的某些障碍，坚持正面报道与舆论监督并举，既让正能量放大效应，又使负能量无处遁形。二要坚持长线关注。新闻媒体对某些具有代表性、特殊性或公共性的“梦想”应进行追踪报道，从梦想萌芽到执着逐梦，最终实现梦想开花、结果的全程进行关注。此举既可带领受众跟随报道主角一起逐梦，最大范围分享梦想成真时刻的成功与喜悦，实现励志效应，更通过舆论的力量助力圆梦，以真实的、带有强烈感召力的梦想经历，唤醒公众争相逐梦、勇敢逐梦的热情、勇气与行动。

河北省社会科学发展研究课题民生专项　课题编号：201301146

课题负责人：韩春秒

课题组成员：杨思远　白树亮　张海馨

注释：该课题成果2013年8月3日《河北信息》单条采用上报中办，获习近平总书记批示。

弘扬西柏坡精神　培育核心价值观

河北经贸大学

党的十八大报告指出，“倡导富强、民主、文明、和谐，倡导自由、平等、公正、法治，倡导爱国、敬业、诚信、友善，积极培育和践行社会主义核心价值观”。自觉、积极、主动地培育和践行社会主义核心价值观是建设文化强国、实现中华民族伟大复兴的重要举措。以“两个务必”为核心的西柏坡精神是中国特色社会主义道路艰辛探索的重要基石，奠定了中华民族走向伟大复兴的文化基调和价值观底蕴。对应于培育和践行社会主义核心价值观国家、社会和公民三个维度，以“两个务必”为核心的西柏坡精神指明了“建设新中国”的中心任务和发展方向，同时也包含着“开辟新社会”的制度选择和政策安排以及“塑造新公民”的精神状态，对之进行与时俱进的内容充实和大众弘扬，有助于开辟一条有效而独特的核心价值观培育路径。

一、西柏坡精神对于培育社会主义核心价值观的现实意义

以“两个务必”为核心的西柏坡精神是一种永不妥协、敢于胜利的精神凝聚，也是一种永不骄傲、本色不变的精神积淀。中国革命走向成功的道路，是在敌人异常顽固强大、反革命力量数倍于己的独特背景下走向成功的道路。如果没有这种永不妥协的信念和敢于胜利的气魄，中国革命也不会发生在一个小小的“农村指挥所”指挥打赢世界上规模最大的人民战争的奇迹。同样，也是这样一种理想信念，坚定了中国共产党人打碎旧世界、建设新世界的勇气。西柏坡精神形成于中国革命即将走向胜利，中国共产党即将完成由革命党向执政党角色转换的历史关头。面对新的历史条件，“不曾被拿枪的敌人征服过”的共产党人，能不能够抵御“糖衣炮弹”的攻击。面对这样的历史命题，毛泽东明确告诫全党，“革命以后的路程更长，工作更伟大，更艰苦”，“务必使同志们继续地保持谦虚、谨慎、不骄、不躁的作风，务必使同志们继续地保持艰苦奋斗的作风。”正是这种永不骄傲的精神和本色不变的坚守，为赢得革命胜利并巩固革命成果注入了动力和活力。

与资本主义的核心价值观相比，社会主义核心价值观在其理论品质及价值追求中均呈现出无与伦比的先进性和深刻性。社会主义核心价值观的倡导和培育揭示出了社会主义最本质的精神性要素，同时实现了对马克思主义同中国现实的结合、对中华传统文化精髓的传承以及对中国革命文化的发扬。继承精华以形成价值积淀，开拓未来以走向价值创新。在此意义上来说，培育社会主义核心价值观是当前推进文化强国建设、实现中华民族伟大复兴的重要抓手之一。十八大报告指出，要“牢牢掌握意识形态工作领导

权和主导权，坚持正确导向，提高引导能力，壮大主流思想舆论”。面对价值观念多元化的挑战，更需要我们秉承西柏坡精神内涵当中永不妥协、敢于胜利的气魄和胆识，“不断增强团结一心的精神纽带、自强不息的精神动力，永远朝气蓬勃迈向未来”。只有这样，才会让我们在培育核心价值观的全过程始终能够保持先进性与深刻性的统一、继承性与发展性的统一，“主流思想舆论”才会在色彩缤纷的价值观念花园中脱颖而出、艳丽夺目。面对意识形态阵地必须坚守的使命，更需要我们继续弘扬西柏坡精神内涵当中永不骄傲、本色不变的特质和操守，以激发我们党“以民之所望为施政所向”的公仆意识和为民本质，激发全体社会成员对国家层面核心价值目标的趋同和热爱、对社会层面核心价值取向的尊崇和敬畏、对公民个人层面价值导向的自觉和践行。由此可见，就其现实意义而言，西柏坡精神为培育核心价值观提供了强大的精神动力、厚实的信念支撑和不竭的力量源泉。

二、西柏坡精神集纳了国家、社会和公民三维价值目标的和谐统一

中国特色社会主义在国家层面的核心价值目标是富强、民主、文明、和谐，在社会层面的核心价值取向是自由、平等、公正、法治，在公民层面的核心价值导向是爱国、敬业、诚信、友善。深入探析就会发现，西柏坡精神当中汇聚、集纳了国家、社会、公民三维价值目标的和谐统一，奠定了中华民族走向伟大复兴的文化基调和价值观底蕴。

西柏坡精神指明了“建设新国家”的发展方向和中心任务。在《将革命进行到底》的新年献词中，毛泽东明确提出中国革命“由人剥削人的社会向着社会主义社会”的发展方向。因此，党的中心任务也要由革命的领导者转向“由农业国变为工业国”、以生产建设为中心的领导者。乡村是中国革命的根据地和坚实后盾，但建设新国家的任务要求在“决不可以丢掉乡村”的前提下，“党和军队的工作重心必须放在城市，必须用极大的努力去学会管理城市和建设城市”。发展方向决定了社会主义“新国家”不同于官僚资本主义国家的新特点，那就是真实的民主、整体的和谐；中心任务的转移决定了“新国家”的使命是由贫穷走向富强、由落后走向文明。可见，西柏坡精神包含着对富强、民主的不懈探索，对文明、和谐的主动构建，是当前培育核心价值观国家层面价值目标的精神原动力和营养源泉。

西柏坡精神确定了“开辟新社会”的制度选择和政策安排。在七届二中全会的报告中，毛泽东提出，未来新社会要确立“无产阶级领导的以工农联盟为基础的人民民主专政”的政治制度，这一制度既为发展人民民主提供了领导力量，也为开辟新社会找到了依靠力量。与之相应，在政策安排上，必须采用人民代表会议的形式，“去认真地团结全体工人阶级、全体农民阶级和广大的革命知识分子”；必须采用政治协商会议的形式，确定“同党外民主人士长期合作的政策”。毛泽东把这种既区别于资产阶级共和国的国会制度，又区别于苏联的无产阶级专政的苏维埃称作“以工农联盟为基础的人民苏维埃”。在这样的新社会，自由消解了独裁、平等代替了差别、公正打碎了偏私、法治取代了人治。

西柏坡精神倡导了“塑造新公民”的精神状态和理想信念。“中国经济建设的速度将不是很慢而可能是相当地快的，中国的兴盛是可以计日程功的。”在七届二中全会的报告

中，毛泽东对新中国的未来充满着乐观和自信。之所以能够持有这样的乐观，源于对"塑造新公民"的自信。中国人民在骨子里就有"勇敢而勤劳"的基因，但旧有的国家形态、社会制度以及"长期的严重的困难局面"，"产生了某些无纪律状态和无政府状态，地方主义和游击主义，损害了革命事业"。建设新国家、开辟新社会，同时也需要塑造新公民。毛泽东倡导全国人民要"加强纪律性""万万不可粗心大意"，"用最大的努力克服这些无纪律状态和无政府状态，克服地方主义和游击主义"。特别是全党同志，更要务必继续保持谦虚谨慎不骄不躁的作风，务必继续保持艰苦奋斗的作风。新公民饱含着爱国的热情、敬业的状态、诚信的品格和友善的面貌，正是建设新国家、开辟新社会的支柱和保障。

三、弘扬西柏坡精神，积极培育社会主义核心价值观的路径

弘扬以"两个务必"为核心的西柏坡精神，培育和践行社会主义核心价值观，需要紧密结合马克思主义与中国实际相结合的马克思主义中国化道路，紧密结合中国特色社会主义理论深化和实践拓展的历史进程，构建起西柏坡精神与社会主义核心价值观高度融合的系统架构，实现对多元价值观念的引导和整合，从而把握社会整体价值观的主旋律；弘扬以"两个务必"为核心的西柏坡精神，培育和践行社会主义核心价值观，需要充分发挥课堂教学和宣传媒体的作用，通过教育引导和文化渗透，实现与社会主义核心价值观相对应的西柏坡精神在意识形态传播领域的扩散和覆盖，解决核心价值观培育和践行的主渠道；弘扬以"两个务必"为核心的西柏坡精神，培育和践行社会主义核心价值观，需要借鉴传统社会官方和民间对道德楷模与英雄人物的倡导和景仰的培育方式，积极弘扬现时代践行社会主义核心价值观的模范和典型，从而增强培育和践行活动的鲜活性和感召力，引导社会成员由对核心价值观的感性认知走向实践养成；弘扬以"两个务必"为核心的西柏坡精神，培育和践行社会主义核心价值观，需要持续提取西柏坡精神的价值观念成分并融入培育和践行的各个层面，拓展社会主义核心价值观的弘扬模式和方法，由单向传播扩展到多元互动、由片段补给推进到全程融入，实现社会主义核心价值观的大众化。

把握主旋律。中国特色社会主义在不断推进的过程中，国家的开放性、社会的包容性也在进一步增强。与此相伴随，人们的价值观念也呈现多样化和多元化。这些价值观念当中，有些是积极的、高尚的、推动社会进步的，也有些则是消极的、颓废的、阻碍社会发展的。无疑，西柏坡精神是引领社会思潮、凝聚社会共识的一面重要旗帜。西柏坡精神是马克思主义同中国实际相结合的成功范例，是中国特色社会主义的动力源泉之一。弘扬西柏坡精神，需要紧密结合马克思主义中国化持续深化的历史进程，紧密结合中国特色社会主义理论与实践不断拓展的历史进程，构建起西柏坡精神与社会主义核心价值观高度融合的系统架构，实现对当前社会多元价值观念的引导和整合，从而把握社会整体价值观的主旋律。

扩大主渠道。弘扬西柏坡精神，将其作为培育核心价值观的重要素材，不能抛弃传统的对道德自律过分倚重的培育路径。但除此之外，还需要我们积极开拓教育引导和文化渗透的核心价值观培育路径，并使之在核心价值观的培育当中发挥主渠道作用。西柏

坡精神是共产党员党性修养的结晶。在肯定和鼓励党员干部及各界群众延续和发扬这种党性修养和自律意识的同时，还需要充分发挥课堂教学和宣传媒介的作用，通过教育引导和文化渗透，实现西柏坡精神在国家、社会和公民三个层面的价值精髓在意识形态传播领域的扩散和覆盖，扩大核心价值观培育的主渠道。

增强感召力。培育社会主义核心价值观有一个重要的前提，就是要把倡导的三个层面的核心价值观明确化、具体化，以便于全体社会成员更好地认同和实践。这个明确化、具体化的过程就包含着一个树立模范和宣传典型的过程，以他们的示范效用来引领社会风尚，增强培育和践行活动的鲜活性和感召力。西柏坡精神的感召力既来自领袖人物的作风示范，也来自革命群众的精神传递。提炼和倡导从领袖人物到普通群众的爱国情怀、敬业状态、诚信品质和友善氛围，积极弘扬现时代践行社会主义核心价值观的模范，发掘身边的“最美”典型，从而增强培育和践行活动的鲜活性和感召力，引导社会成员由对核心价值观的感性认知走向实践养成。

实现大众化。信息时代的来临，为我们提供了海量的信息资讯和便捷的信息服务，但也给核心价值观的培育带来了双重挑战。一方面，信息的庞杂无序、良莠不齐令人难定取舍、难辨主次；另一方面，新媒体特有的“点对点”的传播特点，也让人们思想活动的独立意识和差异性不断增强，社会成员的价值取向趋于多样化。弘扬西柏坡精神，要注重与时代的结合、与实际的结合、与群众的结合，通过对时代信息、社会实际生活以及群众接受能力的准确把握，打造出符合时代要求、社会实际和群众内在需求的精神信念及文化产品，以此承载社会主义核心价值观的培育功能，不但能形成良好的社会文化环境，而且有助于在弘扬模式和方法上，实现由单向传播到多元互动的扩展、由片段补给到全程融入的推进，进而实现社会主义核心价值观的大众化。

河北省社会科学发展研究课题民生专项　课题编号：201301032
课题负责人：温小勇
课题组成员：宁建荣　吕建春

注释：论文发表于《河北日报》知与行版，2013 年 12 月 18 日。

基于大学生户口迁移现状探讨户籍制度改革相关对策

河北科技师范学院

大学生这个群体是我国公民重要组成部分之一，近十多年来由于高校的不断扩招，2012年我国高校在校生人数达3000多万，也就是说有这么多大学生牵涉到户口问题。每年的高校录取人数和毕业生人数相加从十年前的400多万到2011年的1300多万，涉及上学户口是否迁移和毕业户口迁出等问题，他们是三至五年短期内迁徙变动最大的群体。他们是户籍制度改革最先惠及，也最先能受到伤害的人群，在迁移落户过程中出现问题最多的人群。这个庞大的群体户口处于什么状态，有什么问题，生活得怎样，应该是当今社会不容忽视的问题。他们生活的好坏直接影响着他们的学习、工作，某种程度上也影响着当地经济发展以及社会的和谐稳定。

户籍与每一个人的生活息息相关，作为多年从事高校学生集体户籍的管理者，深知大学生们在户口迁移过程中碰到的困难，为他们的户口处境担忧。在实际工作中我们感受到了户籍制度改革的进步，同时也感受到与之相适应的配套措施跟不上、误读或不理解有关户口政策、某些单位和个人不履行职责等，致使大学生在户口迁移过程中出现"空挂户、黑户、口袋户等"各种问题，这不利于社会管理。怎样理顺高校大学生的户籍管理，我国的户籍制度怎么改革才能使大学生们少走弯路，减少社会行政成本，使他们把更多的精力投身到学习和社会实践中去，这是我们值得研究和探讨的问题。当然，户籍制度改革不是想改就能一步到位的，这是一项关系到国民生活的系统工程，需要不断地探索，循序渐进，更需要有识之士的关注和参与。以下以驻秦皇岛六所高校学生户口迁移现状为例，共同探讨户籍改革对策。

河北科技师范学院是一所面向全国26个省(自治区、直辖市)招生的驻秦高校，东北大学秦皇岛分校与燕山大学的学生和此校一样来自全国大部分省份。大庆石油学院秦皇岛分校、中国环境干部管理学院及河北建材职业技术学院是驻秦三所职业专科学院，生源也来自我国部分省份，在大学生户口迁移的问题上存在同样情况和问题，具有共性，也就是说这六所驻秦高校学生户口迁移现状具有一定的代表性，能够折射出当今社会及高校的普遍现象。

一、大学生户口迁移的现状

(一)上学户口迁入高校

大学生入学时户口迁移率从计划经济时代的百分之百，逐年下降，到 2012 年 9 月，驻秦东北大学秦皇岛分校(教育部所属)入学户口迁移率 50%、燕山大学入学户口迁移率 20%、河北科技师范学院入学户口迁移率 12%左右、大庆石油学院秦皇岛分校迁移率 7%、中国环境干部管理学院迁移率 6.4%、河北建材职业技术学院迁移率 6%左右。分析其原因：一方面生源地的公共服务和社会保障体系逐渐加强，附着在户口上的优惠待遇也会显现，这是大学生不迁移户口的客观原因；另一方面，我国正积极推进城镇化和新农村建设，在农村历来户口与土地、宅基地等挂钩，当然不愿放弃。以上两点是近几年大学生入学户口迁移率下降的重要原因。

我国经济发展不平衡，偏远及相对贫困地方的新生还是愿意把户口迁来高校，特别是高校所在地是直辖市或省级市等相对发达地区更具有吸引力，大学生户口迁移率就越高。从驻秦高校调查显示，层次较高的高校，大学生户口迁移率也就较高，这让人感觉到“户口迁徙自由”的端倪。

(二)大学毕业生户口在校保留

2002 年国务院发布了《关于进一步深化普通高等学校毕业生就业制度改革有关问题意见》规定：“学校可根据本人意愿，将其户口转至入学前户籍所在地或两年内继续保留在原就读的高校。……超过两年仍未落实工作单位的高校毕业生，学校和档案管理机构将其在校户口及档案迁回其入学前户籍所在地。”这也是国家为了缓解大学生就业压力采取的权衡之策，但随之出现了“空挂户、人户分离”，多年毕业生留校户口无人问津等现象。笔者认为档案管理和户口管理是两回事，档案管理是“公对公”，学校档案管理机构可以将“超过两年仍未落实工作单位的高校毕业生”的档案，按“机要”邮寄或派专车送到毕业生原籍的省(市、县)人事局或教育局存放集体保管。户口则不同，在户口迁移过程中有两个过程(迁出和落户)，即使学校户籍管理部门在当地派出所把保留在校两年的毕业生户口统一办理了迁出(迁往地是入学前户籍所在地)手续，也就是一张纸式《户口迁移证》，这需要本人或委托他人来校取这张《户口迁移证》，再凭本人毕业证、报到证、身份证在有效期内(一个月)到迁往地派出所落户。这个《意见》中有关条文表述不太明确，有不可操作性的一面，使毕业生误以为高校会将其户口自动迁回其原籍派出所。至今驻秦六所高校还有不少往届毕业生户口在校搁置，学校也无法与他们取得联系。也曾发生过外地案件牵涉到某毕业生，经查其户口在高校所在地派出所保留，人毕业多年也不知去向，给公安部门破案带来一定的困难。毕业生户口在校保留产生的弊病，不仅给高校和当地派出所带来户籍管理的不利，也造成社会管理的严重缺失。

(三)大学毕业生户口迁出

临近毕业半年和一年前，大学生们大部分都离校忙于实习和找工作，无暇顾及学校办理的各项毕业手续等，对户口迁移手续更是糊涂。有的《户口迁移证》发到本人手中，还不知道这是与他息息相关的户口，造成拿着“户口”找户口的尴尬局面。不明白户口迁移办理的程序和时效性大有人在，往往《户口迁移证》不是过期了、丢失了就是放在口袋里不去办理落户，形成所谓的“口袋户”。只有等到要开具有关证明或要办理身份证了才想起户口的作用，再四处打听自己的户口在哪，这就自己给自己造成诸多麻烦。

有的毕业生毕业时暂没找到合适工作，户口办理了回原籍的手续，但到原籍派出所落户时不予办理，告知：要落户到父母户口簿上，必须把“非农业转成农业”户口，当然就要花上不少银子才能把户口落回家。目前我国大部分省份取消了户籍二元登记制度，也就是说没有“农业与非农业”之说。有的部门不执行上级有关政策，按照不成文的惯例和陋习办事，毕业生这个弱势群体怎又奈何得了？

（四）大学毕业生户口迁往工作地时遇到的问题

近几年出现大学毕业生在北京、上海、深圳等大城市找到工作，如接收户口单位要求录用的大学毕业生户口原住址必须与其毕业学校地址一致，否则会遭到拒绝。毕业生王某，与北京一家企业签订了就业协议，且单位能接收户口，因为王某上学时户口未迁来学校，为了不失去这个工作机会，王某只能找到学校，学校户籍管理部门协调当地公安部门为他特事特办，在毕业生户口大批外迁时特殊批准其户口迁来学校，落户后马上办理迁往北京工作单位手续，近年来类似情况高校时有发生。这就是有些单位和地方各自为政，凭自己的想法办事，对国家政策误读误解，给毕业生就业落户带来不应有的障碍。

二、驻秦高校学生户籍管理模式

（一）出于安全，公安网只能在公安系统内部使用，我们各高校也无法直接利用公安网进行户籍管理。为了更有效地管理学生集体户籍，高校自己投入人力、财力开发自己的户籍管理系统软件，尽量达到公安部门的一致要求，实现户籍管理的查询、统计、迁移、打印等各项使用功能。在新生入户或毕业迁出时，高校把学生的户籍信息逐项输入计算机管理，整理完成后，再预约时间到当地派出所排队将学生户口信息连同照片录入公安网或迁出。这样就导致学生户籍信息在高校和派出所两个部门重复登记，浪费时间和资源，也增加了公安部门和高校的行政管理成本。

（二）秦皇岛市白塔岭派出所管理了辖区驻秦六所高校，特别是在九月份新生户口迁入和六七月份大学毕业生户口迁出。由于迁移数量大、时间集中且资源有限，派出所只能利用周末和节假日加班加点为各高校办理。尽管如此，落户往往到当年底或来年三四月份才能办理妥当，迁出也要提前一两个月办理。这就造成在这几个月内学生户口处于“真空”期，这期间如果学生身份证丢失了就无法办理有关事项，给他们带来的不便和损失也在所难免，这种现象在驻秦高校时有发生。

三、探索高校学生户籍制度改革要“以人为本”的有效对策

（一）高校大学生户籍管理是我国户籍管理制度的重要组成部分。大学生户口“口袋户”“人户分离”“空挂户”等现象，有的是在户口迁移过程中不了解户籍办理手续形成的，也有的是与户籍制度改革相适应的配套措施跟不上造成的，有人为因素也有社会因素。虽然我省早在 2003 年就取消了“农业和非农业”之说，但感觉是“换汤不换药”，特别是农

村不是真正意义上的取消。如果附加在户籍上的各种利益待遇不取消,不还原户籍管理的本来面目,那么户籍的改革就是一纸空谈,公安机关也是在唱独角戏。只有给户籍登记松绑,将户口作为公安部门单纯的人口登记管理,为社会经济、社会发展提供人口数据等,真正将户籍制度改革与社会公共服务体系相剥离,才能减少和杜绝户口迁移过程中出现的各种不利现象,这也是户籍管理制度改革的关键所在。

(二)其实大学生户口迁移到高校,并非是实际意义上的"常住户口",大学生毕业后不论是否就业都是要迁离高校的。短期内来回迁移户口,不仅增加了社会行政管理成本,而且会带来上述所列举的各种问题,从而造成户籍管理秩序混乱。虽然十年前公安部门就出台了大中专学生入学迁移户口可以根据本人意愿自由决定,迁移率也有所下降,但是从近几年大学生户口迁移情况来看,出现的问题还是不少。邻省辽宁和山东省,几年前就有录取本省的新生户口不迁移的措施。秦皇岛市早在2005年就出台了本市生源不迁户口到学校的规定,目前看效果还不错。

(三)要以信息化建设为依托,向科技要效率。一方面公安机关应该开发一套外挂软件,由高校户籍管理部门将学生户口予以整理录入,核对无误后此软件可与公安内网连接将数据直接导入人口信息系统,一次性完成学生登记录入,使大学生户口信息不再重复登记,减少社会行政成本。新生落户和毕业迁出阶段避免出现"真空"期,给大学生带来方便和实惠。另一方面公安部门应加强"居住证"管理,高校、派出所在录入学生信息时,可以借助二代证读卡器,一次性完成登记过程,其中包括二代证照片的读取,减少学生迁移户口的麻烦和重复采集二代证人像这一过程,有效地实行人员属地管理。如果能够实现上述目标,那么也是真正为民、惠民、利民的好举措。

(四)我国实行实名制居民身份证已有近28年的历史了,现在公安部门的户籍管理系统实行全国联网条件也基本成熟,这就为公民居民身份证的唯一性、准确性和通用性提供了有效保障,增强了加快户籍制度改革进程的可行性。我国正经历着人类历史上最大规模的人口流动,第六次人口普查数据显示:我国离开户口登记地半年以上的流动人口达2.61亿人,如果能够建立一个全国性的人口数据库,公民可以在异地(居住地)公安机关申请补办身份证和护照等业务,不需要再回到户口所在地派出所办理,这将大大地方便民众,节约了开支,降低了成本,也充分体现"以人为本"的理念。

(五)笔者认为高校毕业生们无论是否就业,几年内都能找到自己的"安身之地"(尽管生活质量不一样),应验了"适者生存"的道理。他们无论是在直辖市、副省级城市还是在城镇和农村落脚生活,如果各地户籍政策没有壁垒和限制,也没有人为因素影响,给予他们户籍政策和相适应的配套政策支持的话,他们就不会感觉到社会的不公平和复杂。如果户籍制度改革的步子再迈大一些,户籍制度改革实行全国"齐步走",统一入户条件的话,大学生们就没有那么多的后顾之忧,"安居乐业"才能真正得以实现。

户籍制度改革事关人民群众的切身利益和社会的和谐稳定,户籍管理制度在社会管理中起着重要的作用,我国正处在社会各项制度改革逐步完善和改进的时期,户籍制度改革有它的历史性和复杂性,加快其改革步伐,也是要"摸着石头过河"循序渐进的过程。中华人民共和国成立60多年来,我国的户籍制度经历了从自由迁徙到严格控制取消迁徙自由时期，直到今天迁移政策放宽等一系列改革措施。但当今户籍制度改革步伐滞后于现今国家的经济发展步伐也是事实。给户口登记松绑，将附着在户口上的各项利益剥离，还原户口登记的本来面目；加强属地管理，使得在同一个居住地的居民享受同样的待遇，真正实现人人平等；降低社会管理成本，制定“以人为本”的户籍改革政策等，将有助于户籍制度的进一步完善。

在十八届三中全会上，习近平主席强调：“改革开放只有进行时没有完成时。”让人感受到改革的力量，更体会到民生的厚重。户籍制度改革作为改善民生领域的问题备受关注，广大群众和大学生们翘首以待的新一轮户籍制度改革已提到日程。

参考文献：

[1]国办发〔2011〕9号《国务院办公厅关于积极稳妥推进户籍管理制度改革的通知》，http://www.gov.cn/zwgk/2012—02/23/content_2075082.htm，2012年2月23日。

[2]中国公安大学教授、户籍改革研究专家王太元谈《推进户籍管理制度改革》，http://live.people.com.cn/bbs/note.php? id=52120228103739_ctdzb_062，2012年2月28日。

[3]王亚煌：《户籍改革是开始而不是结束》，http://finance.sina.com.cn/roll/20120224/111311447214.shtml，2012年2月24日。

河北省社会科学发展研究课题民生专项　课题编号：201201169
课题负责人：汪　芸
课题组成员：顾少海　卢彩静　李惠超　闫继锋　张玉娟

民众上访折射的突出问题应予重视

华北电力大学

河北地处华北平原，环抱京津，交通便利，有14个县(市、区)、58个乡镇、195个行政村与北京接壤，两地接壤地界长达680公里，可通机动车的进京通道有100多条。群众上访特别是进京上访不仅直接影响到首都与地区的社会和谐稳定，而且给维稳带来了巨大压力，甚至出现了全国每年“两会”及其他重大节假日等敏感期的“京访潮”，以及民众以上访“要挟”政府的现象，而河北省内各辖区的上访问题亦较突出。

一、河北省民众上访现状的实证调研

笔者对全省11个市进行了实证考察，以具有代表性的154个上访案件作为样本予以分析，调研结果表明，河北省民众上访具有以下特点：

(一)民众上访主要因民事纠纷引起，绝大多数具有具体的利益指向性

上访案件按性质可分为民事(66.88%)、刑事(13.64%)、行政(3.25%)、举报违法违纪行为(7.14%)以及其他类(9.09%)。其中，民事纠纷103件，居于首位，表明民事实体利益诉求是民众上访的重点，如未能得到彻底解决，便会出现民众缠访、多头访、越级访等。首先，“直接或间接涉及土地类”纠纷占民事上访量的33.98%，主要包括农村宅基地、土地承包经营权、征地补偿、房屋拆迁等纠纷，各自所占比例大体均等；其次，“劳动争议类”占31.07%，以劳动关系(劳动合同)和工伤赔偿纠纷为主，二者合计超过这类案件总量的90%(占90.63%)；再次，普通合同纠纷和普通侵权纠纷分别占18.45%和7.77%，多属传统的人身权或财产权纠纷，法律关系较为单一；最后，医疗纠纷、交通事故和离婚案件分别占4.85%、2.91%和0.97%，上访率较低，一般可通过正常的纠纷解决程序予以解决。

(二)上访新案均衡上升，陈年积案比例较大

调研样本中有上访时间的案件122个，大体参照普通民事纠纷一审、二审以及申请再审的总时限，以3年为界，上访时长在3年以内的49件，占总量的40.15%，且上访时长为1年、2年和3年的数量大体均等，表明新生的上访案件均衡上升，如不能及时解决则会转为陈年积案；时长在5年以内的65件，占53.27%；时长在6—10年的32件，占26.23%，其中超20年的7件，占5.74%，而超过30年的有4件，最长达到34年，这些案件成为每年稳控的重点对象。由此可见，新案件仅占40%，且有转化为积案的可能，而60%的案件堪称“骨头案”，民众年年上访、政府年年维稳，造成维稳成本逐年重复。

(三)涉法涉诉上访案件比例居高不下,司法机制解纷能力欠佳

涉法涉诉上访案件47件,占上访总量的30.52%。其原因大体包括两个层面:一是办案确有瑕疵,包括错误判决、诉讼程序违法、错误适用强制措施、法官挪用执行款等;二是法院裁判结果正确,但未能获得当事人的理解,社会效果欠佳。从另一角度来看,尚有近七成(占69.48%)的上访案件未经诉讼等正常程序,某种程度上表明部分民众法律程序意识较为淡薄,不懂得通过司法程序依法维护其合法权益,也有部分民众对司法程序不信任,基于成本等原因不愿选择诉讼而青睐于不断地上访。

(四)集体上访占一定比例,如处理不当则可能演化为群体性事件

集体上访案件11件,占上访量总数的7.14%(即11/154);除去刑事、行政及其他类等3类明显属于非集体访案件40件,集体访所占比例接近10%(即11/114,占9.64%),表明通过上访解决群体性利益诉求的案件占一定比例,其对社会稳定的危害更大,如处理不当可能演化为“利益相关者”参与下的群体性事件。

(五)无理上访处于低位,绝大多数上访诉求具有实质合理性

当事人的诉求不合理、“不应”得到支持或通过各种途径不可能使其满足的“无理上访”案件8件,占上访总量的5.19%,表明近95%的上访诉求具有一定的实质合理性,民众正是抓住了这一点,如果未能达到其追求的预期则会不停地上访。因此,亟须进一步畅通民众利益诉求表达渠道,不断完善纠纷解决机制,建立有效的程序实现民众的实质利益诉求。

(六)涉及政策或历史遗留问题案件久拖不决,存在较大稳定隐患

涉及政策或历史遗留问题的案件13件,均为民事案件,占民事上访总量的12.62%。绝大多数属于劳动人事关系纠纷(占该类案件的76.93%),包括“代课教师”、企事业单位和国家机关的“临时工”、转业军人安置、单位改制的人事争议等,通过正常的纠纷解决程序往往难以解决,需要予以“特事特办”或借助于政策一揽子解决。

二、河北省民众上访折射的突出问题

法治语境下,信访制度作为我国民主政治的一种体现,是公民行使政治权利和表达政治诉求的重要形式,但实践中该项制度的功能出现某种程度异化,并折射出上访现象背后的深层问题,主要涉及民众利益诉求和当前维稳方式两个层面。

(一)实体利益诉求是民众上访的核心焦点

从上访案件的类型来看,民事、刑事和行政案件占上访总量的83.77%,且均涉及当事人直接的实体利益诉求,这些纠纷与底层民众的生活息息相关,当事人将信访制度作为解决纠纷的渠道,其根本目的在于实现自己的利益主张;而举报违法违纪行为案件仅占总量的7.14%,虽与当事人的个人利益无直接关联,但大多属于举报基层官员存在经济问题、侵占或私自处分集体财产等行为损害到集体利益,本质上属于私法利益诉求,而未出现明确要求罢免、处分基层官员的上访案件。因此,民众上访中的实体利益诉求大多源自“纠纷”,属于纠纷解决型诉求,不同于公共利益分配型私法诉求。

（二）民众利益诉求迟迟无法得到满足是其上访的现实动力

一方面，民众的上访诉求将近95%具有一定合理性，无论经过哪些纠纷解决程序，只要其利益诉求得不到满足，他们便不会轻易地“善罢甘休”，如诉讼、调解无法奏效，当事人便转向上访，从而产生上访新案；另一方面，大多数上访案件经历了较长时间，甚至出现多件长达30多年的“历史积案”，表明信访机制并未能及时、妥当地解决当事人之间的纠纷，从而引发当事人多头访、连年访、越级访、进京访等。总之，只要问题解决不了，当事人便不会停止上访，这是上访新案产生、新案变积案的重要推力。

（三）“压力型”维稳是导致民众上访诉求迟迟无法得到满足的体制诱因

“压力型”维稳体制的运行轨迹是“民众利益诉求在基层无法解决而上访——各个上级部门逐级向下施压使案件回归基层——迫于压力基层从源头上压制上访”，由此造成的弊端是，上级部门不断施压以及对各地上访数据进行排名通报，无形中影响到地方官员的政绩乃至升迁，出于自身发展的考虑，地方官员将维稳的关注点集中在如何想方设法将上访人员控制在其辖区内，使得民众的利益诉求在信访制度内不停地跑“空轱辘”而迟迟不能得到解决，从而形成了长达多年的上访积案。

（四）“打压报复型”维稳手段应引起高度警惕

在“压力型”维稳体制下，个别地方官员为了压制民众上访，不惜滥用公权力乃至利用黑社会打压上访人员。一方面，对上访人员适用司法措施的案件25件，占上访总量的16.23%，除劳动教养、行政拘留和刑事拘留外，多个地方出现了上访人员“要挟”政府而被指控“敲诈勒索罪”现象，占适用司法措施案件量的40%；另一方面，殴打威胁上访人员的案件屡有发生，且出现了村干部雇佣黑社会打击报复上访者现象（占“打压报复型”的15.79%），还有个别村干部在上访户门口安装摄像头，以及动辄采取“拉粮倒柜”等侵权维稳行为，更与现代法治背道而驰。

（五）基层社会法律意识普遍较为淡薄是造成上访多发的文化因素

当前我国基层社会官员和民众的法律意识普遍较为淡薄，“信上不信下，信访不信法”的社会心理普遍存在。首先，部分基层官员依法执政意识淡薄，无视民众的正当诉求，秉承“大闹大解决、小闹小解决、不闹不解决”的治理哲学，在纠纷的初始阶段未予以足够重视，最终使民众失去了信任和耐心，导致“小事拖大、大事拖炸”；其次，受传统“人治”文化影响，部分民众“青天情结”较为浓厚，认为“上访有理、上访有利”，只有把事情闹大才能受到重视，甚至不惜采取非理性的方式“维权”；最后，个别上访者“巧抓”基层官员惧怕民众上访的心理，在基层“花钱买稳定，出钱保平安”的做法中尝到甜头，私欲膨胀，漫天要价，动辄以上访相要挟，引起其他民众效仿，形成不良的上访效应。

三、理性应对上访以维护社会和谐稳定的对策建议

近年来，面对严峻的维稳压力，河北省采取“亲民行动型”维稳策略，不断深化“接访”机制、着力推进“下访”建设以及关键时期重点“陪访”等，取得了一定成效。尤其是2012年2月至11月前，全省15000名干部与原工作单位脱钩进驻基层帮助农村发展经济，协助地方维稳，体现了省委、省政府切实构建“和谐河北”的坚定决心和实际行动。但从调

研情况来看，基层“强堵型”维稳思维盛行，“强堵”“控访”现象较为突出，亟须从根本上转变维稳思路和方式方法，彻底解决民众的利益诉求。

(一)变“强堵控访”为“巧疏息访”，增强民众利益诉求表达机制的实效

实践中，“压力型”维稳体制下的“亲民行动型”维稳策略在基层往往被异化为借“下访”之名行“控访压访”之实，这种“强堵”的维稳方式尽管能够确保社会秩序的短期安定，但由于民众的利益诉求并未得到根本解决，一方面，造成反复访、多头访，大大地增加了维稳成本；另一方面，更为关键的是，全面布局控访的做法极易被民众理解为“和谐社会”语境下的政治手段，伤害民众的情感和信任，侵蚀政府的政治信用。因此，目前民众利益诉求表达机制建设存在的突出问题是机制不畅通以及缺乏真正解决问题的实效。只有从根本上改变维稳思路，变“强堵控访”为“巧疏息访”，正视和善待民众的利益诉求，将维稳的着力点放在如何切实化解矛盾纠纷上，才能走出“越维越不稳”、民众与官员“对着干”的怪圈，达到社会内部的和谐稳定。

(二)化“亲民行动”为“诉求解决”，真正实现民众合理的实质利益诉求

对于上访民众而言，“亲民行动”着实能够使其感化，从而放弃抵触心理，打开心结理性地“妥协”。然而，他们所关心的核心问题是其利益诉求能否实现，尤其生活困难或确有冤情的上访户更看重最终实实在在的解决结果。基于此，首先，维稳应抓住上访者的核心诉求，以切实解决问题的诚意化解社会矛盾。其次，基层在化解矛盾纠纷时，应找准问题的症结，从整体上通盘考虑，避免引发次生纠纷，形成上访的连锁反应。最后，很大程度上，民众利益诉求的实现最终要落实到金钱补偿或利益给付上，但这并不意味着“花钱就能买到平安”，问题的关键在于钱应当花在“该花的地方”和“能花的地方”，体现政府经济支出的正义性和社会效果，契合民众的合理性判断。总之，只有真正解决民众的利益诉求，才是消除上访以维护社会和谐稳定的根本之所在。

(三)基层干部应树立正确的维稳意识，积极探索适应社情民意的解纷策略

有些基层干部对信访制度理解不到位，将上访现象归因于信访制度，认为多级、多头信访机制吸引着一些“无所事事”的“刁民”，滋生了社会不稳的隐患，凸显了维稳意识的错位。因此，基层干部应围绕切实化解社会矛盾纠纷这一核心，正确认识信访制度，树立正确的维稳意识。首先，应将因民众上访而引起的上级“施压”转化为集思广益解决民众利益诉求的动力，而不能转嫁到民众身上，想方设法压制民众上访，甚至予以打击报复。其次，对于超出下级部门解决能力的上访案件，上级部门受理后，不应简单地予以登记、交办，将之“推出去”“压下去”，应尽其所能协调解决，否则，将会徒增纠纷解决难度。最后，基层政府应立足于当地的社情民意，充分发挥村民自治的优势，探索富有地方特色的“置换性”或“替代性”的解决方案，促使纠纷依据“软法”得以“柔性”解决。

(四)建立民众利益诉求表达的服务机制，增进诉求征集和释法说理效果

实地考察有关部门接待上访民众的现场发现，很多民众在陈述情况时侧重于讲述事件的细枝末节，使得陈述诉求变为情绪发泄，让接访者不得要领，一定程度上反映了民众表达利益诉求的能力较为薄弱。因此，有必要探索诸如“信访代理”等民众利益诉求表达的服务机制，帮助民众正确认识、合理评估、正当反映和清晰表达其利益诉求，并适时地

进行释法说理，缓解上访者的激动情绪，纠正个别上访者的固执偏见。但应警惕该机制蜕化为基层打压民众上访的另一种手段，或出现代理上访牟利或教唆、鼓动民众非理性上访等非法行为。

（五）充分发挥现有纠纷解决机制的解纷能力，依法化解社会矛盾纠纷

首先，基层调解机制具有贴近民众、熟悉社情的优势，一定程度上反映了基层社会治理能力，其重心在于调解组织建设，关键在于调解员的选任。河北省基层组织可充分挖掘当地资源，吸纳退休法官、检察官、乡镇干部以及其他明事理、知法律、懂政策的贤能人士组成综合性或行业性调解组织，提高基层调解组织的解纷能力。其次，建立基层纠纷化解的引导机制，对于调解不成的纠纷，及时引导当事人诉诸法律程序，形成调解与诉讼之间的紧密衔接，避免调解未果民众即选择上访。最后，加强司法队伍建设，注重司法程序性，加强司法裁判的说理性和判后释法答疑工作，协调好信访与诉讼的关系，切实提高司法威信，使诉讼成为化解矛盾纠纷的“最后一道防线”。

（六）加强基层社会普法宣传教育，提高民众法治意识和维权理性

针对基层法制意识较为淡薄这一现状，可结合村（居）民的日常生活习惯和特点，有针对性地开展常态化的普法宣传教育。一是利用基层公共资源（比如村委会广播、宣传栏、社区板报）等，向村民宣传典型的法律案例，培育基层社会的法治文化；二是基层政府、村（居）委会或司法所等可在民众闲暇时经常聚集的地方设置法制宣传点，定期选编一些与民众生活密切相关的法律知识和案例供其学习和交流；三是充分利用和发挥我省各个地级市院校的法学等专业学生社会实践机会，由省政法委、教育厅、司法厅等牵头，在全省开展撒网式的普法宣传教育；四是基层法院及其派出法庭可有针对性地开展巡回审判或巡回调解，通过公开办案增进民众对司法的感性认识，并借助地缘优势促成纠纷的化解；五是法院、人民调解委员会等部门可每月设立“公共开放日”，由社区或村（居）民委员会组织人员参观、了解矛盾纠纷化解机构、机制以及文化等，提高基层民众遵纪守法、依法维权的意识。

河北省社会科学发展研究课题民生专项　课题编号：201201032
课题负责人：梁　平
课题组成员：陈　焘　李　雷

我省农民进城落户的意愿和期望

——基于 1019 份问卷的调研报告

河北大学

一、调查的基本情况

本次调查采取问卷调查和访问调查相结合的方式，调查结果具有较高的可靠性。调查人员由河北大学经济学院 60 名高年级学生组成，他们分布在全省 11 个地级市，他们具有一定专业基础而且熟悉当地农村的情况，具有完成调查的专业能力。本次调查共发放问卷 1200 份，我们经过整理得到有效问卷 1019 份，问卷有效率达到 85%。调查范围覆盖了全省 11 个地级市所辖的农村地区。

二、调查结果的分析

(一)农村居民进城落户的意愿——接近 80%的农村居民有此意愿，且愿意去中小城市生活

在全部受访者中，有进城落户意愿的人数比例高达 79.4%，其中有 60.2%的人意愿比较强烈，但同时也有约五分之一(20.6%)的农村居民不想进城落户。这一结果说明城镇生活对于大多数农村居民的吸引力较强，这也反映了我省农村居民对城镇化发展的需求。有进城落户意愿的农村居民，他们多数倾向于去中小城市落户，其次是大城市，这两者综合比重达 72.6%。

(二)城镇吸引力——城里收入高、生活条件优越、教育资源好成为农村居民进城落户的主要吸引力

调查结果表明："城里收入高，有更好的生活和发展前途""孩子享受更好的教育资源""看病方便"是农村居民进城落户的主要吸引力，三者比重之和达到了 90%。

"降低房价，拥有自己的住房""各项社保和城里人一样""孩子和城里孩子平等上学""找工作和城里人享受公平待遇"是农村居民对进城工作生活的主要期望，四者所占比重基本持平，四者比重之和达到了 90.3%。

(三)农民进城落户主要担心的和障碍

调查结果显示：从农民进城落户主要担心的问题来看，"找不到合适工作，无法保障基本生活""房价过高，买不起住房""在城里谁都不认识谁，没有安全感，不能适应城里的生活"这三个问题是农民最担心的，三者之和占到 86.7%；在农村人口迁移到城市存在的

阻碍中，前四位阻碍分别是老人不能或不愿搬到城里但在当地又没有人照顾、在城里买不起房、在农村原有的土地得不到合理的补偿、户口迁出迁入受到限制。

（四）农村居民进城后对原有固定财产的处理问题

调查结果显示：农民对于处理原有承包地的选择上，集中于转包给他人和让给亲戚朋友耕种，二者合计约占78%，从中我们可以看出，当农民在城镇落户时，他们多选择把自己的土地转包给别人，或让给亲戚朋友耕种。这与我们的现实生活也是一致的。当农民搬到城市生活以后，在处理原有的房屋和宅基地问题上，占41.3%的人选择请亲友代为管理，偶尔回去时居住。这反映了他们对家乡的一种感情，而卖给他人、让给亲友居住或出租这三种方式则分布比较平均，分别占17.1%、19.3%和22.3%。

三、政策建议

（一）全面促进农民进城就业

第一，要增加进城农民就业岗位。政府通过培育大产业，促进产业结构的调整和升级，为农民提供更多的就业岗位，而且要进一步增加公益性就业岗位，建立和完善社会管理体系，优先安排就业困难的进城农民家庭成员就业，帮助解决进城农民的后顾之忧。第二，加快公共就业服务体系建设。要经常举办农民工就业招聘活动，多渠道为农民工提供就业信息，并免费向农民工提供职业指导和职业介绍服务。第三，加强农民的技能培训。由于农民的学历一般比较低，工作技能不强，对进城的农民进行职业技能培训非常有必要，政府应高度重视，且应纳入政府重要工作内容中，建立学有所教、学有所得、学有所用的教育培训制度。第四，加强对进城就业农民合法权益的保护。建立和完善相关的法律、法规和政策，加强对进城就业农民合法权益的保护，加大劳动监察执法力度，完善农民工劳动合同管理，落实最低工资制度，严厉查处拖欠克扣工资等问题，同时还要加强对农民进行法律教育，增强其自我保护的意识和能力。

（二）妥善解决农民进城后的住房问题

随着城镇化的发展，城镇人口总量仍将保持较快增长，人口流动也将呈现新的特征。建议根据人口变化和住房需求情况，合理确定住房用地规模，既要防止部分热点城市土地供应不足造成的商品房供求紧张问题，也要防止个别城市出现的商品房供应量短期内过快增长带来的不利影响。同时，进一步完善住房租赁的法律和政策体系，加强对租房者的权益保护。

（三）完善农民进城社会保障体系

第一，根据当地基本情况建立社会保障制度，把农村与城镇结合在一起，实行有差别的保障制度。例如基本保障内容可以实行城乡统一制度，其他内容实行差别制度，或者对不同的从业者也可以实行不同的社会保障制度。

第二，打破二元社保结构，使进城农民能够真正步入城市化的生活轨道。应为进城农民提供保障，至少要包括失业保险、医疗保险、养老保险，对于进城落户的农民工应尽快纳入保障对象，对在城市落户的生活困难的农民发放一定的社会救济，提供最低生活保障。

第三，建立失地农民的社会保障体系，增加社保基金来源。可将土地出让费、政府财政拨款、失地农民社会保障基金运营收入以及慈善机构捐款相结合作为失地农民的社保基金来源。此外还要完善相应的配套政策和措施，如加强社会保障的立法工作，发展社会保障实体，充实小城镇社会保障队伍等。

（四）改善分配不公的医疗服务

为保障农村居民转为城镇居民后能享有与城镇居民同等的医疗待遇，消除"农民看病难"的心理障碍，相关部门应做好医疗保险相应的交接工作，健全基本医疗保险政策，使他们有更多的选择。对进入城镇的落户人员，与用人单位签订劳动合同的，可参加城镇职工基本医疗保险；灵活就业人员，可以灵活就业身份参加城镇职工基本医疗保险，或在落户地参加城镇居民基本医疗保险；对于已参加新型农村合作医疗的，可以仍在原地享受相应待遇。但因为新型农村医疗保险与城镇医疗保险在设定上有一定差距，所以应调整相关条款，使得新型农村医疗保险与城镇医疗保险能够有效衔接，并且要避免出现因医疗保险交接不及时而产生的居民无医疗保障的情况。

（五）促进二元城乡分割教育制度改革

第一，打破入学户籍限制，为农村居民的子女提供平等、无差别、无歧视的教育环境，在中小学校按照"就近划片、一视同仁"的原则让进城的农民子女能够就近、方便、免费接受义务教育。第二，完善教育经费保障机制，教育经费投入要适当向接收农民子女较多、条件薄弱的学校倾斜，重点用于学校的扩容和条件改善，从而提高教学质量。第三，调整现有义务教育格局，合理配置国有公共教育资源。鼓励社会办学，在土地、办学条件等方面提供优惠政策，并加强对这类学校的监管，规范办学行为，同时鼓励有条件的公办学校与其联手办学，打破民办学校与公办学校间的壁垒。

（六）优先发展中小城镇，积极稳妥地推进户籍管理制度的改革

户籍制度的改革，在尊重农村居民落户意愿的同时，可以先放宽中小城市和小城镇的落户条件。同时，遵循城镇化发展的规律，统筹推进工业化和农业现代化、城镇化和社会主义新农村建设、大中小城市和小城镇协调发展，引导非农产业和农村居民有序向中小城市和小城镇转移，逐步满足符合条件的农村居民落户的需求，逐步实现城乡基本公共服务均等化，真正提高我国的城镇化水平。

（七）进一步完善土地流转制度

土地流转政策要尊重农民意愿，以"稳"为目标。随着城镇化的推进，耕地遭到两头挤压——城市扩张占用耕地资源，农民建房筑院占用大量耕地。从耕地保护、节约集约用地来看，农村宅基地改革迫在眉睫。但是在土地流转过程中要坚持两个底线原则：第一，不得强迫农民转让；第二，不得改变土地使用性质。完善土地流转制度应该是在坚持农户作为农业生产经营主体的基础上，创新发展专业大户、家庭农场、专业合作社、农业产业化等生产经营形式，但不鼓励工商企业大面积、长时间租种农户土地。

河北省社会科学发展研究课题民生专项　课题编号：201301009

课题负责人：李林杰

课题组成员：王　欣　韩晓龙　王　可　梁斌宇　葛春燕　杨亚慧　郝冬冬
　　　　　　解春翠　殷灵芳　周建萌

新生代农民工城市融入情况的调查研究

河北科技师范学院

一、问题的提出

当前的新生代农民工已占到外出农民工的60%以上[1]，随着中国社会经济的发展和城镇化进程的推进，新生代农民工逐渐成为农民工群体的主体和城市产业工人的主力军，他们与第一代农民工相比具有以下特征：心有梦想，希望融入现代城市生活；注重发展，自觉提高职业技术水准；要求尊严，维权意识明显提高；承受力弱，抗挫折能力低。由这些特征可以看出，新生代农民工进城已不再是单纯地为了赚钱，而是为了像城里人一样有尊严地定居生活，融入城市。新生代农民工城市融入的问题不仅是地理空间上从农村迁移到城市，更重要的是他们从内心深处对城市生活的认同和适应。按照马斯洛需求层次理论，人较高层次的需求是精神文化方面的需求，而新生代农民工城市融入的实质也应该落脚到精神文化生活的融入上。从目前的研究和实践看，对新生代农民工的关注主要侧重于经济和政治制度层面，对其精神文化生活的关注则相对较少，而以上三个方面的融入往往是交融在一起同时进行的，就像人需要两条腿走路一样。由于精神文化生活是城市生活方式的重要组成部分，又是马斯洛需求层次理论中较高层次的需求，因此，它是判断新生代农民工能否真正融入城市的一个重要标准，新生代农民工能否从实质上转变为城市市民，其精神文化生活方式将起着最终的决定作用。因此，本文拟从这个角度来探讨一下新生代农民工的城市融入情况。

二、新生代农民工城市融入的现状

城市融入包括经济、政治、精神文化等多方面，其融入过程体现为由外在的经济收入、消费等方面的适应，到内在精神文化品位及价值观的逐步适应，并以此来衡量新生代农民工的城市融入状况，具体表现为以下几个方面：

经济上：经济收入是新生代农民工融入城市的物质保障，但是，新生代农民工在城市中多从事技术含量较低的行业，收入水平偏低，流动性较强，较容易失业，属于就业大军中的弱势群体，他们收入的大部分都用在了租房、通讯、购物等日常消费上，投资和储蓄意识不够。要融入城市，长久地居住并生活在城市，必须在城市拥有稳定的住房，还要支付居住城市所需的较高的生活费用，而新生代农民工的经济收入很难在城市中落户、买房、扎根，在最基本的经济融入方面不容乐观。

政治上:我国计划经济时代的户籍制度把农村人与城市人区分开来,严格限制农村人口迁往城市,户籍制度成了横亘在新生代农民工面前最坚硬的一道制度壁垒。受城乡二元户籍制度的制约,新生代农民工融入城市面临着住房、就业、婚恋、子女教育、医疗、养老、保险、社会保障等重重障碍,使他们无法享受到和城市居民同等的待遇,如同工不同酬、同工不同权、同工不同福利保障、不能带薪休假、不能平等享受所在城市的公共服务、没有资格享受城市的廉租房或经济适用房等保障房政策、不能同等享有城市的教育资源、不能在城市行使自己的政治权利等,他们在政治制度的融入上也有待提高。

精神文化上:当前,全社会对新生代农民工的关心,主要集中于经济层面,虽然经济上的收入及其消费是其融入城市的基本保障,但是,如果忽视其精神文化需求,那么,他们将不能在实质上融入城市。新生代农民工在城市的精神文化生活包括休闲娱乐、价值观念、恋爱结婚、身份认同、精神健康等方面。

三、新生代农民工精神文化生活融入的现状

新生代农民工入城后,穿着、打扮、消费和城里人无异,他们舍得花钱吃饭、逛街、买衣服、上网、社交、娱乐,接受城市的价值观,在过多地强调经济、制度对新生代农民工制约的同时,却忽略了他们的精神文化生活,而精神文化生活的融入才是新生代农民工融入城市的实质性标志。

(一)休闲娱乐

新生代农民工的休闲娱乐受劳动时间、收入水平、工资发放方式的限制。调研发现,他们的劳动时间平均在10个小时左右,收入水平在2000元左右,工资如实按月发放的不多,这使新生代农民工没有足够的时间和金钱去进行休闲娱乐的消费。郎咸平也说过:“我们是全世界收入最低(0.8美金/小时)而工作时间最长(2200小时/年)的民族。”[2]因此,即使一些公共设施和大众活动也不能很好的享用。目前,新生代农民工的精神文化生活主要是用手机或在网吧上网聊天、听音乐、玩游戏,看电视,闲逛,打牌,偶尔有散步、打球等健身活动,花钱去影剧院、图书馆、博物馆、体育馆、户外旅游的人很少,也有的工作单位偶尔在节假日安排一些有组织的文体活动。可见,新生代农民工的休闲娱乐生活层次比较低,大多都是不花钱的自娱自乐,越是需要花钱的休闲娱乐方式越得不到广泛的认同,而且他们也没有在休闲娱乐的过程中提高自己技能和品位的意识,这种状况离城市市民的休闲娱乐还有很大的距离。

(二)价值观念

新生代农民工追求时尚,消费观念开放,注重享乐,但他们十分注重自我价值与自我理想的实现,他们更接受城市的价值观,不愿再回到农村,也不愿将打工作为终生职业,他们想在城市生活下去,最终融入现代城市;他们认识到了知识、技术的重要性,希望拥有更多个人发展的资源和竞争的资本,他们对于文化知识、专业知识有极强的探求欲和积极的进取精神,他们的可持续发展意愿更为强烈,更加重视工作环境的优劣和自己身体的健康和安全。

（三）恋爱结婚

不同群体之间的通婚率被一些社会学家认为是衡量不同群体之间“社会距离”和融合的一个十分敏感的指数。不同群体之间的通婚状况能够比较深刻地反映出这些群体之间关系的融洽程度[3]。目前，新生代农民工正处于婚恋的年龄，他们的婚恋观已不同于第一代农民工，他们憧憬城市中的爱情，向往自由恋爱，也想通过婚姻这种形式真正地融入城市，但调查显示：有80％的新生代农民工未婚，感情孤独寂寞。相对于农村婚嫁较早的传统，他们却迟迟走不进婚姻的殿堂。首先，工作时间长，没有时间和更多的人交往，在务工城市中不易找到恋爱结婚对象，他们的心理归属在城市，也不愿意在农村找对象。其次，农民工的身份被歧视，不易被城市人所接受，只有在经济、政治、文化、语言和风俗习惯等各方面与城市市民达到一致或和谐时，才能被城市人在感情上和心理上接受，这时，城市市民才会考虑与他们结婚。再次，工作流动性大，收入低，无法支付婚嫁成本。新生代农民工的婚恋现状表明：他们离实质性的城市融入还有很大的距离。

（四）身份认同

新生代农民工很想得到城市人的承认和接纳，但又找不到愿意与其交往的城市市民，农民工身份使他们感觉城市市民瞧不起自己，甚至得不到城市市民应有的尊重，他们只能过着封闭的群体生活，不愿意积极主动与城市市民交往，不愿意主动地吸纳城市的文明，不能和城市环境有机融合为一体。如果他们在工作、生活中遇到困难或不开心的事，更多的是选择和工友、亲戚、朋友倾诉，而不是寻求当地的社区和城市市民的帮助，他们的这种心理缺少了对城市的归属感和责任感，也就难以实质性地融入城市。

（五）精神健康

与第一代农民工忍耐力强、吃苦耐劳的品格相比，也有人称新生代农民工是脆弱的一代，他们没有任何人生阅历，心智成熟相对较晚，缺乏独立生活能力，也没有很好的宣泄途径，精神较脆弱，工作和生活中的困难挫折很容易给他们造成心理压力，引发他们的心理问题，从而表现出对城市生活的不适应。[4]调查数据显示，新生代农民工中较为普遍地存在着对社会的不信任感，经常与别人发生争执，甚至有不同程度的愤世和仇富心态，其中一个重要原因就是精神文化生活贫乏的影响。[5]

新生代民工们的精神文化生活总体来说是单调、灰色的。在调研、访谈中也发现，政府、社会及相关企事业单位在精神文化生活上并没有为新生代农民工提供相关服务及设施。在改善并丰富精神文化生活方面，绝大多数新生代农民工对政府、社会及他们所在的企事业单位都没有什么特别的要求，安于现状的居多。

四、新生代农民工精神文化生活融入的对策及建议

必须像关注农民工工资那样，关心新生代农民工的精神文化生活。但是，改善并丰富新生代农民工的精神文化生活，是一个庞大的系统工程，需要全社会各方的共同努力。

（一）政府部门

各级政府部门通过出台一些相关的政策、法律、法规来规范新生代农民工的精神文化生活，逐步建立服务新生代农民工的长效机制，诸如推动新生代农民工这一群体的户

籍制度改革；新生代农民工的最低工资及其发放方式的规定；新生代农民工的工作时间及其工作强度的规定；新生代农民工的居住环境和居住面积的标准规定；对集中居住的农民工如何配备电视、图书杂志、运动环境及场地等文化休闲设施的规定；用工单位对农民工进行思想道德、文化、专业技术等方面的常态化培训制度；专门针对新生代农民工的心理咨询制度、疏解压力的措施等。应该使新生代农民工想休闲有场地和设施，在享用场地和设施时又有休闲的文化道德素质和经济条件，遇到困难、挫折、压力有发泄的渠道，这样新生代农民工才能真正融入城市的精神文化生活中。此外，各级政府在财政支出上也应该有相应的预算，用于建设丰富新生代农民工精神文化生活的具体设施，确保他们可以拥有较好的精神文化生活条件。

（二）用工单位

精神文化生活是新生代农民工实现心理融入的重要途径，如果用工单位缺乏相应的精神文化生活，会导致他们缺乏对企业的归属感、认同感、责任感，这既不利于增进用工单位的凝聚力，同时也会加剧新生代农民工的流失。因此，各用工单位要根据经营状况调发工资，底线不能低于国家的相关规定；保证新生代农民工的休息时间；为方便新生代农民工的精神文化生活创造必备的场地和设施条件；在培训专业技能的同时，加强城市文明礼仪、城市规则、城市文化风俗等方面的学习培训，使他们深入地了解自己生活的城市。

（三）城市社会

人多力量大，若能发动城市社会的力量来关心新生代农民工的精神文化生活，他们的精神文化生活状况将会得到极大的改善。依靠城市社会的力量，可以创办各种各样专门服务新生代农民工的团体、协会、组织，这些团体、协会、组织和一些慈善机构可以捐助一些精神文化用品和设施。城市社会的电影院、图书馆、文化馆等事业单位多做面向新生代农民工的公益活动，也可以开办一些专门针对新生代农民工的机动灵活的可移动服务设施。此外，城市人也不能总带着有色眼镜来看待新生代农民工，多积极主动地去了解他们，帮助他们，接纳他们。

（四）新生代农民工自身

新生代农民工自身缺乏对相关权利的争取意识，大多数人在默默地奉献，这也是造成他们精神文化生活匮乏单调的重要原因之一。因此，新生代农民工自身也要有所作为，凡事不能只是等待政府、社会的援助，而是要自己站起来，改变自己的命运。此外，新生代农民工在心理上主动认同城市社会的主流文化，努力克服从乡土文化中带来的封闭、懒散的思想，积极主动地了解并学习、应用城市文明礼仪、城市规则、城市文化风俗等内容，以平等和宽容的心态积极与城市人进行交往互动，自觉增强对城市社会的认同感和归属感，增强自己在城市社会中的“主人翁”意识，从而真正实现城市社会的融入。

五、结语

只要政府、企事业单位和社会一起用具体行动来关爱和帮助新生代农民工，再加上他们自身的努力，新生代农民工就会在精神文化生活方面顺利融入城市，这对中国经济的发展、城市化进程的加快、社会主义和谐社会的建构都有着巨大而深远的意义。

参考文献：

[1]《全总关于新生代农民工问题的研究报告》，中国新闻网，2010 年 6 月 21 日，http://www.chinanews.com/gn/news/2010/06—21/2353237.shtml.

[2]郎咸平：《郎咸平说：为什么我们的日子这么难》，东方出版社 2010 年版。

[3]许传新：《新生代农民工与市民通婚意愿及影响因素研究》，《青年研究》2006 年第 9 期。

[4]杨飞：《秦皇岛市新生代农民工融入城镇问题的研究》，《河北科技师范学院学报(社会科学版)》2011 年第 3 期。

[5]丁静：《文化生活贫乏影响新生代农民工心理健康》，《海南日报》2012 年 2 月 18 日。

河北省社会科学发展研究课题民生专项　课题编号：201301089

课题负责人：杨　飞

课题组成员：唐文博　刘艳冬　宁丽新　杜立文　王智华

我省新型城镇化进程中失地农民的生计现状调查研究

河北工程大学

近年来，随着中国城镇化进程的加快，大量的农业用地转为了商业和住宅用地，城市郊区的农用地被大量征用，原来以土地为生的农民失去土地，成为失地农民。虽然有些失地农民变为了市民，但是由于价值观、个人综合素质、生活习惯和行为理念等众多方面与城市市民有着很大的不同，因此失地农民难以融入城市市民的生活。我国目前的社会保障制度固有的缺陷，使得很多失地农民不能与市民一样平等地享受城市的各种优惠待遇，成为城镇化进程中的边缘群体。尤其是当失地农民面临着失业后再重新择业的压力、生存技能的缺失、竞争的弱势等诸多问题时，更容易产生烦躁和愤怒，乃至厌世的情绪，由此引发的社会问题将日益突出，社会矛盾将进一步被激化。本课题将调查研究河北省在推进新型城镇化进程中失地农民的生活、就业、社会保障、子女受教育等情况，进一步分析影响失地农民生计不可持续的因素，提出改善失地农民生计状况的对策建议。期望通过对该问题的研究，为大力推进河北省新型城镇化建设以及对失地农民生计现状的改善提供参考。

一、我省新型城镇化进程中失地农民的生计现状调查

（一）调查方法说明

本次调查与分析所选择的研究方法，主要有以问卷法为基础的抽样调查，以访问法为主的个案调查和运用SPSS应用软件对调查所得资料、信息进行的数据分析。本次调查只选择了邯郸市5个县区作为调查的目标区域，将邯郸市5个县区的失地农民作为此次调查的样本总量。为了使调查结果具有一定代表性，我们采用了区域分层抽样，抽取了邯郸市下属的丛台区、邯山区、肥乡县、磁县和大名县等5个县区为调查的抽样总体；每个县区为一个子总体，再在5个县区内分别抽取近几年土地被征用较多的4个村，共20个村作为子样本；并以子样本为基础进行非随机抽样，选取具体的调查对象展开调查。本次调查访问的具体实施时间为2013年7月20日至8月18日，为期一个月左右，共访问20人，发放调查问卷260份，回收有效问卷226份，有效回收率为86.92%。问卷调查结束后，我们进行了问卷审核、数据编码、数据录入、资料信息整理、数据分析。

（二）调查对象的基本情况

1. 性别情况：在本次调查对象中，男性为126人，所占比例为55.75%，女性为100

人，所占比例为44.25％。

2. 年龄状况：30岁以下为27人，所占比例为11.95％；31—40岁为54人，所占比例为23.89％；41—50岁为72人，所占比例为31.86％；51—60岁为47人，所占比例为20.8％；61岁以上为26人，所占比例为11.5％。

3. 文化程度：小学及以下为49人，所占比例为21.68％；初中为132人，所占比例为58.41％；高中为36人，所占比例为15.93％；大专及以上9人，所占比例为3.98％。

4. 家庭人口数：1口人的家庭数为6户，所占比例为2.65％；2口人的家庭数为18户，所占比例为7.97％；3口人的家庭数为59户，所占比例为26.11％；4口及以上的家庭数为143户，所占比例为63.27％。

5. 家庭月收入：800元以下的家庭数为18户，所占比例为7.97％；800—1500元的家庭数为37户，所占比例为16.37％；1501—2000元的家庭数为31户，所占比例为13.72％；2001—3000元的家庭数为82户，所占比例为36.28％；3000元以上的家庭数为58户，所占比例为25.66％。

（三）失地农民的生活状况

第一，失地农民的日常生活支出费用大幅度增加。第二，失地农民生活水平的变化与差异。我们将失地农民的生活水平分为三个层次进行分析对比。其一是与土地被征购之前相比生活水平有所提高者；其二是生活水平有所下降者；其三是和土地征购以前相比，生活水平差不多的农户。

（四）失地农民的就业情况

由本次调查的结果可以看出，失地农民中没有工作的人员占调查总数的58.4％。具有临时工作的人员占到23.5％，自主经营的人员比例占到16.4％，拥有稳定工作的人员比例为1.3％。由此可以看出，失地农民就业状况的主要特点是失业率高、就业不足情况严重；具有临时工作的人多，稳定工作的人少，隐性失业比例高；失地农民群体的整体就业难度大。

（五）失地农民基本生活面临的主要困难及其原因

1. 家庭丧失稳定的经济来源，是失地农民目前遇到的首要困难，与找不到满意的工作这一现实困境相结合，使得“养老没有保障、子女学费太高、医疗费用难以承担”等问题凸现出来。2. 从某种意义上讲，失业率高，就业难度大，是失地农民目前面临的最大困难。文化程度低是影响失地农民就业的原因之一。缺乏相应的技能是影响失地农民就业的一个重要因素。除了知识技能因素之外，社会关系的支持和年龄也是失地农民实现顺利就业的两个约束因素。

（六）失地农民对征地的态度及其对未来的预期

1. 失地农民对土地被征购的态度大致可以分为以下三种：第一，愿意土地被征购；第二，不愿意土地被征购；第三，迫不得已同意土地被征购。2. 失地农民对村委会在征地过程中具体表现的满意度。村民对村委会在征地过程中的具体表现满意与否，主要取决于在涉及村民利益时，村委会能否及时传达相关政策，积极为村民争取最大利益，补偿款的分配与使用是否公平公正。在对此问题做出回答的村民中，有80％左右的村民认为村委会在征地过程中，既没有很好地传达征地政策，也没有为村民争取最大利益，个别村补偿款的分配与使用不公平，村民意见比较大。只有20%左右的村民认为村委会在征地过程中，能很好地传达执行征地政策，并为村民争取最大利益。3. 失地农民对未来生活的预期。在谈到将来时，62.8%的失地农民对未来生活的预期持乐观态度。分析其原因，大多数对未来持乐观态度的失地农民将“相信自己的能力”排在第一位；相信下一代有大好的前途，也使他们对未来生活充满憧憬；发奋图强、积极向上、宽容豁达、乐而忘忧的精神状态，是失地农民对未来生活充满信心的重要心理因素。37.2%的失地农民对未来生活预期持悲观态度。对其原因的分析表示，失地农民认为政府政策支持力度不够是最重要的原因；既缺乏政府支持，又没有亲朋好友和社会上有能力的群体与组织的帮助，缺失相应的社会关系网络体系的有力支持，加大了一部分失地农民对未来生活的担忧程度；自身能力不足、技能缺乏是失地农民对未来生活预期不稳定，产生危机感的重要原因之一。

二、土地征购过程中存在的主要问题

从本次调查的情况来看，我省土地征购过程中出现的问题主要有以下几点：

（一）征地工作不透明，农民缺乏知情权；

（二）土地补偿安置标准不一、方式单一，补偿金偏低，发放使用不规范；

（三）村民与村委会矛盾突出，群体性事件发生比率高；

（四）身份认定困惑，政策惠及面狭窄；

（五）生活水平不稳定，就业难度大。

三、改善我省失地农民生计现状的对策建议

（一）加强媒体宣传力度，着力改善村民与村委会的关系。一是重点宣传国家和地方的土地征用政策和补偿安置标准，使广大失地农民获得基本信息的知情权，尽可能增强征地政策的透明度，维护失地农民利益。二是大力宣传一些表现好的村委会和地方政府，失地农民中的就业成功者，生活态度乐观向上、积极进取者的事迹，树立典范，扩大影响。三是着力宣传外省市解决失地农民问题的成功经验。

（二）疏通对话沟通渠道，关注失地农民利益表达的声音。要解决失地农民问题，还需要倾听失地农民的心声，关注失地农民的利益表达和诉求，采纳他们的合理建议，切实解决他们的实际困难和问题。

（三）成功再就业是解决失地农民问题的关键。我们建议尽快建立全省保障失地农民就业、转业、再就业的制度体系，进一步完善普及实施已出台的地方性的相关政策。建议惠及农民工的阳光工程、春风行动，和惠及下岗失业工人的就业优惠、就业援助政策，能够很快惠及全省的失地农民。

（四）尽快出台实施我省失地农民的社会保障政策。把解决失地农民的社会保障问题作为征地的前置条件，不仅有助于预防失地农民陷入贫困风险，也有利于国家必要的征地工作高效健康运行。

（五）改革农地产权制度是保障失地农民权益的前提。土地产权的性质反映着特定

的社会关系和土地制度。我们应敦促国家尽快赋予农民完整的土地产权,给予其部分所有权。解决失地农民问题,亟须解决农地所有权模糊不清的问题。

(六)完善土地征用管理制度是解决失地农民问题的基础。首先,征用土地应充分考虑现实土地价格和预期地租效益,其补偿标准必须以土地的市场价值为依据,适当提高补偿标准,实行公平合理补偿。其次,应建立系列监督制度,加强各界对征地过程的监督,规范征地的操作过程。再次,成立具有广泛代表性的土地征用委员会,组建农会等农民组织。

河北省社会科学发展研究课题民生专项　课题编号:201301122
课题负责人:张贵炜
课题组成员:鲍　琳　谷慧玲　尹慧君　周群立　张春元

承德创建国际旅游城市市民道德素质调查分析

河北旅游职业学院

随着旅游业的大跨步发展、城市建设水平的迅速提高以及国际化程度的加深，我国越来越多的城市提出建设国际旅游城市的目标。承德市于2009年末提出建设国际旅游城市的目标，2010年7月通过《中共承德市委关于建设国际旅游城市的决定》。建设国际旅游城市要求市民按照时代的要求去发展，按照新的标准去塑造。公民道德素质作为承德文明形象的标志，既是展现良好精神风貌的基础工程，又对推动国际旅游城市建设的发展产生深远的影响和巨大的作用。因此，我们从2013年3月至9月，通过抽样法对承德市民开展了一次较为深入的道德素质状况调查，我们根据调查问卷探索现阶段承德市民道德素质的特点及存在的问题，站在国际旅游城市建设的背景下提出相应的对策建议，为承德市民道德素质建设提供政策参考。

一、国际旅游城市建设与公民道德素质的关系

国际旅游城市是指经济社会发达，城市基础设施完善配套，具有享誉世界的旅游吸引物，旅游设施及服务功能完备，国际国内游客众多，旅游业是城市支柱产业，旅游是城市的主要外部功能，影响力辐射到本国以外的多个国家和地区的现代化城市。公民道德就是公民所具有的能够维护一个良好的并不断自我完善的民主法治制度的责任所必需的道德品质。公民道德素质提升与国际旅游城市建设是一个双向互动的关系：一方面，国际旅游城市建设为公民道德素质提供物质基础、发展动力；另一方面，公民道德素质的提升有利于促进国际旅游城市建设，提升国际旅游城市建设的质量和水平。两者是有机统一的关系。

二、承德市民道德素质基本评价

通过发放调查问卷的形式对承德市民的文明素养、社会公德、职业道德、个人品德、科学素养以及奉献精神进行了全面的调查，通过对问卷数据的分析，我们得出了以下基本结论：

（一）承德市民道德素质现状距离建设国际旅游城市对市民的道德素质要求还存在较大距离。

（二）承德市民文明素质总体较好。受访者对当前承德市民文明素质的总体状况满

意度较高。

(三)对于社会公德都有较好的认识,知道不文明行为的危害,但有相当多的人一不能严格要求自己遵守社会公德和相关规章制度,二不能主动制止不文明行为。

(四)对于职业道德,绝大多数市民的职业态度是积极向上的,集体主义价值原则得到较充分的体现。在个人利益和集体利益发生矛盾的时候,大部分公民选择维护集体利益,同时个人利益也受到一定程度的关注。

(五)人际互助是国际旅游城市建设中市民素质重要的建设内容。近八成的承德市民愿意帮助外地游客,体现了良好的社会公德和热情好客的主人翁意识,这是一种积极向上、团结互助的精神面貌。

(六)科学素养是国际旅游城市建设中市民文明素质的基础,对于现代化城市和历史文化名城建设具有重要意义。在承德市民心中,求签、拜神、星座预测等做法和现象还有很大市场,反映出承德市民科学知识和科学精神的欠缺。

(七)社会诚信状况较其他旅游热点地区较好,但也存在着导游回扣严重、旅游商店价格奇高的不正常现象。

(八)近半承德市民认可献血、慈善事业等活动,说明有很多人有较强的志愿服务精神,热心公益事业,这是城市文明提升的重要表现。

三、承德市民道德素质存在的主要问题

通过上述的分析,我们可以发现,承德市民道德素质与建设国际旅游城市对公民道德素质的要求相比还有较大的差距。存在的主要问题有:

(一)社会公德意识淡薄,各种不遵守社会公德的现象随处可见;

(二)社会诚信状况有待提高,违背诚信的事件时有发生;

(三)社会从众心理普遍,道德约束比不过从众心理的诱惑;

(四)道德评价标准不清,公众在处理社会问题时表现出不同程度的道德困惑,具体表现在回答一些问题的时候,道德原则是一样,而实际反应是另一样,还有好多的问题回答“说不清”。这种道德困惑问题必须引起全社会的高度关注。

四、承德市民道德素质存在的问题原因分析

承德市民道德出现这些问题的原因,究其根本,主要有以下几个方面:

(一)公民意识普遍不足

首先,传统文化根深蒂固,其中的消极因素制约了公民意识的发展,且要想改变并不容易;其次,制度上的缺失是影响市民公民意识提高的体制性原因。

(二)社会诚信状况有待提高

首先,失信成本过低,对违背道德的现象没有相应的惩罚措施;其次,没有健全、统一的信用管理体系;最后,对社会诚信的制约没有上升到法律的高度。

(三)道德教育水平不均

受教育程度的高低决定了道德行为的判断力。很多道德问题的出现,都与教育有着

很密切的联系。

（四）道德标准相对模糊

从以上的分析中，我们可以看出，承德市民道德素质存在的问题，既有历史的影响又有现实的作用；既有来自社会的也有来自个人的，同时也离不开体制、教育等各方面的因素。我们必须调动各方面资源，积极应对目前存在的问题，开展公民道德建设。

五、提升市民道德素质的对策

（一）以公民意识强化为核心，制定与国际旅游城市相适应的公民道德行为规范

要提升承德市民的道德素质水平，需要相关部门加快出台与国际旅游城市建设相适应的具体的行为规范。承德市民道德行为规范的制定应建立在《公民道德建设实施纲要》确立的“爱国守法、明礼诚信、团结友善、勤俭自强、敬业奉献”等基本道德规范的基础之上。基本包括“人与自然、人与社会、人与人”之间的和谐关系，满足“热爱祖国、热爱人民”的道德要求，涵盖“社会公德、职业道德、家庭美德、个人品德”等四个方面，汲取古今中外人类道德文明的建设成果，吸纳世界各国公民道德建设的成功经验，针对承德目前存在的突出问题如市场服务质量、公共交通秩序等方面提出具体的规范行为准则。使之既具有强烈的时代精神，又具有鲜明的地域特色和较强的可操作性。

（二）以社会主义核心价值体系宣传为先导，努力推动承德市民道德素质的全面提升

大众传媒对道德规范建设的引导作用通过舆论的倾向性来实现。肯定、褒扬先进的道德观和高尚的道德行为应该成为舆论倾向的主要方面，应当特别注意挖掘平凡人物、平凡事迹中的高尚道德的底蕴，也要注意挖掘人们日常生活、工作中细微但又高尚纯洁的道德情操，还要通过大众传媒对道德事件的评价，营造善恶分明的社会氛围，形成独特的社会力量和道德机制，从而最终引导社会道德水平的提高和风尚习俗的醇化。要充分发挥网络来实现道德的有效监督作用，发挥好网络在群众中的积极影响，全面推动公民道德素质不断进步、不断升华。加强道德模范在社会中的示范促进作用，继续加强“善行承德”主题道德实践、“承德道德模范”“承德好人”评选活动等的宣传，重视道德模范的引领作用，让全社会都做到见贤思齐，使道德模范的精神深入人心，营造支持公民道德素质建设的浓厚氛围。

（三）以公民道德教育为主体，全面提升公民的道德观念和道德水平

要切实提高承德市民的道德素质和道德水平，就必须重视公民道德教育。当前公民道德教育的重点应放在基本道德规范教育上，要通过这些基本道德规范的教育，使人们懂得什么是对的，什么是错的，什么是可以做的，什么是不能做的，什么是必须提倡的，什么是坚决反对的，从而帮助人们认清自己首要的道德责任和基本的道德要求，明确自己在公民道德建设和社会生活中应尽的道德义务，坚定自己的道德信念，陶冶自己的道德情操，牢固树立为人民服务的道德观念，强化遵纪守法、勤奋工作、服务社会和人们的道德意识。具体而言，我们应从以下几个方面入手：1. 家庭道德素质教育；2. 学校道德教育；3. 单位道德教育；4. 社会道德教育。

（四）以法律制度的刚性约束为手段，努力在全社会形成良好的公民道德氛围

我们可以实行有力措施，一旦出现基本道德缺失的现象，网络、媒体、相关职能部门和公众都应该把其记录在案，进行必要的道德监督和道德评议，把道德缺失的种种不良现象抑制在未然状态。构建一种既能包容不同的生活方式和利益需求，又能实现个人自由与他人相互协调，为承德市民普遍认同、普遍接受且能与时俱进的道德信仰和道德规范，在全社会形成良好的公民道德氛围。

（五）以文化建设为根本，为全面提高市民道德素质打下坚实基础

加强文化建设必须要把文化民生作为战略重点，以提高公民文明素质为核心，以满足公民文化需求为目的，不断加大城乡文化基础设施建设，建立健全公共文化设施日常管理运作机制，构建和完善承德公共文化服务体系。因此，必须加快城乡文化基础设施建设的发展，努力实现城乡基本公共文化服务均等化。

道德文化建设是通过提高个体内在修养等路径，将社会道德规范内化为社会成员普遍的价值观念和行为规范，并成为社会道德风尚的思想文化基础的过程。加强道德文化建设是一个多主体多层面参与的过程，既要依靠政府的主导作用，也需要公民的积极参与；既要注重道德文化教育和日常道德管理相结合，也要与社会法律文化建设、政治文化建设、制度文化建设相结合；既要挖掘中华优秀传统文化的资源，也要学习、借鉴世界道德文化的优秀成果。因此，加强道德文化建设，是公民道德建设的重要内容，也是提升承德市民素质的有效载体和重要手段。

参考文献：

［1］李辽宁：《国际旅游岛建设与海南公民文明素质提升研究》，中国社会科学出版社2012年版。

［2］刘雅伦：《我国公民道德建设现状与对策研究》，南华大学2012年硕士学位论文。

河北省社会科学发展研究课题民生专项　课题编号：201301424

课题负责人：闫桂莲

课题组成员：王志勇　姜馨丽　李国强　于海成　高艳丰　徐建军

河北省高校师生群体性事件因应微观作用机制探析

河北建筑工程学院

网络时代环境下,群体性事件与网络舆情联系紧密。网络舆情会引发群体性事件,并加速其恶性发展,使其处理复杂化。河北省是一个人力资源大省,有80余所高校,为有效预防和处理高校师生群体性事件,省政府和各高校党委应从思想上重视网络舆情,着力探究应对群体性事件的微观机制。所谓微观作用机制,是指对于具体的群体性事件,找准思想政治教育的着力点,发挥思想政治教育的作用力,构建思想政治教育的具体作用机制,使思想政治工作作用于群体性事件的微观机制,即本着“可解不可结、可顺不可激、可散不可聚”的原则,结合其他手段迅速开展情况调查,做到“在每项工作上,在不同的流程中和阶段上,都有相应的思想政治教育”。探讨纵向作用机制,目的在于最大可能地、以合适的方式尽早平息事件,减少由于打砸抢烧等暴力行为造成的损失,尽早恢复社会的正常秩序。

一、预警期的“排查”机制

从一定意义上说,探索群体性事件的预防以及对群体性事件危机升级的预防比单纯的某一特定事件的解决更加重要,因为如果能在事件发生之前就及时把产生危机的根源消除,那么不仅动态平衡的社会秩序能够得以有效保障,而且可以节约大量人力、物力和财力。社会预警机制,是对社会运行状况发出信号,显示社会已经或即将发生无序现象的临界状态,以期引起社会管理者的注意,及时采取对策,使社会运行状况不再继续恶化的一套制度和方法。群体性事件的预警,是指已经出现可能引发群体性事件的某些征兆但危机尚未爆发期间所采取的预警措施,主要是对信息的收集、处理、识别、确认和发布。

河北地处经济欠发达地区,其思想政治教育应充分发挥自身的优势,善于见微知著。在信息收集时,尤其要重点关注以下三个群体的思想动态和生活状况:由于国家、地方、单位或部门政策调整而利益受损的师生家庭群体、历史遗留问题尚未得到妥善解决的师生家庭群体、尚未脱贫且贫困较突出地区的弱势师生群体。

思想政治教育应抓住社会热点难点问题,善于在源头发现问题、减少摩擦、疏通情绪、化解矛盾,解决实际问题,政府部门一旦发现群体性事件的苗头,应在最短时间内回应师生诉求,防止矛盾激化和事态扩大。

二、预控期的"调节"机制

群体性事件预控主要是指在发现危机征兆和危机信号并予以确认后或在群体性事件危机已经开始来临但还没有造成巨大损失时，迅速采取措施对危机进行及时、有效的控制，尽可能地迅速化解危机，避免危机扩大和升级而造成重大的人员伤亡和财产损失。

在群体性事件预控期，思想政治教育应针对涉及的具体问题，对师生进行正面的回应、积极的疏导和耐心的劝慰，同时通过建立健全利益表达机制、社会协商对话机制、社会减压机制等，让师生通过多种渠道进行利益表达，从而化解矛盾纠纷，预控群体性事件的发生。2006 年 1 月 8 日，国务院发布了《国家突发公共事件总体应急预案》，其中对"群体性事件处置预案"有明确规定。此后，各级政府根据中央精神，也相应完成了本区域总体应急预案的编制。然而，这些预案编制中对思想政治教育的关注和强调远远不够。所以，我省政府"群体性事件处置预案"中应扩充"高校师生"群体和"思想政治教育"的相关内容，并就预警思路与应急举措做出细化规定。

三、发酵期的"散热"机制

群体性事件虽多为突发事件，但除了极少数群体性事件确属事出突然外，多数都要经历一个"发酵"的过程。"只要大量人员聚集，在场师生就可能因为受感染性和模仿性增大集群行为的力度，无责任感意识也会增大集群行为的强度"。在此阶段，事件常常受到许多难以预料的外界因素影响，尤其是信息的传播和变异，对群体性事件的爆发起到催化作用，并将一些非直接利益师生卷入进来，导致事态逐渐加剧，乃至迅速蔓延扩散。在这样的情况下，如果还像往常那样去做说服工作，是很难的。思想政治教育必须迅速行动起来，紧紧围绕发生的事件，旗帜鲜明地做工作，用最尖锐而明确的语言，用最有力的方式，讲出大是大非，提出明确要求。并与组织工作密切结合，做好实实在在的组织和宣传工作。在发酵期，师生缺乏对事件起因的正确认识就会导致猜测和混乱，因而需要省政府和高校党委及时准确地综合运用传统媒体和现代网络在第一时间披露真实的信息，及时辟谣，说明事件的原委与采取的对策，减少人们的误判，形成师生与政府之间的互信关系，防止事态扩大。

四、爆发期的"介入"机制

群体性事件经过发酵甚至变异，如果没有得到及时有效的处理，往往会集中爆发出来，造成严重的社会危害，给人们的生命财产安全带来极大的负面影响。近年来出现的类似情况可谓屡见不鲜。在群体性事件的演变过程中，任何一个细小的事件都可能成为"压死骆驼的最后一根稻草"。

一旦发生群体性事件，省和高校领导干部及思想政治教育者"要亲临一线、靠前指挥，查清原委、掌握政策、讲究方法，既要维护群众合法权益又要加强对群众的思想教育，既要坚持依法处理又要积极疏导群众情绪，努力把问题解决在基层、解决在萌芽状态，决不能消极观望、逃避责任、贻误时机、激化矛盾"。群体性事件的爆发期，需要省和高校的主要领导干部直接面对师生，通过与事件起因有关的人员直接对话与协商，把思想政治教育与解决实际问题结合起来，满足师生提出的合理要求，不能解决或者情况不明的要立即向涉及人员解释清楚，并许诺办理和答复的时间；将思想政治教育与法制宣传、人员隔离手段相结合，不能畏首畏尾，力争及时妥善地平息事端。

五、善后期的"疏导"机制

群体性事件的善后期，要继续开展深入细致的思想政治教育，防止群体性事件出现反复。此时，应由省政府有关部门和高校党委牵头，整合各方面力量组成工作组进入师生中间，做好回访调查工作，让广大师生了解实情，了解已经采取的措施及其实际效果；掌握师生的思想动态，特别是对群体性事件可能出现反复或者可能引发连锁反应的苗头和信息，迅速采取有效措施，消除在事件反复之前。针对师生在群体性事件中的不同表现，思想政治教育应运用不同的疏导方式，进行有效的心理疏导和人文关怀。卷入群体性事件的多数师生是为了表达自己的利益诉求，维护自己的正当权益，或发泄内心莫名的愤怒，因而应严格区分矛盾性质，按照党的政策和法律法规予以正确处理，化解对抗情绪，减小处置造成的负面影响。同时，认真落实政府承诺事项的兑现，依法切实解决师生反映的具体问题，使其合法权益得到维护。

河北省社会科学发展研究课题民生专项　课题编号：201301271
课题负责人：王华彪
课题组成员：曹　伟　李峰晓　钱海江　任素梅　王佳慧

河北省景区英语解说现状调查及对策研究

唐山学院　河北联合大学

引言

为了满足旅游市场的需求，同时让中国文化更快更好地走向世界，除了要加强和深化区域旅游合作，注重对旅游产品的开发以外，加大宣传力度，采取多种手段，加大促销范围也是重中之重。针对一些国外游客，我们在充分了解并实现其旅游需求的基础上，还要努力做好反馈意见的汇总和改进工作。

一、研究内容

本研究以河北省旅游景点的英语解说系统为主要研究对象，通过抽样做出问卷，问卷涉及景点英语导游词文本、英语警示语以及实地英语导游等方面，涵盖了河北省的11个地级市。问卷调查的对象为以英语为本族语的在河北工作并且有在省内旅游经历的外籍人士，该部分人群要求有一定汉语理解能力，能进行基本汉语对话。该问卷的目的是为了探寻河北省景区的英语解说系统是否符合英语习惯，达到入境游客的旅游期望值，如果有瑕疵，问题出在哪里，需要如何改进和治理。

问卷共发出100份，收回70份。问卷分三个部分：公示语、景点介绍文本和人员实地导游。每个问题使用李克特的5级制量表来调查他们对译文的接受度，每项为单选；若对译文不接受，则进一步追问不接受的原因，每项为多选。

为保证问卷的有效度，本研究使用SPSS统计软件计算出Cronachs Alpha值=0.824，大于0.75，因此本次问卷的设计合理，项目设计有效。

二、研究结果分析

(一)警示语方面

通过实地调查，我们发现，一些警示语和店面名称的翻译还是比较准确的。比如承德避暑山庄中的警示语“山石松动，请勿攀爬”后面给出的英文警示语为No Climbing Allowed。该译文清晰明了，被测对象表现出了较高的接受度。但是，有些警示语受汉语句法习惯影响，翻译的时候词不达意，往往会让英语本族语的测试对象不知所云。比如某一景区的水岸边有以下警示语：“当心坠落”，该英文翻译为Caution drop down；同时，不远处的另一个警示语是:“当心滑跌”,翻译为 Caution slip。对于这样的英语版本,100%被测对象表示不知所云,完全不能接受。

另外,由于中英两种文化与思维方式的差异,汉语的景点警示语多使用华丽辞藻,讲究声韵对账,用诗歌般的语言渲染情感气氛,更注重与游客的人际情感交流,因此,显得更通人情。但是,英语文化由于其特有的历史、地域特色,造就了其独特的思维方式,因此,英语的表达更注重形式、写实和理性。无论是警示语还是导游词,均有直观、简练、逻辑性强的特点。比如,在我省的一处园林中有如下的警示牌:“皇家园林美如画,防火保护靠大家”,英文翻译是:Fire Caution must be assured during your happy time。此处的译文就没有注意到中英文化的差异,因此忽略了中英游客对于这句英文的反应差异。英文警示语的醒目、简洁的特性,被 during your happy time 消减了很多,有画蛇添足之嫌,86%的被试对象均表示出“能够理解,但是不太满意”。

有一些警示语由于生硬套用其他形式,也造成了中外游客的理解偏差。比如,生活中常用 No Parking,No Smoking 表示禁止停车、禁止吸烟等,于是,在有些景点,便出现了这样的译文:No Touching。其中文的警示语是:爱护文物,请勿触碰。这里的译者就是因为没有充分了解 touch 的其他含义而造成了文化传达的尴尬。问卷结果显示,70%的第一被试对象更倾向于:Do Not Touch,对于 No Touching 的翻译“完全不能接受”。

还有一种现象,就是语法错误的突显。比如,有一处景点的“投诉电话”,竟然翻译成 complaining telepone。如果按照英文直接译成汉语,其实是爱抱怨的电话,因此语义错误明显,导致100%的被试对象“完全不能理解,也不能接受”。

(二)英语文本导游词方面

在语言结构上,英语多注重形式上的契合,句式结构严谨、逻辑分明、句法严格。相比之下,汉语不太注重词语之间的逻辑顺序,句子结构松散,意境衬托痕迹较浓厚。在写作风格上,英语的景点介绍注重理性与写实,往往用客观景象罗列起来,从而传达给游客一种实实在在的美感,印象具体明确。而汉语的导游词则往往情景交融,利用超现实的朦胧手法渲染自然景观,从而让游客产生丰富的联想,形成强烈的意境美感。

在文献查阅中,笔者也发现,目前河北景点的英语导游文本不多,最常用的只有《河北经典旅游景点英语导游词》一书。但是该书是2008年截稿,至今已有多年。经济的发展使得很多新的旅游景点逐步升级,而比较权威的英语导游词尚未形成,比如唐山的南湖湿地公园等。这就要求那些外语工作者和旅游工作者加强合作,进一步完善、填补此项空缺。

(三)实地英语导游方面

问卷调查显示,虽然在各星级景点均有电子英语导游设备出租服务,但是,很多的入境游客还是喜欢英语导游人员的实地实时景点介绍服务。在实地导游中,导游人员的素质参差不齐,因此调查结果也是大相径庭。

在一些新兴的景点,由于没有统一的英语导游文本,英语导游的讲解随机性较大,甚至,不同的导游对于同一问题给出了完全不同的介绍。或者对于游客的提问,给出模棱两可的回答或答非所问,这一点导致入境游客对于自己的旅游质量深表不满。

三、对策研究

在管理层面，要加大监管力度。首先，在旅游行政管理部门设立一个专门负责监督和管理的长效机构，统一监管景区双语公示语的质量和规范标准。其次，在省或各地、市成立一个由外语翻译专家、学者组成的景区公示语汉译英理事会，专门负责翻译、校对、检查、评审辖区内旅游区的英译公示语。再次，对景区内新增的公示语，必须经过景区公示语汉译英理事会的评审验收，以及相关管理部门的认可才能张贴竖牌，以确保景区内新的双语公示语的质量和规范。

（一）确定研究解说目标

河北省的旅游资源大概分为三类：红色旅游资源、自然生态旅游资源和名胜古迹。红色旅游资源是以革命圣地为景点，讲解历史事件，弘扬爱国主义精神，其译文要以传递爱国主义信息为主。但是，根据功能学派的翻译理论，旅游文本应具有“呼唤功能”，以最大程度激发游客的兴趣，因此，译文必须慎重考虑一些历史事件的处理方式。如果译文处理不当，很大程度上会伤害到外国游客的民族自尊心，从而不利于文化的传播和景点对外经济的发展。因此，在宣传中国人爱国主义精神的前提下，应同时兼顾外国游客的情感。在翻译过程中，以增译和省译的方法来处理。

自然生态旅游资源主要是以自然风光为主，以自然生态之美陶冶游客情操，因此，导游词的目的应以愉悦游客身心为主，重点体现翻译的呼唤功能和信息传递功能。对于该类型的英文解说，应注意文化差异或词汇空缺，因为这两点直接影响到景点对外宣传的效果。因此，在处理这部分英文解说的时候，除了首要注意解说的可接受性外，还要最大限度地传达原文信息，以归化策略处理文化差异。

名胜古迹资源蕴含了丰富的中国文化，英语导游词的目的应以表达和传递信息为主，辅以呼唤功能。文化差异和词汇空缺依然是应该谨慎考虑的问题。在解说词中，除了要兼顾译文和原文的相符外，还要注意译文的可接受性，因此，该类导游词应该以异化策略为主，辅之以归化策略。

（二）选择适当的表现媒体

通过调查分析出国外旅游者对于解说媒体的偏好，加强偏好性强的解说媒体的建设。另外，在这些媒体选择的基础上，要注意运用特定的形式与文体风格。在这一点上，我们可以借鉴国外现成的翻译形式，引入专业人员进行翻译，保障用语的专业性和准确性。

（三）评估和调控解说系统

解说内容、媒体确定后，并非永久不变，应根据实际情况进行及时改正和调整，文化部门可定期检查景区所出现的英文翻译质量问题，发现错误，限令有关单位在数日内更正，对逾期不更正者进行惩罚。

对于动态解说，也就是英语导游人员，监管部门应对其加大管理力度，定期进行专业培训和考核，并与专业旅游院校、外语院校合作，培养合格的英语导游人才。

结语

河北省拥有丰富的旅游资源和有利的地理位置，旅游业作为河北省主要的文化和经济产业，每年都吸引了大量的国外游客前来观光。因此，希望我们的努力能最大限度地实现译文的预期效果，吸引更多的国外游客，使他们在领略河北名胜的同时，加强对中国灿烂文化的理解。

河北省社会科学发展研究课题民生专项　课题编号：201301365

课题负责人：赵晓芳

课题组成员：谢立团

浅析提升我国城市生活垃圾处理的对策研究

河北经贸大学

一、我国城市生活垃圾处理中的问题分析

（一）民众的环保意识较低

城市居民是城市生活垃圾的产生、预防与处理的第一责任人，民众环保意识的高低，直接影响到第一环节上的垃圾预防与处置。当前，我国城市生活垃圾的大量产出，以及由此造成的环境污染，固然与城市人口的密度和居民的消费量相关，也与居民环保意识低下、忽视城市生活垃圾的负面生态效应相关联。造成民众环保意识低下的原因主要有：第一，由于缺乏有效的宣传和教育，大多数居民环保意识不足；第二，缺乏有效的监督和示范，使居民难以从根本上树立环保理念；第三，缺乏相应的制度约束，使居民处理垃圾的过程中，违规成本较低，难以形成有效制约。

（二）城市垃圾治理过程中的防、治错位

当前，我国在城市垃圾处理过程中，仍以末端治理为主，预防工作不足。造成这种现象的原因有：一是我国现有的城市生活垃圾处理体制仍延续传统垃圾处理路径，缺乏预防环节的体制设计；二是大多数城市居民仍未树立绿色消费理念，消费中的浪费、污染等现象仍比较突出；三是企业在与居民生活消费相关的产品设计、包装等环节，忽视相应废弃物的回收，造成居民在消费商品中对废弃物随意处置。

（三）城市生活垃圾处理过程中的产业化程度低

我国城市生活垃圾处理的产业化程度比较低，主要表现在：城市生活垃圾的产生、回收、运输、处理等各个环节衔接不够紧密，难以形成规范、高效、科学的垃圾处理运行模式。例如，美国纽约把垃圾处理称为“垃圾管理”，据统计，美国纽约每年的生活垃圾产生量为1200万吨，平均每人5磅/天。美国纽约的垃圾管理公司，就负责美国纽约境内的垃圾回收及运输。此外，美国纽约公民手中都有一本明确的垃圾回收要求，上面标明什么垃圾可回收，什么垃圾不可回收。可回收垃圾与不可回收垃圾分别由不同的公司负责处理，一旦居民把可回收垃圾与不可回收垃圾相混合，丢弃者就将面临法律惩罚。从美国纽约市的垃圾回收处理经验来看，实现垃圾回收及处理的产业化运行是解决城市生活垃圾处理问题的根本所在。

(四)与城市生活垃圾治理相适应的法律制度建设落后

相关法律制度的建立,有助于形成强大的外部制度约束,规范公众、政府、企业行为,从而推动城市生活垃圾处理实现现代化。我国城市生活垃圾处理的法律制度建设滞后,主要表现为制度缺失、制度流程不明确、制度执行不到位等问题。这些问题的存在,使得城市垃圾处理中或因制度缺失,而使得城市垃圾处理中的人为化、随意化现象突出;或因制度流程不明确,难以发挥制度的约束作用,使制度在执行中的指导性不强;或因制度执行不到位,使有制不依、有法不遵的现象突出,制度形同虚设,城市垃圾处理效率不高。

二、城市生活垃圾处理与污染防治的综合对策探析

(一)提升民众的环保意识

城市生活垃圾产生的根源在于居民的日常生活习惯和粗放式消费模式,加强城市生活垃圾的处理与污染防治,就必须从根本上唤醒民众的环保意识。首先,要充分利用广播、报纸、电视等媒体传播手段,宣传节约、环保理念,增强居民的环保意识。要让环保教育进社区、进课堂,增强人们的环保知识。其次,要有针对性地定期组织开展教育活动,深入学校、党政机关、社团,充分发挥新闻媒体的作用,对一些典型案件曝光,增强对民众的透明度,让城市民众参与到保护城市环境、防止城市生态恶化的进程中来。

(二)推动垃圾处理的产业化运营

实现城市生活垃圾处理的产业化运营,就必须充分发挥社会力量和市场机制的作用,推动城市垃圾处理的社会化和市场化。根据发达国家的经验,欧美从 20 世纪 80 年代起,开始倡导和鼓励私人部门参与垃圾处理设施的建设与运营,取得了良好成效。随着我国市场化改革的推进,许多由政府包办的公共事业,通过改革逐步纳入市场化的轨道。推动城市生活垃圾处理的产业化运营,从根本上说,就是要发挥政府主导下的市场资源配置作用,推动城市生活垃圾处理主体的多元化、处理步骤的规范化、垃圾回收的有序化、管理方式的现代化。通过政府职能的转变,逐步形成政府+市场的现代城市生活垃圾处理的产业化运营模式。

(三)健全垃圾处理的法律体系

从 1993 年建设部颁布的《城市生活垃圾管理办法》第一部法规开始,我国陆续颁布了《中华人民共和国固体废物污染环境防治法》《城市生活垃圾处理及污染防治技术政策》《关于推进城市污水、垃圾处理产业化发展的意见》等一系列相关法律、法规,明确了垃圾在清扫、收集、运输及处理等各个环节上的规定。但是这些已出台的各项政策法规更多侧重于城市生活垃圾的末端治理。健全城市垃圾处理的法律体系,重在加强预防环节的法律、法规设计,即从源头控制的角度,设计相应的法律制度,规范企业和民众的行为。同时,要从体制设计层面,加强预防类体制部门建设,使预防类法律法规,从设计、建设到执行,都处于有效运转状态。

(四)进一步推进城市生活垃圾的分类回收处理

城市生活垃圾的分类回收处理,就是依据一定的标准,实施生活垃圾的分类化,并有针对性地通过相应处理手段,实施城市生活垃圾的分类处理。针对我国在城市垃圾分类

回收过程中的分类设施不健全、分类标准不明确等问题，我们要从以下几个方面加强城市生活垃圾的分类回收处理。一是建立专门的分类回收企业，根据不同行业标准、商品废弃物可重复利用的价值大小，采取有偿收益的原则，鼓励企业参与到废弃物的分类回收中来。二是建立垃圾分类回收处理设施。调动社会资源参与垃圾分类回收的技术研发，建立相应的垃圾分类回收设施，推动垃圾分类回收的无害化、资源化。借鉴发达国家垃圾分类处理的重要经验。三是要建立起政府、市场、公众三位一体的现代垃圾分类回收体系，明确政府、市场、公众各自在垃圾分类回收中的职责，相互衔接，有效配合，互利共赢，共同推动城市生活垃圾的分类回收处理。

参考文献:

[1]杜吴鹏等:《中国城市生活垃圾处理及趋势分析》,《环境科学研究》2006 年第 11 期。

[2]席俊清等:《我国城市生活垃圾处理现状及存在问题分析》,《中国环境监测》2003 年第 2 期。

[3]王君等:《城市生活垃圾处理国内外比较研究》,《环境科学与管理》2011 年第 11 期。

[4]胡一蓉:《从国外城市生活垃圾的分类处理看我国城市垃圾处理发展方向》,《天津科技》2011 年第 2 期。

[5]李定龙等:《城市生活垃圾处理模式选择的影响因素》,《环境卫生工程》2004 年第 12 期。

河北省社会科学发展研究课题民生专项　课题编号:201301057

课题负责人:郑　康

课题组成员:郑月波　郭　建

新生代农民工的特征及引发的社会问题研究

沧州师范学院　沧州市委党校

一、新生代农民工的特征探析

随着以人为本、城乡统筹等基本政策的发展与深入，新生代农民工问题成为中央政府最高领导者关注的重要议题。新生代农民工群体庞大，他们的发展趋势决定了未来很长一段时间内中国主流农民工的属性、特征和境遇状况。

新生代农民工具有以下特征：

(一)文化程度相对较高

与上一代大多是文盲、半文盲的农民工相比，新生代农民工受教育程度相对较高，多数人都接受了九年义务教育，更多的人接受了职业培训。这不仅使得他们具有一定的文化知识，也使得他们更容易接受新事物，可以通过报刊、书籍以及网络获取大量的知识和信息为自己服务。

(二)消费观念更加开放，生活方式差别显著

和老一代农民工相比，新生代农民工的消费观念更加开放。新生代农民工大多从学校毕业就直接进城打工，或是从小跟随着打工的父辈在城市成长。他们对高档商品和时尚性商品的消费有着一定的渴求，上歌舞厅、去健身房、看书报、去博物馆、学习技能等，已经进入了农民工的休闲消费视野。

受城市现代消费观念的影响，虽然新生代农民工的消费水平有了很大提高，盲目消费、非理性消费的现象普遍存在，但是他们的工资收入却没有随着消费水平的提高而有明显增长，再加上储蓄意识比较淡薄，因而他们最后手中剩下的钱并不多。

(三)生活目标明显转移，更渴望融入城市

不少新生代农民工在城市长大甚至出生在城市，对于城市的依赖感和归属感要远远大于农村。有统计显示，近87%的新生代农民工不再愿意从事农业生产，不再愿意以农业生产方式作为自己的主要生产方式，而老一代农民工大多仍然愿意选择农业生产方式作为自己的主要生产方式。另据一项调查显示，50岁以上的农民工只有15%的人想在城市定居，40—50岁的为21%，30—40岁的为37%，20—30岁的为45%，20岁以下的高达61%。这充分说明，新生代的农民工生活目标明显转移。

(四)维权意识不断增强

新生代农民工在遇到矛盾时,很难会像父辈那样忍气吞声,面对不公正的待遇,他们维护自身权益的意识明显增强,对法律知识有一定了解的他们会运用合法的手段讨说法。但由于文化知识水平的限制,相当一部分人法律知识欠缺,容易采取过激手段,危及社会和谐稳定。

(五)生理和情感需求得不到满足,心理疏导势在必行

新生代农民工正处于婚恋旺盛年龄,但对在外务工的他们来说,既无时间精力也无经济基础去维系和发展正常的感情生活,他们的生理和情感需求得不到满足。身心健康危及自身和社会,因此对他们进行必要的心理疏导是不可缺少的。

在这样的情形下,应当围绕着如何使新生代农民工平等地融入城市生活做一系列的事情,其中最主要的应做好这两个方面:第一,建立起能够覆盖新生代农民工的基础性社会保障体系。第二,认真落实劳动政策,使新生代农民工在劳动收入、劳动时间、劳动合同等方面享有平等的待遇,积极建立劳动谈判协商机制,使新生代农民工能够通过畅通的渠道来维护自身合理的劳动权利。

二、新生代农民工城市融入困境初探

新生代农民工的特征,决定了新生代农民工具有融入城市的强烈诉求,但新生代农民工城市融入的制约性因素仍明显地存在着。

(一)城乡分割的户籍制度使新生代农民工面临群体性歧视

新生代农民工在城市是一个弱势群体,他们渴望"市民"身份认同、拥有话语权、待遇平等,渴望获得尊重、认可与接纳,拥有表达权利的正式渠道。长期的城乡二元体制结构,在造就城乡巨大差距的同时,也造成了城乡居民在生活观念、行为方式上的巨大差异,使一些城市居民对农民表现出明显的身份歧视。

一个群体的歧视和排斥会严重影响新的群体的进入。价值观冲突及社会性歧视的存在,制约着新生代农民工的城市融入进程。

(二)社会交往的局限是新生代农民工城市融入的又一障碍

新生代农民工进城大多数是以个人为单位的,他们基本活动在亲缘关系和地缘关系组成的社会网络中。新生代农民工缺少和市民接触的机会,遇到困难时他们更多地寻求老乡或者一起工作的工友的帮助。新生代农民工现有的交往局限,一方面是因为外界的歧视,另一方面是由这种歧视导致的自卑的情绪,这就使新生代农民工和市民根本就没有办法很好地互动。新生代农民工工作生活在城市,但实际上他们和市民长期处于隔绝的状态,彼此孤立,生活方式和价值观念都是各不相同的状态,城市融入无从谈起。

(三)职业技能偏低,职业提升面临困境

据中国劳动力市场网发布的信息,新生代农民工技能水平总体偏低,参加技能培训的新生代农民工仅占到就业的30%,接受过中专、职高和技校水平教育的人只有20%左右。在知识和技能逐渐代替简单体力劳动的劳动力市场形势下,由于自身教育程度和劳动素质的限制,目前只有大约30%的新生代农民工能够在城市长期稳定就业。近年来,

中央及地方各级政府高度重视新生代农民工的就业培训，积极开展了一系列农民工培训工作，如“农村劳动力就业培训计划”等。但其中却存在着诸多问题：针对新生代农民工的职业培训缺少针对性；大部分培训形式主义严重，带有一次性特征，缺乏后续性；对提高新生代农民工职业技能的培训效果较差，造成了新生代农民工的就业困境。

（四）维权意识不断增强，但法律意识仍有待提升

新生代农民工具有一定的法律常识和政策理解水平，具有一定的公平意识、公民意识和维权意识。但是新生代农民工群体的整体法律意识仍比较淡薄，当合法权益遭受非法侵害时，很多人仍选择忍气吞声。法律意识的淡薄在一定程度上助长了外界对于他们合法权益的侵害，这种侵害不仅会助长市民对于他们的歧视，更使得新生代农民工对城市缺乏好感，市民化的需求由此也变得不那么强烈。

（五）消费观念更加开放，收入增长难以满足消费增长

由于受城市的大众文化和流行时尚文化的影响，新生代农民工的消费观念更加开放。新生代农民工的消费水平有了很大提高，但是他们的工资收入却没有随着消费水平的提高而有明显增长。在《中国青年报》的一项调查中，当问及新生代农民工市民化面临哪些困难时，竟然有高达63.1%的人表示高额的生活成本是他们所无法承受的。市民化在生存问题都难以保障的情况下就更加难以实现。另一方面，城市的社会保障和福利政策没有对新生代农民工有倾斜，市民化缺少了政府这一强大的后盾。

河北省社会科学发展研究课题民生专项　课题编号：201301444
课题负责人：王金先
课题组成员：李艺欣　王凤霞

金融发展与城乡居民收入差距关系实证研究

——基于河北省 1978—2011 年数据

河北大学

引言

改革开放以来，中国经济迅速发展，居民收入水平不断提高，但是居民收入差距尤其是城乡居民收入差距不断扩大。城乡居民收入差距的扩大正在或已经带来一系列经济和社会问题，直接影响社会和谐稳定与经济持续健康发展。该问题已经引起政府重视和社会各界广泛关注。统计数据显示，1990 年河北省城镇居民人均可支配收入为 1397.35 元，农村居民家庭人均纯收入为 621.67 元，前者是后者的 2.24 倍；而 2010 年河北省城镇居民人均可支配收入为 16263.43 元，农村居民家庭人均纯收入为 5957.98 元，前者是后者的 2.72 倍。1978—2011 年间的河北省城乡居民收入差距的变化趋势如图 1 所示。

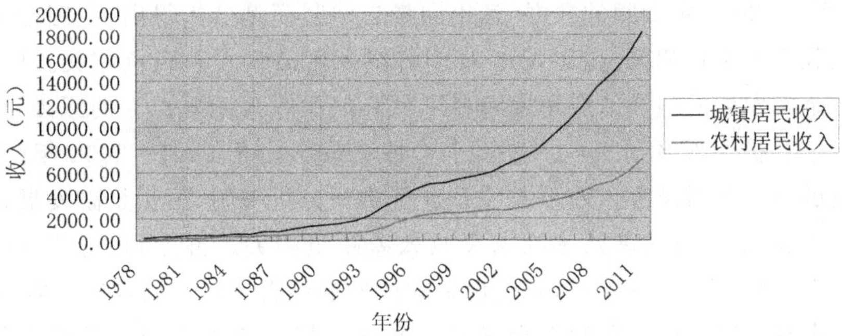

图 1　1978—2011 年河北省城乡居民收入差距

资料来源：根据《河北经济年鉴 2012》整理而成。

图 1 表明，河北省城乡居民收入差距呈现出扩大的趋势。

经济发展水平及管理体制决定居民收入水平及其结构差距，金融是现代经济的核心，因此，金融与居民收入、金融发展状况与居民收入差距之间也就产生了内在逻辑联系。本文将以河北省的有关数据，研究分析河北省金融发展与城乡居民收入差距之间的关系，进而探讨旨在缩小城乡居民收入差距的金融对策。

一、文献综述

收入分配是经济学中一个永恒且重要的研究主题。目前国内外对于金融发展与收入分配差距问题的研究取得了丰硕成果。国外学者 Greenwood 和 Jovanovic(1990)对金融发展与收入分配进行了研究,认为一个国家的经济发展水平较低时,金融发展会导致收入分配差距的扩大;在经济发展水平达到一定程度后,金融发展会导致收入分配差距的缩小,印证了库兹涅茨的"倒 U 型"理论。Galor 和 Zeira(1993)通过两部门跨时期模型研究认为,由于金融制度的不完善,富人可以方便地接受融资进行人力资本投资从而进入现代部门就业,获得高收入;而穷人却由于高昂的成本无法享受金融中介提供的服务,从而无法进行人力资本投资,只能就业于传统部门,获得低收入。但是随着金融自由化、金融市场竞争力的提高,穷人可以获得融资并进行人力资本投资而进入现代部门,获得高收入。Banerjee 和 Newman(1993)研究认为,随着金融市场的不断完善,信贷市场的发展可以缩小收入差距。Clark Xu 和 Zou(2003)利用动态面板回归方法实证分析得出,金融发展能缩小收入差距,降低基尼系数。Burgess 和 Pande(2005)指出,印度大量金融机构在农村的设立,使得农村居民收入水平有所提高,大幅度缩小了城乡居民收入差距。Maurer 和 Haber(2003)认为,金融的发展与深化减弱了金融市场的竞争,没有使穷人和小企业享受到合理的金融服务,特别是信贷服务;金融服务仍是服务于富人和具有政治联系的大企业。

国内理论界从金融发展角度分析居民收入差距问题的研究起步较晚。章奇、刘明兴(2003)最早以各省面板数据为基础,实证分析发现金融中介发展进一步扩大了城乡居民收入差距。陆铭、陈钊(2004)研究却发现,两者之间没有显著的相关关系。姚耀军(2005)以 1978—2002 年期间的数据,运用向量自回归模型分析得出,中国金融发展规模与城乡居民收入差距正相关,金融发展效率与城乡居民收入差距负相关。段军山、张立军(2007)从金融发展的门槛效应角度解释了城乡居民收入差距扩大的原因,认为金融发展的门槛效应会扩大城乡居民收入差距。金瓯(2011)运用 1981—2009 年间的数据,对温州金融发展与城乡居民收入差距的关系进行协整分析表明,温州金融发展规模与居民收入差距正相关,而金融发展效率与居民收入差距负相关。冉光和、汤芳桦(2012)基于非正规金融发展的视角分析发现,非正规金融的发展能有效缩小城乡居民收入差距。

国内学者从我国整体的角度对金融发展与城乡居民收入差距的关系进行了一系列实证研究,但是针对某一地区、某一省份尤其是河北省的相关研究相对较少。由于我国各个地区的金融和经济发展水平存在差距,所以我国金融发展对城乡居民收入差距的影响具有地区特征。鉴于此,本文着重研究河北省金融发展与城乡居民收入差距之间的关系,力图找到针对性较强的缩小城乡居民收入差距、促进经济社会和谐发展和改善民生的途径与对策。

二、指标选取与研究方法

(一)指标选取

本文着重分析河北省金融发展与城乡居民收入差距之间的关系。由于影响城乡收入差距的因素除了金融发展水平之外还有经济发展水平等因素。所以,指标选取如下:

1. 收入差距指标 IG

采用城镇居民家庭人均可支配收入与农村居民家庭人均纯收入的比例来衡量城乡居民收入差距,即 IG=城镇居民家庭人均可支配收入/农村居民家庭人均纯收入。

2. 金融发展水平指标

在评价地区金融发展水平方面,徐璋勇、刘斌(2012)认为可以从金融发展规模、金融发展效率和金融发展结构三个角度进行测度。本文采用金融发展规模来衡量金融发展在量上的扩张,采用金融发展效率来衡量金融发展在质上的提高。

(1)金融发展规模指标 FD

对于金融发展规模的衡量,国内外普遍使用 Goldsmith(1969)提出的金融相关率(FIR),它表示金融资产总值占国内生产总值的比重。但是,由于金融资产包括广义货币、债券和基金等,其构成比较复杂且难以获得相关指标数据,同时孔晗、陈志刚(2010)认为我国的金融体系是银行主导型的,以银行为主的间接融资渠道比股市、债市等直接融资渠道应用更广泛,银行系统在经济中的作用远远大于其他金融主体,所以银行系统的存贷款在金融市场中举足轻重,对各省经济增长也产生着重要的影响。因此,本文采用河北省金融机构存贷款余额与河北省 GDP 之比作为金融发展规模指标,即 FD=金融机构存贷款余额/GDP。

(2)金融发展效率指标 FE

采用河北省金融机构各项贷款余额与各项存款余额之比,即 FE=金融机构各项贷款余额/金融机构各项存款余额,以其表示金融机构将存款转化为贷款的效率。

3. 经济发展水平指标 EG

国际通用的衡量经济发展水平的指标是人均 GDP,本文采用人均 GDP 的自然对数作为衡量经济发展水平的指标,即 EG=Ln(RGDP),用以控制经济增长对城乡居民收入差距的影响。

4. 产业结构指标 IS

产业结构是各产业的构成及各产业之间的联系和比例关系。由于中国城乡二元结构,城镇居民主要从事第二、三产业,而农村居民主要从事第一产业,所以产业结构是影响收入分配的重要因素。因此本文选取河北省第二、三产业产值之和占 GDP 的比重来衡量河北省产业结构的变化,即 IS=第二、三产业产值之和/GDP。

本文对所有变量均进行了对数化处理,处理后的变量依次为 LIG、LFD、LFE、LEG 和 LIS。对数化处理可以增强时间变量的平滑性,提高计量分析的稳健性,同时消除数据间可能存在的异方差性。

(二)数据说明

本文所采用的数据是1978—2011年河北省全省时序数据,所有数据均为年度数据,来源于《河北省统计年鉴1985—2012》和《新中国60年统计资料汇编》。使用Eviews6.0软件进行实证研究。

三、实证研究过程

(一)变量的单位根检验

Dickey和Fuller(1974)提出的Augmented Dickey—Fuller(ADF)Test是检验序列平稳性的有效方式。ADF检验模型区分为含有截距项、含有截距项和趋势项、不含截距项和趋势项的三种。检验时要根据数据的特点正确设定检验模型,文中根据数据图形确定检验模型,采用SIC准则选取检验模型的最优滞后阶数,分别对LIG、LFD、LFE、LEG和LIS五个变量进行ADF检验,其最终结果见表1。

表1 变量的单位根检验结果

变量	检验类型	ADF值	临界值	P值	稳定性
LIG	(c,0,1)	−1.939116	−2.957110	0.3110	不稳定
ΔLIG	(0,0,1)	−3.677783	−1.951687	0.0006	稳定
LFD	(c,t,1)	−3.031231	−3.552973	0.1393	不稳定
ΔLFD	(0,0,1)	−6.597131	−3.557759	0.0000	稳定
LFE	(c,t,1)	−1.939835	−3.552973	0.6113	不稳定
ΔLFE	(0,0,1)	−4.298956	−1.951687	0.0001	稳定
LEG	(c,t,1)	−1.563695	−3.557759	0.7849	不稳定
ΔLEG	(c,0,1)	−3.269164	−2.957110	0.0250	稳定
LIS	(c,t,1)	−3.026097	−3.557759	0.1411	不稳定
ΔLIS	(0,0,1)	−3.838234	−1.951687	0.0004	稳定

注:△LIG表示LIG的一阶差分,其他类同;检验类型(C,T,L)表示常数项、线性趋势项、滞后阶数;临界值为5%的显著水平上的临界值。

根据表1的检验结果可知,LIG、LFD、LFE、LEG和LIS均为非平稳时间序列,ΔLIG、ΔLFD、ΔLFE、ΔLEG和ΔLIS均为I(1)平稳序列。

(二)协整检验

由ADF检验可知,以上五个时间序列皆为非平稳的一阶单整序列,但是这些序列之间可能存在着某种长期的均衡关系,即协整关系。本文将通过Johansen协整检验来证明这种均衡关系。因为Johansen检验是一种基于VAR模型上的检验方法,所以在进行Johansen协整检验之前必须先建立VAR模型。

本文采用这五个时间序列建立VAR(P)模型,模型的滞后期根据AIC和SC同时达到最小时加以确定，最终选取的滞后阶数为1。得到的协整检验结果见表2。

表2 Johansen协整检验结果

零假设：协整向量的数目	特征值	迹统计量	5%显著水平的临界值	P值
0 *	0.682967	71.83784	69.81889	0.0342
至多1个	0.397562	35.07787	47.85613	0.4439
至多2个	0.274785	18.86120	29.79707	0.5029
至多3个	0.214675	8.580011	15.49471	0.4056
至多4个	0.026120	0.846964	3.841466	0.3574

注：* 代表在5%的显著性水平上拒绝原假设。

由表2可以看出，在5%的显著性水平下，VAR模型中的五个变量只有1个协整关系，标准化后的协整方程如方程(1)(括号内为标准差)所示：

$$LIG=-0.017987*LFD-0.360473*LFE-3.244099*LEG+7.111647*LIS \quad (1)$$

$$(0.10729) \quad (0.09175) \quad (0.28652) \quad (0.47472)$$

从方程(1)可以看出，这五个变量在1978—2011年间具有长期的均衡关系。金融发展规模、金融发展效率和经济增长的系数显著为负，而产业结构的系数为正。这就说明在1978—2011年间，金融发展规模的扩张和金融发展效率的提高有助于缩小河北省城乡居民收入差距，经济增长也有助于缩小河北省城乡居民收入差距，而产业结构则会扩大城乡居民收入差距。

(三)短期动态关系考察：向量误差修正模型(VECM)

本文进一步构建向量误差修正模型(VECM)来考察五个变量之间的短期动态关系。根据Granger定理(1987)，如果非平稳变量之间存在协整关系，则必然可以建立误差修正模型，误差修正模型则能对变量间的短期动态关系进行表述。

$$\Delta LIG=-0.183753\ CointEq1-0.130480\Delta(LIG(-1))+0.070039\Delta(LFD(-1))$$

$$(-2.15106) \quad (-0.68102) \quad (0.51080)$$

$$+0.074826\Delta(LFE(-1))-0.529577\Delta(LEG(-1))+2.032973\Delta(LIS(-1))+$$

$$(0.43089) \quad (-0.36290) \quad (2.60078)$$

$$0.000133\ C(2)$$

$$(0.00478) \quad (2)$$

因为误差修正项系数的大小反映了由非均衡状态向长期均衡状态调整速度的大小，所以从方程(2)(括号内为t值)可以看出：误差修正项系数为-0.183753，误差修正项对城乡居民收入差距的变动有向下修正的作用，但是修正力度不是很大，只有18.3753%。由此可见，城乡居民收入差距从短期偏离到恢复长期均衡所用的时间较长。

（四）格兰杰(Granger)因果关系检验

前面基于 VAR 模型下的协整检验说明变量之间存在长期均衡关系，VECM 说明的也只是变量之间的短期动态关系，为了研究变量之间是否存在相互关系，本文采用格兰杰因果关系检验进行检验，滞后阶数为 3，具体结果见表 3。

表 3　Granger 因果关系检验结果

原假设	样本数	F—统计量	P 值	结论
LFD 不是 LIG 的格兰杰原因	31	2.51411 *	0.0825	拒绝原假设
LIG 不是 LFD 的格兰杰原因		0.08324	0.9685	接受原假设
LFE 不是 LIG 的格兰杰原因	31	2.45499 *	0.0876	拒绝原假设
LIG 不是 LFE 的格兰杰原因		2.96091 *	0.0524	拒绝原假设
LEG 不是 LIG 的格兰杰原因	31	4.24074 * *	0.0154	拒绝原假设
LIG 不是 LEG 的格兰杰原因		1.25760	0.3112	接受原假设
LIS 不是 LIG 的格兰杰原因	31	11.5922 * *	7.E-05	拒绝原假设
LIG 不是 LIS 的格兰杰原因		3.36322 * *	0.0353	拒绝原假设

注：* * 号表示在 5%显著水平上拒绝原假设，* 号表示在 10%显著水平上拒绝原假设。

由表 3 可知，在 LFD、LFE 与 LIG 的 Granger 因果关系检验中，F 统计量的相应概率均大于 5%。然而，放宽显著性水平时，即在 10%的显著性水平下，金融发展规模是城乡居民收入差距的格兰杰原因，而城乡居民收入差距不是金融发展规模的格兰杰原因；金融发展效率是城乡居民收入差距的格兰杰原因，城乡居民收入差距也是金融发展效率的格兰杰原因。在 5%的显著性水平下，经济增长水平是城乡居民收入差距的格兰杰原因，而城乡居民收入差距不是经济增长水平的格兰杰原因；产业结构是城乡居民收入差距的格兰杰原因，城乡居民收入差距也是产业结构的格兰杰原因。

四、实证结果分析与政策建议

（一）实证结果分析

通过对 1978—2011 年间河北省金融发展水平与城乡居民收入差距之间关系的实证研究可以看出：河北省金融发展规模、金融发展效率与城乡居民收入差距之间存在长期的协整关系，且均呈负相关关系，表示金融发展规模的扩大和金融发展效率的提高有利于缩小河北省城乡居民收入差距。从理论上讲，金融发展水平的提高有利于促进经济长期稳定的发展，而经济的发展必然提高城乡居民的收入水平，最终缩小城乡居民收入差距。本文的实证结果和理论是完全相符的。但是这一结论不能证明河北省的金融发展已经达到一定的水平，只能说明河北省金融发展水平的提高对于缩小城乡居民收入差距发挥了一定的作用。然而，Granger 因果关系检验结果表明河北省金融发展规模、金融发展效率与城乡居民收入差距之间存在并不显著的格兰杰因果关系，这一结论隐含的意义在于:河北省金融发展规模和金融发展效率对于缩小城乡居民收入差距没有显著的效应。

分析河北省金融发展水平对于缩小城乡居民收入差距没有显著效应的原因,主要在于:河北省金融发展还存在一定程度的金融抑制,使得金融业无法充分发挥其积极作用以促进经济增长,缩小城乡居民收入差距。河北省的金融抑制主要表现在以下三个方面:

一是河北省金融业地区结构不平衡。河北省的城市金融发展水平明显比农村金融发展水平高,金融业向城市居民提供的服务远优于向农村居民提供的服务。相对于城市居民来说,农村居民属于弱势金融消费者,无法支付高成本以享受公平的金融服务。城市较高的金融水平虹吸了大量农村资金,致使农村资金短缺,农村经济增长乏力。同时,现有农村金融机构的数量少、结构单一、贷款规模小、机制不灵活,无法满足现代农村经济发展的要求。金融机构空间分布的不平衡和农村金融资源配置的缺失无疑扩大了城乡居民之间的收入差距。

二是河北省金融机构信贷存在门槛约束。相对于城镇居民来说,农户的抵押物较少,收入来源单一,所以农户面临的信贷门槛远比城市居民高,农户很难从金融机构获得资金以扩大种养等经营规模,其收入水平自然很难提高,城乡收入差距也因此扩大。

三是河北省金融产业监管较严。由于金融业本身的风险较高,所以我国对金融业的监管过严,金融机构的设立都需要层层严格审批,使得地方发展金融业的自主权过低,这就导致河北省金融业以银行业为主导,其他提供类似金融服务的金融法人机构很难进入金融市场,造成银行业垄断金融市场,使得居民尤其是农村居民的融资渠道狭窄、融资困难,也造成金融市场缺乏有效竞争力,金融服务门槛高、效率低,不利于农村居民等弱势金融消费者,拉大了城乡居民的收入差距,同时也拉低了金融发展对于经济增长的贡献率。

(二)政策建议

以上实证研究结果及其原因分析给我们提供了一条解决问题的思路,即通过金融制度改革来消除金融抑制,从而保护农村居民等弱势金融消费者的利益,促进经济协调快速增长,缩小城乡居民的收入差距,改善民生,促进社会的稳定与和谐。

1. 加快农村金融改革,优化金融服务

要加快农村金融改革的步伐,改革、做强农村信用社等已有农村金融机构。鼓励其创新金融产品品种,提高管理水平,加强内部控制和风险管理,优化信贷机制,优化金融服务水平,提高金融服务效率。大力吸收存款并尽量防止资金外流,同时,及时将吸收的存款有效地转化为“三农”贷款,使农村居民等弱势金融消费者享受到完善的金融服务,提高金融业对于当地经济发展的贡献力,切实提高农村居民的收入水平。

2. 加大农村信贷支持力度,降低信贷门槛

政府应制定相应政策,加大对农村金融机构的财政税收政策上的支持力度和引导作用,引导、鼓励现有金融机构加大对“三农”的资金支持,缓解农村资金供给不足的局面。同时,政府要对具体的金融规制进行改革和调整,降低对农户贷款的要求,并鼓励金融机

构创新抵押方式，重视农村土地流转市场的培育，缓解农村有效抵押物不足、农民等低收入群体的融资难问题，使其享受到公平的金融服务。

3. 适度放松对金融机构的管制，提高市场竞争力和金融中介效率

政府要适度放松对金融机构的管制，扩大农村金融的规模，引导金融资源更多地流向农村，建立多元化的农村金融体系，缓解农村金融资源不足的局面。如加快农村法人金融机构的建设步伐、积极发展小额信贷、引导非正规金融正规化等，并对这些新进入农村金融市场的金融机构进行合理监管，引导其支持农村经济发展，以达到活跃农村金融市场、增强农村金融市场竞争力、提高农村金融中介效率、降低农村居民融资门槛、增加农村居民融资渠道的效果，进而提高农村居民收入水平，缩小城乡居民收入差距，改善农村民生。

小结

对河北省金融发展水平与城乡居民收入差距之间关系的研究表明，金融发展规模的扩大和金融发展效率的提高有助于缩小城乡居民收入差距，但是影响效果并不显著。原因在于河北省金融发展存在一定的金融抑制，金融业无法充分发挥作用来服务省域经济发展。要使金融发展能够成为提高城乡居民收入水平、特别是缩小城乡居民收入差距的有效途径，就需要河北省加快对农村金融的改革步伐，建立多元化的农村金融体系，激活农村金融市场，消除金融抑制，从而推动"三农"发展，提高农村居民收入水平，缩小城乡居民收入差距。这对于改善民生、保护农村居民等弱势群体利益、保障社会稳定协调发展，具有重要的政治和经济意义。

参考文献：

[1]Greenwood, Jovanovic: "Financial development, growth, and the distribution of Income", *Journal of Political Economy*, 1990, 98(5): 1067—1107.

[2]Galor, Zeira: "Income Distribution and Macroeconomics", *Review of Economic Studies* 60, 1993.

[3] Banerjee, Newman: "Occupational choice and the process of development", *Journal of Political Economy*, 1993, 101(2): 274—298.

[4]Clark, Xu, Zou: "Finance and income inequality: test of alternative theories", *World bank policy research working paper*, 2003.

[5]Burgess, Pande: "Financial development and inequality inIndia", *Journal of Financial Economics*, 2005, 82(6): 174—183.

[6]Maurer Noel, Haber Stephen: "Bank Concentration, Related Lending and Economic Performance: Evidence from Mexico", Stanford University Mimeo, 2003.

[7]章奇、刘明兴：《中国金融中介与城乡收入差距》，《中国金融学》2003 年第 3 期。

[8]陆铭、陈钊：《城市化、城市倾向的经济政策与城乡收入差距》，《经济研究》2004 年第 6 期。

[9]姚耀军:《金融发展与城乡收入差距的经验分析》,《财经研究》2005 年第 2 期。

[10]段军山、张立军:《金融发展门槛效应对城乡收入差距影响分析》,《山西财经大学学报》2007 年第 7 期。

[11]金瓯:《区域金融发展与城乡收入差距的实证分析——以温州为例》,《企业经济》2011 年第 6 期。

[12]冉光和、汤芳桦:《我国非正规金融发展与城乡居民收入差距——基于省级动态面板数据模型的实证研究》,《经济问题探索》2012 年第 1 期。

[13]徐璋勇、刘斌:《西部地区金融发展与居民收入差距的实证研究》,《西部金融》2012 年第 3 期。

[14]孔晗、陈志刚:《金融发展与城乡居民收入差距关系研究——基于湖北省 1978—2007 年数据》,《金融观察》2010 年第 7 期。

河北省社会科学发展研究课题民生专项　课题编号:201301001

课题负责人:康书生

课题组成员:刘绍旭　李　静　赵　程

文化教育篇

增强"赶考"意识
传承"赶考"精神　提升"赶考"能力

河北省社会科学院

64年前,党中央离开西柏坡时,毛泽东同志申明进入北平执政就是"进京赶考";64年后,习近平总书记在西柏坡考察时强调,党面临的"赶考"远未结束。深入开展"中国梦·赶考行"宣传教育活动,就是要动员和引导全省广大干部群众增强"赶考"意识、传承"赶考"精神、提升"赶考"能力,将"赶考"融入全面深化改革、奋力实现"中国梦"、推进河北奋进崛起的伟大实践。

一、增强"赶考"意识,应对时代大考

回顾百年历史,中国巨变令人感慨万千;展望未来,"中国梦"的美好图景清晰展现。观照梦想与现实距离,我们清醒地看到实现"中国梦"的长期性和艰巨性。对河北来说,贯彻落实好中央要求特别是习近平总书记对河北的要求,我们面临着全面深化改革、转变经济发展方式、保障和改善民生、促进社会和谐稳定等诸多"大考",实现"中国梦",交上合格的河北答卷,需要"赶考"意识。开展"中国梦·赶考行"宣传教育活动,就是要让全省干部群众增强"赶考"意识,提升"赶考"能力,全面应对大考。

意识是行动的先导,是前进的方向,是行动的动力。有了"赶考"意识,才能从容应对考试;有了"赶考"意识,才能振奋精神;有了"赶考"意识,才能提高执政能力。增强"赶考"意识就是指全心全意为人民服务的宗旨意识、居安思危的忧患意识和时不我待的责任意识。

民为邦本,本固邦宁。不断增强全心全意为人民服务的宗旨意识,就是要把人民的利益高于一切作为最根本的价值判断,把心系群众、服务人民作为共产党人行为的最高准绳;就是要坚持民评民说是标准、民心民力是依靠、民意民生是依据、民惠民富是目标的人民情怀;就是要把群众的满意程度作为衡量我们工作得失的唯一刻度,始终以党和人民的利益为重,以真抓实干的作风赢得群众的拥戴,为党"得分"。

"不做李自成,考个好成绩"是64年前中国共产党胜利前夕的自勉自警,是对中国共产党走向执政的历史警示。当前,河北正处于科学发展、由大转强的新阶段,既面临经济

发展的大好机遇，也面临转型升级的严峻挑战。广大党员干部要清醒地看到面临的“四大危险”与“四大考验”，常怀自警之心，常怀忧患之思，把忧患意识落实到抓大事、谋全局中，在胜利时清醒，在挑战中奋进，始终怀着矢志不移的追求和迎难而上的勇气，居安思危、积极开拓、锐意进取，为中华民族的伟大复兴而奋力拼搏。

“铁肩担重担，丹心映天平”则是中国共产党人增强“赶考”意识的现实要求。广大党员干部要牢记党和人民的重托，切实履行党和人民赋予的职责，自觉置身于党组织和人民的有效监督之下；始终牢记党和人民的重托，以自觉的紧迫感和强烈的责任感，立“奋进崛起”之志，行“科学发展”之举，把思想统一到干事业上，把精神集中到做实事上，把功夫下到抓落实上。以强烈的进取意识和责任意识，凝聚奋发向上的不竭动力，开拓进取、砥砺前行。

二、弘扬“赶考”精神，助推中国梦圆

良好的精神状态是干事创业的基础，有激情才能有活力、有创新、有突破。“中国梦·赶考行”宣传教育活动重在弘扬“赶考”精神，旨在为河北奋进崛起、科学发展凝心聚力，让广大干部群众以一种奋发有为、不图安逸、不怕困难、充满自信的精神状态，群策群力，同心同德，心往一处想，劲往一处使，向人民和国家交一份满意的河北答卷。

大力弘扬报国为民精神，就是要传承以爱国主义为核心的民族精神，增强国家兴亡、匹夫有责的使命感、责任感，明晰国家好、民族好大家才会好的道理，把个人命运与国家民族的命运紧紧联系在一起，自觉为国家富强、民族振兴、人民幸福不懈努力，在全社会形成中华民族伟大复兴、实现“两个一百年”目标而奋斗的社会风尚。“报国为民”是中国共产党对历代政权盛衰兴亡的经验反思，是中国共产党对执政规律的深刻把握，是中国共产党经受“赶考”考验、考出好成绩的根本奥秘。中国特色社会主义事业发展正在继续，中国共产党的“赶考”未有穷期，我们党要持久巩固执政地位，永葆生机与活力，就必须深怀爱民之心、恪守为民之责、善谋富民之策、多办利民之事，努力地把执政为民的本质要求体现在实际行动上，落实于具体工作中。

大力弘扬实干奉献精神，就是要增强实干铸就伟业、奉献体现价值的荣誉感，以咬定青山、坚韧不拔的态度，脚踏实地、拼搏自强，抓铁有痕、踏石留印，共同享有人生出彩的机会、梦想成真的机会、同祖国和时代一起成长的机会，在全社会形成尊重劳动、爱岗敬业的社会风尚。党员干部更是要躬身实践，以永不言弃的社会责任感和历史使命感，脚踏实地干工作，掷地有声抓落实，千方百计解决影响科学发展的重大现实问题和人民群众密切关注的切身利益问题；摒弃虚假空洞的花架子和官架子，以对党和人民高度负责的态度干工作，察实情、出实招、鼓实劲、求实效，攻坚克难，开拓进取；身体力行、率先垂范，引导广大干部群众通过实干苦干开创事业、成就梦想，积极投身到调结构、治污染、抓扶贫、惠民生等中心任务的生动实践中，为建设全面小康、山清水秀、人民富裕殷实的河北汇聚起磅礴力量。

大力弘扬开拓创新精神，就是要勇立潮头、敢为人先，攻坚克难、奋进崛起，发扬以改革创新为核心的时代精神，在全社会形成创新、创业、创造的社会风尚。党员干部要坚持

改革开放正确方向，以更大的政治勇气和智慧打破思想观念的藩篱，不失时机地深化改革；要敢于创新、开拓进取，不人云亦云，不墨守成规，敢于突破思维定式，敢于走前人没有走过的路；要解放思想、实事求是、与时俱进，勇于变革、勇于创新，永不僵化、永不停滞，不惧任何风险，不被任何干扰所惑，准确把握时代发展和科技进步新趋势，引领广大群众善于用科学的新思路、新办法、新措施去打开新局面、推动新发展。

大力弘扬艰苦奋斗精神，就是要坚持“两个务必”，功崇惟志，业广惟勤，继承光荣传统，聚集正能量，以承前启后、继往开来的决心，在全社会形成自励自强、勤俭节约的社会风尚。艰难困苦，玉汝于成，艰苦奋斗是当代共产党人必备的政治品德，是实现中国梦的精神动力。党员干部必须牢记“两个务必”，始终坚持艰苦奋斗的优良作风，坚决克服形式主义、官僚主义、享乐主义和奢靡之风，形成艰苦朴素、勤俭节约的党风、政风和社会风气；始终保持锐意进取、顽强拼搏的精神状态，爱岗敬业、脚踏实地、埋头苦干，夙兴夜寐、奋发图强、励精图治，与人民同甘苦、共命运，合力谱写河北发展的新篇章。

三、提升“赶考”能力，交出优异答卷

新的时代“赶考”能不能合格，关键在于“赶考”能力问题。当前，河北面临“大力提高发展质量和效益、大力保障和改善民生、大力推进生态建设”与“打好四大攻坚战”等艰巨任务，“考题”变了、任务大了、难度加了，我们的党员干部也出现了“能力危机”，产生了“本领恐慌”，老方法、旧知识，只会束手无策、一筹莫展。“中国梦 · 赶考行”宣传教育活动的基本内涵就是要全面提高党员干部的“赶考”能力。

事业无止境，“赶考”无穷期。党员干部“赶考”能力的提升，既是党的建设的历史性课题，也是党增强执政合法性的理想选择。提升“赶考”能力就是要提高全心全意为人民服务的能力。各级领导干部要牢固树立全心全意为人民服务的思想和真心实意对人民负责的精神，做到心里装着群众、凡事想着群众、工作依靠群众、一切为了群众。要以清正廉洁的作风赢得群众拥护、以改善民生的实效回应群众期待、以谦虚务实的态度集纳群众智慧、以四大攻坚的突破凝聚群众力量。始终坚持“问政于民、问讲于民、问需于民”，在各个工作环节都细心研究群众的利益，关心群众疾苦，体察群众情绪，始终与群众心连心、同呼吸、共命运。就是要提高驾驭社会主义民主、建设民主国家的能力。民主是世界进步的潮流，是我国社会主义现代化建设的重要目标。人民群众物质生活水平的改善和文化水平的提高，势必呼唤着民主政治的到来。这就要求党提高驾驭社会主义民主、建设民主国家的能力，为人民群众参与国家和经济文化事务的管理开辟更为广阔的渠道，保证人民群众享有充分的民主权利，使人民的民主权利更加科学化、规范化、制度化。就是要提高领导水平和执政能力。这就要求我们按照科学执政、民主执政、依法执政的要求，改进领导班子思想作风，提高领导干部执政本领，改善领导方式和执政方式，健全领导体制，把各级领导班子建设成为坚定贯彻党的理论和路线方针政策、善于领导科学发展的坚强领导集体。以加强领导班子执政能力建设影响和带动全党，使党的全部工作始终符合时代要求和人民期待。

而要克服本领恐慌、提升“赶考”能力的根本出路就是学习。党员干部要大力弘扬理

论联系实际的马克思主义学风，坚持用科学理论武装头脑、指导实践、推动工作，努力做善学善思、善知善行和善做善成的模范。一是要向书本学习，以经济、政治、历史、文化、社会、科技、外交等方面的知识，拓宽知识领域，丰富知识储备。用新知识、新技能，提高战略思维、创新思维、辩证思维的能力。努力使自己真正成为行家里手、内行领导。二是要向实践学习，实践出真知，实践育人才。坚持理论与实际相结合，立足实践，深入实际，在全面深化改革、谋求科学发展的生动实践中，汲取营养，经受锻炼，增长才干，在实践中掌握新知识，积累新经验，增长新本领。三是要向历史学习，“以史为镜，可以知兴替”。学习研究中国共产党革命与建设的奋斗史，总结我们党在革命和建设年代应对各种风险和挑战的经验，把学习党的历史同学习运用党的理论路线方针政策结合起来，同服务改革发展以及党的建设结合起来，不断提高各级领导干部谋划发展、统筹发展、优化发展、推动发展的本领。四是向群众学习，拜人民为师，放下官架子，甘当人民的小学生，带着真诚真心真情向人民群众去请教、去学习，从群众生动鲜活的生产生活实践中探寻打开工作局面的钥匙，不断提高为人民服务的本领与分析问题解决问题的能力。

“中国梦·赶考行”宣传教育活动已经全面启动，全面深化改革、奋力实现“中国梦”，河北的奋进崛起离不开全省 7200 多万人民的积极参与，各级党员干部，必须常树“赶考”意识，常怀“赶考”之心，常修“赶考”之能，以永远“赶考”的坚定步伐，尽心尽职，与广大人民一道同心共筑“中国梦”。

河北省社会科学发展研究课题民生专项　课题编号:201301144

课题负责人:袁　秀

课题组成员:徐　剑　王文晓

论文发表于《河北日报》知与行版，2013 年 12 月 4 日。

“三堂并举”研修模式提升语文教师水平

沙河市教育局

一、问题的提出

十七大全会决定:在全党开展深入学习实践科学发展观活动,坚持用发展着的马克思主义思想指导客观世界和主观世界的改造;优先发展教育,建设人力资源强国。为达到此目的,国家投巨资致力于教师的继续教育。其中“国培计划”就是教师继续教育中的一项重要举措,旨在为各地输送一批“种子”教师,使他们在实施素质教育、推进基础教育改革和教师培训中发挥辐射作用。但是,能参加这样级别培训的老师毕竟是少数,那么,如何让参加培训的老师能发挥其应有的作用,就是本课题研究的主要方向。

沙河市地域东西跨度大,山区面积约占全市总面积的三分之一,山区的青年教师的成长却存在着以下因素的制约:1. 山区教学点分散、教学班少、教师配备不足,不利于校本教研的开展。2. 县域培训缺乏连续性,且理论性较强,缺少操作层面的指导,得不到真正意义上专家引领的效果。3. 教学方法落后,教学资源得不到共享,缺少领军人物。

本课题的创新之处在于利用主持人在北京大学学习的专业理论做指导,以国家级骨干教师才能享受的培训模式为依托,适时对本课题研究进行绩效评估,以确保研究的实效性,在实际的研究中探索有利于中青年教师专业发展的道路。

二、研究的目标及内容

(一)研究目标

通过实践探索和经验总结,形成青年教师专业发展中较为成熟的研修模式。探索提升中青年教师教育教学能力的有效途径,形成教学反思习惯与研讨机制。

(二)研究内容

1. 青年教师专业发展研修模式的内涵研究。2.“教学工作坊”下青年教师专业成长的研究。3. 研修模式的绩效评估的研究。

三、研究对象

沙河市九中是一所县级市的市办中学,地处山区,是沙河市教育局实施教改的基地,在该校进行这项实验,对推动区域性的教改实验,特别是广大农村的教改实验将起到积极的推动作用。基于这种认识,确定九中的青年语文教师以及部分山区乡村教师为研究对象。

四、课题研究方法与过程

(一)研究方法

1. 调查分析法;2. 查阅资料法;3. 学习讨论法;4. 实践法。

(二)研究过程

1. 准备阶段(2013 年 5 月—2013 年 6 月)

收集资料、调研、制订研究方案、开题、组织和培训课题组成员、组织好前期的问卷调查工作。

2. 实施阶段(2013 年 7 月—2013 年 9 月)

针对第一阶段的调查,结合本课题实际研究内容,下一步亟待解决的问题是如何对青年教师进行适时的培训,找到中青年教师专业发展的最佳途径。这成为我们课题研究的重点工作。

3. 结题阶段(2013 年 10 月—2013 年 11 月)

调整、完善、全面总结、展示推广研究成果、结题汇报。

五、研究成效

(一)"三堂"并举,总结出青年教师专业发展的最佳模式

"三堂"即专业引领课堂、教学实践课堂、理论与实践结合课堂。这三个"研修课堂"一体化设计,相互连接并相互关联。具体操作如下:

1. 专业引领课堂

专业引领课堂包括学科素养提升、学科教育、课堂示范教学。我们采取以下方法来实现有效的专业引领课堂:

(1)建立健全的引领制度。包括组织制度、指导制度等。

(2)形成完善的引领机制。其中包括建立教师专业化发展明晰的"个人档案库"。个人档案库包括"个人资料""教育资料""素质资料""绩效资料"四个板块,以便使教师的专业成长更加明晰化。

(3)组建"导师团"。导师团包括外部专家和学校内部"专家",其中外部专家包括大学教学论专家、特级教师、教研员、退休校长等,内部专家包括校长、科研主任、教导主任、骨干教师等。

2. 教学实践课堂

包括到河北省区域内的重点中学听课、评课、交流、研讨、专家点评、引领教学。该课堂的教学设计以相互学习交流为重点,充分利用"差异即是资源"的有利条件,通过来自不同区域的同行们的深入交流、探讨,使学员获取更多的启发,加深对教学的思考与改进。

3. 理论与实践结合课堂

包括"教学工作坊"备课、磨课、上课、说课、评课、专家引领教学。理论与实践相结合

在教学中如何体现？我们设计了“教学工作坊”，将理论与实践的结合通过学员亲历教学实施过程，去进一步理解、体会、内化，变为自身教学真正的行动。在此过程中我们配有学科教学专家的全程引导与评价，还有学员间的相互探讨与交流。多方位的指导和实践环节，使学员达到学以致用。以上三个“研修课堂”一体化设计，相互连接并相互关联。

例如，我们在“语文教学工作坊”中把不同的语文课型进行分类：说明文教学、议论文教学、记叙文教学、诗词教学、文言文教学、口语交际教学、综合性学习教学、散文教学、作文指导课教学、作文评价课教学等10类。然后，我们把实验教师分成10个小组，每个小组钻研一类教学，并发挥集体的力量备课，备完课之后，经专家指导后再反复磨课，最后在“语文教学工作坊”中集中展示。

具体分以下三个步骤：

第一步：集中研究，集体备课。

在“语文教学工作坊”中，我们10个小组通过聘请教研员、特级教师及老教师在各个小组内就分到的类别进行集中指导。各小组成员在自己分到的类别中集中学习相关教学知识，并集中就其中某一课进行集体备课。

第二步：集中展示，相互质疑。

当备课成熟后，各小组分别派一名代表上示范课，其他小组成员现场打分，并就其中的问题进行质疑，做课教师当场解答。最后给各队打好分，排好名次。各小组就其他队提出的问题内部修改。

第三步：再次展示，探索规律。

各小组修改后，再次做课，并总结这类课在备课时需要注意的问题、在上课时需遵循的规律。此时，各小组共享研究成果，达到自身的专业成长。

（二）初步完成了对研修模式的绩效评估

1．绩效分析

绩效现状调查是进行绩效分析的首要环节。调查对象是沙河九中的教师，基本方法是问卷调查、访谈与课堂观察相结合。调查结果如下：(1)知识结构比例失调，从教能力显得不足。(2)教师学历明显偏低，专业训练亟待强化。(3)在职进修形势紧迫，专业发展任重道远。

我们通过访谈、课堂观察等方式进行了相关调查，进一步认识到：

(1)学校领导和一线教师认识到了自身的不足，渴望通过不同形式的培训、进修来弥补不足。但也有部分教师存在片面的认识问题，认为培训等措施是多余的，纯粹浪费时间。

(2)以上五点调查结果中，教师普遍认为亟须加强课堂教学能力的培养，来适应新课程带来的新问题。

2．原因分析

(1)培训中存在的主要问题

①培训形式单一；②只注重理论层面的培训；③难以实现全员可持续培训。

(2)培训对象分析

①水平差异。大部分教师平时不注意进行研究，研究水平偏低，培训中应加强教师

的研究意识。

②理念差异。有的教师对新的教学理念采取排斥态度，有的教师则对传统的教学持完全否定态度，还有一部分教师茫然不知所措。

3. 干预选择和设计

(1)培训目标的阐明

课题组提倡参训教师根据自己的实际情况主动构建学习目标的方法来设定个体目标，同时这种目标是在培训者的指导下创建的，此次的“教师工作坊”设计就满足了个体目标的设计。

(2)培训内容的设定

①培训内容的确定。本培训的内容主要包括三部分：青年教师专业发展研修模式的内涵研究；“教学工作坊”下青年教师专业成长的研究；“三元化”研修的绩效评估的研究。

②相关学习活动安排。根据培训内容的不同性质，课题组灵活地安排不同的培训活动形式。自我学习：采用任务驱动学习方式，学员结合自己的教学独立或合作完成任务，并把最终作品交给指导教师，以作为评价的依据。小组合作：把学员分成小组，小组成员在一起讨论，把不懂的写在纸上，交给指导教师在现场一一解决。教案设计：要求他们在规定的时间内合作完成，通过展示、讨论、评价、修改的方式掌握教学设计方案的步骤和方法，并在自然教学环境下实施教学，等等。

(3)培训方式的选择

①讲座式；②教学诊断研讨会；③案例教学；④网络自主—协作式学习。

4. 干预的改革和实施

(1)制订具体培训计划

研究工作从设计到结束历经5个多月的时间。由于培训时间长，其间教师还要进行正常的教学工作，因此，培训者在权衡多方面的因素以后，决定这学期的培训工作主要进行“教师教学理论学习”和“‘教师工作坊’下的教师技能提高”两项活动。

(2)培训活动的实施

经过周密准备和安排，根据培训计划，培训活动的实施如期进行。下面以“‘教师工作坊’下的教师技能提高”培训实施活动为例进行介绍：

其操作过程是：集体听讲座、研讨——以小组为单位合作进行教学设计——展示、研讨、评价教学设计方案(一次或多次)——在自然教学环境中实施教学——经验总结与交流。培训者为学员安排讲座的目的是让教师宝贵的教学经验上升到理论高度，从而对教学设计产生较深刻的认识。合作教学设计阶段，由指导教师给小组分别布置具体的教学设计任务，并要求在规定的时间内完成。小组成员要经过展示、研讨、评价来反复地修改教学设计方案。最后指导教师对整个过程进行深入系统的讨论、分析，总结出值得借鉴和推广的优点，指出不足并提出改进建议。

(3)培训成果的转化

在本次培训中，培训组织者通过营造有利于转化的工作环境加速培训成果的转化。具体做法是：一是组织小组集体学习和交流；二是网上学习和沟通，并与面对面的交流紧密结合；三是现场培训和指导，让教师在实践中体会接受培训的有用性。培训组织者及时对学员进行“培训成果转化准备分析”，创造一定的条件促使培训成果转化。在此期间，学员发表论文40余篇，其中不少论文具有较高的应用价值。

5. 培训结果的绩效评价

具体到本培训的评价工作，培训者主要从两个方面来进行：学习过程和绩效成果。

(1)学习过程评价

进行学习过程评价是一项很艰辛的工作，它贯穿于培训的整个过程之中，需要在培训过程中进行大量的准备工作：为了了解学员的初始水平和能力，课题组需进行问卷调查和访谈；对于实践性较强的内容，指导教师要求每位参训教师都必须按一定的要求进行教学过程设计，并对其表现进行比较详细的记录；要求教师在进行自主学习时为自己建立电子档案袋，把教学设计方案、搜集的教学资源、完成的总结反思报告等都放在里面，还有学员之间的网上评价，这些资料都成为过程性评价的依据；此外，要求学员进行自我评价和小组评价，并通过小组汇报的形式进行总结和评价。课题组还对学员参与培训活动的情况做出详细的记录，如：要求每位学员在合作进行教学设计时必须分担其中的部分工作，至少听一次其他学科教师的课堂教学等，对这些记录的分析结果也是进行评价的重要依据。

(2)绩效成果评价

绩效成果评价是指对学员培训后的工作表现和工作业绩的评价，如学生满意度的提高、教师熟练使用所学的教学方法等。课题组主要通过组织现场观摩听课、利用小组成员的记录进行培训前后对比、学员的自我反思和指导教师评价相结合的方式进行绩效成果的评价。由于从意识观念转化为教学行为比较缓慢，培训期间有些教师的教学行为转变不明显，因此，在培训结束后，培训者也一直关注培训成果转化的程度，不时地随机对某位教师进行工作现场跟踪调查，了解其实际工作表现、培训后的变化、教学实践的效果等，进行后续的反馈评价，有必要时进行现场或课后的指导。

六、研究反思

“三堂并举”研修模式是以“校本培训”为依托培养青年教师专业成长的最佳途径之一。它满足了学校与教师的发展需要。本模式对参训教师进行了详细的调查，并对调查结果进行深入的分析，清楚地了解教师的培训需求，并有针对性地确定培训的目标、选择培训内容和培训方式，构建管理和评价体系。培训设计为培训实施提供了可操作的程序，保证了培训活动的顺利实施。同时，采取相应措施满足教师的培训需求，引导教师积极反思自己的学习与教学行为，促进教师培训成果的转化。但由于课题组成员组织经验不足，研究不够深入，该模式还处于初始研究阶段，今后还将在培训实践中继续完善和深入研究。

参考文献：

[1]劳凯声：《教育学》，南开大学出版社2001年版。

[2]《走进新课程》丛书编委会:《走进新课程》,江苏教育出版社 2004 年版。
[3]万福、于建福:《教育观念的转变与更新》,中国和平出版社 2009 年版。
[4]钟启泉:《课程与教学论》,辽宁大学出版社 2002 年版。
[5]俞国良:《心理健康》,高等教育出版社 2009 年版。
[6]莫雷:《青少年心理健康教育》,华东师范大学出版社 2003 年版。

河北省社会科学发展研究课题民生专项　课题编号:201301495
课题负责人:方向明
课题组成员:于永革　边建青　元竹英　韩延锋　李　欣　彭彦书　李　强
　　　　　　张守泽　李　波

基于特色优势学科建设的高校图书馆学科化服务的探讨

河北经贸大学

引言

图书馆学科化服务更加注重研究用户在学科建设方面的专业需求，帮助不同学科专业人员进行学术信息的交流，引导用户挖掘深层次的信息内容。为了对国内高校图书馆学科化服务的现状有一个比较清晰的认识，笔者选取了一组大学图书馆，通过网络调查的实证研究方法，对各图书馆开展学科化服务的情况逐一调查统计，并对数据进行对比分析，以期窥其一斑。

一、网络调查的对象、方法和内容

（一）网络调查对象的选取

我们锁定参加 2012 年学科评估（由教育部学位中心组织）的 391 所大学和科研机构，依据《2012 年学科评估结果》，对人文社科类、理学、工学、农学、医学和艺术学等共计 95 个一级学科门类的评估结果进行一一筛选，选出在各一级学科评估中排名第一的高校共计 51 所，确定这些高校的图书馆作为研究对象，对其学科化服务进行网络调查分析。在网络调查中有 1 所高校图书馆网页无法登录，实际调查数为 50 所图书馆。网络搜索时段限定为 2013 年 6 月 1 日至 2013 年 6 月 15 日。

（二）网络调查的方法和内容

我们采取登录各高校图书馆主页的方法，查找与学科化服务内容及形式相关的信息。选取国内高校图书馆常见的 18 种学科服务形式作为具体调查内容：1. 文献传递；2. 科技查新；3. 咨询；4. 学术专场培训；5. 查收查引；6. 学科导航；7. 学科馆员制度；8. 三大检索刊物收录论文情况/核心期刊收录及影响因子分析；9. 专题/定题服务；10. 学科服务平台；11. RSS/短信推送服务等；12. 信息共享空间（IC）；13. 教学参考系统/精品课课件；14. 本校发表论文年度统计；15. 学科博客；16. 嵌入服务；17. 学科服务刊物/学科研究综述专栏等；18. 科研及学科竞争力分析报告。

二、高校图书馆学科化服务的现状

(一)高校图书馆开展学科化服务的广度调查

50 所高校图书馆都开展了不同形式的学科服务，在 18 种学科化服务形式中，其中提供 9 种以上的图书馆有 22 所，占所调查院校的 44%，这些学校主要为综合类和理工类高校；提供 6—8 种学科化服务的图书馆有 18 所，占被调查图书馆的 36%；少于等于 5 种的图书馆有 10 所，占被调查图书馆的 20%，这部分高校主要为农林类、中医药类和艺术类院校。从调查结果看，学科化服务的形式与内容呈正相关的关系，即学科化服务的形式愈丰富，其服务内容愈向深层次发展，个性化、针对性愈强，对优势特色学科的发展愈具有建设意义。

(二)高校图书馆开展学科化服务的深度调查

表 1 显示的是对 50 所高校图书馆开展学科化服务的深度调查，即对图书馆开展了几项和开展了哪些学科化服务进行调查统计。调查的基数是 18 种学科化服务形式，前 8 种学科化服务形式(见表 1)开展率较高，超过 60%的图书馆建立了学科馆员制度，并开展了文献传递、科技查新、咨询、学术专场培训、查收查引、学科导航和三大检索刊物收录论文情况/核心期刊收录及影响因子分析等服务形式。其中有 48 所图书馆都开展了文献传递服务，开展的比例达到了 96%。在经费和资源不足的情况下，借力其他图书馆的资源满足本校教学科研所需，从而提高了本馆用户的资源满意度，是对本馆资源的最有效补充，此项服务的普及程度与 CALIS(中国高等教育文献保障系统)、CASHL(中国高校人文社会科学文献中心)开展的文献传递活动有直接关系。此外，国家图书馆，上海图书馆等公共图书馆，各省内的图书馆联盟及图书馆间的馆际互借等都加速了文献传递服务的发展。科技查新在高校图书馆中的开展比例达到了 90%，根据教育部科技发展中心的数据显示，从 2003 年开始教育部共设立了 84 所科技查新站，涉及综合、理工、农、医四个类别。科技查新可以避免科研课题的重复性，并能客观正确地判别科技成果的新颖性，对科研立项、成果鉴定、评估、转化、奖励等方面有着重要意义，对促进学科建设具有非常重要的作用。咨询服务在大部分图书馆以多种形式存在，一般有面对面咨询、电话咨询、表单咨询、邮件咨询、在线咨询、机器人咨询等，极少数图书馆除这些日常咨询服务外，另设了“研究咨询”服务，主要为科学研究、课题立项开展针对性的深度学术咨询服务。有 70%的图书馆开展了学术专场培训和查收查引服务，常规的用户培训越来越多地被特定的、个性化的学术专场培训所取代，注重为用户的课题研究、学术研究提供全方位的数据库使用策略和方法指导已经成为发展趋势。超过 60%的图书馆建立了学科馆员制度，开展了学科导航、三大检索刊物收录本校论文情况/核心期刊收录及影响因子分析服务。学科馆员制度在大多数图书馆基本建立起来，在网络调查中可以找到有关学科馆员职责、联系方式、服务内容等相关规定，这些制度使学科化服务有据可依，顺理成章。学科导航服务通过对馆藏及网络资源分门别类的整理，方便用户发现和使用，有的图书馆学科导航是“自有产品”，是对本校特色优势学科的相关网站资源挖掘整理而成。有的是“拿来主义”，使用“CALIS 重点学科网络资源导航门户”作为本馆的重点学科导航。三

大检索刊物收录本校论文情况/核心期刊收录及影响因子这项服务是对本校学术成果的集体鉴定和学术发展水平的整体评价，并能为学术研究成果的发表提供指引，是一项值得各图书馆开展的学科化服务项目，且有待进一步深化。

表1　50所高校图书馆开展学科化服务情况

排序	服务形式	图书馆数量	占比
1	文献传递	48	96%
2	科技查新	45	90%
3	咨询	42	84%
4	学术专场培训	35	70%
5	查收查引	35	70%
6	学科导航	34	68%
7	学科馆员制度	32	64%
8	三大检索刊物收录本校论文情况/核心期刊收录及影响因子分析	31	62%
9	定题服务	20	40%
10	学科服务平台	15	30%
11	RSS/短信推送服务等	15	30%
12	信息共享空间(IC)	13	26%
13	教学参考系统/精品课课件	13	26%
14	本校发表论文年度统计	9	18%
15	学科博客	8	16%
16	嵌入服务	8	16%
17	学科服务刊物/学科研究综述专栏等	7	14%
18	科研及学科竞争力分析报告	4	8%

表1显示，其他10种学科化服务形式开展比例较低。定题服务的开展比例达到了40%，尽管定题服务不是新提出的理念，目前仍是一个有挑战同时也具备发展潜力的学科化服务项目。在50所高校图书馆中有15所图书馆建设了学科服务平台，并通过RSS、短信方式推送学科服务信息；13所图书馆设立了信息共享空间，并提供教学教参系统/精品课课件服务；9所图书馆对本校发表论文进行了统计；8所图书馆开展了学科博客和嵌入式服务；7所图书馆开展了学科服务刊物/学科研究综述专栏服务；能够提供学科/科研竞争力分析报告服务的只有4所图书馆。笔者认为这些服务项目开展比例较低的原因主要有以下几点：1. 服务形式较新，开展时间较短，人们对其服务效能还不能充分认识，比如学科/科研竞争力分析报告、IC、学科博客、嵌入服务等；2. 开展服务的难度较

大，对学科馆员的专业技能要求较高，比如学科/科研竞争力分析报告、学科服务刊物/学科研究综述专栏等；3. 开展服务需要的建设资金较多，比如 IC 等；4. 服务理念不够强，有些学科服务开展的难度并不高，比如本校发表论文统计、RSS 推送服务等，但很多图书馆忽视了这类服务形式。事实上，这些新信息环境下催生的新的服务方式是最具发展潜力的服务形式，也更具个性化的特征。

三、高校图书馆学科化服务的探讨

（一）建立制度保障，开展常规学科化服务

建立学科馆员制度是提供学科化服务的制度保障，随着信息环境和教育环境的改变，学科馆员的专业任职资格越来越严格甚至苛刻，ACRL 在其发布的《2010 年学术图书馆十大趋势》中指出“大教育变革要求馆员具备多样化的技能”[1]。所以储备学科服务人才，建设一支有专业水准、有能力、有经验的服务团队非常重要。学科馆员的工作职责一般为：联络人、学科信息资源服务、学科信息素养教育、馆藏资源建设和参考咨询服务[2]等。高校图书馆通过学科馆员制度建立一套适合自身特点的学科服务模式，使学科化服务成为常态性工作，且有章可循，并能不断更新以适应学科专业建设的新需求。

学科馆员的一个重要职责就是建设专业馆藏资源，通过和学科专业教师的接触，深入了解用户的文献需求信息，及时调整补充专业资源的收藏，或者可以通过图书馆联盟和国家图书馆等机构进行文献传递来获取更多的专业信息资源支持。学科馆员还要开展一些其他常规性服务，如参考咨询、学科信息推送、用户培训等，这些服务可以加强图书馆和学校重点学科之间的联系，增加相互之间的理解和沟通，同时建立起相互信任和了解。

（二）立足科研流程，开展学术专场培训

提高用户的学科信息素养和科研水平，是学科化服务的重点和亮点，也是学科服务在学科建设中价值的体现。目前国内一流高校图书馆尝试从用户角度出发，立足科研流程，关注用户在项目申报、课题在研以及成果鉴定和转化过程中的种种个性化和普遍需求，开展有针对性的用户培训。实践证明，这是一种行之有效的学科服务形式。我们选取 4 所大学图书馆：北京大学、清华大学、中国人民大学和北京师范大学，登录网站并查询“用户培训”“教学与培训”等服务项目，查找各图书馆针对学术和科研工作所做的培训课程，在他们开展的用户培训中都有学术专场培训的内容，这些培训内容涉及科研前期、中期、后期等不同阶段的用户需求，针对性极强，对教学科研及学科建设都有确定性的实效。

（三）营造合作交流的信息环境，做好科研工作的助手

由于跨学科学术交流、跨学科交叉与合作对高校图书馆的影响力逐渐增大[3]，为科研人员提供良好的合作交流信息环境是学科化服务的发展趋势。比如建立不同学科特色和用户需求特征的学科化服务智能平台和学科博客，随时解答用户问题、提供信息检索培训公告、论文收录引用证明、科技查新、课题咨询、协助获取馆外文献等服务，方便用户和图书馆学科馆员的沟通和交流；建立准确权威、动态性强的学科导航系统和教参课

件系统，为学科建设捕捉最前沿、最权威的学术动态；建立以研究室为基本服务单元和强调学科馆员参与的信息共享空间，为科研或学术团队提供多项集成化、一站式学科服务环境，促进研究者间的互动交流和学习研究。其次为科研工作全程提供有力的信息支持。针对用户学术研究过程的特点，在科研立项前期、研究过程、成果的鉴定、验收以及科研成果转化和申报科技成果奖励等过程中提供科技查新、查收查引、定题/专题服务、研究咨询等服务，为科研工作各阶段提供各种信息保障和服务。

（四）运用定性和定量研究手段，开展学科竞争力评价

ACRL 在其发布的《2010 年学术图书馆十大趋势》中指出："学术图书馆越来越需要用数据说明他们为客户和机构贡献的价值。"[4]学科化服务为用户提供准确而翔实的数据分析，参与学科建设的评价和预测环节，已经进入可操作阶段。比如开展本校教师发表论文统计分析、本校论文三大检索刊物收录统计、本校论文核心期刊收录及影响因子统计分析等。这些学科化服务工作不仅可以了解本校特色优势学科的科研状况，提供准确、可信的原始数据资料，也为学科竞争力分析研究打下基础；同时还能不断提升图书馆对学科建设的影响力，对构建图书馆和各重点学科间的良好合作关系起到积极的推动作用。

学科竞争力分析报告（又称为个人/机构科研能力分析报告）对了解学科发展状况及科研实力、学科发展态势信息等很有益处。报告一般以国内外知名学术期刊数据库为信息来源，利用专业评估工具，通过收集统计和计量分析，对本校教师发表论文从发文趋势、发文学科分布、研究层次、来源刊分析、关键词共现情况、高产作者、合作机构、单篇论文被引频次作者排名等方面进行多层次的剖析，综合以上因素对本校优势学科领域和潜在的优势科研领域有一个全面的认识。通过客观、准确的量化评估报告，对学校发展重点学科、引进重点人才、创建特色学科专业提供参考资料和数据。学科化服务不仅可以对学科发展进行有意义的评价，还可以应用多种专业数据系统、资源发现系统等，揭示某专业或某一学术研究主题的发展年代分布规律及时序变化趋势图，洞察学科发展的完整过程和走向，从而对特色优势学科发展趋势做出准确的预测，及早调整学科发展方向，在此基础之上，还可能催生优势学科新的切入点，对学科发展的规划提供数据支持。

结语

本次研究的调查数据主要源于网络，基本上能够涵盖各图书馆学科化服务的内容和形式，研究结果比较客观地反映了目前高校图书馆学科服务的状况，但有一定的局限性，有待进一步完善。

参考文献：

[1]谷秀洁：《2010 年学术图书馆十大趋势》，《图书与情报》2010 年第 4 期。

[2]王晓力：《国外高校图书馆学科馆员服务模式》，《图书情报工作》2008 年第 2 期。

[3]符绍宏、武莹：《E-learning 时代高校图书馆的未来发展——ACRL〈学术图书馆

员的未来思考:2025年的高等教育〉的解读与思考》,《图书情报工作》2012年第3期。
[4]谷秀洁:《2010年学术图书馆十大趋势》,《图书与情报》2010年第4期。

河北省社会科学发展研究课题民生专项　课题编号:201301052
课题负责人:袁锡宏
课题组成员:曹华青　王　静　刘景莲　侯建立

城乡义务教育均衡发展的财政转移支付制度研究

河北经贸大学

教育投入是教育发展的必要物质基础，从世界范围看，无论是发达国家还是发展中国家，都是优先保证义务教育资金投入。党的十八大报告中明确提出，均衡发展九年义务教育，大力促进教育公平，合理配置教育资源，重点向农村、边远、贫困、少数民族地区倾斜。现阶段城乡义务教育间不同程度的非均衡发展状态仍然存在，因此，从财政学的角度，开展城乡义务教育均衡发展的财政转移支付制度研究有着十分重要的现实意义。谢扬(2002)通过对湖北、河南等地的个案调查提出完善农村义务教育经费投入体制的方案。张尔升等(2003)以计量经济模型为手段，建立了一套相对均等化的农村税费改革转移支付公式。潘军昌、陈东平(2010)通过对广州、上海等地城乡义务教育发展现状的研究，提出协作互动实现模式。王娟涓、徐辉(2011)在汲取国外城乡义务教育均衡发展的经验及启示上，提出"全民教育"，通过立法保障公民受教育的权利和机会均等。徐剑波(2013)主要就沿海发达地区的城乡义务教育均衡发展问题做了研究。本文就如何建立规范、完善的义务教育财政转移支付制度进行较为深刻、系统的研究，促使国家财政转移支付在城乡义务教育资源的配置上达到最优状态。

一、城乡义务教育均衡发展的内涵

城乡义务教育均衡发展，即教育资源的均衡享有、教育资源的合理配置，但均衡不是"一刀切"，不是绝对的平均主义。主要包含以下几个方面：

(一)享有接受义务教育的权利

新《义务教育法》第四条规定：每一位适龄儿童都应享有接受义务教育的权利，摒除地域、经济等各方面的制约因素，为学龄儿童创造必要的物质条件和入学机会，保障其接受教育的正当权益，真正实现城乡义务教育普及的整体社会目标。

(二)教学管理模式的均衡发展

当前，农村义务教育无力顾及学生德智体美的全面发展，学生差异化个性发展不被重视，这对城乡间义务教育的均衡发展产生了负面影响。真正的均衡发展应该改革农村现有的教学管理模式和体制，树立全面发展的教学目标，对于挖掘学生潜能、开发学生智能做大胆、有益的探索，真正提高学生的整体素质和个人修养，实现自我价值。

(三)教育资源在城乡间的合理配置

城乡间义务教育的均衡发展应注重教育资源均衡配置与合理使用,实现教学设施、师资队伍、经费投入等教育资源方面的合理分配,实现教育资源供给和需求的相对均等,全面提升农村义务教育办学水平和办学质量。

二、城乡义务教育均衡发展现状梳理

不容回避的是,由于各地区经济发展水平差异等原因,城市与农村在义务教育发展方面还存在着较大差距。具体表现在以下几个方面:

(一)教育经费投入的不均衡

教育经费投入是教育发展的必要物质保障。近年来,从中央到地方各级政府对义务教育的财政投入稳步增长,但农村中小学占有的各项教育经费和城市义务教育经费投入仍处于不均衡的状态。

(二)城乡入学机会的不均衡

第一,小学阶段入学机会的不均衡现象。众所周知,城市中学龄前儿童一般会上幼儿园接受启蒙教育,一般而言,除了残疾小孩等一些特殊群体外,到了入学年龄上小学是很正常的事情。但是在农村,学龄儿童不上学,往往除孩子自身因素外,还存在家庭经济条件、家长观念意识等一些不确定因素。第二,初中阶段入学机会也存在不均衡现象。较其小学阶段,学生在初中阶段接受教育的成本会显著提高,教育成本的提高会立即对农村教育产生不良效应。

(三)师资队伍层次的不均衡

目前师资队伍的不均衡现象具体表现为:首先,农村教师年龄结构不合理;其次,城乡教师学历差距大;最后,城乡教师职称差距明显。

(四)城乡办学条件的不均衡

纵向来说,农村义务教育的条件和水平都得到了明显改善,基础设施建设、师资力量等各方面相较以前都更加完善,但就横向而言,城乡义务教育仍存在差距。大多数城市学校已经拥有如投影仪、多媒体教室、幻灯片展示课件等现代化教学手段,而大部分农村中小学硬件设施相对落后,不少农村中小学没有计算机、实验室、语音教室等先进教学设备,生均图书馆面积和藏书量都很低。部分学校虽有实验室,但实验器材陈旧落后;有图书室,但图书数量和更新达不到相关标准。在音、体、美等器材的配备上,农村中小学明显落后于城市,甚至完全没有相关器材,教室人均面积和内部设施不足,个别偏远地区甚至还存在危房校舍。由于教育经费的紧张,我国农村学校在硬件设施上处于相对落后的状态,不仅影响了教学质量,而且难以满足农村教育可持续稳定发展的需求,学生的全面发展更无从谈起。

三、改善城乡义务教育发展现状的财政路径支持

(一)协调城乡经济发展,缩小城乡间教育差距

通过逐步改变城乡二元经济结构来弱化城乡二元教育结构,政府要进一步深化农村

税费制度改革，加大农业投入，调整农业结构，加快农村的城镇化进程，繁荣农村经济，通过繁荣经济来提高农民自身素质和观念意识，为农村义务教育的良性发展提供不竭动力。

（二）科学划分财政教育责任

各级政府筹资责任、管理职能和投入职能没有划分清楚，具体实施过程中所形成的义务教育筹资责任格局不合理。中央与地方教育经费筹资的分担比例笼统地按照三级政府划分，缺乏科学依据支持，在实行中暴露出诸多不合理性。随着“乡财县管、省财政直达县”的财政管理体制改革，中央政府义务教育投入的重点旨在解决城乡义务教育发展中出现的重大问题和通过资金投入所折射出的导向性作用；省级政府承前启后，保证中央政府政策、资金落实，呼吁县级以下基层政府以及群众性基层自治组织对发展义务教育的关注热情，有力促进城乡义务教育的均衡发展。

（三）加大政府对教育的财政投入力度

随着我国综合国力的日益增强，党和政府对教育经费的财政投入也随之迅速增长。但需要注意的是，义务教育财政投入的增量资金一定要充分利用，发挥其最大的边际效用，优先用于欠发达地区的中小学发展，专款专用，消除历史、经济、区域等因素的影响。如著名教育财政学家本森曾提出，教育支出占 GDP 的百分比是否达到 8%是判断教育支出是否充足的标准。根据自身发展情况，政府可制订能够量化的数据指标来衡量评估当地义务教育的发达程度，通过对指标的计量分析得出绩效结果并予以及时公布，民众积极参与并及时进行信息反馈，保证结果的精准性和透明度；其次是加大纵向转移支付力度，同时不忽视横向财政转移支付制度的积极作用，实现混合转移支付模式。通过对口支持、一对一帮扶等渠道实现财政资金的再次分配，均衡城乡学校间的资源配置，逐步形成地区间的财政资金互助体系。

（四）完善我国义务教育财政转移支付制度

财政转移支付对于弥补城乡义务教育财政拨款差距发挥了显著的作用，然而，这种制度本身规范性的实施尤为重要。这种规范性主要体现在实施程序规范和预期结果规范两个方面。程序规范主要是依据公开、听证、参与的原则，制定和完善更具权威性的统一法律法规，强化义务教育财政转移支付过程的法制化和重要性，防止政出多门、自立章法，明确义务教育发展的财政转移支付制度的地位，在义务教育转移支付的具体操作环节上做到有法可依；结果规范首先应强调理念的规范与创新，在转移支付的具体过程中把义务教育均衡发展作为关键和切入点，争取预期结果的公平合理化，加强资金分配拨付的监督稽核，抑制专项资金的习惯性挤占或挪作他用，消除由于历史、区域等因素所导致的城乡间办学水平差异，提高对义务教育这一公共产品投入的相对均等化程度，促进城乡义务教育的均衡发展。

（五）完善农村教学管理体制，改革教师选拔任用机制

当前，为了及时满足经济建设对人才的需要，城市学校普遍成立“尖子班”“实验班”“快班”，实质上是通过高薪集中优秀的教育资源，重点培养优秀学生，往往出现“一切向分数看齐”，片面地追求升学率的现象，说到底，其实就是应试教育的另一种表现形式。

同时，城市学校层层选拔农村优秀学生并给予优厚照顾政策，吸引优秀学生入读，造成农村学校优秀生源的巨大流失，无法顾及教育的普遍性。另外，相当一部分农村青年教师或是为了丰厚的福利待遇，或是为了良好的晋升前景，往往选择向城市学校流动，导致城乡之间师资、生源的分配不均，进一步拉大了城乡教学水平的整体差距。面对这种情况，应积极采取相应措施及时对其进行矫正。一是实现教育的过程公平。在市县范围内实施电脑配位、随机编班，保证农村生源的持续稳定。二是创新农村义务教育教学管理模式。积极选拔德才兼备的人员强化农村学校的教学管理工作，强化城乡间的校际交流制度，提升农村学校管理水平，凸显自身办学特色，提高办学效率。三是深化改革教师培养、选拔、任用和晋升机制，切实解决其在工作生活上的困难，稳定教师队伍；同时鼓励吸引大学生和高素质人才扎根农村、立志教育，建立和完善农村学校与城市学校及其他行业传帮带扶的人才流动机制。

参考文献：

[1]马海涛、向飞丹晴：《完善义务教育财政转移支付制度》，《经济研究参考》2011 年第 7 期。

[2]马海涛、向飞丹晴：《我国义务教育发展不均衡的财政原因及对策探讨》，《地方财政研究》2011 年第 6 期。

[3]郝志文：《河北省城乡义务教育均衡发展的对策研究》，《中国人才》2010 年第 11 期。

[4]赵婷：《城乡义务教育均衡发展问题探索》，《邢台学院学报》2012 年第 9 期。

[5]崔晓娜等：《河北省城乡教育均衡发展途径研究》，《安徽农业科学》2013 年第 3 期。

[6]薛雨辰：《城乡义务教育均衡发展的思考》，《山西财税》2013 年第 6 期。

[7]刘峰：《城市义务教育均衡发展研究》，湖南科技大学 2011 年硕士学位论文。

[8]胡延亮：《建立义务教育均衡发展机制研究》，山东大学 2008 年硕士学位论文。

[9]高洪水：《城乡义务教育均衡发展研究》，四川农业大学 2012 年硕士学位论文。

[10]罗嘉君：《幼儿教育投资分析》，南京师范大学 2007 年硕士学位论文。

河北省社会科学发展研究课题民生专项　课题编号：201301051

课题负责人：王凤飞

课题组成员：刘治刚　周　娜　龚志斌　王　泽

大力发展农民职业教育、培养新型职业农民的调查

承德市农业广播电视学校

大力培育以农业为职业、具有一定的专业技能、收入主要来自农业的新型职业农民，是推进全市农业现代化的必然要求，是培养和稳定全市现代农业生产经营者队伍的必由之路。近年来，承德市新型职业农民培育工作得到了长足发展，对农业增效、农民增收作用明显。但是，从总体上看，同全市发展现代农业的要求比，还有相当的差距。

一、承德市新型职业农民教育培训概况

近年来承德市对从业农民培训按培训时间的长短和实施的项目不同大体分为短期临时的农业实用技术培训、中期的农村劳动力“阳光工程”培训（技能培训）、长期的涉农中专教育三种。

（一）短期临时的农业实用技术培训

短期临时季节性的农业实用技术培训，通常在每年冬春季由公益性的农业技术推广部门，结合农业新技术的推广及农民生产中普遍存在的问题开展的实用技术培训。时间一般半天左右。

（二）中期的农村劳动力“阳光工程”培训

自2009年国家实施的农村劳动力培训阳光工程转型以来，培训经费由中央财政负担，任务由省农业厅确定的培训基地承担。2012年底前培训类型有两种：一是时间为一天的农业专业技术培训；二是时间为四天的农业职业技能培训。四年来承德市通过实施农村劳动力培训阳光工程，共培训农民4万多人次。

（三）涉农中专学历教育

承德市农广校自2009年承担涉农中专学历教育以来，累计开办教学班79个，覆盖全市7个县，65个乡镇，79个行政村，累计招收学员3990人，按省教育厅要求对学员完全按在校全日制中专实施动态管理，学员巩固率达65%。近50%的学员正向新型职业农民队伍迈进，并涌现出一批成功典型。如兴隆县半壁山镇车道峪村，2009年开办中专班，有50名农民参加学习，43名获得中专学历毕业。有32名女学员由家庭妇女成为果树生产技术骨干。该村的“富兴苹果”通过了绿色食品认证，是河北省名牌产品，河北省著名商标。全村果品收入已由2008年的800万元，发展到2012年的1200万元。中专班学员不仅为全村现代果品产业的发展提供了科技人才支撑，使该村成为承德市果品产业

的一面旗帜，而且极大地促进了全村党的建设、精神文明建设和生态文明建设。

二、承德市新型职业农民培育中存在的问题及原因

(一)从被培育的主体农民看

1. 群体大、素质低、知识结构不合理

据统计，2011年全市从事农林牧渔业的从业人员共950713人。从年龄上看，男劳力基本以50岁以上为主；从性别上看，基本以女同志为主；从学历上看，以初中及以下学历为主。承德县石灰窑乡毛兰沟村443户，1486口人，劳动力882人，其中男劳力462人，女劳力420人。外出打工劳力占全村男劳力的89%。全村1210亩耕地基本由396名已婚女同志和50名50岁以上男劳力经营。全村从事农业生产经营的446名劳动力中除两名高中肄业生外，均为初中及以下学历。

2. 接受新知识新技术培训比率低，农村劳动力人均占有农业有效资源少

2012年全市接受阳光工程培训的农民15600人，仅占全市农业从业人员总数的1.6%；近三年全市农业生产经营者中接受农业中专职业教育的农民3990人，仅占全市农林牧渔业从业者总数的0.42%。

农村劳动力人均占有农业有效资源少。全市2012年农作物播种面积552.56万亩，农民户均6.32亩，农村劳动力人均3.07亩，现有的耕地资源不能满足农村劳动力养家糊口的基本生活需求。

3. 农业劳动生产率低

2011年全市第一产业增加值为165.54亿元，农业劳动力年人均仅有1.74万元。这是导致青年农民不愿在农村务农，参加农业科技知识培训积极性不高的重要原因。

4. 需培育新型职业农民的数量大、任务重

按全市第一产业增加值由2010年的139亿元增加到2020年的300亿元(年均增长8%)，农业劳动生产率(增加值)由每人每年1.7万元提高到5万元的目标，仍需培育60万人。同时对已培育的农民还必须开展终身教育和跟踪服务。

(二)从培育新型职业农民的实施主体看

承德农广校(农民科技教育培训中心)是培育新型职业农民的主阵地，是全国农广校系统的旗帜。但面对繁重的培育新型职业农民的任务，农广校在人力、财力、物力上还不匹配。

政府其他农口部门和涉农部门及群团组织，也结合自身工作，对农民开展农业先进实用技术培训。但由于时间短，内容不系统、不全面，农民综合素质很难全面提高。

除农业系统，县职中也设涉农专业，招生对象为初中毕业生，这部分人除部分对口升学外，未对口升学的均到城镇从事二三产业。

(三)从教育主管部门看

近年来，省市教育部门加大了对农民的教育培训力度，积极探索培育农民的新形式，如在农村开办农民中专班，但总体看，思想有待进一步解放，在一些具体政策和要求上，同农民的生产生活实际有一定的距离。

（四）从政府层面看

政府从宏观层面对农民的培养培育高度重视，但由于新型职业农民培育在中国尚处于理论探索与实践试点阶段，国家和部委一些大的政策虽然很好，但省市县三级如果没有具体的政策，好政策也不具有可操作性。具体表现为：1. 培训投入不足。从中央层面看，目前针对务农农民的中等职业教育没有纳入免学费和国家助学政策中；从地方层面看，农业大县往往是财政小县，因此地方难以有足够的财力投入到量大面广的农民教育培训中去。2. 扶持政策缺乏。我国现有的强农惠农富农政策中，专门针对种养大户等新型职业农民的还不多，亟须加强和完善。

（五）从社会大环境看

培育造就新型职业农民的氛围还不够浓，环境还不够优。一是农民的社会地位在社会上没有得到应有的尊重；二是农村土地特别是农田和果园向大户流转的速度太慢；三是由于从业农民拥有的资源有限加之农村金融体系不健全，机制不灵活，使农民很难获得正规金融单位的支持，很难实现扩大再生产；四是农业政策性保险覆盖面小，农业比较效益低也是导致高素质劳动力弃农、转业的重要原因；五是农业的社会化服务体系不健全不完善，务农劳动强度大、成本高。

三、加快培育新型职业农民的对策与建议

培育新型职业农民要坚持“政府主导、农民主体、需求导向、综合配套”原则，建立完善教育培训、认定管理和政策扶持相互衔接配套的制度体系。

（一）制订培育规划，突出政府的主导作用

各级政府在制订国民经济发展规划时要认真落实《国家中长期教育改革和发展规划纲要》和教育部等八部委《关于加快发展面向农村职业教育的意见》，结合本地确立的农业主导产业发展规划制订出台《新型职业农民培育规划》。

（二）建立新型职业农民培育体系

1. 明确培训重点，提高培训对象的针对性

从当地确立的农业主导产业的家庭农场主、规模种养大户、科技示范户等现代农业园区、农民合作社业主中遴选出一批具有长期从事农业生产经营意愿、具备初中以上文化、年龄45岁以下、有提高自身素质需求的农业从业者，作为主要对象。同时，引入培养一批返乡农民工、复转军人、农村新生代劳动力、大中专毕业生成为职业农民，改善职业农民队伍的文化结构。

2. 整合资源，提高培育能力

省市县要强化现有农业职业教育资源的统筹协调和综合利用，逐步形成以农广校为主体，以农业科研院所、农业院校和农技推广服务机构及其他社会力量为补充，以农业园区、农业产业化龙头企业和农民专业合作社为基地，满足新型职业农民多层次、多形式、广覆盖、经常性、制度化教育培训需求的新型职业农民教育培训体系。

3. 创新培育模式

要以体制机制改革为重点。创新人才培养体制、办学体制、教育管理体制，把提高新型职业农民生产技能和经营管理水平作为重点。构建体系完备的新型职业农民职前教育和职后教育、非学历教育和学历教育及终身教育相衔接相配套协调发展的体制。一是实施好农村劳动力“阳光工程”培训。二是努力办好新型农民中等职业教育。改变传统的全日制中专教育教学模式。推进学分制等弹性学习制度，把教育培训办进农村、办进田间、办进合作社和农业企业，实现农民就地就近培养，方便、快捷地让农民学员接受教育培训，使农民能够听得懂、学得会、用得上、能致富。三是对新型职业农民开展终身教育。

4. 增加新型职业农民的教育投入

(1)要切实将教育优惠政策向农民倾斜。

(2)加大资金投入，将农民教育培训经费纳入各级财政预算，提高农民科技教育培训中心人均经费标准，加强新型职业农民教育培训基础设施建设，尤其是加强县乡村三级新型职业农民教育培训体系建设，保证教学有设备、下乡有工具、学习有场所、实习有基地。

(3)加强农民现代远程教育设施建设，加快推进农民教育信息化步伐，构建农民终身教育公共服务平台。

5. 完善教育培训考核评价体系

建立健全以新型职业农民为中心，以综合素质能力为本位，以农民土地产出率、资源利用率和转化率、劳动生产率是否提高、收益是否增加为主要标准，以新型职业农民等多元主体参与的教育培训质量评价体系。

(三)建立新型职业农民鉴定管理制度

新型职业农民的资格鉴定应坚持政府引导、农民自愿、严格标准、动态管理的原则；坚持公开、公平、公正原则；素质、能力、业绩并重的原则。新型职业农民要实行分级鉴定和管理，以充分调动新型职业农民的积极性。

对被鉴定为新型职业农民的要在一定范围公示，广泛接受社会各界监督。县级要建立新型职业农民数据库，对其进行动态管理。

(四)强化政策扶持体系建设，在增强创业兴业吸引力上取得新突破

1. 对取得新型职业农民证书的农民，省市县乡四级财政应按级别按年发给职务补贴，让新型职业农民感到职业的光荣，得到社会的尊重。在各级党代表、人大代表、政协委员中，新型职业农民应有一定数量，提高新型职业农民的话语权。

2. 加快与户籍制度相关的配套制度改革，使那些在城镇较长时间从事第二、三产业的农民尽快真正融入城镇，从而减少兼业农民，加速土地等农业生产资料向新型职业农民集聚。让善耕者有相应规模田可耕，以提高土地利用率和产出率。

3. 建立完善针对新型职业农民创业兴业、社会化服务、劳动保障等为主要内容的综合扶持政策体系。

(1)鼓励有条件的新型职业农民优先承担各级财政支持的农业项目，并在土地使用、

税费减免、技术服务等方面给予优惠。

(2)各级财政新增农业补贴项目要重点向种养大户、家庭农场、农民专业合作组织的新型职业农民倾斜。

(3)允许新型职业农民以拥有或控制的耕地、果园、农业设施、厂房、库存农产品、农产品订单实施抵押贷款。农业固定资产和流动资产贷款财政要予以贴息。

(4)建立有中职及以上农业技术职称的国家公职人员联系新型职业农民的制度。政府应鼓励国家公职农业技术人员以技术入股分红,农业最新科技成果和先进实用技术由新型职业农民尽早应用并转化为现实生产力。

(5)建立完善农业社会化服务体系,以最大限度地满足新型职业农民生产经营的多样需求,使新型职业农民自身不能办或办了不合算的事由合作社等社会化服务组织承担。

(6)大力实施农业产业化经营,鼓励新型职业农民在一个主导产业明确、产业链条完善、利益合作机制健全的现代产业体系中,做大做强第一车间。

(7)农业政策性保险要提高财政补贴力度,对种养大户和家庭农场的农产品实现全覆盖,把新型职业农民的生产经营自然风险降到最低。

(8)参照工业企业职工社会保障标准,建立职业农民个人缴费、农民合作社及农业龙头企业补助、政府补贴相结合的职业农民养老保险等社会保障体系,使新型职业农民像职业工人一样无后顾之忧。

(五)进一步加大宣传力度,形成全社会关注支持新型职业农民教育培养的良好氛围

充分利用现代主流媒体,宣传新型职业农民教育培养的目的意义,宣传介绍国内外先进地区培育新型职业农民的经验做法、成功典型、先进事迹、模范人物。在全社会营造重农、尊农、爱农、强农、惠农、护农、富农的良好氛围,推动新型职业农民教育又好又快发展。

河北省社会科学发展研究课题民生专项　课题编号:201301425
课题负责人:贾云祥
课题组成员:黄玉文　张洲平　朴玉春　杨艳杰　赵静杰

河北省非物质文化遗产法律保护

河北大学

一、河北省非物质文化遗产及其特征

河北省是一个非物质文化遗产大省，拥有数量众多、内容丰富的非物质文化遗产。已经入选国家级保护名录的非物质文化遗产有上百项，河北省省级非物质文化遗产有几百项。驰名中外的有吴桥杂技、河北梆子、武强年画等。按照主体分类，河北省非物质文化遗产主要包括民间文学、民间美术、民间音乐、民间舞蹈、传统戏剧等内容；按照地区分类，河北省非物质文化遗产又有石家庄、保定、张家口、沧州等地域方面的不同。

河北省非物质文化遗产具有无形性、活态性、多元性及利益性等特点。相对于物质文化遗产的有形性或物质性，非物质文化遗产的无形性或非物质性是非物质文化遗产较之于物质文化遗产不同的一个基本特点。与物质文化遗产不同的是，非物质文化往往是通过口头讲述等方式直接表现和传承，属于一种动态的、活态的文化。从非物质文化遗产存在形态而言，不同的非物质文化遗产有不同的表现形式，即便是同一种非物质文化遗产，在不同历史时期和不同地域范围表现也存在不同。在经济全球化发展的大潮中与其他方面的特点相比，非物质文化遗产的利益性与价值性上尤显突出。改革开放以来，非物质文化遗产保护事业的发展给河北省带来了多方面的经济效益。

二、保护河北省非物质文化遗产的重要意义

(一)保持和促进文化多样性的需要

随着全球化进程的推进，人类文化出现了趋同的苗头。长期发展下去，会导致全世界人民物质生活和精神生活的单一化，引发人类多元文化的枯竭。“在这个时代，民族的差异将被抹去，所有的民族都共享一种肤浅的单一文化，看肥皂剧、吃麦当劳、喝可口可乐、把孩子送到迪士尼乐园——与其说是一个乌托邦，不如说是一个噩梦。”“毋庸置疑，人类并不是创建了一个全人类共有的文化，而是分别由不同地区的不同人群(民族或族群)为自己创造了各不相同的文化。”正是文化的多样性和多元性塑造了人类文明今天的多主题、多格局和多重特点，避免了文化的单一与单调，提供了人类文明发展延续的丰富资源，阻却了文化枯竭现象的发生。

(二)传承保护文化遗产的需要

非物质文化遗产是国家和民族的重要财产。保护非物质文化遗产，既是河北省文化

传承和发展的基础，也是维护中华文化独特性和复兴中华文化的重要一环，但目前，大批有历史、文化和科学价值的非物质文化遗产遭到不同程度的破坏，甚至由于传承人的逝去而濒于消亡。大量珍贵实物与数据遭到毁弃，一些民族古老的传统节日、民间手工艺、原汁原味的民间舞蹈和歌曲正在离我们远去。

（三）建构和谐社会的需要

"和谐社会的构建与和谐文化的建设互为表里。"人类社会生活的基本特征是群居化与社会化，每个个体都需要融入集体、适应社会。社会或族群吸纳或规范个体成员的标准和尺度就是这个社会或族群的整体文化和价值观念。社会个体通过学习和理解整体社会文化，接受、适应这种文化标准或价值认同，从而逐渐融入整体社会，也就是社会化的过程。

（四）促进地方经济建设的需要

河北省自身的历史基础、经济结构、科学文化水平与东部沿海省份相比有所不同或差距较大等原因客观存在，但与经济配置不均衡、相关产业开发利用不合理也有很大的关系。对于文化产业的开发利用，包括对于非物质文化遗产产业与产品的市场开发就是其中显著的一个方面。河北省历史上传承了众多的优秀的文化遗产，不过，能够直接产生经济效益的产品或成果并不很多。如武强的年画、衡水的内画，这些国家级的非物质文化遗产不仅有着悠久的历史，并也曾作为热销商品存在。但是，随着时代的进步与时代内容的变迁，人们对于它们的需求逐渐淡漠甚至消失。提升人们对于非物质文化遗产的认知与热情，实现文化的市场化已经成为文化与商业领域共同面对的重要课题。

三、加强非物质文化遗产法律保护的路径思考

（一）加快立法进程

由于非物质文化遗产的脆弱性，必须加快河北省的立法进程。一是要明确立法基本原则和方针。在立法过程中，施用什么样的方针政策不仅是立法法定性的要求，也是国家统治与国家和谐的要求。二是要确定具体的权利主体，不能因为主体不明确导致司法混乱。三是要明确客体范围。为非物质文化遗产进行范围划定是一项非常困难的工作。联合国和世界的多数国家，对于非物质文化遗产的概念界定都采取了列举式的定义方法，原因就是客体内容的无法划定与把握。

（二）搭建行政法制综合保护体系

在历史发展的今天，单一公权力保护模式已经显得不够全面。河北省的非物质文化遗产具有分布范围广泛、类型众多、民族风格各异等多方面的特点，单独依靠公权保护往往不够全面。以财政资金问题来讲，在非物质文化遗产保护方面的资金筹措上，仅靠政府保护远远不够。如何吸引民间资本，其他渠道的资金注入就成为资金筹措中的重点问题。基于金融市场逐利的基本特性，利润回报机制的有序设立是一个法律前置问题。在国有或集体所有性质的客体上进行私权主体参与的运作势必引发权利及利益方面的争执。但面对资金缺乏的客观现实，吸收民间资本，私人渠道的注资又是一个没有备选项的单选题。这个问题的答案就在法律领域。再如传承保护非物质文化遗产群众积极性

提高的问题，这个问题的解决单纯依靠行政管理也不足够。在市场经济的大潮中，对传承人给予不同形式的物质回报，是最为有效地调动其传承积极性的方式。但是，这不仅仅涉及政府的补贴与利惠，也同样涉及权利主体的确定、权利内容的界定及利益的分配问题。这些都是私权利问题，属于民法、经济法规制的问题。

（三）引鉴知识产权保护机制

《中华人民共和国非物质文化遗产法》第 44 条规定，使用非物质文化遗产涉及知识产权的，需要根据有关法律、行政法规的规定进行规制。相关法条的规定做了法律适用上的引用，并不排斥知识产权制度在非物质文化遗产保护领域的适用。但是，两者的结合也是个非常复杂的问题，这与非物质文化遗产的自身特点密切相关。首先，是权利主体问题。非物质文化遗产是创作主体在漫长的历史时期单独或共同通过创作积累沉积下来的历史财富，最初可能是个人财产。但传承至今天，大多已经变成集体财富。但是，这种集体财富，共同财产并不适用于简单地共同拥有或按份共有，其中有复杂的权属划分问题，有权利归属、利益分配及产品信誉保证等方面的问题。其次是权利内容方面的问题。对于在非物质文化遗产领域中，相关权利主体享有以及如何享有相关知识产权的权利内容，学界至今还没有形成统一结论。以著作权为例，署名权包括精神和经济两方面的基本内容。“精神权利有发表权、署名权、修改权与保护作品完整权。经济权利有复制权、演绎权与传播权。”然而，把著作权上的全部权利完整地用于非物质文化遗产并不现实。以著作权与非物质文化遗产关于作品“新”“旧”冲突为例。文化的创新性决定了文化必须要不断发展更新的根本属性，但是文化创新与侵犯修改权和保护作品完整权间就会产生冲突。也就是说，保证作品完整权要保持“旧”，而文化创新要创“新”，这种冲突同样存在于非物质文化遗产领域。如何解决这种冲突、如何平衡“新”“旧”矛盾制约了非物质文化遗产的保护进程。最后是权利保护期限问题。一般情况下，知识产权只保护法定期限内相关成果的合法权利，过了法定期限该成果就会进入公共领域为公众无偿使用。但是，非物质文化遗产本身就是一个时间产品，大多都经历了漫长的历史时期，如果只在相对较短的期限内给予其合法保护，势必引发对于权利主体保护不足及公正公平等法律原则的争论与异议。如何结合河北区域特点及地方特色，根据非物质文化遗产法的基本原则，从知识产权保护角度做好非物质文化遗产保护工作，是河北省法制工作中一个值得认真思考的重要课题。

河北省社会科学发展研究课题民生专项　课题编号：201301030
课题负责人：赵虎敬
课题组成员：王　云　贾志科

弘扬河北省传统文化，发展特色文化产业的研究

——以磁州窑为例

河北科技大学

磁州窑陶瓷艺术产生于我国宋代，是我国北方一个较大的民窑体系，因其坐落于宋代的磁州（今河北邯郸磁县），故称其为磁州窑。磁州窑历史悠久，是我国的民窑之一，其生产的陶制品质地优良，并将我国的传统绘画艺术、书法艺术完美地融在了制陶工艺中，受到了国内外爱好者的一致好评。近些年，随着文化生活的不断丰富，传统文化成为一个新的热点，人们对磁州窑文化的研究工作也逐步深入。河北省正处于文化大发展的重要阶段，因此要充分利用好这一契机，加强磁州窑的宣传工作，让人们更多地了解和关注磁州窑，从而推动本省文化的繁荣和发展。

磁州窑是我国古代北方民窑中的杰出体系，其风格质朴豪放、奔放洒脱，对国内外瓷器的发展有着深远的影响。磁州窑的文化艺术在制陶的工艺中得到了完美的体现，主要体现在装饰技法的多样性、装饰题材的广泛性和造型艺术的质朴性上。

一、装饰技法的多样性

装饰技法的多样式是磁州窑文化的一大魅力所在。从目前掌握的资料来看，磁州窑装饰技法包括剔花、刻花、划花、模印、彩釉、白地黑花等多个大类的近60个品种，其工艺的多样性是其他窑无法比拟的。这些装饰技法，根据其工具和用途的差异，可以分为三种类型：第一种是使用木质工具，采用划、刻、剔、填等工艺手法，在瓷身进行装饰，主要包含划花、珍珠地划花等品种的装饰手法；第二种是采用毛笔，蘸上特殊的颜料后，在瓷身上进行书法、绘画创作，其主要类型为白地黑花等；第三种使用的材料是各种颜色的釉色，按照技法的要求，将其进行特别的合理的搭配，起到装饰作用，其主要类型为黑釉油滴、黑釉兔毫等。

磁州窑的胎体使用的是当地一种特殊的高岭土，其结构比较疏松，颗粒较粗，因此烧制后的瓷器中常常有未烧透的空隙和铁质的斑点，而且由于其中的金属含量较高，烧制出的瓷器呈现灰白或者灰褐色，其中胎质比较细腻的就呈现灰白色，胎质比较疏松的就成灰褐色。在种类繁多的装饰艺术中，白地黑花最具特色。其颜色鲜明，气质质朴粗犷、大气磅礴，极具艺术魅力。磁州窑的瓷器都具有这样的特征，其灵动的造型风格，将民间的制陶艺术推向了一个高峰，也奠定了磁州窑在我国陶瓷界的重要地位。

二、装饰题材的广泛性

磁州窑的另一个特色是其装饰题材的广泛性。磁州窑不仅在装饰技法上丰富多彩，其装饰的内容也是包罗万象，人物、动物、自然界的种种事物，都可以应用于磁州窑的装饰画中。磁州窑的种类和样式也有许多形式，包括了日常生活中常用的各种用品，内容涉及生活、装饰、祭祀等各个方面。因此，研究磁州窑瓷器对我国民俗、风俗研究有着重要的意义。

在磁州窑瓷器的瓶身上，我们可以看到各种各样的内容，包括诗词艺术、书法、绘画等多个领域。诗词在我国文化中有着极强的代表性，它能通过短小、押韵的句子，阐述一些内含哲理的事物，给人留下深刻的印象。磁州窑在选择装饰的过程中，便将这一特点发挥出来，配合书法、绘画的艺术形式，增添瓷器艺术气息的同时，体现出磁州窑独特的美感。磁州窑诗文装饰盛行与北宋书法之风大盛有关，当时的书法家在继承前人特点的基础上，进行了大胆的创新，艺术形式更加多样，风格更加奔放。磁州窑中有专门从事书画创作的工匠，他们擅长书法，并将其应用于瓷器的装饰中，其中以行书和草书居多，反映了工匠思想的自由奔放，符合民窑的特点。

三、造型艺术的质朴性

无论是装饰技法还是装饰题材，磁州窑都具有丰富多彩、各式各样的形式，体现出其浓郁质朴的民间色彩。磁州窑是一处民窑，其烧制的产品也大多是平民的日常生活用品，以实用性为主，同时兼顾美观效果。其出产的大件器皿给人以粗犷豪放之感，而且透露着古朴的气质；而其出产的小件器皿，制作工艺精美，注重物品的实用性，在此基础上追求流畅的线条、和谐的比例和合适的大小，实现了实用功能与美学功能的完美结合，符合人们简洁朴实的审美观点。

随着生产水平的不断提高，人们的物质文化需求也有了更高的要求，在这种时代背景下，磁州窑的工匠们在保持瓷器原有的实用性基础上，更加注重其美观性，以迎合人们不断变化的需求。通过对磁州窑出产的瓷器研究，我们发现，北朝瓷器浑厚稳重，唐代瓷器雍容端庄，宋金器物挺秀雅致，元代器物粗犷雄浑以及明清以后的自然清新，这些特点都反映了不同时代下人们审美观点的变化。

四、磁州窑的装饰艺术研究

作为河北省传统文化和非物质文化遗产的杰出代表，磁州窑装饰艺术的发展特点是在时间的沉淀下慢慢积累形成的。不仅受到当地地理、气候因素的影响，当时的政治、经济和文化因素也是影响其独特工艺风格的重要原因。

我国唐宋文化大繁荣时期，随着经济的发展，人民的生活水平也在逐渐提高，日常生活中常用的瓷器也逐渐由青釉开始向白瓷转化，白瓷得到越来越普遍的使用，从此开始了北宋时期到中华人民共和国成立初期化妆白瓷的时代。同时，当地瓷师还不断努力创新，在白瓷的基础上不断加进装饰性创造，逐渐形成一种更丰富多彩的装饰性化妆白瓷，其中，剔化花瓷和白底黑绘的品种又为典型的磁州窑的装饰系列。

黑釉、透明釉、白色化妆土以及各色颜料是磁州窑化妆白瓷的主要装饰材料，人们通过雕刻、绘制等方式创作出各种装饰技艺，从而形成了磁州窑独特的瓷器艺术风格。此外，由于受到当时市场经济的影响，富有深厚人文画气息的白底黑绘艺术成为磁州窑最具代表性的装饰艺术。

在磁州窑瓷器的表现形式上，除了大量的日用器具，各种酒器如梅瓶、四喜瓶、玉壶春瓶等占非常大的比例。

五、磁州窑的历史地位应得到重新定位

中华人民共和国成立前，河北省是我国主要的瓷器生产基地，而磁州窑占了很大比例，其在烧制工艺和瓷器类型上不仅吸取了其他瓷器的优点，同时又具有民族和地域特点，因此磁州窑的生产一直在不间断地进行中。除了在国内产生了较为深远的影响，磁州窑还曾经广泛出口到亚洲其他国家，并一定程度上影响了其他地区白瓷烧制的风格和特点。

随着时代的进步和社会经济的发展，瓷器烧制逐渐向着精细化的方向发展，磁州窑作为河北省民窑瓷器的代表，也必须顺应时代潮流，在保持自身瓷器风格的同时也要不断创新。对于河北省来说，必须要重视磁州窑的保护和发展，同时其历史地位也要重新定位。在烧制方式、发展历程、装饰特色等方面，通过与历史上其他瓷器名窑的对比，对磁州窑做出一个全方位、多角度的探讨和审视，从而扩大人们对磁州窑的认识和了解，这对进一步弘扬河北省传统文化将起到极大的促进作用。

磁州窑所出产的陶瓷制品，其装饰艺术具有民间性质，其装饰风格和北宋体画与文人画有很大的关系。其民间性是与宫廷院相比较而言的。磁器工作者可以摆脱权贵的意识支配，结合市场的需要和自己的兴趣爱好，进行自由自在的创作。通过对其艺术形式和装饰内容的研究，人们可以对不同社会的风俗民情有一个更深刻、更全面的了解，这不仅有利于河北省开展文化研究工作，对于传统文化的宣传也会起到良好的推动作用。

磁州窑的研究与宣传工作，对河北省发展特色文化产业有着重要的意义，应该对其历史地位进行重新定位。做好这一工作，不仅对于河北省的文化工作大有益处，我国各个时代民俗、历史的研究也能从中获取较多的信息支持。

六、结语

磁州窑文化对我国瓷器的发展起到了重要的推动作用，其文化价值和历史地位得到了众多专家的肯定。河北省在文化产业的建设过程中，要做好传统文化的宣传工作，弘扬传统文化的独特魅力。磁州窑作为河北的文化遗产，对我国的文化研究和文化发展有着重要的意义，河北省应抓住有利时机，加大对以磁州窑文化为代表的传统文化的宣传，积极推进特色文化产业研究工作，让更多的人接触磁州窑，喜欢磁州窑文化。

河北省社会科学发展研究课题民生专项　课题编号：201301066

课题负责人：左　洁

课题组成员：袁　美　王丽丽

邯郸市太极文化软实力发展研究

邯郸学院

一、软实力概述

在当今世界，文化软实力越来越成为民族凝聚力和创造力的重要源泉，成为综合实力和地区竞争力的重要因素。提升文化软实力，可以增强城市的精神凝聚力、经济创造力、文化辐射力和识别力。

每一个现代化城市，都应该有自己的城市品牌，城市品牌是城市在功能定位的基础上，确定自己的核心价值，使城市的历史传统、地区文化、民俗民风、城市特色、经济支柱等要素成为可以感受到的"形神合一"的附加值。一个响亮的城市品牌，是城市宝贵的资源和资本，是城市发展的驱动力，是城市特色和魅力之体现，是城市凝聚力和综合竞争力的重要倚重。而城市品牌的塑造，归根到底要靠文化软实力，城市的竞争，最终是文化的竞争。

二、太极文化软实力在邯郸市软实力中的重要性

太极拳是我国的国家级非物质文化遗产。邯郸市的太极资源非常丰富，目前流行的陈、杨、武、吴、孙五大太极拳门派中，有四个与邯郸有关，杨式和武式均发源于邯郸市永年县，并分别派生了吴式和孙式太极拳。邯郸市有着深厚的太极文化底蕴，强大的历史遗产资源，广阔的太极文化发展前景，在邯郸市城市软实力中，太极文化有着突出的位置，具有世界级的影响力和感召力，我们应充分认识太极文化软实力在邯郸市城市建设和发展中的重要性。

文化是人类的共同财富，太极拳是中国的国粹，更是全人类文明的瑰宝。作为太极拳的圣地，太极文化应该成为邯郸市的城市品牌、城市名片，融入邯郸市的核心竞争力，扩大邯郸在河北、在中国乃至在国际上的影响力。

三、邯郸市太极文化软实力现状

太极拳作为国术符号、中国符号、人类文明的瑰宝，有着广泛的世界影响，是邯郸市唯一具有世界品牌影响力的重要文化遗产，以杨禄禅、武禹镶为代表的邯郸永年广府太极文化，已被公认为邯郸市、河北省乃至中国走向世界传播健康和友谊的重要载体。世人公认太极拳是一个优秀的锻炼项目，也公认邯郸广府为世界太极拳的圣地，杨氏、武氏

太极拳的发源地。邯郸市推广自己的太极文化软实力，对于提升邯郸城市地位、国际影响都有着直接的现实意义。

2004年邯郸市在全省率先提出建设文化强市目标，十分重视文化资源的开发利用，倾力打造“文化邯郸”品牌。将邯郸市太极产业发展定位为：培育一个产业集群，打造三大市场主体，实现五大产业功能。以建设五个中心为目标，即建设国际太极拳交流中心、国际太极拳信息中心、国际太极拳观光中心、国际太极拳购物中心和国际太极拳研究中心。重点实施“四个一”工程，即培育一批文化基地，举办一批文体活动，发展一批文化企业，创作一批精品力作，力争将太极拳打造成具有邯郸特色的城市名片。

将“中国邯郸国际太极拳运动大会”打造成为世界太极拳界的“奥运会”；“培养一批优秀的太极拳师”；“改造一座城”，提升广府古城旅游品位；“配套一条龙”，配套发展太极产业链。

邯郸学院太极文化学院是全国高校第一家成立的太极文化学院，开创了太极拳本科专业教学，实现了太极拳由社会师徒传承到高校科学传承的转变，并且实现了把太极拳课程纳入孔子学院体系，走出了国门，开展太极拳的国际化传播。

四、邯郸市太极文化软实力发展的建议与对策

政府主导、媒体宣传、教育传播、赛事营销和旅游开发是太极文化软实力开发的主要路径，打造自己的太极文化品牌是提升邯郸太极文化“软实力”的强大武器，发展人才教育是提升太极文化软实力的坚实基础，开展太极文化外交是提升邯郸市太极文化“软实力”的重要渠道。时逢邯郸市文化强市的重大发展机遇期，让太极文化走出国门，走向世界，是让世界了解和认识邯郸的重要途径。传承弘扬太极拳文化，思想认识要提升、发展规划要科学、项目建设要加快、人才培养要重视、宣传推介要加强、强大合力要形成。

（一）增强对太极文化软实力的认识，增大政策支持和政府引导

要清醒认识太极拳的世界性品牌价值和广阔的发展前景，清醒认识发展太极拳文化产业对邯郸经济发展的重要意义，进一步增强使命感、责任感，推动邯郸市太极文化产业的信息化建设，完善太极文化产业政策和法规体系，大力培养和引进太极专业高级人才，加强太极拳基础设施硬件的规划和建设，在太极拳推广上走国际化、规范化、科学化、大众化的道路。以建设世界性太极拳文化中心为目标，聘请专家团队高起点、高标准编制综合性的发展规划，完善太极文化产业发展的顶层设计，形成推动太极拳文化产业发展的强大合力。

（二）加大太极文化遗产保护工程，挖掘文化精华核心价值观

邯郸市杨氏太极拳是国家级非物质文化遗产，武式太极拳是省级非物质文化遗产，应高度重视非物质文化遗产的保护工作，发挥非遗传承人的名人效应，扩大太极文化的影响力。挖掘太极文化核心价值理念，提升太极文化软实力的理论基础，努力把太极拳和太极拳文化发掘好、传承好、保护好、弘扬好、开发好。

（三）营造太极之乡氛围，扩大宣传推广的营销力度

没有太极拳的真正普及，就没有太极文化产业的大发展；没有太极文化产业的大发

展，就没有太极拳真正意义上的普及，也就形不成太极拳文化和太极文化产业两大品牌。在实施全民健身计划中，推行太极健身，推动官方、民间正式或非正式经常性的交流活动，促进太极拳比赛、太极拳健身交流、太极文化旅游、太极文化产业开发，形成太极民俗风情、比赛健身、文化娱乐、观光欣赏。

（四）树立赛事、产品及人物品牌，打造精品

重点打造广府太极拳圣地品牌、杨氏和武式太极拳的知名人物品牌、太极文化相关用品的知名品牌、邯郸太极文化学院高校品牌。通过游客宣传邯郸太极品牌，为太极产业的进一步发展打下基础。壮大永年国际太极拳大会，扩大邯郸城市文化影响力，实施文化品牌构建工程，由此产生更多更大的国内和国际影响。

（五）发展太极宗师故乡寻根之旅，引领好太极文化产业链条

以太极旅游为龙头形成太极文化产业链，促进文化旅游产业的龙头化和太极文化产业的国际化，通过太极产业的发展带动整个文化产业的发展。杨氏太极拳和武式太极拳是世界上习练人数最多的太极拳拳种，由此可利用广府古城的两位太极宗师故居，开展太极拳寻根文化，筹建太极拳博物馆。

（六）完善高级人才培训管理途径，塑造邯郸太极文化新形象

传承弘扬太极拳文化，思想认识要提升，走科学化之路是增加太极文化内部凝聚力、提升邯郸市太极文化软实力的必然途径。要强化太极拳专业人才培养，充分发挥邯郸学院已开设的全国高校第一家太极拳专业的优势，为传承、弘扬太极拳文化输送更多人才。建立、建好太极拳文化理论研究平台和教育培训平台，保护好并抢救性发掘太极拳师和名家、传人这种太极拳传播、推广、研究的宝贵人才资源。

（七）占领并夺取太极拳界话语权，展示太极拳文化领军风范

在国际体育组织中争夺“话语权”，要大力培养一批年轻有为、政治素质过硬、业务精良的太极文化骨干充实到国际体育组织和国内太极拳相关职能部门中，增强邯郸市太极文化外交的说服力。提高杨氏太极拳、武式太极拳传人的社会地位和威望，在传承中强调保持太极拳架的“原生态”，避免正宗动作被任意增损、删改，太极拳的习练过程需要的是原汁原味的继承，扎根传统，力戒浮躁，而不是创新，不是新风格、新模式、新派别的出现。邯郸太极文化应处在世界太极拳传播的核心位置，追本溯源，辐射全国，影响世界。

（八）深入加强太极文化理论研究，思索太极锻炼交流新模式

以中国永年国际太极拳运动大会、永年太极拳年会、中国永年国际太极拳名家论坛、永年武式太极拳高峰论坛、中国邯郸永年太极峰会、中国太极城网站、邯郸学院太极文化学院、邯郸太极文化研究推广培训基地、河北省太极拳学会等邯郸本地品牌的平台，深入加强太极文化理论研究，加强太极拳翻译工作。

目前，我国太极拳项目的传播注重传统，而忽略了时尚，在彰显民族自豪感和自信心的同时，却潜藏着危机。邯郸太极人应思索太极拳锻炼的新模式，适应时代和时尚潮流的趋势，在传承发展太极文化的传统价值中，寻找吸引青少年人群的时尚因素，创新太极拳交流的新模式，让博大精深的太极文化在交流传播中更高雅、更时尚、更流行。

河北省社会科学发展研究课题民生专项　课题编号:201301193
课题负责人:张　勇
课题组成员:牛秀荣　朱建方　卢建辉　王虎平　徐伟龙　李建设

曲周龙灯传承与发展的调研报告

邯郸学院曲周分院

导言

曲周龙灯是河北省曲周县的一种流传千年的民间艺术，1982 年被北京民族文化宫专家鉴定为汉民族龙灯的典型代表，2008 年进入第一批国家级非物质文化遗产扩展名录。笔者怀着对本土文化深切的责任感和使命感，以"曲周龙灯的传承与发展"为课题对曲周龙灯进行全方位的研究，并作为 2013 年度河北省社会科学发展研究民生课题(立项编号:201301191)以合格等次结项。以下为调研报告。

一、曲周龙灯历史传承的学术研究

曲周龙灯制作独具特色，表演激情四溢，舞法奇特多变，仪仗气势恢宏，成为汉民族龙灯的典型代表可谓实至名归。但在历史长河中，民间艺术的生命轨迹是自生自灭，即使其曾经辉煌。那曲周龙灯能否摆脱这个历史魔咒？其未来指向何方？课题组带着这些思索，从学术角度对曲周龙灯进行观照，探究其文化底蕴和人文因素，并将之置于现代社会政治经济与人文环境下，全方位探究其传承与发展的课题。

(一)曲周龙灯的起源

曲周龙灯据考起源于宋代，相传那时的曲周，十年中有九年暴雨成灾，横穿全境的滏阳河年年决口，致使农田荒芜、洪水遍地、饿殍丛生。不堪重负的曲周人终于探究出原因:滏阳河的源头是峰峰(邯郸南部小城)境内的黑龙洞，洞内的黑龙是滏阳河水系掌管者，曲周境内滏阳河的肆虐是因为曲周人不敬奉龙王，引发了黑龙的愤怒所致。搞清了"罪魁祸首"的曲周人精心制作了一套巨大的龙，并以舞龙的方式向龙王表示自己的敬意与供奉。为了彰显龙的神圣并适应夜晚演出的需要，在龙体内设置燃灯，"龙灯"由此得名。

(二)曲周龙灯起源与传承的学术探究

曲周龙灯起源的本质到底是什么？曲周龙灯千年传承的谜底又在何处？课题组经过科学求证得出如下结论：

1. 起源的自然诱因

曲周县(东经 114°50′30″至 115°13′30″，北纬 36°34′45″至 36°57′57″)是华北温暖带半湿润大陆性季风气候，庄稼主要是小米和玉米，分别在夏、秋季节收获。但夏季炎热多雨，秋季旱涝听凭天定。在古代赶上天公不作美，年年灾荒连年歉收并不奇怪。在那个靠天吃饭的时代，遭灾后祈求上苍庇护是最自然的选择，而龙掌管水文又事关遭遇，那侍奉龙王成为唯一选择，曲周龙灯就此诞生。

2. 起源的心理诉求

灾害带给人的心理恐惧是巨大的，寻求神灵的保护、得到心灵的抚慰是先民的首要诉求。知晓了水灾的“真相”，曲周先民充分展示自己弥补过失的诚意，每年元宵节以舞龙的方式宣扬龙的威严神圣，表达对龙的感恩戴德之情，以全民狂欢的方式完成对龙的崇拜，这是最好的供奉。从心理学角度分析，元宵舞龙至少抚慰了饱受涝灾蹂躏的宋代先民的心灵，带给其后漫长历史进程中的曲周人生活的希望，否则曲周龙灯就不会这样代代相传，历经千年风霜延续到今天。

3. 从学术角度分析

全国大多数地区的龙灯产生的原因多为求雨抗旱，而曲周龙灯产生的最重要诱因是防涝，因此曲周龙灯分水火，在随后的历史进程中，水火龙的寓意逐渐上升为风调雨顺和五谷丰登的理想层次。但节日舞龙祈求龙王保佑一年的风调雨顺（祈福）是中华民族共同的愿望。

（三）曲周龙灯的现状

光环难掩尴尬，现状展示生存与发展的隐忧。具体情况如下：

1. 流行区域小。仅限于县城这个“孤岛”之内。

2. 演出时间少。曲周龙灯的大型表演仅限于元宵节。

3. 经费少花销高。制作一条龙需要资金 5 万元左右，所有保护经费基本全用于此，表面上的辉煌下涌动资金匮乏的暗流。

4. 传承模式僵化。传承青黄不接，缺乏与时俱进的探索。

5. 宣传的力度不足，挖掘的层次不深。

二、曲周龙灯本体的学术研究

（一）独特的制作方式，填补了中国圆身纸质龙灯的空白

具体制作分为三大步骤：一是扎龙，二是糊龙，三是点灯。曲周龙灯的形象特点一是“大”，龙身长 25—30 米，巨大的龙头上张着巨盆大口，震慑人心；二是“精”，尖长的龙角，威严的龙目，色彩鲜艳的龙鳞，飘逸的龙尾；三是“圆”，圆形龙身使得曲周龙灯与各地龙灯相比显得丰满与质感；四是“纸”，这区别于其他龙灯的“布”；曲周龙灯还分水火，以应旱涝。因此曲周龙灯的价值首先体现在它填补了我国圆身纸龙的空白，为其他地区的龙灯制作提供了有益借鉴。

（二）曲周龙灯的艺术特色

表演激情四溢，舞法奇特多变，表演程序正规，仪仗气势恢宏是曲周龙灯的艺术特色。多达 20 余种成熟、完美的舞法为中国的舞龙表演提供了参考模式，引领了中国舞龙表演的潮流，并为世界群体舞蹈的研究提供了资料，这是其成为汉民族龙灯典型代表的根本原因。

1. 曲周龙灯的表演程序正规

首先是引子(打场子),纸质水族为龙灯的表演烘托气氛并开拓出足够表演的场地。小兵退去,在一个大如篮球的红蜘蛛引导下,龙头上下飞舞,龙身随龙头划倒弧翻滚,燃灯在晃动中使龙身呈现忽明忽暗的效果,引人入胜。“二龙戏珠”的对舞更增添了舞龙的魅力。

2. 曲周龙灯的舞法美轮美奂

曲周龙灯一是原地舞动,上下左右恣意舞动最能体现龙腾虎跃的特点,彰显力量之美;二是行进间边走边舞,宛如飞龙在天,尽显神威与飘逸。曲周龙灯最具特色的是盘龙与滚龙,盘龙中的盘头体现龙君临天下的雄姿,盘尾则体现龙气吞八荒的气概;滚龙则是龙在地上翻滚而舞龙人从龙身上翻腾飞越的表演方式。

3. 曲周龙灯气势恢宏

鞭炮礼花彰显喜庆,烟雾缭绕如临幻境,锣鼓声声喧天动地,龙的仪仗气势恢宏,这就是曲周龙灯。

(三)曲周龙灯的传承方式

与其他民间艺术一样,曲周龙灯的传承方式也是家族传承与师徒传承,时至今日仍遵循着上师口传心授的传教模式。

三、曲周龙灯定位的学术研究

(一)学术定位

龙是中华民族的图腾,龙文化中蕴含丰富的人文因素,曲周龙灯是汉民族龙灯的典型代表,具有独创性和原生态的意义,探究其千年传承的深层原因,必将拓宽龙文化研究的广度,增加龙文化研究的学术深度;作为一种民间群体舞蹈,深入研究它对于中国乃至世界群体舞蹈史的研究具有一定的学术价值,对其创新发展也起到积极的推动作用。

(二)政治定位

利用中国人深厚的龙情结加强民族凝聚力,促进祖国的统一大业;借助曲周龙灯的艺术特征促进农村精神文明建设。

(三)经济定位

利用曲周龙灯的独特性打造地方名片,提升地方文化品位,增进区域文化交流,促进地方旅游业和民间手工业的发展。

四、曲周龙灯发展方略的学术研究

(一)总体思路

本文将曲周龙灯作为一个产品,从市场营销学角度展开研究,以“内强素质,外树形象”为原则,依托龙文化底蕴,结合时代审美需求进行艺术改良和市场改革,最终探得曲周龙灯辉煌之路。

（二）具体方案

成功申遗表明曲周龙灯得到了国家的认可，但复兴和辉煌的关键仍系于当地政府的支持。必须向政府提供其可持续发展的报告，让决策者认识到曲周龙灯对于曲周政治、经济、文化发展的巨大推动力。具体如下：

1. 名片化发展战略，专业化宣传策略

实施品牌战略，向着地方著名、国内知名、国际闻名的方向努力。注册商标，建立专业网站，进行全方位的介绍与宣传；组织学术研究队伍，深入挖掘其文化内涵；制作高质量的形象宣传片，组织创作拍摄有关曲周龙灯的主旋律影视作品。

2. 市场化改革模式，基地化运营方式

组织专业演出团体，以现代企业管理和分配制度进行专业运营，按照市场需求健全、改革演出方式；设置基地，聚拢人才，凝聚人心。

3. 高端化发展思路，群文性推广模式

组织高层次的国际龙灯大赛，能增强民族凝聚力，使汉民族龙灯典型代表称号实至名归，提升地方知名度，为地方的经济建设提供良性、绿色的帮助，实现战略共赢目标。组织编创曲周龙灯群文性舞蹈，使之成为秧歌、太极拳一样的全民健身项目，走入民间，走入校园。

4. 舞台化艺术改良

以音乐化、舞台化、精品化为导向，浓缩精华、展现风采，立体化、全方位地改良乐队，创作融入现代音乐元素、展示音乐动感、饱含曲周龙灯传统精髓的现代舞龙音乐；弘扬龙腾虎跃的中华精神，展示时代风范，实现自我完善与腾飞。

（三）最终目标

确立曲周龙灯生存发展的最佳机制，充分发挥汉民族龙灯典型代表的作用，带动中国龙灯艺术的腾飞和龙灯产业的兴盛，进而使曲周龙灯成为真正体现中华民族精神的文化载体，重现其历史性辉煌。

结语

“艺术与时代不能离太远，要创新要发展，让那老的少的男的女的大家都爱看，民族艺术一代一代往下传。”《说唱脸谱》的歌声给人一种绝妙和谐的感觉。民间艺术必须依托自身人文特色和文化底蕴，结合时代的政治、经济诉求，融合时代的审美需求，否则就摆脱不掉自生自灭的历史魔咒，从而湮没在历史尘雾中。

河北省社会科学发展研究课题民生专项　课题编号：201301191

课题负责人：李志清

课题组成员：刘江元　张静艳　贾丽莎　牛朝阳　张同林

公益性与经营性兼具的企业博物馆职能研究

——以衡水内画艺术博物馆为例

衡水学院

企业博物馆与国有博物馆在隶属机构、管理和经费来源、藏品类型等方面都不尽相同。目前国内的大部分企业博物馆处于初创阶段，职能比较单一，这样的博物馆根本不可能担负起发展企业文化、树立企业形象、营销产品的责任，更无从担负起为企业带来经济效益、服务于社会的重任。因此，本课题以衡水内画艺术博物馆为研究对象，通过对其现有职能的具体研究分析，并与国内外较成功的企业博物馆职能的比较研究，从中发现问题，并提出合理化建议，为我国企业博物馆的发展提供理论和实践基础，从而为促进社会经济和文化的进一步发展服务。

一、衡水内画艺术博物馆公益性与经营性职能调查

(一)衡水内画博物馆的公益性职能

1974 年，国际博物馆协会第十一届大会通过章程，博物馆是一个不追求营利的、为社会和社会发展服务的、向公众开放的永久性机构，作为企业博物馆的衡水内画博物馆同样具有博物馆的公益性职能。本研究主要从五个方面阐释它的公益性职能。

1. 收藏、保护、研究职能

博物馆的收藏品共有 300 余件，博物馆的收藏方式主要是从藏家手里购买，只有极少的藏品来自捐赠。这些藏品不仅给人们展示了与内画有关的烟文化和器具、鼻烟壶的功能和种类，更展示了衡水内画的形成、发展、工艺流程，让人们更深入系统地了解内画的艺术价值和社会价值。通过展柜的精心布置和相应科技设施的配置，更有效地保护了内画这一民族民间文化和国家非物质文化遗产，对它的传承起到了至关重要的作用。

内画博物馆的成立也极大地促进了内画艺术的研究。自 2003 年以来，有关内画艺术的研究成果有:《中国内画图典》《冀派内画名家精品赏析》丛书、《冀派内画图典》《冀派内画》、传记《王习三传》，极大促进了内画艺术的研究与推广。

2. 展示、教育职能

展示可以说是博物馆的灵魂，是博物馆职能得以实现的基础。建馆十多年来，衡水内画艺术博物馆的展示职能发挥很好。主要体现在以下几个方面：

陈列展览设计系统化，藏品丰富、质量高，展线层次多样。通过回字形平面设计，拉

长展线，丰富了参观路线的层次。让人们不仅欣赏了精美的工艺品，还获得了文化知识，受到了直观的教育。十多年来，衡水内画博物馆举办了100多场次的各类展览，给人们提供了接受文化艺术熏陶的机会，活跃了人们的文化生活，实现了其应有的社会教育作用。

谈到博物馆的教育作用，除了上面提到的通过陈列和临时展览的形式以外，衡水内画博物馆还主动采取了一些措施来实现自己的社会教育职能，由于在社会教育方面成绩突出，该馆被共青团河北省委和衡水市委分别命名为青少年爱国主义教育示范基地。

（二）衡水内画艺术博物馆的经营性职能

企业博物馆除了具有普通博物馆的公益性职能以外，还具有一定的经营性职能。从表面上看，博物馆虽然没有直接参与企业经营，但是它与企业经营是密不可分的，主要表现在以下五个方面：

第一，博物馆的办馆宗旨。不同于一般国有博物馆，企业博物馆的宗旨一方面是为了收藏展示民族文化艺术，另一方面是宣传企业文化、树立品牌、为销售产品服务。企业及博物馆负责人王自勇在接受记者采访时曾说起办博物馆的缘起："2002年7月我到东海出差时，看到李先进先生创办的水晶山庄博物馆有很多人参观、购物，我很受触动。我感觉能不能建一个像他这样的展览场所。"在访谈中他也多次提到办博物馆使他非常受益，并于2011年、2012年石家庄和北京分别创办了"河北内画博物馆""中国鼻烟壶紫砂壶博物馆"。因此，无论从他的谈话中还是行动上，我们都能清楚地感受到博物馆在树立品牌、扩大市场、营销产品方面所发挥的职能效应。

第二，企业营业额的快速上升。2007年王自勇在央视经济频道《财富故事会》栏目接受记者采访时谈道：2004年"两个酷爱鼻烟壶的德国夫妇买了18万元的产品，这是展览馆建成后的第一笔大订单。当时我印象里一个月卖了98万元，因为我原来一年才卖百十来万。"

第三，博物馆商店的商品种类。目前国内的国有博物馆大多是文物博物馆，它的商店里经营的商品主要有与藏品相关的复制品、明信片、书籍、旅游纪念品等。而衡水内画博物馆商店的商品基本上都是本企业的产品，明码标价，从这一点来看，博物馆与企业经营又有着直接的关系。

第四，接待领导和知名人士，树立品牌。自2003年博物馆开馆以来，100多位国家、省市领导，10多位国内外的收藏、鉴定专家和博物馆专家，同时还有央视著名主持人等一些传媒和文化界人士先后来馆参观考察，他们的到访不仅宣传了内画，提高了内画和内画企业的知名度，而且对内画品牌的树立起到强有力的支持作用。

第五，与风景旅游、工业旅游等旅游资源的结合。衡水艺术博物馆紧紧依托衡水湖国家级湿地保护区的休闲度假旅游资源，以及武强年画博物馆等文化，形成了集求知、观光、娱乐、购物于一体的，可以满足人们更多更深层次需求的旅游项目，培养了潜在的消费群体，这不仅给企业带来最大化的效益，还促进了本地经济的发展，使企业博物馆成为公益性和经营性结合的企业文化的重要组成部分。

综上所述，企业博物馆具有经营性的特殊职能，但文化艺术类与工业类企业博物馆又有所不同。文化艺术类馆博物商店可以直接销售本企业的产品，如一些民间工艺美术类博物馆，茶文化、酒文化、服装文化博物馆等，而工业类企业博物馆商店不适合直接销售产品，如汽车企业博物馆。所以企业博物馆的经营性职能的表现并不完全相似。

二、衡水内画艺术博物馆现有职能发挥中存在的问题和解决方法

在课题组的调研中发现，衡水内画艺术博物馆由于成立时间较短、收藏品有限，因此在职能发挥方面还存在着一些问题。同时，通过与国有博物馆和其他企业博物馆的比较研究和一些理论研究，我们为博物馆的未来发展提出了一些解决办法。

(一)管理专业化、制度化、规范化

衡水内画艺术博物馆从馆长到工作人员都与内画艺术有限公司属于同一班人马，没有一位博物馆专业的人才。在调查和工作人员的交谈中我们还发现，博物馆的收藏没有收藏品登记册和相关制度，没有陈列展和临时展览制度，对举办的活动和展览不能及时统计归档。

(二)定期更新陈列展览，突出衡水内画的艺术性价值和创新性价值，完整展示衡水内画的发展

据考察，博物馆的现有陈列从2003年开馆以来没有更新过，人们因此而失去了再次参观的兴趣。我们对整个陈列多次考察发现，陈列中的“艺术品实用化、实用品艺术化”部分展示得有些简单化了，他们不应仅把一些创新产品摆放在那，而是应与内画的研究成果结合起来，对这些创新产品从学术化、艺术化的角度进行深层挖掘，把衡水内画真正的艺术价值和创新价值展现出来。

(三)临时展览方面，增加关于藏品的展览和与其他博物馆的馆藏交流展

调研发现，近10年来，衡水内画博物馆没有举办过关于本馆藏品的藏品展，这也反映出博物馆对藏品的学术研究的欠缺。因此要加强对现有藏品的学术研究，并把这些研究成果以展览的形式展示给观众，这样可以吸引更多的观众参观，扩大博物馆和企业的影响。另外应与国内的其他博物馆进行馆藏品的交流展出，不仅可以扩大本馆的社会影响，还可以借助其他博物馆的资源扩大内画的知名度。

(四)多渠道增加与中小学的联系，真正发挥爱国主义教育基地的职能

通过信息资料的整理和访谈我们发现，由于学生学习任务繁重和学生安全问题等多种原因，近几年来中小学生来馆参观的次数锐减，甚至一年都没有一次，作为馆长的王自勇也很头疼。针对这种情况，我们建议可以采取博物馆展览网络化和利用数字化技术到中小学播放相关视频，从而发挥爱国主义教育基地的职能。

企业博物馆与传统的博物馆不同，它是作为企业发展的“副业”而存在的，它首先要为企业的“主业”服务，虽然也具有传统博物馆的职能，但它以企业为依托，并与企业的主业相互依存、相互促进，这就赋予了它新的职能。因此，除了为社会服务以外，它在办馆宗旨上和具体实施中可以有经营行为。学者、专家认为，终端陈列对于消费者购买行为将产生极大影响，把企业的终端店面打造成博物馆的样子，对于企业营销来说是一个新的突破口，不仅实现了营销的差异化，而且增强了企业的竞争力，让企业脱颖而出。通过

本次调研发现，衡水内画艺术博物馆公益性和经营性职能基本上能发挥到位，为社会和企业发展都起到了应有的作用，但是由于种种原因还存在一些问题，我们为其提出了解决的办法，希望对我国其他企业博物馆的发展提供借鉴。

参考文献：

[1]刘福林：《我们的博物馆　我们的未来》，《冀派内画艺术》2009 年第 1 期。
[2]柯宁：《企业的博物馆式营销》，《成功营销》2008 年第 8 期。

河北省社会科学发展研究课题民生专项　课题编号：201301285
课题负责人：史新粉
课题组成员：徐文正　张　宁　王丹凤　李　梅　徐凌飞

河北省传统体育文化的产业化营销策略研究

——以沧州为例

石家庄学院

一、选题依据

传统体育文化产业化是体育文化产业化发展的重要组成部分。无论是在体育用品、体育休闲还是体育旅游产业、竞技观赏产业中，传统体育文化产业都是很重要的部分。传统体育文化产业化发展，有其自身的特点和发展规律。经济的总体发展水平是传统体育文化产业化发展的基础，深化体制改革，规范市场都是传统体育文化产业化长期稳定发展的保证。然而，影响传统体育文化产业化发展的另一重要因素即传统体育文化产业化中的营销策略的研究、制定和具体实施，仍然是很薄弱的环节。

二、研究对象与研究方法

（一）研究对象：近年河北沧州传统体育文化的产业化现状

（二）研究方法

1. 文献资料法：登陆中国期刊网全文数据库、人大复印资料中心和超星数字图书馆进行网上检索。

2. 专家调查法：通过对河北师范大学、河北体育学院、沧州文化研究所及河北省沧州市旅游局、体育局等15位专家进行走访或问卷调查，了解了沧州传统体育文化产业化发展的现状，并制订了营销策略。

3. 归纳法：对所查阅的文献资料进行归纳总结，界定体育文化、体育产业化等基本概念，归纳出体育经济学、体育产业学、体育营销学与传统体育文化产业化发展的关系，传统体育产业化中的营销策略的特点。

4. 演绎法：根据体育产业的营销策略，演绎推理传统体育文化产业化中的营销策略及其实施的依据、条件和可能存在的问题。

三、研究结果

(一)从不同学科分析传统体育文化产业化发展

1. 从体育经济学角度分析

第一,经济全球化使传统体育向产业化方向发展成为一种趋势。经济全球化为体育文化产业化提供了一个更为广阔的发展空间。体育文化产业化就是把我国体育事业的基本运作方式向市场经济的基本要求方向转化。

第二,经济全球化与传统体育文化产业间的关系及影响。产业结构调整将会促使传统体育文化产业不断进步和成熟。我省经济尚比较落后,传统体育文化产业必定会受到产业结构变动的影响,这种影响是积极的,将会促使我省传统体育文化产业日益走向成熟。

第三,传统体育文化产业化对经济全球化的适应。经济全球化促使产业发展基础进一步改善,从而使得传统体育文化产业资源配置更加优化,资本进一步扩充。

第四,传统体育文化产业化发展的经济学意义。传统体育文化产业概念的形成及其地位的确立,可以使我们在更深层次上理解传统体育文化与经济的内在联系,即从传统体育文化与经济的内在关系的角度认识体育文化的本质。

2. 从体育产业学角度分析

第一,传统体育文化产业化在体育文化产业中的地位。传统体育文化产业化是体育文化产业发展很重要的一个发展方向,是对现代体育文化产业的一个重要补充,在我国的发展潜力非常大。

第二,传统体育文化产业化发展与体育文化产业发展的关系。近年来,我省体育文化产业作为国民经济新的增长也逐步得到了政府和社会的认可。

3. 从体育营销学角度分析

第一,传统体育文化产业化中的营销学。传统体育是一项特殊的社会文化事业,它既不能像第三产业中的流通部门和服务部门那样完全市场化,也不能像基础教育和基础研究那样非市场化。

第二,体育营销学与传统体育文化产业化发展的关系。体育营销学为传统体育文化产业化发展提供企业在市场营销活动中所遵循的指导思想与经营哲学,指导传统体育文化产业如何树立生产观念、产品观念、销售观念、营销观念和社会营销观念。

(二)传统体育文化产业化中的营销策略研究

1. 传统体育文化产业化中的营销策略研究的意义

体育文化产业化中的营销策略的研究主要是针对传统体育文化产业的特点,根据国内产业竞争发展形势,分析并制定科学的营销策略,以适应新形势的发展。

2. 传统体育文化产业化中的营销策略的特点

第一,传统体育文化产业化中的营销策略的全局性。一是传统体育文化产业化中的营销策略是对体育经营单位发展所做的总体设计;二是传统体育文化产业在营销策略中的决策事关体育经营单位全局及其未来的全面发展。

第二，传统体育文化产业化中营销策略的长期性。传统体育文化产业化中的营销策略事关体育经营单位的未来，其战略目标的实现，将使体育经营单位产生质的飞跃，达到一个崭新的水平，但通常这不是短期内可以做得到的。

第三，传统体育文化产业化中营销策略的系统性。传统体育文化产业化中的营销策略的系统性是指体育经营单位各环节、各部分的工作是一个彼此相互联系、密切相关的有机统一整体。

第四，传统体育文化产业化中营销策略的适应性。传统体育文化产业化中的营销策略的适应性是指传统体育文化经营单位的市场营销易受到外部和内部环境的影响，当环境发生变化，体育文化经营单位所做出的对新环境相适应的快速反应的特性。

第五，传统体育文化产业化中营销策略的风险性。传统体育文化产业化中的营销策略对经营单位某时期内市场营销活动发展规划所做出的预计性的决策不可能是在各种条件完全成熟和信息绝对充分的情况下做出的。

3. 传统体育文化产业化中营销策略的探索与分析

第一，传统体育文化产品与服务策略。传统体育文化产品与服务策略是指依据顾客的关注来提供能满足其要求的传统体育文化产品或服务。

第二，传统体育文化产品的价格策略。价格是传统体育文化消费者为获得传统体育文化产品与服务的价值所愿意支付的货币，很多传统体育文化产品是以无形的服务形态出现的。

第三，传统体育文化产业化中的分销策略。分销策略，有的营销理论称其为地点策略，是指如何将体育产品或服务最有效地销售到消费者手中。

第四，传统体育文化产业化中的促销策略。促销是促进产品销售的简称，是指传统体育营销人员利用各种方式，沟通生产者与消费者之间的信息，引发、刺激消费者的消费欲望和兴趣，实现其购买行为。

第五，传统体育文化产业化中的品牌策略。要使传统体育文化产业化中的品牌在市场营销中更好地发挥作用，必须采取适当的品牌策略，它包括品牌化决策、品牌归属决策、品牌名称决策、品牌战略决策和品牌再定位决策。

第六，传统体育文化产业化中的包装策略。传统体育文化产业产品包装在市场营销中是一个强而有力的武器，因此企业在进行包装设计时必须选择适当的包装策略。

第七，传统体育文化产业化中的沟通策略。传统体育文化产业化中的企业在市场营销过程中，必须时刻注意同中间商、客户等进行沟通，通过多种媒介进行有效的信息传递，创造消费和使用该种产品的社会氛围，以促进销售的迅速提高。

第八，传统体育文化产业化中的营销谈判策略。传统体育文化产业化中的营销谈判策略包括营造良好的谈判气氛、报价的策略、运用沟通及说服的技巧以及对抗和让步等。

以上都是传统体育文化产业化中的营销中的策略，要想达到更好的效果，就要把握传统体育文化产业市场的特点，充分体现沧州的地域文化性，并遵循市场的运行规律。

四、结论和建议

（一）结论

1. 传统体育文化产业化是传统体育文化资源开发的一个趋势。

2. 经济全球化使传统体育向产业化方向发展成为必然，传统体育文化产业化是对经济全球化的一种适应。

3. 传统体育文化产业化中的体育产业学和体育营销学，将在体育文化产业中占据更为重要的地位。

4. 传统体育文化产业化中的营销策略有其自身的特点，这是由其地域文化特色决定的。

（二）建议

1. 发展传统体育文化产业，要进行准确细致的市场调查和营销环境分析。

2. 充分认识传统体育文化产业化现状和制约其发展的因素。

3. 认真研究传统体育文化产业化中的营销策略，充分考虑实施中可能存在的问题及解决办法。

河北省社会科学发展研究课题民生专项　课题编号：201301245

课题负责人：及化娟

课题组成员：王丽霞　冯宝强　任永强

新农村建设中的民俗文化传承问题研究

——以保定市民俗文化为例

保定学院

引言

在新农村建设中，农民的生活质量日渐提高，农村存在着巨大的潜在文化需求，发展农村民俗文化产业，可以更好地满足广大农村人口的文化需求，提高农民文化素养，培养新型农民。胡锦涛总书记在十七大报告中提出，要推动社会主义文化大发展大繁荣，大力发展文化产业，繁荣文化市场，增强国际竞争力。这为我国新农村文化建设指明了发展方向和奋斗目标。

进行新农村建设，国家给予了大量的资金和政策等方面的支持，创立品牌，增强市场竞争力，走规模化和产业化的道路，以更好地实现农村民俗文化产业的可持续发展。

一、民俗文化的现状

随着经济的发展、社会的进步和人们交流合作的增多，原有的民俗文化氛围逐渐淡化，现代气息增强，某些民俗文化甚至有消亡的可能，这些不利于民俗文化及其传统的保留和发展。鉴于此，课题组通过对保定市民俗文化进行全面认真的考察，对保定民俗文化的发展历程、文化内涵、形式及价值等进行分析研究。同时，提出保护、传承发展和合理开发利用的建议对策。

二、民俗文化在新农村建设中的当代价值与积极作用

（一）当代价值

民俗文化作为一种传统的文化现象，其当代价值日渐凸显并受到重视。在文化层面和经济领域，它成为一种无形资本，创造着经济效益；在社会生活领域，民俗文化的维系、团结和教化功能是不可替代的。

（二）积极作用

建设社会主义新农村已经成为全社会的共识，近年来保定市委、市政府高度重视文化建设，坚持用文化浸润古城，在保护民俗、展示非遗、传播文化、服务群众方面做出了极大努力。2013 年 6 月 8 日举办的首届保定民俗文化节，办出了特色，办出了水平，成为省内外响当当的文化品牌。

三、保定民俗文化综述

保定是中国历史文化名城，绵延3000多年的悠远文化薪火相传，沉淀了多元丰厚的文化底蕴，承载了独具特色的民俗风情。迄今为止保定的许多珍贵民俗文化作为省级以上非物质文化遗产已经引起国内外的关注。

四、民俗文化在新农村建设中的传承与发展建议

党的十七大提出，要“弘扬中华文化，建设中华民族共有精神家园”。在农村建设的工作中，一定要积极挖掘和开发内容健康、风格质朴、具有浓厚乡土特色的民俗文化精品和特色品牌。

五、新农村建设中的民俗文化传承保护应采取的对策

（一）健全相关法律法规、制订民俗文化保护政策

新农村建设中的民俗文化保护是一项长期的系统工程、一项惠及后代的历史工程，需要社会各方面加强相关研究，需要法律法规和政策的持久规范。

（二）科学合理地制订民俗文化保护规划

保定地区范围广、人口多、文化表现形式丰富，为民俗文化保护带来了难度。民俗文化作为一种生活文化，具有较大的发展弹性和生命力，同时很大程度上又缺乏再生性，因此应该根据本地的文化特点和社会经济条件渐进式推动民俗文化的保护工作，并将其放在物质性规划之前考虑，科学合理地制订具有地方特色和可操作性的文化保护规划。

（三）发展民俗文化旅游，打造地方名片

旅游与文化密不可分，以旅游的开发带动当地文化的发展，在保持民俗文化本真性的基础上，发展民俗文化旅游，不仅可以为当地农民增加收入，还可以为民俗文化保护提供资金支持，引导全社会重视民俗文化，改善其生存状态。让所有观光游玩的人们，在领略异地奇景的同时，品味当地历史文化。

（四）改善民俗文化活动场所，扩大重建民俗文化社团

新农村建设中政府应倡导成立农民民俗社团，建立固定的演出场所；多方筹集资金，购置各社团演出所需的服装、音响、道具等演出设备；鼓励演员深入一线，创作具有地方特色、时代特色、贴近百姓生活的新节目，使这些节目在群众中起到良好的宣传作用。

（五）政府主导，保护民俗文化传承人

各个民俗直系传承人是使民俗文化能够得以有效保护和传承发展的宝贵财富，他们不仅承担着民俗文化的保护、传授、创新等角色，也担负着文化市场开发利用的重要任务。因此，我们应坚持以人为本的保护措施，建立传承人档案，及时了解他们的生活现状，给予必要的帮助和支持，提供传承所需的场所和环境。如此，民俗文化传承的活态载体才能够不断壮大。

（六）关注基础教育，从少儿抓起

民俗文化的主要传承对象是儿童和青少年学生，而现在很多学生不了解也不喜欢本

土的民俗文化，更不会表演和运用。因此，应该把民俗文化引入幼儿园和中小学艺术教育当中去，让民俗文化进校园、进课堂、进教材、进人心；还可以在学校中成立民俗文化社团，让孩子们从小接受本土传统文化熏陶，认识和了解传统文化，培养正确的人生观、价值观，从而树立起强烈的民族自尊心、自豪感、国家意识和民族精神。如此，才能保住我们地方传统文化的根脉，进而为民俗文化的传承发展铺平道路。

（七）走进地方高校，培养民俗文化人才

地方高校是文化传播的基地，把本土的民俗文化作为地方院校艺术教学中设置的特殊课程，将本土的民俗文化吸收到教学中来，既是对教材的补充，又可以借助其资源来丰富和完善大学生的专业知识结构，提高学生个体的整体艺术修养和艺术实践能力。

同时，聘请各民俗文化传承人和表演者到地方高校做客串教授，开设阶段性的民俗文化课程和讲座，挑选优秀大学生进行民俗文化表演的专业学习与训练，将其精湛独特的技巧学深、学细，并且搬上舞台。大学生们全面的艺术修养和较强的艺术实践能力，为民俗文化的传承发展提供了强有力的保障。

（八）推陈出新，丰富民俗文化内涵

对新民俗文化的革新，应以人们对现实社会的想象方式为前提，以塑造新时代所需要的新形象为目的，创编反映现实社会生活秩序和伦理道德观念的新形式，使其内容形式能够“与时俱进”，贴合当代大众的审美情趣和爱好。思想上要紧随时代步伐，内容上更加丰富多彩，雅俗共赏，以得到人们的认可，也让民俗文化发展成为既有深厚地方文化底蕴，又具备现代时尚文化特色的新形式、新内容。

（九）保护传承民俗文化应注意的问题

保定市有深厚的历史文化底蕴，为农村地区民俗文化的保护和发展提供了契机。在经济飞速发展的今天，传统民俗文化的保护与传承具有重要意义。民俗文化艺术，要求文化必须与时俱进、互相交流、吸收借鉴、创新共进。在对民俗文化研究学习过程中，应始终用科学的发展观看待优秀的传统文化，坚持保护为主、传承发展为前提，合理继承和开发利用，使其保持原有的真实性和整体性。

保定市国家级非物质文化遗产民俗文化图片资料

涞水高洛音乐会

定州子位吹歌

雄县古音乐会

清苑哈哈腔

定州秧歌戏

保定老调

曲阳石雕

曲阳定瓷传统烧制技艺

易水砚制作技艺

直隶官府菜系烹饪技艺

雄县鹰爪翻子拳

安国药市

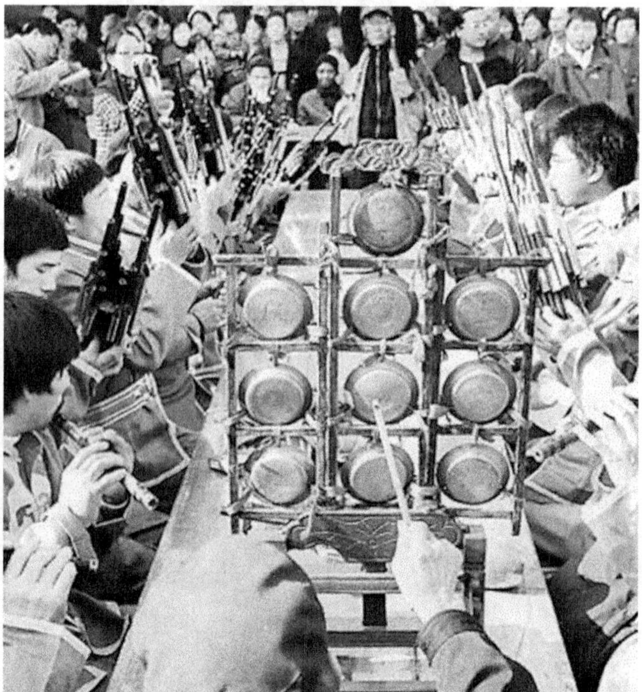

安新圈头村音乐会

徐水狮舞

参考文献:

[1]杜漪:《新农村建设的内生产业提升带动模式》,《乡镇经济》2008 年第 5 期。

[2]徐学庆:《调动各方面力量共同推进新农村文化建设》,《理论前沿》2006 年第 7 期。

[3]陈戍国:《尚书校注》,岳麓书社 2004 年版。

[4]王文锦:《礼记译解》,中华书局 2001 年版。

[5]高峰:《新农村文化建设中传承民间优秀民俗文化》,《理论研究》2007 年第 3 期。

[6]童名谦:《扎实推进民族地区新农村建设》,《学习导报》2006 年第 8 期。

[7]廖乐焕:《推进农村城镇化进程促进少数民族地区新农村建设》,《贵州民族研究》2006 年第 5 期。

河北省社会科学发展研究课题民生专项　课题编号:201301476

课题负责人:付文娟

课题组成员:刘玉环　曹广壮　韩彦军　刘佳月

石家庄市社区文化中非物质文化遗产保护与建设的现状及对策研究

河北科技大学

一、加强社区在非物质文化遗产保护方面的认识

非物质文化遗产保护是20世纪末、21世纪初国际社会提出的一个新的文化保护理念。在悠久的历史长河中，勤劳智慧的中华民族创造了光辉灿烂的历史文化，为后人留下了举世闻名的文化遗产。其中既有以物质形态为主的有形文化遗产，又有通过口传心授的方式传承下来的非物质文化遗产。这些文化遗产蕴含着中华民族特有的精神价值，体现着伟大中华民族的生命力和创造力，是我国优秀传统文化的重要组成部分。

二、石家庄市社区非物质文化遗产现状调查

（一）石家庄市非物质文化遗产保护现状

石家庄具有极为丰富的非物质文化遗产资源，如民间舞蹈"井陉拉花""藁城战鼓""赞皇铁龙灯"、民间美术"辛集农民画"、民间戏曲"丝弦"等。近年来，石家庄在非物质文化遗产保护工作上取得了一些成绩的同时也存在着一些问题，较为集中地表现在资源衰亡明显、传人年龄老化、参与人数不足、机制不够完善、缺少专业人才等方面。一些具有历史、文化价值的传统文化资源遭到不同程度的破坏；一些依靠口头和行为传承的民间文艺、技术、礼仪、节庆等文化遗产正在不断消失；非物质文化遗产的传承后继乏人。因此，必须尽快完善管理体制，注重人才培养与传人保护，以使石家庄的社区非物质文化遗产保护工作走上更为健康有效的道路。

（二）石家庄市社区非遗文化活动开展情况

在调研中发现，社区公共文化设施和文体场所相对不足；社区文化活动的组织者多为兼职人员，对非物质文化遗产方面的知识了解不多；参与社区娱乐活动的主要为老年人群。我们走访了休门吹歌的传承人付锡芬，他告诉我们，现在休门吹歌面临的最大问题就是由于缺少资金，很多整理项目无法进行。付锡芬曾选出100名徒弟，但因没有教学场所，规模化的传授只能暂时搁浅。因没有场所，付锡芬的400多种吹歌乐器和吹歌传授只好蜗居在地下室。因此，挖掘非物质文化遗迹，唤起全社会的保护意识，呼吁大家加入保护非物质文化遗产的队伍中来，就显得越发的刻不容缓。

三、石家庄市社区非物质文化遗产保护措施与取得的基本成效

（一）政策到位，保护卓有成效

从2004年开始，我市在非物质文化遗产保护方面不断完善政策和措施，从市、县两级非物质文化遗产名录的建立，到推荐申报省级、国家级非物质文化遗产名录；从有关文件、政策的制定到普查研究；从组织机构的建立到资金投入，做了大量卓有成效的工作。2005年成立了石家庄市非物质文化遗产研究保护中心，在《石家庄市第十二个五年规划》中提出要推动文化大发展大繁荣，鼓励和支持非物质文化遗产项目的展览和演示活动。

（二）建立基地，传承后继有人

为了培养更多的非遗文化传承人，我市先后在辛集文化馆建立了辛集农民画基地；在晋州实验中学建立了晋州官伞基地；在藁城的五界村建立了藁城战鼓基地；在正定东杨庄建立了常山战鼓基地；在井陉的农村和中小学建立了十余个井陉拉花基地；在无极的北王村、郑村、东中埔村等地建立了无极剪纸基地。这对传播石家庄民间文化，提高人们对非物质文化遗产的保护意识起到了积极的作用。

（三）开展活动，搭建展示平台

2003年我市策划创办了省会新春鼓王争霸赛。2005年到2012年，又策划举办了四届省会千人大比舞活动，选调全市数十个特色民间艺术项目在省会文化广场展演。2003年，我市文化工作者将零散的拉花研究队伍进行整合，成立了由国家、省、市级专家，拉花老艺人群众文化工作者和社会爱好者共同组成的井陉拉花艺术研究会，编创系列节目，推介宣传拉花，使拉花成了响当当的文化品牌。

四、进一步加强石家庄社区非物质文化遗产保护与建设的对策思考

（一）立法先行，提升社会民众的法律保护意识

石家庄市应结合国家法规，立足实际，尽早开展非物质文化遗产的法律法规制定工作，实现遗产保护的法制化、规范化管理。

（二）政府主导，改善非物质文化遗产的发展环境

加大对非物质文化遗产保护传承的资金投入，制订科学可行的实施计划，展开非物质文化遗产的摸底普查工作，对遗产进行真实、系统、全面的记录和整理。结合遗产现状制订针对性的保护方案，形成政府规划、民众保护、企业开发、永续发展的良性发展模式。

（三）活态原则，强化对传承人及传承团体的保护

石家庄市政府应定期组织传承人的申报选拔评定活动，通过立法等形式确定传承人的法定地位，明确传承人的权利与义务。在经济上，对传承人尤其是年事已高的老艺人提供生活保障，拨付专款鼓励他们不断提高技艺，培养传承者。对传承人所属团体也应给予资金支持，鼓励其开展非物质文化遗产的传承、创新研究，将活态的遗产以活态的方式传承下去。

（四）旅游利用，扩大非物质文化遗产的生存空间

非物质文化遗产活态性、民间性等特点决定了对它的保护不能仅仅是摄影录音、资料整理、建立名录体系等静态方式，而应引入旅游市场机制。开发休闲功能突出、高参与性的旅游产品，使游客在体验非物质文化遗产的同时，自觉成为遗产的宣传者和保护者，从而实现从被动向主动、从单一向整体、从静态向动态保护的转变。

（五）教育传承，延展非物质文化遗产的传承路径

一是充分利用高等教育、中学教育、社会教育等人力、智力以及创造力等方面的优势传播那些即将消失的非物质文化遗产。二是组建非遗社团，打造出属于各社区居民自己的文化活动品牌。在各小区组建非遗社团，将非遗学习与非遗表演实践相结合。

（六）加强申报，对非遗项目充分挖掘和保护

在项目申报和评选上，不断完善“非遗”项目名录评选机制，建立市非遗评审委员会，确保有价值的项目得到及时保护；在项目的保护上，建立非遗项目保护的监督机制，对已评选上的项目，采取相应的措施予以积极的保护；在传承“非遗”项目和传承人的保护上，对亟须抢救的非遗项目进行重点保护，落实对传承人的保护、再传人的培养政策和扶持措施，使非物质文化遗产名录项目后继有人。

（七）培养人才，不断壮大非遗后续传承人队伍

针对目前非物质文化遗产保护工作人员业务水平较低、专业性不强的情况，应当尽快建立培训机制，聘请专家学者开办非物质文化遗产保护培训班；另一方面，应当大量引进具有较强业务能力的社会人才，广泛吸收优秀的民俗学与文化遗产学专业的研究生加入社区非物质文化遗产保护工作的队伍。

（八）强力宣传，提高非物质文化遗产的影响力

一是充分利用各类宣传媒体，对石家庄市非物质文化遗产项目大力宣传；二是通过发送资料、举办展览、专题展演等形式，让社会各界充分了解我市的非物质文化遗产，增强抢救保护意识；三是将非物质文化遗产保护工作纳入全市文化先进乡镇明珠工程、文化信息资源共享工程、农村文化中心等社会文化创建的考核内容。

（九）完善体制，优化运转有效的非遗保护工作体系

应当建立健全市、区及街道三级保护网络，尽快完善主要承担非物质文化遗产保护责任的区级保护中心以及各个社区文化中心的管理体制，建立健全各个区非物质文化遗产保护中心的岗位制度，并予以明确的人员、经费、工作场所等各方面的保证。

（十）投入经费，盘活社区非物质文化遗产保护的资金来源

加大政府对非物质文化遗产保护工作的财政拨款，并设立专门的财政管理制度与监督制度，做到专款专用，对那些真正为社区非遗保护工作提供帮助的企业、社团实行部分减税政策，对在非物质文化遗产保护工作中做出较大贡献的集体与个人进行重点奖励，以鼓励社会对社区非遗工作的支持及投资的积极性。

结语

非物质文化遗产源自民间，社区是非物质文化遗产保护与传承工作的重要载体。积

极推动石家庄市社区文化中非物质文化遗产建设，对于传承历史文明、建设文化强市、构建社会主义和谐社会都具有重要的现实意义和深远的战略意义。

河北省社会科学发展研究课题民生专项　课题编号：201301068
课题负责人：杨　娜
课题组成员：刘丽梅　孙小慧　孔丽云

河北省社区音乐文化体系建设研究

燕山大学

社区音乐即聚居在同一区位上的社会群体在一定的地域范围内从事的以音乐为本体的一切音乐行为。本文调查研究的是城区里的广场公园、公共绿地、街区、居民小区或一些单位的社区音乐。笔者通过对河北省各地市近一百个社区音乐活动进行调查，采用问卷、当面访谈、电话访谈、资料统计和逻辑分析等方法，对群众自发组织的音乐活动以及政府文化事业单位组织的文化活动进行调查，分析其存在的问题，提出解决策略。现将其中有代表性的音乐活动做如下介绍：

一、河北省社区音乐文化的现状考察

河北省社区音乐文化以秧歌、歌舞、合唱、戏曲等较为流行。定州寨西店秧歌队是一支村民秧歌队，带头人陈老黑组建这支乐队的初衷是想增进村民的健康意识，他认为生病时花在打针、吃药的钱不如平时加强身体锻炼，增强体魄。他自己出资购买服装、音响、乐器等。每当有庙会秧歌表演，老黑都会带着队伍去学习观摩，队伍的整体表演水平得到很大提高。现在的寨西店秧歌队大人小孩齐上阵，老太太扭得俏，小媳妇跳得欢，深受当地群众的喜爱。邯郸矿业集团云架岭煤矿健身操队是由 70 多名职工组成的一支充满活力的健身操队，这支队伍曾在邯郸健身操大赛中获得冠军。团队之所以能取得较好的成绩主要在于队员们勤奋的练习及教练的指导。该团队经常受邀在矿区内外表演，为矿区群众的业余生活增添了色彩。秦皇岛海港区老干部合唱队，成员多是退休干部、大学教授等，年龄在 65 岁至 72 岁之间。合唱队的指挥兼电子琴伴奏伦淑荣是一位退休音乐教师，她自 2006 年起，在秦皇岛多个社区教授老年人合唱、电子琴、乐理知识等课程，2012 年被开发区管委评为“十大感恩之星”。她组建海港区老干部合唱队有两年的时间，每周六、日在海港区职工活动中心活动。排练的曲目有《共产党好，共产党亲》《歌唱你啊！祖国》《秦皇岛可爱的家园》《祝祖国三杯酒》等。在采访伦老师的过程中，我感受到她对身边朋友的感染力，她说我们老年人唱唱歌、弹弹琴，一方面自娱自乐，同时又锻炼肺活量，强健身体，让自己的晚年生活更加充实。“夕阳无限好，人老心不老”，我想她用自己对音乐和生活的热爱感染着更多的老年朋友，这是她最为骄傲的事情。

二、河北省社区音乐文化发展现状分析与思考

(一)河北省社区音乐文化发展现状分析

结合以上的调查,河北省社区音乐的现状可归纳为以下三点:首先,参与社区音乐活动的人群以老年人为多。其主要原因是世界老龄化趋势不断增长,中国社会的老龄化问题亦普遍存在。尤其是儿女在外的城市空巢家庭。退休老人在拥有更多的自由支配时间的同时,希望能继续融入社会生活的群体中,而参与社区音乐活动既能满足他们的这一心理需求,又能强健身体,因此多数老年人都选择了这一健身方式。其次,社区音乐活动娱乐性较强,缺乏专业的艺术指导,一方面反映了我国民间艺术的传播缺乏有效的管理,另一方面反映出社区居民所受音乐教育程度的不足。最后,社区音乐活动的场所多在街边等露天广场,设备简陋,音响效果差,虽然很多社区都建有室内活动场所,但利用率并不高。

(二)关于社区音乐建设的几点思考

1. 政企联姻,完善管理体制

建立一套完善的管理体制是加强河北省社区音乐文化建设的首要任务。首先,积极发挥政府有关部门的职能作用,健全社区音乐的管理机构。政府对于社区管理最直接的部门就是居民委员会,只有真正发挥居民委员会在人民与政府之间的桥梁作用,广泛征集百姓意见并及时反馈给有关部门,政府才能制订出切实有效的投资计划。其次,政府设立公益补贴,企业资助,双管齐下保障演出的正常运作。

2. 社区资源一体化

笔者提出的社区资源一体化是指利用社区现有场地资源、人才资源等,将其组织化、系统化管理,这将有利于社区音乐文化活动的组织展开。目前社区音乐活动硬件设施缺乏,在解决的办法上,除了政府投资增加活动场地及配套设施的建设外,还可利用小区现有资源得到部分解决,比如社区幼儿园、会议室、社区学校等。居民音乐活动的时间大多在晚饭后,如果这些地方能向社区居民开放和出借,即可缓解居民活动场地严重不足的现状,避免一些居民在室外小区街道活动,影响到其他居民晚上休息的情况出现。此外,社区人才资源若能实现一体化管理,专业优秀人才便可在各个社区音乐团体形成共享,提高全市居民的社区音乐文化水平和素养。此外,调动他们参与社区居委会的管理工作,以促进社区居民之间的相互沟通;也可由企业聘请他们参与企业的宣传活动,使其融入社会。总之,社区资源的一体化可以为社区音乐的发展提供便利条件。

3. 全面发展,突出地方特色

目前全国的社区音乐文化发展如火如荼,河北省社区音乐文化建设要想在全国有自己的位置,既要全面发展各种类型的音乐文化,同时也要突出具有本地传统特色的音乐形式。在笔者的实际调查中,发现秦皇岛许多社区居民已经以这类音乐活动为主导,比如秧歌在老年群众中受到普遍欢迎。但是这一形式仍处于群众自发的状态,政府应有计划有组织地参与其中,在全市开展普及秧歌运动的宣传活动,并在学校选拔优秀的青少年秧歌团队,吸引更多的青少年也参与到这项运动中来。此外,吹歌也是秦皇岛一项具有地方特色的艺术形式,但由于具有一定的技术含量,没能在全市范围内普及发展,政府

可以聘请有经验的民间艺人在社区传教，以传承和发扬这一地方传统文化。

4. 加强社区音乐文化建设的艺术性要从教育入手

社区音乐的发展除了要具备良好的硬件条件，更离不开人文环境的建设，人文环境指一定社会系统内外文化变量的函数，文化变量包括共同体的态度、观念、信仰系统、认知环境等。要提升社区的人文环境就要提高居民的思想道德、专业知识，这就要从抓教育入手，既要抓学校音乐教育又要抓社区音乐教育。在西方这两者是互融互长的，社区音乐已作为一门专业课程进入大学课堂，属于音乐社会教育学领域的研究范畴。以加拿大布兰顿大学音乐学院为例，希拉夫·查德威克博士开设的社区音乐课程，具有明确的三个阶段：第一阶段，用五周时间（每周三次课）阅读与讨论社区音乐的概念、目标、合作伙伴关系、教学与四个理论专题。第二阶段，用五周时间直面社区音乐的实践。第三阶段，最后三周不上课，学生用三周时间完成一篇课程论文。此论文包括确定案例、完成初稿、最后定稿三个环节。由此可见社区音乐在学校不仅成为一门专门研究的理论课程，同时也是学生实践学习的课程。社区音乐与学校教育的互融互长还体现在它们之间的合作关系上。布兰顿社区交响乐队是业余交响乐队，由退休老人组成，他们与布兰顿音乐大学是合作伙伴关系，音乐学院提供乐队的排练场地，音乐学院指挥系的学生担任乐队指挥，学生们在这里将课堂所学的一切赋予实践积累经验。这一教育模式我们可以借鉴。此外，建立社区音乐学校对于培养社区需要的艺术人才提供了环境。目前我国的社区音乐学校多数是私立音乐学校，招收的学员也多是面向社会的低龄孩童，学费高昂，覆盖范围窄。虽然很多私立音乐学校由专业音乐院校毕业的学生或老师任教，但这些私立音乐学校并没有与专业音乐院校或社区之间建立合作关系。政府可以在社区组织一批自由学员，年龄不受限制，为他们设立资助资金，帮助他们到社区音乐学校学习。社区音乐学校的优秀教师在学校上课之余，可以成为社区音乐活动的骨干或通过互联网形式开展远程网络社区音乐教育。

综上，建立社区音乐文化发展体系，充分发挥政府、企业、社区、学校之间相互合作的关系，使社区音乐活动、社区音乐学校与社会接轨，真正融入社会文化生活中，提高居民的音乐文化素养，丰富人民的精神文化生活。

参考文献：

[1]周丹：《南京市社区音乐文化考察及对社区音乐建设的思考》，南京师范大学 2011 年硕士学位论文。

[2]王秀萍：《作为音乐学院一门课程的“社区音乐”——以布兰顿大学音乐学院开设的“社区音乐”课程为例》，《黄钟（武汉音乐学院学报）》2010 年第 3 期。

河北省社会科学发展研究课题民生专项　课题编号：201301079

课题负责人：李　冉

课题组成员：贺　敏　刘祥英　董梁飞

高校文化艺术资源服务民生策略研究

唐山师范学院

随着我国改革开放的持续深入，以经济体制为先导的增长方式的转变引发了全社会的整体变革。当前城乡、城镇居民收入差距不断扩大，社会风险递增，以及经济全球化所带来的一系列民生需求问题依然显著，需要进一步展开社会变革的学术研究。

高校文化艺术资源作为社会资源的一种，对其有效的提高和利用将对提高居民生活质量有着重要的现实意义。在城市文化大繁荣的背景下，高校作为传统文化传承、发展和创新的重要平台，作为培养全面发展、创新型人才的主要基地在服务民生问题上具有重要的作用。从目前国内学者关于民生问题的研究现状来看，学者们主要从社会保障、政府职能转变、经济体制改革等方面加以探索和研究。以民生实际需求为切入点，通过对高校文化艺术资源的合理开发与利用，以文化事业和文化产业作为实施手段来解决我国的民生问题应当说是一个新的视野。

一、我国民生问题的形成原因分析：我国正处于计划经济向市场经济、粗放型经济向集约型经济过渡转变的过程中，国家把更多的公共资源投向了经济的发展，而在一定程度上削弱了有关民生问题的资金投放力度。随着生产力的快速发展、经济增长方式的转型，人们对于物质文化和精神文化的需求与社会化大生产之间的矛盾，促使就业、医疗、教育、公共服务等方面的压力增加，这一系列的社会民生问题增加了老百姓的群体心理压力。

二、高校文化艺术资源发展分析：在文化大发展大繁荣的背景下，高校作为传统文化传承、发展和创新的重要平台，其拥有的文化艺术资源不可小觑，对我国主流的文化传承发展有着重大的引导作用；作为培养全面发展、创新型人才的主要基地，对于引导人才开发文化艺术资源具有重要意义。高校艺术教育主要是通过艺术美的形式对学生实施美育教育，从而培养人的审美观念和审美能力。把高校艺术资源辐射到人民生活中，让人民群众了解高雅音乐、了解艺术活动，从而改善精神文明状态，热爱生活，提高幸福指数。因此，开发高校艺术资源服务民生、改善民生对建设精神文明社会，改善人民精神生活具有建设性的意义。

三、高校文化艺术资源服务民生的具体策略研究：开发利用高校文化艺术资源，解决民生问题，服务民生，主要从以下几方面进行研究。

（一）大力发展公益性文化艺术产业，构建公共文化艺术服务体系

文化艺术产业应当说是一个民族发展的魂魄，提高全民族的文化艺术素养是国家富

强、民族复兴的根本保障。党的十六大、十七大指出，维护社会的公平正义是解决民生问题、实现经济发展和社会和谐的基础。文化艺术产业的发展要面向大众、服务大众，以落实社会公平正义为基本准则，以实现人民群众的基本文化权益为主要目标，在此基础上，大力发展公益性的文化艺术产业，构建公共文化艺术服务体系，保障全社会公民的基本文化权益。

（二）发挥政府在文化艺术建设方面的导向作用

我国由于历史因素而形成的城乡二元经济结构使民生问题变得更加突出。长期以来，我国主要是围绕城市谈发展、谈改革、定政策，这就使我国城乡文化艺术产业发展不平衡矛盾尤为突出。因此，我们应借鉴城镇文化艺术的发展成果，在政府的引导下，加大对农村群众文化艺术产业的投资力度，积极开展各类形式的文化艺术活动，为广大农民创造和谐的文化艺术活动氛围。同时，挖掘农村文化艺术活动资源，拓宽文化艺术活动领域，鼓励和支持农民积极参与精神文化活动，积极引导社会文艺团体和文艺人才开展丰富多彩的文化娱乐活动，从而为实现城乡文化艺术的发展，增强全民族的凝聚力奠定坚实的基础。

（三）紧密联系普通群众，有效利用高校文化艺术资源

首先，在文化艺术传播和服务方面应重视社区的作用，繁荣发展社区文化、广场文化。随着社会经济成分、就业方式、生活方式及社会组织形式的多元化，社区居民的价值观念和文化诉求也呈现出多样化趋势。把高校艺术文化引进社区是一个多方受益的活动，既可让高校艺术类学生有实践的机会，又可让社区群众更多地了解、认识、喜爱高雅的艺术。通过社区的精心组织和群众的积极参与，使更多的群众参与到社区文化活动中来。

其次，当前高校文化艺术资源在服务民生的过程中存在的主要问题是与群众联系少，与群众的实际生活相距较远，致使高校学生下乡演出名声打得响，但人民群众叫好的少，响应的少。因此，我们应首先了解民众意愿，了解民众需求，坚持深入基层，问需于民，多渠道、多方式、多层面地汇集民意，从民众喜欢的、熟悉的艺术内容出发，量身打造真正符合民众意愿的艺术内容和形式，从而产生积极的社会效应。

最后，音乐人才培养机制的改革在社会迅速发展的趋势下日趋重要。高校音乐人才的培养机制若要很好地适应民生需求的变化，更好地应对人才市场的变化，需要做一些符合群众需求、社会发展和时代变迁的改革，从而更好地促进音乐文化和音乐人才的发展，为民生需求服务。

四、总结：社会文明的进步与先进文化的支撑息息相关，这是本文通过研究高校文化艺术资源的开发来解决民生问题的意义所在。公共文化服务体系与文化体制改革、艺术文化产业的蓬勃发展，所遵循的就是以人为本的文化民生路线。高校文化艺术资源作为社会资源的一种，作为传统文化传承、发展和创新的重要平台，以其所拥有的文化艺术资源为人民群众艺术上的享受、精神层次的提高和幸福指数的提升提供了强有力的智力支撑。因此，充分开发和利用高校文化艺术资源，对推进社会主义精神文明建设，提升我国的“文化艺术民生”底蕴有着不可忽视的作用。

参考文献：

[1]刘同昌:《和谐之理:中国民生问题的调查与研究》,青岛出版社 2007 年版。

[2]唐洪森:《制度和谐是解决民生问题的根本途径》,《马克思主义与现实》2008 年第 4 期。

[3]晏路明:《人类发展与生存环境》,中国环境科学出版社 2001 年版。

[4][法]丹纳著,傅雷译:《艺术哲学》,人民文学出版社 1983 年版。

[5]赵竹影:《人才战略发展下的音乐人才培养》,《中国市场》2010 年第 22 期。

[6]张伟明:《浅析音乐人才培养与市场需求的关系》,《漳州师范学院学报》2009 年第 4 期。

河北省社会科学发展研究课题民生专项　课题编号:201301358

课题负责人:何　巍

课题组成员:仉　媛　张　欣

高职院校新闻采编与制作专业学生应具备的职业能力分析

石家庄城市职业学院

一、职业能力的含义及分类

职业能力是人们从事某种职业的多种能力的综合，可分成职业核心能力、行业通用能力和职业特定能力。

职业核心能力是从所有职业活动中抽象出来的一种最基本的能力，普适性是它最主要的特点，可适用于所有行业的所有职业。行业通用能力是从一般职业活动中抽象出来可通用的基本能力，它的适应面比较宽，可适用于这个行业内的各个职业或工种。职业特定能力是每一种职业自身特有的，它只适用于这个职业的工作岗位，有一个职业就有一个特定的能力。

本文主要探讨高职院校新闻采编与制作专业的学生应具备的行业通用能力及职业特定能力。

二、高职院校新闻采编与制作专业学生应具备的行业通用能力

（一）较高的政治理论水平

新闻信息具有覆盖面广、即时性强、信息量大等特点。因此作为新闻采编与制作专业的学生必须具有很强的政治敏锐性和政治鉴别力，具有高度的政治责任感和理论水平。要从思想上、政治上自觉与党中央保持一致，讲政治，讲大局，杜绝在党性原则、政治立场和舆论导向上出问题。

同样，作为网络信息的编辑者、发布者和网上舆论的掌控者，坚持正确的舆论导向是新媒体编辑必须遵循的新闻规律。较强的舆论导向意识是其应该具备的一项最基本的素质。网络巨大的信息量、不断发展的网络技术需要网络新闻工作者做好把关人，控制好网上的舆论导向。

（二）具备强烈的责任心与职业道德

新闻稿件要真实、公正、及时，这就要求新闻编辑有事业心、责任感和职业道德，要兢兢业业，精心编稿，一心扑在工作上。新闻工作者要勇于创新，稿件要努力贴近读者需求，坚持正确的舆论导向，紧紧跟上时代步伐。不能因为经济上的诱惑而丧失一个新闻编辑应有的职业道德，要为人民大众服务。

新闻工作者要提高自身的职业道德，做到诚实、公正、与时俱进，只有这样，才能真正担负起宣传国家的方针政策、反映社会现实、引导舆论、传播新闻、履行监督的社会责任，才能在社会主义思想文化宣传和精神文明建设中发挥不可替代的作用。

（三）具备较高的文化知识水平及法律素养

新闻编辑应该具备较高的文化知识水平，这样才能在当今的信息时代游刃有余。随着知识更新的速度越来越快，对新闻编辑文化素质的要求也越来越高，他们不仅要学习自己本专业的知识，还要不断跟上知识更新的步伐，不断更新自己的专业知识，跟上时代步伐。作为一名新闻编辑，一定要做到知识面广，不断充实自己，力求做到既有牢固的专业知识和理论功底，又具备广博的多学科知识，具备较高的文化知识水平。

同时，新闻从业者也要熟悉相关的法律条文，如《中华人民共和国著作权法》《互联网信息服务管理办法》等。新闻工作者要熟知包括著作权、肖像权、隐私权、名誉权、新闻控制与新闻自由等法律法规。

三、高职院校新闻专业学生应具备的特定职业能力

新闻媒体包括报纸、电视、广播、杂志及新媒体。我们主要探讨新媒体的新闻工作者应具备的职业特定能力。

新媒体是新的技术支撑体系下出现的媒体形态，如数字杂志、数字报纸、数字广播、手机短信、移动电视、网络、桌面视窗、数字电视、数字电影、触摸媒体等。目前，新媒体的发展十分迅猛，需要很多具备新闻素质，有一定采编能力的新闻专业人才。但是，由于新媒体自身的特点，新媒体的新闻工作者需要具备传统媒体新闻工作者所不具备的一些能力。

（一）计算机和网络知识素养

传统媒体记者、编辑大多数擅长于他们以往所属媒体的表现形式，而新媒体编辑需要同时了解多种媒体表现形式，集各媒体传播之所长，熟练使用多种新闻表现方式，如网络新闻传播可以同时调动文字、图片、声音和影像手段，增强传播效果。新媒体编辑必须具有相当的计算机和网络知识。大多数网站的网页由技术人员完成，他们的主要任务是完成技术上的工作，不参与到信息的传播之中。因此，编辑必须了解网站设计原理，用好自己的专业知识，使网站建设符合新闻传播的特性和要求。同时，由于网络传播对时效性有更高的要求，如果编辑本身有扎实的网页制作、计算机网络知识，就能在第一时间实现自己的想法和要求。新媒体编辑应比较熟练地使用 HTML（超文本标记语言）语言，熟悉基本的办公软件以及各种常用的图文编辑软件。

同时，新媒体编辑必须具有驾驭网络交互性的能力。在网络传播中，受众与传播者之间可以相互沟通和交流思想，如论坛、微博、微信。因此，作为新媒体的新闻工作者必须具备较强的沟通能力。

（二）具备信息处理的能力

信息处理能力包括：对海量信息的甄别能力，识别哪些信息是可用的，哪些信息是不可用的；整合能力，能将从不同地方搜集的信息重新组合整理，或者形成自己的观点；策

划力,根据不同的新闻事件进行报道策划的能力;影响力,即如何使自己的信息更加吸引人。信息的处理,其内涵包括从采集到发布信息的整个处理过程。信息处理能力是指恰当地选择各种信息工具,主动利用各类信息资源,有效地采集、加工和发布信息的基本能力。采集信息包括:检索信息、获取信息、筛选信息;加工信息包括:整理信息、分析信息;发布信息包括:表达信息、发表信息、表现信息、呈现信息。

在信息筛选方面,新媒体编辑要有采集素材,进行分类和加工的能力;同时还要有对信息内容进行编辑加工、审核及监控的文字编辑能力;进行采访、撰写稿件,生产原创内容的能力也必不可少。

（三）具备信息整合的能力

新媒体编辑只满足于提供信息是远远不够的,还要充分对网络信息进行深度加工;不仅是对某个单独的信息来源进行加工,还要对相关信息进行汇编、整理,提供背景资料、相关链接、读者评价等。

新媒体编辑要运用独特的选取和编排资料的方法,赋予这些材料以独特的组织结构和表现形式。例如,在网络信息传播中,参与交流的网民的心态、目的、表现方式形形色色,这就需要新媒体编辑具有较强的把握、引导、组织能力,能够有效地驾驭网络传播,使网络的交互性能够发挥正面作用,成为引导、服务、沟通的一种有效手段。

作为高职院校新闻采编与制作专业的学生,除了应具备的行业通用能力之外,更要具备特定的职业能力。前者可以使其发展得更好,而后者则是其就业的砝码。

参考文献:

[1]肖盼章:《高职院校新闻专业学生职业能力培养探析》,《文教资料》2011 年第 10 期。

[2]史蓉蓉:《高职新闻专业学生需培养的网络传播能力分析》,《科教导刊》2011 年第 8 期。

[3]马佳明:《当前高职新闻专业教育的困惑和思考》,《新西部》2008 年第 9 期。

河北省社会科学发展研究课题民生专项　课题编号:201301334

课题负责人:王　琦

课题组成员:陈瑞燕　甄伟峰　陈召静　韩晓燕　丁　峰　贾东城

以科学发展观为指导，创新党课培训模式研究

河北建筑工程学院

党的十八大指出，深入贯彻落实科学发展观，对坚持和发展中国特色社会主义具有重大的现实意义和深远的历史影响，必须把科学发展观贯彻到我国现代化建设全过程，体现到党的建设各方面。高校党校是在学校党委领导下，培训党员、干部和入党积极分子的机构，是高校思想政治工作的重要阵地，是党的建设的一个重要方面，因此也必须坚持以科学发展观为指导。在实际工作中，我院党校坚持“五个三”的教育培训模式，取得了良好的教学效果。

一、“活”用讨论法，营造党课活跃气氛

当下的党课教学形式多种多样，在坚持讲授法的同时采用必要的讨论法，这样可以活跃课堂气氛，充分调动学员的积极性，使之由被动听课转为主动参与，变抽象理论为生动事例，达到提高学习效果、促使理论知识升华为工作能力的目的。

（一）课前讨论引话题。一般而言，课题讨论往往安排在课上或课后，但为自然引出讲课主题，也可尝试课前讨论。将讨论安排到讲课的开始阶段，以讨论为引子，把特定的讨论话题直接导入主题，如此可以加深学员对讲课内容的理解。

（二）现场讨论把方向。党课教学中有一种形式叫现场教学，是把课堂安排到特定的场所，通过对事件现场的参观、接待人员的讲解、事例数据资料的收集、部分群众的访谈等形式开展教学。在现场教学中引导学员展开讨论，有利于学员掌握标准，找准前进的方向。

（三）课后讨论强认识。教师的讲课效果如何，学员是否熟练掌握教师所讲授的知识，需要一个平台加以检验，而开展课后讨论则是这种检测的有效方法。通过课后对教学中出现的重要课题的专题讨论，学员对课题的认识进一步加深。

二、“巧”用“对比效应”，提升党课教学效果

（一）先昔后今，在对比中增强教学感受。在党课教学中，经常要讲解社会主义制度的优越性，为了避免教学内容的空洞，教师要善于通过前后对比，回顾旧中国的落后，展示现在的中国，使其间的变化一览无余。在运用时，一是要善于挖掘历史，把每一个课题都向前追溯，弄清问题的来龙去脉，做好充分的资料准备；二是要借助多媒体教学，多搜

集一些历史影像或图片;三是要加强教学的内容编排,在有限的时间、空间,把对比的内容集中展现出来,强化对比效果。

(二)先抑后扬,在对比中提升批评效果。在党课教学中,批评某些行为,抨击某种现象,是需要谨慎处理的问题,因为稍有不慎就可能导致负面后果。教学的真正目的不是揭露问题,也不是回避问题,而是要解决问题。在批评问题时,要具体,不能嘲讽诋毁,更不能任意扩大化;在表扬时一定要准确,突出亮点。先抑后扬,尺度要把稳,无论是批评还是表扬,都要把握好尺度,不能过火,这样才能使被批评者容易接受,也让听者受启发。

(三)先紧后松,在对比中实现管理要求。在党课教学中,如何调动学员的积极性,带动学员听从教学安排,也是一个难题。因为学员都是成年人,而且有些学员担任领导职务,让他们听从指挥、对各项学习要求都做到位很困难。运用好"对比效应",就能巧妙化解这一难题。在教学中向学员提要求时,不能因为考虑到教学方案或教员要求可能会在学员中受阻,就心里先没底了,而是要适当提出高于标准的要求,再通过与学员的交流沟通,降低要求,做到先紧后松,学员就更容易接受。

三、"精"用"情景互动式"教学,创新党课培训载体

(一)建设队伍,充分发挥学员在教育培训中的主体作用。我院各级党组织充分运用优势、整合人才资源,组成专门创作团队,着力打造精品党课。在构思、创作、课堂讲授、互动交流等环节,让学员全程参与,达到学员自我教育、自我提高的目的。党校还专门邀请了一批退休党员教授、老干部担任党课主讲人。

(二)丰富主题,进一步拓展学员教育培训内容。将革命历史题材、现实题材、人物题材、事件题材等作为党课主题,丰富了党员教育培训工作的内容。目前,我院党校已创作了100堂情景互动式党课,有学习郭明义的情景互动式党课《为了人民》等典型人物类;有《当代教育发展启示录》等现实案例类;也有反映革命先烈感人事迹和当前最受关注的人物、事件等特定主题类。

(三)创新形式,切实增强学员教育培训的吸引力。情景互动式党课教学增加了情景展示和互动交流两个环节。通过展示图片或道具、观看视频短片、主讲人陈述、现身说法等形式,使党课形式更加灵活多样。通过重温入党誓词、唱红色歌曲、讲红色故事、发红色短信等互动形式,让学员同步参与,产生共鸣,使党课生动活泼、气氛热烈。

四、"妙"用"配套效应",为党课增添色彩

(一)环境配套,用整洁明亮的空间提升学习效果。在参加培训前,学员首先感受的是学习环境。学员在整洁明亮的环境中,会自觉不自觉地把自己的行为和周围环境相融合,这样,学员学习的心情会更好,听课的专注度也会提高,培训的效果就会更好。因此我们认真做好党课教学的环境配套,选好上课地点,搞好课堂布置,尽量请领导出席开班式,领导重视了,学员才会重视,这对教学可以起到一定的促进作用。

(二)资料配套,用齐全的资料激发学习兴趣。除了环境,学员学习资料的准备也很重要。如果学习所有的资料、讲义等非常精美,也会对学员的学习心理产生不可忽视的

影响。对于党课教学的组织者来说，做好这个环节的工作，是激发学员学习兴趣，使其尽快进入学习状态的关键环节。此外，我院党校借助多媒体手段，改变传统讲授为主的授课模式，通过网络、图片、影视等视觉信息，更好地促进了教学效果的提升。

（三）内容配套，用渐进的方法引导学习深入。在党课教学中，做好内容的配套设计，可以从简单的内容入手，逐渐把大家导入状态，最后才能接受一些挑战性的内容。我院党校在做好党课教学内容配套方面主要有以下几点：一是研究学员的特点，充分考虑他们的专业、年级、学历、经历等因素，有针对性地进行问题准备，贴近实际，提他们身边的问题，问他们经历的事情；二是设计问题由简到难，由浅入深，循序渐进，保证大家有话可说；三是准备多套方案。做好预案，一套不灵，迅速换掉，避免了水土不服、课堂冷场的尴尬局面。

五、"常"用"三法"，从源头上严把入党积极分子入口关

（一）自荐答辩法。我院党校建立了入党积极分子自荐答辩制度。入党积极分子候选人面向党员和师生代表陈述个人表现、入党动机、认责承诺，并接受党员和师生代表提出的问题。答辩结束后，推荐票达到本支部应到党员和师生代表 2/3 以上，方可确定为入党积极分子人选。

（二）动态管理法。我院党校对所有入党积极分子队伍实行动态管理，在每年年底对所有入党积极分子实行民主评议和组织考评，对入党积极分子队伍的现状做一次全面考察，对民主评议不合格的取消其入党积极分子资格。

（三）结对帮学法。我院党校将各学院院长、总支书记、支部书记、党员教师与入党积极分子结成帮学对子，发挥他们作为入党积极分子的导师职责，利用他们阅历丰富、知识面广、理论水平和政治觉悟高的优势，帮助入党积极分子尽快提高思想觉悟。

河北省社会科学发展研究课题民生专项　课题编号：201301269

课题负责人：郭晓波

课题组成员：王华彪　刘晓慧

关于特殊教育音乐师资培训的若干思考

河北师范大学

随着素质教育的大力推行，音乐教育也引起了越来越多教育工作者的重视。特殊教育音乐师资培养问题也逐渐进入研究者的视野。本文就河北省特殊教育音乐师资培训的培养情况进行了调查，调查总结如下：

一、河北省特殊教育音乐师资培训现状

（一）特殊教育音乐教师资源严重缺乏

在我们走访调查的数所特殊教育学校中，发现很多学校开展特殊教育音乐的教师资源匮乏，而且现有的音乐教师队伍里，缺少能够进行专业教学的特殊音乐师资。从现有的音乐教师资源来看，一些音乐教师根本没有接受过专业的特殊儿童教学工作的培训。这些教师不仅没有掌握特殊儿童的专业教学技巧，也没有明确的教学目标，再加上缺乏对特殊教育的理解，致使丰富的音乐教学在特殊教育实践中无法发挥其教育的功能和价值。

据笔者观察，由于音乐教师的专业素质差，在教学内容、教学方法上无法体现特殊教育的办学特点，致使学生的学习兴趣度不高。事实上，特殊教育更需要音乐教师，但目前针对特殊音乐师资的教育机构匮乏，致使特殊音乐教师人才培养更加艰难，这也是特殊音乐师资人才匮乏的主要原因之一。

（二）男性和女性教师人数比例相差悬殊

从现有的特殊音乐教师资源来看，女性音乐教师占有主体地位。

通常高校特殊教育专业的女生数量要远远多于男生数量，这也是构成特殊音乐师资女教师较多的原因之一。笔者在走访调查中发现，无论是特殊教育专业，还是音乐教育专业，男生数量也明显少于女生，这就意味着在日后的特殊音乐教学中，男性教师严重缺乏。

女性天性温柔，容易和孩子相处，而且女教师往往比男性教师更有耐心，尤其对于特殊儿童来说，女性教师或许更适合陪伴他们成长。但从另一方面来说，针对特殊儿童这样的群体，他们更需要男性教师的阳刚之气，需要男性教师给予他们在积极主动方面的引导。因此，均衡特殊教育音乐教师比例，也是构建完善的特殊教育音乐师资体系不可忽视的内容。

(三)高校对特殊教育音乐师资培训不够重视

虽然现在的特殊音乐教学开展有所发展,但总的来说,无论是学校还是社会,对特殊教育音乐师资培训还不够重视。尤其是大多数师范类高等院校,并没有开设专门的特殊教育专业,这严重影响了师资培训的质量和数量。特殊教育是我国学校教育的特殊形式,对于师资要求更为严格。但由于我国的特殊教育起步较晚,对特殊教师人才的培养关注较晚,致使高校对特殊教育教师培养的重视度不够。

另外,由于高校受传统的教育思想影响颇深,很长一段时间内高校的音乐教育基本流于形式,对特殊教育音乐专业设置更是不够关注,甚至个别特殊教育专业的音乐课名存实亡。特殊教育音乐专业在高校的尴尬位置,导致了很多学生不愿报考此专业,这对特殊音乐人才的培养造成了不利的影响。

二、河北省特殊教育音乐师资培训措施

(一)培养专业的特殊教育音乐教师

对于特殊学校来说,音乐教师不再是普通意义上音乐艺术的传授者,而这种特殊的教学形式,赋予了特殊音乐教师新的使命感。特殊音乐教育的功能不仅仅局限于对学生德育与美育的渗透,更重要的是能够帮助特殊学校的孩子养成良好的心态和健全的心理。专业的特殊教育音乐教师,要全面地了解特殊儿童的需求,熟知他们的心理,针对特殊学生的学习特点去开展音乐教学。显然,这样的教学模式更容易被特殊儿童所喜欢和接受。

基于此,特殊学校需要更多的优秀音乐教师参与教学,不断地促进特殊音乐教师团队的科学构建。只有这样,特殊学校才能培养出大批会教育、懂管理、拥有专业的知识技能的音乐教师。也只有专业的"特殊"教师才能针对特殊儿童学习的特点,运用丰富多元的教学手段来帮助特殊儿童走进音乐,享受音乐带来的愉悦。

(二)广泛吸纳热爱特殊音乐教育的人才

针对特殊院校音乐教师男性教师匮乏的问题,特殊教学单位可以通过各种渠道和途径广泛吸纳热爱特殊音乐教育的人才来弥补。虽然特殊教育教师的地位现今已经得到了很大的提升,但仍不能满足男性对较高的社会地位的需求。特殊学校女教师居多、男教师较少的尴尬境地也困扰着大多数男性对特殊音乐教师行业的选择。要想改变男女教师比例失调这个问题,一方面,需要提高特殊教师的社会地位,让这部分教师获得应有的尊重;另一方面,特殊学校也要放开门槛,让更多喜欢特殊音乐教育的男性教师加入特殊教育事业的团队中来。

(三)提高教学单位对"特教"音乐教师培养的认识

笔者调查发现,河北省的特殊教师培养主要以高等师范院校和中等特教师范院校为主,另外还有普通师范院校特殊专业。可以看出,这些教学单位将直接影响特殊音乐师资的建设。要想培养一批高素质的特殊音乐教师人才,相关教学单位必须足够重视。只有对特殊音乐师资培养的思想认识到位,才能逐渐提高特殊音乐师资的人才含金量,才能逐渐给特殊学校进行人才的补充。

总的来说,师资是教育事业发展的保障,优秀的音乐教师资源更是特殊音乐教育发展的“金钥匙”。音乐教师在特殊儿童的教育过程中不可或缺。因此,全社会应共同参与,为特殊教育师资培训献计献策。同时,各高等院校也应加大力度,为特殊学校培训出一批高素质的音乐人才。

参考文献:

[1]李平平:《湖南省特殊音乐教育现状调查于对策研究》,河南师范大学 2006 年硕士学位论文。

[2]李术:《论特殊儿童家长参与学校教育》,华中师范大学 2004 年硕士学位论文。

河北省社会科学发展研究课题民生专项　课题编号:201301110

课题负责人:段志敏

课题组成员:齐江艳

高职院校绩效工资考核评价体系研究

石家庄信息工程职业学院

高职院校绩效工资改革与实施的成败与否直接影响收入分配的公平性和教师工作的积极性，影响到高职教师的职业发展，甚至是高职教育的发展。实行岗位绩效工资，搞好绩效工资分配工作，能够给人事管理体制和思想带来重大变革，有效地调动广大教师的工作积极性和创造性，对于贯彻实施人才强校战略具有重大意义。因此，高职院校面临的一个紧迫问题就是设计和建立一套符合国家工资政策要求、有利于实现高职教育的办学目标、能够充分发挥人力资源管理优势的公平完善的绩效工资分配制度，增强办学活力，提升竞争力。

一、高职院校实施绩效考核的目的

（一）贯彻公平分配原则，提高教职工工作的积极性和主动性

高职教育的服务对象是学生，学生学习的效果是衡量教师劳动成果的手段，但是很难用量化的指标测算。在以往的评价体系中，工龄、职称是最重要的因素，无法充分地调动青年教师的工作积极性。而绩效工资则是“以岗定薪、优劳优酬”，即以岗位为基础，与责任、效益和贡献挂钩，优秀的人才可以承担更多的工作任务，当然也会获得更丰厚的报酬，真正地实现按劳分配，从而提高教职工工作的积极性和主动性。

（二）全面提升教师的综合素质，提高人才培养质量

高职院校的教师的主要工作包括两个方面，即教学工作和科研工作。因此，绩效工资考核的主要内容也是这两个方面。这样可以激励教师不断加强自身学习，改进教学方法，进行科学研究，在提升教师综合素质的同时，不断提高人才培养质量，为社会培养更多、更优秀的技能型人才。

二、高职院校绩效工资考核指标体系设计的基本原则

科学的绩效考核，在高职院校人力资源管理中具有导向作用、激励作用、教育培训作用、反馈控制作用与沟通作用。为了使其更好地发挥作用，在设计考核指标时应坚持以下原则：

（一）尽可能量化原则

量化原则要求考核指标尽量明确、具体、可操作型强。含糊的、模棱两可的考核指标很难发挥实际作用。

（二）硬性指标与软性指标相结合原则

硬性指标是指可以量化，通过数字进行测量的指标；软性指标则相反，它一般是指上级、下属、周围同事的评价。硬、软指标相结合，可以更全面、更客观、更公正地对教职工进行评价。

（三）闭环原则

实行绩效考核的目的不仅仅是为了决定工资、福利的分配和职务的晋升，更重要的是通过考核使广大教职工的奋斗目标与学院的发展目标相一致。因此，每次考核结束后，上级都要与下属进行充分的沟通，分析下属存在的问题，与下属共同制订今后的工作计划和目标，从而使下属的个人奋斗目标与学院的发展目标保持一致。而此时制订的工作计划和目标，又成为下一轮考核的依据。如此循环，就成了一个闭环的考核系统。

（四）差异性原则

由于岗位不同、职务不同，其工作内容也不相同，所承担的责任大小也不同，因此不能实行统一的考核制度，而应针对其工作性质，制订不同的考核内容和考核办法。例如对中层管理者，考核的内容可侧重于部门任务的完成情况、管理能力、勤勉精神、责任感、与其他部门的协调能力等方面；而对于一般的教学和工勤人员，评价内容可侧重于工作数量、工作质量、工作态度、工作潜能、团队合作精神等方面。

三、高职院校绩效工资考核指标

教学、科研和服务是高等教育的三大基本职能，三者相辅相成、互动互助，既可以提高教学水平，又可以提高科研能力，进而使教学、科研成果服务于社会，促进经济的发展。因此，高职院校的绩效工资考核指标也可以将教学、科研和服务作为三个一级考核指标，使三者并驾齐驱，共同提高。为了突出教学工作的重要地位，三个指标的权重分配可设置为40％、30％、30％。

（一）“教学工作”考核指标

教学工作是科研工作和社会服务工作的基础。教学工作者的工作态度、知识结构、教学水平、实践能力、创新能力等决定了科研队伍的结构和水平，决定了能否为社会提供有效的服务。这就需要教师具备敬业精神，不断地学习学科前沿知识，并结合专业人才培养目标的要求和学生的实际情况，用科学的教学方法传授给学生，这样才能达到良好的教学效果。教学工作具体来说应包括课堂教学、指导学生、课程设计、精品课程建设、比赛与荣誉、专业建设研究、教学质量评价等。

表 1 “教学工作”考核指标体系

一级指标	二级指标	三级指标
教学工作	直接教学活动	课堂授课、对学生评价和指导、毕业生论文指导、学生实习指导、课程设计与单元设计等
	其他教学活动	国家级、省级、市级、院级精品课程的建设，授课比赛与荣誉等
	教学管理活动	专业建设研究、教学与学习策略研究、教学质量评价等

（二）“科学研究”考核指标

科研工作是提高教育教学质量的关键。通过科研可以帮助学校筹集办学经费，改善办学条件；可以丰富教学内容，提高教学质量。因此，学校必须鼓励教师从事科研工作。但是，不能因为科研需要花费时间和精力而影响到教学工作，一定要协调好两者之间的关系，不能顾此失彼。具体来说，科研工作包括主持或参与科研项目研究、发表期刊论文、出版教材、发明专利等。

表 2 “科学研究”考核指标体系

一级指标	二级指标	三级指标
科学研究	科研项目	主持或参与国家级、省级、市级项目
	论文著作	期刊论文、学术专著、教材
	获奖成果	自然科学成果奖、社科成果奖、教学成果奖
	专利与软件	发明专利、软件著作权、实用型新专利、外观设计专利

（三）“社会服务”考核指标

高职教育的社会服务职能是要在教学、科研中具有前瞻性，开发新课程、研究新技术、传播新技能，为企业、社会提供广泛、实用、超前的服务，与此同时，为高职院校提供更加广阔的发展空间，实现学校、企业、社会三方共赢。具体来说包括高端技能型专门人才培训与培养、技术创新和推广、传播和辐射先进文化等，使高职院校成为本区域的技术技能培训中心、新技术研发和推广中心、区域学习型社会中心。

表 3 “社会服务”考核指标体系

一级指标	二级指标	三级指标
社会服务	人才培训	为企业员工提供培训、讲座等
	解决企业发展难题	解决企业发展中的技术难题、服务难题、人才需求等问题
	其他	担任企业或教育机构顾问；参加专业协会或学术团体；政府有关或其他公众团体捐助

总之，绩效工资的实施是高职院校薪酬体系的重大变革，同时也是高职院校加速发展的重要契机。科学而完善的薪酬激励机制能够促进高职院校的发展，同时在实施的过程中也要不断改进和完善，最终实现提高高职院校办学水平、提高人才培养质量的目标。

河北省社会科学发展研究课题民生专项　课题编号：201301344

课题负责人：高国云

课题组成员：田　亮　张永欣　王雪霞　马　静　王静维

社会钢琴教育调整和创新的研究

邢台学院

作为一种能够锻炼学生意志、锻炼大脑与肢体协调能力、培养学生高尚情操等多方面提高学生素质的音乐教育形式，钢琴教育无疑在社会音乐教育中占据着越来越大的比重。社会钢琴教育常常成为家长对孩子进行基础钢琴教育的首选途径。社会钢琴教育已然成为中国钢琴基础教育中一个重要的组成部分。尽管社会钢琴教育是对学校基础钢琴教育缺失的弥补，但是由于它的实施主要以个人或由个人建立的培训机构为主，缺乏国家教育机构的统一管理与指导，教育市场比较混乱。师资水平的参差不齐、教学方法的不科学、家长对素质教育的急功近利、重技巧轻艺术的教学思想、学琴目的的迷失等一系列问题频出。社会钢琴教育对于素质教育的普及所起到的作用已经开始引起广大民众的质疑，社会钢琴教育被推到了风口浪尖。作为一名钢琴教师，自己有责任、有义务对其中遇到的问题进行及时的总结和解决，以促进社会钢琴教育的健康发展。

一、教学内容应体现多元化

邢台社会钢琴教师目前所教授的内容有限且单一。由于主要采用的是西方传统的钢琴教材，而且局限于几位有代表性的作曲家，导致琴童所学内容极其枯燥乏味。这不仅会消磨掉琴童的兴趣，而且会使他们产生严重的厌烦情绪。因此，教师应该让琴童经常接触不同内容、不同时期、不同音乐风格、不同体裁的作品。这种接触不应仅限于学习弹奏的内容，还包括引导学生进行不同音乐作品的倾听。通过学习和聆听，一方面使琴童对音乐的感受力、鉴赏力和想象力得到增强和提高；另一方面使学生熟知不同风格作品的演奏技法，从而有助于其对目前学习内容的深层理解和弹奏。

二、增加中国音乐作品的比例

西方的音乐作品在社会钢琴教育内容中占据着主导地位，并且这种情况在钢琴考级中也得到了直接的反映。然而，琴童在学习时，由于无法理解西方音乐的文化内涵，常常在这些作品的意境表现方面力不从心。笔者认为，关于这个问题的解决，教师需在教学内容中适当增加中国音乐作品的比例。琴童接受的是中国的文化教育，与西方的音乐作品相比，孩子在理解和表现中国音乐作品的内容和情感方面比较得心应手。中国音乐体裁范围也相当广泛，包括童谣、民歌的改编曲以及作曲家根据我国儿童身心特点创作的音乐作品。中国音乐作品的比例不断增加不仅有助于加深琴童对中国博大精深的音乐文化的了解和热爱，使其得到更好的传承，更重要的是，中国音乐作品符合琴童的音乐审美倾向，琴童在学习时会更加游刃有余。

三、教学方法的调整

（一）在教学方法的调整方面，邢台社会钢琴教师应当广开思路，不应局限于传统的教学模式。首先，教师在把注意力集中于技术技巧的同时，还应注重学生想象力的引导。音乐本身具有抽象性和非语义性，导致学生在表现音乐时有很大的困难，此时的教师就不能用自己的语言单纯地去表述音乐的情感是如何变化的，而应最大限度地挖掘琴童对音乐作品的想象力。指导学生在弹奏的同时认真聆听音乐，让他们的思想在音乐的国度里自由驰骋。每位学生的想象都是一种宝贵的创造活动，教师对这种创造活动决不能也不应该轻易地去否定。其次，在了解到学生对作品的所思所想后，教师要与学生共同分析，利用联想引导和帮助学生寻找到合理的音乐形象，然后沿着这种音乐形象去弹奏作品，学生会很容易沉浸其中。尤其是对于那些年龄较小的琴童，这种想象教学更能使他们的思维得到锻炼。

（二）尽管一对一的教学方法在社会钢琴教育方面具备一定的优势，但是其不足之处也是不可忽略的。学生在这样闭塞的教学方式中，学习兴趣容易受到影响。笔者认为，邢台社会钢琴教师应该尝试把这种教学方法与其他教学方法结合起来，比如小组课教学、集体课教学，这样的结合不仅能够弥补每种教学方法自身存在的不足，而且可以提高钢琴教学的质量与效率。例如，教师可以经常组织同一年龄段的琴童进行定期的观摩与交流活动，或举办学生音乐会，为他们创造一个良好的竞争与学习平台。为了向公众和同伴展示自己最佳的能力与水平，学生势必会为此而努力练琴，从而使学习效率大大提高。此外，通过这种教学手段，学生能够积累丰富和宝贵的演奏经验，临场发挥和应变能力也都会有显著的改善和提高，这就为其日后参加各种类型的钢琴比赛或演出应该具备的良好心理素质打下了坚实的基础。同时，学生的自学能力也会在竞争的过程中得以体现和增强。在把自己的水平与他人比较后，学生会对自己的优势与不足有更进一步的认识，从而坚定了其在钢琴学习道路上的信心与方向。

（三）教师在教学时应尽量运用琴童易理解、易记忆、感兴趣的语言去教学。从身体、心理、情感、性格等方面来讲，琴童所处的年龄段都还处于一个成长、发育的过程。这种成长特点决定琴童对一些抽象的、理论性较强的语言在理解方面有很大的困难。与之相反，他们对那些形象的、具体的、生动的事物会产生浓厚的兴趣。因此教师在教学时应该善于利用琴童的这一特点，无论是教琴童认识音符、认识乐谱，还是教他们学会弹奏各种乐曲，使用一些浅显易懂、贴近琴童生活的语言，或者通过一个生动、充满童趣的故事把所学内容串联起来，这样的教学方法不仅可以缓解学生的紧张情绪，而且可以使他们以最快的速度融入音乐情境之中。弹奏钢琴对他们来讲不再意味着枯燥无味的键盘敲击，而是成为他们感受快乐、创造快乐的一种方式。

（四）增强教与学的互动。在教学过程中，教师对学生的观点给予一定的评价，使教与学产生一种良好的互动。但是，在社会钢琴教育的课堂上，无论课下琴童表现得多么活泼好动，只要一走进钢琴课堂，大多数琴童都会变得非常安静，甚至有些唯唯诺诺，不敢直视老师，更谈不上表达自己的观点与学习中遇到的问题。究其原因，笔者认为，有些老师过于严厉是学生害怕上钢琴课的原因之一。迫于考级的压力以及恨铁不成钢的心情，一些教师常常采取极端的方式教训学生，比如恐吓，甚至大声训斥，这种方式很容易使学生产生强烈的抵触情绪。此外，还有些老师并不批评学生，对于教学内容也讲解得十分清楚，但是他错误地认为只要自己付出劳动了就已经完成任务，至于学生学不学、学多少则是另外一回事。显然，这是一种极其不负责任的态度，在这样的课堂中，即便学生能够发表自己的观点也是得不到重视的。如果教师与学生之间缺乏交流，缺乏了解，课堂氛围没有生气，教师在安排学习内容以及教学方法时，就无法做到因材施教。

（五）避免急功近利思想。钢琴课程是一门具有很强系统性和科学性的课程，在这种教学过程中，教师必须遵循循序渐进的原则，对于每一个技巧点、知识点都要确保学生理解掌握得十分透彻，长此以往，琴童才能真正掌握和自如运用钢琴的演奏技巧。但是，以上在钢琴教学中所应该体现的基本要求在面对考级时却变得苍白无力。为了达到自己的目的，教师们常常把这些教学的基本原则置之度外，不注重学生基本功的训练，让学生陷入考级内容无休止的反复练习中。有的老师规定学生一年考一级，这就意味着一年的学习时间全部用来练习考级内容，凡是与考级无关的内容均不会进入老师的教学范围之内，导致学生接触的作品内容和风格十分单一，而老师对某一考级曲目进行几十次、几百次的讲解后，孩子对于钢琴的自信心和兴趣也受到严重打击，毫无成就感可言。即便以这种方式侥幸通过了考级，也并不能代表学生的真正水平。此外，有些老师给学生制订的考级计划已经严重超出了学生的能力所及，甚至出现跳级的现象。有的学生考完二级后，紧接着就被老师要求准备六级的内容，到真正考试的时候，错误百出，手指发颤，节奏混乱，极其勉强地完成了整个考试过程。这种跳级现象严重违背了钢琴教学由浅入深的教学原则，违反了科学规律，于琴童是百害而无一利，其结果只能是欲速则不达。家长对教师的盲目崇拜使他们无法预知后果的严重性，当发现孩子除了会弹奏几首考级曲目，而在其他方面一无所获时，已经为时晚矣。

总之，社会钢琴教育与素质教育是息息相关的，它能触及人的灵魂深处，使学习者在接触音乐作品的过程中了解到真、善、美的内涵，进而净化和升华人类的精神世界，激发人类追求美好事物的欲望，而这种影响本身就是对人类素质的一种提高。苏联著名钢琴教育家、演奏家涅高兹教授曾表示，如果由他决定的话，钢琴应当是每个中学生的必修课。所以，从事钢琴教育的工作者，应不断在自己的教学过程中改进教育方法，改变传统的教学方式，创新思维，使钢琴教育的发展惠及学生，惠及社会。

河北省社会科学发展研究课题民生专项　课题编号：201301378
课题负责人：刘红霞
课题组成员：邓小龙　王　静　李　阳　孔令旭　郝玮一

河北省农村教师培训的问题与对策

河北科技师范学院

大力发展农村教育是农村现代化、教育现代化的前提和基础。高素质的教师队伍是农村教育发展的前提。在缩小城乡教育差距的大背景下,农村学校的办学条件和教师待遇逐步得到改善,而如何通过培训提升农村教师的专业化水平成为亟须解决的问题。目前,农村教师培训针对性不强、培训方式单一等问题仍然存在,培训的有效性不能保证。

一、河北省农村教师培训中存在的问题

(一)培训的理论知识丰富,但针对性不强

培训内容是教师培训诸多要素的核心部分,直接关系到教师培训成功与否。访谈中有很多老师都对目前的教师培训尤其是理论知识的丰富给予了一定的肯定,并对今后的培训充满了希望,但也有不少老师对培训中讲座、报告等理论性内容过多表示了一些遗憾。

一些培训在加强农村教师理论知识学习的同时,却忽略了对他们进行专业教学能力的培训,而后者恰恰是受训教师最需要增强的能力。调查表明,来自农村的小学教师都一致认为他们教学中的最大困难是怎样组织教学,培训学员一致认为最有效、最适合自己的培训方式是现场观摩优秀教师上课并与其课后交流,他们最需要的培训者是一线优秀教师。因此,我们的培训方式也与参培者的需求有相当差距。应该承认理论方面的培训不可少,但对于一线农村教师来说,学习理论知识的途径很多,比方说可以通过一些杂志、书籍学习,相对而言,更重要的是如何将其运用到课堂当中、实际操作当中、实践活动当中。培训后不少教师实际教学能力和整体素质没有得到实际提高。其结果是农村教师在实际工作中"学非所用"的情况时有发生,有些教师培训的实际效益不明显。

农村教师的特点以及培训的目的性要求培训要有很强的针对性,所以培训的内容应该弥补教师职前教育的不足,使他们更好地适应基础教育课程改革的发展,从而激发他们的潜能。但我们的农村教师培训的内容选择没有更好地针对农村教学的实际情况,对农村教师的专业发展指导意义有限。

(二)培训方式单一,教师参与培训的主动性不强

有效培训的一个重要保障就是依据不同的培训内容和培训目标选择不同的培训模式,从而使这些受培训者达到新课程改革的要求,改进教学模式和教学方法。教师培训通常是沿用学历教育"满堂灌"的教学方式,接受过在职培训的大部分老师表示此类培训

仍很普遍，有的老师甚至认为："……他们(指培训者)与我平常教学生的方法差别不大。""满堂灌"的教学方式在各类教育中都是改革的对象，而培训机构却将其作为主要的教学方式。调查中有超过一半的教师表示，在目前的农村教师培训中，培训手段主要是传递接受法，而其他的培训方法应用得很少，缺乏互动与交流。

传递接受法作为一种传统的教学方法，其本身无可厚非，但是，在对农村教师的培训中将其作为最主要的方法，就使得培训成了主讲教师的知识或经验介绍，因为没有考虑到农村教师的知识基础，很容易使培训教学活动沦为培训者的课堂独白。这种培训方式没有考虑到教师已有的知识和经验，未能把新的知识和观点与教师自身的教育教学实践紧密地结合在一起，忽视教师的创造性理解。这种以讲解为主的培训方式很难吸引一线教师，而且新课改强调参与式教学，这样的培训方式会对教师产生负面影响，导致教师在自己的课堂教学中仍然沿用传统的教师讲解为主的被动接受式的教学。

(三)教师工作负担重，工学矛盾冲突问题不好解决

中小学教师的继续教育学时有明确规定，但是中小学教师人数编制控制较严，人手相对较少，农村中小学教师需要把主要精力和大部分时间投入日常教学工作中。一个教师任课班级多，有的教师甚至跨年级上课，因此教师的工作量特别大。据了解，农村教师一周的课时在12节以上，其中大多数教师的周课时在15—18节之间。教师的周课时量大，相关教学工作也占据着教师的大量时间。教学任务重，使得教师没有时间参加教师培训。即使参加也是疲于应付，使得培训效果得不到保证。由于生活的压力，个别农村教师在教书之余还肩负繁重的农活。上述这些都会造成农村教师无暇顾及提高自身素质和教育教学能力的培训，农村教育的质量可想而知。这个问题的存在已经影响到相当一部分教师的个人发展和切身利益。

二、提高河北省农村教师培训效果的对策

(一)加强培训者队伍建设，适应发展要求

培训者要加强学习，提高自己的专业技能。更为重要的是，培训者应该进一步了解农村教学的实际，无论是高校教授还是相关学者，都应该走进课堂，了解学校、了解教师，从而掌握农村教学的实际情况，这样才能做到从农村实际出发，理论联系实际，真正成为农村教师的贴心人，不但是农村教师培训的指导者，更要成为培训活动的参与者和合作者。从一线走出的学校领导和骨干教师，要同时具备授课和做示范课的技能，这样结合实际教学的讲授既能让农村教师接受理论，还能在实践教学中更好地领会理论，只有这种理论结合实践的培训才能激发广大农村教师参加培训的积极性，从而使培训真正收到实效。

(二)选择有效的培训方式，确保培训实效

当教师培训需求被确定后，在培训实施方案中，制定明确的培训目标至关重要，准确地表述目标也非常关键，因为这关系到该目标是否能实现。培训内容的选择以教师培训总目标为指导，不但要做到执行国家颁布的教师继续教育课程标准，还要积极开发地方课程和教材。从农村教师实际出发，了解农村教师的现状和实际需求，尽量满足其实际

需要，加强培训内容的针对性和适用性，按需施教。

培训方法要打破“满堂灌”的方式，为提高培训的实践性和实效性有针对性地采用多样化的培训方法，以满足不同培训对象的要求。教师培训要重视课堂互动和师生对话，如采用合作探究的方式，通过共同学习去寻求多种解决方案。在合作的过程中，教师不仅可以向培训者学习，还可以与其他教师分享经验，充分发挥教师的积极主动性；还可以采取案例教学的方式，通过培训教师和受训教师的双向交流，鼓励教师独立思考，切实增强受训教师的能力。受训教师要重视自主学习的作用，客观认识培训过程的独特性，明确自己的需求，以培训为媒介，自主实践，多方评价，不断自我完善。这种培训方式可以使参训教师根据自己的实际情况选择自学方式和教材，做到因材施教；培训者组织的专题讨论给大家搭建了难得的交流、沟通、思维火花碰撞的平台，特别是这种交流是建立在观摩学习、自我反思的基础之上，集思广益的效果非常明显。同时，还要注重通识培训与学科培训相结合、多级培训与校本培训相结合、专家现场培训与网络培训相结合、培训与教学研究相结合，不断增强教师培训的有效性。

（三）搭建培训平台，完善支持体系

人力、物力和财力是中小学教师接受培训的最基本的物质条件和保障。要搭建好教师培训的有效平台，需要国家教师培训政策的大力支持，同时也需要各地区结合自身教育、经济等发展状况，有针对性地制定地方培训法规和培训制度。可以通过教师交流、送教下乡、城乡学校结对子以及鼓励高校毕业生深入农村地区实习等形式，推动农村教师培训工作。需要培训机构在硬件方面的设备、教学资源、教务管理及后勤保障等方面做足够的投入，要把师资力量作为建设县级教师培训机构的重点来抓，使他们具有一定的层次、规格，真正成为教师培训的先行者。同时，也需要行政部门、培训机构、基层学校提供相应的政策保障，要结合本地本校的具体情况，制订切实可行的措施，为农村中小学教师参加培训创造条件，从而保证培训工作的顺利开展。

参考文献：

[1]徐立丹：《浅谈新课改背景下的农村教师培训》，《科教文汇》2009 年第 2 期。

[2]王水玉：《潍坊市中小学教师培训需求问题调查报告》，《潍坊教育学院学报》2010 年第 5 期。

河北省社会科学发展研究课题民生专项　课题编号：201301083

课题负责人：刘　超

课题组成员：李海英　秦　文

新媒体环境下高校网络舆情与思想政治教育研究

河北建材职业技术学院

一、新媒体环境下高校网络舆情的现状

新媒体是依托数字技术、互联网络技术、移动通信技术等向受众提供信息服务的新兴媒体。它的核心要旨是数字信息的跨界流通与接受双方的无穷互动。随着信息技术的不断发展,新媒体的外延也在不断发展和扩大。目前,门户网站、搜索引擎、博客、播客、数字电视、手机等各种类型的新兴传播载体在我国已得到了空前的发展。2013 年 1 月发布的《第 31 次中国互联网络发展状况统计报告》显示,截至 2012 年 12 月底,我国手机网民规模为 4.2 亿,较上年底增加约 6440 万人,网民中使用手机上网的人群占比由上年底的 69.3%提升至 74.5%。而我国用手机上微博的网民数为 2.02 亿,在手机网民中的使用率为 48.2%,相比 2011 年增长了 9.7 个百分点,是连续两年来使用率涨幅最大的手机应用。

新媒体具有数字化、交互性、即时性、易检性等特征,其传播形式、传播内容、传播理念和传播效果在我们的社会生活中所产生的巨大影响将是前所未有的,不可避免地会对高校网络舆情带来影响。针对这一问题,本研究采用随机抽样法,对秦皇岛市四所高校的大学生进行调查。四所高校分别为:燕山大学、河北科技师范学院、河北建材职业技术学院、中国环境管理干部学院。调查样本有重点大学、普通本科院校、高职高专院校,具有一定的代表性和合理性。结果如下:

第一,对于在校的大学生来说,网络是他们获取信息的最主要的方式,占 91%。

第二,在“网络信息真实性”这一问题上,绝大多数学生认为网络信息只能“有选择地相信”,可见大学生群体对网络信息大都抱着将信将疑的态度。而在“如何对待网络负面舆论”调查中,多数大学生(73%)对其持观望态度,这一选择说明了大学生群体还是比较明智的;但排除持观望态度和否定态度的学生之后,仍有部分学生(11%)认为这种信息“很难从正常渠道获得,所以格外重视”,这一点应引起注意。

第三,调查显示,在某一问题上,如果发现自己的想法和大多数人不一样,大多数大学生(76%)会选择保持沉默,不在网上发表意见;而如果发现自己的观点与大部分人的意见是一致的,保持沉默的学生明显减少,64%的学生表示会在网上发表意见或“顶帖”,最后就导致了优势观点越来越强大,弱势观点被逐渐忽视的局面。

此外，由于舆情的监督、管理工作没有能够很好地落实，网络舆情管理手段落后，在高校校园中还存在着散布不实消息和谣言的现象。调查显示，92%的大学生认为目前学校的网络舆情管理工作“一般”或“不好”。

二、高校网络舆情视域下的大学生思想政治教育创新策略

高校网络舆情按其性质可分为正面积极的高校网络舆情和负面消极的高校网络舆情，体现了舆情信息的不同发展方向。一方面，正面积极的高校网络舆情反映了大多数学生的共同需要、利益和愿望，能够将大学生网民的思想和行为引导到符合社会发展需要的正确轨道上来，对思想政治教育具有促进作用，对社会发展起推动作用。但另一方面，消极负面的舆情信息具有非理性、从众性、逆反性等的特点，容易使大学生受其影响导致理想信念的失衡，找不到正确的方向。虽然网络对自身信息具有一定的净化能力，但是由于持续时间长、信息量大、难辨别等原因，净化的效果不是很明显。因此，高校网络舆情的发展需要大学生思想政治教育的有效引导，从而减少对大学生和思想政治教育工作的不良影响。

（一）完善思想政治教育网络平台，占领主阵地

中共中央、国务院《关于进一步加强和改进大学生思想政治教育工作的意见》指出：“要全面加强校园网的建设，使网络成为弘扬主旋律、开展思想政治教育的重要手段。”要树立主阵地意识，加强网络基础设施建设，努力使校园网络成为开展思想政治教育的重要载体，为学生提供健康生动、新颖活泼的思想政治教育资源。例如，可以建设自己的主题网站、开设“社会热点”聊天室或创办“电子刊物”，就热点问题进行讨论，解答大学生心中的疑惑，真正起到引导作用，营造积极向上的校园网络文化。

（二）建立高校网络舆情预警机制，把握大学生思想动态

高校网络舆情反映了一些大学生通过传统渠道不便表达的真实意愿，是大学生思想动态的“晴雨表”“体温计”。因此，高校应利用现代网络技术，建立多层次、全方位的网络舆情信息收集与预警机制，及时了解舆情信息，分析态势，预测走向，以便及时提出解决问题的对策和建议，提高网络舆情的应急处置能力。例如，可以指定专门人员密切关注校园网、QQ群及各类贴吧的动态，对其中透露出的信息整理分析，及时掌握大学生的思想倾向，进行有针对性的教育。

（三）提高信息素养，加强网络舆情引导队伍建设

我国教育部明确提出：“要培养一支既具有较高的政治理论水平、熟悉思想政治工作规律，又能较有效地掌握网络技术、熟悉网络文化的特点，能够在网络上进行思想政治教育工作的队伍。”因此，要想处理好高校网络舆情，最终还是靠人，必须有一支既具有扎实的业务知识基础、又能熟悉网络操作技术的网络舆情引导队伍。广大的思想政治教育工作者应与时俱进，认真、全面学习网络知识，提高信息素养，掌握传播学技巧，围绕大学生关注的热点问题、焦点问题，主动撰写帖子，吸引学生点击跟帖，有效引导网上舆论。

（四）重视网络道德教育，提高大学生网络免疫力

高校网络舆情是理性与非理性的结合，面对良莠不齐的大量网络信息，大学生虽然

具有一定的理性认识，但还是很容易迷失其中。因此，要想避免虚假信息、过激言辞的泛滥，必须重视网络道德教育，培养大学生高度的网络道德责任感和良好的行为规范。例如，可以对热点事件进行深入剖析和教育，强化大学生作为网络信息的提供者与传播者的道德责任，组织学生社团开展“微博辟谣”活动，等等。要提高大学生的网络免疫力，使其能够辨别真伪、善恶、美丑，让其自觉抵制反动、色情、暴力等信息垃圾的入侵，从而从主观上杜绝虚假、非法网络舆情的产生和传播，减少和消除网络的负面影响。

（五）发挥大学生主动性，培养“舆情领袖”

每个BBS、贴吧等网络交流平台中都会有一些见解独特、分析问题深刻、能引领主流舆论的“舆情领袖”。“舆情领袖”是一把“双刃剑”，他们的身份形形色色，具有很强的号召力和感染力，能左右周围的人，在网络社会中发挥着不容小觑的作用。因此，高校应发挥大学生的主动性，选拔、培养一批政治上可靠、思想上坚定，又具有以上特点的学生骨干来充当我们自己的“舆情领袖”，通过他们进行话题引导，倡导符合主流价值观念的舆论导向。

（六）紧密结合新闻时政，提高课堂教学时效性

高校网络舆情是借助新媒体传播的，可以让大学生在数秒内链接到所需的网页，快速获取相关信息。相比之下，“照本宣科”式的传统教学模式则显得时效性不足。在某些高校，思想政治课堂还是圈囿于知识化课程、灌输式教学，已明显落后于时代发展。因此，思想政治教学要充分运用现代传媒来丰富教学手段，本着“趋利避害”的原则，引入新闻时政，提高教学时效性，增强课堂吸引力。可以在第一时间将一些正面舆情事件引入课堂，如“最美女教师”张丽莉的事迹等，用新闻人物、道德楷模来凝聚高校网络舆情的正能量。

河北省社会科学发展研究课题民生专项　课题编号：201301268
课题负责人：王　栋
课题组成员：侯秀芳　庞海珍　牛海峰　杨　杰　牛靖丽

城乡小学英语教育的差异与对策

河北科技大学

自从2001年教育部颁布实施《国家英语课程标准》以来，小学英语课程已基本得到了普及，我国英语整体教育水平也已经取得了巨大的发展和进步。但农村地区小学英语教育水平和城市相比仍存在较大的差距。城市地区教学设备、师资力量、教学方法、教学效果等方面明显优于农村地区。为贯彻落实《国家中长期教育改革和发展规划纲要(2010—2020年)》，提高九年义务教育水平，深入推进义务教育均衡发展，国务院于2012年9月提出了深入推进义务教育均衡发展的意见。意见提出了均衡配置办学资源、合理配置教师资源、推动优质教育资源共享等相关要求。因此，本文分析了城乡小学英语教育的现状，探讨了城乡小学英语发展不平衡的原因，并提出了相应的对策，以促进城乡小学英语教育的均衡化发展。

一、城乡小学英语教育现状与问题

为了能够真实了解城乡小学英语教育存在的差异及问题，本研究选取了4所农村小学和4所城市小学作为研究对象，深入一线课堂进行课堂观察，对相关英语教师进行了问卷调查，并就相关问题对师生进行了座谈。认真探讨了教学设施、师资力量、教学方式、家长理念及社会资源等方面的问题。

(一)城乡教学设施的差异

近几年来，国家不断加大对教育的投入，义务教育的经费也有了较大的提高，但城乡义务教育均衡的需求仍然巨大。经济发展在城乡之间的不平衡导致了城乡之间教育经费投入的差异性。城市地区的教育资源与配置已经比较完善，城市小学几乎所有的教室都配有多媒体设备及相关教学辅助设施，这给小学英语教学提供了有力的技术支持，也让教师能够更好地通过各种多媒体英语资料创设更加真实的英语语言环境，组织更加丰富的英语课堂，让学生更好地体验真实的英语语言。农村地区经济发展的滞后性导致了教育经费的短缺，使得各类教学设备与资源比较匮乏。不少农村学校只有一台录音机及少量的英语单词卡片，几乎不能利用现代化的教育手段来开发教学资源，老师也没有办法进行真实丰富的语言教学，学生也只能被动地单调地学习英语，其学习效果远远低于城市学生。城市小学校舍建设和人均图书数量也明显优于农村小学，有些偏远农村小学根本就没有图书参考资料，这也在一定程度上制约了农村小学英语教育的发展。

(二)城乡师资力量的差异

师资问题是提高小学英语教学质量的关键所在,就目前而言,农村小学的师资问题依然没有完全得到解决,无论是数量上还是质量上都存在明显不足。英语教育是一种相对特殊的教育,应当由英语专业的老师来担任。而不少农村小学的英语教师都是非英语专业出身,有很多都是从别的学科转到英语学科来的。在这些农村小学英语教师当中,也有些是英语专业毕业的大学生,其中大部分属于特岗教师,虽自身业务素质较高,但课务繁重、经验不足;有些是临时代课教师,虽为英语专业,也有较强的业务技能,但工资待遇较低,稳定性不高;有些是转岗英语教师,虽有一定的英语基础和教学能力,但缺乏系统的英语知识,口语偏弱,英语教学效果不太理想。城市小学英语老师大部分都是毕业于英语专业,他们有着系统的英语学科知识和比较先进的教学方式和理念,可以给学生教授标准的国际音标和正确的单词拼读规则。很多城市小学还提供远程教学设备或多媒体教学设备,使得老师们可以获得更多更好的音频或视频英语教学资料。学历方面,在受访的 38 名城市小学英语教师中,拥有本科及以上学历的教师 26 名,大专学历的有 12 名。而农村教师中,在受访的 11 名教师中,只有 2 人有本科学历,专科及以下学历 9 人。城市小学英语教师较高的学历层次使得教学效果明显强于农村小学。

(三)城乡教学方式的差异

相对于城市小学,农村小学英语教师的教学方法和手段比较落后。传统的英语教学方法仍然被许多农村教师运用。这种填鸭式的教学方法,难以创设良好的语言环境,学生只是被动学习英语知识,课堂气氛比较沉闷,而且这种方式也不太符合小学生的学习特征和心理需求,自然也无法激起学生的学习兴趣,导致部分学生从小学四年级开始觉得英语学习枯燥无味,慢慢失去了学习英语的积极性,甚至产生抵触情绪。当然农村小学教学设备的简陋也制约着农村英语老师的教学方式。城市里的学生在上小学前就已经学过了一定的英语单词或音标,所以在教学过程中,城市英语教师可以进行英语单词卡片的认读比赛、初级英语单词接龙等灵活多样的教学方式。同时城市学校较为齐备的教学设施也为老师们多样化的教学提供了条件。城乡小学英语教师的教学内容和方式的差异已经成为制约城乡均衡发展的重要原因。

(四)家长理念及社会资源的差异

由于所处环境的不同,农村学生和城市学生在教育、生活、娱乐等方面存在着很大的差距。农村孩子的家长有些识字不多,甚至是文盲,根本没有能力去辅导孩子的学习,更不用说辅导英语学习了。农村里的孩子除了学习之外,还需要帮助父母干各种农活,加之农村条件的限制,几乎没有机会去参加英语辅导班或类似的兴趣班。对于城市里的孩子而言,无论是父母自身的素养还是社会资源的获取都明显优于农村学生。城市家长们都乐此不疲地让孩子们参加各种兴趣辅导班。同时,城市的幼儿园从一开始就让孩子们接触英语,学习英语,这使得城市孩子们更容易喜欢上英语的学习。家长在孩子还很小时就有意识地培养孩子们学习英语的兴趣,比如参加各类英语兴趣班等,这极大地促进了城市孩子对于英语语言的感知和学习。而对于农村孩子来讲,有些在幼儿园根本就没有接触过英语,甚至有些贫困地区在小学三年级才开始接触英语。因此农村孩子对英语感到很陌生，甚至是害怕，由此可能导致学习英语兴趣不浓，自信心不足等各种问题。

二、城乡小学英语教育均衡发展对策

(一)政府应加大对农村小学的教学设施的投入

各级政府应努力减少城乡教育投入的差距，切实保证贫困地区教育经费的投入。《国家中长期教育改革和发展规划纲要(2010—2020年)》中提出，巩固提高九年义务教育水平，深入推进义务教育均衡发展，要不断健全以政府投入为主多方筹集教育经费的制度，大幅提高教育经费，特别是保障农村地区教育经费的投入。就目前而言，农村地区的教育经费的投入还远远不够，希望相关部门，进一步加强对农村小学的调研，重新评估农村小学的教学设施，进一步加大政府对农村小学教育经费的投入，特别是对农村小学教室现代化教学设施的配置，改善薄弱学校的办学条件。

(二)提高农村教师的待遇

"教师专业化需要政府提供一定的经济保障，使教师的专业发展得以顺利进行。"只有不断提高农村小学英语教师的待遇，才能进一步调动农村英语教师的积极性，才能吸引更多的英语专业毕业生参与农村英语教育和教学实践。农村地区条件本来就比较艰苦，只有提高社会保障和各种相关待遇才能留住优秀的英语教师。相对丰厚的待遇也能够减轻农村英语教师生活及经济方面的压力。这样不但可以解决农村师资缺乏的难题，更有利于广大农村英语教师全身心地投入到教育事业中。因此，政府的教育经费投入应该更多地投入到农村小学中去，改善农村教师的生活条件、待遇和其他福利，使农村小学英语教育能够更上一个台阶。

(三)加强师资培训，促进教师专业发展

小学英语教师队伍的整体业务水平对英语课程的教学效果和质量有直接的影响，因此需要进一步加强小学英语教师的师资培训，促进教师的专业化发展。小学英语师资问题的解决需要当地政府各个部门的协同合作，从政策层面研究如何妥善解决待遇、编制、在岗培训等问题。应当进一步安排更多的特岗教师补充到农村小学英语教师的队伍中。同时教育主管部门和相关学校应结合"省培"和"国培"计划，分期分批地加强在职小学英语教师的各种培训工作的力度。

同时农村小学英语教师也需要认真开展教学研究活动，促进教师自身的专业化发展。有计划地参加继续教育、学历教育等相关职业发展教育，从英语语言水平和教学理论水平等方面提升自己，不断更新学科知识，不断接受并实践新的教学理念。因此，农村小学英语教师应根据自己职业发展的不同阶段，合理规划自己的教师职业发展方向。

(四)实施城乡帮扶，增强农村英语教师师资力量

国务院曾经明确提出，要建立城市小学教师到乡村任教的制度。在目前党的群众路线教育实践活动的背景下，更应该进一步完善城市教师帮扶农村教师的制度，要求城市教师晋升职称前必须有乡村任教帮扶的经历，以此来加强城乡小学教师的交流。城乡教师制度化的定期交流，有利于提高农村英语教师的业务素质，积累更加丰富的教学经验，促进农村小学英语教学质量的提高。特别对于比较偏远、师资力量薄弱的学校，这种帮

扶和交流的效果更加明显。同时还可以充分利用现代化的远程教育设备，进行远程教学交流与研讨，英语教学资源的共享，等等。

综上所述，通过对城乡小学英语教育发展的差异分析得知，我国农村地区小学英语教育水平还有待提高，城乡小学英语教育均衡化发展任重而道远，需要社会各界力量共同努力促进城乡小学英语教育均衡化发展。

参考文献：

[1]教育部师范教育司：《教师专业化的理论与实践》，人民教育出版社 2003 年版。

[2]《国家中长期教育改革和发展规划纲要（2010—2020 年）》，新浪网，http://edu. sina. com. cn/l/2010—07—30/0811191352. shtml.

河北省社会科学发展研究课题民生专项　课题编号：201301064

课题负责人：毛桂楚

课题组成员：张会肖　李晓红　院佳莉　蒋　挺

在大学英语教学中加强通识教育

河北科技大学

随着《国家中长期教育改革和发展规划纲要(2010—2020)》的出台,全国大学教育发展进入了一个新阶段。如何提高高等教育质量和国际化水平,培养学生的综合素质、创新精神和解决问题的能力成为未来教育的核心任务。作为高等教育的一个有机组成部分,大学英语和其他课程共同担负着培养人才的重任。从大学英语的教学目的来看,它不仅是作为拓宽文化知识、增强跨文化交际能力的语言基础课程,也是加强通识观念、传播民族文化的素质教育平台。

一、大学英语教学的现状和问题

大学英语是我国各高校公共外语类的必修基础课,它的教学对象是非英语专业的本科生和研究生。我国的大学英语课程与教学模式经过几十年的发展,虽然取得了显著的成绩,但仍有很多不尽如人意的地方。当前中国社会的经济主导型意识,强化了英语的工具性,使得教师在英语教学中过度重视单纯性的语言技能的培训。学生虽然通过了英语四、六级考试,但学生的英语语言应用能力、综合文化能力和素质仍不容乐观,这些都影响着人才创造能力的形成。英语教学中的实用性和功利性倾向动摇了英语教育的人文学科方向,导致学生思维匮乏,缺乏对人生普遍价值的认知能力,在知识范围上普遍狭隘,其毕业后的发展空间狭小,甚至与英语毫无关系。

虽然大学英语教学在不断进行改革,但大多是在教学结构、模式或是教学硬件方面的变化,由粉笔黑板到多媒体及网络的应用。在教学内容上仍过度强调外语作为语言的工具性,忽视了英语教育本身的人文学科色彩。大学英语基础阶段的教学目的已经变成通过全国大学英语四、六级统考,而部分用人单位也以四、六级证书为录用条件。在应试教育和社会求职压力下,学生学习英语的目的带有功利性,学习英语的唯一动机仅仅是为了通过四级或六级考试,导致越来越多的大学生虽拥有四、六级证书,却无法熟练地使用英语进行口头和书面交流。由于缺乏具有人文通识知识的师资队伍,在教学目的上忽视了对目标语国家传统文化的导入及培养学生健康、良好的身心素质,忽略了提高学生的自学能力和创造能力,学生的整体综合素质普遍不高。如何从大学英语教学费时低效的困境中走出来,笔者认为在大学英语教学中加强通识教育是非常必要的。

二、大学英语教学与通识教育

《大学英语课程教学要求》明确提出:“大学英语课程作为一门语言基础课和素质教育课程,兼有工具性和人文性的特点。通过大学英语教学,不仅要培养学生的语言技能和语言交流能力,还要使学生通过对语言的学习,了解世界文化以拓宽其知识面,从而培养学生跨文化交际能力和提高学生的人文素养。”大学英语教学的目标是培养具有外语知识和人文素质的复合型人才,这与通识教育的教育思想是一致的。

世界各国都认识到通识教育是大学整体教育的一个重要组成部分。通识教育在西方国家,特别是美国有着较长的发展历史和实践经验。通识教育一词最早是帕卡德教授提出的。1945 年,哈佛大学出版了题为《自由社会的通识教育》的报告,指出美国高等教育首先要克服过分专门化的倾向,通过通识教育帮助学生“有效地思考、交流思想。做出适当的判断并区别不同的价值观念”。我国学者李曼丽在《通识教育——一种大学教育观》中指出:“通识教育就性质而言,是高等教育的组成部分,是所有大学生都应该接受的非专业教育;就其目的而言,通识教育旨在培养积极参与社会生活的、有社会责任感的、全面发展的社会人和国家的公民;就其内容而言,通识教育是一种广泛的、非专业的、非功利性的基本知识、技能和态度的教育。”大学英语课程的性质决定了它在通识教育中的地位和作用,语言不仅是工具,更是文化的载体。刘献君教授在其《大学之思与大学之治》一书中这样说道:“今天,我们的教育、教学过于重视知识,看中功利,讲究实用。重视那些关于今后职业、谋生的手段的课程,轻视那些关于思想、灵魂、信仰的课程。如果这种教育观念不改变,我们培养的学生将可能是:有智商没有智慧,有知识没有思想,有文化没有教养,有目标没有信仰,有欲望没有理想,有青春没有热血。这是十分危险的。”通识教育是基于对人与社会本质的认识而提出的一种大学教育思想和培养策略,其核心是为社会培养合格的公民。大学是人生观和世界观形成的关键时期,如何培养学生正确、完整的人生观和世界观是通识教育赋予大学英语的重要使命。

三、如何在英语教学中融入通识教育

语言不仅是一种交际工具,还是该民族认识、阐释世界的一个意义体系和价值体系。通识教育与大学英语教学是相辅相成的,大学英语教学中的文化因素决定了其在通识教育中的重要地位。大学英语教学内容丰富多彩,涉及中西方人文历史、民俗文化等多方面的知识。这些都为教师提供了进行通识教育的广阔空间。教师在课堂教学中,应该不断扩展大学英语课程的内容,既要注重语言知识的讲解,更要重视对学生的文化素质的培养和跨文化交流能力的提高。这不仅避免了枯燥的讲课,而且使课堂内容更加充实,活跃了课堂气氛,提高了学生的学习兴趣,对语言知识的学习也起到了促进作用。

吴鼎民教授结合大学英语学科的特点,明确提出了把英语语言、中外文化和多学科知识系统地融入大学英语教学之中的“三套车”的教育理念,把大学英语课程改造成英语语言学习和技能训练、跨文化交际以及通过英语获取多学科基础知识的一门综合性的、多功能的课程。除了在课堂进行通识教育,还要开设各种既有深度也有广度的选修课,满足学生发展的需求。如英文电影欣赏、英文诗歌音乐欣赏、英语写作、英美概况、英美文化、英美文学等，这些课程可以扩大学生的知识面，也提高了学生的文化修养。

大学英语教学的目标是培养学生英语综合应用能力和提高学生的综合文化素养，在大学英语教学中注重对学生的通识教育，是英语教学改革的趋势。

参考文献：

[1]教育部高等教育司:《大学英语课程教学要求》，上海外语教育出版社 2007 年版。

[2]李曼丽:《通识教育一种大学教育观》，清华大学出版社 1999 年版。

[3]刘献君:《大学之思与大学之治》，华中理工大学出版社 2000 年版。

[4]吴鼎民:《大学英语与通识教育》，《镇江高专学报》2003 年第 10 期。

[5]吴鼎民:《大学英语教学的“三套车”构想与高素质人才培养》，《江苏高教》2005 年第 4 期。

[6]周莹:《实行大学英语通识教育，培养高素质复合型人才》，《江苏高教》2008 年第 5 期。

[7]甘阳:《通识教育:美国与中国》，《复旦教育论坛》2007 年第 5 期。

河北省社会科学发展研究课题民生专项　课题编号:201301063

课题负责人:李　伟

课题组成员:李春宁　马　昭　杨　彦

英语论说文图式训练对大学英语写作能力的影响

河北工业大学

引言

大学英语写作一直是英语教学与学习中需要攻克的一道难题。教师觉得难教，学生对写作也是深恶痛绝。经过多年实践教学，笔者发现非英语专业学生在大学英语学习阶段，以及四、六级考试中，写作部分是相当薄弱的。突出的问题是作文词不达意、主题不明确和句式单一、文章枯燥乏味。造成这种现象的原因不外乎教师和学生两个方面。从教师方面看，一般而言，高校的英语课程设置在前四个学期，以河北工业大学为例，英语教学四个学期的总学时数是256学时，任课教师在短短的256个学时内完成课本讲解和练习都会觉得时间紧迫，可是如果还要在这256个学时内添加写作教学是非常有难度的。所以，很多教师即使意识到写作教学的重要性，也没能要求学生定期写作，从而导致大学生写作的薄弱意识。从学生方面看，学生在选择表达方式上缺乏技巧，不懂得如何根据自己表达意图的需要来选择相应的表达手段，让文章服务于自己的写作意图，在作者和读者之间不能有效地建立起一座沟通的桥梁。若想培养学生这方面的能力，把图式理论与大学英语写作结合起来是个非常有益的尝试。

一、图式理论对大学英语写作的启示

图式(schema)是表征人类一般知识的一种心理结构。图式是认知的基础，是背景知识的有机整体。图式理论的主要观点是：人们在理解新事物时，需要将新事物与已知的概念、过去的经历，即背景知识联系起来。对新事物的理解和解释取决于头脑中已经存在的图式，输入的信息必须与这些图式吻合。写作是一个语言产出的积极的心理过程，必然会牵扯到学习者运用其背景知识，因此图式理论也同样适用于写作的教学研究。但从国内外关于图式理论的研究状况看，更多的研究是注重图式理论与英语阅读教学的关系，目前尚无关于英语议论文图式训练对提高写作能力方面的实验研究，本研究是弥补这方面的不足的有益尝试。

二、实验设计思路与操作方案

（一）实验设计思路及研究内容

本次教学实验以图式理论和语言认知加工理论为基础，采取完全随机试验设计，在不增加课时总量的情况下，以对比阅读—抽取图式—指导性总结—仿写练习—写作共享—问题分析的教学方法介入学生的写作过程，旨在探究能够提高体现英语学习者语言综合能力的英语写作水平的新的教学策略，并打破传统的“教师讲授—命题写作—学生习作—教师批阅”的单线联系的教学方法。本次教学实验旨在回答以下问题：1. 英语论说文图式训练能否提高非英语专业学生的议论文图式结构意识，增强对语篇结构把握的敏感性，理解写作意图，提高写作能力；2. 图式理论在指导学生写作过程中是否具有很强的操作性；3. 教学实验后，学生在英语论说文写作中的篇章模式选择会发生什么样的变化，其写作特点是否有变化。

（二）实验方法与操作程序安排

本次实验研究以河北工业大学城市学院两个能环专业班共计 161 名大二学生为研究对象，其中一个班为实验班，另一个班为控制班。两个班的学生均参加实验前问卷调查、前测和后测，实验班学生增加试验后问卷调查。实验采取的研究工具为问卷调查及测试。本次实验的第一阶段为数据收集与前测。本次实验的第二个重要阶段是根据实验设计思路，在现代技术环境下进行教学实验，具体的做法是：第一，以学生所用教材《新视野大学英语》第四册为蓝本，选取有代表性的 6 个单元共计 12 篇文章，以篇章结构图示的异同重新编排实验班的同学进行小组划分。第二，实验班学生在课前阅读完重新编排的文章后，抽取出文章的内容图示和结构图示，教师关注每个小组的讨论结果并给予评价，引导学生思考他们的发现并给出指导性总结。第三，要求学生把文体结构图示运用到写作中去。任务布置后，学生要求以收集资料、讨论、初稿、修改、定稿、上传方式完成写作任务。作品最终由小组长利用河北工业大学外国语学院 80 座自主学习实验室上传所有人的定稿到班级讨论模块里。第四，教学实验后进行后测以及问卷调查并对结果进行分析。

三、实验效果分析

实验班和控制班的学生同时参加教学实验后测试，布置一篇难度为大学英语四级考试水平的议论文进行写作练习，测试评卷工作由参加前测工作的两位老师承担，问卷调查的内容与前期内容相同。在随机抽取的实验班和控制班共 126 份作文中，学生表现出了对于议论文内在图式结构的较好把握，实验班 74％的学生很好地使用了形式图式篇章模式，达到了理想的效果，且实验班超半数（56％）的学生习作得分在 9 分以上。而控制班学生对于形式图式模式和内容图示模式的使用频率则相对较低，为 66％。在本课题的实施过程中主要有以下两方面的难点：第一，在该实验过程中，由于对结构图示和内容图示的宏观掌控，所以无法兼顾词句、语法等项目。第二，无法做到对比修辞、衔接、连贯等方面的微观研究。

结论

通过上述实验，笔者得出以下结论：

（一）三种图式构成ESL写作研究的基础：语言图式、内容图示和形式图式。语言图式指的是学习者现有的语言水平，包括对词汇、语法和习语等的运用能力，这是其他图示存在的基础。没有相应的语言图式，学习者不可能启动内容图示进行编码，也不能使用形式图式建立篇章结构。内容图式是有关文章内容所涉及的背景知识。通常，学习者对文章题目的熟悉程度会对写作过程产生直接影响，决定写作的效率和文章的可读性。形式图式指的是有关各种文章类型、修辞结构之间差别的知识，如篇章的组织和细节的排列。英汉篇章结构在很多体裁的写作中有明显不同，熟悉英汉两类图式的异同对二语学习者提高写作的有效性会有很大帮助。

（二）英语论说文图式训练能够提高学生的议论文结构图示，增强学生对文章结构的敏感性，提高学生的议论文写作水平。但是在教师试图通过抽取论说文图式以激活学生的结构图式并使之迁移到英语的写作情景中时，并没有意识到学生受母语写作经验技巧的影响，而无法将其正面迁移到新的语言使用环境中。因此，图式理论的有效性是有限的，在本研究中比较明显的积极作用体现在形式图式层面。而学生内容图式和语言图式的丰满是长期的过程，既需要提高语言能力，也需要锤炼写作技巧。

（三）教师以对比阅读—抽取图式—指导性总结—仿写练习—写作共享—问题分析的教学方法介入学生的写作过程是切实可行的教学策略，无论对于提高学生的写作水平，培养学生的综合素质，还是对于教师的专业提高来说，都是有益的。

参考文献：

[1]蔡基刚：《英汉对比修辞写作》，上海外语教育出版社2003年版。

[2]吴雯：《论图式理论与大学英语阅读教学实践》，《湖南工程学院学报》2010年第3期。

[3]靳露：《图式理论在大学英语阅读教学中的应用》，《吉林大学学报》2012年第10期。

[4]商爱华：《图式理论指导下的大学英语阅读能力提高研究》，《新西部》2012年第11期。

[5]李丹洁：《中西思维模式及篇章模式对比与英语写作策略》，《曲靖师范学院学报》2007年第1期。

[6]刘辰诞：《教学篇章语言学》，上海外语教育出版社1999年版。

[7]汤运华：《图式理论指导三本大学英语阅读教学的实证研究》，《外语教育技术》2012年第5期。

[8]张法科：《图式理论在EFL阅读教学中的应用研究》，《外语界》2010年第2期。

河北省社会科学发展研究课题民生专项　课题编号：201301486

课题负责人：贾利军

课题组成员：王延菊

基于制度创新的体育档案信息管理建设研究

河北体育学院

随着信息技术的快速发展、互联网的普遍使用，网络环境对社会各领域都产生了重要影响，并对网络信息档案的形成、传播和开发利用提出了新的要求，这在一定程度上影响与改变着传统的档案管理模式。由此，必须对传统的档案管理手段进行改革和创新，建立与网络环境相适应的管理体系，使之真正成为承载与传承体育信息与资料的有效载体和途径。笔者结合新形势对档案工作的要求，探讨了体育院校加强档案信息管理的必要性和迫切性，在分析网络环境对档案信息管理工作影响的基础上，提出了具体的对策与建议，旨在为加强档案信息管理工作提供思路与帮助。

一、网络环境下体育院校的档案管理工作需要加强档案信息化建设

近年来，随着高等教育教学改革的深化和我国体育事业的长足发展，体育院校教学条件得到了很大的改善，为加强内涵建设，提高教学质量提供了有力的硬件保障。但在档案网络信息化管理方面的欠缺与不足，严重制约与影响着信息的存储与利用，因此，迫切需要加强学校档案信息化建设，从基础建设和功能开发利用上进行改进与提高。

（一）时代发展需要不断完善档案信息化软硬件建设

多年来，随着高等院校校园数字化建设进程的加速，网络环境趋于成熟，但档案信息化建设水平却不尽如人意，表现之一就是档案的信息化存储、流转、开发与利用等所需的软硬件建设严重滞后，不能满足实际工作的需要，制约着档案信息化的教育功能。为充分发挥档案信息在教学管理过程中的作用，必须增加资金投入，不断改善档案信息管理的软硬件环境，侧重配置档案数字化高速扫描仪、专用的电子文档存储服务器和数据库备份存储设施，以及较为成熟的档案信息管理系统等配套设施，从而为体育院校的教学、科研、训练、比赛和社会服务发挥更大的作用。

（二）信息化教育亟须加强档案信息化的开发利用

在目前信息技术发展的网络环境下，档案信息的即时性得到了加强，这为体育院校档案信息化创造了有利条件，档案信息开发与利用速率得以极大提高。可以说，加大档案信息的开发与利用成为促进档案信息化建设的关键。

二、网络环境下体育院校档案信息化工作的内容

环境对事物发展有着深刻的影响。在当前的信息网络环境下，体育院校档案信息化工作必然呈现出与传统档案管理模式截然不同的新特点和新要求，为适应这种变化，管理者必须改变工作内容。

（一）建立完善的电子文档信息

在网络信息技术日益成熟和广泛使用的环境下，大部分文档资料都是以电子文档的形式产生和传播的，电子文档已成为档案信息的主流介质。电子文档以其高密度存储方式以及使用寿命长、传递速度快、易复制和体积小等特点，为学校档案管理工作带来了极大的便利，也成为档案信息化管理最基础的形式。

（二）建立完善的数据库技术

计算机科学技术的快速发展为处理信息提供了便利工具和操作手段，尤其是数据库技术的超强信息处理功能，对提高档案信息化程度提供了强大的技术支持。将大量信息数据结构化地编织在一起，不仅可以提高档案信息的存储性，也为及时使用信息提供了可能，这已经成为提高档案信息化管理水平的关键。

（三）建立运行完善的数字化校园信息平台

数字化校园信息平台建设实现了校园信息和文化的传播与交流，为与学校有关的各类人群，如学生、老师、管理人员提供综合服务和访问资源的便利性。在其推动下，高校的管理运行模式发生了深刻的改变，并对学校各类档案资料的形成、流转、存储产生了重要影响，成为学校档案信息化的重要助推力。

三、创新管理制度，建立体育院校档案信息管理新模式

目前，各高等院校基本实现了校园网络办公自动化，将信息技术与教学、科研、管理有机结合起来，大大提高了工作效率。在这种形势下，学校档案管理也迎来了新的机遇与挑战，必须在深刻理解体育院校档案管理工作特点的基础上，积极适应档案管理工作的变化特征，推进网络档案制度创新，建立体育院校档案信息化管理新模式，从而更好地为教育教学和人才培养服务。

（一）体育院校档案管理工作的特点

体育院校档案管理工作是指体育院校档案管理人员对相关档案实体的收集、整理、保管、统计和提供利用的活动。它为学校的教学、科研、竞赛、训练等工作服务，是体育院校管理工作的重要组成部分。档案的内容、形式也更为多样。因此，除文书、教学、财务等档案外，还形成了独具特色的“体育档案”。体育院校档案的功能日益呈现多元化趋势，这就使体育院校档案的管理工作具有来源渠道丰富、档案门类繁多和档案内容庞杂的特点。

（二）建立“三线”一体的信息收集、整理与存储管理体系

所谓“三线”一体的信息档案管理系统，就是各个管理层有选择地分别负责各自部门的信息收集、存储与利用，突出重点、有所侧重地进行材料信息存储，同时各层面要保持

渠道畅通，以便教师和学生根据信息需要的不同而获得相关材料。基于这个现实需求，建立学校图书馆、档案室与各教学单位“三线”一体的信息收集、整理与存储管理体系，可有效提高信息档案的利用效能。

（三）实施“三点”运作的信息管理模式

所谓“三点”运作的信息管理模式，就是图书馆、档案室与各教学单位的信息既要各自独立，又要相互贯通。图书馆要针对全院师生的教学、科研、训练活动所需，在信息收集、整理、存储与发布方面做到面面俱到；档案室对师生的重要材料进行存储，其中一些材料必须做到永久性存储，同时，保密性信息要进行特殊的存储与管理；各教学单位重点服务对象是教师和学生，有重点地收集和发布一些有助于师生教育教学活动的信息，对师生的教学、科研、训练材料进行分类存档与管理，一些信息要方便学生通过网络办公系统进行及时的查找与使用。

四、加强体育院校档案信息管理的对策与建议

（一）更新档案信息管理观念

目前，对档案信息的管理更注重实体控制，档案资源的开发利用较为欠缺，从而造成信息内容的利用受到很大制约。因此，档案信息的管理不能流于形式，仅偏重信息的记录与保管，要更新管理理念，强化对信息内涵的分析，找出不同信息的独特价值，对其进行分类存储，便于服务对象的调取与使用。

（二）完善网络软硬件建设

知识时代背景下的信息档案管理，要想充分发挥服务效能，就必须依赖计算机技术和互联网技术，就必须加大对网络软硬件的投入和建设力度，同时，积极引进软件技术，融入现代元素，把先进的管理系统通过购买或合作开发的方式，运用到档案管理体系中，使档案管理在完善的硬件条件和现代化的软件技术的支持下得以良性运转，提高服务效率。

（三）妥善处理传统档案管理模式与档案信息化管理的关系

面对飞速发展的网络环境，体育院校的档案管理者必须充分认识新形势对档案管理工作带来的冲击。可以说，档案信息化是当前高校档案管理工作的必然要求，但是传统的档案管理模式依然具有一定的存在价值和独特优势，因此必须妥善处理好二者间的关系。

（四）加强档案信息化建设与数字化校园的有机结合

体育院校加强档案信息化建设要适应网络环境，同时更要充分利用和拓展网络资源。对于体育院校而言，要提高档案信息化建设进程就要加强与数字化校园平台的有效融合，要充分借助数字化校园平台实现档案信息及时、准确、规范的存储、发布、开发和利用，有效地推进学校档案信息化建设工作，最大限度地为学校发展建设、教师教学科研和学生学习训练提供信息服务与支持。

参考文献：

[1]潘佳彬、张献辉：《创新高校体育档案管理　促进和谐校园建设》，《黑龙江科技信息》2010 年第 21 期。

[2]张晓、孙伟：《基于 CIS 理论的高校档案馆形象塑造》，《兰台世界》2008 年第 5 期。

[3]牛建军、聂朋朋：《关于体育组织建立信息主管体制的若干思考》，《河北体育学院学报》2010 年第 2 期。

河北省社会科学发展研究课题民生专项　课题编号：201301216

课题负责人：张　阳

课题组成员：刘　玮　李向军　赵　巧

高校英语教师职业发展路径探索

河北金融学院

引言

我国教育教学体制改革以来，高校英语教学正经历着前所未有的变化。教学模式从强调语言、语法知识的传输逐渐转变为侧重学生听、说能力的交互式教学，教学理念也从以教师讲解为主转换为“以学生为中心”，强调学生的学习能力、思维能力等综合素养的培养；外国文化主题也被广大教师认为是高校英语课堂的重点教学内容。这些重要的转变显示出我国大学英语教学改革在不断走向深入。在这场改革中，高校教师无疑是最关键的因素，因为他们是一切教学任务的一线实施者。

一、高校英语教师职业发展现状

目前我国高校英语教师的职业需求由于教学改革的不断深入而面临新的发展形势，许多教师在理论学习、教学实践等方面都感到力不从心。

（一）从理论与实践的辩证关系来看，教师自身应当掌握全面的教学理论知识，从而能够以理论指导实践，有效提高教学效率，构建高效课堂。然而根据林新事[1]的研究结果，当前高校英语教师依然处于教育理论的贫困时期。主要原因是教师在受教育阶段对理论的重视不足，进入教育体制后，教学实践与教育理论较低的依存度影响了教师追求理论知识的积极性。

（二）从个人发展的角度分析，高校英语教师几乎都要经历职称评审、教学考核等影响自己职业生涯发展的几个阶段。在科研与教学间寻找一个平衡点成为许多教师困惑与焦虑的源头。

（三）从人才培养的角度来看，国家经济发展亟须具备思辨能力和创新思维的复合型人才。高校英语教学的任务之一就是要满足国家对高级人才的需求，在培养学生英语语言能力的同时，也能促进学生批判思维能力的提高，因为“批判性思维能力是创新能力的重要组成部分，是创新思维的前提”[2]。然而，高校英语教师作为人才培养方案的一线实施者，自身是否具有较强的批判能力，是否能够引领学生进行批判式的学习并培养他们的创新思维极其重要，这甚至可以看作是教师自身职业能力的一种表现。然而据调查，虽然很多教师已经开始关注学生批判能力和创新思维的发展，但并未注意到自身在这一方面是否需要进一步提高。对自身批判思维能力的忽视很可能会淡化批判教学意识，影响学生思辨能力的培养。

以上三个方面显示出目前我国高校英语教师职业发展正在经历着职业倦怠期、困惑期甚至是焦虑期。“教育的质量和效果最直接地体现在教师身上”[3]，因此及时解除教师的困惑与焦虑，并提升其职业素养和个人素质，对我国的教育发展至关重要。

二、高校英语教师职业发展面临问题研究

（一）科研与教学

目前高校英语教师普遍认为科研与教学是矛盾的两个方面。这种心理的存在并非偶然。首先，理论向实践转化需要一定的时间，而且有时理论并不一定能够转化为实践。教师在科研的过程中往往感到理论研究与教学实践是独立存在的两个环节，缺乏交互性，因为一种教学理论或方法从有人提出到实证研究再到实践应用，很可能需要经过几年的时间。当实践与理论不能紧密依存的时候，教师便认为科研理论对现实失去了应有的指导意义。这种将科研与教学分而为之的做法才真正将理论与实践相分离，使科研失去意义，使教学在盲目中发展。其次，多数高校对科研的重视高于教学，对科研的奖励标准远远高于对教学效果的评价。教书育人是教师的本职工作，是教师实现自我价值和人生价值的具体体现。然而高校重科研、轻教学的现状使教师往往纠结于两者之间，不知做何选择。

因此，各高校在注重自我发展的同时也要关注一线教师的职业发展，建立多元学术导向的教师评价制度[4]，即在加大科研奖励力度的同时也应当增强对教学优秀者的奖励机制，避免重科研、轻教学的现象，明确科研服务教学的意识，鼓励教师在教学工作中实现自我价值。同时，教师自身也应当转变观念，将科研与教学统一于实践；课堂教学只有得到理论的指导，才能逐渐条理化、系统化，教学效果才能得以提高。另外，高校英语教师也要利用各种机会学习最新的理论知识，缩短理论转化为实践的时间。当教师掌握了一定的理论知识，科研压力相对就会减小，进而缓解科研与教学的矛盾，促进两者共同发展。

（二）大学英语教学任务的转型

近来关于高校英语课堂教学任务的争论越来越激烈。有些学者认为学生英语语言基础仍然处于较低水平，赞同继续以提高学生英语水平、培养综合人文素养为主的通识英语教学；有些学者则认为，目前基础教育阶段的英语教学较之以前已经有了很大的进步，学生在考入大学前已经具备了扎实的英语语言基本功，因此高等教育阶段的英语教学没有必要再继续重复基础教育阶段的任务，而应当考虑讲授专门用途英语，培养学生专业英语素质与能力。通识英语与专门用途英语都有其存在的必然性，其中学生英语水平的高低是主要的决定因素。因此，又有学者提出介于两者之间的学术英语的概念，既不一味地给学生打基础，也不急于讲授专业英语知识，而是在教师和学生都能接受的范围内宽泛地将学科知识融入英语课的讲授之中。这是比较折中的做法，也是目前看来比较容易实现的教学改革方案。然而教师因素在很大程度上影响着以上三种高校英语教学改革方案的施行。

教师接受教育的方式往往深刻影响着将来他们教育学生的方式。长期以来，英语教师在受教育阶段主要接触的就是通识教育，因此，在工作中讲授通识英语对教师而言可谓游刃有余。而专业英语教学需要教师掌握较强的学科知识，这就意味着我国高校英语教师必须经过系统的培训才能上岗，否则难以保证教学效果。学术英语教学不需要教师精通细化的学科知识，但仍需要接受相关的培训。面对英语教学学科化的发展趋势，高校英语教师纷纷表示压力很大，担心将来无法应对职业发展的需求。有些教师因此坚定了自己的考博信念，或是倾注所有精力准备职称晋升，试图以高学历或高职称来捍卫自己在高校的地位，但在提升自我的过程中往往会忽视自己的学生和本职教学工作。

因此，有关部门有必要对大批的高校英语教师进行系统化的学科知识以及学术英语教学培训，提高教师的专业素养，使教师增强信心，积极乐观地面对自身职业的发展。

三、英语教师职业发展路径分析

通过上文对高校英语教育的分析可知，教师发展面临着前所未有的挑战。积极探索教师职业发展的有效路径有助于解决目前所面临的困难，促进高校英语教学发展。

首先，增加进修机会，提高教师理论水平和科研能力。国家相关部门以及各高校在关注教学改革发展和学生素质提高的同时也应当关注教师的职业发展，为教师提供更多的国内外进修机会，尤其是学科英语及其教学的学习。教师经过相关知识的进修，不仅能够增强教学能力，也会提高科研水平，并逐渐在实践中提升自己的职业素养。

其次，制订职业规划，明确自身的职业目标。有目标就有发展动力。教师个人要及时制订自己的职业发展规划，明确自身发展的必要条件并为之努力。当教师实现了自己的目标后，便会产生强烈的职业成就感，有利于今后职业能力的进一步提高和发展。

最后，结成互助团队，互相督促、互相学习。建立教学小组或科研小组也是教师间相互学习、提高职业素养的有效形式。各高校有关部门既可以鼓励教师以集体备课、互相听课等形式相互学习，也可以定期举办各种教学大赛并组织教师相互观摩。通过大量的集体活动，教师可以相互学习教学技巧、交流科研经验，取长补短，共同进步。

结语

随着高校英语教学改革的不断深入，高校教师职业发展面临着许多新的挑战。教师要辩证地看待理论研究与教学实践的关系，明确自身的职业发展目标，积极参加各种与提高职业技能和素养有关的进修和培训，通过不断的努力和学习，丰富专业知识，提高职业能力。

参考文献：

[1]林新事：《英语教师教育理论贫困的症结及对策》，《中国成人教育》2002 年第 5 期。

[2]廖乃帜：《论英语专业学生批判性思维及批判性阅读能力的培养》，《前沿》2012 年第 3 期。

[3]文秋芳、徐浩:《2011 中国外语教育年度报告》,外语教学与研究出版社 2013 年版。

[4]蒋玉梅:《大学英语教师的职业发展现状及影响因素分析》,《中国外语》2012 年第 7 期。

河北省社会科学发展研究课题民生专项　课题编号:201301172

课题负责人:田秀峰

课题组成员:张亚敏

加快发展我省城乡学前教育的对策建议

河北大学

学前教育是基础教育的基础，是国民教育体系的重要组成部分。学前教育对于个体身心的全面健康发展和义务教育质量的提高、国民素质的整体提升以及社会的稳定与可持续发展均具有极其重要的奠基性和先导性作用。本研究通过对已有研究成果的梳理和分析，结合当前我省加快推进城乡学前教育普及和均衡发展的现实需求，对加快推进河北省城乡学前教育发展进行对策研究，以期为我省城乡学前教育发展提供切实可行的操作性建议。

一、河北省城乡学前教育事业改革的背景

河北省城乡学前教育事业发展与其经济、社会和教育发展水平密切相关，探讨河北的经济、社会和教育发展状况，对于全面掌握本省学前教育事业发展背景，深入分析本省学前教育的改革和发展具有重要意义。

首先，经济的快速发展为河北省大力推进学前教育事业奠定了坚实基础。其次，我省农村人口众多，决定了发展城乡学前教育的重点和难点。河北省发展学前教育的重点和难点都在农村，只有实现了农村学前教育的三年普及，才会有全省学前教育的三年普及。最后，完善幼儿教师准入制度，为推进城乡学前教育提供师资保障。幼儿教师师资水平的高低决定了我省城乡学前教育是否能够良性发展，我省采取一系列措施为师资提供保障。

二、我省城乡学前教育改革的理念和目标

确定正确的理念和目标是事业成功的必要因素，“三为主”的学前教育发展模式和“三大转变”的学前教育工作思路在河北省学前教育事业发展过程中起到了引导性和规范性作用。

首先，河北省坚持“立足公益，坚持‘三为主’的学前教育发展模式”的改革理念。在强力推进我省城乡学前教育发展的过程中，河北省一切从实际出发，立足学前教育公益性，始终坚持“以政府和集体投入为主，以公办教师为主，以政府和集体办园为主”的“三为主”学前教育发展模式。

其次，河北省明确“三升一降”的总体目标，目标制定日趋理性化。2001 年，河北省提出基础教育“一普变十普”的战略发展目标，其中把“基本普及学前三年教育”列为全省基础教育事业发展的重点目标之一，力图在全省通过农村学前教育发展“三大转变”的思路，实现学前教育事业发展“三升一降”的总体目标。

三、促进我省城乡学前教育发展的对策

本研究报告在前期调研的基础上，拟提出促进我省城乡学前教育发展的对策：

(一)继续坚持学前教育普惠性，强化各级政府职责

河北省始终坚持“以政府和集体投入为主，以公办教师为主和以政府和集体办园为主”的“三为主”学前教育发展模式。实践证明，只有坚持“三为主”，才能保证学前教育低收费；只有保证低收费甚至是免收费，才能确保学前教育的公平，使适龄幼儿人人有幼儿园可上，人人上得起幼儿园。

据此，河北省政府相继出台一系列的保障措施。我省坚持学前教育的公益性和普惠性，努力构建覆盖城乡的学前教育公共服务体系，由重点抓学前一年教育向普及学前三年教育转变，由举办学前班向举办规范化幼儿园转变，幼儿入园人数和学前三年毛入园率逐年提升。2004 年至 2009 年，全省幼儿园由 3368 所增加到 6434 所，有 7714 所小学附设了幼儿班、学前班，在园幼儿由 108.53 万人增加到 151.29 万人，基本解决了农村幼儿“入园难”的问题。

(二)注意统筹规划，以农村学前教育为发展重点

我省学前教育城乡发展存在失衡，主要原因在于郊区农村幼儿园的公办园数量少、全区财政性学前教育经费支出比例低等。为此，政府需要统筹规划，以农村学前教育为发展重点，大力提高农村学前教育发展水平，缩小城乡差别，推动学前教育均衡，把其作为全省学前教育发展最主要的任务。

农村学前教育的加速普及是河北省学前教育快速发展的决定性因素，抓住了普及县域学前三年教育就等于是抓住了“普三”的根本。例如，从 2000 年到 2006 年，河北省城市在园幼儿人数由 16.57 万人增加到 18.55 万人，增加 1.98 万人，仅占增加总量的 5.96%；包括县镇和农村在内的县域幼儿教育增加量达到总增加量的 94.04%。其中，县镇在园幼儿由 19.14 万人增加到 28.94 万人，增加 9.8 万人，占增加总量的 29.52%；农村由 64.71 万人增加到 86.12 万人，增加 21.41 万人，占增加总量的 64.49%。

(三)坚持财政投入为主，完善城乡学前教育经费保障机制

河北省在农村学前教育发展过程中一直提出要“坚持以政府和集体投入”为主，从最初“六个一点”多渠道筹资，逐步发展到要求各级政府将学前教育经费列入财政预算，财政性学前教育经费在同级财政性教育经费中占合理比例，设立学前教育专项经费，新增教育经费向学前教育倾斜等。在此基础上，河北省一方面保证对公办园的经费投入，一方面保证农村幼儿园中公办教师的工资，并且专门划拨一定的幼儿教师培训经费。据 2006 年统计，“全省幼儿教育总投入为 54218 万元，其中财政性经费 40705 万元，财政预算内经费 39106 万元，分别占幼儿教育经费总投入的 75.08%和 72.13%，如果将幼教岗位上的小学公办教师工资计算在内，幼儿教育的财政投入总额更大、比例更高。2009 年，河北省学前教育投入 7.2 亿元，其中财政性经费 5.5 亿元，占学前教育经费总投入的 76.4%”。

(四)坚持公办园为主体、民办园为补充、公办民办并举的办园体制

河北省在学前教育事业发展过程中，始终坚持以公办园为主体、民办园为补充、公办

民办并举的办园体制，并在城市和农村采取不同的侧重方式：城市实行公办、民办并举的办园体制，农村则坚持以政府和集体办园为主。此外，在民办园方面，河北省主要采取增量调整的办法，即鼓励社会力量新办幼儿园，而不是通过公办园改制的办法来实现其增长；在公办园方面，河北省的“三为主”模式明确了农村“以政府和集体办园为主”，并在此基础上实行公办幼儿教育的低收费政策，有效保证了农村学前教育的快速发展和普及，有力促进了学前教育的城乡均衡。

（五）坚持以公办教师为主体，不断完善幼儿教师培养培训体系

为了保证学前教育事业健康快速发展，就必须建立一支高素质、稳定的幼儿教师队伍。在河北省的“三为主”学前教育发展模式中，很重要的一条就是“坚持以公办教师为主”。河北省将公办幼儿教师统一列入小学教师编制核定范围，纳入公办教师序列，建立了一支以公办教师为主体、聘任制教师为补充的稳定的幼儿教师队伍，并逐步落实其工资待遇。在明确身份、保证编制和落实工资待遇的基础上，河北省也注重严格把关幼儿教师任教资格，不断扩充幼儿教师队伍，完善幼儿教师培养培训体系。一方面注重职前培养质量，一方面对幼儿教师开展业务培训，并制定了《幼儿教师考核办法及实施细则》，通过平时考核与年度综合考核相结合的办法，对幼儿教师的德、能、勤、绩等方面进行综合评价。

（六）完善政府督导评估，强力推进城乡学前教育均衡发展

在学前教育事业稳定快速发展的过程中，河北省不断强化政府职责，先后制定了学前教育发展规划与各项标准、政策文件等，通过建章立制，依法治教，为全省学前教育事业发展提供了有力的政策保障。河北省依据本省学前教育事业发展的实际情况先后出台了《河北省农村学前班暂行管理办法》《关于幼儿园分类评定标准及收费原则的意见》《关于建立幼儿园、学前班登记备案制度的通知》《关于调整整顿幼儿教师队伍的意见》《关于幼儿教师队伍管理的意见》《河北省幼儿园、学前班分类评定验收标准》《河北省普及学前三年教育县（市）标准（试行）》等一系列学前教育管理的政策文件，这对加强全省农村学前教育工作的规范化、科学化管理，逐步实现依法治教发挥了重要作用。另外，河北省各级党委和政府对学前教育的支持力度很大，每年召开的教育工作会议都把学前教育作为一项重要内容进行总结和部署。

四、结语

由上述对策可以看出，必须继续坚持走“三为主”的道路，在我省农村地区，明确学前教育的公益和普惠性质，强化并不断落实政府职能是我省城乡学前教育事业发展的根本保障。同时，只有坚持“三为主”，才能切实推进我省城乡学前教育均衡、普及发展，进而确保学前教育公平、社会公平，让所有适龄幼儿人人都有幼儿园可上，人人都上得起幼儿园，这也是我省城乡学前教育事业发展的必由之路。

河北省社会科学发展研究课题民生专项　课题编号：201301040
课题负责人：赵　娟
课题组成员：牛丽宇　范明丽　闫晓燕　赵　颖　唐雅妮

提高我省英语师范生培养水平的实证研究

邢台学院

一、成果的主要内容

本课题成果的主要内容如下：

（一）调查并分析了新课标下中小学英语教学现状

以邢台地区有代表性的中小学为研究对象，调查结果显示，中小学英语教师的反思和实践能力有待提高，主要表现在以下几个方面。

第一，语言观有待改变。多数英语教师仍然把语言看作是一个语言知识系统，而不是一种交际方式，过分强调语法、词汇、语音等相关语言知识，忽视了语言技能的训练。第二，对教师角色的理解有待提高。有相当一部分教师仍然把自己当作是知识的传授者和课堂的组织者，忽视了新课标下教师应该也必须担当的其他角色。按照义务教育《英语课程标准》(2011)，培养学生的"综合语言运用能力，促进心智发展，提高综合人文素养"是英语课程的总目标，而该目标由"语言技能、语言知识、情感态度、学习策略和文化意识"五个方面共同构成的。由此可见，新课标下英语教师的角色应该是多重的，不仅仅是知识的传授者和课堂的组织者，而且还应是情感顾问、学习策略专家和文化意识培养者等。第三，教学方法有待改进。尽管部分英语教师认为采用了以学生为中心的任务型教学法，但是却说不清什么是任务，误把传统的课堂"练习"当作是"任务"，把让学生的简单操练当作是以学生为中心。第四，评价方式有待完善。评价方式还是以测试形式的总结性评价为主，发展性评价只是流于形式，起不到激励学生的作用。第五，教学资源的应用有待丰富。尽管部分学校配有多媒体设备，但是并没有被教师很好地利用，只是把书上和黑板上的内容搬到了课件上。教师的上课资源基本以课本为主，不能创造性地运用与课文相关的教学资源，并且不懂得如何利用网络查询资料。

总之，中小学英语教师的现有专业素质与新课标要求之间存在一定的差距。

（二）调查并分析了英语教育专业准教师的反思意识现状

以邢台学院英语教育专业的准教师为调查对象，探讨他们对于反思性教学的理解以及如何培养相关能力的看法。

问卷调查的结果如下：65％的英语准教师不太了解反思性教学，10％甚至从未听说过反思性教学；89％认为反思性教学的本质是反省、思考教学中存在的问题。17％的准教师则认为反思性教学是简单的对教学内容的理解过程。而几乎全部的参与测试的英语系学生都认为很有必要进行反思。在是否经常对实习教学做出自我评价及反思时，19%的人选择一直这样做，25%的人选择偶尔这么做，而56%的人则从未对课堂教学自我评价甚至反思过。在关于是否经常对教学进行反思时，29%的英语准教师选择一直对教学进行反思，56%的人表示偶尔会这么做，而15%的人表示从未做过反思。

从调查结果来看，虽然大多数英语准教师认为应该进行反思性教学以及对反思性教学的本质认识是正确的，但是绝大多数准教师并未真正做到在教学实践中对自己的教学过程反思，或仅仅停留在最简单的思考层面，也就是简单的对教学内容的回顾。许多英语准教师对反思性教学策略的重视度不足，少数准教师甚至不知如何进行反思性教学。针对此情况，我们认为很有必要在各大高校培养英语准教师的反思教学能力，促进其反思教学的实施，从而提高整体教学能力，为其成为一名合格的教师做准备。

（三）构建英语师范生培养的立体化教学模式

首先，改变了教师的教学理念。由传统的“教师讲授理论＋教学技能培训”的教学模式转向“培养英语准教师反思能力”的教学模式，由“知识传授”向“培养学生的自主性和创造性”转变。

其次，调动了学生的积极性。通过实践教学的开展，利用互联网提供的丰富教学资源，给予学生最大限度的学习自主性，更好地发挥学生认知主体作用和激发学生的学习潜能，使学生由不感兴趣向快乐学习转变。

最后，构建了“以反思和实践能力为导向”的英语师范生培养模式，在英语教法课的整个教学过程中，鼓励学生结组，相互监督，以增强学习动力；课前共同搜集材料，课上积极讨论、总结，课后共同研究；引导学生多反思多总结，合理利用网络资源。英语师范生的培养模式包括三个环节：经验反思、理论讲授和实践验证。从完善理论知识阶段、实践教学阶段以及评价反思阶段来全方位地培养准教师的反思能力，提高学生的英语教学能力。

二、研究成果中的重要观点

首先，中小学英语教师的素质亟须提高，合格英语准教师的培养势在必行。课题组的调查结果显示：中小学英语教师的现有专业素质与新课标的要求之间存在一定的差距；英语教育专业准教师的教学反思能力欠缺。所以，提高英语师范生培养水平的改革方案要以新课标下中小学对英语教师的实际需求为导向，这是重构和优化英语教法课程体系、提高师范生培养水平的现实基础。

其次，教师的职前培养模式不能单靠沿袭传统和基于一般经验，系统的理论和实证研究支撑是必要的。本研究基于调研和实证研究，强调认知和建构主义理念，注重已有知识和理念在师范生学习中的作用，认为构建“以反思和实践能力为导向”的英语师范生培养模式可以有效地解决英语准教师的从业能力。

最后，转变落后错误的教学理念是培养合格英语准教师的关键。在课堂教学上既要重理论和技能知识的“传授性”，又应强调师范生的“反思性”；既要重“理论性”，又应强调“实践性”，英语师范生的培养应包括两个方面，即课堂教学环节以及课堂外教学实践环节，两者融为一体。

三、研究成果中的对策建议

英语师范生的培养模式包括三个环节：经验反思、理论讲授和实践验证。具体如下图所示：

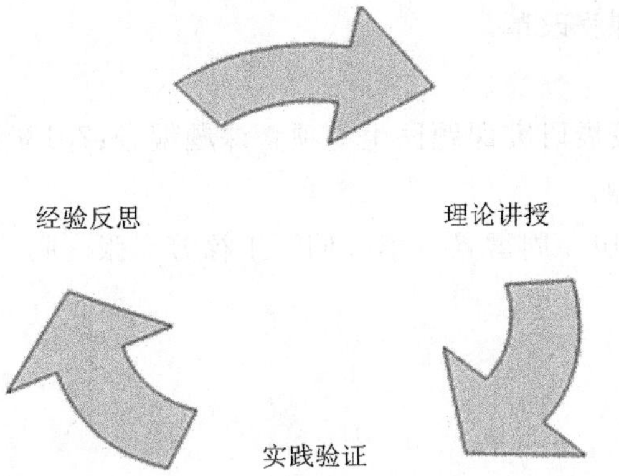

图1　英语师范生培养模式

如上图所示，英语师范生培养模式的三个环节步步紧扣，融为一体，每个环节都既可以作为课程的起点也可以作为课程的终点。

（一）贯穿经验反思于课程始终

按照建构主义理论的观点，新知识的获取必须建立在与已有旧知识的联系之上。所以，师范生的职业技能培训一般从“经验反思”这一环节开始，通过反思讨论自己的学习经验和以前老师授课方法的优缺点，师范生能够对接下来所讲授的相关教学理论有个初步的概念，这就为下一步的“理论讲授”环节提供了相应的背景知识。

（二）转变课堂理论讲授模式

在“理论讲授”这一环节，本研究改变了传统职前教育对理论灌输的单一模式，重构和优化理论教学环节。课堂上积极采用启发式、讨论式、探究式等生动活泼的教学方法，积极倡导在教学中融传授知识、培养能力与提高素质为一体，培养师范生的反思和实践能力。教师通常以演示的方法向学生讲授中小学英语课堂上某一知识点或者技能训练常用的方法和原则；接下来引导师范生分组反思讨论这些方法的优缺点，重视学生在教学活动中的主体地位，充分调动学生的学习积极性、主动性和创造性；然后再结合具体教学案例设计分组讨论；最后教师总结所学的教学理论并布置模拟教学任务，即下一环节的“实践验证”。

（三）注重课内小实践，强化课外大实践

实践环节是英语教法课程的一个重要组成部分，该环节的强弱制约着该课程教学的成败。“实践验证”环节包括两个方面：教法课堂模拟教学的“小实践”和校外实训场地进行的“大实践”。

教法课堂模拟教学的"小实践"一般在理论讲授课后进行,师范生以小组为单位在课下认真准备,课堂上派代表进行15分钟左右的模拟教学。每一小组的模拟授课结束后,各小组要对刚才其授课的优缺点进行讨论并给出点评,教师同时点评总结。

在"小实践"进行的同时,本研究推进"大实践"教学理念,打破课内外、校内外的界限,建立以本地区中小学为基地的"英语教学实习场地",带领学生定期进行教学观摩和教育见习,这样就解决了英语教法实践内容与新课标下中小学需求相脱节的问题,从而适应了基础教育英语课程改革。

河北省社会科学发展研究课题民生专项　课题编号:201301375
课题负责人:赵清丽
课题组成员:姬　庚　周雪景　李　楠　王禄芳　张　旸